Robert Castel
Die Metamorphosen der sozialen Frage

édition discours

Klassische und zeitgenössische Texte
der französischsprachigen Humanwissenschaften

Herausgegeben von Franz Schultheis
und Louis Pinto

Band 13

Robert Castel

Die Metamorphosen der sozialen Frage

Eine Chronik der Lohnarbeit

Aus dem Französischen von
Andreas Pfeuffer

UVK Universitätsverlag Konstanz GmbH

Veröffentlicht mit Unterstützung des Französischen Ministeriums für Kultur – Centre National du Livre

Die Deutsche Bibliothek – CIP-Einheitsaufnahme

Castel, Robert:
Die Metamorphosen der sozialen Frage : eine Chronik der Lohnarbeit / Robert Castel.
Aus dem Franz. von Andreas Pfeuffer. – Konstanz : UVK, Univ.-Verl. Konstanz, 2000
(édition discours ; 13)
Einheitssacht.: Les métamorphoses de la question sociale <dt.>
ISBN 3-87940-582-4

ISSN 0943-9021
ISBN 3-87940-582-4

Titel der Originalausgabe:
Les métamorphoses de la question sociale. Une chronique du salariat

Satz: Dieter Heise, Konstanz
Einbandentwurf: Riester & Sieber, Konstanz
Druck: Legoprint, Lavis

UVK Universitätsverlag Konstanz GmbH
Schützenstr. 24 · D-78462 Konstanz
Tel. 07531-9053-0 · Fax 07531-9053-98
www.uvk.de

Ich widme diese Arbeit dem Andenken meiner Eltern sowie den Menschen, denen gestern wie heute eine bessere Zukunft versagt blieb.

Schreiben ist keineswegs nur ein einsames Unterfangen, vor allem dann nicht, wenn es sich über einen langen Zeitraum hinzieht. Der Weg, den ich hinter mir habe, traf sich mit dem vieler anderer Menschen, und dabei bin ich auch viele Schulden eingegangen. Es wäre mir gar nicht möglich, alle zu nennen. Wenn die meisten meiner Gesprächspartner Bücher waren, so verdanke ich doch viele Zeugnisse denen, die Tag für Tag mit dem Elend der Welt konfrontiert sind. Meine Tätigkeit in der *Groupe d'analyse du social et de la sociabilité* und am *Centre d'étude des mouvements sociaux*, aber auch mein Seminar an der *École des hautes études en sciences sociales* schufen Gelegenheit zu fruchtbarem Austausch mit Kollegen und Studenten. Ich habe die Anmerkungen und Kritiken von Personen berücksichtigt, die die Freundlichkeit besaßen, diese Arbeit vor ihrer Fertigstellung zu lesen, insbesondere die von Bernard Assicot, Colette Bec, Monique Benard, Christine Philippi, Jean-François Laé, Catherine Mevel, Numa Murard, Albert Ogien, Giovanna Procacci und Christian Topalov. Jacques Donzelot hat während des gesamten Unternehmens seine kritische Wachsamkeit walten lassen, überhaupt verdankt die Gesamtökonomie des Werks unseren Diskussionen eine ganze Menge. Ich bedanke mich ebenfalls bei Pierre Birnbaum und Denis Maraval, die dieses Buch rasch und mit Sympathie aufgenommen haben. Mein Dank geht auch an Emma Goyon für ihre unermüdliche Geduld beim Abtippen der vielfältigen Versionen des Manuskripts.

Was uns bevorsteht, ist die Aussicht auf eine Arbeitsgesellschaft, der die Arbeit ausgegangen ist, also die einzige Tätigkeit, auf die sie sich noch versteht. Was könnte verhängnisvoller sein?
HANNAH ARENDT

Wie sehr wünschte ich, daß auch die Gesellschaftswissenschaftler diese Einsicht teilen und sich der Geschichte als einer außerordentlichen Forschungs- und Erkenntnismöglichkeit bedienten. Denn ist nicht die Gegenwart mehr als zur Hälfte einer zählebigen Vergangenheit verhaftet, und die Vergangenheit, durch ihre Regeln, ihre Andersartigkeit, ihre Ähnlichkeit der unerläßliche Schlüssel für jedes wirkliche Verständnis der heutigen Zeit?
FERNAND BRAUDEL

So weit wir auch in der Zeit zurückschreiten, wir verlieren niemals die Gegenwart aus dem Blick.
ÉMILE DURKHEIM

Inhalt

Zweiter Teil: Vom Kontrakt zum Status

Vorwort

In diesen ungewissen Zeiten, da die Vergangenheit aus unserem Blickfeld verschwindet und die Zukunft noch unbestimmt ist, erschien es mir notwendig, unsere Erinnerung für das Verständnis der Gegenwart zu mobilisieren. Zweifellos sind die monumentalen Gemälde, die großen Systeme aus der Mode gekommen. Wollen wir aber die Besonderheit dessen begreifen, was sich *hic et nunc* ereignet, können wir uns da einen langen Umweg ersparen? Die gegenwärtige Situation ist durch eine Erschütterung gekennzeichnet, die unlängst auch auf die Lohnarbeit übergegriffen hat: Massenarbeitslosigkeit, prekäre Beschäftigungsverhältnisse, die Unangemessenheit der klassischen Systeme sozialer Sicherung zum Schutz vor diesen Risiken, eine zunehmende Zahl von Menschen, die in der Gesellschaft als Überzählige, Nicht- Beschäftigbare, Erwerbslose oder prekär und nur zeitweilig Beschäftigte leben. Die Zukunft steht von nun an für viele unter demVorzeichen des Zufalls.

Was macht nun aber eine solche dem Zufall unterworfene Lebenslage aus, woran läßt sie sich festmachen? Nur allzu schnell vergessen wir, daß die Lohnarbeit, die sich heute über die große Mehrheit der Erwerbsbevölkerung ausgedehnt hat und an welche die Sicherungen gegen die sozialen Risiken überwiegend anknüpfen, lange Zeit eine der unsichersten, ja unwürdigsten und elendsten Lebensstellungen bedeutete. Man war Lohnarbeiter, wenn man nichts war und ansonsten auch nichts anderes zu tauschen hatte als seiner Hände Arbeit. Man rutschte in die abhängige Arbeit ab, wenn sich die eigene Lage verschlechterte: der verarmte Handwerker, der Landbesitzer, den sein Boden nicht mehr ernährte, der Geselle, der nicht mehr Meister werden konnte. Für den, der in die Lohnarbeit abrutschte oder sich gar schon in ihr befand, hieß das, daß er sich in der Bedürftigkeit einrichten mußte, daß er dazu verdammt war, von der Hand in den Mund zu leben, der Not ausgesetzt zu sein. Ein archaisches Erbe, das aus den frühen Formen der Lohnarbeit kaum euphemisierte Manifestationen des Modells des feudalen Frondienstes macht. Aber all das ist noch gar nicht allzu lange her. Kann sich etwa heute noch jemand daran erinnern, daß die Radikale Partei als führende Partei der Dritten Republik auf ihrem Kongreß in Marseille noch 1922 die Forderung nach »Aufhebung der Lohnarbeit, dieses Überrests der Sklaverei« in ihr Programm aufnahm?

Wenn wir verstehen wollen, wie sich die Lohnarbeit aus diesem Status der Benachteiligung herauszulösen vermochte, um in den 60er Jahren unseres Jahrhunderts zur Basismatrix der modernen »Lohnarbeitsgesellschaft« zu werden, bürden wir uns da beileibe kein geringes Unterfangen auf. Die Aufklärung dieses Sachverhalts soll allerdings nicht allein den Historikern überlassen bleiben. Die sozialgeschichtliche Verortung der Lohnarbeit ist notwendig, um das Ausmaß des drohenden Bruches ermessen zu können, der den Gegenwartsgesellschaften zu schaffen macht und dabei die Fragen der »Prekarität«, der »Verwundbarkeit«, der »Ausgrenzung«, der »Segregation«, der »Entkoppelung« usw. zum alles beherrschenden Thema macht. Wenn diese Fragen freilich schon seit zwanzig Jahren diskutiert werden, so stellen sie sich nun in

Anschluß an und in bezug auf einen Kontext zeitlich vorausgehender Sicherungen und nachdem just seit der Konsolidierung der Lohnarbeit allmählich mächtige, vom Sozialstaat garantierte Systeme der Risikoabdeckung errichtet wurden. Die neuartige, vor diesem Hintergrund von Sicherungsmechanismen definierte und erlebte Verwundbarkeit unterscheidet sich deshalb völlig von der Ungewißheit über den jeweils nächsten Tag – über Jahrhunderte hin die gemeinsame Lage dessen, was man früher das Volk nannte – und zwar derart, daß es nicht groß Sinn macht, heute von einer »Krise« zu sprechen, ohne daß man das Ausmaß dieses Unterschieds exakt bestimmt. Worin unterscheiden sich – das heißt: was weisen sie an Gemeinsamkeiten, was an Unterschieden auf – die früheren Situationen massenhafter Verwundbarkeit von der heutigen Prekarität, die durch Prozesse der Entkoppelung von den noch widerstandsfähigen und abgesicherten Stabilitätskernen gezeichnet ist?

Einen solch verstehenden Zugang möchte ich hier erarbeiten. Wenn der Geschichte ein so breiter Raum in dieser Arbeit zukommt, so geht es trotzdem um die *Geschichte der Gegenwart*: Wir müssen uns daher die Mühe machen, das Werden der unmittelbaren Gegenwart über die Rekonstruktion des Systems der Transformationen zu begreifen, dessen Hinterlassenschaft die aktuelle Situation ist. Dazu müssen wir mit einer sich uns heute stellenden Frage an die Vergangenheit herantreten und von ihrem Aufkommen und ihren wichtigsten Peripetien erzählen. Eben das möchte ich versuchen, denn nicht allein das Zeitgenössische macht ja die Gegenwart aus. Sie ist auch ein Ergebnis dessen, was wir ererbt haben, und daher ist es auch unabdingbar, daß wir uns dieses Erbe in Erinnerung rufen, um heute verstehen und handeln zu können.

Doch bezüglich welcher heutigen Probleme sollen wir Erinnerungsarbeit leisten? In diesem Buch ist der Analyse einer Beziehung zur Arbeit eine zunehmend bedeutendere Rolle zugewachsen. Allein, sie bildete nicht den Ausgangspunkt dieser Überlegungen. Ich hatte von Anfang an die Absicht, die Statusunsicherheit, die Fragilität des gesellschaftlichen Zusammenhalts, die Flugbahnen, deren Verlaufskurven ins Schlingern geraten sind, zu untersuchen. Die Begrifflichkeiten, die ich zu erarbeiten versuche – »gesellschaftliche Dekonversion«, »negativer Individualismus«, »massenhafte Verwundbarkeit«, »Handicapologie«, Verlust eines Wertes für die Gesellschaft, »Entkoppelung« etc. – beziehen ihre Bedeutung aus dem weiteren Rahmen einer Integrations- oder Anomieproblematik (im Grunde genommen geht es hier um Überlegungen zu den Bedingungen gesellschaftlicher Kohäsion und dies über den Umweg einer Analyse gesellschaftlicher Dissoziation). Ziel war und bleibt es also, das Ausmaß dieser neuartigen Gegebenheit auszuloten: der offenkundig immer hartnäckigeren Präsenz von Individuen, die gleichsam in einem Zustand der Haltlosigkeit innerhalb der Sozialstruktur treiben und deren Zwischenräume bevölkern, ohne daß sie aber einen fest angestammten Platz finden können. Schemen mit verschwommenen Umrissen in den Randzonen der Arbeit und im Grenzbereich der gesellschaftlich geregelten Formen des Austauschs: Langzeitarbeitslose, Bewohner der heruntergekommenen Vorstädte, Empfänger des *Revenu minimum d'insertion*[1], Opfer des industriellen Strukturwandels, arbeitssuchende Jugendliche, die sich von Praktikum zu Prakti-

1 RMI: Mindesteinkommen zur Eingliederung; Anm. d. Übers.

kum, von einem Nebenjob zur nächsten provisorischen Tätigkeit hangeln... Wer sind sie, woher kommen sie, wie sind sie dahin gekommen, was wird aus ihnen?

Diese Fragen decken sich nicht mit denen, die sich klassischerweise die Arbeitssoziologie stellt, und es ist auch gar nicht meine Absicht, sie dorthin einmünden zu lassen. Trotzdem kam es mir bei meinem Bemühen, über die rein empirische Beschreibung dieser Situationen hinauszugehen, so vor, daß die Untersuchung einer Beziehung zur Arbeit (oder der Abwesenheit von Arbeit und zufallsbedingter Beziehungen zur Arbeit) einen entscheidenden Faktor zu ihrer Verortung innerhalb der sie konstituierenden gesellschaftlichen Dynamik darstellte. Ich hebe hier nicht auf die Arbeit als technisches Produktionsverhältnis ab, sondern als Hauptstütze für die Verortung in der Sozialstruktur. Es existiert nämlich – und wir werden das für die »longue durée« belegen – eine starke Korrelation zwischen einem bestimmten innerhalb der gesellschaftlichen Arbeitsteilung eingenommenen Platz und der Teilhabe an den Netzen der primären Sozialbeziehungen und den Sicherungssystemen, die ein Individuum gegen die Zufälligkeiten der Existenz »abdecken«. So wird die Konstruktion dessen möglich, was ich metaphorisch »Zonen« sozialer Kohäsion nennen möchte. Das Paar »stabiles Arbeitsverhältnis-solides Eingegliedertsein in soziale Beziehungen« bildet die Zone der Integration. Umgekehrt addieren sich die negativen Auswirkungen des Fehlens jeglicher produktiver Tätigkeit und der Mangel an gesellschaftlichen Beziehungen zu sozialer Ausgrenzung oder – wie ich noch aufzeigen werde – eher zu »Entkoppelung«. Die soziale Verwundbarkeit stellt eine instabile Zwischenzone dar, welche ein prekäres Verhältnis zur Arbeit mit einer fragilen Unterstützung durch die nächste Umgebung kombiniert.

Wohlgemerkt, diese Paare hängen nicht mechanisch zusammen. Für zahlreiche Bevölkerungsgruppen konnte beispielsweise die Prekarität der Arbeitsbedingungen häufig durch die Dichtheit der von der Nachbarschaft bereitgestellten Netzwerke der »unmittelbaren Sicherung« kompensiert werden. Vor allem aber sind diese Muster nicht ein für allemal gegeben. Kommt es beispielsweise zu einer Wirtschaftskrise, einem Anstieg der Arbeitslosigkeit, zu einer Verallgemeinerung von Unterbeschäftigung, so dehnt sich die Zone der Verwundbarkeit aus, greift auf die der Integration über und läßt so die Zone der Entkoppelung anwachsen. Die Zusammensetzung der Gleichgewichte zwischen diesen »Zonen« kann daher – so lautet zumindest meine Hypothese – als ausgezeichneter Indikator zur Einschätzung der Kohäsion einer gesellschaftlichen Ganzheit zu einem gegebenen Zeitpunkt dienen.

Ganz offensichtlich handelt es sich hier zunächst noch um ein formales Raster. Nur die Analysen, die sich mit seiner Hilfe erstellen lassen, können seine Validität belegen. Dennoch möchte ich zwei Bemerkungen vorausschicken, um Mißverständnisse über die Reichweite einer solchen Konstruktion zu vermeiden.

Erstens deckt sich dieses Analyseraster nicht genau mit der sozialen Schichtung. So kann es etwa hochintegrierte Gruppen geben, die nur wenig wohlhabend sind. Dies ist beispielsweise der Fall für die Handwerker in einer Struktur zünftischen Typs, welche gemeinhin trotz mäßiger Einkommen Beschäftigungsstabilität und solide Sicherungen gegen die wichtigsten sozialen Risiken gewährleistet. Oder noch ein besseres Beispiel: Es gibt eine integrierte Armut, wie etwa die der Fürsorge beziehenden Bevölkerungsgruppen, für die das Ausbleiben von Einnahmen eine Versorgung in Form der »unmittelbaren Sicherung« auslöst (Kapitel I). Die ökonomische Dimension ist also nicht die wesentliche Diskriminante, und die zugrundeliegende Frage ist nicht die nach der Armut, obgleich die Destabilisierungsrisiken vorwiegend auf denen lasten, die über keinerlei ökonomische Reserven verfügen. Wenn es also nicht die Betuchtesten sind, die vorrangig betroffen sind, so sind es notwendigerweise auch nicht die »Ärmsten« oder die »Mittellosesten« als solche. Viel eher sind es gerade die zwischen ökonomischer Prekarität und sozialer Instabilität bestehenden Beziehungen, welche wir offenlegen müssen.[2]

Zweitens ist das vorgeschlagene Modell nicht statisch. Es geht weniger darum, die Individuen in diesen »Zonen« zu verorten, als vielmehr die Prozesse aufzuklären, die ihren Übergang von der einen in die andere bewirken, etwa das Hinüberwechseln von der Zone der Integration in die der Verwundbarkeit oder den Absturz aus dieser Zone in die gesellschaftliche Nicht-Existenz[3]: Woraus speisen sich diese sozialen Räume, wie erhalten sich und vor allem wie lösen sich diese Stellungen auf? Genau aus diesem Grund möchte ich auch dem heute unablässig angestimmten Thema der sozialen Ausgrenzung (exclusion sociale), jenes der *Entkoppelung* (désaffiliation) vorziehen. Darin kommt keineswegs eine Koketterie auf der Ebene des Vokabulars zum Ausdruck. Ausgrenzung ist unbeweglich. Sie bezeichnet einen Zustand oder vielmehr Zustände der Not. Doch vermag das einfache Konstatieren von Mängeln nicht, die zu solchen Situationen führenden Prozesse zu erfassen. Um einen solchen Begriff, der mit einer dualen Gesellschaft korrespondieren würde, in aller Strenge zu verwenden, müßte er mit Situationen korrespondieren, die sich durch eine präzise geographische Lokalisierung, eine für eine Kultur oder Subkultur zumindest relative Kohärenz und am häufigsten durch eine ethnische Basis auszeichnen. Die amerikanischen Ghettos lösen Assoziationen dieser Art aus, und man kann in bezug auf sie, obschon der Begriff diskutabel ist, von einer »*under-class*« sprechen. Wir sind in Frankreich nicht – oder noch nicht – so weit. Selbst das »beur«-Phänomen[4] beinhaltet trotz eines Bezugs zur Ethnizität keine spezifische Kultur. Erst recht existiert keine den verschiedenen Gruppen von »Ausgegrenzten« gemeinsame Kultur.

Von Entkoppelung zu sprechen, bedeutet dagegen nicht, einen Bruch noch zu bestätigen, sondern einen Verlauf nachzuzeichnen. Der Begriff gehört demselben semantischen Feld an wie die »Abspaltung«, die »gesellschaftliche Disqualifizierung« oder »Entwertung«. Entkoppelt, abgespalten, entwertet, disqualifiziert in bezug auf was?

---

2 Wenn höhere gesellschaftliche Positionen sich als wenig stabil und bedroht erweisen, läßt sich das vorgeschlagene Modell auf unterschiedliche Ebenen der gesellschaftlichen Schichtung anwenden. Ich habe versucht, dies für eine Grenzsituation am Gipfel der Pyramide gesellschaftlicher Größen zu testen (vgl. »Le roman de la désaffiliation, à propos de *Tristan et Iseut*«, *le Débat*, n. 61, September 1990). Im Gegensatz dazu werde ich hier die destabilisierenden Mechanismen ausgehend von den Verlorenen der Erde, den Vagabunden der vorindustriellen Gesellschaft, dem Subproletariat der beginnenden Industrialisierung, den »Beziehern« des RMI beschreiben.

3 Ohne dabei zu leugnen, daß es auch Bewegungen in umgekehrter Richtung, anders ausgedrückt, aufsteigende Mobilität gibt. Aus Gründen, die eben genannt worden sind, wende ich mich jedoch vorrangig den Bevölkerungsgruppen zu, die von gesellschaftlicher Entwertung bedroht sind.

4 Mit »beurs« bezeichnet man Französinnen und Franzosen, die der zweiten Generation von aus dem Maghreb eingewanderten Familien angehören; Anm. d. Übers.

Genau darin liegt das Problem. Es zeigt sich jedoch schon jetzt, wie das durch diese Vorentscheidung erforderte Analyseregister aussehen wird. Man müßte die Defizite in die Verlaufskurven miteinbeziehen, auf weiter ausgreifende Dynamiken bezugnehmen, seine Aufmerksamkeit auf die Kippunkte richten, welche die Grenzzustände hervorbringen; dem Verhältnis nachforschen zwischen der Situation, in der einer ist, und der, woher er kommt; Extremsituationen nicht autonomisieren, sondern das miteinander in Zusammenhang zu bringen, was an den Peripherien passiert und was sich oberhalb davon abspielt. Es läßt sich schon erraten, daß in dieser Perspektive der Zone der Verwundbarkeit eine strategische Rolle zukommen wird. In reduziertem oder kontrolliertem Zustand gewährleistet sie die Stabilität der Sozialstruktur, sei es im Rahmen einer einheitlichen Gesellschaft (einer Formation, innerhalb der alle Gesellschaftsmitglieder in den Genuß von Grundsicherheiten kommen), oder in Form einer konsolidierten zweigeteilten Gesellschaft (einer Gesellschaft vom Typ Spartas, in welcher kaum Zwischenpositionen zwischen den Vollbürgern und den unfreien Heloten existieren). Im Gegensatz dazu speist die heutzutage ganz klar geöffnete und in Ausdehnung befindliche Zone der Verwundbarkeit die Turbulenzen, die erreichte Situationen brüchig und gesicherte Statuspositionen zunichte machen. Diese Feststellung besitzt auch zeitübergreifende Gültigkeit. Die Verwundbarkeit ist ein sich über Jahrhunderte hinziehendes Wogen, das der Lage des einfachen Volkes den Stempel der Ungewißheit und ganz häufig des Unglücks aufgeprägt hat.

Ich habe diesem Buch den Titel *Die Metamorphosen der sozialen Frage* gegeben.

»*Metamorphosen*«, Dialektik des Gleichen und des Unterschiedlichen: Die historischen Transformationen dieses Modells offenlegen, hervorheben, was seine hauptsächlichen Kristallisierungen gleichzeitig an Neuem und an Dauerndem aufweisen, und sei dies in Formen, die sie nicht direkt wiedererkennbar werden lassen. Tatsächlich unterscheidet sich nämlich der konkrete Gehalt von Begriffen wie Beschäftigungsstabilität, Prekarität oder Ausweisung aus der Beschäftigung, Zugehörigkeit zu Beziehungsnetzen, Brüchigkeit von Schutzinstanzen oder soziale Isolierung völlig von dem, was er jeweils in den vorindustriellen Gesellschaften oder im 19. Jahrhundert bedeutete. Ja, er ist sogar völlig verschieden von dem, was er vor nur zwanzig Jahren noch bedeutet hat. Dennoch wird erstens zu zeigen sein, daß die diese »Zonen« bevölkernden Gruppierungen aufgrund dieser Tatsache eine homologe Position in der Sozialstruktur einnehmen. Es besteht beispielsweise eine positionale Homologie zwischen den »Nutzlosen der Erde«[5], den Vagabunden aus der Zeit vor der industriellen Revolution, und den unterschiedlichen Kategorien von »Nichtbeschäftigbaren« von heute. Zweitens, daß die für diese Situationen verantwortlichen Prozesse ebenfalls vergleichbar sind, das heißt homolog in ihrer Dynamik und verschieden in ihren Manifestationen. Es ist immer noch die Unmöglichkeit, sich innerhalb der herrschenden Organisationsformen der Arbeit und in den anerkannten Formen der Zugehörigkeit zu einer Gemeinschaft (wobei sich natürlich die einen wie die anderen

5 Um die von Bronislaw Geremek zitierte sinnbildliche Verurteilung eines Vagabunden des 15. Jahrhunderts aufzugreifen: »So sei er würdig zu sterben als ein auf der Welt Nutzloser, nämlich gehängt zu werden wie ein Gauner« (*Les mariginaux parisiens aux XIVe et XVe siècles*, Paris, Flammarion, 1976, S. 310).

zwischenzeitlich völlig geändert haben) einen stabilen Platz zu schaffen, welche die gemeinsame Lage der »Überzähligen« von einst, von unlängst und von heute ausmacht. Drittens, daß wir deswegen dennoch nicht das Ablaufen einer linearen Geschichte erleben, deren Aneinanderreihung von Gestalten Kontinuität gewährleistete. Ganz im Gegenteil muß man doch staunen angesichts der Diskontinuitäten, Gabelungen, Neuerungen, die wir uns noch zu erklären haben; so zum Beispiel angesichts dieses außerordentlichen Abenteuers der Lohnarbeit, die von absoluter Verrufenheit zum Status des hauptsächlichen Verteilers von Einkommen und Absicherungen aufgerückt ist. Dies um so mehr, als dieses »Aufrücken« nicht den unaufhaltsamen Aufstieg einer zur Krönung der Geschichte berufenen Realität darstellt: Im Augenblick der Durchsetzung der liberalen Gesellschaftsordnung hat der Imperativ der Neudefinition der Arbeitsbeziehungen innerhalb eines kontraktuellen Rahmens einen ebenso grundlegenden Bruch bedeutet wie der sich gleichzeitig vollziehende Wechsel des politischen Regimes. Doch wie grundlegend sie auch gewesen ist, so hat sich diese Transformation nicht auf hegemoniale und einheitliche Weise durchgesetzt. Zur gleichen Zeit, da sich die freie Lohnarbeit zur rechtlich konsekrierten Form der Arbeitsbeziehungen entwickelt, bleibt die Situation des Lohnarbeiters über lange Zeit hin mit Prekarität und Unglück konnotiert. Darin besteht das Rätsel des Aufstiegs eines Multiplikators von Reichtum, der das Elend in seinem Zentrum verankert. Auch heute noch muß man sich über die befremdliche Kehrtwende wundern, aufgrund derer die Lohnarbeit erneut Gefahr läuft, sich wieder in eine bedrohliche Situation zu verwandeln, nachdem sie sich doch so gut aus der Affäre gezogen hatte.

Das Wort Metamorphose wurde also nicht als bloße Metapher verwandt, um vorzugeben, daß eine Substanz unter dem Wandel ihrer Attribute fortbestehe. Im Gegenteil: Eine Metamorphose erschüttert die Gewißheiten und setzt die gesamte Gesellschaftslandschaft neu zusammen. Dennoch stellen selbst fundamentale Umwälzungen keine absoluten Neuerungen dar, wenn sie sich in den Rahmen ein und derselben *Problematisierung* einfügen. Unter Problematisierung verstehe ich das Vorliegen eines einheitlichen Bündels von Fragen (deren gemeinsame Charakteristika zu definieren sind), die zu einem bestimmten Zeitpunkt aufgekommen sind (der zu datieren ist), die mehrere Male in Krisenzeiten unter Einbeziehung neuer Gegebenheiten reformuliert worden sind (diese Transformationen sind zeitlich einzuordnen) und die schließlich noch bis heute fortexistieren. Das Weiterbestehen dieser Fragestellung verlangt, daß man sich ihrer eigenen Geschichte zuwendet mit dem Ziel, die *Geschichte der Gegenwart* zu schreiben.[6] Wenn es sich tatsächlich verbietet, von der Vergangenheit einen Gebrauch zu machen, der den Anforderungen der historischen Methodologie widerspricht, so scheint es mir dennoch legitim, Fragen an das historische Material heranzutragen, welche die Historiker nicht unbedingt gestellt haben, und es von anderen Kategorien ausgehend neu anzuordnen, im vorliegenden Fall von

6 Das Fortbestehen einer Frage hängt nicht von der Bedeutung ab, die ihr in der Vergangenheit zukam. So hat etwa die Frage, ob sich nun die Sonne um die Erde dreht oder umgekehrt, zur Zeit Galileis fundamentale theologische, philosophische, politische, wissenschaftliche und praktische Auseinandersetzungen ausgelöst. Doch haben sie sich verflüchtigt, nachdem die »kopernikanische Revolution« beinahe einmütig angenommen worden war und selbst der Vatikan, freilich erst vor kurzem, zu dem Schluß gekommen ist, daß Galilei recht hatte.

soziologischen Kategorien aus. Das bedeutet nicht, die Geschichte neu zu schreiben oder gar zu revidieren. Es bedeutet aber, sie neu zu lesen, das heißt mit Hilfe der ganz und gar den Historikern zu verdankenden Daten eine *andere Erzählung* anzufertigen, die von einem soziologischen Lektüreraster aus eine eigene Kohärenz aufweisen und zugleich mit der Erzählung der Historiker vereinbar sein soll. Das Material, auf dem meine Argumentation aufbaut, ist historischer Natur, vor allem im ersten Teil. Es ist jedoch in Abhängigkeit von analytischen Kategorien beibehalten und neu angeordnet worden, für deren Einführung ich allein die Verantwortung übernehme.[7]

»Metamorphosen der sozialen Frage«. Die »soziale Frage« ist eine fundamentale Aporie, an der eine Gesellschaft das Rätsel ihrer Kohäsion erfährt und das Risiko ihrer Fraktur abzuwenden sucht. Sie stellt eine Herausforderung dar, welche die Fähigkeit einer Gesellschaft (dessen, was man in politischen Begriffen eine Nation nennt) auf die Probe bzw. in Frage stellt, als eine durch wechselseitige Abhängigkeitsbeziehungen verbundene Gesamtheit zu existieren.

Diese Frage taucht das erste Mal unter dieser Bezeichnung in den 1830er Jahren auf. Sie stellt sich also, seitdem die Lebensbedingungen von Bevölkerungsschichten ins öffentliche Bewußtsein getreten sind, die gleichermaßen Akteure wie Opfer der industriellen Revolution sind. Es ist dies die Pauperismusfrage. Das war der entscheidende Moment, als die beinahe totale Scheidung zwischen einer auf der Anerkennung der Bürgerrechte beruhenden juridisch-politischen Ordnung und einer Wirtschaftsordnung offenbar wurde, welche Massenelend und Moralverfall nach sich zog. Es verbreitete sich also die Überzeugung, daß es sich hierbei um »eine Bedrohung der politischen und moralischen Ordnung« handle. Noch energischer ausgedrückt: »Entweder wir finden ein wirksames Mittel gegen die klaffende Wunde des Pauperismus oder wir können uns auf den Umsturz der Welt gefaßt machen.«[8] Interpretieren wir das so, daß die liberale Gesellschaft Gefahr lief, aufgrund der von einer wilden Industrialisierung bewirkten, neuartigen Spannungen auseinanderzubrechen.

Dieser Hiatus zwischen politischer Organisation und wirtschaftlichem System erlaubt zum ersten Mal mit Klarheit die Rolle des »Sozialen« zu kennzeichnen, die darin besteht, sich in dieser Zwischenlage zu entfalten, Bindungen wiederherzustellen oder zu schaffen, die weder einer strikt ökonomischen Logik, noch einer strikt politi-

7 Ich habe die methodologischen Vorannahmen dieses Ansatzes in »Problematization: a way of Reading History«, in: J. Goldstein (ed.), *Foucault and the Writing of History today*, Cambridge, Basil Blackwell, 1994, dargestellt. Jean-Claude Passeron hat den epistemologischen Sockel herausgearbeitet, der eine solche Position rechtfertigt, vgl. *Le Raisonnement sociologique, l'espace non poppérien du raisonnement naturel*, Paris, Nathan, 1991. Denn ungeachtet der akademischen Arbeitsteilung bringen Geschichte und Soziologie (und auch die Anthropologie) auf derselben epistemologischen Ebene angesiedelte Diskurse hervor, unterhalten dasselbe Verhältnis zu denselben Beweisprozeduren und besitzen die gleiche empirische Basis, was Passeron den »geschichtlichen Lauf der Welt« bezeichnet. Demnach sind gegenseitige Leihgaben und Transfers von Disziplin zu Disziplin legitim, solange die einer jeden Disziplin eigenen Regeln respektiert werden. Die Einhaltung dieser Regeln untersagt, daß der Nicht-Historiker sich auch nur die kleinste Änderung der von der Geschichtswissenschaft erarbeiteten Daten erlaubt. Nicht daß diese Konstruktionen definitiv wären, ihre Umarbeitung gehört jedoch zu den dem Handwerkszeug des Historikers eigenen Prozeduren. Ich werde mich also nicht in die zeitgenössische historiographische Debatte begeben, die die Bedingungen der Konstruktion historischer Daten neu hinterfragt. Ich greife die Zeugnisse der Epoche und die Ergebnisse der Historiker auf, wenn über sie Konsens besteht (oder ich werde mich, wenn dies nicht der Fall ist, bemühen, die Divergenzen in der Interpretation aufzuzeigen), um sie auf andere Art aufzurollen, nämlich gemäß der Konfiguration eines anderen assertorischen Raumes, des Raumes des »soziologischen Argumentierens«.

8 Vicomte A. de Villeneuve-Bargemont, *Économie politique chrétienne ou Recherches sur le paupérisme*, Paris, 1834, S. 25.

schen Jurisdiktion gehorchen. Das »Soziale« besteht aus nicht-marktförmigen Regulierungssystemen, die diese Kluft überbrücken sollen. Die soziale Frage wird also in diesem Kontext zur Frage nach dem Ort, den die am stärksten desozialisierten Randgruppen der Arbeitenden einnehmen können. Die Antwort auf diese Frage wird in der Gesamtheit der zum Ziele ihrer Integration errichteten Dispositive bestehen.

Dennoch existierte das Soziale auch schon vor dieser »Erfindung des Sozialen«.[9] So die vielfältigen institutionalisierten Formen nicht-marktförmiger Beziehungen im Hinblick auf unterschiedliche Kategorien von Bedürftigen (die Praktiken und Institutionen der Fürsorge), aber auch die auf ganz bestimmte Bevölkerungsgruppen abzielenden systematischen Interventionsformen: Unterdrückung des Vagabundentums, Arbeitsverpflichtung, Kontrolle der Zirkulation von Arbeitskräften. Es gab also nicht nur das, was ich »Sozialfürsorge« (social-assistentiel) nennen möchte, sondern auch öffentliche Interventionen, mittels derer der Staat die Rolle eines Garanten für die Aufrechterhaltung der Arbeitsorganisation und eines Regulators der Mobilität der Arbeitenden übernahm. Aus welchem Grund? Eben weil sich eine »soziale Frage« schon für die vorindustriellen Gesellschaften Mitteleuropas stellte. Die in einer Ständegesellschaft sorgsam umhegte Interdependenz von Statuspositionen fand sich durch den Druck bedroht, den all jene auf sie ausübten, die ihren Platz nicht über die traditionelle Organisation der Arbeit finden konnten. In der Vagabunden-Frage kam, wie wir noch sehen werden, die Grundforderung nach freiem Zugang zur Arbeit zum Ausdruck, von der aus sich die Produktionsverhältnisse auf einer neuen Grundlage definierten. Zugleich verschleierte sie diese aber auch.

Doch wenn die »soziale Frage« schon vor ihrer ersten expliziten Formulierung im 19. Jahrhundert auftaucht, stellt sie sich dann nicht erneut, *nachdem* die von der ereignisreichen Geschichte der Integration der Arbeiterklasse beherrschte Problematik aufgehört hat, bestimmend zu sein? Freilich ist diese sich zwischen der ersten Hälfte des 19. Jahrhunderts und den sechziger Jahren des 20. Jahrhunderts erstreckende Phase gerade am Verblassen. Es gibt auch kein Wort mehr, um der Einheit in der Vielheit der »sozialen Probleme« gerecht zu werden, die an diese Stelle getreten sind – deshalb auch die Beliebtheit des Begriffs Ausgrenzung, dessen Undifferenziertheit eine Masse von Notlagen abdecken muß, ohne ihre Zugehörigkeit zu einer gemeinsamen Gattung nachvollziehbar zu machen. Was teilt tatsächlich ein in die familiäre Sphäre zurückgezogener Langzeitarbeitsloser mit Frau, Wohnung und Fernseher[10] mit dem Jugendlichen, dessen »Tretmühle« aus ständigem Herumirren und mißglückten Wutausbrüchen besteht?[11] Sie haben weder die Vergangenheit noch die Zukunft, den Erlebnishintergrund oder die Werte gemeinsam. Sie können sich keinem gemeinsamen Lebensentwurf widmen und scheinen kaum dafür offen zu sein, ihre Ratlosigkeit in den Formen kollektiver Organisation zu überwinden.

Doch was derartige Situationen einander annähert, ist weniger eine von einer empirischen Beschreibung herrührende Gemeinsamkeit von Merkmalen, als vielmehr die Einheitlichkeit einer *Position* im Verhältnis zum gegenwärtigen ökonomischen

9 J. Donzelot, *L'Invention du social*, Paris, Fayard, 1984.
10 O. Schwartz, *Le Monde privé des ouvriers*, Paris, PUF, 1990.
11 F. Dubet, *La Galère, jeunes en survie*, Paris, Fayard, 1987.

und sozialen Strukturwandel. Sie sind nicht so sehr ausgegrenzt als vielmehr links liegengelassen, wie auf Grund gelaufen, nachdem der Strom der produktiven Austauschbeziehungen sich von ihnen abgewandt hat. Es scheint ganz so, als ob wir, an Wirtschaftswachstum, Quasi-Vollbeschäftigung, an den Fortschritt der Integration und an die Ausweitung der sozialen Sicherung gewohnt, mit ängstlichem Gefühl eine gebannt geglaubte Realität wiederentdecken: die erneute Existenz von »in der Welt Nutzlosen«, von überzählig gewordenen Subjekten und Gruppen angesichts des laufenden *aggiornamentos* der ökonomischen wie sozialen Kompetenzen.

Dieser Status unterscheidet sich wirklich vollkommen von dem, den selbst die in der vorangegangenen Version der sozialen Frage am stärksten Benachteiligten einnahmen. So war der gewiß ausgebeutete Handlanger oder der angelernte Arbeiter der letzten großen Arbeitskämpfe doch noch unentbehrlich. Anders gesagt blieb er in die Gesamtheit gesellschaftlicher Austauschbeziehungen eingebunden. Er war, wenn er darin auch den letzten Rang einnahm, Teil der Gesellschaft im Durkheimschen Sinne als einer Gesamtheit von interdependenten Elementen. Daraus ergab sich, daß seine Untergeordnetheit im Rahmen einer Integrationsproblematik, das heißt in ihrer »reformistischen« Version in Begriffen des Abbaus von Ungleichheiten, der Einkommenspolitik, der Verbesserung sozialer Chancen und der Mittel der kulturellen Teilhabe, oder in ihrer »revolutionären« Version in Begriffen der völligen Umwälzung der Sozialstruktur zur Herstellung einer realen Gleichheit der Lage für alle gedacht werden konnte.

Die »Überzähligen« sind jedoch nicht einmal ausgebeutet, denn, um dies zu sein, müßten sie in gesellschaftliche Werte konvertierbare Kompetenzen besitzen. Sie sind schlichtweg unnütz. Es ist auch schwer erkennbar, wie sie eine Druck ausübende Kraft, ein Kampfpotential bilden könnten, solange sie nicht in irgendeinen neuralgischen Sektor des gesellschaftlichen Lebens einbezogen sind. Sie geben damit zweifelsohne den Anstoß zu einer neuartigen theoretischen wie praktischen Problematik. Wenn sie im eigentlichen Wortsinne keine Handelnden mehr sind, da sie nichts gesellschaftlich Nützliches mehr *machen*, wie können sie da gesellschaftlich überhaupt *existieren*? Dies natürlich in dem Sinne, in dem existieren bedeutet, wirklich einen Platz in der Gesellschaft einzunehmen. Denn gleichzeitig sind sie ja sehr wohl präsent – und darin besteht eben das ganze Problem, da sie in Überzahl vorhanden sind.

Wir haben es hier mit einer grundlegenden »Metamorphose« im Verhältnis zur vorausgehenden Frage zu tun, die ja darin bestand, wie ein untergeordneter und abhängiger Akteur zu einem vollwertigen gesellschaftlichen Subjekt werden könne. Nun besteht die Frage eher darin, diese Präsenz zu euphemisieren, sie mit dem letztendlichen Ziel ihrer Beseitigung unauffällig zu machen (darin geht, wie wir sehen werden, die ganze Bemühung der Eingliederungspolitik auf, die man im Zusammenhang mit dem Rückgang der Integrationspolitik betrachten muß). Eine neue Problematik also, *aber keine andere Problematisierung*. Man kann nämlich die Situation dieser an den Rändern befindlichen Bevölkerungsgruppen nicht autonomisieren, es sei denn, man bestätigt den Einschnitt, den man ja gerade angreift, wenn man vorgibt, gegen den Ausschluß zu kämpfen. Der hier vorgeschlagene historische Umweg wird zeigen, daß das, was sich an der Peripherie der Sozialstruktur herauskristallisiert –

über die Vagabunden vor der industriellen Revolution, die »Elenden« des 19. Jahrhunderts, die »Ausgegrenzten« von heute –, Teil einer globalen gesellschaftlichen Dynamik ist. Hierin liegt eine fundamentale Gegebenheit, welche sich mir im Lauf der Forschung bei meiner Analyse der Situation der Vagabunden aufgedrängt hat, ihre Lektion besitzt auch für heute Gültigkeit: Die soziale Frage stellt sich explizit an den Rändern des gesellschaftlichen Lebens, sie stellt gleichwohl auch die gesamte Gesellschaft »in Frage«. Es tritt hier eine Art Bumerang-Effekt zutage, über den die Probleme, die von den an den Umrandungen einer gesellschaftlichen Formation scheiternden Bevölkerungsgruppen aufgeworfen werden, in deren Zentrum zurückkehren. Auch wenn wir ja angeblich in die »postindustrielle«, ja gar »postmoderne« Gesellschaft oder wie man sie sonst noch nennen mag, eingetreten sind, ändert das nichts daran, daß die Lage derer, die »out« sind, immer noch von der Lage derer, die »in« sind, abhängt. Es sind immer noch die in den Entscheidungszentren – der Wirtschafts- und Sozialpolitik, des Unternehmensmanagements, der industriellen Umstellungen, der Bemühung um Wettbewerbsfähigkeit, etc. – getroffenen Weichenstellungen, die sich wie eine Schockwelle in die unterschiedlichen Zonen des gesellschaftlichen Lebens hindurchziehen. Aber das Umgekehrte ist gleichermaßen der Fall, daß also die Mächtigen und Stabilen nicht auf einem Olymp stehen, von dem aus sie unerschütterlich über das Elend der Welt nachsinnen könnten. Integrierte, Anfällige und Entkoppelte gehören zu ein und derselben Gesamtheit, deren Einheit allerdings problematisch ist. Über die Konstitutionsbedingungen und die Bedingungen zur Aufrechterhaltung dieser problematischen Einheit gilt es nachzudenken. Wenn die Neubestimmung ökonomischer Leistungsfähigkeit und sozialer Kompetenz mit dem Ausrangieren von 10, 20, 30 oder noch mehr Prozent der Bevölkerung erkauft werden muß, kann man da etwa noch von der Zugehörigkeit zu ein und demselben gesellschaftlichen Ganzen sprechen? Wo liegt die Toleranzschwelle einer demokratischen Gesellschaft für das, was ich lieber gesellschaftliche Entwertung als Ausgrenzung nennen möchte? Genau darin besteht nach meinem Dafürhalten die neue soziale Frage. Was kann zur Wiederaufnahme dieser durch die Konjunktur wertlos gemachten Bevölkerungsgruppen in das gesellschaftliche Spiel getan werden, was, um den Aderlaß der Entkoppelung zu stillen, die das Risiko in sich birgt, daß der gesamte Gesellschaftskörper ausblutet?

Die derart gestellte Frage ist auch eine Frage nach dem Staat, nach der Rolle, welche der Staat unter diesen Umständen überhaupt spielen soll. Der Sozialstaat (ich werde noch sagen, warum ich vermeide, vom Wohlfahrtsstaat zu sprechen) hat sich am Schnittpunkt zwischen Markt und Arbeit herausgebildet. Er ist um so stärker gewesen, je stärker auch die von ihm regulierten Dynamiken waren: das Wirtschaftswachstum und die Strukturierung der Lohnarbeiterlage. Wenn es wieder zu einer Autonomisierung der Ökonomie und zur Auflösung der Lohnarbeiterlage kommt, verliert der Sozialstaat seine gesamte Integrationskraft. Aber auch hier kann es sich eher um eine Metamorphose als um ein Verschwinden handeln. Macht man sich die Mühe und rekonstruiert die Peripetien, die er durchlaufen hat, so wird klar, daß nicht nur eine einzige Form des Sozialstaats im Himmel der Ideen aufgehoben ist.

Die Konjunktur im Anschluß an den Zweiten Weltkrieg hat der erreichten Verknüpfung des Ökonomischen mit dem Sozialen eine recht befriedigende Version verliehen, so daß sie versucht war, sich als beinahe endgültig zu verstehen. Jeder weiß, daß wir uns heute nicht mehr in der vom Wirtschaftswachstum ermöglichten Ära der sozialen Kompromisse befinden, aber was besagt das? Ohne Zweifel stehen wir an einer Weggabelung: Sollen wir eine völlig den Erfordernissen der Wirtschaft unterworfene Gesellschaft hinnehmen oder eine den neuen Herausforderungen angemessene Form des Sozialstaats aufbauen? Eine Zustimmung zur ersten Möglichkeit dieser Alternative kann nicht ausgeschlossen werden. Aber sie würde Gefahr laufen, dies mit dem Zusammenbruch der Lohnarbeitsgesellschaft zu bezahlen, dieser neuartigen Montage von Arbeit und Absicherungen also, deren Durchsetzung so viel Mühe gekostet hat.

Gegen Ende des 19. Jahrhunderts haben Émile Durkheim und die Republikaner diesem problembehafteten Zusammenhalt, der die Komplementarität der Teile, aus denen sich eine Gesellschaft zusammensetzt, trotz der wachsenden Komplexität ihrer Organisation gewährleistet, den Namen Solidarität gegeben. Sie bildet die Grundlage des Gesellschaftspaktes. Durkheim formulierte das in diesen Begriffen gerade in dem Moment, als die Entwicklung der Industrialisierung die früheren Solidaritäten bedrohte, die noch viel der Reproduktion einer auf Tradition und Herkommen beruhenden Ordnung verdankten. Zu Beginn des 20. Jahrhunderts sollte die Solidarität ein freiwilliges Sorgetragen der Gesellschaft für sich selbst werden, und der Sozialstaat sollte hierbei die Rolle des Garanten spielen. Bei Anbruch des 21. Jahrhunderts, nun, da die im Rahmen der Industriegesellschaft ins Werk gesetzten Regulationen ihrerseits grundlegend erschüttert sind, muß ganz klar dieser nämliche Gesellschaftspakt mit neuerlichem Aufwand redefiniert werden. Als Solidaritätspakt, Pakt für Arbeit, Pakt für Staatsbürgerlichkeit: Dies verlangt, daß wir uns über die Voraussetzungen der Inklusion aller Gedanken machen, auf daß sie, wie man zu Zeiten der Aufklärer sagte, »Umgang miteinander haben« können, d.h. »eine Gesellschaft bilden«.[12]

12 Der Begriff »commerce« hat im Französischen des 18. Jahrhunderts neben der heutigen Bedeutung von »Handel« vor allem als »doux commerce« die Bedeutung von »höflichem gesellschaftlichen Verkehr« oder »angenehmem Umgang«, eine Doppeldeutigkeit, die im Deutschen nicht wiederzugeben ist. Vgl. A. O. Hirschman, *Leidenschaften und Interessen*, Frankfurt, Suhrkamp, 1987, S. 70f; Anm. d. Ü.

Anmerkung zum Gesellschaftsvergleich

Die Problemstellung, die im ersten Teil entfaltet wird, bezieht sich grundsätzlich auf den Großteil Europas westlich der Elbe, also den geographischen Raum der »lateinischen Christenheit«, der, mit Pierre Chaunu gesprochen[1], zum »Europa allen Fortschritts« geworden ist, zur Wiege der industriellen wie politischen Doppelrevolution, deren Hinterlassenschaft für die westliche Zivilisation bestimmend gewesen ist. Dennoch umfaßt er auch nicht reduzierbare nationale Spezifika. Zumindest aus zwei Gründen wäre es nicht möglich, dies alles in seiner Gesamtheit mitzubehandeln: aufgrund der Bandbreite des zu bearbeitenden Materials sowie der Unmöglichkeit, sich den Anforderungen eines seriösen vergleichenden Ansatzes einer solchen Größenordnung zu unterziehen. Ich habe deshalb eine Untersuchung der französischen Situation vorgezogen. Allein, es handelt sich nicht um eine rein das Hexagon betreffende Analyse. Zum einen, da Übereinstimmungen mit anderen Situationen hervorgehoben werden (paradoxerweise sind sie augenscheinlicher, geht man vor die Zeit der Konsolidierung der Nationalstaaten zurück: So weisen etwa die Mitte des 14. Jahrhunderts und das beginnende 16. Jahrhundert hinsichtlich der Fürsorgestrukturen und der Organisationsformen der Arbeit über den gesamten europäischen Raum hinweg erstaunliche Analogien auf); zum andern, weil ich mich ständig auf die entsprechenden Transformationen der britischen Gesellschaft berufen habe und häufig darauf Bezug nehme (diese Parallelisierung erhebt keinerlei Anspruch auf die Genauigkeit einer wirklich komparativen Analyse; sie möchte lediglich ein Spiel zwischen den Ähnlichkeiten und den Unterschieden nahelegen, um bei der Offenlegung der Konstanten behilflich zu sein).[2] Schließlich aber setzt eine solche Analyse hinsichtlich ihrer Machbarkeit vor allen Dingen voraus, daß tatsächlich Konstanten in Raum und Zeit bestehen, und dies trotz oder gar dank der kulturellen und historischen Verschiedenheiten. »Konstanten« impliziert nicht die Ewigkeit derselben Strukturen, sondern Homologie in den Situationskonfigurationen und ihren Wandlungsprozessen. Doch in diesem Stadium handelt es sich um eine *petitio principii*, die sich nun der Aufgabe unterziehen muß, die historische Verschiedenartigkeit zu organisieren.

Schematisch gesprochen könnte man sagen, daß meine Analyse bis einschließlich zur Renaissance weitgehend »europäisch« ist. Sie nimmt in der Folge häufig Bezug auf die englische Situation bis zum Ende des 18. Jahrhunderts. Danach wird es unmöglich, auf das Problem der Unterschiedlichkeit der Sozialstaaten und der Besonderheit der aktuellen Situation in den unterschiedlichen Ländern Westeuropas einzugehen (zudem wäre es nötig geworden, die Situation in den Vereinigten Staaten in

1 P. Chaunu, *Histoire, science sociale: la durée, l'espace et l'homme à l'époque moderne*, Paris, SEES, 1974.

2 Wie E. J. Hobsbawm (*Europäische Revolutionen 1789-1848*, München, Kindler, 1978) zeigt, ist die parallele Gegenüberstellung der französischen und der englischen Situation besonders anregend, insoweit die eine nämlich das Epizentrum der politischen Revolution bildete, die andere dagegen das der industriellen Revolution.

die Analyse miteinzubeziehen). Um in einem Wort die meinem Vorschlag zugrundeliegende Position zu benennen, welche Karl Polanyi für sich reklamieren könnte[3]: Die Sozialstaaten der westlichen Länder haben auf eine ihnen gemeinsame Herausforderung geantwortet, nämlich auf die der Industrialisierung und der Faktoren der durch sie erzeugten gesellschaftlichen Dissoziierung, doch haben sie dies offensichtlich in unterschiedlichen Rhythmen getan, indem sie ihre nationalen Traditionen mobilisierten und dies wiederum mit Rücksicht auf die im jeweiligen Kontext vorhandenen gesellschaftlichen Kräfte. Gleichwohl bleibt die Debatte auf einer etwas metaphysischen Ebene und erforderte präzise komparative Analysen der unterschiedlichen nationalen Kontexte, welche weitgehend noch zu leisten sind.[4]

3 K. Polanyi, *The Great Transformation. Politische und ökonomische Ursprünge von Gesellschaften und Wirtschaftssystemen*, Frankfurt/Main, 1990².

4 Diese Debatte wird gegenwärtig vor allem von sogenannten »neoinstitutionalistischen« Positionen aus geführt (*State-central approach*), die den Akzent auf die Heterogenität der nationalen Situationen setzen sowie auf die spezifische Rolle der Staaten und der staatlichen Beamten; vgl. P. B. Evans, D. Rueschemeyer, T. Skocpol, *Bringing the State back in*, New York, Cambridge University Press, 1985. Für eine Darstellung der verschiedenen Positionen vgl. F.-X. Merrien, »État et politiques sociales: contribution à une théorie ›néo-institutionaliste‹«, *Sociologie du travail*, n° 3/90, 1990. Für einen Vergleich der die Entstehung und die Entwicklung der Sozialstaaten bestimmenden Faktoren, vgl. P. Flora, A. J. Heidenheimer (Hg.), *The Development of Welfare States in Europe and America*, New Brunswick and London, Transactions Books, 1979.

Erster Teil

Von der Vormundschaft zum Vertrag

Die »soziale Frage« läßt sich als eine Beunruhigung angesichts der schwindenden Fähigkeit zur Aufrechterhaltung der Kohäsion einer Gesellschaft charakterisieren. Die drohende Gefahr eines Bruches geht von Gruppen aus, deren Vorhandensein allein schon den Zusammenhalt des Ganzen ins Wanken bringt. Wer sind sie? Das Problem hierbei verkompliziert sich noch aufgrund der unklaren Gehalts, den der Begriff »sozial« abdeckt. Wir werden später noch auf seine unterschiedlichen Bedeutungen eingehen, doch müssen wir zunächst von einer groben Unterscheidung ausgehen, die in der Folge zu nuancieren ist. Die Bevölkerungsgruppen, auf die sich gesellschaftliche Interventionen richten, unterscheiden sich grundsätzlich danach, ob sie arbeitsfähig sind oder nicht, und sie unterliegen abhängig von diesem Kriterium einer jeweils völlig unterschiedlichen Behandlung.

Ein erstes Profil dieser Bevölkerungsgruppen lenkt den Blick auf das, was man eine *»Handicapologie«*, einen Katalog von »Behinderungen« im weitesten Sinne des Wortes nennen könnte. Alte Leute, Bedürftige, elternlose Kinder, Körperbehinderte aller Art, Blinde, Lahme, Skrofulöse, Schwachsinnige – ein bunt zusammengewürfelter Haufen wie auf einem Gemälde von Hieronymus Bosch, doch ist all diesen Typen gemein, daß sie von sich aus nicht für ihre Grundbedürfnissen aufkommen können, weil sie nicht imstande sind, hierfür zu arbeiten. Sie sind daher von der Verpflichtung zur Arbeit ausgenommen. Es läßt sich nun die Frage erheben – sie stellt sich zu jedem Augenblick – wo nun genau die Trennungslinie zwischen Arbeitsfähigkeit und Arbeitsunfähigkeit verläuft. Der gebrechliche Alte da, könnte der nicht doch mit seinen eigenen Mitteln zurandekommen? Auf den Notleidenden lastet stets der Argwohn, daß sie auf Kosten der Besitzenden leben. Dennoch gibt es einen harten Kern von Situationen anerkannter Abhängigkeit, der sich um das Unvermögen herum konstituiert, Zugang zum Arbeitsmarkt zu finden, und das aufgrund von offenkundigen, dem Alter (Kinder und alte Leute), einer Gebrechlichkeit oder Krankheit geschuldeten physischen bzw. geistigen Schwächen, die sich gar auf bestimmte verheerende familiale oder soziale Situationen ausdehnen können, wie jene der »mit Kindern belasteten Witwe«, um einen häufig in den Reglements der Fürsorge anzutreffenden Ausdruck zu verwenden. »Handicapologie« will also im metaphorischen Sinn verstanden sein: Die Kategorie ist heterogen im Hinblick auf die Bedingungen, die zu diesen Situationen führen; im Gegensatz dazu besitzt das Kriterium eine große Kohärenz im Hinblick auf das damit gekennzeichnete Verhältnis zur Arbeit. Die von der Arbeitspflicht ausgenommenen Bevölkerungsgruppen bilden die potentielle Klientel der *Sozialfürsorge*. Eine solche Versorgung kann schwierige finanzielle, institutionelle und technische Probleme aufwerfen, ein prinzipielles Problem stellt sie aber nicht dar. Vorausgesetzt, daß der Bedürftige als arbeitsunfähig anerkannt wird, kann er in den Genuß von Unterstützung kommen, selbst wenn sich diese Behandlung in Wirklichkeit häufig als unzureichend, unangemessen, herablassend und gar erniedrigend erweist. Ist die Existenz dieses Bevölkerungstyps auch stets eine Quelle von Schwierigkeiten, so stellt sie doch die Organisation der Gesellschaft nicht grundsätzlich in Frage. Darauf wird noch näher eingegangen werden (Kapitel I), um sein Schicksal von dem eines anderen Profils von Armen zu unterscheiden, welches gegenüber der Gesellschaft die »soziale Frage« in ihrer zugespitzten Form aufwirft. Die

Unterscheidung zwischen einer *Unterstützungsproblematik* und einer *Arbeitsproblematik* ist einer jener Punkte, an denen meine »Erzählung« etwas von denen des Großteils der Historiker der Armenfürsorge abweicht, doch hoffe ich zeigen zu können, daß sie nicht im Widerspruch zu letzteren steht. Völlig verschieden von der Lage der Unterstützten ist nämlich die Situation derjenigen, die zwar arbeitsfähig sind, gleichwohl aber nicht arbeiten. Sie kommen zunächst in der Gestalt des *arbeitsfähigen Armen* zum Vorschein. Dieser kann trotz seiner Mittellosigkeit und seiner Qualität als Unterstützungsbedürftiger nicht direkt von den Einrichtungen profitieren, die für all jene bestimmt sind, die von der Verpflichtung befreit sind, selbst für ihren Unterhalt aufzukommen. Da er dem Imperativ der Arbeit nicht nachkommt, findet er sich häufig auch aus der Zone der Fürsorge verstoßen. Zudem wird er – und das für lange Zeit – in eine widersprüchliche Situation gebracht. Ist er obendrein noch ein Fremder, ein »Auswärtiger« ohne Anbindungen, so kann er auch nicht in den Genuß der Netzwerke der unmittelbaren Sicherung kommen, welche den Einheimischen mehr recht als schlecht eine minimale Befriedigung ihrer elementaren Bedürfnisse gewähren. Seine Lage wird so buchstäblich »unlebbar«. Das ist die Situation des Vagabunden, des Entkoppelten in Reinform.

Ursprünglich hatte ich eigentlich die Absicht, das Wesen der von diesem aporetischen Verhältnis zur Arbeit in der vorindustriellen Gesellschaft[1] aufgeworfenen Fragen zu analysieren und hierfür von der für den am stärksten stigmatisierten Randbereich vorgesehenen Behandlung auszugehen. Dies eben aufgrund des Umstandes, daß sich das Problem dort in seiner handgreiflichsten Form stellt. Die verbissenen Bemühungen zur Ausrottung des Vagabundentums zeugen von der entscheidenden Bedeutung, die dieser Frage mehrere Jahrhunderte lang beigemessen wurde.

Dennoch verkompliziert sich die Frage nochmals, wenn wir die soziologische Wirklichkeit rekonstruieren, die der Begriff Vagabund abdeckt. Meistens verdammt er das Herumziehen eines sich in prekärer Lage befindlichen Arbeiters auf der Suche nach Beschäftigung, was ihm allerdings verwehrt bleibt. Dieser Typ von Personen bringt einen irreparablen Riß in der Organisation der Arbeit ans Tageslicht. Gerade die Unfähigkeit dieser Organisation, Freiraum für die Mobilität zu schaffen, ist es nämlich, die die Vagabundenfrage nährt und dramatisiert. Sie stellt also nur eine zugespitzte Form des Konflikts dar, der weite Sektoren der gesellschaftlichen Organisation durchzieht. Tatsächlich ist es nämlich die Frage der Lohnarbeit, die sich hierin äußert, bzw. die zunehmende Notwendigkeit, auf Lohnarbeit zurückgreifen zu müssen, und gleichzeitig die Unmöglichkeit, die Lohnarbeit aufgrund des Fortbestands traditioneller Vormundschaften regulieren zu können, welche der Arbeit ein Korsett in Form eines rigiden Geflechts aus *gesellschaftlichen* – und mitnichten ökonomischen – Verpflichtungen anlegen.

1 »Vorindustrielle Gesellschaft« wird hier der historische Abschnitt genannt, der im christlichen Abendland von der Mitte des 14. Jahrhunderts bis zu den am Ende des 18. Jahrhunderts aufgekommenen tiefgreifenden Wandlungen reicht. Seine relative Einheit wird prinzipiell unter dem Blickwinkel der sich vor der »industriellen Revolution« ausbildenden Organisationsformen der Arbeit gefaßt. Nicht, daß diese Folge von mehr als vier Jahrhunderten keine bedeutenden ökonomischen und gesellschaftlichen Transformationen erfahren hätte, ganz im Gegenteil. Doch stießen sie auf Systeme von Zwängen, die sich als sehr dauerhaft erwiesen. Diese *Spannung* zwischen den Zwängen einer »Katastergesellschaft«, einer Gesellschaft von Ordnungen und Ständen, und den Faktoren des Wandels soll als Leitfaden für die Analysen der ersten vier Kapitel dienen.

Von der Vormundschaft zum Vertrag: Der Weg ist lang, der gegen Ende des 18. Jahrhunderts bis an die Schwelle der liberalen Moderne führt. Entschließt man sich, ihn einzuschlagen, dann muß man sich durch die komplexen Formen der Arbeitsorganisation der vorindustriellen Gesellschaft, die geregelte Arbeit, die Zwangsarbeit, die Entwicklung von nur grob umrissenen und fragmentarischen, aber doch stets eingedämmten und in Schranken gehaltenen Kernen »freier« Lohnarbeit durcharbeiten. Es wird sich dann zeigen, daß die Lebensbedingungen der Mehrheit derjenigen Bevölkerungsteile, die von ihrer Hände Arbeit leben, nicht von an geregelte Arbeit gebundenen Absicherungen garantiert ist. Sie zeichnen sich durch eine *massenhafte Verwundbarkeit* aus, erzeugt durch den Umstand, daß Arbeit nicht nach dem Modell des Marktes reguliert werden kann.

Ich habe mich schließlich dazu entschlossen, dieser langen Entwicklung nachzugehen. Das war zur Rekonstruktion des allmählichen Aufkommens einer Neuformulierung der sozialen Frage notwendig: der Frage des sich im 18. Jahrhundert allmählich durchsetzenden *freien Zugangs zum Arbeitsmarkt* mit seinen so revolutionären Auswirkungen. Die Institution des freien Arbeitsmarktes ist eine zweifelsohne genauso bedeutsame rechtliche Revolution wie die industrielle Revolution, deren Entsprechung sie zudem bildet. Ihr kommt nämlich im Vergleich zu allem, was ihr vorausgeht, fundamentale Bedeutung zu. Sie zerschlägt die jahrhundertealten Organisationsformen des Zunfthandwerks und macht die Zwangsarbeit zu einem barbarischen Relikt. Das Aufkommen des freien Arbeitsmarktes bringt daher einen langen Zyklus von konfliktreichen Wandlungsprozessen zum Abschluß, indem er mit den für das Aufkommen einer Lohnarbeiterlage ehemals hinderlichen Blockierungen aufräumt. Allerdings ist diese Revolution auch von entscheidender Bedeutung für das, was auf sie folgt. Sie bringt die soziale Frage zu Beginn des 19. Jahrhunderts unter völlig neuen Voraussetzungen aufs Tablett. Unter der Herrschaft der Vormundschaften erstickte die Lohnarbeit. Unter dem Vertragssystem blüht sie nun auf, doch wird die Lage der Arbeiter paradoxerweise gleichzeitig mit ihrer Befreiung auch fragiler. Man macht dabei die Entdeckung, daß Freiheit ohne Sicherheit zur schlimmsten aller Knechtschaften, nämlich der der Not führen kann.

Der Gang der Dinge, der in diesem ersten Teil nachgezeichnet wird, läßt sich folgendermaßen zusammenfassen: Am Beginn stehen die Vormundschaften und Zwänge, bei deren Beibehaltung der absolutistische Staat und die traditionelle Organisation der Handwerke gemeinsame Sache machen. Am Ende – mit dem ausgehenden 18. Jahrhundert – kommen die Verträge und die unternehmerische Freiheit auf, welche das von der Aufklärung geformte Prinzip der liberalen Steuerung über die politische Revolution in die Tat umsetzen. Die Aneinanderreihung dieser Episoden soll die Basis für das Verständnis der Peripetien des folgenden Kapitels abgeben. Vom 19. Jahrhundert an wird es nämlich Aufgabe der Sozialpolitik sein, diese allzu brüchige Struktur des freien Arbeitsvertrags zu stützen. Die Freiheit, welche die Unternehmen begünstigte, war zu stark, zu ungebunden für diejenigen, die zur ihrer Hinnahme schlicht gezwungen waren. Auf ihrem Siegeszug weisen Freiheit und Individualismus eine Kehrseite auf: die *negative Individualität* all derer, die ohne Anbindungen und Unterstützungen, bar jeglicher Absicherung und Anerkennung sind. Der Sozialstaat ist als Antwort auf diese Situation entstanden. Er hat gemeint, die ihr eigenen Risiken dadurch bannen zu können, daß er um das Arbeitsverhältnis solide Garantiesysteme herumspann. Das geschah derart, daß ein Vorgehen entlang dieser Verknüpfungen, oder besser dieser Brüche und Neuverknüpfungen, für uns, wenn nicht den kürzesten, so doch zumindest ganz klar den stringentesten Weg hin zur gegenwärtigen Problemlage darstellt, insofern diese Problematik sich grundsätzlich daraus ergibt, daß die um die Arbeit gewobenen Regulierungen ihre integrierende Kraft verlieren. Von der vorindustriellen zur postindustriellen Gesellschaft vollzieht sich so eine totale Kehrtwende. Die frühere Verwundbarkeit wurde durch ein Übermaß an Zwängen erzeugt, während sie heute durch das Schwächerwerden der Absicherungen ausgelöst wird. Wir werden daher die Voraussetzungen dieser Umkehrung in ihrer Gesamtheit darstellen müssen. Sie stecken die Umgrenzung der sozialen Frage im Rahmen ein und derselben Problemstellung ab, derjenigen nämlich, die um die Mitte des 14. Jahrhunderts allmählich Form annimmt.

Kapitel I
Die unmittelbare Sicherung

Von den beiden Aspekten der sozialen Frage, deren Wandlungen wir hier nachgehen wollen, unterliegt die »Sozialfürsorge« am wenigsten einer spezifischen geschichtlichen Entwicklung. Sie ist um bestimmte formale Eigenschaften herum organisiert, für die sich Entsprechungen in allen historischen Gesellschaften ausmachen lassen. »Fürsorge gewähren« umfaßt eine außerordentliche Vielfalt von Praktiken, denen gleichwohl eine bestimmte Struktur gemeinsam ist, die sich aus der Existenz mittelloser Bevölkerungskategorien und der Notwendigkeit ihrer Versorgung ergibt. Hier soll also in erster Linie der Versuch unternommen werden, diese für die Logik der Armenfürsorge konstitutiven Eigenschaften herauszuarbeiten.

Dennoch kann man sich dabei nicht an ein rein formales Organigramm halten: Die Konfiguration der Fürsorge hat offenbar in allen Gesellschaften jeweils eigene Formen angenommen. Diejenige, die sich im christlichen Abendland entwickelt hat, verdient aus zwei Gründen besondere Aufmerksamkeit: Zum einen, weil sie immer noch Teil unseres Erbes ist: Die gegenwärtigen Kernelemente der Fürsorge orientieren sich immer noch an Leitlinien, deren Bedeutung sich nur im Hinblick auf die geschichtlichen Situationen erschließt, in denen sie sich seit dem Mittelalter herausgebildet haben. Der zweite Grund besteht darin, daß diese Fürsorge-Konfiguration wie eh und je mit der anderen bedeutenden, prinzipiell dem Problembereich der Arbeit zugehörigen Dimension der sozialen Frage interferiert (teilweise zu ihrer Entlastung, gleichzeitig zu ihrer Verschleierung), die erst später, etwa um die Mitte des 14. Jahrhunderts, aufkommt. Um ihre Neuartigkeit entsprechend würdigen zu können (vgl. Kapitel II), muß man sie vor den Hintergrund einer zu diesem Zeitpunkt im großen und ganzen schon bestehenden Fürsorgekonfiguration rücken.

Die primären Sozialbeziehungen

Formal läßt sich die »Sozialfürsorge« in Kontrast zu jenen Formen kollektiver Organisation charakterisieren, die sich den Rückgriff auf diesen Bereich ersparen. Es gibt nämlich Gesellschaften ohne »Soziales«. Das Soziale darf hier freilich nicht als die Gesamtheit der Beziehungen verstanden werden, welche die Menschheit als Spezies ausmachen, deren Eigentümlichkeit eben im Leben in Gesellschaft besteht. Gewiß, »der Mensch ist ein soziales Wesen« und die Biene auch. Doch um uns nicht mit einer simplen Frage des Vokabulars herumzuschlagen, werden wir uns darauf festlegen, mit dem Begriff »gesellschaftlich« diese allgemeine Eigenschaft menschlicher Beziehungen zu bezeichnen, insoweit sie sich auf alle Formen kollektiven Daseins bezieht. Das »Soziale« dagegen besteht aus einem spezifischen Muster von Praktiken, die man nicht in allen menschlichen Kollektivitäten antrifft. Wir werden zunächst darauf eingehen, unter welchen Bedingungen es auftritt.

Eine Gesellschaft ohne »Soziales« wäre völlig von den Regulierungsformen der primären Sozialbeziehungen bestimmt.[1]

Darunter verstehe ich diejenigen Regelungssysteme, welche die Mitglieder einer Gruppe auf der Grundlage ihrer Familien-, Nachbarschafts-, Arbeitszugehörigkeit unabhängig von spezifischen Institutionen direkt aneinander binden und Netze gegenseitiger Abhängigkeit knüpfen. Es handelt sich vor allem um dauernd seßhafte Gesellschaften, in denen das von Geburt an in ein engmaschiges Geflecht von Zwängen eingebundene Individuum im wesentlichen die Imperative der Tradition und der Sitten reproduziert. In solchen Gesellschaften gibt es nicht mehr »Soziales« als »Ökonomisches«, »Politisches« oder »Wissenschaftliches« in dem Sinne, als diese Worte identifizierbare Bereiche von Praktiken bezeichnen. Die althergebrachten Regeln drängen sich den Individuen in synthetischer und direkt normativer Weise auf. Stabile Beziehungsformen gehen mit der Erfüllung der grundlegenden sozialen Rollen in der Familie, der Nachbarschaft, der Alters- und Geschlechtergruppe sowie dem innerhalb der Arbeitsteilung eingenommenen Platz einher und gewährleisten die Übertragung der Lerninhalte und die Reproduktion des gesellschaftlichen Daseins.

Man wendet dieses hier sehr vereinfacht dargestellte Modell gesellschaftlicher Formationen im allgemeinen auf die Gesellschaften – die sogenannten geschichtslosen Gesellschaften – an, die sich identisch reproduzieren, indem sie den Leistungen der Individuen einen strikten Rahmen aufzwingen. Tatsächlich wird Wandel bezüglich der Gesellschaften, mit denen sich die Ethnologie seit ihren Anfängen beschäftigte, als etwas von außen, über Eroberung oder Kolonisierung kommendes wahrgenommen; dadurch, daß er ihnen ein Transformationsmodell aufzwingt, das sie aus eigenem Antrieb heraus nicht integrieren können, bewirkt dieser Wandel ihre Explosion. Strukturen dieses Typs lassen sich jedoch in allen Kulturräumen, einschließlich dem des christlichen Abendlandes, finden. Sie entsprechen dem, was die historische Anthropologie »bäuerliche Gesellschaften« genannt hat. So lebten bis vor nicht allzu langer Zeit ländliche Gemeinschaften praktisch in einer nicht nur ökonomischen, sondern auch beziehungsmäßigen Autarkie, etwa als Enklaven inmitten von Gesellschaften, die vom Modernisierungsprozeß fortgerissen wurden.[2] Mehr noch: Im christlichen Abendland verkörperte diese geschlossene Struktur während des Feudalzeitalters die vorherrschende gesellschaftliche Organisationsform. Sie zeichnet sich durch eine Sakralisierung der Vergangenheit, eine Vormachtstellung der familialen

1 Ich entlehne diesen Ausdruck Alain Caillé, »Socialité primaire et société secondaire«, in: *Splendeurs et misères des sciences sociales*, Genf/Paris, Droz, 1986, S. 363–375. Caillé stellt die primären Sozialbeziehungen bzw. die primäre soziale Zugehörigkeit der »sekundären sozialen Zugehörigkeit« gegenüber, welche eine ausgehend von der Zugehörigkeit zu Gruppen gebildete »Sozialität« darstellt und eine Spezialisierung der Tätigkeiten und der institutionellen Vermittlungen voraussetzt. Wohlgemerkt handelt es sich dabei um eine formale und abstrakte Gegenüberstellung, welche sich aber bezogen auf präzise Situationen anwenden läßt. Ich verwende sie hier als ein Modell zur Kennzeichnung der Emergenz einer sich ausgehend von einem Riß in den nicht spezialisierten oder »unmittelbaren« Versorgungsformen herausdifferenzierenden Absicherung.

2 Vgl. W.I. Thomas, E. Znaniecki, *The Polish Peasant in Europe and America*, 2 Bde., New York, Dover Publications 1958 (Erstausgabe, New York 1918). Für eine allgemeine Konzeptualisierung, T. Shanin, »Peasant Economy«, I und II, *Journal of Peasant Studies*, Oktober 1973 und Januar 1974.

Sippe und der Blutsbande, das Verhaftetsein an dauerhafte, in den beschränkten territorialen Gemeinschaften verankerte Abhängigkeits- und Interdependenzbeziehungen aus. Über den von ihr arrangierten Vergesellschaftungstyp spannt die Feudalgesellschaft sogar zwei Hauptvektoren von Interdependenz zusammen, die im Verbund für ihre Stabilität sorgen: die horizontalen Beziehungen innerhalb der bäuerlichen Gemeinde und die vertikalen Beziehungen der Lehensabhängigkeit. Ihre Grundeinheit bildet freilich die Wohngemeinde, die sich von alters her aus hinsichtlich der militärischen und ökonomischen Erfordernisse der über sie gebietenden Lehnsherrschaft miteinander verschweißten Sippschaften zusammensetzt.[3] Jedes Individuum ist also in ein komplexes Geflecht ungleicher Austauschbeziehungen eingebunden, das ihm Verpflichtungen aufbürdet und abhängig von diesem Organigramm mit doppeltem Eingang Schutz gewährt: der Abhängigkeit vom kirchlichen oder weltlichen Lehnsherrn und der Integration in das Solidaritäts- und Verpflichtungssystem von Sippe und Nachbarschaft. Ein Historiker der alten Schule, dessen Weitschweifigkeit oft weniger treffsicher ist, bringt dies in folgender geglückter Formulierung zum Ausdruck: »Keine Epoche war mehr darum bemüht, so unwandelbare Beziehungen zwischen den Individuen zu arrangieren; keine ist in der Folge durch ihr eigenes Werk mehr in Bedrängnis geraten und hat mehr daran gelitten, es wieder rückgängig zu machen.«[4]

Doch selbst in den am stärksten durch die traditionellen Interdependenzen regulierten Gesellschaften können sich Risse innerhalb dieser Prozesse primärer Integration bilden. So kann etwa die Situation eines Waisen das Gewebe der familialen Versorgung überdehnen, Gebrechlichkeit oder ein Unfall können es dem Individuum vorläufig oder endgültig verunmöglichen, seine Position in einem von Austauschbeziehungen regulierten System zu halten, welches das Gleichgewicht der Bezugsgruppe gewährleistet; auch völlige Armut kann das Individuum in eine abhängige Situation bringen, ohne daß diese Abhängigkeit auf Gegenseitigkeit beruht. Die Entkoppelung, wie ich sie verstehe, ist in erster Hinsicht ein solcher Bruch hinsichtlich der Netzwerke primärer Integration; ein erstes Ausscheren von den Regulationsformen, die in der Gestalt von Familien- und Sippenzugehörigkeit sowie des auf der Gemeindezugehörigkeit basierenden Systems gegenseitiger Abhängigkeiten bestehen. Das Risiko einer Entkoppelung besteht dann, wenn die gesamten Primärbeziehungen, die ein Individuum auf der Grundlage seiner territorialen Zugehörigkeit unterhält, welche wiederum mit seiner familialen und gesellschaftlichen Zugehörigkeit in eins fällt, für die Reproduktion seiner Existenz und die Gewährleistung seiner Sicherheit ausfallen.

3 *Vgl.* J. P. Gutton, *La Société villageoise dans l'ancienne France*, Paris, Hachette, 1979. Robert Fossier spricht von einer »Verzellung«, um den mittelalterlichen Prozeß der Herauskristallisierung des ländlichen Wohnraums in Form von Wohngemeinden mit Autarkie als dominierendem Zug zu beschreiben (*Historie sociale de l'Occident médiéval*, Paris, A. Colin, 1970).

4 G. d'Avenel, *Paysans et ouvriers depuis 700 ans*, Paris, A. Colin, 1907, S. 9. Wohlgemerkt läßt sich diese Organisationsform auch in anderen Kulturkreisen und in anderen geschichtlichen Epochen wiederfinden. Das gilt besonders für das japanische »Mittelalter«.

Gleichwohl können gut durchstrukturierte Gemeinschaften unter bestimmten Umständen ein solches Versagen der primären Sozialbeziehungen auffangen, indem sie die potentiellen Möglichkeiten eben dieser Sozialbeziehungen mobilisieren. Dadurch, daß sie die wirtschaftlichen und beziehungsmäßigen Ressourcen der familiären und/oder lokalen Umgebung um Unterstützung angehen, bewirken sie eine »Wiederankoppelung« der destabilisierten Individuen. So wird etwa das Waisenkind durch die erweiterte Familie versorgt, der Invalide oder Bedürftige wird ein Minimum an »natürlichen« Solidaritäten in der Dorfgemeinde finden. Aus diesem Grund hat man, zumindest metaphorisch, von der »Wohlfahrtsfamilie« sprechen können.[5] Über die Familie hinaus kann die territoriale Gemeinschaft selbst bei Fehlen spezialisierter Institutionen gewisse kollektive Regulierungen übernehmen wie dies etwa im Mittelalter für die Nutzung der Allmenden, die Aufteilung der Frondienste und bestimmter Feudallasten der Fall gewesen ist.[6] Sie kann auch darüber wachen, daß die bedürftigsten Gemeindeangehörigen insoweit eine minimale Versorgung genießen, als ihr völliges Fallenlassen eine Gefährdung des Gruppenzusammenhalts bedeuten würde.

Diese Gemeinden funktionieren daher tendenziell wie sich selbstregulierende oder homöostatische Systeme, die ihr Gleichgewicht durch Mobilisierung ihrer Eigenressourcen wiederherstellen. So kann eine Wiederankoppelung bewerkstelligt werden, ohne daß der Bezugsrahmen verändert wird. Die bedrohte Integration stellt sich auf territorialer Basis und im Rahmen der aufgrund dieser Zugehörigkeit gegebenen Interdependenzen wieder her. Tritt ein Riß im System der unmittelbaren Sicherung auf, dann sind die primären Sozialbeziehungen nicht so sehr zerrissen als viel mehr überdehnt. Ob ein Wiederauffangen gelingt, hängt dann von ihrer Elastizität ab, die freilich nicht unbegrenzt ist. Es kann zu Aufgabe, Verlassen, Ausstoßungen kommen. Die primären Solidaritätsnetze können durch solche Überlastungen aus dem Gleichgewicht geraten und zerreißen. Die Versorgung kann auch teuer erkauft werden, etwa durch Überbeanspruchung, kleine Verfolgungen oder drückende Verachtung, weshalb man das Leben des von seiner Gemeinde geduldeten und teilweise unterstützen Dorfidioten nicht gerade als paradiesisch bezeichnen kann.[7]

Ich biete hier also keine idyllisierende Sicht auf die Verdienste einer Zivilgesellschaft in ihrer primitiven Version, sondern eher eine Rekonstruktion dessen, wozu Gesellschaften ohne spezialisierte Versorgungsinstanzen »im Guten wie im Bösen« verurteilt sind, wenn sie es mit einem Unglück aufnehmen müssen, das ihre althergebrachten Regulationen durcheinanderbringt: Entweder geschieht dieses Auffangen über die »gegebenen« gemeinschaftlichen Netze (und das bedeutet stets einen Kostenaufwand), oder es existiert schlichtweg nichts dergleichen, abgesehen von verschiedenen Formen der Aussetzung und des sozialen Todes. Es ließen sich hier eine Vielzahl von ethnologischen Belegen für die durch die Präsenz von gesellschaftlich

5 Vgl. A. Lipietz, *L'Audace ou l'enlisement*, Paris, La Découverte, 1984.
6 Vgl. R. Fossier, *Histoire sociale de l'Occident médiéval, op.cit.*, Kap. V.
7 Marc Augé spricht von »Sippentotalitarismus« (totalitarisme lignagier), um die Situationen beinahe absoluter Abhängigkeit bezüglich Herkunftsgeschlecht, Tradition und Sitte in den Gesellschaften »ohne Geschichte« zu bezeichnen. Vgl. *Pouvoirs de vie, pouvoirs de mort*, Paris, Flammarion, 1977, S. 81.

isolierten Individuen verursachten Störung anführen.[8] In einer solchen Sozialstruktur taucht das Profil von Individuen, die wir als Überzählige bezeichnen werden, schon auf. Doch kann sie ihnen keinerlei Behandlung zuteil werden lassen.

Dieses Schema läßt sich bis zu einem gewissen Grad und unter gewissen Vorbehalten auf die Feudalgesellschaft anwenden wie sie im Abendland vor dem Jahr 1000 bestand. Georges Duby hat über sie schreiben können: »Alle Dokumente der Zeit (Polyptychen, Zinsbücher, Weistümer) beschreiben eine bäuerliche Gesellschaft, die, was das Recht und den Besitz betrifft, sehr stark hierarchisiert ist, aber es ist gleichwohl eine behütete, abgesicherte, wohlhabende Gesellschaft. Daraus ergibt sich ein Gefühl ökonomischer Sicherheit.«[9]

Wir haben es hier dennoch mit den gleichen elenden, ständig Kriegen ausgesetzten und in Abständen immer wieder von schrecklichen Hungersnöten heimgesuchten bäuerlichen Gemeinschaften zu tun. Doch handelt es sich dabei, ähnlich den Beutezügen oder Landungen der Kolonisatoren in »exotischen« Gesellschaften, um unkontrollierbare, von anderswoher gekommene Einfälle, Klimakatastrophen oder Eroberungs- und Kriegsverwüstungen, die die gesamte Gemeinschaft erschüttern, im äußersten Fall gar auslöschen können. Trotzdem nimmt sich Duby heraus, von »abgesicherten« oder »wohlhabenden« Gesellschaften zu sprechen: Aufgrund ihrer inneren Verfaßtheit können sie die endogenen Risiken weitgehend bannen, etwa den Umstand, daß ein Individuum oder eine Untergruppe völlig sich selbst überlassen ist und in eine Situation dauernder Entkopplung gerät. Dies ist um so mehr der Fall, als zu den horizontalen Interdependenzen vertikale Solidaritäten und Abhängigkeiten hinzukommen, beziehungsweise an deren Stelle treten. Georges Duby schreibt hierzu: »Im frühen Mittelalter konnte kein Großer seine Kornspeicher vor den Elenden verschließen. Diese notwendige Freigebigkeit bewirkte damals sicherlich eine umfassende Redistribution der Güter innerhalb der bäuerlichen Gesellschaft.«[10]

»Notwendige Freigebigkeit«: Die Versorgung der Bedürftigen ist keine persönlicher Initiative überlassene Option, sondern obligatorische Folge der in einem System von gegenseitigen Abhängigkeiten eingenommenen Position. Um das 8. Jahrhundert herum, als diese auf Vasallenbanden beruhende Gesellschaft allmählich Form annimmt, stellt es nichts Außergewöhnliches dar, wenn freie Männer (Alloden) freiwillig darum ersuchen, zum »Mann« eines Herren zu werden: Die Unabhängigkeit bedroht ihre Existenz, da sie ihnen keinerlei Schutz gewährt:

8 Vgl. beispielsweise die Katastrophe, welche nach Claude Lévi-Strauss die Existenz des Junggesellen für diesen Gesellschaftstyp darstellt: Aufgrund des Umstandes, daß er seine Stelle im Netz der über die Verwandtschaftssysteme regulierten Austauschbeziehungen nicht einnimmt, befindet er sich in der Situation eines Überzähligen und wird von der Gruppe ausgestoßen (vgl. »La famille«, in *Claude Lévi-Strauss*, textes réunis par R. Billour et C. Clément, Paris, Gallimard, 1979, S. 105). Ebenso betonen W. I. Thomas und F. Znaniecki, daß »das Gesamtsystem der ›family attitudes‹ die absolute Verpflichtung zur Heirat für jedes Mitglied der jüngeren Generation impliziert. [...] Jemand, der nicht innerhalb eines bestimmten Zeitraums heiratet, erregt ebenso wie ein alter Mann, der nicht in einem bestimmten Alter stirbt, ablehnendes Staunen. Es ist, als ob sie mitten in einer kontinuierlichen Bewegung stehengeblieben wären, man macht einen Bogen um sie und läßt sie links liegen.« (*The Polish Peasant in Europe and America, op. cit.*, 1. Bd, S. 107). Das »System der Familieneinstellungen« spiegelt die Zwänge der primären Sozialbeziehungen wider.

9 G. Duby, »Les pauvres des campagnes dans l'Occident médiéval jusqu'au XIIIe siècle«, *Revue d'histoire de l'Église en France*, t. LII, 1966, S. 25.

10 G. Duby, *Krieger und Bauern. Die Entwicklung von Wirtschaft und Gesellschaft im frühen Mittelalter*, Frankfurt, Syndikat, 1981^{2}, S. 239.

»Jener, der sich in die Macht eines anderen empfiehlt: Dem großartigen Herrn ›Sowieso‹, ich ›Sowieso‹. In Ansehung, daß allen durchaus bekannt ist, daß ich nichts habe, um mich zu nähren, noch mich zu kleiden, habe ich um Eure Gnade gebeten – und Eure Güte hat mir zugestanden – mich in Eure Munt übergeben oder anempfehlen zu dürfen. Was ich zu den folgenden Bedingungen getan habe: Ihr sollt mir helfen und mir Unterstützung gewähren in Form von Nahrung ebenso wie von Kleidung, und dies in dem Maße, als ich Euch dienen und es von Euch verdienen kann. Solange ich lebe, schulde ich Euch den Dienst und Gehorsam, den man von einem freien Mann erwarten kann, und ich werde nicht die Macht haben, mich Eurer Gewalt oder Munt zu entziehen, sondern muß ganz im Gegenteil alle Tage meines Lebens in Eurer Gewalt und Eurem Schutz verbleiben.«[11]

Es handelt sich hier um eine Musterformel, die als Modell für die mit der Sammlung dieser Gesuche beauftragten Schreiber dienen sollte, was zeigt, daß sie relativ häufig gewesen sein müssen. Mangels einer Verwaltungsstruktur und spezialisierter Dienste stellt die Verfestigung der persönlichen Beziehung im Vasalleneid die frühe Form einer wirksamen Absicherung gegenüber gesellschaftlichen Risiken dar. Unterwerfung der Person über die Vermittlungsebene territorialer Zugehörigkeit: Wir behaupten nicht, daß dieses Abhängigkeitsverhältnis absolut vorherrschend gewesen wäre (so hat es etwa immer Freibauern gegeben), sondern daß es das dominierende, wenn auch in seinen Ausdrucksformen variable gesellschaftliche Verhältnis repräsentierte, das sich zusammen mit dem Feudalismus entwickelt hat.[12]

Der Umstand, daß man der Patronage eines Mächtigen unterstand (das ist die Bedeutung des aus dem germanischen Recht stammenden Begriffes »Munt«) sowie den Familien-, Sippen- oder Nachbarschaftsnetzwerken der Wohngemeinde angehörte, gewährleistete so eine maximale Absicherung gegen die Wechselfälle der Existenz. Solche Gemeinden sind im ganzen anfällig gegenüber äußeren Aggressionen (Subsistenzkrisen und Kriegsverwüstungen), gleichzeitig aber auch solide integriert über die engen Netzwerke gegenseitiger Abhängigkeit. Die Prekarität des Daseins als Bestandteil der Lage aller durchbricht die Gemeindezugehörigkeit nicht. Solche Gesellschaften stehen schwerlich offen gegenüber dem Neuen und der Mobilität, aber sie erweisen sich als effizient gegenüber der Entkoppelung.

Eine derartige Stabilität macht begreiflich, daß Armut in diesen Gesellschaften immens und allgemein verbreitet sein kann, ohne jedoch eine »soziale Frage« aufzuwerfen. Eine Feststellung, die auch Michel Mollat für das hohe Mittelalter trifft, wenn er schreibt, daß »die Bauern trotz ihrer großen Zahl keinen nennenswerten Einfluß auf den alltäglichen Verlauf des Gesellschaftslebens ausübten.«[13] Nicht nur, weil sie, in einer zweifellos nicht zeitgemäßen Sprache, vor ihrem Schicksal »resignierten«, sondern vor allem weil die Allerbedürftigsten keinen internen destabilisie-

11 Zit. nach R. Boutruche, *Seigneurie et féodalité, le premier âge des liens d'homme à hommes*, Paris, Aubier, 1968, S. 166.

12 *Vgl.* für eine Diskussion des Begriffs Feudalismus, dessen Bedeutung sich seit dem klassischen Werk von Marc Bloch *La Société féodale* (erste Auflage 1939, dt. Übers. *Die Feudalgesellschaft*, Berlin, Propyläen, 1982) kompliziert hat, beispielsweise G. Blois, *La crise du féodalisme*, Paris, Presses de la Fondation nationale des sciences politiques, 1981.

13 M. Mollat, *Die Armen im Mittelalter*, München, 1984, S. 270.

renden Faktor für dieses Gesellschaftsgebilde darstellten, das die Risiken massenhafter Entkopplung dank der Starrheit seiner eigenen Struktur kontrollieren konnte, was freilich nicht im Augenblick von Revolten gilt, doch die hatten scheinbar erst ab dem 11. Jahrhundert eine gewisse Breitenwirkung, also als diese Struktur durch die ersten Auswirkungen des Bevölkerungswachstums langsam ins Wanken gerät.[14]

Freilich gibt es schon Streuner und Vereinzelte. Selbst vor dem Jahr 1000 stellen sie eine Konstante in der sozialen Landschaft dar. Doch stehen sie außerhalb der Gemeinschaft und der »verhäuslichten« (der um den *domus*, das Haus herum organisierten) Lebensbereiche. Eine Welt, in der der Mensch rar ist und in der die dünngesäten Heimstätten weiten Raum fürs Herumstreunen lassen, das ist das Universum des Waldes und der Heiden, welches der Eremit, der fahrende Ritter, die Köhler, Briganten, ja auch die magischen und unheilbringenden Kräfte heimsuchen. Doch bewegen sie sich außerhalb der Grenzen und sind genau genommen ausgeschlossen aus der organisierten Welt.[15] Die Vorstellung, die man vom Vagabunden hat, ist durch die Erinnerung an beunruhigende Gestalten überdeterminiert. Trotzdem verkörpert der Vagabund, wie wir noch sehen werden, einen anderen Typus von Fremden. Er ist anders *geworden*, ist von einer Gesellschaftsordnung abgekoppelt, der er vorher durchaus angehörte. Streng genommen kann die Gestalt des Vagabunden nur in einer strukturierten Welt vorkommen, von der er abgekoppelt wurde. Im Gegensatz dazu symbolisieren der Fremde, der Herumtreiber die völlige Andersheit im Verhältnis zu einem Modell gemeinschaftlicher Organisation, die ihrer Störungen noch selbst Herr wird. Die Feudalgesellschaft kennt ebenfalls mehrere Typen von Abenteurern mit zufälligen Flugbahnen, etwa diese »Jungen«, die jüngeren Söhne von Familien ohne Land, die stets für jede Art von Unternehmungen zu haben sind und deren Bedeutung als Faktoren von Mobilität innerhalb der Feudalstrukturen Georges Duby betont hat. Ordensleute und Studenten können sich auch in einer provisorischen oder endgültigen Situation geographischen oder gesellschaftlichen Umherirrens befinden. Aber der Vagabund gehört zur Masse der »Armen«, die nur von ihrer Hände Arbeit leben können. Auch sein Schicksal wird von besonderer Art sein: Er steht unter dem doppelten Zwang, einerseits zwar arbeiten zu müssen, es andererseits aber gar nicht tun zu können.[16]

Dieses Modell von »Gesellschaften ohne Soziales« weist mehrere historische Varianten auf. Hier hat die hierarchisierte Interdependenz der Feudalgesellschaft unsere Aufmerksamkeit nur insoweit für einen Moment auf sich gezogen, als gerade ihre Zersetzung oder vielmehr ihre »Dekonversion«, wie wir noch genauer zu belegen versuchen, die moderne Problematik des Sozialen hervorgebracht hat. Die allgemeine Bezugnahme auf Gesellschaften, die das Soziale aussparen, erlaubt aber *a contrario* die Kennzeichnung eines ersten Typs von speziellen, für die »Sozialfürsorge« konstitutiven Interventionsformen. Ob sich nun die Bande der primären Sozialbeziehungen lockern

14 G. Duby, *Le Moyen Âge*, Paris, Hachette, 1987, Kap. IV.
15 G. Duby, *ebd.*, S. 18.
16 Für eine Vertiefung der Unterscheidung zwischen einer Entkoppelung am oberen Ende der gesellschaftlichen Stufenleiter und der späteren und »volkstümlichen« Figur des Vagabunden, vgl. Kapitel II und »Le roman de la désaffiliation: à propos de *Tristan et Iseut*«, *loc. cit.*

oder die Gesellschaftsstruktur in einem solchen Maße an Komplexität gewinnt, daß diese Form einer globalen und wenig differenzierten[17] Antwort unmöglich wird, die Versorgung der Bedürftigen wird nun zum Gegenstand *spezialisierter* Praktiken. In diesem Sinne sind das Spital, das Waisenhaus, die organisierte Verteilung von Almosen »soziale« Institutionen. Sie besorgen die eigentümliche (spezielle und spezialisierte) Behandlung von Problemen, die in weniger differenzierten Gesellschaften noch von der Gemeinschaft ohne Vermittlungsinstanz übernommen wurden. In den konkreten geschichtlichen Konfigurationen, innerhalb derer sie sich ausgebildet hat, weist diese »Sozialfürsorge« eine Anzahl von formalen Eigenschaften auf.

Erstens ist sie eine Gesamt*konstruktion* von Praktiken mit sichernder oder integrativer (später dann auch präventiver) Funktion. Damit ist gemeint, daß die »soziale Befürsorgung« im Unterschied zu den Institutionen, die durch Tradition und Herkommen existieren, das Ergebnis eines Intervenierens der Gesellschaft in ihrem Innern darstellt. Man könnte angesichts dessen, zumindest in Analogie, von *sekundären Sozialbeziehungen* sprechen, da es sich ja um zu den auf familiärer Zugehörigkeit, Nachbarschaft oder Arbeitsbeziehungen basierenden Gruppierungen querliegende Beziehungen handelt. Ausgehend von dieser Herauslösung werden sich zunehmend komplexere Gebilde entwickeln und aus sich heraus immer ausgefeiltere fürsorgerische Versorgungsstrukturen produzieren.

Zweitens stellen diese Praktiken stets zumindest den Ansatz für eine *Spezialisierung*, Kristallisationskerne für eine zukünftige Professionalisierung dar. Nicht irgend jemand ist mit dieser Art von Problemen befaßt, und dies nicht irgendwie und irgendwo, sondern es existieren zumindest auf Zeit damit betraute und als solche gekennzeichnete Individuen oder Gruppen. So sind beispielsweise der Pfarrer, der Küster, ein Gemeindebediensteter usw. auf ihre Art schon insoweit »Sozialbeamte«, als ihr Mandat wenigstens zu einem Gutteil darin besteht, diese besondere Tätigkeit zu verrichten. Die Abgrenzung einer sozialen Interventionssphäre bedingt so das Aufkommen eines spezifischen Personals zum Zwecke ihrer Instrumentalisierung, was die Vorstufe der Professionalisierung des Sozialsektors darstellt.[18]

Drittens und als Entsprechung dazu zeichnet sich auch eine minimale *Technisierung* ab. Selbst bei Fehlen einer ausschließlichen Spezialisierung und *a fortiori* einer spezifischen Berufsausbildung ist der damit Betraute gezwungen, die Situationen, in denen er eventuell intervenieren muß, zu bewerten, diejenigen auszuwählen, die Unterstützung verdienen, und Kategorien zu bilden, die sein Handeln anleiten, seien sie auch noch so grob. Seine Praxis darf nicht mit der eines gewöhnlichen (nicht mit ei-

17 Soziale Differenzierung darf nicht mit sozialer Hierarchie verwechselt werden. Stark hierarchisierte gesellschaftliche Formationen wie die Feudalgesellschaft können sehr verschachtelt sein und aufgrund dessen in hohem Maße Schutz gewähren. Doch zweifelsohne können sie nicht sehr differenziert sein: Die Vermehrung intermediärer Statuspositionen führt, wie wir sehen werden, zur Krise des Typs feudaler Kontrolle und zur Entstehung von Turbulenzzonen, welche von Individuen bevölkert werden, die sich zwischen diesen starren Statuspositionen verorten.

18 Es ist nicht unangemessen, so früh von einer Profession zu sprechen, wenn man mit Max Weber den Beruf als »den kontinuierlichen Vollzug von Leistungen durch eine Person als Grundlage entweder von Versorgung oder Erwerb« versteht (Vgl. M. Weber, *Wirtschaftsgeschichte. Abriß der universalen Sozial- und Wirtschaftsgeschichte*, Duncker & Humblot, Berlin, 1958, S. 8). Weber merkt an, daß nach dieser Definition der erste Beruf der des Medizinmannes ist. Doch ist der Zauberer im eigentlichen Sinne noch kein Spezialist, er ist jemand, der das Religiöse ganz allgemein berufsmäßig ausübt. Dagegen kann ein Geistlicher berufsmäßig spezialisierte soziale Aktivitäten »in Teilzeit« ausüben. Der Klerus steht im Dienst an Gott und den Armen und wird zudem für diese beiden Tätigkeiten entlohnt.

nem Mandat versehenen) Glieds der Gemeinschaft verwechselt werden, selbst wenn manche von ihnen eine gleichartige Tätigkeit ausüben, beispielsweise eine Einzelperson, die ein Almosen in ihrer Eigenschaft als »Privatmensch« gibt. Die Praxis des mit einem Mandat Versehenen muß ritualisiert sein und auf einem Minimum an Wissen, Sachverstand und eigentlicher Fachlichkeit fußen. Es gibt keine soziale Praxis ohne einen noch so geringen Kern von Wissensbeständen über die betroffenen Bevölkerungsgruppen und über die Art und Weise ihrer Versorgung oder, was das Gegenteil davon ist, ihrer Ausschließung davon.

Viertens stellt sich gleich die Frage der *Lokalisierung* dieser Praktiken und bringt alsbald eine Kluft zwischen »innerinstitutionellen« und »außerinstitutionellen« Praktiken ans Licht. Grund für die Intervention ist, wie wir schon betont haben, ein Riß in den primären Sozialbeziehungen. Es ist verlockend und in jeglichem Wortsinn ganz allgemein ökonomischer, an Ort und Stelle zu reparieren, beispielsweise zu Hause Hilfe zu leisten. Gleichwohl kann dies die Natur des zu behandelnden Problems untersagen, wobei es dann doch zu Entterritorialisierung und Reterritorialisierung kommt, also zu einer Behandlung an einer spezialisierten institutionellen Stätte (etwa der Pflege im Spital). Diese Spannung stellt eine zentrale Stoßrichtung für die Entwicklung der Sozialfürsorge dar und macht sich schon in den noch sehr grobschlächtigen Organisationsformen der Unterstützung bemerkbar.

Fünftens – dieses wesentliche Merkmal wurde bisher nur gestreift, wir werden noch ausführlich darauf zurückkommen müssen – reicht es nicht aus, bar jeder Habe zu sein, um in die Zuständigkeit der Fürsorge zu fallen. Innerhalb der Bevölkerungsgruppen ohne Einkommen werden *bestimmte ausgeschlossen, andere unterstützt.* Zwei Kriterien zeichnen sich dabei ab: Zunächst das der Gemeinschaftszugehörigkeit: Die Fürsorge widmet sich vorzugsweise den Gruppenangehörigen und schließt Fremde aus (man müßte natürlich noch herausarbeiten, was dafür kennzeichnend ist, als »Gruppenangehöriger« oder »Fremder« zu gelten); sodann das der Arbeitsunfähigkeit: Die Fürsorge nimmt bevorzugt die Mittellosen auf, weil sie, wie das alleinstehende Waisenkind oder der unvermögende Alte nicht arbeiten können, um für ihren Lebensunterhalt aufzukommen (doch auch dieses Kriterium müßte durch eine Analyse der es definierenden Praktiken und Reglementationen noch weiter präzisiert werden). Diese in den folgenden Kapiteln behandelte Unterscheidung grenzt das Feld der Fürsorge in seinem Unterschied zu den anderen Formen sozialer Intervention mit den Arbeitsfähigen als Zielpopulation ein.

Die damit herausgearbeiteten Charakteristika sind insoweit rein formal, als man sie als allgemeine Möglichkeitsbedingungen jedweden fürsorgerischen Feldes wiederfindet. Ihre Funktion besteht darin, in organisierter und spezialisierter Form Mängel der Primärvergesellschaftung auszugleichen. Genauer gesagt werden wir behaupten, daß das Fürsorgerische sich *als Analogon zur Primärvergesellschaftung* konstituiert. Es zielt darauf ab, eine in den von der Primärvergesellschaftung geforderten Beziehungen klaffende Lücke auszufüllen und das dadurch geschaffene Risiko der Entkoppelung abzuwehren. Es steht auch in engem Verhältnis zur Territorialisierung. Fürsorgevergabe ist an den Unterstützungswohnsitz gebunden. Daß man ortsansäßig sein muß, heißt nicht notwendigerweise, daß man seine Unterstützungen zu Hause erhalten (sie können auch in einer Institution verteilt werden), sondern daß man einen angestammten Platz in der Gemeinde haben muß. Die Domizilierung entspricht nicht nur dem technischen Imperativ einer Instrumentalisierung der Unterstützungsvergabe, sie bildet vor allem die Voraussetzung dafür, daß eine Unterstützung überhaupt in Frage kommt. Daher fordert der größte Teil der Fürsorgeverordnungen vom Bedürftigen, selbst wenn er »ohne festen Wohnsitz« ist, den Nachweis, daß er sich zumindest seit einigen Jahren im Dorf oder in der Gemeinde aufhält, in Ermangelung dessen er sich selbst überlassen wird. *Die Fürsorge ist in erster Linie eine unmittelbare Sicherung.* Sie betrifft an erster Stelle – dies ist der richtige Moment, um es zu sagen – einen Nächsten, der vom Ausschluß aus der Gesellschaft bedroht und unfähig ist, selbst für seinen Unterhalt aufzukommen.

Die evangelische Legende

Die Fragen der Spezialisierung, Professionalisierung, Institutionalisierung, der Unterscheidung von unterstützungswürdigen Bevölkerungsgruppen strukturieren bis heute die Organisation des fürsorgerischen Feldes. Welchem Wandel sind sie unterlegen, um die aktuelle Landschaft zu formen? Wir haben freilich nicht vor, hier die Geschichte der Fürsorge neu zu schreiben. Es existieren zu diesem Thema zahlreiche bemerkenswerte Arbeiten. Es soll deshalb genügen, daß wir ihre Funktionslogik nachzeichnen, um sie sodann konsequenter getrennt von der Arbeitsfrage als dies gemeinhin der Fall ist zu behandeln; wir gehen dabei von der Annahme aus, daß die fürsorgerischen Strukturen vor allem die nichtarbeitsfähigen Bevölkerungsgruppen betrafen. Ich sehe mich dennoch dazu gezwungen, die klassische Historiographie in zwei Punkten zu diskutieren. Erstens ist die eigentliche Wirkung des Christentums bei der Strukturierung der Fürsorge in vielen Geschichten der Armenfürsorge häufig falsch eingeschätzt worden. Zweitens ist es nicht ganz richtig, den Beginn eines von der Sorge um einen rationellen Umgang mit Armut motivierten Wandels der Fürsorge auf die Renaissance oder die Reformation zu datieren.

Zudem besteht ein Zusammenhang zwischen diesen zwei Verzerrungen. Demnach hätte der Beginn des 16. Jahrhunderts einen signifikanten Einschnitt dargestellt, insofern er, von einem Schwächerwerden vorher vorherrschender christlicher Werte ausgehend, das Zutagetreten neuer gesellschaftlicher und politischer Erfordernisse markierte. Ab diesem Moment ließe sich eine Verhärtung in der Haltung gegenüber den Armen beobachten, die man von da an als eine störende und potentiell gefährliche Bevölkerungsgruppe klassifizieren, verwalten und mittels strenger Reglementierungen in Schranken halten mußte. Ein – manchmal »bürgerlich« oder »weltlich« genanntes – argwöhnisches und von buchhalterischem Geist geprägtes Auftreten wäre an die Stelle der von christlicher Nächstenliebe inspirierten Aufnahmebereitschaft getreten.[19]

19 Dieses Denkschema leitet häufig die besten historischen Arbeiten zur Fürsorge. So spricht Jean-Pierre Gutton zu Beginn seiner Summa *La Société et les pauvres, l'exemple de la généralité de Lyon, 1524–1789*, Paris, PUF, 1971, vom »Übergang von der Vorstellung eines ›Armen Jesu Christi‹ mit mehr oder weniger ausgeprägt heiliger Aura zu der des verstoßenen Armen als Unrat und gesellschaftlicher Gefahr«. Gestützt auf dieselben Daten, darin inbegriffen jene von J.-P. Gutton berichteten, möchte ich eine davon abweichende Interpretation vornehmen.

Doch eine solche Konstruktion ist angreifbar. Bei den Fürsorgedispositiven läßt sich deutlich eine Zunahme an Komplexität ausmachen, innerhalb der die »Kommunalpolitik« des 16. Jahrhunderts eine wichtige Etappe darstellt, jedoch keinen Beginn. Ein verwalterischer Eifer tritt zu diesem Zeitpunkt nicht plötzlich zutage, sondern zieht sich schon durch die vom Christentum inspirierte Fürsorgepraxis. Ohne die Neuartigkeit der christlichen Konzeption unterschätzen zu wollen, möchten wir zeigen, daß sie die für die Strukturierung des fürsorgerischen Feldes maßgeblichen Grundkategorien eher verstärkt als zu ihnen im Gegensatz gestanden hat. Diese, insbesondere das Doppelkriterium der Arbeitsunfähigkeit und der Anforderung, einen Wohnsitz zu haben, weisen eine eigentümliche Konsistenz auf, die unterschwellig schon in der mittelalterlichen Konstruktion am Werke ist.

Ausgehend von der Schwierigkeit, einem neuartigen Profil von bedürftigen Bevölkerungsgruppen gerecht zu werden, deren Problem eher in einem neuartigen Verhältnis zur Arbeit als in einem Verhältnis zur Unterstützung begründet ist, kommt es statt dessen zu einer grundlegenden Infragestellung der Fürsorgeproblematik. Diese Erkenntnis verbreitet sich nicht erst zu Anfang des 16., sondern schon um die Mitte des 14. Jahrhunderts. Wenn es nun schon einen Einschnitt geben soll – in der Geschichte gibt es zweifellos niemals absolute Einschnitte –, dann würde er da liegen, wo sich – vor dem relativ stabilen Hintergrund der Fürsorge – die soziale Frage der Arbeit herauslöst. Hier haben wir in der Tat die eigentliche soziale Frage vor uns. Diese Frage verlangt eine eigene Behandlung, was im folgenden Kapitel vorgenommen werden soll. Doch um eine Vermengung der beiden Problematiken zu vermeiden, sollten wir vorher noch auf die verbreitete Meinung eingehen, nach der ganz allgemein das Christentum und besonders das mittelalterliche Christentum Träger einer Konzeption der Fürsorge *sui generis* gewesen wäre.

Nächstenliebe ist ganz klar die christliche Tugend par excellence, und die Armut hat mit Bezugnahme auf Christus und auf die Modelle der *vita apostolica*, die Heiligen, Eremiten und Ordensleute, die es verstanden hatten, sich zur Annäherung an Gott der irdischen Lasten zu entledigen, tatsächlich eine Aufwertung erfahren. Dennoch ist diese Art, »den alten Menschen zu töten«, um die Formulierung des heiligen Benedikt aufzugreifen, eine frei gewählte Armut, eine Askese mit Blick auf Gott, deren Motivation spiritueller Natur ist. Für sich genommen kann diese Form von Mittellosigkeit nicht irgend jemandes Tat sein. Sie stellt einen wesentlichen Bestandteil der religiösen Berufung dar: »Die Aufwertung der Armut konzentrierte sich traditionellerweise um das religiöse und klerikale Leben.«[20] Zudem ist sie nicht allgemein akzeptiert, selbst auf dieser Ebene nicht. Die sich durch die Hochzeit des christlichen Mittelalters hinziehende breite Polemik gegen die Bettelorden geißelt häufig »diese Elendsgestalten, die sich dank unserer Arbeit in Muße ergehen.«[21] Wenn die Armut eine notwendige Bedingung für die geistige Askese darstellt, so kommt ihr doch selbst da kein absoluter Wert zu. So schreibt

20 M. Mollat, »La notion de pauvreté au Moyen Âge«, in *Études sur l'économie et la société de l'occident médiéval*, London, Balorum Reprinto, 1977, XIV, S. 10.
21 Zit. nach: M. Mollat, *Die Armen im Mittelalter, op. cit.*, S. 271.

Pierre de Blois in einer seiner Predigten: »Glücklich sind die Armen im Geiste, aber nicht alle.«[22]

Das Urteil über die erduldete Armut, die materielle Armut der Elenden wird offensichtlich noch restriktiver ausfallen. Die furchteinflößende Allegorie der Armut im Rosenroman des Guillaume de Lorris ist sicherlich bekannt:

> *»Schließlich war die Armut dargestellt, die selbst auf die Gefahr hin, sich erhängen zu müssen, keinen Heller aufbringen könnte, so gut verstand sie es, ihr Kleid zu vergeben; denn sie war nackt wie ein Wurm. Wäre das Wetter unbeständig, ich glaube, sie ginge vor Kälte zugrunde, denn sie besaß nichts als einen alten und engen, mit schlechten Lumpen zerflickten Sack. Dieser diente ihr als Kleidung und als Mantel; etwas anderes hatte sie nicht anzuziehen. Es machte ihr Vergnügen, vor Kälte zu zittern. Sie stand ein wenig abseits, gleich einem armen Hunde, der sich in eine Ecke duckt; denn die Armut, wo sie sich auch befindet, erfährt Verachtung und Schande. Die Stunde möchte man verfluchen, in der sie empfangen wurde. Kein armer Mensch wird je wohlgenährt sein; gute Kleider und Schuhe werden ihm stets fehlen. Er wird weder geliebt noch aufgerichtet.«*[23]

Freilich handelt sich dabei um Texte von »Laien«. Doch die religiösen Autoritäten äußern sich oft kaum weniger abfällig über die Lage der Armen. Der heilige Augustinus kam schon mit einer gewissen Verachtung auf die Armen zu sprechen, die »der mildtätigen Hilfe so bedürfen, daß sie sich nicht einmal schämen, betteln zu gehen«; Papst Innozenz III. spricht vom »elenden Stand der Bettler«.[24] Michel Mollat weist darauf hin, daß in der christlichen Ikonographie der Arme fast immer an der Haustüre des Reichen oder an den Stadttoren in einer demütigen und unterwürfigen Haltung dargestellt ist.[25] Ihm wird nicht ohne weiteres Zutritt gewährt: Seine Unwürdigkeit soll ihm zuerst klar bewußt werden, und auf alle Fälle hängt die Vergabe des Almosens ja vom guten Willen der Begüterten ab.

Es ließe sich zumindest sagen, daß die christliche Nächstenliebe sich nicht von selbst zur Unterstützung jeglicher Form von Armut aufrafft. Die auf spiritueller Ebene gewissermaßen sublimierte, gewählte Armut wird aufgewertet. Sie wird zu einem Attribut der Heiligkeit. Doch die soziale Lage des Armen ruft im Gegensatz zu ihr eine ganze Spannweite von Einstellungen hervor, welche vom Mitleid bis zur Verachtung reichen kann. Da sie Hunger, Kälte, Krankheit, Verlassenheit – den Mangel in all seinen Ausprägungen – evoziert, ist die prosaische Armut der Leute »von gemeinem Stand« beinahe immer pejorativ konnotiert.

22 Zit. nach: M. Mollat, »La notion de pauvreté au Moyen Âge«, *loc.cit.*, S. 322.

23 Zit. nach Guillaume de Lorris, *Der Rosenroman*. Übers. und eingeleitet von Gustav Ineichen, Berlin, Erich Schmidt Verlag, ^{3}1987, S. 33. Aus derselben Haltung heraus sagt die hochadelige Christine de Pisan von den Armen: »Da sie nichts sind, sind sie alle Unrat – Armut wird er genannt – und wird von niemandem gemocht.« Und sie schließt beredt: »Solche Leute sind nichts als Kot.« (*Le Livre de la mutacion de Fortune*, zit. nach P. Sassier, *Du bon usage des pauvres*, Paris, Fayard, 1990, S. 90).

24 Zit. nach: G. Ricci, »Naissance du pauvre honteux«, *Annales ESC*, 1983, n° 1, S. 160.

25 M. Mollat, *Die Armen im Mittelalter*, *op. cit.*, S. 62.

Diese den christlichen Vorstellungen innewohnende Ambivalenz, ja Widersprüchlichkeit, wird in der Praxis durch zwei spezifische Arten des Umgangs mit der Armut überwunden: Die Fürsorge fußt auf einer Heilsökonomie, und die christliche Haltung bildet den Grundstein für eine trennscharfe Klassifikation der Formen von Armut.

Heilsökonomie: Unglücklich, als Gegenstand von Klage oder gar Verachtung, kann der Arme nichtsdestoweniger bevorzugt von den Reichen zur Ausübung der höchsten christlichen Tugend, der Nächstenliebe, und zur Heilssuche instrumentalisiert werden. »Gott hätte alle Menschen reich erschaffen können, aber er wollte, daß es auf dieser Welt Arme gibt, damit die Reichen Gelegenheit erhalten, sich von ihren Sünden freizukaufen.«[26]

Die praktischen Implikationen dieser Einstellung sind bemerkenswert, da sie weitgehend das mittelalterliche Fürsorgebudget mit den Almosen und Nachlässen an karitative Einrichtungen ausgestattet hat. In einer Epoche, in der die Mittel, sich über Handel und Finanzspekulationen zu bereichern, noch Schuldgefühle erzeugten und wo – man muß daran erinnern – die Menschen noch im Schrecken vor der Hölle lebten, stellte die Nächstenliebe den Weg par excellence zur Erlösung und die beste Kapitalanlage für das Jenseits dar. Die ansehnliche Menge von Testamenten, die einen Teil oder die Gesamtheit der Güter der Verstorbenen an die Armen verteilen, belegt gleichermaßen die dieser Einstellung inhärente Kraft und ihre ökonomische Bedeutung. Doch daß die Armut als Mittel der Heilssuche anerkannt war, läßt keineswegs darauf schließen, daß sie um ihrer selbst willen, daß der Arme als Person geliebt worden wäre. Die »barmherzigen Werke« sind Bestandteil einer politischen Ökonomie der Nächstenliebe, innerhalb derer das »sündentilgende« Almosen den Tauschwert verkörpert. So entsteht ein Handel zwischen dem Reichen und dem Armen zum Nutzen und Frommen beider Parteien: Der erste findet sein Seelenheil dank seines mildtätigen Handelns, der letztere wird aber ebenfalls erlöst, so er sich in seine Lage fügt. *Last but not least:* Was die inegalitäre Ordnung der Welt anbelangt, so kann sie in dieser Ökonomie ihrerseits weiterbestehen. Die Heilsökonomie erweist sich auch in dem Sinne als providentiell, als sie ja zusammen mit der Anerkennung der Armut als Notwendigkeit auch deren Existenz mitrechtfertigt und sich nur ihrer extremsten Manifestierungen annehmen muß. Der christlich gelebte Reichtum hat deshalb einen doppelten Vorteil vor der Armut: Er ist ein Mittel, sein Heil in der anderen Welt zu finden, und dann lebt es sich hier unten damit einfach angenehmer. Zu einem späteren Zeitpunkt hat der heilige Franz von Sales ohne Zweifel die klarste Ausformulierung dieser im übrigen bequemen Verdopplung geliefert, als er sich mit folgenden Worten an die Reichen wandte:

> »*Du kannst Reichtümer haben, ohne von ihnen vergiftet zu sein, wenn du sie im Hause und im Geldbeutel hast und nicht in deinem Herzen. Es ist sogar ein großes Glück für den Christen, Vermögen zu haben und arm im Geiste zu sein. Denn da-*

26 »Vie de saint Éloi«, Migne, *Patrologia Latina* LXXXVII, col. 533, zit. nach: B. Geremek, *Geschichte der Armut. Elend und Barmherzigkeit in Europa*, München, 1991, S. 27.

durch hat er die Bequemlichkeiten des Reichtums in dieser Welt und dazu noch den Lohn der Armut in der anderen Welt.«[27]

Alles, was man von der Instrumentalisierung der barmherzigen Werke im Mittelalter weiß, stützt die Behauptung, daß schon die herrschende Einstellung der Begüterten und gewiß in noch stärkerem Maße der Mittellosen gegenüber der Armut folgendermaßen ausgesehen hat: Materielle Armut als solche ist ein Unglück, selbst wenn man durch sie sein Seelenheil erlangen kann. Zudem ist dies eine Einsicht des gesunden Menschenverstands, und man muß, ob nun arm oder reich, wahrhaftig ein Heiliger sein, um sie nicht zu teilen.

Diese Heilsökonomie bildet gleichzeitig die Grundlage für eine nach ihrer Unterstützungswürdigkeit *differenzierende Wahrnehmung der Armen*. Ausgeschlossen sind in erster Linie die Elenden, die sich gegen diese gottgewollte Ordnung auflehnen. Es besteht eine innige Verbindung zwischen Armut und Häresie, und dies nicht nur deshalb, weil zahlreiche Häresien in Verbindung mit der Weltentsagung auch die Umkehrung der Gesellschaftsordnung gepredigt haben, weswegen sie auch gnadenlos unterdrückt worden sind, sondern auch aus dem Grund, daß die Weigerung, Armut hinzunehmen, schon einen virtuell ketzerischen Akt der Infragestellung der Schöpfung und ihrer Heilsökonomie darstellt. Der Arme läuft so Gefahr, die Sünde schlechthin zu begehen: sich dem Heilsplan der Vorsehung zu widersetzen. Der »schlechte Arme« ist zuallererst eine theologische Kategorie.

Das erfordert aber noch eine weitergehende Präzisierung. Innerhalb der Gruppe der Armen, die ihre Lage ohne zu Murren hinnehmen, nimmt die christliche Konzeption der Armut eine wesentliche Aufspaltung vor. Die geistige Armut des *pauper Christi* wird gepriesen, da sie die Absage an die Welt vollzieht und Verachtung für jegliches irdische Verhaftetsein zum Ausdruck bringt, darin eingeschlossen auch für die materielle Hülle, die der Leib ist. Doch diese herausragende Würdigkeit kann über einen dem Mondhof vergleichbaren Effekt auf bestimmte Formen der erduldeten Armut ausstrahlen, dies allerdings unter der Bedingung, daß sie die sichtbaren Zeichen dieser Haltung der Weltentsagung aufweisen. Am körperlichen Elend werden sich also im wesentlichen die Kriterien herauskristallisieren, die der materiellen Armut spirituelle Würde verleihen. Über eine typisch christliche Umkehrung, etwa so wie die Leiden und der entsetzliche Kreuzestod Christi zum Zeugnis seiner Göttlichkeit werden oder wie sich anhand der langen Martyrologie der Heiligen ihr Auserwähltsein am besten erkennen läßt, so erfährt der Schrecken der schmutzigen und zerlumpten Massen mit Geschwüren Bedeckter, Versehrter, Blinder und Lahmer, Humpelnder und Einarmiger, mißgebildeter Frauen, ausgemergelter Alter und verkrüppelter Kinder durch diese religiöse Verherrlichung des Leids eine Weihe. Die Armen sind Glieder des kirchlichen Leibes, weil *ihr Körper* leidet, sie sind die Metapher des leidenden Leibs der Kirche. Die emblematischen Figuren der Armut in den

27 Saint François de Sales, *Introduction à la vie dévote*, Paris, Éditions Florisonne, S. 29. Dt. Franz von Sales, *Philothea. Anleitung zum religiösen Leben*, Übers. von Otto Karrer, Freiburg/Schweiz, Würzburg, Paulus Verlag und Echter, 1988.

Schriften – Hiob auf seinem Dunghaufen, Lazarus, dessen Leichnam schon riecht, die durch Wunder geheilten Elenden, über die sich die Barmherzigkeit Christi gebeugt hat, die mageren und runzligen nackten Gestalten, die Gebresten und Entstellungen – tragen die spektakulärsten Zeichen des Unglücks der gottverlassenen Kreatur an sich. Sie bringen ans Licht, daß die Welt schlecht und der Leib verachtenswert ist, bevor beide durch Christi Liebe erlöst werden. Der kranke Körper ist eine klaffende Wunde, deren Klage sich zu Gott erhebt.

Die Armut stellt also nicht nur einen Tauschwert innerhalb einer Heilsökonomie dar. Mit Krankheit und Leiden behaftet und durch sie geweiht, hat die Verlassenheit des Leibes teil am Mysterium der Erlösung. Der Beweis für die herausragende Würde der Armut wird über ihre extremsten, unerträglichsten Manifestationen erbracht, besonderes über die ins Auge stechenden Verletzungen körperlicher Unversehrtheit, eben so, wie der unwiderlegbarste Beweis der Göttlichkeit Christi in seinem schmachvollen Kreuzestod besteht. Die Liebe zu den Armen ist der Erkenntnis nicht unmittelbar zugänglich. Sie ist ein Mysterium, zu dem der Christ nur über die völlige Umkehrung der Werte vordringt, deren Logik Nietzsche offengelegt hat, und die sich aus der Verachtung gegenüber der Welt speist.[28]

Wenn die Armut denn heilig ist, dann freilich nur unter der Bedingung, daß man über das in der prosaischen Situation des Armen liegende Unglück noch hinausgeht. Für die schönsten Augenblicke christlicher Begeisterung an der Armut betont Michel Mollat den stereotypen Charakter dieses Bildes vom Armen in der christlichen Pastorale: »Der Arme ist mager, blind, von Geschwüren bedeckt, oft hinkt er, ist zerlumpt und zerzaust; er zieht bettelnd von Tür zu Tür, vor den Kirchen, auf den Straßen.«[29] Im selben Zusammenhang hat Charles de La Roncière die Themen der florentiner Prediger für die Blütezeit des Christentums im 13. und zu Beginn des 14. Jahrhunderts untersucht. Er hat die Allgegenwart dieser in der Abwertung der fleischlichen Hülle zum Ausdruck kommenden Vorstellungswelt der Armut offengelegt.[30] Derjenige Arme erweist sich eines barmherzigen Werkes am würdigsten, dessen Körper die menschliche Ohnmacht und das Leiden zur Schau stellt. Eine ungewöhnlich reiche christliche Dramaturgie hat sich um die Orchestrierung der körperlichen Anzeichen von Armut herum entfaltet. Aber sie trifft sich mit einem grundlegenden anthropologischen Charakteristikum, das sie dabei überdeterminiert, und das notwendig ist, damit die Armut sich problemlos in den Rahmen der Fürsorge einpaßt: Sie muß der Verpflichtung zur Arbeit enthoben sein. Körperliche Ohnmacht, hohes Alter, ein Findelkind zu sein, eine möglichst unheilbare Krankheit, für den Blick möglichst unerträgliche Gebrechen sind stets die besten Passierscheine gewesen, um in den Genuß von Fürsorge zu kommen. Sehen wir von einem etwaigen Wohlgefallen am Morbiden einmal ab. Auf jeden Fall machen diese Zeichen des Verfalls unmittelbar augenscheinlich, daß die Arbeitsunfähigkeit, zu der diese Behinderungen verurteilen, keine freiwillige ist.

28 Vgl. F. Nietzsche, Zur Genealogie der Moral, in: *Kritische Studienausgabe*, Bd. 5, München, Berlin, New York, dtv, de Gruyter, ^{2}1998, S. 245 ff.

29 M. Mollat, *Die Armen im Mittelalter, op. cit.*, S. 117.

30 C. de La Roncière, »Pauvres et pauvreté à Florence au XIVe siècle«, in: M. Mollat, *Études sur l'histoire de la pauvreté*, Paris, 1974, Bd. II, S. 661–745.

Das mittelalterliche Christentum hat also eine auf dem übersteigerten Bewußtsein des Elends der Welt fußende faszinierende und einzigartige Version der Exaltierung der Armut hervorgebracht.[31] Gleichwohl steht es nicht allein da, körperliches Gebrechen zum Kriterium für die Erlangung von Fürsorge zu machen. Die Bezugnahme auf das, wofür wir die Benennung *Handicapologie* vorgeschlagen haben, ist Grundsatz jeder Fürsorgepolitik. Dennoch besitzt sie eine Entsprechung, welche von der evangelischen Legende gleichermaßen erhellt wird. Vorzugsweise körperliche Unfähigkeit auszuwählen, verschleiert andere Formen von Bedürftigkeit und schließt sie aus von der Möglichkeit, versorgt zu werden. Als das christliche Mittelalter an seinem Höhepunkt angelangt ist, kommt ein anderer Typ von Elend auf. Es ist das der Leute niederen Stands, der »kleinen Leute«, des *populo minuto*, die an den Rändern der Armut dahinvegetieren. Durch die Berechnung des Budgets einiger Kleinhandwerker, Gärtner oder Maurer konnte Charles de La Roncière zeigen, daß in bestimmten Jahren der ersten Hälfte des 14. Jahrhunderts in Florenz die Mehrzahl von ihnen, vor allem dann, wenn sie eine Familien zu versorgen haben, unter die Schwelle des Existenzminimums fällt. Aber die Prediger sprechen nicht von dieser Misere, mit der sie doch in Berührung kommen, und vielleicht sehen sie sie auch nicht. Sie unterliegt anderen Analyse- und Wahrnehmungskategorien. Sie ist eine aus Mangellagen bestehende Misere, deren Manifestationen unauffällig sind, es sei denn, sie entlädt sich in tumultuösen Aufständen oder wenn sie die Unglücklichen dazu zwingt, um Unterstützung zu flehen. Als Mangel an Nahrungsmitteln, an Wohnung, Kleidung, Arbeit stellt sie nur das graue Leben des leidenden Volkes zur Schau, diesseits all der Barmherzigkeit erheischenden pathetischen Inszenierungen. So verweisen die *pauperes Christi* das Elend der Arbeitenden nach Draußen ins Dunkel.

Mein Nächster ist mein Nachbar

Wie bedeutend es auch sei, das Kriterium körperlich bedingter Arbeitsunfähigkeit ist nicht das einzige, das die Pforten zur Fürsorge öffnet. Zusammen mit der Gemeindezugehörigkeit grenzt es den Bereich des fürsorgerischen Feldes ein. Auch hier hat das mittelalterliche Christentum nachdrücklich zu seiner Umsetzung beigetragen. Doch wird dabei erneut eine Konzeption des »Nächsten« als eines »Nahen« bzw. »Nachbarn« festgelegt, was sich ebenso als gesellschaftliche oder geographische Nähe interpretieren läßt, wie auch als besonderes Merkmal der christlichen Auffassung der Brüderlichkeit unter den Menschen.

Innerhalb des christlichen Abendlandes hat sich nämlich der Wohnsitz sehr früh zur Hauptvoraussetzung für die Gewährung von Unterstützung von Bedürftigen entwickelt. Dies soll noch für lange Zeit so bleiben, überbrückt sie doch auch den hypothetischen Einschnitt zwischen der mittelalterlichen bzw. »christlichen« Organisation

31 Man müßte diese Aussage noch mittels eines weitausholenden Rückgriffs auf die mittelalterliche Ikonographie konkretisieren. Emblematisch für diese Weltsicht wäre vielleicht die Ankunft der Geißlerprozession in Bergmans Film *Das siebte Siegel*. Die Sorglosigkeit des Fests auf dem Dorfplatz: Die Artisten sind schön, jung, vergnügt, sie verraten Lebensfreude, und das Volk amüsiert sich. Doch plötzlich tauchen Männer in Schwarz mit ihrem Klagen, ihren Ketten, ihrer Angst, der Pest und dem Tod auf. Der Augenblick des Glücks kippt um in Leiden, diese Welt hier unten ist verflucht.

der Fürsorge und ihren modernen oder »säkularisierten« Formen. Die *matricula* geht auf das sechste Jahrhundert zurück: Sie ist eine Liste, auf der die Armen, die von der örtlichen Kirchengemeinde unterhalten werden sollen, namentlich verzeichnet sind. Sie vereint Fürsorge und Wohnsitz derart, daß diejenigen, die ursprünglich einfache Fürsorgeempfänger waren (die marguilliers) schließlich Teil des Dauerpersonals der Kirche wurden.[32] Im Hochmittelalter wird die Wohltätigkeitspraxis im wesentlichen Sache des Klosterwesens. Die Konvente nehmen die entlang der großen Pilgerwege reisenden heimatlosen Individuen auf, auch die ortsansässigen Elenden und Kranken. Die Aufnahme geht jedoch nicht völlig undifferenziert vonstatten. Die Regel des Heiligen Benedikt unterscheidet zwischen den Bittstellern, die nicht arbeiten können, und den »Faulen« – den Arbeitsfähigen –, die man innerhalb zweier Tage wieder wegschicken soll.[33] In Cluny beispielsweise werden die vorüberziehenden Reisenden zwar beherbergt, allerdings nur für eine Nacht, den »echten Armen« hingegen wird über gelegentliche oder periodische Unterstützungsverteilungen Fürsorge gewährt, manch ein Bedürftiger sogar dauerhaft versorgt.[34] Die »Klosterpförtner« – selbst häufig ehemalige Fürsorgeempfänger, die zu Dienern des Konvents geworden sind – treffen die Auswahl zwischen den Bittstellern.[35] Diese bevorzugt in den Konventen und religiösen Institutionen praktizierte Fürsorge entspricht zudem einer Art sozialem Mandat der Kirche, das sie zur Hauptverwalterin der Wohltätigkeit macht. Diese Arbeitsteilung wird sehr früh von den staatlichen Autoritäten bestätigt. So bestimmt ein Kapitular Karls des Großen den Anteil des Zehnten, der für den Sozialdienst *avant la lettre* vorzusehen sei.[36] Neben dem Dienst an Gott findet die Kirche in diesem Dienst an den Armen eine weitere Rechtfertigung ihrer gesellschaftlichen Vorrangstellung und ihrer Privilegien. Nichts rührt also bei der Ausübung dieses Mandats von einer etwaigen »Privatinitiative« her: Die Kirche ist und bleibt Haupteinrichtung der Fürsorgeverwaltung.

Die Organisation der Fürsorge auf der Grundlage eines festen Wohnsitzes vor Ort nimmt mit der Entwicklung der Städte systematischen Charakter an, was eine Verlagerung innerhalb des städtischen Geflechts aus Institutionen und professionellen Fürsorgern, als was man die Ordensgeistlichen ja schon bezeichnen kann, nach sich zieht. In der gesamten europäischen Christenheit lassen sich die Bettelorten systematisch und ausschließlich in den Städten nieder.[37] Parallel dazu vervielfacht sich die Zahl der *Hôtels-Dieu*, *charités* und *hôpitaux*. Die Mehrzahl der großen religiösen Einrichtungen in Frankreich und dort besonders in der Pariser Region sind Gründungen aus der Zeit zwischen 1180 und 1350.[38] Selbst wenn man zu dieser Zeit von einer christlichen Erneuerung hat sprechen können, stehen diese Gründungen doch auch

32 M. Mollat, *Die Armen im Mittelalter, op. cit.*, S. 43f. Das französische Wort »marguillier«, vom lateinischen »matricularius« abgeleitet, ist ein heute eher ungebräuchliches Wort für Küster; Anm. des Übers.

33 D. Willibrord Witters, »Pauvres et pauvreté dans les coutumiers monastiques du Moyen Âge«, in: Michel Mollat, *Études sur la pauvreté, op. cit.*, Bd. I, S. 184.

34 G. Duby, »Les pauvres des campagnes«, *loc. cit.*, S. 26.

35 M. Mollat, *Die Armen im Mittelalter, op. cit.*, S. 44.

36 B. Geremek, *Geschichte der Armut, op. cit.*, S. 23.

37 Vgl. J. Le Goff, »Apostolat mendiant et fait urbain«, *Annales ESC*, 1968.

38 Vgl. M. Candille, »Pour un précis d'histoire des institutions charitables, quelques données du XIIe–XIVe«, *Bulletin de la Société française d'histoire des hôpitaux*, n° 30, 1974.

mit einem fundamentalen gesellschaftlichen Wandel, der Entwicklung und Ausdifferenzierung des städtischen Raumes, den die religiösen Autoritäten nicht allein für sich verbuchen können, im Wechselverhältnis. Das Zerreißen der für die Agrargesellschaften typischen Abhängigkeiten und unmittelbaren Absicherungen, die Vertiefung der Diskrepanzen zwischen den gesellschaftlichen Gruppen, werfen die Frage nach der Versorgung der dringendsten Hilfsbedürftigen in völlig neuer Form auf. Auch die städtischen Behörden übernehmen ihren Teil an dem, was zu einem Problem des Umganges mit der städtischen Armut wird. Die Fürsorge ist auf lokaler Basis organisiert und erfordert eine rigorosere Auswahl der Fürsorgeempfänger. Das Spital von Dinant etwa ist schon seit Ende des 13. Jahrhunderts kommunalisiert. Ebenso unterhält die Stadt Mons seit 1290 eine *commune aumône*, ein allgemeines Almosen, das über die gelegentlichen Fürsorgeempfänger hinaus den auf einer jährlich wieder durchgesehenen Liste eingeschriebenen Bedürftigen hilft, welche somit in den Genuß einer Art Unterstützungsabonnement kommen.[39] Gleichermaßen unterstützen die Städte Gand und Florenz regelmäßig jeweils mehr als tausend »hausgesessene Arme«.[40] Die Unterstützungen können unter der Voraussetzung der sorgsamen Erfassung und Lokalisierung der Empfänger auch außerhalb der Spitalstrukturen verteilt werden. Schon ab dem 14. Jahrhundert beginnt man damit, diese Armen zum Tragen von Erkennungszeichen zu verpflichten (Marken, Bleischildchen, auf den Ärmel oder die Brust genähte Kreuze), die eine Art »Rechtsanspruch« auf die Teilnahme an den regelmäßigen Almosenverteilungen oder den Besuch der Spitaleinrichtungen eröffnen. Bronislaw Geremek spricht von »besoldeten Armen« und echten »Pfründen«. Von der Fürsorge zu leben, wird beinahe schon zu einer Art Beruf. Zudem erscheinen die Bettler 1475 in Augsburg in den Steuerregistern wie eine Berufsgruppe.[41]

Infolgedessen organisiert sich die Armenfürsorge schon vor dem 16. Jahrhundert auf territorialer Grundlage, wobei ihre Verwaltung kein kirchliches Monopol mehr bleibt, so sie es überhaupt jemals gewesen ist. Neben der Kirche, der Ordensgeistlichkeit oder der weltlichen Geistlichkeit, beteiligen sich die weltlichen und religiösen Autoritäten an der Verwaltung des Sozialen: Die Herren, Notabeln und reichen Bürger, Bruderschaften, also die Unterstützungsvereine der Handwerkszünfte, vervielfachen die Unterstützungen.[42] Die Ausübung der Wohltätigkeit ist seit Ende des 13. Jahrhunderts zu einer Art lokaler sozialer Dienstleistung geworden, an welcher all die Instanzen mitarbeiten, die sich miteinander die Verantwortung für die »gute Policey« der Stadt teilen. Eine solche Verantwortungsübernahme der örtlichen Gewalten

39 Damit sind auf Stiftungen basierende wohltätige Einrichtungen gemeint, die in Deutschland oft als »Armentafeln« bezeichnet wurden; Anm. d. Ü. Vgl. M. Mollat, *Die Armen im Mittelalter, op. cit.*, S. 127.

40 Vgl. C. Liss und H. Soly, *Poverty and Capitalism in Pre-industrial Europe*, Hasocks, The Harvester Press, 1979, S. 25.

41 B. Geremek, *Geschichte der Armut, op. cit.*, S. 48–57. Schon Max Weber wies darauf hin, daß in den mittelalterlichen Städten die »weltlichen Bettler [...] gelegentlich geradezu als ›Stand‹ bezeichnet und gewertet« wurden; vgl. M. Weber, »Die protestantische Ethik und der Geist des Kapitalismus«, in: ders. *Gesammelte Aufsätze zur Religionssoziologie*, Bd. 1, Tübingen, J.C.B. Mohr, 1988, S. 199.

42 Hinsichtlich der Rolle der Bruderschaften zeigt Robert Fossier (*Histoire sociale de l'Occident médiéval, op. cit.*, Kap. V.), daß der Beginn des Aufschwungs dieser wohltätigen Vereinigungen, »Zuflucht der kleinen Leute«, homolog der Entwicklung der Reitervereinigungen für die Mächtigen, dem Augenblick der Auflösung der durch die erweiterte Familie vergebenen Schutzleistungen entspricht. Er ist ein städtisches Phänomen, doch findet man weniger entwikkelte Formen davon auch auf dem Land.

nimmt im Lauf des 14. und 15. Jahrhunderts nochmals zu. Diese Form der Armenfürsorge, die sichtlich einem rationelleren Umgang mit der Armut entspricht, hat also für ihr Zutagetreten nicht erst auf das 16. Jahrhundert warten müssen, ebenso wenig auf die »Säkularisierung« der Gesellschaft. Vor wie nach dem 16. Jahrhundert spielt die Kirche ihren Part im Konzert der Instanzen, die um die Übernahme der Armenfürsorge konkurrieren. Ohne Zweifel ist diese Rolle vorher maßgeblicher als nachher, doch nicht immer aus Gründen, die sich aus der spezifischen Rolle der Kirche ergeben. Wenn die Konvente im Mittelalter eine derart »wohltätige« Rolle spielten, so taten sie dies auch in ihrer Eigenschaft als Grundherren. Der Abt übte seine Rolle als Beschützer der von ihm Abhängigen aus wie die Bischöfe häufig die Herren über die Städte und das umliegende Land waren. Diese kirchlichen Herren hatten in der Tat dieselben Verpflichtungen zum Schutz und zur Fürsorge wie die weltlichen Herren und kamen ihnen ohne Zweifel auch auf die gleiche Weise nach.

Was man im allgemeinen als das Aufkommen einer »neuen Sozialpolitik«[43] zu Beginn des 16. Jahrhunderts interpretiert, verleiht dieser Entwicklung nur systematischeren Charakter. Diese Wiederbelebung wird von einer ungünstigen wirtschaftlichen und sozialen Konjunktur ausgelöst: Subsistenzkrise, Preisanstieg der Lebensmittel, an eine starke demographische Erholung nach den durch die Pest verursachten Massensterben gebundene Unterbeschäftigung, Umstrukturierungen im Agrarbereich, anarchisches Anwachsen der Städte. Das schon seit mindestens zwei Jahrhunderten wahrnehmbare Auseinanderdriften der Gesellschaft tritt nun brutal zutage. Die Armut wird zum Gegenstand einer von den Kontroversen der Renaissance und der Reformation genährten breiten öffentlichen Debatte, wofür der Erfolg des Buches von Juan Luis Vives *De subventione pauperum* den besten Beleg darstellt.[44] Zwischen 1522 und der Jahrhundertmitte ergreifen ca. 60 europäische Städte ein kongruentes Bündel von Maßnahmen. Diese Kommunalpolitik beruht auf einigen simplen Grundsätzen: *Ausgrenzung der Fremden*, striktes Bettelverbot, Zählung und Klassifizierung der Bedürftigen, Ausarbeitung von je nach Kategorie von Leistungsempfängern differenzierten Unterstützungsformen. Die an das Bettelverbot geknüpfte Ausgrenzung von Fremden, Streunern und auswärtigen fliegenden Händlern erlaubt eine systematische Versorgung der ortsansässigen Armut: Pflege und Unterstützung der Kranken und Invaliden, aber auch die Ausbildung für arme Kinder und Verteilung von Unterstützungsleistungen an Familien, die ohne Beschäftigung sind oder deren Einkommen nicht zum Leben reicht.[45] Das Bemühen, die Armenfürsorge systematisch auf lokaler Basis zu organisieren, mündet so in eine ansehnliche Neuerung, nämlich die Gewährleistung von Unterstützung für bestimmte Kategorien von Armen, selbst für solche, die arbeitsfähig sind. Auf diese Weise unternimmt die Stadt Anstrengungen zur Versorgung der Gesamtheit ihrer bedürftigen Bewohner. Wir

43 B. Geremek, *Geschichte der Armut, op. cit.*, Kap. III, »Die neue Sozialpolitik«.

44 J.L. Vives, *De subventione pauperum*, Brügge, 1525, frz. Übers. *De l'assistance aux pauvres*, Brüssel, 1943.

45 Für eine Darstellung dieser Kommunalpolitik vgl. neben B. Geremek, *op. cit.*, C. Liss und H. Soly, *Poverty and Capitalism in Pre-industrial Europe, op. cit.*, Kap. III, T. Vissol, »À l'origine des législations sociales au XVIe siècle: humanisme et frayeurs populaires«, *Les Temps modernes*, n° 19; eine detaillierte Darlegung der Funktionsweise der »Aumône générale« von Lyon, in: J.-P. Gutton, *La société et les pauvres: l'exemple de la généralité de Lyon, op. cit.*; für England, vgl. J. Pound, *Poverty and Vagrancy in Tudor England*, London, 1971.

werden noch auf diesen unbeständigen Versuch zurückkommen müssen, das auf den arbeitsfähigen Armen lastende Verbot des Empfangs von Fürsorge aufzuheben.

Diese zuerst auf lokaler Ebene ausgearbeiteten Maßnahmen werden durch die nationale Gesetzgebung aufgegriffen, etwa durch den Erlaß Karls V. vom 7. Oktober 1531 für Flandern und die Niederlande, den Erlaß von Moulin vom Februar 1556 für Frankreich oder die englischen *poor laws* der zweiten Hälfte des 16. Jahrhunderts, die schließlich zum großen elisabethanischen Gesetz von 1601 führen. Ihr allgemeiner Geist ist in Artikel 73 des Erlasses von Moulin enthalten:

> »*Wir ordnen an, daß die Armen einer jeden Stadt, eines Marktfleckens oder Dorfes durch diejenigen Städte, Marktflecken oder Dörfer ernährt und unterhalten werden, in denen sie geboren sind und wohnen, ohne daß sie Geschäften nachgehen können und anderswo um Almosen bitten können, als an dem Ort, wo sie sind; diese Armen sind dazu angehalten, sich Zeugnis und Zertifikat von Obengenannten in dem Falle zu besorgen, daß sie zur Heilung ihrer Krankheiten dazu gezwungen sind, in die Städte und Marktflecken zu kommen, wo es Krankenanstalten zu diesem Behufe gibt.*«[46]

Die ebenfalls auf europäischer Ebene im 17. Jahrhundert vollzogene »große Einsperrung« der Bettler widerspricht diesem Prinzip der primären Versorgung allem Anschein zum Trotz keineswegs. Man muß sie als Fortführung und nicht als Abbrechen der Politik des 16. Jahrhunderts sehen, stellt sie doch nur eine stärker ausgearbeitete, spätere Organisationsphase dar, um dem Scheitern der frühen Kommunalpolitik angemessen Rechnung zu tragen.[47] Als Konsequenz aus der Entwicklung der Städte gestalten die gelockerten städtischen Sozialbeziehungen die unmittelbare Fürsorge, welche die Rolle der Hospitalisierung minimiert, immer schwieriger. Parallel dazu laufen die Bettler durch ihre wachsende Zahl und ihre zügellosen Sitten Gefahr, zu einem »ungebundenen Volk« zu werden, das »weder Gesetz, Religion, noch Obrigkeit oder Polizei« kennt, »ein zügelloses und nichtsnutziges Volk, das niemals Regeln erhalten hat«.[48] Ein schon halb eingetretenes völliges Abreißen des Gemeinschaftsbandes also. Die Lage des Bettlers zu tolerieren, das liefe auf die Hinnahme der Tatsache hinaus, daß sich im Herzen der Gemeinschaft eine dem Gemeinwesen entfremdete, vollständig von ihm abgekoppelte Gruppe bildet.

---

46 Zitiert nach L. Parturier, *L'assistance à Paris sous l'Ancien Régime pendant la Révolution*, Paris, 1897, S. 73.

47 Diese scheint einige Jahrzehnte lang einigermaßen korrekt funktioniert zu haben, bevor sie mehr oder weniger unüblich wurde. Vgl. C. Liss und H. Soly, *Poverty and Capitalism in Pre-industrial Europe, op. cit.* In England haben die Initiativen des 16. Jahrhunderts gleichwohl zu einem ausgefeilteren System »legaler Wohltätigkeit« als auf dem Kontinent geführt, und diese Eigenheit wird noch das englische 19. Jahrhundert kennzeichnen.

48 Der Text des Edikts vom April 1657: »Edikt des Königs über die Errichtung von *Hôpitaux Généraux* zur Einsperrung der armen Bettler der Stadt und Vorstädte von Paris«, als Anhang der ersten Ausgabe von Michel Foucaults *Histoire de la Folie*, Paris, Plon, 1961, S. 646 ff (dt. Übers. *Wahnsinn und Gesellschaft. Eine Geschichte des Wahnsinns im Zeitalter der Vernunft*, Frankfurt, Suhrkamp, 1969, allerdings ohne den erwähnten Anhang). Die hier vorgeschlagene Interpretation der »großen Einsperrung« unterscheidet sich gleichwohl von der Michel Foucaults. Für eine tiefergehende Rechtfertigung dieses Unterschieds und seiner Implikationen in bezug auf die Beurteilung des genealogischen Ansatzes von Michel Foucault, vgl. R. Castel, »Problematization: a way of Reading History«, in: J. Goldstein (Hrsg.), *Foucault and the Writing of History Today, loc. cit.*

Angesichts dieser Bedrohung verkörpert die Einsperrung nur ein Mittel, ohne Zweifel ein radikales, das aber als ein notwendiger Umweg zur Wiederherstellung der Gemeindezugehörigkeit erscheint. Die Kostgänger des *Hôpital Général* sind weniger von der Gemeinschaft abgeschottet als vielmehr örtlich verlegt, das heißt *ad hoc* in einen anderen Raum gebracht, in dem sie weiterhin versorgt werden. Das *Hôpital Général* stellt weder in seiner institutionellen Struktur, noch durch den von ihm betreuten Bevölkerungstyp oder seine Funktionsweise eine wirkliche Innovation dar.

Vom institutionellen Blickwinkel aus gesehen steht es in Zusammenhang mit den Weiterentwicklungen der vorausgegangenen Interventionsformen der Fürsorge. In Lyon beispielsweise werden in der *Aumônerie Générale*, einer der vollendetsten Umsetzungen der Kommunalpolitik der Renaissance, ab Ende des 16. Jahrhunderts »unverbesserliche Bettler« in einen Turm gesperrt. Die Stadt gründet schon 1614 das Spital Saint-Laurent, dessen Reglement Arbeit und Gebet zur Besserung der Bettler miteinander kombiniert.[49] Dieselbe Entwicklung in England, wo 1547 das *Bridewell* von London, das Modell für die *workhouses* gegründet wird. Das *Rasphuis* in Amsterdam funktioniert zur selben Zeit nach den gleichen Grundsätzen. Der Umstand, daß die Gründung der *Hôpitaux Généraux* auf Befehl der königlichen Behörden geschieht, markiert ebenfalls keinen signifikativen Bruch mit der vorangegangenen Politik. Es ist Aufgabe der Städte und »großen Marktflecken«, diese Maßnahmen umzusetzen, eine unterschiedliche, jedoch homologe Version des Verhältnisses von Zentralem und Lokalem des 16. Jahrhunderts, da sich die Königsgewalt auf die kommunalen Initiativen stützt, um ihre allgemeine Ausweitung zu bewirken.[50]

Was die *betroffenen Bevölkerungsgruppen* angeht, so zielt die Einsperrung zunächst nur auf die ortsansäßigen Bettler. Sie schließt Fremde und Landstreicher aus, welche die Stadt verlassen müssen und weiterhin unter polizeiliche Zuständigkeit fallen.[51] Die als am stärksten der Gesellschaft entfremdet, am wenigsten erwünscht und am gefährlichsten eingestuften Individuen werden derart von der Einsperrung (und nicht *durch* die Einsperrung) ausgeschlossen. Das Edikt von 1662, das die Errichtung eines *Hôpital Général* »in allen Städten und großen Marktflecken des Königreichs« vorsieht, präzisiert erneut, daß es sich nur auf die Bettler bezieht, »die aus diesen Orten stammen oder sich dort seit einem Jahr aufhalten, ebenso auf die Waisen oder die Kinder bettelnder Eltern«.[52] Eine königliche Deklaration wiederholt 1687 nochmals die Forderung nach Einsperrung, verurteilt aber die Vagabunden zu lebenslanger Ga-

49 Vgl. J.-P. Gutton, *La Société et les pauvres, op. cit.* Paris verdankt Katharina von Medici einen Versuch ähnlicher Art, nämlich das *Hôpital des Petits-Maisons* (1612). In der Tat setzt sich die Struktur des *Hôpital Général* oder des *Workhouse* in Europa seit Ende des 16. Jahrhunderts weitgehend durch, in Italien sogar noch früher. Vgl. C. Liss und H. Soly, *Poverty and Capitalism in Pre-industrial Europe, op. cit.* Vgl. auch B. Geremek, »Le renfermement des pauvres en Italie (XIVe–XVIIe siècle), in: *Mélanges en l'honneur de Fernand Braudel*, Toulouse, Privat, 1973, Bd. I. Man muß also einräumen, daß Michel Foucault anhand der Gründung des *Hôpital Général* 1657 einen quasi-säkularen *Trend* deutlich gemacht hat, der auf den gesamten europäischen Raum ausstrahlte.

50 »Édit de 1662 portant établissement d'un Hôpital général dans toutes les villes et gros bourgs du Royaume«, Jourdan, Decrouzy, Isambert, *Recueil général des anciennes lois françaises*, Paris, 28. vol., Bd. XVIII, S. 18. Für eine Interpretation dieses Prozesses der zunehmenden Übernahme von Problemen der Armenfürsorge durch die Zentralinstanzen im Anschluß an die Theorie der Kollektivierung von Norbert Elias, vgl. A. de Swaan, *Der sorgende Staat. Wohlfahrt, Gesundheit und Bildung im Europa und den USA der Neuzeit*, Frankfurt/New York, Campus, 1993.

51 Vgl. J. Depauw, »Pauvres, pauvres mendiants, mendiants valides ou vagabonds? Les hésitations de la législation royale«, *Revue d'histoire moderne et contemporaine*, XXI, Juli–September 1974.

52 Jourdan, Decrouzy, Isambert, *Recueil général des anciennes lois françaises, op. cit.*, Bd. XVIII, S. 19.

leerenstrafe schon beim ersten Aufgreifen. Die ortsansäßigen Bettler werden erst beim dritten Aufgreifen zur Galeere verurteilt, das heißt, nachdem sie sich zweimal gegenüber der »barmherzigen« Lösung der Einsperrung, die den Landstreichern nicht offensteht, rebellisch gezeigt haben. Ihrer eigentlichen Intention nach ist die Einsperrung zuerst ein Instrument zur Verwaltung des Bettelwesens innerhalb eines städtischen Rahmens zugunsten der einheimischen Armen. Im zeitgenössischen Sprachgebrauch sagt dies die Präambel des Edikts von 1657 fast explizit. Es betrifft die noch zur Gemeinde gehörenden oder wiedereingliederungsfähigen »bettelnden Armen«, welche Ludwig XIV. als »lebende Glieder Jesu Christi« von den »für den Staat nutzlosen Gliedern« unterscheidet, also von den Vagabunden, die, nachdem sie jegliche Gemeindezugehörigkeit gekappt haben, die Grenzen einer wohltätiger Intervention überschritten haben.[53]

Die *Techniken*, die im Innern des *Hôpital Général* zur Anwendung kommen, sind Ausdruck einer Strategie der Eingrenzung und nicht der Ausgrenzung. Die Disziplin des *Hôpital Général*, die von ständigem Gebet unterbrochene Zwangsarbeit, das Erlernen von Ordnung und Regelmäßigkeit sind wohlbekannte Rezepte einer Pädagogik der starken Hand, deren Logik Erwing Goffman systematisiert hat.[54] Sie soll dem Eingesperrten nach dieser Phase der Umerziehung gestatten, seinen Platz in seiner Herkunftsgemeinde wiedereinzunehmen und von da an »zu einem nutzbringenden Glied des Staates« zu werden.

Das Zwischenspiel der Einsperrung mit umerzieherischer Absicht steht also keineswegs in Widerspruch zum Wohnsitzprinzip der Armenfürsorge. Es unternimmt den Versuch einer neuartigen Reformulierung angesichts einer Situation, die für die Ausübung einer durch die nähere Umgebung geleisteten Fürsorge ungünstig geworden ist. Ludwig XIV. kann daher von sich behaupten, daß er nicht »qua Polizeiorder« handelt – die hier »die für den Staat nutzlosen Glieder«, also zuerst die Vagabunden beträfe –, sondern »einzig aus barmherzigem Antrieb heraus«, das heißt um denen zu Hilfe zu kommen, die noch zur Einflußsphäre der Gemeinde gehören.[55] Die Einsperrung ist kein reiner Selbstzweck. Sie geht zunächst einen strategisch motivierten Umweg, der darin besteht, einen Einschnitt im Verhältnis zur Umgebung durchzuführen. Dieser wiederum hat zum Ziel, in einem zweiten Schritt die Mittel zur Umerziehung des arbeitsfähigen Bettlers zu verschaffen, um ihn dann in einem dritten Schritt wiedereinzugliedern.

Es ist nur allzu wahr, daß dem Prinzip der direkten Domizilierung nach dem Scheitern dieser pädagogischen Utopie erneut eine Vorrangstellung zukommt. Als Ausdruck des Konsens der aufgeklärten Geister gegen Ende des Ancien Régime nehmen die *Mémoires présentés à l'Académie de Dijon sur les moyens de détruire la mendicité* (An der Akademie von Dijon eingereichte Denkschriften über die Mittel, dem Bettelwesen ein Ende zu machen) in dieser Hinsicht kein Blatt vor den Mund: »Unter den

53 »Édit du Roy portant établissement d'un Hôpital général...«, *loc. cit.*, S. 648.

54 E. Goffman, *Asyle. Über die soziale Situation psychiatrischer Patienten und anderer Insassen*, Frankfurt, Suhrkamp, 1973 (frz. Ausgabe herausgegeben und eingeleitet von R. Castel).

55 »Édit du Roy portant établissement d'un Hôpital général...«, *loc. cit.*, S. 648.

verschiedentlich vorgeschlagenen Mitteln, um der Bettelei ein Ende zu machen, gibt es keines, das mehr Zustimmung erheischen könnte, als jenes, welches die Bettler an ihren Geburtsort zurückverweist [...]. Jede Pfarrgemeinde soll für ihre Armen aufkommen wie ein Familienvater für seine Kinder.«[56]

Anstatt schwächer zu werden, tritt diese Territorialisierungserfordernis zur Gewährung von Unterstützung um so deutlicher zutage, je mehr wir uns dem Ende des »Ancien Régime« nähern. Eine weitere, besonders beredte Illustration findet sich in der großen königlichen Ordonnanz von 1764, »dem letzten feierlichen Ausdruck der Ideen der alten Monarchie«, so die Charakterisierung Camille Blochs.[57] Dieser Erlaß fällt besonders repressiv aus, da er die arbeitsfähigen Bettler den Landstreichern gleichstellt und die Männer zur Galeere verurteilt, die Frauen und Kinder zu Einsperrung, während den Kranken und Arbeitsunfähigen, je nach Zustand, zu Hause oder im Spital Hilfe geleistet wird. Dennoch präzisiert im darauffolgenden Jahr der Vize-Kanzler auf Veranlassung der Intendanten, in welchem Geist diese Direktive anzuwenden ist: »Der Wille des Königs ist, daß man alle Bettler festnimmt, die mehr als eine halbe Meile von ihrem Wohnsitz betteln gehen.« So entgeht der ortsansäßige Bettler den mit der Lage des Landstreichers verbundenen Stigmatisierungen und Sanktionen. Der Vize-Kanzler führt weiter aus: »Ein ortsansäßiger Bettler ist also jemand, der seit mehr als sechs Monaten an ein und demselben Ort geblieben ist und nur gelegentlich um einige Lebensmittel oder um eine Anstellung bettelt, der zu arbeiten verspricht, und auf der Stelle durch glaubwürdige Personen für sich bürgen lassen kann.«[58]

Diese zweideutige Definition vermag kaum zu überzeugen und hat konkret auch gar nicht angewandt werden können. Doch betont sie das Gewicht des Faktors Nähe, geographische Nähe – hier an der Entfernung von einer halben Meile gemessen –, aber auch soziale Nähe – der Umstand, »durch glaubwürdige Personen für sich bürgen lassen« zu können. Lokale Anbindung entkriminalisiert die Bettelei. Sie vermag die grundlegende Arbeitsverpflichtung zu relativieren, welche zu einem simplen »Arbeitsversprechen« wird, was praktisch nicht viel besagen kann und konkret nicht nachweisbar ist. Doch bringt sie das Erfordernis zum Ausdruck, daß ein Individuum nicht völlig in Stich gelassen werden soll, wenn es noch Bindungen an seinen gesellschaftlichen Lebensraum hat. Dem gesunden Bettler wird es teilweise nachgesehen, wenn er arbeitstauglich ist, vorausgesetzt er kompensiert diese Eigenschaft, die ein Hindernis für den Anspruch auf Fürsorge darstellt, dadurch, daß er sich als zur territorialen Gemeinschaft zugehörig anerkennen läßt – eben »für sich bürgen läßt«.

Die Ausübung einer Vormundschaft durch die Gemeinschaft – »Jede Pfarrgemeinde soll für ihre Armen aufkommen wie ein Familienvater für seine Kinder« –

---

56 *Des moyens de détruire la mendicité en France en rendant les mendiants utiles à l'État sans les rendre malheureux, Mémoires qui ont concouru pour le prix accordé en 1777 par l'Académie des sciences, arts et belles-lettres de Châlons-sur-Marne*, Châlons-sur-Marne, 1780, S. 5.

57 C. Bloch, *L'Assistance et l'État en France à la veille de la Révolution*, wiederaufgelegt, Genf, 1974, S. 160. Der Text der Deklaration befindet sich in: Jourdan, Decrouzy, Isambert, *Recueil général des anciennes lois françaises, op. cit.*, Bd. XII, S. 74.

58 Zitiert nach Christian Paultré, *De la répression de la mendicité et du vagabondage en France sous l'Ancien Régime*, Paris, 1906, S. 400.

stellt ganz deutlich die zweite Hauptachse zur Strukturierung der »Sozialfürsorge« dar. Sie herrscht auch in England vor, quer durch die unterschiedlichen *poor laws* des 16. Jahrhunderts, welche die Pfarrgemeinde als notwendige Basis für die Organisation der Unterstützung einführen. Diese Organisationsweise wird durch den bekannten *Speenhamland Act* von 1795 wiederaufgegriffen und nochmals forciert: Jede Kirchengemeinde ist nicht nur verantwortlich für die Versorgung ihrer Armen, sie soll ihnen auch eine Art Mindesteinkommen gewährleisten, indem sie ihnen einen automatisch an den Getreidepreis gebundenen Einkommenszuschlag garantiert, falls der Lohn nicht ausreicht. Wie für die vorangegangenen *poor laws* wird die Finanzierung über Pflichtabgaben sichergestellt, die unter den Bewohnern einer Pfarrgemeinde erhoben werden. Im Gegenzug dazu sind die Unterstützungsempfänger beinahe unverrückbar an ihre Herkunftsregion gefesselt. Sie befinden sich daher in Abhängigkeit örtlicher Notabeln, so daß man angesichts dessen von Gemeindeknechtschaft (*parish serfdom*[59]) hat sprechen können. Der Speenhamland Act verkörpert – in dem Augenblick, in dem sich die »industrielle Revolution« in England bereits in vollem Gange befindet, wir werden noch auf dieses Paradox zurückkommen – die vollendetste Ausformulierung der seit dem Mittelalter auf der Notwendigkeit der Gemeindezugehörigkeit basierenden Organisation der Fürsorgepolitk. Jenseits der Domizilierung und des von ihr gebildeten doppelten Sicherungssystems gibt es für die Armen kaum ein Heil.[60]

Das Organigramm der Fürsorge

Wir haben uns auf eine Neubewertung einiger Konstruktionen der Geschichte der Fürsorge an zwei zusammenhängenden Punkten eingelassen. An erster Stelle der Pionierrolle des Christentums bei der Entstehung des Feldes der abendländischen Fürsorge seit dem Mittelalter. Die christliche Auffassung und Praxis der Barmherzigkeit haben sich generell nach den für die Armenfürsorge konstitutiven Kategorien herausgebildet. Das Christentum hat dabei das Kriterium der Arbeitsuntauglichkeit übernommen und übersteigert, indem es das leibliche Elend zum hevorstechendsten Zeichen für die Einbindung des Armen in eine Heilsökonomie gemacht hat. Es hat sich auch darein gefügt, daß der Nächste, auf den sich die Liebe zur leidenden Menschheit richten soll, vorzugsweise derjenige ist, der einem räumlich nahe steht, eben der, der in die Netzwerke der Gemeinde eingegliedert ist.

Daraus folgt an zweiter Stelle eine Korrektur der allgemein akzeptierten Periodisierung der Transformationen der Fürsorge bis zur Moderne. Selbst vom institutionellen Standpunkt aus betrachtet ist die Rolle der Kirche mehr in Kontinuität als im Bruch mit der Anforderung einer Fürsorgeverwaltung auf lokaler Basis zu sehen.

59 K. Polanyi, *The Great Transformation, op. cit.*

60 Wir werden im Kapitel IV noch die Wandlung diskutieren, die der vom Ausschuß für die Austilgung des Bettelwesens der Konstituante eingebrachte und vom Konvent verabschiedete Anspruch auf Unterstützung verkörpert. Er widerspricht jedoch nicht dem Territorialisierungserfordernis. Die Nation wird nämlich zur territorialen Bezugseinheit, und sie versieht ihn, indem sie aus der Verpflichtung zur Unterstützung der Bedürftigen eine »heilige Pflicht« macht, mit der Würde eines Rechts. Dennoch bleibt die Ausübung dieses Rechts der Lokalisierungserfordernis am »Unterstützungswohnsitz« unterworfen. Es schließt im Gegenzug die Fremden aus.

Wenn die Armenfürsorge zuerst hauptsächlich in den Konventen und religiösen Einrichtungen praktiziert wurde und die Kirche über lange Zeit hinweg die hauptsächliche Verwalterin der Fürsorge war, so geschah der Übergang zu den weltlichen Autoritäten, ohne daß diese Kontinuität aufgehoben wurde. Zudem hat es weniger einen Übergang als vielmehr Zusammenarbeit und unablässige Verweisungen innerhalb einer Pluralität von kirchlichen und weltlichen, zentralen und kommunalen, beruflichen – etwa den Aktionen der Bruderschaften – oder persönlichen Instanzen – etwa den großzügigen Spenden hochgestellter Persönlichkeiten – gegeben, wobei die Unterscheidungen keineswegs dem Gegensatz von »öffentlich« und »privat« folgen. Selbst die Politik der Einsperrung im 17. Jahrhundert, die oft als Ausdruck des Willens zu staatlicher Kontrolle seitens der absoluten Monarchie und als Umsetzung einer besonders repressiven (anti-karitativen) Haltung gegenüber den Bedürftigen dargestellt wird, hat ihren Anstoß von Louise de Marillac, einer Schülerin des heiligen Vincent de Paul, mit Unterstützung der Société du Saint-Sacrement erhalten und verdankt viel zu ihrer Durch- und Umsetzung gerade der Initiative der besonders unternehmungslustigen Jesuiten, die Frankreich von der Bretagne bis in die Provence und von Flandern bis zum Languedoc durchstreiften.[61]

Dennoch zwei Anmerkungen, um ein doppeltes Mißverständnis des hier Gesagten zu vermeiden: Erstens schließt diese gegenseitige Stützung einer von Barmherzigkeit beseelten »christlichen« Ökonomie und einer von Verwaltungsvorgaben erforderten »weltlichen« Ökonomie der Armenfürsorge Widerstände und Spannungen zwischen diesen beiden Orientierungen natürlich keineswegs aus. Ebensowenig impliziert sie, daß die zwei Orientierungen buchstabengetreu befolgt wurden. Vor allem waren die im einfachen Volk verbreiteten Einstellungen gegenüber den Armen sicherlich weniger rigoros als die Vorschriften in den Verordnungen. Das direkt von Hand zu Hand gegebene Almosen hat seine unzähligen Verurteilungen überlebt. Die Gastfreundschaft, beispielsweise die Suppe und das Lager in der Scheune hat wohl – zum Glück für die Armen – weithin praktiziert werden können, ohne daß sich der Schenkende jedesmal gefragt hat, ob der Bettler überhaupt eine Unterstützung »verdient«. Solche Einstellungen können sich auf die evangelische Botschaft der Nächstenliebe berufen. Doch findet man sie auch in anderen Kulturkreisen – etwa die moslemische Gastfreundschaft – und ohne Zweifel in all den Kulturen, vor allem den agrarischen, die gegenüber Fremden und Armen eine Tradition der Gastlichkeit – und gleichzeitig auch des Mißtrauens – besitzen. Sie können also entweder mit einem allgemeineren religiösen Gefühl als dem vom Christentum verkörperten in Verbindung gebracht werden oder mit einem Bewußtsein gesellschaftlicher Nähe. Der kleine Bauer oder der städtische Arbeiter konnten sehr wohl der Meinung sein, daß es keinesfalls ausgeschlossen ist, auch eines Tages völlig mittellos zu sein, und praktizierten in diesem Fall ein lagebedingtes solidarisches Verhalten.[62] Deshalb kann man

61 Vgl. O.H. Hufton, *The Poor in Eighteenth Century France*, Oxford, 1974, S. 140–144.

62 Dieses Solidaritätsgefühl kommt auch in der Tatsache zum Ausdruck, daß die kleinen Leute in den Städten gegen die *archers*, aus dem Hinterhalt agierende Häscher, und die *chasse gueux*, »Bettelvögte«, losgingen, wenn diese die Armen aufgreifen wollten. Vgl. A. Farge, »Le mendiant, un marginal?«, in: *Marginaux et exclus de l'histoire*, »Cahier Jussieu n° 5«, Paris, UGE, 1979.

nicht allein der christlichen Barmherzigkeit all die »barmherzigen Taten« zuschreiben, die in einer vom Christentum beherrschten Zivilisation vollbracht werden.

Auch die Beziehung zwischen christlicher Spiritualität und Armenfürsorge ist komplexer als es die Berücksichtigung allein der gesellschaftlich vorherrschenden Praktiken nahelegt, an die wir uns hier gehalten haben. Großherzigere Formen des Mitleids haben sich in der gläubigen Bevölkerung ebenso wie bei so manchem kirchlichen Würdenträger gezeigt. Der heilige Franz von Assisi gab den Anstoß zum Kult der »Frau Armut«[63]. Ein so herausragender Theologe wie der spanische Dominikaner Domingo de Soto geriet in offenen Konflikt mit den Humanisten der Renaissance, als er sich gegen jegliche Unterbindung der Ausübung von Barmherzigkeit aussprach.[64] Und ohne jeden Zweifel hat es wohl unzählige Christen gegeben, die ihrem Nächsten Hilfe geleistet haben, ohne sich um die Befolgung kirchlicher Regeln zu kümmern.

Beispiele für solche Positionen, die dem Evangelium sicher mehr als die offiziell geltenden entsprachen, ließen sich noch vermehren. Aber hier muß es um die letzteren gehen: die des »real existierenden Christentums« in dem Sinne, in dem man von »real existierendem Sozialismus« spricht, das heißt von denen, die historisch als Richtlinien der Fürsorgepolitik durchgesetzt wurden. Von diesem Blickwinkel aus gesehen hat die Kirche die mittels diskriminierender Klassifizierungen arbeitenden »vernünftigen« Formen von Armenfürsorge eher gestärkt als behindert.[65] Ihre Wirkung knüpft also an eine sozio-anthropologische Konzeption der Fürsorge an. Es besteht kein Zweifel, daß sich in jeder Gesellschaft ein kohärentes System der Armenfürsorge nur ausgehend von einer Einteilung in »gute« und »schlechte« Arme ausbilden kann. Um eine Masse von gelehrten oder pseudo-wissenschaftlichen Überlegungen theologischer, moralischer, philosophischer, ökonomischer oder technokratischer Provenienz in eine etwas vertrautere Sprache zu übersetzen: Wollte man jeglicher Form von Not Abhilfe schaffen, wo würde das denn enden? Im christlichen Abendland hat die Instrumentalisierung der Barmherzigkeit – und dies ist nicht gerade we-

63 Doch ist die franziskanische Haltung keine Schwärmerei für die Armut als solche. Die Frage ist komplex, merken wir hier nur an, daß der »Poverello« eher eine Apologie der Genügsamkeit und Bescheidenheit als der materiellen Armut im eigentlichen Sinne vorträgt, und daß sein Ideal darin besteht, den Anstoß zu einer Gesellschaft zu geben, die das Wissen und die Macht ebenso wie den Reichtum aufgibt, um sich rein von spirituellen Werten leiten zu lassen. Obendrein ist dieses Ideal – das ist das mindeste, was man sagen kann – in der Kirche nicht vorherrschend gewesen. Zur sozialen Orientierung Franz von Assisis vgl. J. Le Goff, »Le vocabulaire des catégories sociales chez saint François d'Assise et ses biographes du XIIIe siècle«, in: *Ordres et classes*, Colloque d'histoire sociale de Saint-Cloud de 1967, Paris-La Haye, Mouton, 1972.

64 Vgl. J. Vilar, »Le picarisme espagnol«, in: *Marginaux et exclus de l'histoire, op. cit.* De Soto macht dafür vor allem Vives verantwortlich, der »die Zügellosigkeit der Bettelei« verurteilte. Noch allgemeiner müßte man die kontroverse Bedeutung der Bettelorden bei der Ausarbeitung wohltätiger Praktiken diskutieren.

65 Es ist unmöglich, hier die Unterschiede zwischen Katholizismus und Protestantismus bei der Umsetzung der Fürsorgepolitik zu behandeln. Hier nur zwei schematische Anmerkungen. Die These, die der Reformation die Wiederaufnahme der Kommunalpolitik im 16. Jahrhundert zuschreibt, beruht nicht auf ernsthaften Argumenten (vgl. N. Zemon Davis, »Armenpflege, Humanismus und Ketzerei«, in: dies., *Humanismus, Narrenherrschaft und die Riten der Gewalt. Gesellschaft und Kultur im frühneuzeitlichen Frankreich*, (Red. u. Nachw. von N. Schindler), Frankfurt, Fischer, 1987. Zweitens hat die protestantische Lehre der Werkheiligkeit ihren Beitrag dazu geleistet, die Armut noch suspekter zu machen und die Gewährungskriterien für Unterstützung noch zu verschärfen. Vgl. M. Weber, *Die protestantische Ethik und der Geist des Kapitalismus, op. cit.* und R. H. Tawney, *Religion and the Rise of Capitalism: a Historical Study*, New York, 1947 (dt. Übers. Religion und Frühkapitalismus. Eine historische Studie, Bern 1946), der die Rolle der Puritaner bei der Definition der Bedürftigkeit als würdeloser Lage betont, für die die Amoralität des Armen eigentlich verantwortlich ist.

nig – die Entwicklung der kulturell vorherrschenden Form dieser Grunderfordernis erlaubt, welche in der Eingrenzung des Feldes der Armenfürsorge über eine spezifische Neuformulierung ihrer Gewährleistungskriterien besteht. Doch ungeachtet der Grundsatzerklärungen zur generellen Nächstenliebe haben die christliche Begeisterung für einen möglichst mit allen Übeln beladenen Typus von Armen und ihre Verurteilung des Müßiggangs als »Mutter aller Laster« diesen Kriterien eine doch recht restriktive Bedeutung bewahrt. In jeder Gesellschaft – da macht eine christliche Gesellschaft keine Ausnahme – muß der Arme viel Bescheidenheit an den Tag legen und überzeugende Belege für seine unglückliche Lage vorzeigen, um nicht in den Verdacht zu kommen, ein »schlechter Armer« zu sein.

Zweite Präzisierung: Die auf die Kontinuität der Problematik der Armenfürsorge seit dem Mittelalter gelegte Betonung darf nicht zu der Auffassung führen, daß sich über mehrere Jahrhunderte hinweg die monotone Wiederholung der immergleichen Peripetien beobachten lassen. Die fortschreitende Urbanisierung, die Konsolidierung einer Zentralgewalt, die Verfeinerung der institutionellen und technischen Dispositive der Intervention haben weit mehr als nur Nuancierungen zu diesen Entwicklungen beigetragen. So lassen sich die Systematisierung der Organisation des Unterstützungswesens auf kommunaler Basis zu Beginn des 16. Jahrhunderts, der wachsende Interventionismus der Königsmacht angesichts des Bettelwesens, diesem »Aussatz des Königreichs«, von dem man annahm, er wachse sich zu einem immer schwerwiegenderen sozialen Problem aus, als wesentliche und qualitativ verschiedene Etappen bei der Strukturierung der »Sozialfürsorge« ansehen. Das ändert nichts daran, daß die Struktur dieser Praktiken in ihrer Gesamtheit grundsätzlich von zwei Vektoren bestimmt bleibt, einerseits der Nähe zwischen denen, die Fürsorge gewähren und denen, die Fürsorge empfangen, andererseits der Arbeitsunfähigkeit. Wir grenzen die Zone der Fürsorge oder zumindest ihren Kern auf die Überschneidung dieser beiden Achsen ein:

1. *Das Verhältnis der Nähe, das zwischen Unterstützungsempfänger und verteilender Instanz bestehen muß.* Egal ob es sich nun um Almosen handelt, um institutionelle Aufnahme, punktuelle oder regelmäßige Verteilungen von Beihilfen, Toleranz gegenüber dem Betteln usw., der Bedürftige hat um so mehr Chancen, Unterstützung gewährt zu bekommen, je bekannter und anerkannter er ist, und damit Teil der nachbarschaftlichen Netzwerke, die für eine bestehende Zugehörigkeit zur Gemeinschaft stehen. Es bestätigt sich also, daß die Ausübung der Fürsorge im Rahmen des Möglichen ein Analogon zur primären Sozialbeziehung darstellt.[66] Sich in einer Notsituation zu befinden, ist die Auswirkung eines ersten Bruches der von der Familie, der Nachbarschaft oder den primären Bezugsgruppen gewährten »natürlichen« oder »spontanen« Solidaritäten. Doch versucht die Armen-

66 Dieser »Rahmen des Möglichen« hängt in Wirklichkeit von zwei Hauptvariablen ab: den innerhalb der Gemeinschaft verfügbaren Ressourcen und der Homogenität dieser Gemeinschaft. Die Stadtentwicklung und die geographische Ausdehnung des Unterstützungsgebietes (etwa auf den gesamten Staat anstelle der Pfarrgemeinde oder Kommune) gestalten die Ausübung einer auf Nähe beruhenden Solidarität schwierig. Aber wie wir noch sehen werden (vgl. die in Kapitel IV entfalteten Bemühungen der revolutionären Versammlungen), kann der Nationalstaat versuchen, den Imperativ der Versorgung auf Gemeindeebene mittels des Rechtsanspruchs auf Unterstützung zu reaktivieren.

fürsorge über die Anerkennung der Zugehörigkeit zu einer territorialen Gemeinschaft, wofür das Wohnsitzprinzip Zeichen, Träger und Bedingung zugleich ist (Unterstützungswohnsitz), diese Schwächen durch möglichst genaue Nachahmung eben dieser Näheverhältnisse wieder wettzumachen. Sie bekämpft das permanent bestehende Risiko der Entkoppelung, indem sie versucht, den impliziten Sozialvertrag, der die Angehörigen einer Gemeinschaft auf der Grundlage ihrer territorialen Zugehörigkeit aneinander bindet, zu reaktivieren. Diese Praxis bildet den Kern des vormundschaftlichen Komplexes, von dem wir noch sehen werden, daß seine rechtliche Kompetenz über die Armenfürsorge hinausgeht, insofern er auch die Arbeitsbeziehungen zu regulieren bestrebt ist. Auch er greift weit über den Rahmen der vorindustriellen Gesellschaften hinaus, dient er doch als Inspiration für die sich durch das ganze 19. Jahrhundert ziehenden unterschiedlichen Formen des philanthropischen Paternalismus. Er soll uns später noch als Interpretationsraster dienen, um die Bedeutung der Rückkehr auf die lokale Ebene in der gegenwärtigen Eingliederungspolitik besser begreifen zu können.

2. *Das Kriterium der Arbeitsuntauglichkeit.* Armut und sogar völlige Bedürftigkeit bilden keineswegs hinreichende Voraussetzungen für die Gewährung von Fürsorge. Prinzipiell werden diejenigen versorgt, die aufgrund von Arbeitsunfähigkeit nicht mehr selbst für ihren Unterhalt aufkommen können. Behinderung im weiten Sinn des Wortes (Gebrechen, Krankheit, aber auch Alter, der Umstand, ein Findelkind zu sein, Witwenschaft mit schweren Kinderlasten usw.) kann auf eine familiäre oder soziale »Ursache« hindeuten, auf einen durch Unfall verursachten Bruch der primären Unterstützungsnetze, auch auf eine körperliche oder geistige Defizienz. Doch über diese Fälle hinaus besteht ein entscheidendes Unterscheidungskriterium für den Erhalt von Fürsorge ganz klar in der Anerkennung von Arbeitsunfähigkeit.

Der Kern der Fürsorge bildet sich am Überschneidungspunkt dieser beiden Achsen. Seine Ausdehnung hängt von dem keineswegs unveränderlichen Gewicht ab, das einem jeden dieser Kriterien zuerkannt wird. Die gesellschaftliche Definition des Näheverhältnisses und von Arbeitsuntauglichkeit ist nämlich veränderlich. Zu einem gegebenen Zeitpunkt aber im Brennpunkt möglicher Unterstützung zu liegen, heißt, daß man sich an dem Punkt aufhält, wo sich die beiden Vektoren mit maximaler Ladung kreuzen, völlige Arbeitsunfähigkeit ist hier mit maximaler Gemeinschaftszugehörigkeit kombiniert.

Diese strukturellen Bestandteile des Fürsorgefeldes sind bedeutsamer als die Eigenschaft der für den Unterhalt verfügbaren Ressourcen. Selbst in einem Kontext, in dem kaum spezifische Finanzierungsmodi existieren, wo eine institutionelle Infrastruktur praktisch inexistent und die Interventionsmittel sehr knapp sind, gewährt der Umstand der Unfähigkeit, seinen Lebensunterhalt über Arbeit sicherstellen zu können und gleichzeitig einer territorialen Gemeinschaft anzugehören, beinahe schon eine Versicherung für das Unterstütztwerden. Im Extremfall kommt der Bedürftige, der seinen angestammten Platz unter dem Portalvorbau der Kirche hat und Teil der gesellschaftlichen Landschaft der Pfarrei ist, in den Genuß einer Art von garantiertem Mindesteinkommen. Man könnte die Entwicklungsgeschichte der Armenfürsorge unter dem Blickwinkel der zunehmenden Perfektionierung der ihr für ihr Vorhaben zur Verfügung stehenden Mittel lesen, das heißt unter dem Blickwinkel einer mehr und mehr vorangetriebenen Spezialisierung, Institutionalisierung, Technisierung und Professionalisierung, wozu immer reichlicher fließende finanzielle Mittel hinzukommen. Doch beeinflussen diese Wandlungen die Art und Weise der Aktualisierung dieser zwei Kriterien, ohne ihrer operativen Wirksamkeit Abbruch zu tun.

Es handelt sich hier wohlgemerkt um die Konstruktion einer Art Idealmodell der Armenfürsorge. Es kommt nur dann zu seiner völligen Verwirklichung, wenn die zwei Vektoren der gesellschaftlichen Nähe und der Arbeitsuntauglichkeit »gesättigt« sind. Es ist aber noch aufschlußreicher, wenn man diejenigen fürsorgerischen Interventionsformen aus der Nähe betrachtet, die scheinbar davon abweichen. Weit davon entfernt, die Aussagekraft des Modells in Frage zu stellen, bestätigen diese offenkundigen Abweichungen seine Gültigkeit, zumindest wenn man einen dynamischen Gebrauch davon macht. Die reale Fürsorgepraxis läßt sich nämlich nicht einfach als eine mechanische Anwendung dieser Kriterien interpretieren, sondern als eine Gewichtung zwischen den beiden Vektoren. So kann eine hohe »Sättigung« einer der beiden Achsen zumindest innerhalb eines bestimmten Spielraums ein Defizit auf der anderen Achse kompensieren und umgekehrt.

Das *Simulieren von Invalidität* ist eine erste Strategie, um dem Idealmodell des Einbezugs in die Fürsorge möglichst nahezukommen. Die Zurschaustellung vorgetäuschter Krankheiten, Wunden und Gebrechen ist über Jahrhunderte hinweg ein ständig wiederkehrender Topos der gesamten Literatur über das Bettelwesen. Falsche Blinde, falsche Krüppel, falsche Versehrte, die, ist es erst einmal Abend geworden, ihre Krücken und sonstiges Zubehör beiseite legen, um zum Schlemmen zu gehen, bevölkern die Bettlerwelt.[67] Es kommt gar vor, daß das Bemühen, Mitleid zu erregen, bis an seine äußersten Grenzen getrieben wird: So etwa in den zahlreichen Geschichten, die von den Verstümmelungen erzählen, welche Berufsbettler sich oder ihren Kindern zufügen. Doch der Eifer beim Simulieren von Arbeitsuntauglichkeit untermauert nur die entscheidende Bedeutung dieser Kategorisierung für die Erlangung von Unterstützung. Über das Vortäuschen eines Arbeitsunfähigkeit bescheinigenden Makels gelingt es dem Simulanten, in die Zone der Fürsorge zu rutschen, in der für ihn bei körperlicher und geistiger Gesundheit kein Platz wäre. Eine Ehrenbezeugung, die das Laster der Tugend darbringt, in diesem Fall dem der Arbeit zugesprochenen eminenten Wert: Habt Mitleid mit mir, ich bin doch sichtlich untauglich dazu, irgendeine Arbeit zu verrichten!

Die *»anständigen, verschämten Armen«* verkörpern ein subtileres Beispiel für eine typische Figur des Armen. Sie können Fürsorge empfangen, ohne jedoch aus körperlichen Gründen arbeitsunfähig zu sein. Die verschämten Armen sind Bedürftige, die eine gute Erziehung genossen und einen ehrenwerten Platz in der Gesellschaft eingenommen haben, die aber abgesunken sind und ihren gesellschaftlichen Rang nicht

67 Vgl. R. Chartier (Hrsg.), *Figures de la gueuserie*, Paris, Montalba, 1982.

mehr halten können. Sie sind »durch unglückliche Umstände ins Elend gesunken, ohne ein Einkommen aus manueller Arbeit zu haben, da die Ansprüche der Geburt, der Erziehung, des Berufs, sagen wir treffender, der Einfluß der Sitte ihnen ein solches Einkommen verwehrt«. Und der anonyme Kommentator des 18. Jahrhunderts fügt noch hinzu: »Das Schwert, die Robe, die Feder haben jeweils ihre verschämten Armen, auch der dritte Stand bringt dergleichen hervor, allerdings nicht in seinen sich gänzlich dem rein körperlichen Handwerk widmenden unteren Klassen, sondern eben in denen, die sich den freien Künsten oder anderen Professionen zugewandt haben, deren Ausübung mehr die Arbeit des Geistes als die der Hände erfordert.«[68]

Ich habe diesen relativ späten Text zitiert, weil er eine besonders explizite Definition des »verschämten Armen« vorschlägt; aber diese Kategorie taucht in Italien erst in der zweiten Hälfte des 18. Jahrhunderts auf.[69] Sie bringt in Wirklichkeit soziale Deklassierung zum Ausdruck. Ihr Aufkommen geht einher mit der Entwicklung einer städtischen Gesellschaft, die aufgrund zunehmender sozialer Differenzierung und Schichtung auch absteigende Mobilität erzeugt. Sie behält jedoch ihre Konsistenz bis zum Ende des Ancien Régime. Man findet in den Registern der Spitäler oder religiöser Stiftungen deshalb häufig eine besondere Spalte beim Budget mit Anmerkungen folgender Art: »Eine ehrenwerte Familie, die unbekannt bleiben möchte. Handwerker. Vier Brote.«[70] Sehr häufig sind auch die für die Fürsorge Verantwortlichen gehalten, dieser Kategorie von Armen, für die sich die Pfarrgemeinde oder die Stadt besonders verantwortlich fühlt, Vorrang einzuräumen.

Eine solche Nachsicht gegenüber den »verschämten Armen« zeugt in erster Linie von der Verachtung, der die manuellen Tätigkeiten ausgesetzt sind: Eine Person von Rang ist, selbst wenn sie zu elendem Dasein gezwungen ist, von der Notwendigkeit befreit, sich derart degradierenden Arbeiten zu unterziehen. Sie bestätigt auch die gemeinhin mit der Armut verbundene negative Wertigkeit: Der »verschämte« Arme schämt sich zu zeigen, daß er arm ist, weil er seine Würde behalten hat und Armut entwürdigend für eine Standesperson ist. Doch läßt sich die Sonderbehandlung dieser Form von Bedürftigkeit vor allem mit der Stärke und Qualität des gemeinschaftlichen Bandes erklären, welches diese Unglücklichen bewahrt haben. Dafür bekannt und anerkannt, einen ehrenwerten Rang eingenommen zu haben, bleibt ihnen ein Kapital an Achtbarkeit, dessen Dividende sie nun in Form der Unterstützungsleistungen ausgezahlt bekommen. Dieser hohe Koeffizient an gesellschaftlicher Teilhabe kann den paradox anmutenden und für den Erhalt von Unterstützung hinderlichen Umstand kompensieren, arbeitsfähig zu sein.

Diese offensichtliche Ausnahme von der Arbeitsregel spricht keineswegs gegen deren Geltung. Zum einen deshalb, weil der verschämte Arme nicht von der Verpflichtung zur Arbeit als solcher befreit ist, sondern von einer servilen Arbeit, die seines Standes unwürdig wäre: Die Verpflichtung zu manueller Arbeit lastet nur auf dem niederen Pöbel; zum andern, weil die Teilhabe an der Armenfürsorge aus der Kombi-

68 Zit. nach: J.-P. Gutton, *La société et les pauvres, op. cit.*, S. 23.
69 G. Ricci, »Naissance du pauvre honteux«, *loc. cit.*
70 Zit. nach: J.-P. Gutton, *La société et les pauvres, op. cit.*

nation eines Verhältnisses zur Arbeit und eines Verhältnisses zur Gemeinschaft besteht. Auf dieser zweiten Achse veranschaulicht die dem verschämten Armen zuteil werdende Behandlung das, worin das Fundament der primären Sicherung besteht, und treibt es bis an seine Grenze: Die Intensität und Qualität der Teilhabe an einem System gegenseitiger Bekanntschaft. Während der simulierende Bettler als Angehöriger des niederen Pöbels ohne jeglichen Kredit zum Erheischen von Barmherzigkeit körperlichen Verfall vortäuschen muß, kann sich der verschämte Arme, sogar wenn er arbeitsfähig ist, darauf beschränken, ganz diskret sein soziales Kapital spielen zu lassen.

Doch ist die dem *arbeitsfähigen Bettler* vorbehaltene Behandlung aufgrund der außerordentlichen Ambivalenz, die an ihm deutlich wird, sicherlich noch interessanter. Die Kategorie erscheint als solche mit einer von vornherein pejorativen Konnotation zu Anfang des 14. Jahrhunderts.[71] Ihr Aufkommen vollzieht sich beinahe zeitgleich mit dem des »verschämten Armen«, was keineswegs zufällig geschieht. Wenn es sicher auch vorher schon »Müßiggänger« gegeben hat, die von Almosen lebten (sind es nicht sie, auf die der heilige Augustinus beispielsweise in seiner Verurteilung derer, »die sich nicht einmal schämen, betteln zu gehen«, abzielt?), so werden sie nun mit der Bevölkerungszunahme, dem Wachstum der Städte und der sich ankündigenden sozialen Schichtung in Massen sichtbar. Sie bilden eine als solche identifizierte Kategorie und werfen damit ein Problem für die Verwaltungsbehörden auf.

Von diesem Zeitpunkt an spricht der größte Teil der Reglementationen ständig wieder das Verbot aus, ihnen Almosen zu reichen. So heißt es etwa in der 1351 von Johann II., genannt der Gute, erlassenen Verordnung: »Jene, die Almosen geben wollen, mögen nicht an Leute von gesundem Körper und Gliedern geben; diese sind ja imstande Arbeit zu verrichten, mittels derer sie ihren Lebensunterhalt bestreiten können; statt dessen mögen sie die Almosen an Leute geben, die mißgestaltet, blind, verkrüppelt sind, sowie an andere elende Personen.«[72] In England setzt 1388 der Erlaß Richards II. jeden arbeitsfähigen Bettler (*»Every person that goeth to begging, and is able to serve or labor«*) mit den Landstreichern gleich, die polizeilichen Maßnahmen unterliegen, und unterscheidet sie von den Arbeitsunfähigen (*impotent beggars*), die ihre Tätigkeit vor Ort ausüben können, so sie von den Einwohnern geduldet werden.[73] Dieselbe Unterscheidung kehrt in einer langen Reihe von Verurteilungen der Landstreicherei und des Bettelwesens durch die Valois[74] und in den ersten englischen *poor laws* des 16. Jahrhunderts wieder.[75]

Der Kern des Problems liegt nun darin, daß diese Unterscheidung niemals in aller Strenge hat angewandt werden können. Nicht nur, weil die Fortdauer »barmherziger« Einstellungen zur Milderung ihrer Strenge hat beitragen können. Ungeachtet der moralischen und religiösen Verurteilung der »Müßiggänger« drängt sich der Ver-

71 Vgl. M. Mollat, *Études sur l'historie de la pauvreté, op. cit.*, Bd. I, S. 14.

72 »Ordonnance concernant la police du Royaume«, in: Jourdan, Decrouzy, Isambert, *Recueil général des anciennes lois françaises, op. cit.* Bd. IV, S. 577.

73 Vgl. J.C. Ribton-Turner, *History of Vagrants and Vagrancy, and Beggars and Begging*, New Jersey, 1972, S. 60.

74 Vgl. Jourdan, Decrouzy, Isambert, *Recueil général des anciennes lois françaises, op. cit.* Bd. XIII, S. 262–264.

75 Vgl. J. Pound, *Poverty and Vagrancy in Tudor England, op. cit.*

dacht auf, daß sie nicht alle schuld daran sind, wenn sie nicht arbeiten, und daß sie auch Fürsorge empfangen könnten, ohne zu betteln, vorausgesetzt, sie gehören einer Kirchengemeinde an. Genau dahin geht die Entwicklung der englischen *poor laws* im Verlauf des 16. Jahrhunderts: Ausgehend von der Verurteilung des »*able bodied*« Bettlers, der ausgepeitscht und davongejagt wird (erstes Gesetz von 1535), bringen sie es bis zum Bestreben, allen Bedürftigen, selbst den arbeitsfähigen Unterstützung zu gewähren.[76] Ebenso nehmen in Frankreich die oben analysierten Ausführungsbestimmungen zum Erlaß von 1764 eine besondere Behandlung der ortsansäßigen Bettler vor: Diejenigen, die »höchstens eine halbe Meile« von ihrem Wohnsitz entfernt aufgegriffen werden, sind keine Berufsbettler, sondern unterstützungswürdige Gemeindemitglieder. Die Einsperrung selbst sieht sich als ein Mittel zur Wiedereingliederung der ortsansäßigen Bettler. Wie für die »verschämten Armen« hebt das Kriterium, zur Gewährung von Fürsorge einen Wohnsitz vor Ort zu haben, im äußersten Fall das Kriterium der Arbeitsuntauglichkeit auf.

Doch läßt sich diese Position nicht konsequent durchhalten. Nimmt man den Begriff des arbeitsfähigen Bettlers auseinander, so stößt man auf einen unauflösbaren Widerspruch. Es kommt ein Janus zum Vorschein, ein Wesen mit zwei Gesichtern. Auf der einen Seite blickt er zur Armenfürsorge, da er gänzlich mittellos ist; doch auf der anderen Seite zieht er die Repression auf sich, da er arbeitstauglich ist und von seiner Hände Arbeit leben müßte. Bald richtet sich die Verurteilung des arbeitsfähigen Bettlers auf ihn als einen Usurpator: Er ist jemand, der sich für einen potentiellen Unterstützungsempfänger ausgibt, obwohl er doch der Verpflichtung zur Arbeit unterliegt. Bald erkennt man an oder hat man den Verdacht, daß er für seine Lage nicht selbst verantwortlich ist, und die Pforte zur Fürsorge öffnet sich ihm. Doch im Unterschied zur Nachsicht, die der »verschämte Arme« genießt, geschieht das hier niemals ohne Zögern. Als dem Pöbel zugehörig verfügt er über keinerlei soziales Kapital. Auf Leuten seines Schlages und von »gemeinem Stande« lastet gnadenlos die biblische Verdammung: »Im Schweiße deines Angesichts sollst du dein Brot verdienen.« Gewiß, doch was soll dann aus dem werden, der es sich nicht verdienen kann, nicht aus Unfähigkeit, sondern weil er schlicht keine Arbeit hat?

Die gesamte Geschichte der Armenfürsorge dreht sich um diesen Widerspruch. Für den Erhalt von Unterstützung erhebt sie immer wieder Arbeitsunfähigkeit zur Vorbedingung, ebenso oft aber wandelt sie sie ab, ja wird ihr gar untreu. Gerade deshalb sind all diese Versuche bestenfalls etwas unsicher, in der Mehrzahl scheitern sie jedoch. Dies nicht etwa nur aus Mangel an adäquaten materiellen Ressourcen und finanziellen, personellen oder institutionellen Mitteln. Sie stolpern über die Unmöglichkeit, das von den arbeitsfähigen Armen aufgeworfene Problem in den spezifi-

76 Vgl. im Anhang von J. Pound, *Poverty and Vagrancy in Tudor England, op. cit.*, die Auszüge aus dem Register der von der Stadt Norwich 1570 unterstützen Armen. Sie zeigen, daß bestimmte Arbeiterfamilien tatsächlich in den Genuß von Unterstützungen kamen, etwa aufgrund von Arbeitslosigkeit, oder sogar weil der Lohn des Familienoberhaupts zur Bestreitung des Lebensunterhalts nicht ausreichte. Ebenso nahm das *Aumône Général* von Lyon ab 1534 wöchentliche Brotverteilungen für die Armen, häufig Vertreter des Kleinhandwerks, vor (vgl. J.-P. Gutton, *La société et les pauvres, op. cit.*). Doch die von der »Kommunalpolitik« vorgeschlagenen Heilmittel standen nie in angemessenem Verhältnis zum tatsächlichen Ausmaß des Problems. Für die Gesamtheit der Versuche, die arbeitsfähigen Armen zu Zwangsarbeit zu nötigen, vgl. das folgende Kapitel.

schen Kategorien der Armenfürsorge erschöpfend zu behandeln. Solange es sich um ausgesetzte Kinder, gebrechliche Alte, Körperbehinderte, bedürftige Kranke usw. handelt, bewegt man sich im Rahmen der »Handicapologie«[77], sie stellen kein grundlegendes Problem dar. Damit meine ich, daß die möglicherweise gewichtigen Schwierigkeiten im wesentlichen technischer, finanzieller oder institutioneller Natur sein können. Nicht in der Lage zu sein, für sich selbst aufzukommen, stellt Leute, die arbeiten können, dagegen vor ein fundamentales Problem, welches historisch gesehen mit dem arbeitsfähigen Bettler zum ersten Mal zutage tritt. Es stellt die Armenfürsorge vor das Sphinxrätsel: Wie soll man aus einem Hilfeabhängigen einen Selbstversorger machen? Auf diese Frage gibt es keine Antwort, da die »richtige Antwort« nicht eine Sache der Fürsorge ist, sondern eine der Arbeit.

Die in der Figur des arbeitsfähigen Bettlers aufscheinende Ambivalenz versinnbildlicht eine Verdopplung und Dramatisierung der sozialen Frage. Mit dieser Person sind wir nun an dem Punkt angelangt, wo wir in die allgemeine Kategorie des Unglücks jene für die Unterschichten spezifische und wesentliche Form des Unglücks einführen müssen: das ungeheure Elend der Arbeitenden und, schlimmer noch, jenes der Elenden, die keine Arbeit haben.

77 Was natürlich nicht bedeutet, daß diese »Handicapologie« sich auf eine naturalistische Kategorisierung, ohne Bezug zur gesellschaftlichen Situation und zur Arbeit reduziert: Die *charités* von Lyon sind zur Mehrheit mit »Alten« und vor allem »alten Frauen« bevölkert, ehemaligen Arbeitern, Arbeiterinnen, Witwen von Arbeitern aus der Seidenindustrie oder dem städtischen Kleinhandwerk (vgl. J.-P. Gutton, *La société et les pauvres, op. cit.*). Wegen Altersinvalidität kommen sie in den Genuß der Armenfürsorge, freilich unter der Bedingung, daß sie in Lyon geboren sind oder seit mehr als zehn Jahren dort wohnen. Trotzdem deutet sich auch angesichts dieser »Alten« die Arbeitsfrage in Ansätzen an: Es ist ja die Unzulänglichkeit der während eines ganzen Arbeitslebens erworbenen Einkommen, die sie an ihrem Lebensabend zur Armut verdammt. Es wird schon hier deutlich, daß das Aufkommen der *an die Arbeit geknüpften Versicherungen* die »Lösung« des Problems darstellen werden, ebenso daß sie auch die Lösung für das Problem der Bedürftigkeit trotz Arbeitsfähigkeit im allgemeinen sind (vgl. Kapitel VI).

Kapitel II
Die Gesellschaft im Kataster

Seit dem 12. und 13. Jahrhundert hat die »Sozialfürsorge« im christlichen Abendland eine komplexe Struktur herausgebildet, an der sich schon die wesentlichen Merkmale »moderner« Fürsorgepolitik ablesen lassen: Klassifizierung und Selektion der Unterstützungsempfänger, Bemühungen zu ihrer rationellen Organisation auf territorialer Basis, Pluralismus der zuständigen Instanzen, der kirchliche wie weltliche, »private« wie »öffentliche«, zentrale und lokale Träger einbezieht. Das seit dieser Zeit feststellbare Auftauchen zweier Bevölkerungskategorien, der verschämten Armen und der arbeitsfähigen Bettler, deutet daraufhin, daß in diesen Gesellschaften die Phänomene sozialer Deklassierung (absteigende Mobilität) und Unterbeschäftigung (zum Betteln gezwungene gesunde Arbeiter) schon bekannt sind. Es sieht jedenfalls ganz so aus, als ob sie durchaus Anstrengungen unternehmen, diese Bevölkerungsgruppen den Kategorien der Armenfürsorge anzupassen: Das Doppelkriterium des festen Wohnsitzes und der Arbeitsunfähigkeit bleibt weiterhin als Vorbedingung für den Erhalt von Unterstützung bestehen, auch wenn es oft umgangen wird. Dieser Grundsatz besitzt bis zum Ende des Ancien Régime Geltung. Trotzdem vollzieht sich mit dem Auftauchen von Armen, die keine Arbeit finden, um die Mitte des 14. Jahrhunderts ein Wandel, dem in meinen Augen die Geschichtsschreiber der Fürsorge größtenteils nicht genügend Aufmerksamkeit gewidmet haben, weil er sich nicht mehr exakt in den Rahmen der Unterstützungsproblematik fügt. Die latente Frage nach dem Vorhandensein von arbeitsfähigen Bettlern bekommt mit dem Vagabundentum eine neue Dimension.

Wohlgemerkt, es handelt sich hier nicht um eine totale Mutation. Die zwielichtige Person des arbeitsfähigen Bettlers wird beileibe nicht von der Bildfläche verschwinden. Der harte Kern des für die Fürsorge errichteten Regelungs- und Institutionensystems besteht ja schon und wird sich an die neue Herausforderung anzupassen versuchen. Unser Vorgehen besteht also zu einem Gutteil in der nochmaligen Lektüre derselben Daten. Diese neue Lesart muß jedoch grundsätzlich insoweit anders verfahren, als nämlich um die Mitte des 14. Jahrhunderts tatsächlich eine neue Figur auftaucht oder zumindest so an Sichtbarkeit gewonnen hat, daß sie von da an eine abweichende Version der sozialen Frage stützt. Seit langem schon gab es Bedürftige, Arme, Arbeitsunfähige, Mittellose und sogar Unerwünschte jeglicher Art. Von nun an aber muß man mit Individuen rechnen, die für die Gesellschaft *Überzählige* sind: Sie besitzen keinen ihnen zugewiesenen Platz innerhalb der Sozialstruktur und in deren System der Zuschreibung anerkannter Stellungen, nicht einmal derjenigen, die aus unterstützen Armen eine geschlossene Klientel macht. Sie sind die Ahnherren der Überzähligen von heute. Und das keineswegs hinsichtlich einer identischen Lage, sondern einer Homologie ihrer Stellung.

1349

Was also ist das genau, was da Mitte des 14. Jahrhunderts »aufkommt«? Ein plötzlicher Hang zur Mobilität in einer Gesellschaft, die noch nicht für sie bereit ist und alles unternimmt, um sie irgendwie unschädlich zu machen. Diese Erschütterung drängt ein neues Profil von Armen in den Vordergrund. Im Jahre 1349 erläßt Eduard III., König von England, eine unter dem Namen *Arbeiterstatuten* (statutum serventibus, Statute of Labourers) bekannte Verordnung. Ich übersetze hier die hauptsächlichen Verfügungen:

> *»Da ein großer Teil der Bevölkerung, besonders unter den Arbeitern [workmen] und Dienstleuten [servants] kürzlich an der Pest starb, wollen viele von ihnen, jetzt wo sie die Not bei den Meistern und die große Knappheit an Dienstleuten sehen, nur noch zu übertriebenen Löhnen dienen [to serve], und manche wollen gar lieber in Müßiggang betteln gehen als ihr Leben durch Arbeit zu verdienen. Wir haben in Anbetracht der betrüblichen Mißstände, die sich künftig aus dem Mangel besonders an Bauern [ploughmen] und solchen Arbeitern ergeben, nach Beratung und in Übereinkunft mit den Prälaten, Edelleuten und gelehrten Männern, angeordnet [...]:*
> *daß ein jeglicher gesunde und unter sechzig Jahre alte Untertan unseres Königreichs, ob Mann oder Frau, welchen Standes er oder sie auch immer sei, frei oder abhängig [bond], welcher nicht vom Handel lebt [not living in merchandise], ein Handwerk [craft] ausübt oder Güter besitzt, von denen er leben kann, oder Ländereien, die er bestellen kann, und welcher niemandem anderen dient [not serving any other], wenn von ihm ein seinem Stand entsprechender Dienst verlangt wird, er von dem verpflichtet werden soll, der seinen Dienst verlangt. Und er soll nur die Vergütung in Naturalien, Nahrung oder Lohn nehmen können, die im zwanzigsten Jahr unserer Regentschaft in England oder in den fünf oder sechs vorausgehenden gewöhnlichen Jahren gebräuchlich waren. Es sei stets vorausgesetzt, daß die Herren jedem anderen von ihren Untertanen oder Grundholden derart vorgezogen werden sollen, daß jene in ihrem Dienst verbleiben: Dennoch aber sollen die besagten Herren sie nicht länger behalten, als sie sie nötig haben. Und wenn ein Mann oder eine Frau, die solchermaßen zum Dienst gebraucht werden, selbigen nicht verrichten wollen, und dies von zwei glaubwürdigen Zeugen vor dem Sheriff, dem Vogt, dem Herren oder dem Stadtvorsteher bestätigt wird, so soll er von ihnen oder einem von ihnen unmittelbar ins nächste Gefängnis geführt werden, wo er streng bewacht werden soll, bis gewiß ist, daß er in der obengenannten Art zu dienen bereit ist;*
> *daß wenn ein Arbeiter oder ein Dienstmann vor der abgemachten Zeit seinen Dienst verläßt, er ins Gefängnis gesteckt werden soll;*
> *daß die althergebrachten Löhne und nichts mehr gezahlt werden sollen;*
> *daß der Herr einer Stadt oder eines Gutes, der dieser Bestimmung in irgendeiner Weise zuwiderhandelt, als Strafe die dreifache Summe zahlen soll;*
> *daß ein Handwerker [artificer] oder Arbeiter, der einen höheren Lohn als den von uns gewünschten verlangt, ins Gefängnis gesteckt werden soll;*

daß Lebensmittel zu vernünftigen Preisen verkauft werden. Ebenso soll unter Androhung der obengenannten Gefängnisstrafe niemand unter dem Vorwand von Mitleid oder des Almosengebens – da ja arbeitsfähige Bettler, so lang sie vom Betteln leben können, Arbeit verweigern und dem Müßiggang und Laster, manchmal auch dem Diebstahl und anderen Abscheulichkeiten verfallen – solchen Leuten, die arbeiten könnten, irgendetwas geben oder ihnen in ihren Neigungen [desires] entgegenkommen, so daß sie derart schließlich für ihren Lebensunterhalt zu arbeiten gezwungen werden.«[1]

Dieses lange Zitat war notwendig, um die systematische Verklammerung der Hauptelemente einer neuen Arbeitsproblematik zu Beginn der Moderne aufzuzeigen, und zwar:

- das Wachrufen des kategorischen Imperativs der Arbeit für all diejenigen, die keine andere Einkommensquelle besitzen als ihrer Hände Arbeit;
- den Zwang, daß die Arbeit so eng wie möglich an die durch Tradition und Brauch festgelegten Formen der Aufgabenverteilung anschließe; daß jemand, der schon arbeitet, bei seiner Anstellung bleibe (es sei denn, sein Herr möchte ihn entlassen), und daß derjenige, der auf Arbeitssuche ist, der nächstbesten Aufforderung nachkomme, die an ihn ergeht. Dies innerhalb des territorialen Rahmens, welcher das System der Abhängigkeiten einer Gesellschaft markiert, die noch ganz von Feudalstrukturen beherrscht ist. Dieses Vorzugsrecht des Herrn gilt für die Freien genauso wie für die Knechte[2];
- das Einfrieren des Arbeitslohnes, der weder Gegenstand von Verhandlungen oder Angleichungen, noch von spontanen Fluktuationen betroffen sein darf, sondern zwingend ein für allemal festgelegt wird;
- das Verbot, sich dieser Arbeitsverpflichtung durch den Rückgriff auf eine Versorgung fürsorgerischen Typs zu entziehen (Bettelverbot für die Armen mit dem entsprechenden Verbot für die Besitzenden, arbeitsfähige Subjekte über Almosen zu ernähren).

Diese Verfügungen stellen ein regelrechtes Arbeitsgesetzbuch für all jene dar, die ihr Brot mit körperlicher Arbeit verdienen müssen. Es funktioniert auf zwei Ebenen und zieht eine Demarkationslinie zwischen zwei Typen von Arbeitenden. Der Erlaß richtet sich vorbeugend an alle, die dem Zunfthandwerk angehören oder einem Herrn dienen, an Dienstboten, Hausgesinde, Personal geistlicher oder weltlicher Güter also, ebenso auch an alle, die von freiem Stand oder als Leibeigene an die Scholle gebunden sind, von der sie abhängig von einem Grundherrn ihren Lebensunterhalt beziehen: Sie sollen an ihrem Arbeitsort bleiben und sich in ihren Stand und die daran ge-

1 Zitiert nach C. J. Ribton-Turner, *A History of Vagrants and Vagrancy and Beggars and Begging, op. cit.*, S. 43–44.

2 Die Leibeigenschaft ist Mitte des 14. Jahrhunderts im westlich der Elbe gelegenen Teil Europas stark zurückgegangen, doch kontrastieren die Situationen noch stark zwischen den Regionen, wo sie schon völlig abgeschafft ist und anderen, wo sie noch lange Zeit überdauern wird. Der Bedeutungsinhalt, den der Begriff Leibeigenschaft selbst abdeckt, ist zudem bei weitem nicht eindeutig. Doch sind diese Disparitäten hier nicht so wichtig, da für den vorliegenden Zweck allein der Umstand von Bedeutung ist, daß die um die Mitte des 14. Jahrhunderts getroffenen Maßnahmen diese Unterscheidung nicht machen und alle Kategorien von Handarbeitern, die ländlichen wie die städtischen, Leibeigene wie Freie, gleich behandeln.

knüpfte Entlohnung fügen. Entsprechend verurteilt der Erlaß den im Entstehen begriffenen Strom von »freigesetzten« Individuen oder von solchen, die sich dieser traditionellen Regelungen entledigen, also gleichermaßen die Beschäftigungslosen wie die, die um der Beschäftigungssuche willen mobil werden. Der Erlaß bildet eine Reaktion auf die Feststellung, daß sich ein bestimmter, nicht in die Strukturen der Arbeitsteilung eingebundener Bevölkerungstyp von nun an zum Problem mausert. Zugleich legt er schon eine Lösung nahe, nämlich die Mobilität zu unterbinden und den Strom schon an der Quelle zu verstopfen, und all jene gewaltsam in feste Strukturen zu zwingen, die daraus ausgebrochen sind. Er untersagt insbesondere die Ausflucht, sich um des reinen Überlebens willen an die Armenfürsorge zu wenden, wenn man arbeitsfähig ist. Das Arbeitsrecht ist ganz explizit in Opposition zum Fürsorgegesetz formuliert.

Bewertet man damit einen Text über? Nein, denn er steht nicht allein. In England selbst sollte er während der zweiten Hälfte des 14. Jahrhunderts noch mehrmals in Abwandlungen wiederholt werden. 1388 fügt Richard II. noch drei interessante Präzisierungen hinzu. Erstens müssen diejenigen Beschäftigten (*servants*), die ihre Stellung verlassen, mit einem von den Behörden ihres Distrikts beglaubigten Zeugnis ausgestattet werden. Wenn sie ohne diesen Paß auf Wanderschaft (*wandering*) angetroffen werden, sollen sie eingesperrt werden und so lange in Verwahrung bleiben, bis sichergestellt ist, daß sie die vorher ausgeübte Beschäftigung wieder aufnehmen. Zweitens dürfen alle mindestens zwölf Jahre alten Arbeiter, die bei landwirtschaftlichen Arbeiten eingesetzt werden, keine andere manuelle Beschäftigung wählen, und jeglicher neue Arbeits- oder Lehrvertrag, der diese Regelung übertritt, soll für null und nichtig erklärt werden. Schließlich wird jeder arbeitsfähige Bettler den Landstreichern gleichgestellt, die ohne Zeugnis umherstreifen. Im Gegenzug dazu dürfen die nicht arbeitsfähigen Bettler vor Ort bleiben, so sie von den Bewohnern des Ortes geduldet werden. Andernfalls müssen sie sich entweder in die Städte, die Armenanstalten unterhalten, oder an ihren Geburtsort begeben, wo sie bis zu ihrem Tod Wohnsitz nehmen sollen.[3]

In Frankreich richtet sich eine erste Verfügung Johanns des Guten von 1351 an diejenigen, »die sich müßig in der Stadt Paris aufhalten [...] und ihren Leib keiner Arbeit unterziehen wollen [...], welchen Stands und welcher Lage sie auch seien, ob sie ein Handwerk ausüben oder nicht, seien sie Mann oder Frau und gesund an Körper und Gliedern«, und weist sie an, »irgendeine mühevolle Arbeit aufzunehmen, mit der sie ihr Brot verdienen können, andernfalls aber die Stadt Paris [...] innerhalb von drei Tagen nach Ausrufen dieser Verordnung zu verlassen«. Kommen sie dem nicht nach, sollen sie eingekerkert und im Wiederholungsfall an den Pranger gestellt, beim dritten Mal mit einem rotglühenden Eisen an der Stirn gebrandmarkt und anschließend des Landes verwiesen werden.[4] Drei Jahre später beklagt sich ein neuerlicher königlicher Erlaß vom November 1354 explizit über

3 J.-C. Ribton-Turner, *History of Vagrants and Vagrancy..., op. cit.*, S. 60. Derselbe Erlaß Richards II. verlangt, daß die reisenden Studenten vom Rektor der letzten von ihnen besuchten Universität mit einem Zeugnis versehen werden, und daß die Reisenden, die sich als Pilger bezeichnen, nachweisen können, daß sie sich wirklich auf Pilgerfahrt befinden.

4 Jourdan, Decrouzy, Isambert, *Recueil général des anciennes lois françaises, op. cit.*, Bd. IV, S. 577 ff.

> »*die große Teuerkeit der Arbeiter, die eine Arbeit nur dann verrichten wollen, wenn sie nach ihrem Gutdünken bezahlt werden [...], und die nur zu ihrem Vergnügen arbeiten wollen, sowie diejenigen, die sich von ihrem Wohnort entfernen und Frau, Kinder, ihr eigenes Land und Heim zurücklassen. [...] Es wird angeordnet, daß alle Leute, ob Mann oder Frau, die gewöhnlich einem Tagwerk oder Arbeit auf Feldern, Weinbergen oder Arbeiten in der Tucherzeugung, Gerberei, Zimmerei, im Maurerhandwerk oder Hausarbeiten und ähnlichem nachgehen, vor Sonnenaufgang die Plätze in den Ortschaften aufsuchen sollen, an denen gewöhnlich die Arbeiter angemietet werden, und daß sie zu den Preisen arbeiten, die für einen Arbeitstag von den besagten Herren festgesetzt werden.*«[5]

Diese – das sei nochmals betont – zwingenden Vorschriften für die Arbeitenden in den Städten wie auf dem Land sollen in der Folgezeit noch mehrmals bis hin zu der von den Generalständen 1413 halsstarrig erlassenen Verfügung wiederholt werden, welche feststellt, daß »einiges an ackerbarem Land noch brachliege und mehrere Dörfer des platten Landes wenig bewohnt seien«. Dementsprechend »ordnet der König an, daß alle Bettler und Bettlerinnen, die ihr Brot verdienen können, dazu gezwungen werden, ihre lästige Bettelei fahrenzulassen und ihr Brot auf andere Weise zu verdienen«. Diejenigen, denen Armenfürsorge versagt bleibt, sind stets »die *caymands* und *caymandes*[6], die nicht arbeitsunfähig sind, sondern arbeiten und anders ihr Brot verdienen könnten; dazu kommen noch Landstreicher und Müßiggänger wie die Ölträger und Ihresgleichen.«[7]

Auf der iberischen Halbinsel legen Alfons IV. von Portugal 1349, die Cortes von Aragon 1349 und 1350 und jene von Kastilien 1351 Obergrenzen für Löhne fest. Diese Maßnahmen werden im Verlauf des 14. Jahrhunderts noch verschärft und noch durch die Verfolgung der Landstreicherei und das Verbot ergänzt werden, zum Zwecke der Arbeitssuche auf Wanderschaft zu gehen.[8] Ludwig von Wittelsbach, der Herzog von Bayern, dekretiert im Jahre 1357, daß in Bayern und Tirol die Knechte und Tagelöhner im Dienst ihrer Arbeitgeber verbleiben müssen, und zwar ohne daß ihr Lohn erhöht wird. Verlassen sie jedoch ihre Stellung, so soll ihr Besitz eingezogen werden.

England, Frankreich, Portugal, Aragon, Kastilien, Bayern: Der Großteil der Länder, in denen sich eine Zentralgewalt abzuzeichnen beginnt, macht sich zur gleichen Zeit an den Erlaß einer Reihe von verblüffend ähnlichen Maßnahmen zur Durchsetzung eines rigiden Arbeitsrechts und zur Unterdrückung der müßiggängerischen Armut sowie der Arbeitskräftemobilität. Doch ist dies auch die Politik zahlreicher Städte im gesamten »zivilisierten« Europa der Epoche: Orvieto 1350, Florenz 1355, Metz 1356, Amiens 1359...[9] Es kommt zum Zusammenspiel von Zentralgewalten und städtischen Autoritäten bei dem Vorhaben, die Arbeit in ihren traditionellen Rahmen

5 *Ebd.*, Bd. IV, S. 700.
6 Von »quémander« betteln, bitten; Anm. d. Übers.
7 Ebd., Bd. IV, S. 701.
8 Vgl. J.-P. Gutton, *La Société et les pauvres, op. cit.*
9 Vgl. M. Mollat, *Die Armen im Mittelalter, op. cit.*

über eine weitestgehende Einschränkung der beruflichen und geographischen Mobilität für die manuellen Tätigkeiten einzuzwängen. Ihnen allen gemeinsam ist auch die Bewußtwerdung der Existenz eines wesentlichen Unterschieds zwischen der Frage der Arbeitsverpflichtung und der Frage der Armenfürsorge.

Diese Situation ist also vom Zusammentreffen einer neuen Form von Mobilität der Arbeitstätigen und eines politischen Willens, diese zu unterbinden, gekennzeichnet. Die Mobilität als solche stellt keineswegs eine Neuerung für die mittelalterliche Gesellschaft dar. Dies gilt zuallererst für die Mobilität im geographischen Sinne:

> »*Auf den Straßen des Mittelalters herrschte im 14. und 15. Jahrhundert ein außerordentlich reges Leben. Hausierer und Müller trugen ihre Warenpakete von Dorf zu Dorf; Pilger begaben sich zu den zahlreichen Wallfahrtsorten, besonders nach Santiago de Compostela, lebten von Almosen; Bettelbrüder, Prediger aller Art zogen von Stadt zu Stadt, trugen vor den Kirchen leidenschaftliche Reden vor; andere spekulierten über die Wohltaten der Heiligen im Paradies; die Kleriker begaben sich von Konvent zu Konvent, trugen Neuigkeiten mit sich, Studenten zogen zu ihrer Universität. Sodann traf man auf den Straßen auf Gaukler, Märchenerzähler, Tierhändler; Soldaten auf Urlaub oder auf dem Weg zur Truppe belebten die Wege, kamen dort mit Horden von Bettlern in Berührung, während Diebesbanden die an die Straßen angrenzenden Wälder bevölkerten.*«[10]

Auch trieben sich in diesem 14. Jahrhundert, in einer Welt, wo es noch weite Heide- und Waldregionen gab, die noch nie mit der Zivilisation in Berührung gekommen waren, beunruhigende Gestalten herum. Georges Duby bemerkt, als er auf den Aufschwung der lateinischen Christenheit zwischen dem 11. und dem 13. Jahrhundert zu sprechen kommt: »Dennoch stößt man an den Rändern dieser wohlhabenden Gesellschaft auf kleine Gruppen von Unangepaßten, Gestrandeten, wie sie von allen Gesellschaftsformen ausgesondert werden. Diese Wesen werden aus den Zonen des Verwurzeltseins in die noch unbesiedelten Waldgebiete, auf die Straßen abgedrängt.«[11]

Häufig kam es zu Problemen mit diesen vagabundierenden Menschen. Wenn man sie schon nicht ignorieren konnte, so bekämpfte man sie eben wie Feinde, und das vor allem dann, wenn sie sich zu Gruppen zusammentaten wie die Straßenbanden, die das Land im 12. Jahrhundert heimsuchten.[12] Doch handelte es sich dabei um Selbstverteidigungsmaßnahmen, die schon fast auf die Eliminierung dieser Unerwünschten hinausliefen. Sie blieben von jeglichem gesellschaftlichen Verkehr ausgeschlossen, und keiner legte auch nur irgendein Bemühen an den Tag, sie sich nutzbar

10 C. Paultre, *De la répression de la mendicité et du vagabondage en France sous l'Ancien Régime, op. cit.*, S. 1.

11 G. Duby, »Les pauvres des campagnes dans l'Occident médiéval jusqu'au XIIIe siècle«, *loc. cit.*, S. 29.

12 Vgl. E. Fréville, *Des grandes compagnies au XIVe siècle*, Bibliothèque de l'École des chartes, Série I, Bd. II, S. 272. Fréville selbst trifft die Unterscheidung zwischen der hierarchischen und militärischen Struktur der Compagnies des 14. Jahrhunderts und den sich vor allem aus entlaufenen Leibeigenen zusammensetzenden Straßenbanden des 12. Jahrhunderts, die als Sammlungsbewegungen des einfachen Volks häufig den Ausgangspunkt planloser und gewalttätiger Erhebungen nach Art der Bauernaufstände, der »Jacquerie«, bildeten.

zu machen oder zu integrieren. Dagegen existierten auch gewisse akzeptierte Formen von Mobilität wie jene der Pilgerfahrten oder der Kreuzzüge, die ihrem Wesen nach schon einen Rahmen besaßen und ritualisiert waren, selbst wenn es dabei zu Ausschreitungen und Durcheinander kam. Die bewaffneten Wallfahrten von mehr oder weniger regulären Truppen waren zwar zerstörerischer, gehörten aber ebenso zur gesellschaftlichen Landschaft der Zeit wie die Hungersnöte zur Wirtschaftslandschaft. Ebenso wurde auch die anfangs ohne Zweifel problematische Mobilität der Händler zu einem integralen Bestandteil, ja sogar zum dynamischsten Sektor der mittelalterlichen Sozialstruktur.[13]

Völlig anders geartet ist allerdings jene Mobilität, die ab dem 14. Jahrhundert aufkommt oder zumindest ab da explizit problematisiert wird. Sie betrifft keine Individuen, die außerhalb der Strukturen der organisierten Gesellschaft geblieben sind bzw. sich beruflich darin integriert haben oder zumindest an ihren Grenzen verkehren. Die neuartige Mobilität rührt von einer Erschütterung im Innern der bestehenden Gesellschaft her. Daraus resultiert auch der wesentliche Unterschied in den Maßnahmen, die sie auslöst. Es geht nicht so sehr um die Organisation eines Schutzes gegen Turbulenzen von außen, sondern darum, die Regulationen im Innern der Gesellschaftsordnung durch die Verpflichtung eines jeden zur Beibehaltung seines Platzes innerhalb der bestehenden Arbeitsteilung zu verstärken. Die Schwierigkeit besteht nämlich von nun an in der Organisation der Arbeit und der Unterwerfung eines neuartigen Profils von Individuen unter ihre traditionellen Formen. Die betreffenden Bevölkerungsgruppen verkörpern das, was man mit gutem Recht im engen Wortsinn ein Proletariat *avant la lettre* nennen darf: diejenigen, die zum Überleben nur über ihrer Hände Arbeit verfügen.

Mit dem Zusammenbruch der Feudalgesellschaft wird also eine völlig neuartige Arbeiterfrage aufgeworfen. Es ist nicht unangebracht, schon vor Aufkommen des Kapitalismus von Proletariern zu sprechen. Auch der heilige Thomas von Aquin spricht schon von ihnen: »Die ihre Arbeitskraft verdingen, sind arm, denn sie erwarten ihr tägliches Brot von ihrer Hände Arbeit«.[14] Ein Zeitgenosse des Thomas von Aquin, Jacques de Vitry, Kanoniker von Orgnies bei Lüttich spricht gleichfalls von der Existenz einer Kategorie von Armen, »die ihren Lebensunterhalt mit ihrer Hände Arbeit verdienen, denen aber nichts mehr übrig bleibt, so sie gegessen haben«.[15] Daher sind diese »Söldner«, deren Überleben ausschließlich von der Vermietung ihrer Arbeitskraft abhängt, buchstäblich Proletarier. Doch solange sie integriert und an ein Territorium gebunden bleiben, gelten sie »schlicht« als Arme. Sie verbleiben an ihrem Platz und sind Teil des Laufs der Dinge; ihre Existenz wirft noch keine »soziale Frage« auf.

13 Vgl. Jacques Le Goff, *Kaufleute und Bankiers im Mittelalter*, Frankfurt am Main, Fischer, 1989. Die extreme These Henri Pirennes (vgl. *Les anciennes Démocraties des Pays-bas*, Paris, Flammarion, 1910), der zufolge die Händler ursprünglich Wandernde, »Staubfüße« waren, wird in dieser Form nicht mehr vertreten (für die umgekehrte Position, die den Akzent auf die Verbindung zwischen Handelsentwicklung und Grundeigentum legt, vgl. z.B. J. Heers, *Le Clan familial au Moyen Âge*, Paris, PUF, 1974). Nichtsdestoweniger stellen die Kaufleute, Händler und Bankiers die mobilste Schicht dar, jedoch auch diejenige, die durch ihre zunehmende Unentbehrlichkeit innerhalb der mittelalterlichen Gesellschaft zugleich zunehmend akzeptiert ist. Der Kaufmann wie der Pilger, der Student, der Kleriker auf Reisen usw. sind zwar mobil, sie sind deshalb aber noch lange keine Entkoppelten.

14 Thomas von Aquin, *Summa theologica*, Ia, II^{ae} 105, a^{2}, zit. in M. Mollat, *Die Armen im Mittelalter*, *op. cit.*, S. 212.

15 Zit. in M. Mollat, *op. cit.*, S. 99.

Gegen Mitte des 14. Jahrhunderts haben wir es mit einer veränderten Situation zu tun, da sie schon das Ergebnis einer Deregulierung der Arbeitsorganisation ist. In diesem Sinn erinnert sie an die Umstände zu Beginn des 19. Jahrhunderts, des Augenblicks, in dem die soziale Frage zum ersten Mal explizit in Form der Pauperismusfrage aufgeworfen wird.[16] Sie erinnert freilich nur daran, weil das, was man später Pauperismus nennen wird, ein Produkt der wilden Liberalisierung eines Arbeitsmarktes ist, während es hier ja gerade das Nichtvorhandensein eines solchen Marktes ist, was problematisch wird. Ein Umstand, den man in folgende Formulierung fassen kann: Wie läßt sich eine Mobilität aufhalten, die keinen Platz in der traditionellen Organisation der Arbeit findet? Die Bedeutung der ab Mitte des 14. Jahrhunderts getroffenen Maßnahmen liegt nämlich genau darin, den Widerspruch zwischen den festgefahrenen Organisationsstrukturen der Arbeit und dieser aufkommenden Mobilität auszumerzen. Wenn ein integriertes Proletariat für die vorindustrielle Gesellschaft kein Problem bedeutet, so gilt das jedoch nicht im selben Maße für Individuen auf Arbeitssuche. Sie stellen ein frei flottierendes Arbeitskräftepotential dar, das innerhalb der Organisation der Arbeit keinen richtigen Platz findet und als solches nicht hingenommen werden kann.[17] Sie müssen folglich nicht nur zum Arbeiten gebracht werden, sondern dies auch noch an ihrem seit vordenklichen Zeiten fest angestammten Platz in der Produktion.

Wenn sie trotzdem diesen Platz verlassen haben, so geschah das deshalb, weil sie einfach nicht anders konnten. Die im 14. Jahrhundert erlassenen Maßnahmen machen ein Dilemma deutlich; sie stellen eine Neigung zur Mobilität fest, schreiben jedoch hartnäckig Immobilität vor. Die von ihnen erfaßten Bevölkerungsgruppen befinden sich buchstäblich in einer Zwickmühle: Hineingezogen in einen Mobilitätsprozeß, zwingt man sie jedoch dazu, zum *Status quo ante* zurückzukehren.

Die Neuausrichtung der Feudalgesellschaft

Unter was für Umständen kommt nun diese Problematik an den Tag? Die beeindruckende Einstimmigkeit der um die Mitte des 14. Jahrhunderts erlassenen Maßnahmen verweist an erster Stelle auf ein tragisches Ereignis: die schwarze Pest, die bis zum Ende des Jahrhunderts schätzungsweise ein Drittel der europäischen Bevölkerung hinwegrafft. Vor dem Hintergrund des von Geißlerprozessionen und dem Rei-

16 Für eine Analyse des Pauperismus, vgl. Kapitel V.

17 Bekanntlich hat Marx in diesen herumziehenden Bevölkerungsschichten eine »Reservearmee« für den entstehenden Kapitalismus gesehen (vgl. *Das Kapital*, VII. Abschnitt, 23. Kapitel, Frankfurt, Berlin, Wien, Ullstein, 1969, S. 589 f.). Dennoch wirft diese Interpretation einige Schwierigkeiten auf, vor allem dann, wenn es, wie ich zu zeigen versuche, stimmt, daß das Phänomen schon um die Mitte des 14. Jahrhunderts auftritt. Der Kapitalismus besteht zu dieser Zeit erst in embryonaler Form und beschränkt sich noch darauf, die Arbeitskräfte innerhalb des traditionellen territorialen Rahmens, insbesondere über das ländliche Handwerk zu binden (vgl. unten, Kapitel III). Die im Verlauf des 14. Jahrhunderts getroffenen Maßnahmen haben zum Ergebnis, daß neben der Arbeitskräftemobilität gleichzeitig auch die Möglichkeit für seine Neuorganisation blockiert wird, die später dann den Industriekapitalismus hervorbringen soll. Mein Hypothese dazu lautet, daß sich diese wilde Mobilität nicht primär aus den Transformationen der Produktionsstrukturen hin zu einer kapitalistischen Entwicklung ergab, und daß sie aufkam, noch *bevor* sie in »moderne« Strukturen hat integriert werden können. Die gesellschaftlichen Erschütterungen der Mitte des 14. Jahrhunderts sind nicht vom Druck neuer ökonomischer Kräfte ausgelöst worden. Vgl. gleichwohl für eine orthodoxmarxistische Interpretation dieser Fragen M. Dobb, *Studies in the Development of Capitalism*, London, 1954, besonders Kapitel VI (dt. Übers. *Entwicklung des Kapitalismus*, Köln et al. 1970).

gen der Totentänze begleiteten *dies irae*, sorgen die immer wiederkehrenden »Pestilenzen« dafür, daß die an ihrem Zenit angekommene »volle Welt« des Mittelalters in eine Welt umschlägt, in der der Mensch rar geworden ist.[18] In der allgemeinen Verzweiflung müssen die Armen, die ja am anfälligsten sind, den höchsten Tribut an den Tod zahlen. Ein Chronist bemerkt gegen Ende des Jahrhunderts: »Der allgemeinen Sterblichkeit fielen so viele Winzer und Bauern, so viele Handwerker aus allen Berufen zum Opfer, [...] daß an ihnen nun ein großer Mangel herrschte.« Und er fügt hinzu: »Alle Arbeiter und ihre Familien fordern nun überhöhte Löhne.«[19]

Ist es nicht das Natürlichste auf der Welt, wenn die armen Kerle, denen das Glück gegeben war, zu überleben, von dieser Situation, in der sie aufgrund ihrer geringeren Zahl gesuchter waren, einfach »profitieren« wollten? Sie ließen im Grunde nur das Gesetz von Angebot und Nachfrage nach Arbeitskraft einmal zu ihren Gunsten spielen, und bis zu einem gewissen Grad gelang ihnen das auch. Während der zwanzig auf die ersten Anzeichen des Schwarzen Todes folgenden Jahre steigen die Löhne beträchtlich an, oft sogar um mehr als das Doppelte. Für die Lohnarbeiter wird die Situation bis zum Beginn des 16. Jahrhundert relativ günstig bleiben, wo es dann zu einem deutlichen Wiederanstieg der Bevölkerung kommt.[20]

Dieser von allen Dokumenten der Epoche bestätigte Lohnanstieg bedeutet allerdings nicht, daß die Blockademaßnahmen von 1350 nicht gegriffen hätten. Ohne sie wäre die Situation sicherlich noch weiter ausgeufert. Eine minutiöse Studie zeigt etwa, daß in England systematische Anstrengungen zur faktischen Umsetzung der Arbeiterstatuten unternommen wurden.[21] In England waren in den ersten Jahren nach ihrer Verkündung auch die verhängten Strafen sehr hoch. In manchen Grafschaften summierten sie sich auf mehr als ein Drittel der gesamten gezahlten Abgaben.[22]

Ganz allgemein und im Gegensatz zu einigen apokalyptischen Beschreibungen der Zeit nach dem schwarzen Tod – in Frankreich gesellte sich noch das verheerende Wüten des Hundertjährigen Krieges hinzu – zog der vom Bevölkerungsrückgang ausgelöste Bruch keine allgemeine Verarmung nach sich. Die Untersuchungen von Carlo Cipolla konnten einen Anstieg der Produktion wie des Pro-Kopf-Konsums für

18 Vgl. für die der »Welt der Fülle« zukommende Bedeutung, die sich nicht allein auf die demographische Dichte reduzieren läßt, sondern auch Bedingung ist für eine Intensivierung von Austauschvorgängen jeglicher Art, welche den Aufschwung der »lateinischen Christenheit« überhaupt erst ermöglicht hat, die Arbeiten Pierre Chaunus, unter anderem *Le Temps des réformes*, Paris, Fayard, 1975, Bd. 1, »Le tournant du monde plein«. Die Bevölkerung der lateinischen Christenheit (das Europa westlich der Elbe) erreichte 1348 einen Stand von wahrscheinlich 80 Millionen, der gegen Ende des Jahrhunderts wieder auf ca. 60 Millionen fällt. Bis sich danach diese Lücke wieder schließt, wird man noch mehr als anderthalb Jahrhunderte warten müssen.

19 Gilles Le Muisit, zit. nach M. Mollat, *Die Armen im Mittelalter, op. cit.*, S. 179.

20 Der Gebrauch von Termini wie »Lohn« und »Lohnarbeiter« impliziert nicht, daß es zur damaligen Zeit *eine* Lohnarbeiterschaft gibt, sondern ganz im Gegenteil eine Masse heterogener und uneindeutiger Situationen abhängiger Beschäftigung. Für eine Erklärung dieser Sichtweise vgl. Kapitel III.

21 B. Haven Putnam, *The Enforcement of the Statute of Labourers during the First Decade after the Black Death*, New York, Columbia University Press, 1908.

22 R. Hilton, *Les Mouvements paysans et la révolte anglaise de 1381*, frz. Übers., Paris, Flammarion, 1979, bemerkt ebenso, daß während der Arbeitererhebung, die den Thron Richards des II. 1381 ins Wanken brachte, die Revolten sich vor allen Dingen gegen die Gesetzesvertreter richteten, von denen viele massakriert wurden. Sie waren nämlich neben anderen mit der Anwendung der Arbeiterstatuten beauftragt. Die Forderungen der Aufständischen sind ebenfalls aufschlußreich. Sie verlangten, wie ein Zeitgenosse berichtet, »daß kein Mann für einen anderen arbeite, außer wenn er ihn selbst ausgesucht hat und der Arbeitsvertrag niedergeschrieben ist.«

den europäischen Raum zwischen 1350 und 1500 belegen.[23] Wenn es auch etwas überzogen ist, von einem »goldenen Zeitalter der Lohnarbeit«[24] zu sprechen, so hatte sich die Situation der überlebenden Armen nach der Pest häufig zumindest für einige Zeit verbessert. Man sollte also die sozialen Wirren und Volksaufstände dieser Epoche nicht mit den Hungeraufständen verwechseln, von denen es vorher so unzählig viele gab und noch bis weit ins 17. Jahrhundert hinein immer wieder geben sollte. In der zweiten Hälfte des 14. Jahrhunderts äußert sich in ihnen doch eher eine Schockwelle gesellschaftlicher Erschütterung, als daß sich in ihnen eine Verschärfung des Elends auswirkt.

Das gilt vor allem für die um 1380 aufkommenden heftigen Wirren.[25] Gerade das »entwickelte« Europa ist es nämlich, das in England, Westflandern, in Florenz, der Grafschaft von Barcelona und den entwickeltsten Städten Nordfrankreichs ins Wanken gerät. Robert Fossier sieht in der Gesamtheit dieser Ereignisse »den für das Klima der Epoche typischen gewaltsamen Ausdruck eines lebhaften Verlangens nach sozialem Aufstieg«.[26] Ein Zeitgenosse, der diesen Bewegungen recht feindselig gegenüberstand, meint in der Sprache der Zeit nichts anderes: »Die schlechten Leute fingen an, unruhig zu werden und sagten, daß man sie in allzu drückender Knechtschaft halte [...], daß sie eins sein wollten mit ihren Herren, und daß sie, wenn sie die Felder für ihre Herren bebauten, dafür auch einen Lohn haben wollten.«[27]

In dem Drama, das in der zweiten Hälfte des 14. Jahrhunderts aufgeführt wurde, waren der Tod und seine tragischen Massensterben nicht die einzigen Protagonisten, ebensowenig der Krieg, eine Konstante in der Sozialgeschichte seit dem hohen Mittelalter, oder das Elend, die dem einfachen Volk gemeinsame Lage. Auch die Regulierungsmechanismen der Gesellschaft waren ins Wanken geraten, insbesondere im Bereich der Arbeitsorganisation.

Die Hypothese, die ich hier vorbringen möchte, lautet, daß die Wandlungserscheinungen der zweiten Hälfte des 14. Jahrhunderts als Symptome für eine *Dekonversion,* eine Neuausrichtung der Feudalgesellschaft anzusehen sind. Ich entlehne diesen Begriff Philipp Rieff, der ihn verwendet, um den Übergang von Systemen mit rigider Regulierung (was er »die positiven Gemeinschaften« nennt) in gesellschaftliche Organisationsformen zu bezeichnen, in denen das Individuum nicht mehr organisch an Normen gebunden ist und zur Konstituierung von Regulationssystemen beitragen muß.[28] Ich ziehe diesen Begriff dem allzu wagen Begriff Krise vor, oder dem zu überzogenen der Auflösung, da das Besondere an der Situation ja gerade darin besteht, daß das Gesellschaftsgerüst nicht zusammenbricht, sondern in mancherlei Hinsicht eher noch an Stabilität gewinnt. Trotzdem gelangen unterhalb dieser rigiden rechtlich-politischen Regulierungen Wandlungsfaktoren zur Geltung, welche die ab 1350 ergriffenen Maßnahmen zu blockieren suchen. Es tut sich ein Raum von Turbulen-

23 C.M. Cipolla, *Before the Industrial Revolution, European Society and Economy, 1000–1700*, London, 1976.
24 J. Favier, *La Guerre de Cent Ans*, Paris, Fayard, 1980.
25 M. Mollat, P. Wolf, *Ongles bleus, Jacques et Ciompi: les révolutions populaires en Europe aux XIVe et XVe siècles*, Paris, Calmann-Lévy, 1970.
26 R. Fossier, *Histoire sociale de l'Occident médiéval, op. cit.*, S. 343.
27 J. Froissart, *Chroniques*, L. I, Bd. X, hg. von S. Luce et al., Paris, 1874, S. 95.
28 P. Rieff, *The Triumph of Therapeutic: The Uses of Faith after Freud*, New York, Harper and Row, 1968.

Dekonversion = Verlust / Entfremdung des Menschen an Religion / Gemeinden

zen auf, den die traditionellen Strukturen nicht mehr in den Griff bekommen können, ohne an Macht zu verlieren. Die Netze gegenseitiger Abhängigkeit lockern sich, und an den Randzonen der existierenden Stände entstehen Zonen der Ungewißheit. Es zeichnet sich ein neues gesellschaftliches Profil innerhalb der anerkannten sozialen Lagen und bestehenden »Stände« ab.

Das völlige Gegenteil davon passiert östlich der Elbe unter fast gleichen Umständen, bringt dort allerdings die »zweite Leibeigenschaft« hervor. Sei es, daß die traditionellen Mächte dort stärker sind oder daß die Land- und Stadtgemeinden weniger stark strukturiert und ausdifferenziert sind, vielleicht eher aus beiden Gründen zugleich gelingt es der adeligen Reaktion dort, die Wandlungserscheinungen zu blokkieren und die Gesellschaft für mehrere Jahrhunderte in Unbeweglichkeit festzuzurren. Kennzeichen des Zusammenbruchs der Feudalgesellschaft im Westen ist eine paradoxe Kombination von Kontinuität und Wandel, deren Logik wir hier noch ausführen werden. Die Ereignisse der Mitte des 14. Jahrhunderts markieren eine entscheidende Etappe in einer Dynamik, deren erste Manifestationen schon vor der schwarzen Pest sichtbar werden.

Während der ersten dreihundert Jahre des zweiten Jahrtausends hat sich zunehmend ein noch nie dagewesener wirtschaftlicher, gesellschaftlicher und kultureller Aufschwung dauerhaft eingerichtet, zumindest in dem Raum, den Pierre Chaunu »das Europa allen Fortschritts« nennt: in Flandern, dem Süden Englands, Deutschland und Norditalien, einigen Bastionen des Mittelmeers sowie in Frankreich, besonders zwischen Somme und Loire.[29] Die mittelalterliche Gesellschaft verwandelt sich von einer in fester Hand der großen kirchlichen Grundherrschaften und eines ländlichen Ritteradels befindlichen und im wesentlichen agrarischen Zivilisation in eine Bipolarität von vielgestaltigen ländlichen Gemeinden auf der einen sowie prosperierenden und unabhängigeren Stadtgemeinden auf der anderen Seite. Zweifelsohne bleibt die Stadt quantitativ gesehen eher marginal, doch entwickeln sich von ihr ausgehend Handwerk, Warenhandel, Geldwirtschaft und Bankwesen des Handelskapitalismus. Aber selbst diese Innovationen breiten sich entlang genau festgelegter Hierarchien aus, die in der Stadt wie in der bäuerlichen Welt genauso noch die Unterordnung eines jeden unter die Gesamtheit weiter beibehalten.[30] So erscheinen gerade die Neuerungen, die den Entwicklungen der Moderne als Wiege dienen, noch von den traditionellen Regulationsformen einer Ständegesellschaft eingehegt.

Trotzdem ist diese Welt der Fülle zumindest aus zwei Gründen auch eine fragile Welt: Ihre Übervölkerung macht zum einen die Knappheit der im Verhältnis zur Bevölkerung verfügbaren Ressourcen sichtbar, zum andern unterminiert die Verschärfung der sozialen Differenzierung die Wirksamkeit der traditionellen Kontrollen. Anzeichen einer Erschöpfung zeigen sich schon seit dem 13. Jahrhundert auf zwei Ebe-

29 P. Chaunu, *Histoire économique et sociale de la France*, Bd. I, »L'Etat«, PUF, Paris, 1977. Vgl. zum Aufstieg des Feudalismus die zusammenfassende Darstellung Georges Dubys, *Krieger und Bauern, op. cit.*

30 Henri Pirenne, der Historiker, der am meisten (vielleicht sogar zu sehr) auf den von der Entwicklung der Städte getragenen Faktoren der Innovation beharrt hat, betont ebenso den Umstand, daß die Stadt die hierarchische Struktur und die Abhängigkeitsbeziehungen der Agrargesellschaft reproduziert bzw. überträgt, ja er vergleicht gar die mittelalterliche Stadt mit einem Bienenstock. Vgl. H. Pirenne, *Les Anciennes Démocraties des Pays-Bas, op. cit.*, S. 178.

nen. Die Urbarmachung setzt mangels neu zu erschließender Räume aus, dies bei gleichzeitig anwachsender Bevölkerung. Es kommt wieder zu den großen Knappheiten von einst; so stehen beispielsweise die Jahre 1313–1315 europaweit für eine fürchterliche Hungersnot.[31] Das Gleichgewicht der mittelalterlichen Gesellschaft wird jedoch auch von der fortschreitenden gesellschaftlichen Differenzierung in Mitleidenschaft gezogen. Wir haben schon auf das Zutagetreten absteigender sozialer Mobilität (der verschämte Arme) und auf die mangelnde Abstimmung zwischen Angebot und Nachfrage von Beschäftigung (der arbeitsfähige Bettler) hingewiesen. Genauere Analysen kommen zu dem Ergebnis, daß schon um 1300 in den reichsten Landstrichen Westeuropas, auf dem Land wie in der Stadt, Gruppen existieren, die in permanenter Unsicherheit leben, während das allgemeine Wachstum scheinbar anhält.[32]

Um die Mitte des 14. Jahrhunderts entsteht also keine vollkommen neue Situation, eher schlägt der von der schwarzen Pest herrührende abrupte demographische Schock eine Bresche in diese »Welt der Fülle«, durch die eine Erschütterung der sozialen Verhältnisse ausgelöst wird, worin manche Historiker »die große Fraktur der europäischen Geschichte« zu erkennen meinten. »In der Zeit zwischen 1300 und dem schwarzen Tod schwillt die Proportion der Arbeitskräfte gefährlich an, trotzdem überwiegt weiterhin die zentrale Bevölkerungsgruppe der Bauern.«[33] Doch ab der Jahrhundertmitte nimmt die Landzersplitterung immer weiter zu – das Land wechselt zudem häufig den Besitzer – und kündigt die Bipolarisierung der bäuerlichen Welt an. Auf der einen Seite beginnen die »Dorfmatadoren« ihren steilen sozialen Aufstieg, der sie manchmal bis in bürgerliche Verhältnisse, ja sogar in Amt und Würden bringt. Am anderen Pol verarmen die enteigneten Bauern. Sie verdingen sich an die Reicheren, sei es als teilweise in Lohn stehende Kleinhäusler, wenn ihnen noch ein kleines Stückchen bebaubares Land bleibt, oder als Voll-Lohnarbeiter, also als regelrechte Landproletarier, wenn sie völlig ohne Land sind. Die Monographien zu einzelnen Regionen bestätigen diese Interpretation. So konnte etwa die Analyse der wirtschaftlichen Wandlungen auf einem englischen *manor* zeigen, daß die entscheidenden Umwälzungen im Sinne einer Pauperisierung der Landbesitzer genau in dieser zweiten Hälfte des 14. Jahrhunderts stattgefunden haben.[34] Allgemeinere Analysen schätzen die Proportion dieser Landbewohner, die von der Bebauung ihres Landes nicht mehr leben können, auf ein Drittel, Handwerker ausgenommen.[35] Hilton

31 Die am häufigsten wiederkehrende, im wesentlichen demographische Interpretation dieser Schwierigkeiten läuft auf die »Krise« der Mitte des 14. Jahrhunderts hinaus, was ja tatsächlich die Anwendung eines neomalthusianischen Erklärungsansatzes (es sind nicht genügend Ressourcen vorhanden, um dem Bevölkerungsanstieg zu begegnen) bedeutet. Vgl. zum Beispiel M. M. Postan, *The Medieval Economy and Society: an Economic History of Britain 1000–1500*, London, 1972. C. Liss und H. Soly stehen dieser Überbewertung demographischer Faktoren kritisch gegenüber und zeigen, daß das Problem weniger in einer Knappheit von Ressourcen als vielmehr in ihrer ungleichen Verteilung liegt (C. Liss und H. Soly, *Poverty and Capitalism in Pre-Industrial Europe, op. cit.*).

32 Für Frankreich, vgl. Robert Fossier, *La Terre et les hommes en Picardie jusqu'à la fin du XIIIe siècle*, Paris, 1968; für England, E.A. Kosminsky, *Studies in the Agrarian History of England in the Thirteenth Century*, Oxford, 1956; für Italien, C. de La Roncière, »Pauvres et pauvrété à Florence...«, *loc. cit.*

33 G. Bois, *La Crise du féodalisme*, Paris, Fondation nationale des sciences politiques, 1976, S. 344.

34 F.G. Davenport, *The Economic Developement of a Norfolk Manor, 1080–1565*, London, 1906.

35 Vgl. R. Hilton, »Qu'entend on par capitalisme?«, in: ders., P. M. Sweezy, *The Transition from Feudalism to Capitalism*, London 1976 (dt. P. M. Sweezy, M. Dobb et al., *Der Übergang vom Feudalismus zum Kapitalismus*, Frankfurt 1978); vgl auch C. Liss und H. Soly, *Poverty and Capitalism in Pre-industrial Europe, op. cit.*, S. 41 ff.

resümiert den Hintergrund folgendermaßen: »Eine vom Gewohnheitsrecht beherrschte bäuerliche Gesellschaft geriet aufgrund der unkontrollierbaren Mobilität der Bauern und all der sich um das Land drehenden Geschäfte ins Wanken.[36]

»Unkontrollierbare Mobilität«: Arme Leute machen massenhaft die negative Erfahrung der Freiheit, des Herausfallens aus traditionellem Eingebundensein. Ein Teil dieser Entkoppelten wandert in die Städte ab. Doch haben diese das relative Aufnahmevermögen eingebüßt, das sie während der Periode der größten Expansion hatten, als der Aufschwung von Handwerk und Handel noch Arbeitsplätze schaffte, wie wir heutzutage sagen würden. Das 14. Jahrhundert ist auch der Moment, in dem die Wahrscheinlichkeit, Meister werden zu können, immer geringer wird und allmählich nur noch den Söhnen von Meistern offensteht.[37] Zudem verkörpern ja die ohne jegliche Qualifikation vom Land Zugezogenen ein kaum für den Rahmen der städtischen Handwerkslehre geeignetes Arbeitskräftepotential. B. Geremek spricht von einer »A-Funktionalität« dieser Arbeitskräfte im Verhältnis zur Nachfrage[38] – eine A-Funktionalität, welche disfunktional wird, wenn die Zahl dieser umhervagierenden Arbeiter eine bestimmte Schwelle überschreitet. »Residualbevökerung«, bestehend aus ehemaligen Bauern, die aus ihrer ländlichen Kultur herausgerissen sind, von den daran gebundenen Kompetenzen, den Ressourcen und Sicherungen, die sie bereithielt, die aber auch der Stadtkultur und den von ihr gewährten Unterstützungen ökonomischer wie beziehungsmäßiger Art fremd gegenüberstehen.[39] Deshalb liegt »die Ursache für den Pauperismus zwar in den veränderten Agrarstrukturen, doch erst in der Stadt wird seine ganze Tragweite sichtbar.«[40]

Fügen wir hinzu, daß diese Dekonversion Bestandteil eines sich über lange Zeit hinziehenden Wandels der familiären Beziehungen und Vergemeinschaftungsformen ist, die, auch wenn sie schwieriger zu belegen ist, wahrscheinlich trotzdem entscheidende Wirkungen nach sich gezogen hat. Folgen wir Pierre Chaunu, so stellen das 13. und das 14. Jahrhundert in zahlreichen Gegenden Europas eine bedeutende Etappe beim Übergang der alten (»patriarchalischen«) Großfamilie zur Gattenfamilie dar.[41] Die bäuerliche Lokalgemeinschaft hat sich demnach um engere und zerbrechlichere Zellen zusammengezogen und so das Praktizieren der primären Solidaritäten stärker vom Zufall abhängig gemacht. Dieser Effekt hat in Verbindung mit der Verhärtung der sozialen Schichtung die Interessengegensätze zwischen den Untergruppen innerhalb der Lokalgemeinschaft akzentuiert. Darüber hinaus sind zahlreiche Netzwerke primärer Solidarität aufgrund des durch die Pest verursachten demogra-

36 R. Hilton, *Les Mouvements paysans au Moyen Age, op. cit.*, S. 213.
37 B. Geremek, Le salariat dans l'artisanat parisien aux XIIIe et XIVe siècles, Paris-Den Haag, Mouton, 1978.
38 B. Geremek, »Criminalité, vagabondage, paupérisme. La marginalité à l'aube des Temps modernes«, *Revue d'histoire moderne et contemporaine*, XXI, Juli–September 1974, S. 374.
39 Der Ausdruck »*residual population*« wird von R.H. Tawney, *The Agrarian Problem in the Sixteenth Century*, London, 1912 (Neuaufl. New York et al. 1967) vorgeschlagen. Da es aber um die Datierung des Beginns dieses Prozesses geht, scheint es mir legitim, die von Tawney wie von Marx vorgeschlagene Chronologie um mehr als ein Jahrhundert zu verschieben.
40 M. Mollat, »La notion de pauvrété au Moyen Age: position des problèmes«, in: *Etudes sur l'économie et la société de l'Occident médiéval, op. cit.*, S. 16.
41 P. Chaunu, *Le Temps des réformes, op. cit.*, Kap. I.

phischen Aderlasses gerissen. Derart geriet das vormalige »homöostatische« Gleichgewicht, das innerhalb der Lokalgemeinde den Großteil der Zersplitterungsfaktoren zu kontrollieren und dem Entkopplungsprozeß Einhalt zu gebieten vermochte, in große Gefahr oder wurde gar aufgehoben.

Man kann nun dem Begriff »Dekonversion« einen präziseren Sinngehalt geben. Eine deregulierte Mobilität koexistiert mit den rigiden Einhegungsstrukturen. So erklärt sich – wenn wir den Anachronismus durchgehen lassen, dessen teilweise Berechtigung sich noch erweisen wird – die Existenz einer »paradoxen Arbeitslosigkeit«: Während der von der schwarzen Pest verursachte demographische Aderlaß zwar weite Beschäftigungsmöglichkeiten eröffnet, läßt sich dennoch feststellen, daß die Bettelei in der zweiten Hälfte des 14. Jahrhunderts zunimmt.[42] Zwei Arten von Zwängen lasten zugleich auf den Mittellosesten: Die Stärkung der bestehenden Herrschaftsverhältnisse und ein Hang zur Mobilität, der daher rührt, daß dieselben Verhältnisse unfähig dazu sind, an Ort und Stelle ausreichende Überlebensbedingungen zu gewährleisten. Jürgen Habermas spricht deshalb vom »ambivalenten Charakter« dessen, was er – über den Ausdruck läßt sich diskutieren – »Frühkapitalismus« nennt.[43] Der Ausdruck ist deshalb diskutabel, weil bei weitem nicht evident ist, daß gerade die Transformation des Produktionsprozesses den Dekonversionsprozeß auslöst. Wie Habermas selbst bemerkt, bleibt die landwirtschaftliche Produktionsweise im wesentlichen feudal gebunden, genauso wie die industrielle Produktion eine korporativ gebundene Kleinwarenproduktion des städtischen Handwerks bleibt.[44] Wenn es sich hier um einen Widerspruch handelt, dann besteht er nicht zwischen den konservativen (feudalen) Produktionsverhältnissen und einer schon kapitalistischen Produktionsweise, sondern zwischen diesen Produktionsverhältnissen und Bevölkerungsgruppen, die sich darin nicht mehr einfügen können, ohne jedoch schon zu einer anderen Weise der Arbeitsorganisation, einer »kapitalistischen«, wenn man so will, übergehen zu können.

Die »Dekonversion« tritt daher im Aufkommen zufallsbedingter, vom simultanen Spiel dieser antagonistischen Prozesse hervorgerufenen Verhaltensweisen zutage: einer beschleunigten Zirkulation des Bodens, der Güter und Menschen, und einer Form der Strukturierung der sozialen Beziehungen, die ihren traditionellen Einfluß noch zu steigern sucht. Etwas freiheitsähnliches beginnt zu zirkulieren, ohne jedoch einen anerkannten Platz finden zu können. Die in der zweiten Hälfte des 14. Jahrhunderts entstandenen Arbeitsgesetze bekommen in diesem Zusammenhang erst ihren Sinn. Sie verlangen die Bindung der Arbeiter an ihr Territorium und ihre Lage, auf dem Land, um die Produktivität des Bodens aufrechtzuerhalten oder zu intensivieren, in der Stadt, um die »industrielle« Arbeitsproduktivität im Rahmen der zünf-

42 M. Mollat, »La notion de pauvrété au Moyen Age«, *loc. cit.*, S. 16. Zum Begriff der »paradoxen Arbeitslosigkeit«, vgl. Philippe d'Iribarne, *Le chômage paradoxal*, Paris, PUF, 1990, sowie unten, Kapitel VIII. Innerhalb eines sicherlich anders gelagerten Kontexts sieht Iribarne in diesem Typus von Arbeitslosigkeit den Effekt einer mangelnden Anpassung zwischen dem objektiven Beschäftigungsstand und dem Fortbestehen kultureller Züge, die sich nicht der ökonomischen Logik beugen.

43 J. Habermas, *Strukturwandel der Öffentlichkeit*, Frankfurt, Suhrkamp, Neuaufl. 1990, S. 70.

44 *Ebd.*

tischen Monopole zu halten. Die Folge davon ist jedoch, daß die aus diesen Strukturen »freigesetzten« Elemente – sei es, daß sie davon ausgestoßen sind oder ihnen zu entschlüpfen trachten – zu *outcasts* werden.

Sicherlich ist die Situation nicht völlig blockiert. Die so entstehende Notwendigkeit zur Veränderung bzw. die unternehmerische Freiheit haben auch Möglichkeiten eröffnet, das freilich meistens für diejenigen, die von den solidesten Positionen aus aufbrechen, etwa auf dem Land die reicheren Bodenbesitzer, die ihre Ländereien erweitern und die Arbeitskraft der besitzlosen Bauern mieten können. Doch selbst unter den Armen haben einige von dieser Situation profitieren können, in der der Mensch rarer und ein Teil des Landes für Geschäfte oder für eine Wiederbevölkerung der ländlichen Wüstungen verfügbar geworden war.[45] Es hat also sehr wohl eine aufsteigende, eine gelungene soziale Mobilität gegeben, doch beschäftigt sie uns hier weniger, da sich die »soziale Frage« in bezug auf die Entkoppelten stellt, diejenigen also, die sich gelöst und nicht die, die sich integriert haben.

Ebenso wie man sich vor ausschließlich ökonomischen Erklärungsansätzen hüten sollte – diese Situation ist nämlich nicht allein eine Auswirkung einer allgemeinen Verarmung –, darf man wohl auch die funktionalistischen Interpretationen der hier wirkenden Prozesse nuancieren. Simiand hat geglaubt, ein »Gesetz« aufstellen zu können, demzufolge die Zunahme der Zahl der Bettler und Vagabunden an eine Phase der Stagnation oder des Niedergangs der Löhne gebunden sei, welche selbst wiederum mit einer Knappheit des Beschäftigungsangebots bezüglich der Nachfrage in Beziehung stehe.[46] Ein solcher Zusammenhang läßt sich hier nicht belegen: Die Löhne steigen wie die allgemeine Nachfrage nach Arbeit, und trotzdem steigt ebenfalls die Anzahl derer, die den Anschluß verpaßt haben. Dagegen wird die Bettler- und Vagabundenfrage zu Beginn des 16. Jahrhunderts wieder aktuell, diesmal aber inmitten einer von einem starken Bevölkerungsanstieg und einem Rückgang der Reallöhne geprägten Konjunktur.[47] Für diese sich augenscheinlich widerstreitenden Feststellungen lassen sich zwei Erklärungen vorbringen, die ihrerseits nicht notwendigerweise widersprüchlich sind. In einer von Arbeitskräfteknappheit gekennzeichneten Konjunktur bietet sich in Verbindung mit dem Versuch, die Löhne einzufrieren, ein Arbeitszwang dazu an, um bei geringsten Kosten einer Situation der Vollbeschäftigung nahezukommen. Er ist aber auch von Nutzen, wenn Arbeitskräfte in Fülle vorhanden sind, damit die Masse der Beschäftigungslosen wirksam auf den Arbeitsmarkt drückt und die Löhne zum Sinken bringt. Damit die »Reservearmee« Druck auf die Löhne ausübt, bedarf es nicht nur stellenloser Arbeiter, diese müssen auch arbeiten wollen bzw. dazu gezwungen werden. Vives empfiehlt deshalb zu Beginn des

45 J. Heers, *L'Occident aux XIVe et XVe siècles*, Paris, PUF, 1970, S. 110 f. betont die Bedeutung der Bevölkerungsverschiebungen für die Bestellung der nach dem Schwarzen Tod brachliegenden Böden und die Entwicklung neuer Anbaukulturen.

46 F. Simiand, *Le Salaire, l'évolution sociale et la monnaie*, Paris, Alcan, 1932, Bd. I.

47 Vgl. für die demographische Lage und die Lohnsituation im 16. Jahrhundert B. Bennassar, »Vers la première ébauche de l'économie-monde«, in: P. Léon, *Histoire économique et sociale du monde. L'ouverture du monde, XIVe–XVIe siècle*, Paris, A. Colin, 1977. Für eine Interpretation dieser Situation im Rahmen der Theorie primitiver Akkumulation, vgl. M. Dobb, *Studies in the Development of Capitalism, op. cit.*

16. Jahrhunderts, als die Zahl der Arbeitslosen beträchtlich ist, Zwangsarbeit selbst für die arbeitsunfähigen Armen.[48]

Wenn diese Erklärung für zwei so stark kontrastierende Situationen Gültigkeit beanspruchen kann, so liegt das daran, daß sie für keine von beiden spezifisch ist. Sie läßt einen Umstand unberücksichtigt, dessen Bedeutung für die Gesellschaften, in denen kein »freier« Arbeitsmarkt existiert, ausschlaggebend ist. Es geht um den Kontrast zwischen einer Nachfrage nach Arbeitskräften und der Existenz von Subjekten, die darauf nicht in der von den herrschenden Formen der Arbeitsorganisation erforderten Weise entsprechen. Eine Situation, die man einmal mit der aktuellen Situation vergleichen sollte, wo sich gleichermaßen eine »paradoxe Arbeitslosigkeit« als Folge einer mangelnden Abstimmung von Beschäftigungsnachfrage und Nichtvorhandensein von Qualifikation bei denen, die dazu willig wären, beobachten läßt.[49] Heute freilich kommen diese auf die Beschäftigung drückenden Zwänge über die Modernisierung des Produktionsapparats zur Durchsetzung. Im Gegensatz dazu geht im 14. Jahrhundert der Zwang von der Tradition aus. Sie will die Arbeitskräfte in den unveränderlichen Statuspositionen der Arbeitsorganisation festbinden. Die *residual population* stellt also keine simple Arbeitskraftreserve, eine »Reservearmee« dar. Zumindest zum Teil setzt sie sich aus entwurzelten, mobilen Individuen zusammen, die keinen Platz für sich in der traditionellen Organisation der Arbeit gefunden haben, denen jedoch das Arbeitsgesetz, welches nach den sich ab dem 14. Jahrhundert vervielfältigenden Maßgaben explizit wird, untersagen will, sich in anderen, als den vorgeschriebenen traditionellen Formen zu verdingen. Dieser Widerspruch wirkt bis zur industriellen Revolution fort. Wie wir noch sehen werden, entspricht er der konstanten Bremswirkung, welche diese Vorschriften auf die die Produktion betreffenden Veränderungen hin zum aufkommenden Kapitalismus ausgeübt haben. Diese »verfügbaren« Individuen sind daher nicht einfach rekrutierbar. Wo ist eigentlich der Platz desjenigen, der hinsichtlich dieser Organisation der Arbeit »frei« ist, dem es jedoch an allem fehlt? Zunächst und auf lange Zeit hin: nirgends.

So sieht das Schicksal der in einer heillosen Lage befindlichen Individuen aus, in der ihnen ihre Freiheit als Fluch erscheint, den wir im folgenden nachzeichnen wollen. Sie befinden sich in einer Art *double-bind*-Situation, gefangen zwischen dem Imperativ der Arbeit und der schlichten Unmöglichkeit in den vorgeschriebenen Formen zu arbeiten. Ihre Tragödie gleicht sich in all diesen Gesellschaften bis zum Ende des Ancien Régime. Nicht, daß diese Ordnung starr geblieben wäre, insbesondere was die Wandlungen der Produktion anbelangt, die eine flexiblere Organisation der Arbeit immer nachdrücklicher erforderlich machen. Das Arbeitsrecht jedoch, bzw. das, was

48 Juan Luis Vives, *De l'assistance aux pauvres, op. cit.* Das erklärt sich daraus, daß Vives ein »Moderner«, ein »Liberaler« *avant la lettre* ist, und zwar insofern, als er auf eine ökonomische Expansion setzt, und sei dies auch zum Nachteil der damit einhergehenden sozialen Kosten. Umgekehrt sind die politischen Verantwortlichen um die Mitte des 14. Jahrhunderts im allgemeinen »Konservative«, die zwar weiterhin und sogar in verstärktem Maße die Überschüsse ihrer Hörigen abschöpfen, dabei jedoch die traditionellen Rahmen dieser Hörigkeit bewahren wollen. In dieser Hinsicht ist die von den Stuarts in England betriebene Politik bezeichnend, die sich, freilich ohne großen Erfolg, bemühte, die Zunahme der Einfriedungen zu bremsen (Vgl. K. Polanyi, *The Great Transformation, op. cit.*).

49 P. d'Iribarne, *Le chômage paradoxal, op. cit.*

an seiner Stelle steht, spricht, wenn es sie nicht gleich mechanisch wiederholt, hartnäckig dieselbe Art von Verboten aus, mit der gleichen vernichtenden Wirkung für bestimmte Bevölkerungskategorien. Wie wir sehen werden, wird noch eine Vielfalt an Lohnarbeitsformen entstehen und sich als unerläßlich erweisen. Sie werden sich aber vor dem 19. Jahrhundert niemals bis zu einer echten Lohnarbeiterlage herauskristallisieren.

Michel Mollat beschreibt die Ausbildung eines reichen Vokabulars für das Umherwandern gegen Ende des Mittelalters, eines Vokabulars, das auf die Elenden Anwendung findet, die in Anbetracht der »großen Armut, in der sie sich befinden«, »zur Flucht«, »zum Entlaufen«, »zur Aufgabe« und »zum Verlassen ihres Landes« gezwungen sind.[50] Diese Flucht scheint ausweglos, da es noch kein Land der Verheißung jenseits der durch die jahrhundertealten Formen der Bodenaneignung und Handwerksorganisation vorgegebenen Grenzen gibt. Einige Zeitgenossen haben selbst schon die Dimensionen dieses mit der Ankunft der Moderne wesensverwandten Dramas erkannt: »So wie man in der Natur beobachten kann, daß das Wild und die Vögel in fruchtbares Gebiet und zum Ackerland ziehen und daß sie ödes Gebiet verlassen, so tun es auch Handwerker und Bauern, die von ihrer Hände Arbeit leben; denn sie zieht es zu den Orten und Plätzen, wo Gewinn zu erwirtschaften ist, [...] und sie meiden die Orte, wo das Volk hart von Fron und Abgaben bedrängt wird«.[51] Was wird wohl aus diesen Entkoppelten werden?

Die nutzlos Geborenen

Wir werden zunächst ihren Spuren entlang jenem Schicksal folgen, das den Marginalsten von ihnen, den Vagabunden, vorbehalten war. Für eine Gesellschaftsstruktur, in der sich der Status eines Individuums aus seinem Eingefügtsein in ein engmaschiges Netz gegenseitiger Abhängigkeiten ergibt, gilt der Vagabund als Störenfried. Deutlich erkennbar, weil ihm ja jegliche Bindung an ein Territorium fehlt, prasselt ein ganzes Arsenal von ständig erneuerten unmenschlichen Maßnahmen auf ihn nieder. Die von ihm paradigmatisch verkörperte Asozialität muß ausgetilgt werden, kumuliert sich bei ihm doch das Handicap, außerhalb der Ordnung der Arbeit zu stehen, obwohl er arbeiten könnte, und das, als Fremder außerhalb der Ordnung des Gemeinschaftslebens zu stehen. Ohne jegliche Einkommensquelle, vermag er für seinen Unterhalt nicht selbst aufzukommen. Und wenn in die Zuständigkeit der Armenfürsorge zuvorderst die Arbeitsunfähigen fallen, sowie die gemäß der zwei oben dargestellten Kriterien definierten Nächsten, so wird er auch auf doppelte Weise zum Ausgegrenzten. »Nutzlos geboren«[52], sein Schicksal steht exemplarisch für das Drama des Entkoppelten schlechthin, desjenigen, der als »Standesloser« keinerlei Obhut genießt.

50 Vgl. M. Mollat, *Die Armen im Mittelalter, op. cit.*, S. 220.

51 Zit. in: M. Mollat, *ebd.*, S. 220 f. Der zitierte Text stammt aus dem Jahr 1443.

52 Verurteilung von Colin Lenfant, Maurersgehilfe und des Diebstahls überführter Landstreicher: »Er verdiene es, zu sterben als für die Welt Nutzloser, das heißt, gehängt zu werden wie ein Gauner«. Verbrechensregister des Châtelet, zitiert nach B. Geremek, *Les Mariginaux parisiens aux XIVe et XVe siècles, op. cit.*, S. 329, Fn. 36.

Was ist überhaupt ein Vagabund? Versuche zur definieren, was das Vagabundentum ist, gibt es erst relativ spät. Bis zum 16. Jahrhundert findet sich der Begriff meist in Verbindung mit einer Reihe von Attributen zur Bezeichnung von Individuen mit üblem Leumund: Bettler, *caymands* (also diejenigen, die ohne Berechtigung betteln – der Ausdruck ist die pejorative Version des arbeitsfähigen Bettlers), Spitzbuben, Simulanten (Bettler, die Krankheiten vorgeben), Müßiggänger, Hurenjäger, Kuppler, Haderlumpen, Faulenzer etc. Zu dieser Aufzählung kommen häufig noch Berufe mit schlechtem Ruf hinzu, etwa Spielleute, Sänger, Kuriositätenschausteller, Zahnzieher, Quacksalber, sowie mißbilligte Tätigkeiten – Würfelspieler oder Prostituierte, ja sogar Barbiere oder Barbiersgesellen. Eine der ersten Systematisierungsversuche wird in einem Erlaß Franz I. von 1534 vorgelegt, der »alle Vagabunden, Müßiggänger, herrenloses Gesindel (*gens sans aveu*), und andere, die nichts zu ihrem Unterhalt haben und nicht arbeiten oder keinem Tagwerk nachgehen, um ihr Brot zu verdienen« brandmarkt.[53]

Die zwei für die Kategorie des Vagabunden konstitutiven Merkmale sind bereits genannt: Keine Arbeit zu verrichten, also Müßiggängerei, die mit einem fehlenden Einkommen einhergeht, und schließlich der Umstand, »herrenlos« (*sans aveu*), also ohne gemeinschaftliche Zugehörigkeit zu sein. Unter jemands Schutz stehen (être avoué) ist ein alter, dem germanischen Recht entlehnter Ausdruck, der in der Feudalgesellschaft den Stand dessen bezeichnete, der »der Mann« eines Lehnsherrn ist, welchem er gehuldigt, d. h. den Lehnseid geleistet hat, und der ihn im Gegenzug seiner Obhut unterstellt.[54] Demgegenüber entzieht sich der Vagabund der Zugehörigkeit zu einem Familienverband und den Banden der gegenseitigen Abhängigkeit, die eine Gemeinschaft ausmachen. Ein solcher besitz- und arbeitsloser Mensch ist auch ein herrenloser Mensch, ohne Heim noch Herd. Als »einer, der überall wohnt«, um eine häufig in den Vagabundenprozessen wiederkehrende Ausdrucksweise aufzugreifen, ist er eigentlich ein nirgendwohin gehöriges Wesen.

Die ausgefeilteren und späteren Definitionen spielen weiterhin mit diesen beiden Variablen, so etwa die jenes Juristen aus Lyon in seinem Kommentar eines Edikts Karls IX. von 1566 über den Beruf des Dienstboten: »Vagabunden sind müßige Nichtsnutze und dahergelaufene, verwahrloste, wohnungslose Leute ohne Beruf noch Arbeitsstelle und, wie es die Polizeiordnung von Paris nennt, Leute, die nur in großer Zahl zu etwas nütze sind, *sunt pondus inutile terrae*.«[55] »Sie sind die unnütze Last der Erde«: Die Formulierung ist bewundernswert. Durch eine Verordnung vom 24. August 1701 wird die Definition in ihren juristischen Begrifflichkeiten fixiert, die von da an kaum mehr variieren und praktisch unverändert ins napoleonische Strafgesetzbuch übernommen werden: »Vagabunden und herrenloses Gesindel nennen wir diejenigen, die weder über Beruf, Handwerk, einen festen Wohnsitz oder einen Ort zum Leben verfügen, keinen Leumund haben und über ihren Lebenswandel kein Zeugnis von glaubwürdigen Personen einholen können.«[56]

53 Jourdan, Decrouzy, Isambert, *Recueil général des anciennes lois françaises, op. cit.*, Bd. XII, S. 271.
54 Vgl. A. Vexliard, *Introduction à la sociologie du vagabondage*, Marcel Rivière, Paris, 1956, S. 83.
55 Zitiert in: B. Geremek, *Truands et misérables dans l'Europe moderne*, Paris, Gallimard-Julliard, 1980, S. 349.
56 Zit. in: A. Vexliard, *Introduction à la sociologie du vagabondage, op. cit.*, S. 83.

Trotzdem fügt ihr die bedeutende und im vorangehenden Kapitel schon zitierte königliche Verordnung von 1764 eine interessante Präzisierung hinzu. An die Klausel »all diejenigen, die weder Beruf noch Handwerk haben« hängt die Verordnung noch die Worte »seit mehr als sechs Monaten« an.[57] Diese paar Worte werfen eine Menge Probleme auf. Sie stehen für den Versuch, den »reinen« Vagabunden, unverbesserlichen Anhänger eines müßigen Lebens, von dem zu trennen, was wir heutzutage Situationen unfreiwilliger Arbeitslosigkeit oder der Arbeitsuche zwischen zwei Anstellungen nennen. Doch wird das Problem der Unmöglichkeit, eine Anstellung zu finden, welche den Landstreicher von dem Vorwurf des freiwilligen Müßiggangs reinwaschen könnte, durch Hinzufügen dieses simplen Zusatzes offensichtlich nicht gelöst. Wir werden darauf nochmals eingehen müssen.

Wenn der Vagabund tatsächlich dieser »Nichtsnutz« ist, der als Parasit von seines Nächsten Arbeit lebt, von überall ausgegrenzt und in einer Gesellschaft zum Umherziehen verdammt ist, in der sich die Qualität einer Person aus ihrer Zugehörigkeit zu einem Stand ergibt, dann erklärt sich auch bestens sowohl die ihm stets anhaftende verächtliche Vorstellung, als auch der wenig gnädige Charakter der Behandlung, die man ihm angedeihen läßt.

Zeugnisse der Stigmatisierung des Landstreichers als Schrecken der ländlichen Gebiete und Verantwortlichen für die Unsicherheit der Städte gibt es unzählige. Wir begnügen uns hier mit der Zitierung eines einzigen, das auch aufgrund seiner späten Datierung für eine Jahrhunderte währende Abscheu als repräsentativ gelten darf, die auch den Fortschritt der »Aufklärung« überlebt hat:

> *»Die Landstreicher sind für das Land die allerschrecklichste Plage. Sie sind wie gefräßige Insekten, die es befallen und verheeren und täglich den Unterhalt der Bauern verschlingen. Sie sind, gar nicht bildlich gesprochen, über die Fläche des Territoriums verstreute feindliche Truppen, die darin nach Belieben wie in einem eroberten Land leben und regelrecht Steuern unter dem Deckmandel von Almosen erheben.«*[58]

Der Autor, der hier Klage führt, Le Trosne, ist alles andere als ein blutrünstiger Mensch. Als barmherziger und guter Christ fordert er entgegen dem größten Teil der in der Armenfürsorge Tätigen das Recht, den Bettlern, »die einen Wohnsitz, eine Bleibe, eine Familie haben«, Almosen zu geben.[59] Doch gleichzeitig sieht er die lebenslange Galeerenstrafe für Landstreicher schon bei der ersten Verhaftung vor. Für ihn wie für die Mehrzahl derer, die als seine Zeitgenossen oder Vorläufer über dieses Phänomen raisonniert haben, ist das Vagabundentum ähnlich den Hungersnöten und Epidemien eine gesellschaftliche Geißel, der gegenüber das geringste Entgegenkommen – für das Betteln durchaus hinnehmbar – kriminell wäre.

57 Königliche Deklaration von 1764, *loc. cit.*, S. 406.

58 J. F. Le Trosne, *Mémoire sur les vagabonds et les mendiants*, Soissons, 1764, S. 4.

59 *Ebd.*, S. 37: »Solange es unter unseren Augen Bettler gibt, solange wird das Mitleid zu ihrer Unterstützung führen und dieses Gefühl der Menschlichkeit kann kein Gegenstand der Bestrafung werden.«

Infolgedessen läßt sich nachvollziehen, daß die Unterdrückung der Landstreicherei im wesentlichen eine »Blutgesetzgebung« gewesen ist, so jedenfalls die Bezeichnung, mit der Marx die diesbezüglichen englischen Gesetze gebrandmarkt hat[60]: Steht der Vagabund erst außerhalb des Gesetzes der gesellschaftlichen Austauschbeziehungen, dann kann er keine Gnade mehr erwarten und soll wie ein Schädling bekämpft werden.

Die primitivste und verbreitetste Maßnahme gegen den Vagabunden besteht in der *Ausweisung*. Sie ist ein direkter Ausfluß seiner Eigenschaft als Fremder, dessen Platz egal wo ist, solange es nur weit genug entfernt ist. Allerdings stellt die Ausweisung eine zwar heftige, jedoch gleichzeitig auch unwirksame Sanktion dar. Eine sehr schwere Strafe, da sie den Landstreicher darauf reduziert, ewig wie ein von überall vertriebenes wildes Tier in einem gesellschaftlichen Niemandsland zu nomadisieren. Doch genau aus diesem Grund trägt der Ausgewiesene das durch ihn geschaffene Problem ungelöst mit sich herum. Die Verbannung ist ein Ausweg, durch den sich eine Gemeinde einer unlösbaren Frage entledigt, damit sie sich andernorts wieder stellt. Sie entspricht einem lokalen Reflex der Selbstverteidigung, der nicht mit der Definition einer allgemeinen Politik des Umgangs mit der Landstreicherei vereinbar ist. Trotzdem wird erst 1764 in der letzten königlichen Verordnung der französischen Monarchie zu dieser Frage explizit die Sinnlosigkeit der Maßnahme anerkannt: »Wir haben erkannt, daß es die Strafe der Verbannung nicht gestattet, die Leute in Schranken zu halten, deren Leben eine Art freiwilliger und lebenslanger Verbannung ist, und die, aus einer Provinz verjagt, davon ungerührt in die nächste wechseln, wo sie, ohne ihre Situation zu ändern, weiterhin dieselben Exzesse begehen.«[61]

Die Ausweisung stellt eher das eingebildete Verschwinden des Landstreichers dar, als daß sie es tatsächlich bewirkt. Die *Hinrichtung* dagegen setzt den sozialen Tod, den die Ausweisung ja schon bedeutet, in die Tat um. Die Tötung dieses Schädlings ist regelrecht die Endlösung der Vagabundenfrage. Sie ist bei Vagabunden tatsächlich auch zur Anwendung gekommen. In Frankreich schreibt die Erklärung Heinrichs II. vom 18. April 1556 vor (man beachte die Nähe zur Verordnung von Moulin desselben Monarchen, welche den Begriff des Unterstützungswohnsitzes einführt), »sie ins Gefängnis des Châtelet zu werfen, um von besagtem Kriminalleutnant und den Offizieren des Châtelet zum Tode verurteilt zu werden, wenn sie gegen die vorliegende Verordnung und Bekanntmachung verstoßen haben.«[62]

Der Urteilsspruch soll unwiderruflich unmittelbar umgesetzt werden. Die Todesstrafe macht auch den harten Kern der im 16. Jahrhundert in England auf die Vagabunden angewandten »Blutgesetzgebung« aus. Der königliche Rat (*Privy Council*) ernennt dort mit der Jagd auf Landstreicher beauftragte Spezialbeamte, die das Recht haben, sie hängen zu lassen. Alexandre Vexliard zufolge sind während der Regierungszeit Heinrichs VIII. 12.000 Vagabunden gehenkt worden, unter Elisabeth 400.[63]

60 K. Marx, *Das Kapital, op. cit.*, Band I, VII. Abschnitt, 24. Kapitel, S. 678 ff.

61 »Déclaration du Roy concernant les vagabons et gens sans aveu« vom 3. August 1764, *loc. cit.*

62 Jourdan, Decrouzy, Isambert, *Recueil général des anciennes lois françaises, op. cit.*, Bd. XIII, S. 501–511. (Das Châtelet ist das seit dem 16. Jahrhundert bestehende berühmte Gericht für Zivil- und Strafsachen. Es unterstand unmittelbar dem Obersten Gerichtshof. Anm. d. Übers.)

63 A. Vexliard, *Introduction à la sociologie du vagabondage, op. cit.*, S. 73.

Das Vagabundieren gilt also nicht nur an sich als ein Delikt, es kann sogar das schlimmste Verbrechen bedeuten.[64] Natürlich wird diese Extremlösung dem Problem nicht gerecht. Wie hoch die Zahl der zum Tod verurteilten und hingerichteten Landstreicher auch gewesen sein mag, sie war lächerlich im Vergleich zur Zahl derer, die weiterhin »das Königreich unsicher machten«. *Zwangsarbeit* stellt eine nicht nur gemäßigtere, sondern auch realistischere Antwort dar, insoweit sie tatsächlich diese Nichtsnutze nützlich machen kann. Sie bildet die große Konstante in jeglicher Gesetzgebung zum Vagabundentum. Ab 1367 führen Vagabunden in Paris öffentliche Arbeiten wie das Reinigen der Gräben oder das Ausbessern der Festungsanlagen aus, »zu zweien aneinander angekettet«, wie es ein Erlaß Franz des I. von 1516 präzisiert.[65] Von Jacques Coeur für seine Unternehmen eingeführt, wird die Galeerenstrafe – auf fünf, zehn Jahre oder auch lebenslänglich, je nach Epoche und Höhe der Rückfälligkeit – bis zum Ende des Ancien Régime zu einer unter den Landstreichern besonders gefürchteten Strafmaßnahme, und vor allem die Notwendigkeit, die königlichen Schiffsmannschaften zu verstärken, kann in Einzelfällen regelrechte Hetzjagden auf Vagabunden auslösen. So trägt die Stadtverwaltung von Dijon 1529 der Verpflichtung, die Besatzung für zwei königliche Galeeren zu stellen, dadurch Rechnung, daß sie den Häftlingen der Stadt noch zu diesem Anlaß »rekrutierte« Landstreicher hinzufügt.[66]

Die *Deportation in die Kolonien* ist eine weitere, in einer Verordnung vom 8. Januar 1719 beschlossene Form von Zwangsarbeit. Doch die Gendarmerie, die eine Prämie für jeden Fang einstreicht, investiert einen derartigen Eifer in die Umsetzung der Maßnahme, daß letztere große Unzufriedenheit in der Bevölkerung auslöst und ab Juli 1722 zurückgenommen wird. Sie bleibt dennoch bis zum Ende des Ancien Régime ein häufiger Bezugspunkt für zahlreiche »Projektschmiede«, die darauf bedacht sind, »das Königreich von seiner Bettelei zu säubern«, und gleichzeitig aus den Landstreichern »für den Staat Nutzen zu ziehen« gedenken. Das Problem hat niemals endgültig gelöst werden können, da die Deportation auf doppelten Widerstand zum einen bei den Verfechtern des Merkantilismus stieß (Richelieu widersetzte sich dagegen), die »das Königreich sich auf diese Weise entvölkern« sahen, zum andern bei den Frommen, die darüber schockiert waren, daß der »Abschaum des Volkes« die Rolle der Glaubensverbreiter in den Kolonien spielen sollte.[67]

---

64 Es ist offensichtlich auch ein zu anderen Delikten, vor allem zu Diebstahl und Tötung hinzukommender Faktor und erschwerender Umstand. Der Landstreicher ist durch sein instabiles Leben und sein mangelndes Einkommen zweifelsohne oft zur Übertretung des Gesetzes gezwungen. Doch schon der Vagabundenstand bringt ihn in eine Verdachtssituation, die beim Urteil erschwerend hinzukommt, wenn er gefaßt wird, und macht aus ihm einen »schlimmen Gauner« (vgl. B. Geremek, »Criminalité, vagabondage, paupérisme«, *loc. cit.*). Eine Überprüfung der Register des Châtelet zwischen 1389 und 1392 zeigt, daß nur 18% der wegen Diebstahls Verurteilten in der Pariser Region geboren sind oder ihren Wohnsitz haben. Die Urteilsakten enthalten häufig Bemerkungen von der Art »Leute ohne Stand, die nicht in Dienst bei einem Herrn stehen«, »ohne Vermögen, noch Hab und Gut«, »Landesfremder«, »haust überall« ... »Landstörzer und müßiggängerische Menschen« stehen auf den Listen der öffentlichen Feinde zusammen mit den Dieben, Mördern, Wegelagerern, Frauen- und Kirchenräubern, gemieteten Schlägern, Falschspielern, Betrügern, Falschmünzern und anderen Malefikanten«. Vgl. J. Misraki, »Criminalité et pauvrété en France à l'époque de la guerre de Cent ans«, in: M. Mollat, *Études sur l'histoire de la pauvrété, op. cit.*, Bd. II, S. 543 und 546.

65 Jourdan, Decrouzy, Isambert, *Recueil général des anciennes lois françaises, op. cit.*, Bd. XIII.

66 Zit. in: B. Geremek, *Truands et misérables dans l'Europe moderne, op. cit.*, S. 87.

Die *Arbeitsverpflichtung mittels Einsperrung* stellt eine in Abständen immer wieder einmal ins Auge gefaßte weitere Maßnahme zur Lösung des Problems dar. Wenn das *Hôpital Général,* wie schon gezeigt, zunächst gar nicht für sie vorgesehen ist, so nimmt es doch auch Landstreicher auf. Im Dunstkreis des Merkantilismus entwikkelte sich der Ehrgeiz, das gesamte Arbeitskräftepotential des Reichs für den Ausbau seiner Macht zu mobilisieren. Die Vagabunden geben offensichtlich eine bevorzugte Zielscheibe für diese Politik ab: »Die gut regierten Städte haben Häuser, in die sie die gesunden Armen einweisen, um daraus Pflanzstätten des Handwerks zu machen und die Vagabunden und Nichtsnutze am Betteln und Stehlen zu hindern«.[68] Doch aus Gründen, auf die wir noch zurückkommen werden, ist die Arbeit in den geschlossenen Institutionen stets ein Fiasko gewesen. Das *Hôpital Général* hat »die liederliche und nichtsnutzige Nation« der gesunden Bettler nicht zu resozialisieren vermocht. Es hat bestenfalls elende Überlebensbedingungen für die Allerelendsten geschaffen: alte Männer und Frauen, die keinerlei Zuflucht mehr haben, Verrückte, verwahrloste Kinder, ausgestoßene Außenseiter. In den Räumen zu arbeiten, in denen die Ärmsten der Armen zusammengepfercht sind, davon soll bald keine Rede mehr sein.

Wenn in der Erklärung von 1764 die Verdammung der Landstreicherei wiederholt und noch verschärft wird, so kommt dabei dieselbe Art von Vorkehrungen weiter zum Tragen. Die Galeerenstrafe erweist sich in diesem Umfang als nicht umsetzbar, und so werden 1767 Verwahranstalten für Bettler, sogenannte *dépôts* eröffnet. Sie sind eine speziell für die Zwangsarbeit der gesunden Armen geschaffene autonome polizeiliche Verwaltungsstruktur. Die verhafteten Vagabunden und Bettler unterliegen nun nicht mehr der Zuständigkeit der Spitalleitungen oder des gewöhnlichen Justizapparates, sie werden von den Ordnungskräften direkt in die *dépôts* abgeführt. Ihre Tagesration ist so kalkuliert, daß sie, wie eine Denkschrift von 1778 schreibt, »besser als im Gefängnis und schlechter als in der Armee« leben.[69]

Das zu Ende gehende Ancien Régime wird noch zum Schauplatz einer intensiven Jagd auf Vagabunden und arbeitsfähige Bettler. Die Gendarmerie wird dazu über eine Prämie von drei Pfund für jeden Fang angestachelt. Necker schätzt die Zahl der Arrestierungen allein für das Jahr 1767 auf 50 000. Zwischen 1768 und 1772 sind 111.836 Personen »in die *dépôts* eingeliefert worden«, dem stehen 1.132 Galeerenstrafen gegenüber. Die *dépôts* sind in schmutzigen Gebäuden untergebracht, ohne Hygiene und medizinische Versorgung, bei einer horrenden Sterblichkeit: 21.339 Todesfälle in denselben vier Jahren 1768–1772.[70] Und selbstredend ist Arbeiten an diesen Orten des Todes reine Fiktion.

67 Tatsächlich sind es vor allem in den *Hôpitaux généraux* eingesperrte Frauen, und bevorzugt junge Mädchen, gewesen, die sporadisch, aus Gründen, die man wohl bevölkerungspolitisch nennen darf, verpflichtet wurden, bei der Besiedlung Kanadas oder Louisianas zu helfen. Die Deportation und der tragische Tod von Manon Lescaut im Roman des Abbé Prévost stellen eine literarische Umsetzung dieser Praxis dar (Antoine-François Prévost, *Histoire du chevalier des Grieux et de Manon Lescaut,* Rouen, 1733; dt. *Geschichte des Chevalier des Grieux und der Manon Lescaut,* Reinbek, 1961).

68 E. Cruce, *Le Nouveau Cynée ou le discours de l'État,* Paris, 1623, zit. in: J.-P. Gutton, *La Société et les pauvres, op. cit.*

69 Zit. in: J. Kaplow, *The Names of Kings. The Parisian Labouring Poor in the Eighteenth Century,* New York 1972, S. 129.

70 Zahlen zit. nach: A. Vexliard, *Introduction à la sociologie du vagabondage, op. cit.,* S. 82. Zahlen für den Bezirk Paris: 18.523 Verhaftungen zwischen 1764 und 1773, in: J. Kaplow, *The Names of Kings, op. cit.,* S. 127.

Mercier wird in seinem *Tableau de Paris* folgende Bilanz dieser Periode ziehen:

> *»Die barbarische Härte, mit der man Anno 1769 und in den drei folgenden Jahren gegen die Armen vorging, wird als die untilgbare Schmach unseres angeblich so humanen und aufgeklärten Jahrhunderts in die Geschichte eingehen. Das Gebot der Nächstenliebe trat man damals so hemmungslos mit den Füßen, als hätte es gegolten, eine ganze Rasse auszurotten. Fast jeder, der in jenen Tagen ins Depot geschickt wurde, in diese ganz besondere Sorte von Gefängnis, wo man die Armut bestraft, als wäre sie ein Verbrechen, kam dort ums Leben.«*[71]

Turgot läßt 1775 den Großteil der *dépôts* schließen, doch wird die Maßnahme nach seiner Entlassung rückgängig gemacht, und sie haben insofern noch eine strahlende Zukunft vor sich, als Napoleon sie 1808 nochmals zu Ehren bringen wird.

England bietet eine vergleichbare Batterie von Maßnahmen auf, vielleicht noch mit einem höherem Maß an Grausamkeit. Wir beschränken uns hier darauf, die königliche Anordnung von 1547 zu zitieren, die zweifelsohne den radikalsten Vorschlag darstellt, die Landstreicher zur Arbeit zu zwingen. Wie immer von der Feststellung ausgehend, daß »die müßiggängerischen Personen und Landstreicher unnütze Glieder der Gemeinschaft und vor allem Feinde der Staates« sind, befiehlt Eduard VI., jede Person aufzugreifen, die ohne Mittel zur Bestreitung ihres Lebensunterhalts und seit mehr als drei Tagen ohne Arbeit ist. Jeder gute Bürger ist dazu aufgerufen, diesen Unglücklichen vor zwei Richter zu schleppen, die »dem besagten Herumtreiber sofort an der Brust mit einem glühenden Eisen den Buchstaben V einbrennen lassen sollen und die besagte Person demjenigen, der sie vorgeführt hat [also dem Denunzianten], für den Zeitraum von zwei Jahren als Sklaven zu überlassen.«[72] Mitten in der Renaissance führt die Gesetzgebung zum Vagabundentum die Sklaverei im Königreich England wieder ein. Der Vagabund, der sich alles Unangenehme gefallen lassen muß, darf von seinem Besitzer ausgepeitscht, angekettet, verliehen und im Fall, daß dieser stirbt, wie eine Ware an dessen Nachkommen vererbt werden. So das Opfer ein erstes Mal entweicht, wird die Strafe in Sklaverei auf Lebenszeit umgewandelt, auf den zweiten Fluchtversuch steht die Todesstrafe.

Vagabunden und Proletarier

Wer sind nun wirklich diese Vagabunden? Gefährliche Räuber, die am Rand der Gesellschaftsordnung herumlungern, vom Diebstahl leben, Hab und Gut und die Sicherheit von Personen bedrohen? So stellt man sie sich vor und rechtfertigt damit eine über das normale Maß hinausgehende Behandlung: Sie haben den Gesellschaftspakt – Arbeit, Familie, Moral, Religion – gebrochen, nun gelten sie als Feinde der öf-

71 L. S. Mercier, *Mein Bild von Paris*, Frankfurt, Insel, 1979, S. 168; vgl. O. H. Hufton, *The Poor of Eighteenth-Century France, op. cit.*, S. 232.

72 Zit. in: A. V. Judges (Hg.), *The Elizabethan Underworld*, London, 1965, S. XXXV. Der Gerechtigkeit halber muß man hinzufügen, daß diese Maßnahme, aufgrund ihrer Grausamkeit oder weil sie schwierig umzusetzen war, 1550 wieder abgeschafft wurde.

fentlichen Ordnung. Allerdings ist es nicht ganz unmöglich, dieses Bild des Vagabunden wie auch des arbeitsfähigen Bettlers einer Dekonstruktion zu unterziehen und so die darunterliegende soziologische Wirklichkeit wiederherzustellen. Das Vagabundendasein erscheint weniger als ein Zustand *sui generis*, sondern viel mehr als Grenzfall eines *Entkoppelungsprozesses*, der sich aus der Instabilität des Verhältnisses zur Arbeit und der Brüchigkeit der Gemeinschaftsnetzwerke speist, das gemeinsame Los also eines großen Teils der kleinen Leute auf dem Land wie in den Städten.

Wie sieht beispielsweise ganz gegen Ende des Ancien Régime das soziologische Profil der im *dépôt de mendicité*, der Bettlerverwahranstalt von Soissons Internierten aus? Man nimmt an, daß in die *dépôts*, wie schon gesagt, ausschließlich Landstreicher und ihnen Gleichgestellte (arbeitsfähige Bettler) eingeliefert wurden. Das von Soissons zählt am Vorabend der Revolution 854 Internierte. Unter ihnen befinden sich 208 Individuen, die vom Vorsteher als »sehr gefährlich«, als »Geißel der Gesellschaft« eingestuft werden, darunter wiederum 28 »gebrandmarkte« Vagabunden und 32 ohne Obdach, ca. 50 verrückte Frauen und Männer, zwanzig auf Anordnung des Königs Inhaftierte, 32 ausgemusterte Soldaten bzw. Deserteure«. Nach zeitgenössischer Auffassung also ca. 60 »echte« Vagabunden. Doch zwei Drittel des Bestands des *dépôts* setzen sich aus zwei anderen großen Gruppen zusammen, nämlich aus 256 »Handarbeitern«, »einen Notar ausgenommen«, und 294 »Landarbeitern ohne Einkommensquellen«.[73] Die große Mehrheit der Insassen des *dépôts* besteht also zu gleichen Teilen aus Vertretern eines ländlichen und städtischen Subproletariats. Diese Arbeiter sind ganz klar ohne Beschäftigung. Sind sie damit aber schon »Berufsbettler und -vagabunden«? Wahrscheinlicher ist da schon, daß der Großteil von ihnen das ist, was wir heutzutage als unterqualifizierte Arbeitslose auf mehr oder weniger zielstrebiger Arbeitsuche bezeichnen würden. Selbstredend müßte man, um von Arbeitslosigkeit im strengen Wortsinn sprechen zu können, darauf warten, daß die konstitutiven Bedingungen des modernen Lohnarbeitsverhältnisses zu Beginn des 20. Jahrhunderts (vgl. Kapitel VII) alle gegeben sind. Wie wir im folgenden Kapitel noch belegen werden, gilt nichtsdestoweniger, daß vorher schon Situationen der Beschäftigungslosigkeit bestehen. Sie sind das Ergebnis einer auf der Zuteilung zur Arbeit und nicht auf der Freiheit der Arbeit beruhenden Organisation des Produktivsystems.[74] Das Vagabundieren ist die Grenzform dieser Situationen. Montlinot selbst sagt ja nichts anderes, wenn er bekennt: »Wir haben in den vorausgehenden Aufstellungen beobachtet, daß die Schneider, die Schuh- und Perückenmacher sowie die Weber die Berufe ausüben, die am stärksten dem Vagabundieren zuneigen, und daß sie häufig ohne Arbeit sind.«[75]

73 C. A. J. Leclerc de Montlinot, »État actuel du dépôt de mendicité de la généralité de Soissons, Compte, année 1786«, Anhang des *Essai sur la mendicité*, Paris, 1786, S. 57–59.

74 Diese Schwierigkeit, aber auch die Notwendigkeit, für eine anthropologische Betrachtungsweise der Lohnarbeit mit einem Maximum an Genauigkeit den Typus halb-lohnabhängiger Beziehungen zu charakterisieren, welcher der Einführung des modernen Lohnarbeitsverhältnisses vorausgeht, hat die Überlegungen von Kapitel III erforderlich gemacht.

75 C. A. J. Leclerc de Montlinot, »État actuel du dépôt...«, *loc. cit.*, S. 59.

Ebenso scheint das zweite Charakteristikum der Landstreicherei, das freiwillige Sich-Einrichten in der Unstetigkeit, der endgültige Bruch mit einer festen Wohnung und den gemeinsamen Regeln des Zusammenlebens nur bei einer Minderheit dieser Unglücklichen wirklich vorzuliegen. Ohne Zweifel sind sie, sofern die Anordnung von 1764 korrekt ausgeführt wurde, mehr als »eine halbe Meile von ihrem Wohnort entfernt« aufgegriffen worden. Doch warum führt dann die Inventarliste des *dépôt* von Soissons 32 Vagabunden »ohne Zufluchtsstädte« gesondert auf, wenn der Großteil der anderen Insassen irgendwo eine hatte, von der sie sich sicherlich aufgrund des Elends und für die Suche nach Arbeit zu entfernen gezwungen sahen? Die Vagabunden sind in Wirklichkeit in den vorindustriellen Gesellschaften das Äquivalent zu den Immigranten: Sie sind Fremde, da sie die Mittel zur Bestreitung ihres Lebensunterhalts außerhalb ihres »Landes« suchen. So kommen im Jahr 1750 von 418 im *Bicêtre* wegen Landstreicherei eingesperrten Menschen 35 aus Paris, 58 aus der Pariser Region. Die anderen kommen aus allen Provinzen und befinden sich häufig erst seit einigen Monaten in Paris.[76] Sie sind demnach dem herrenlosen Gesindel gleichgestellt, es sei denn, ehrbare Personen unterzeichnen ein »Folgsamkeitsformular«, eine Art »Leumundszeugnis«, und bürgen für die eingesperrten Vagabunden. Hier die von einem seiner Mitbürger unterschriebene Bestätigung eines in Meaux einsitzenden Vagabunden: »Mehrere Jahre lange hatte er die Gewohnheit, zu jeder Nebensaison die Provinz zu verlassen und in fremde Provinzen zu gehen, um dort seinen Lebensunterhalt mit seiner Hände Arbeit und seinem Fleiß zu verdienen und seiner Frau Marie Auzany und ihren sechs Kindern einige Unterstützung zukommen zu lassen. [...] Der besagte Jacques Verdier kehrt jedes Frühjahr nach Hause zurück, um sein kleines Stückchen Land zu bebauen und sich so gut es geht mit der Landarbeit zu beschäftigen. Wir glauben, daß er ein ehrbarer Mann ist; wir haben niemals davon gehört oder davon Kenntnis erhalten, daß er dem Beruf eines Bettlers nachgeht.«[77]

Dieser Unglückliche hatte zumindest das Glück im Unglück, die Nachricht seiner Arrestierung in sein Dorf gelangen lassen zu können, ebenso, daß zwei ehrbare Mitbürger die Mühe auf sich nahmen, nach Meaux zu schreiben, um dort für ihn zu bürgen. Doch wieviele unter Seinesgleichen befinden sich in der gleichen Situation, ohne dieses Mittel einsetzen zu können, und sei es, weil sie sich häufig in einer noch prekäreren Arbeitssituation als dieser Saisonarbeiter befinden, der regelmäßig in sein Heimatdorf zurückkehrt? Wer hätte sich darum gekümmert, als Bürge für einen auf den Straßen umherziehenden Unglücksraben aufzutreten? Die Zugehörigkeiten zu einer Gemeinschaft brechen ab und die beziehungsmäßigen Unterstützungen bleiben aus, je länger sich der Weg hinzieht. So zeichnet sich ein von der eingebildeten Vorstellung des Vagabunden völlig verschiedenes Profil ab: Ein armer Teufel, der keine Lehre

76 Vgl. J. Kaplow, *The Names of Kings, op. cit.*, S. 129.

77 Zit. in: J. Kaplow, *ebd.*, S. 133. Vgl. für die Folgsamkeitsformulare, welche die ehrbaren Personen unterzeichnen mußten, die sich um Arbeit für in Haft befindliche Vagabunden bemühten, C. Paultre, *La Répression du vagabondage et de la mendicité sous l'Ancien Régime, op. cit.* Man könnte also sagen, daß diese Praxis zur Bildung der Vorstufe eines Arbeitsmarktes beitrug: Durch die Unterzeichnung eines Folgsamkeitsformulars kann man Arbeitgeber eines »Vagabunden« werden, indem man ihn für sich selbst arbeiten läßt. Doch gibt es meiner Kenntnis nach kein Mittel, die Auswirkung dieser Praxis festzustellen, die dem »Angestellten« sowieso keinerlei Bewegungsspielraum innerhalb dieses eigenartigen »Arbeitsvertrags« einräumte.

im Handwerk gemacht hat, ohne Qualifikation, ein Gelegenheitsarbeiter, häufig auf der Suche nach einer kleinen, sich zufällig bietenden Anstellung, der sich im Laufe seiner Wanderungen zunehmend von der Gesellschaft löst und in einem ungünstigen Augenblick seiner irrenden Laufbahn vom weltlichen Arm aufgegriffen wird.

Diese Rekonstruktion der soziologischen Realität des Vagabunden scheint für den gesamten, vom 14. Jahrhundert bis zum Ende des Ancien Régime reichenden Zeitraum Gültigkeit beanspruchen zu dürfen. Nicht, daß es keinerlei Wandlungen oder beträchtliche Verlagerungen der Formen der Arbeitsorganisation gegeben hätte, wie das nächste Kapitel noch zeigen wird. Doch abgesehen davon, was man von der Lage der Vagabunden rekonstruieren oder erraten kann, stößt man darüber hinaus immer wieder und überall auf die zugleich geographische wie berufliche Mobilität von Vertretern des Kleinhandwerks, die sich in einer verzweifelten Lage befinden und »auf Arbeitsuche durchs Land walzen«, so der Ausdruck eines 1768 im Beaujolais verhafteten Maurers.[78] In seinen minutiösen Untersuchungen zum Leben der kleinen Leute des Steuerbezirks von Lyon, deren Schicksal eine schlimme Wendung genommen hat, stellt uns Jean-Pierre Gutton mehrere dieser holprigen Wegstrecken von einfachen Arbeitern, Gauklern, Dieben, Hausierern, Lastträgern, Saisonarbeitern auf dem Land, Dienstboten auf der Suche nach neuer Stellung, demobilisierten Soldaten usw. vor. Die verhafteten Landstreicher haben fast immer einen Beruf.[79] Sie kommen häufig vom Land, das sie nicht mehr ernährt, wie dieser 1724 nahe Villefranche aufgegriffene Bauer aus dem Velay, der »angesichts des Umstandes, daß es keine Arbeit für ihn auf dem Gut gibt, wo sein Bruder Scheunenarbeiter ist«, ins Beaujolais gekommen ist, »um auf dem Land zu arbeiten, den Maurern zu helfen und sich da anstellen zu lassen, wo er sich gerade befindet.«[80]

Häufig werden diese entwurzelten Landbewohner von der Stadt angezogen. Sie machen einen oder mehrere mißglückte Versuche, sich dort zu einzufügen, bevor sie wieder auf die Straße zurückkehren. Nach mehreren Jahren ist es schwierig, den ländlichen oder städtischen Anteil an einer Lage auszumachen, deren Unglück sich ja genau daraus ergibt, daß man keinerlei Zugehörigkeit mehr kennt. »Der Schluß, der sich aus dieser Untersuchung ergibt«, sagt Gutton in einer anderen Arbeit, der dieselbe Art von Quellen zugrundeliegt, »besteht darin, daß die Vagabunden, die keinerlei Beruf haben und vom Betrug leben, in Wirklichkeit nur eine kleine Minderheit ausmachen. Die allermeisten von ihnen rekrutieren sich aus dem einfachen Volk, sobald die gesellschaftlichen und individuellen Umstände sie auf die Straße werfen.«[81] Ein

78 Zit. in: J.-P. Gutton, *La Société et les pauvres, l'exemple de la généralité de Lyon, op. cit.*, S. 154 f.

79 Von 278 in Lyon zwischen 1769 und 1778 verhafteten Vagabunden sind nur vier als »Berufsbettler« etikettiert. Dagegen stößt man auf 88 Landarbeiter, 138 Vertreter der verschiedenen Handwerksberufe (vor allem aus dem Textil-, Kleidungs- und Baubereich). Dazu kommen 19 Dienstboten, 14 Hausierer, 5 ehemalige Soldaten, 3 Seeleute, 3 Schulmeister, ein Geigenspieler, ein Eremit, ein Pilger und ein ehemaliger Zwangsarbeiter... (J.-P. Gutton, *op. cit.*, S. 162). Gewiß waren die gefaßten Vagabunden auch bestrebt, sich eher als Arbeiter ohne Arbeit auszugeben denn als »Müßiggänger«. Doch umgekehrt konnte die Gendarmerie auch nicht die Haltung einnehmen, jedes beliebige Alibi zu akzeptieren. Homologe Angaben für die Pariser Region in: M. Boulant, »Groupes mobiles dans une société sédentaire: la société rurale autour de Meaux aux XVIIe et XVIIIe siècles«, in: *Les Mariginaux et exclus de l'histoire, op. cit.*

80 J.-P. Gutton, *La Société et les pauvres..., op. cit.*, S. 170.

81 J.-P. Gutton, *L'État et la mendicité dans la première moitié du XVIIIe siècle*, Centre d'études foréziennes, 1973, S. 198.

Schluß, der auf jenen bereits von Bronislaw Geremek für das Mittelalter gezogenen verweist: »Das Abrutschen in eine Randgruppenexistenz vollzieht sich wie entlang einer feinabgestuften Farbpalette, es gibt keinerlei feststehende Grenze zwischen der Gesellschaft und ihren Randbereichen, zwischen den Individuen und Gruppen, die die etablierten Normen einhalten, und denen, die sie verletzen.«[82]

Man müßte diese von Gutton erwähnten »gesellschaftlichen und individuellen Umstände«, die einen ins Vagabundentum straucheln lassen, noch viel genauer untersuchen können. Das Vagabundenleben ist ein Drama des Elends, aber auch eines zunehmender Entsozialisierung. Der Landstreicher lebt, als ob er nicht mehr auf dieser Welt wohnen würde. Was ist es, das seine früheren Zugehörigkeiten kappt und zum Unglück der Armut noch jenes, allein und ohne Beistand zu sein, hinzufügt? Die verfügbaren Quellen erlauben nur in unzureichendem Maße, diese andere, persönlichere, im Umherziehen bestehende Dimension des Schicksals zu erforschen, welche die Entkoppelung zur vollendeten Tatsache macht. Dennoch zeigen sich hier einige signifikante Anzeichen, unterzieht man die historischen Untersuchungen mit solchen Fragen im Hinterkopf einer Relektüre. So hat Gutton etwa für Lyon die Akten verlassener Kinder analysiert, deren Eltern »aus der Stadt fortgegangen sind«. Er konstatiert natürlich die Misere von Paaren, die »mit Kindern überlastet« davongegangen sind, ohne irgendetwas zu hinterlassen. Doch beobachtet er auch einen hohen Anteil von zerbrochenen Familien, verlassenen Frauen, Witwen und vor allem Witwern. »1779 kommen auf zwanzig verlassene Kinder sechs, die aus vollständigen, jedoch in Armut lebenden Paaren stammen, zwei gehören zu Witwen und acht zu Witwern.«[83]

»Als ich keinen Ausweg mehr wußte, habe ich mich entschieden, alles hinzuschmeißen.« Die Verzweiflung dieser schon seit vier Jahren von ihrem Gatten verlassenen Arbeiterin[84] illustriert eindrücklich diesen Moment des Strauchelns, an dem sich die gewöhnliche Misere in absolute Not verwandelt. »Die Minderbemittelten«, wie man es heutzutage mit einem netten Euphemismus ausdrückt, stehen regelrecht ohne irgend etwas da. Die Geschichtsschreibung liefert hier nur fragmentarische Daten – Verhöre gefaßter Vagabunden, *post mortem* in die Kirchenregister aufgenommene Angaben. Doch lassen sie einen das Drama einer gesamten Existenz oft nur erahnen. »Am 20. Juli ist bei Jean Thomas im Dorf ein ungefähr dreißig Jahre alter Mann aus dem Ort Saint Léonard nahe Limoges gestorben; er kam aus Grenoble, um als Maurer zu arbeiten; er ist am 21. des Monats nach Erhalt des heiligen Viatikums beerdigt worden.«[85]

Diese während der Erntezeit des Jahres 1694 vom Pfarrer der kleinen Gemeinde Saint-Julien-la-Vêtre im Beaujolais eingetragene lapidare Anmerkung könnte ohne Zweifel das Motto hunderttausender von Vagabunden-Biographien abgeben, wenn man sie wenigstens rekonstruieren könnte, denn aus augenscheinlichen Gründen ha-

82 B. Geremek, »Criminalité, vagabondage, pauperisme«, *loc. cit.*, S. 346.
83 J.-P. Gutton, *La Société et les pauvres..., op. cit.*, S. 128. Angaben der gleichen Art für andere französische Städte in: O. H. Hufton, *The Poor of Eighteenth-Century France, op. cit.*, S. 122 ff.
84 J.-P. Gutton, *ebd.*, S. 133.
85 J.-P. Gutton, *ebd.*, S. 163.

ben sie nur wenige schriftliche Spuren hinterlassen. Zumindest hatte jener Unglückliche, dessen Existenz in einer Scheune ihr Ende nahm, das Glück gehabt, wenn auch in Elend und Einsamkeit, so doch mit den kirchlichen Sakramenten versehen, also in eine geistige Gemeinschaft eingebunden, von der Welt Abschied zu nehmen. Häufiger ist das Zeugnis aber, da Landstreicherei ja ein Delikt darstellt und zum Begehen weiterer Delikte verleitet, in Form eines Urteilsspruchs überliefert. Doch selbst in einem solchen Fall muß man das negative Bild relativieren, das diesem kriminalisierten Rand der vagabundierenden Bevölkerung anhaftet. Mit seiner Untersuchung der in den Pariser Registern im 14. und 15. Jahrhundert aufgeführten Urteile untermauert Bronislaw Geremek diese Interpretation, die für den Zeitraum des gesamten Mittelalters bis zum Ende des 18. Jahrhunderts Gültigkeit beanspruchen darf:

>*»Die Kategorien, auf die wir in den Gerichtsakten stoßen, zeichnen sich durch die Bewegung, die Kürze der Abhängigkeitsbande an einen Herrn, die Unständigkeit der Anstellungen, der Arbeitsorte und häufige Wechsel des Arbeitgebers aus. Diese letzte Gruppe umfaßt pauperisierte Handwerker und Bauern; man stößt hier auf junge Leute [...], die sich permanent in der Lage befinden, ihre Arbeitskraft verdingen zu müssen.«*

Daran knüpft er die Bemerkung, daß es der »fluktuierende Charakter der Einteilung in die Welt der Arbeit und die Welt des Verbrechens« verbietet, darin ein strukturiertes »Milieu«, etwa im Sinne eines Unterwelt-Milieus, zu sehen.[86] Die wirkliche Untersuchungseinheit besteht aus diesem unsteten Ensemble, wobei die Kriminalität seinen sich aus der verschwommenen Zone des Vagabundentums speisenden äußersten Rand ausmacht. Das wiederum wird aus einer durch die Prekarität der Arbeitsverhältnisse und die Fragilität der sozialen Bande bestehende weitgespannte Zone der Verwundbarkeit gebildet.

Unterdrückung, Abschreckung, Vorbeugung

Ich habe hier nicht die Absicht, der Unschuld der Vagabunden das Wort zu reden. Es gab unter ihnen sicherlich ganz gefährliche Exemplare, die sich manchmal zu plündernden Banden zusammentaten und von der Eintreibung von Geldern lebten. Es gab auch – warum auch nicht – ausschweifende, liederliche, dem Spiel und anderen verbotenen Genüssen ergebene Landstreicher, die lieber ein müßiggängerisches Dasein »wählten«, als sich dem harten Gesetz der Arbeit zu unterwerfen. Man muß wohl Zweifel an der »Freiheit« einer solchen, oftmals so teuer bezahlten Wahl anmelden. Der springende Punkt, den ich untermauert zu haben glaube, liegt jedoch hier-

86 B. Geremek, *Les Mariginaux parisiens aux XIVe et XVe siècles, op. cit.*, S. 115. Ähnliche Daten für diese Zeit in: J. Misraki, »Criminalité et pauvreté en France à l'époque de la guerre de Cent Ans«, *loc. cit.* Der Beitrag J. Misrakis bestätigt die Einschätzung, daß die Mitte des 14. Jahrhunderts eine neue Phase hinsichtlich des Mobilitätsproblems einleitet. In der ersten Jahrhunderthälfte haben die Angeklagten im allgemeinen ihren Wohnsitz noch in der Pariser Region, und Gewaltverbrechen herrschen zahlenmäßig noch vor. In der zweiten Hälfte wächst dann die Anzahl der Delikte beträchtlich an, wobei nun allerdings Diebstähle vorwiegen. Die Mehrheit der Verurteilten sind Fremde ohne familiäre oder örtliche Anbindung (nur 18 % Einheimische).

in: Die allgemeine Kategorie des Vagabunden, eines völlig asozialen und gefährlichen Wesens, ist eine Konstruktion. Diese verdeckt, ausgehend von der Existenz eines äußersten Randes destabilisierender Asozialität, mit einem Mantel von Niedertracht eine Masse »unschuldiger« armer Teufel. Sie aber einfach als unschuldig zu bezeichnen, wäre einfältig. Ist man wirklich unschuldig, wenn man völlig mittellos, ohne Einkommen, ohne Arbeit und ohne Rückhalt ist? Die Behandlung, die den Vagabunden zuteil wurde, beweist das Gegenteil.[87]

Diese Konstruktion eines negativen Paradigmas des Vagabunden ist Bestandteil eines Machtdiskurses. Damit meine ich, daß sie zunächst ein Produkt der mit der Verwaltung dieser Bevölkerungsgruppen betrauten Verantwortlichen ist und somit ein Instrument dieser Verwaltung darstellt.[88] Die repressive Politik gegenüber dem Vagabundentum ist der Ausweg aus einer Situation, aus der es gar keinen Ausweg gibt. Was soll man mit Individuen anfangen, die unentwirrbare Probleme aufwerfen, weil sie nicht an ihrem Platz sind, andererseits aber innerhalb der Sozialstruktur nirgendwo einen Platz finden? Die Verurteilung des Landstreichers ist einfach der kürzeste Weg von der Unmöglichkeit, eine Situation zu tolerieren zur Unmöglichkeit, sie grundlegend zu verändern. In den vorindustriellen Gesellschaften kann die von einer gesunden und mobilen Armutsbevölkerung aufgeworfene soziale Frage überhaupt nur als eine polizeiliche Frage behandelt werden. Diese Option ist für die verantwortlichen Instanzen schon als solche wertvoll, allein durch ihre Existenz, denn sie bietet ja wenigstens eine Verhaltensmaßregel zur Bewältigung der Situation an. Eine Alternative zu ihr gibt es nicht. Auch wenn die Repression jedesmal den Beweis für ihre Wirkungslosigkeit erbrächte, wäre sie nicht weniger unerläßlich. Doch daß es sich dabei um eine Art Gewaltstreich im Verhältnis zur Komplexität des anzugehenden Problems handelte, davon hatten einige Verantwortliche zumindest eine leise Ahnung. »Monsieur Leutnant Aubert hat gesagt, daß es für Leute, die an einen Beruf gewöhnt sind, recht schwierig sei, einen anderen zu ergreifen, und wenn sie keinen anderen finden können, wenn man sie gleichwohl nicht für üble Naturen halten kann, so scheint es ihm sinnvoll, eine andere Lebensweise zu suchen.« Ein Richter von Rouen widersetzt sich mit diesen Worten dem Beschluß, »Müßiggänger, Vagabunden, gesunde und arbeitsfähige Bettler sowie Fremde aus der Stadt zu vertreiben.«[89] Doch wie soll man sich unter den herrschenden Rahmenbedingungen der Arbeitsteilung »eine andere Lebensweise« zulegen, wenn sich ohnehin die Hand-

87 Ich gehe hier nicht auf den Fall der Zigeuner, der »Ägypter«, der »Böhmischen« usw. ein, die seit ihrem Auftauchen in Westeuropa im 16. Jahrhundert für Probleme gesorgt haben. Man nannte sie manchmal »Bettler« oder »Vagabunden von Rasse wegen«, und sie waren besonders gefürchtet und unterdrückt. Doch ist dieses Nomadentum eine Eigenschaft von der einheimischen Kultur fremden Gruppen, die im Unterschied zu den von mir analysierten Vagabunden niemals in sie integriert waren. Zum Nomadentum (welches der Autor dennoch Vagabundentum nennt), vgl. M. Gongora, »Vagabondage et société pastorale en Amérique latine«, *Annales ESC*, 1966, n. 1.

88 Auf Seiten des Volkes scheint eine ambivalente und häufiger auch positive Vorstellung vom Vagabunden vorzuherrschen. Die Zeugnisse quellen über von der Komplexität der Unterschichtenmilieus, insbesondere der Vertreter des Kleinhandwerks in den Städten, die schonmal Partei für einen verhafteten Landstreicher oder Bettler ergriffen (vgl. A. Farge, »Le mendiant, un marginal?«, *loc. cit.*). Doch es existieren auch Anzeichen für die umgekehrte Haltung, vor allem auf dem Land. Ferdinand Dreyfus bemerkt, daß die *cahiers* von 1789 (doch von wem wurden sie geschrieben?) einmütig die Bettelei als »zerstörerische Plage«, »abscheulichen Aussatz des Königreichs« anprangern, ebenso »die Briganten, den Ausschuß des Volkes, der die Vagabunden sind« (*Un philanthrope d'autrefois. La Rochefoucauld-Liancourt*, Plon, Paris, 1903, S. 144.

89 Zit. in: B. Geremek, *Truands et misérables*, *op. cit.*, S. 168.

werkerschaft von Rouen 1524, zum Zeitpunkt dieser Stellungnahme, in der Krise befindet?

Hier noch ein weiterer Hinweis, anhand dessen sich ablesen läßt, daß die Zeitgenossen das sich hinter dem Vagabundentum verbergende generelle soziale Problem manchmal doch erahnt haben: Der Leutnant des Marschalls-Prevotal-Gerichts Rhone erklärt im Jahr 1776: »Man hat festgestellt, daß alle Vagabunden während der Ernten arbeiten oder zumindest beschäftigt zu sein scheinen, daß jedoch eine derartige Arbeit nur eine momentane sein und nicht als ausreichend angesehen werden kann, um aus jemandem einen Arbeiter zu machen.«[90] Doch was wäre denn für diese Leute eine Arbeit, die »ausreichend« wäre, »um aus ihnen richtige Arbeiter zu machen«, und zu welchen Bedingungen könnten sie sie verrichten? Es liegt weder im Vermögen der Repressionsinstanz, noch in jenem des Vagabunden, diese Bedingungen zu verbessern. Die Vagabundenpolizei ist mangels Alternativen die einzige Maßnahme – in Anbetracht des Problemumfangs allerdings von marginaler Reichweite –, die ein klein wenig auf den Lauf der Dinge Einfluß nehmen kann.

Noch ein zweites Argument kann die repressive Option rechtfertigen. Die Existenz dieser unbeständigen und zu allerlei Abenteuern bereiten Bevölkerungsgruppen stellt eine Bedrohung für die öffentliche Ordnung dar. Der Zusammenhang zwischen Vagabundentum und Kriminalität wird von einer Menge von Quellen belegt. Nicht nur, daß die Landstreicher individuell Delikte begehen, die von ihnen repräsentierte Unsicherheit kann auch kollektive Dimensionen annehmen. Auch über die Bildung von Gruppen, die auf dem Land Schutzgelder erpressen und manchmal organisierte Raubzüge durchführen, über ihre Teilnahme an »Tumulten« und Volksaufständen werden die an nichts gebundenen Vagabunden zur realen oder eingebildeten Inkarnation der Gefahr gesellschaftlicher Destabilisierung. So drückt es der zusammenfassende Bericht der 1777 der Akademie von Dijon vorgelegten Denkschriften mit Nachdruck aus: »Begierig auf Neuigkeiten, wagemutig und um so unternehmungslustiger, als sie ja nichts zu verlieren haben und mit dem Gedanken an die Bestrafung, die sie jeden Tag verdienen, vertraut sind; interessiert an Umwälzungen des Staats, die einzig ihre Situation zu ändern vermögen, ergreifen sie eifrig alle sich bietenden Gelegenheiten, um zu Unruhen aufzustacheln.«[91]

Wie eine Vorwegnahme der bekannten Formulierung vom Proletarier, der »nichts zu verlieren hat, außer seinen Ketten«, erkennt dieses Urteil an, daß das bestehende Problem eigentlich angesichts der Gesellschaftsstruktur des Ancien Régime ohne »Umwälzungen des Staates« nicht lösbar ist. Es erkennt ebenso die Rolle der Entkoppelung als Faktor des Wandels an: Einer, der nichts hat und an nichts gebunden ist, ist geradezu gezwungen, etwas zu unternehmen, damit die Dinge nicht so bleiben wie sie sind. Einer, der nichts zu bewahren hat, läßt sich auch auf das Risiko ein, alles an sich reißen zu wollen. Die Funktion der »gefährlichen Klasse«, die man gemeinhin mit dem Proletariat des 19. Jahrhunderts in Verbindung bringt, wird bereits von den Vagabunden erfüllt, auch mit der gleichen phantasmatischen Übersteigerung dieser

90 Zit. in: J.-P. Gutton, *La société et les pauvres, op. cit.*, S. 157.
91 *Des moyens de détruire la mendicité en France, op. cit.*, S. 17.

Gefahr: Die eingehenden Analysen der Volksaufstände und Krawalle scheinen zu belegen, daß die von den Vagabunden und dem »Pöbel« gespielte Rolle regelmäßig überschätzt wird.[92]

So hat die pauschale Kriminalisierung des Vagabundentums Verbreitung finden können, ohne daß man sich zu fragen hatte, ob die Mehrzahl der Vagabunden tatsächlich potentielle Verbrecher waren. Das Paradigma des Vagabunden mußte nicht mit der soziologischen Wirklichkeit des Vagabundentums übereinstimmen. Freilich konnte unter den Rahmenbedingungen der vorindustriellen Gesellschaften der Umstand, zu wissen, daß die Mehrzahl der als Bettler oder Vagabunden etikettierten Individuen in Wirklichkeit arme Teufel waren, die vor lauter Elend, gesellschaftlicher Isolation, Mangel an Arbeit und ohne Beistand und Beziehungen soweit gekommen waren, keinerlei konkrete Politik nach sich ziehen. Mit der Stigmatisierung des Vagabunden gab man sich dagegen zumindest polizeiliche Regelungsmittel an die Hand, um mit den vom kleinen Anteil der wirklich gefährlichen Landstreicher ausgelösten punktuellen Erhebungen zurechtzukommen. Man konnte sicherlich auch ein wenig auf das, was damals die Stelle eines Arbeitsmarktes einnahm, Druck ausüben, damit die Inaktiven gezwungen wurden, egal zu welchem Preis eine Anstellung zu finden, und so wiederum die Löhne gesenkt werden konnten.[93] Doch wollte man vor allen Dingen ein Paradigma konstruieren, das abzielend auf alle anderen Individuen, die sich in verzweifelter Lage befanden, und darüber hinaus auf die von Elend und instabiler Lebenslage bedrohten Bevölkerungsgruppen abschreckende und präventive Wirkung haben sollte. Diese Zweckbestimmtheit wird manchmal mit einem Zynismus vorgebracht, der einen schlicht aus der Fassung bringen kann. So enthält der an die Intendanten adressierte Brief des Generalkontrolleurs über die Anwendung der Verordnung von 1764 folgende Ratschläge:

> »*Schließlich kann ich Ihnen gar nicht genug anempfehlen, mit der höchstmöglichen Vorsicht bei dieser Operation [die Vagabunden zu verhaften] vorzugehen, um die Gefängnisse und die dépôts nicht allzusehr zu überlasten, und dem größten Teil dieser Leute die Zeit zu geben, das verbrecherische Leben, welches sie führen, sein zu lassen. Nach diesen Beobachtungen ist es nötig, daß die Gendarmerien wenige Vagabunden und Bettler zugleich festnehmen; vielleicht soll sich ihr Vorgehen eher auf*

92 Vgl. für eine kritische Analyse einiger dieser Situationen: G. Huppert, *After the Black Death, a Social History of Early Modern Europe*, Indiana University Press, 1986. Im selben Zusammenhang hat Emmanuel Le Roy Ladurie die maßgebliche Rolle eines bestimmten Typus von ländlichen und städtischen Eliten in der Rebellion eines Teils der Dauphiné 1579 aufgezeigt (*Karneval in Romans. Eine Revolte und ihr blutiges Ende. 1579–1580*, dtv/Klett-Cotta, München 1989). Im allgemeinen scheinen die Vagabunden die sozialen Bewegungen, die in den vorindustriellen Gesellschaften auftraten, nicht tiefgreifend geprägt zu haben. Vielleicht, weil sich die am stärksten marginalisierten Elemente in aussichtslose Explosionen der Gewalt gestürzt haben, oder weil sie in den stärker strukturierten Bewegungen, in denen sie die Rolle der Manövriermasse, dann des Sündenbocks spielten, als erste geopfert wurden.

93 Wenn ich mich nicht irre, hat man kaum Mittel, um die ökonomische Wirksamkeit dieses Vorgehens zu messen, und ich wage die Hypothese, daß sie schwach gewesen sein mußte oder daß dieses Ziel, jedenfalls im Sinn jener Politik nicht aufging. Interpretationen wie die von Marx oder von Ökonomen wie Simiand unterstellen zweifelsohne dem vorindustriellen Kapitalismus eine Rationalität und eine Macht, zu seinem Nutzen Änderungen der Sozialgesetzgebung anordnen zu können, die er erst viel später – und auch darüber ließe sich streiten – besaß. Vgl. zu diesen Punkten die zwei folgenden Kapitel.

die arbeitsunfähigen Bettler als auf die arbeitsfähigen richten, denn weil erstere keine Möglichkeit zu arbeiten haben, ist es schwieriger, sie am Betteln zu hindern. Die arbeitsfähigen Bettler, die sodann sehen, daß sogar die Arbeitsunfähigen festgenommen werden, werden so um einiges erschreckter sein und um so eher damit aufhören, um schließlich einen Beruf zu ergreifen.«[94]

Mittels einer völlig bewußten Umkehrung der möglichen Rationalität dieser Maßnahmen (Neutralisierung der gefährlichsten Elemente, wenn man auch mangels Mitteln und Platz in den *dépôts* gegenüber den am wenigsten Offensiven Toleranz walten läßt) richtet man die Repression auf die arbeitsunfähigen Bettler, die ja keinerlei Gefahr bedeuten. Klar ausgedrückt heißt das: das angepeilte Ziel ist gar nicht jenes, das getroffen wird; der abschreckende Charakter dieser Politik ist wichtiger als ihre direkte Wirkung.

Unter allen Autoren der Epoche hat es jedoch der Abbé de Montlinot wohl zum gründlichsten sozialpolitischen Verständnis dieses Umgangs mit dem Vagabundentum gebracht. Montlinot ist ein aufgeklärter Geist. Er hat eine wirklich liberale Kritik der Zwangsarbeit in Institutionen vorgebracht, auf die ich noch zurückkommen werde. Bei Ausbruch der Revolution wird er zu den Arbeiten des *Comité pour l'extinction de la mendicité*, dem Ausschuß zur Austilgung des Bettelwesens der Konstituante hinzugezogen. Dennoch schreibt er 1786 folgendes:

»Man hat mehrere Individuen gesehen, die, unter diesen mißlichen Umständen [es dreht sich um die in Anwendung derselben berühmten Verordnung von 1764 durchgeführten Verhaftungen, die zu einigem Mißbrauch geführt hatten] verhaftet, zugegeben haben, daß man sie vor so mancher Versuchung bewahrt hat. Der Mangel an Geld läßt auf ein exzessives Bedürfnis schließen: Ein jeder steht unter solch drückenden Umständen kurz davor, zum Gauner oder Bösewicht zu werden. Die Regierung muß also dem Verbrechen zuvorkommen und die Ruhe der Bürger mit allen in ihrer Macht stehenden Mitteln gewährleisten. Wer ohne Zuflucht, ohne Einkommen für seinen Unterhalt nicht mehr aufkommen kann, hört auf, ein freier Mann zu sein; er befindet sich unter dem Einfluß der Gewalt, er kann keinen Schritt mehr tun, ohne ein Verbrechen zu begehen. Um es schließlich frei heraus zu sagen: Gesetzt, ein Mensch, der seit langem ohne jegliche Unterstützung ist, ist ein unglücklicher Mensch, so wäre es ungerecht, ihn einzusperren; nun gut, man müßte diese politische Ungerechtigkeit begehen und ihn, der alles wagen kann, weil er ja nichts zu verlieren hat, daran hindern, auf den Straßen herumzulungern.«[95]

Diese vom Standpunkt eines Rechtsstaats aus gesehen »politische Ungerechtigkeit« ist eine Konstante jeglicher Politik des Ancien Régime gegenüber dem Vagabundentum und den arbeitsfähigen Bettlern. Doch ist das vom Standpunkt der Realpolitik[96]

94 Zit. in: C. Paultre, *La Répression de la mendicité et du vagabondage, op. cit.*, S. 397.
95 C. A. J. Leclerc de Montlinot, *Essai sur la mendicité, op. cit.*
96 im Original deutsch, Anm. d. Übers.

aus gesehen etwa kein Beweis der Vernunft? Durch die Fokussierung der repressiven Maßnahmen auf eine randständige und deviante oder als solche hingestellte Bevölkerungsgruppe gesteht man zumindest implizit ein, daß es unmöglich ist, eine umfassende und positive Politik gegenüber dem Massenelend zu entwickeln. Man kann aber hoffen, daß diese spezialisierten Interventionen eine allgemeinere, abschreckende Wirkung ausüben.[97] Daher können die politischen Maßnahmen gegen die Vagabunden und arbeitsfähigen Bettler nicht nur hinsichtlich ihres expliziten Ziels beurteilt werden, das in Wirklichkeit ja eine Utopie ist: die Auslöschung des Vagabundentums. Unter diesem Blickwinkel sind sie wohl ein totaler Mißerfolg gewesen, der noch durch die repetitive Art bestätigt wird, in der sie wiederholt und jedesmal von der Feststellung eines Anwachsens der Anzahl der Landstreicher motiviert werden. Allerdings verändert sich die Perspektive, sobald man die Hypothese aufstellt, daß sie sich auch an die Masse des Volkes richten, die von ihrer entkoppelten Randzone nur durch instabile Grenzen getrennt ist, also die Gesamtheit derer, die sich in der Zone der Verwundbarkeit bewegen. Begriffe man nicht, daß es ihr genau darum ging, man verstünde nicht, wie diese Politik über mehr als vierhundert Jahre hinweg eine solche Rolle hat spielen, soviel Energie hat mobilisieren können, und dies alles trotz ihres beständigen Mißerfolgs.

Kann man eine solche Politik »sozial« nennen? Ja, zumindest in dem Minimalsinn, daß ihr Ziel darin besteht, die öffentliche Ordnung aufrecht, d. h. das gesellschaftliche Gleichgewicht zu erhalten. Nein, wenn man darunter eine Gesamtheit von Praktiken versteht, die sich ab dem 19. Jahrhundert entfalten, um den Hiatus zwischen ökonomischer und politischer Ordnung zu überbrücken. Dieses »Soziale«, das die zweifache, ökonomische wie politische Revolution des ausgehenden 18. Jahrhunderts, die Herrschaft des Marktes und der demokratischen Repräsentation voraussetzt, hat hier ganz offensichtlich noch nicht seinen Ort. Trotzdem ist es noch kein hinreichender Grund, diese Maßnahmen auf eine repressive *policey* zu reduzieren, die nur die mit der Gesellschaftsordnung im Bruch befindlichen Bevölkerungsgruppen beträfe. Wenn das Vagabundentum die Spitze des Eisbergs eines noch viel breitere Sektoren der Gesellschaft bedrohenden Entkoppelungsprozesses ist, dann stellt es ein Problem dar, das über diese Randzonen hinausgreift. Die Vagabundenfrage ist in Wirklichkeit die Art und Weise, in der die soziale Frage in der vorindustriellen Gesellschaft *zugleich formuliert und verschleiert* wird. Sie verbirgt sie, weil sie sie an den äußersten Rand der Gesellschaft verlagert, und zwar soweit, daß sie daraus praktisch eine polizeiliche Frage macht. Sie gestattet jedoch auch, die Frage neu zu formulieren, wenn wir die von ihr offengelegte Bruchlinie über das Vagabundentum hinaus weiterverfolgen. Wir stoßen also auf eine Art Bumerang-Effekt des Vagabundentums: Der Prozeß, über den eine Gesellschaft einige ihrer Glieder ausstößt,

97 Das bedeutet nicht, daß die Landstreicher das Exklusivrecht auf eine repressive Überwachung seitens der Behörden besaßen. Die Niederschlagung von Aufständen und Volkserhebungen bildet eine Konstante der Sozialgeschichte des Ancien Régime, die noch im 17. Jahrhundert Anlaß zu blutigen Episoden gibt (z. B. die Niederschlagung der bretonischen und normannischen Bauernaufstände durch den Kanzler Séguier). Doch erfolgen diese Interventionen nicht kontinuierlich, sie antworten jeweils ad hoc auf die Volkserhebungen. Unter dem doppelten Gesichtspunkt der Repression und der Prävention stellt die Politik gegenüber dem Vagabundentum und der Bettelei sicherlich die einzige konzertierte und langfristig geführte Politik dar.

zwingt uns dazu, über das nachzudenken, was in ihrem Zentrum den Anstoß zu dieser Dynamik gibt. Diese versteckte Verbindung zwischen Zentrum und Peripherie müssen wir im folgenden unter die Lupe nehmen. Folgende Lektion könnte auch für heute Gültigkeit beanspruchen: Der Kern der Problematik befindet sich gerade nicht da, wo man auf die Ausgegrenzten stößt.

Kapitel III
Unwürdige Lohnarbeit

Für die Entwicklung des modernen Lohnarbeitsverhältnisses besteht eine ganze Reihe von klar definierbaren Voraussetzungen: die Möglichkeit, die Gesamtheit der Erwerbsbevölkerung einzugrenzen, eine genaue Erfassung der unterschiedlichen Beschäftigungstypen und die Klärung uneindeutiger Beschäftigungskategorien wie der Heimarbeit oder der landwirtschaftlichen Arbeit, eine exakte Abgrenzung zwischen Zeiten der Aktivität und solchen der Inaktivität, die präzise Messung der Arbeitszeit usw.[1] Man wird noch bis zur Wende zum zwanzigsten Jahrhundert warten müssen, bis dieses Lohnarbeitsverhältnis sich unzweifelhaft durchsetzt. Ist man folglich im Recht, für die vorausgehenden Epochen, und ganz besonders für die weit zurückliegenden Zeiten, von Lohnarbeit zu sprechen, wenn praktisch keine der Voraussetzungen für ihre strenge Definition erfüllt ist? Ja, freilich unter dem Vorbehalt, sich dessen bewußt zu sein, daß man es erst mit Embryonen oder Spuren dieses modernen Lohnarbeitsverhältnisses zu tun hat.

Es wäre jedoch Ausdruck eines befremdlichen Ethnozentrismus, wollte man die wirtschaftliche, gesellschaftliche und anthropologische Bedeutung der Lohnarbeit einzig im Licht dessen erfassen, was aus ihr in der »Lohnarbeitsgesellschaft« schließlich geworden ist – oder schlimmer noch, würde man die Realität lohnarbeitsähnlicher Situationen ignorieren, die innerhalb dieser Definition keinen Platz finden.[2] Denn diese »Spuren« hat es ebenso gegeben wie das »fordistische« Lohnarbeitsverhältnis. Sie wiesen gewiß nicht dieselbe Kohärenz auf, nicht die gleiche Hegemonie über die Arbeitsverhältnisse (falls das fordistische Lohnarbeitsverhältnis überhaupt jemals innerhalb der Industriegesellschaft hegemonial gewesen ist; wir werden darauf noch zurückkommen). Aber genau darauf kommt es ja an, nämlich diese »Spuren« von Lohnarbeit in der vorindustriellen Gesellschaft, und damit gerade die große Ohnmacht der damaligen Lohnarbeit wieder zu Bewußtsein zu bringen. Für uns bedeutet das, daß wir zu ihrem anthropologischen Sockel hinabsteigen und einen Leitfaden finden müssen, um ihren Wandlungen bis heute folgen zu können.

---

1 Vgl. R. Salais, »La formation du chômage comme catégorie: le moment des années 1930«, *Revue économique*, vol. 26, März 1985, sowie das Dossier über »Geschichte und Statistik« in: *Genèse*, n° 9, Oktober 1992, darin die Artikel von Alain Desrosières, Olivier Marchand und Claude Thélot, Bernard Lepetit, Éric Brian, Christian Topalov. Vgl. auch die zusammenfassende Arbeit Christian Topalovs, *Naissance du chômeur, 1880–1910*, Paris, Albin Michel, 1994, die ich aufgrund ihres Erscheinungsdatums hier nicht mehr miteinbeziehen konnte, die sich aber innerhalb desselben Untersuchungsrahmens bewegt.

2 Ich erinnere daran, daß Mediävisten wie Georges Duby oder Jacques Le Goff durchaus von Lohnarbeitern und Lohnarbeit sprechen. Bronislaw Geremek hat daraus sogar den Titel eines seiner profundesten Bücher gemacht (*Le Salariat dans l'artisanat parisien aux XIIIe–XVe siècles*, Paris-La Haye, Éditions Mouton, 1978). Der Ausdruck »sich verdingen« (*se louer*) findet sich schon in den zeitgenössischen Texten, beispielsweise in der schon zitierten Verordnung Johanns des Guten von 1351: »Die Frauen, die sich in der Stadt Paris für irgendeine Arbeit verdingen, dürfen höchstens zwölf Heller am Tag verlangen« (Jourdan, Decrouzy, Isambert, *Recueil des anciennes lois de la France, op. cit.*, Bd. LIII, S. 620). Hier also schon eine Form des Mietvertrags, zugleich eine Form, die Löhne einzufrieren.

 fordistisch = Form der industriellen Warenproduktion nach WK I

Warum stellen wir hier überhaupt – und offen gestanden das gesamte Buch hindurch – die Frage nach der Lohnarbeit? Im Verlauf der vorliegenden Überlegungen hat sich langsam, aber immer zwingender die Überzeugung herausgeschält, daß gerade darin das Zentrum der sozialen Frage besteht. Wir waren von der Analyse zweier besonderer »Problemgruppen« ausgegangen: der Elenden, die aufgrund von Arbeitsunfähigkeit und ihrer Zugehörigkeit zu einer Gemeinschaft in die Zuständigkeit der Armenfürsorge fielen (Kapitel I); des entkoppelten Randstreifens der Unterschichtmilieus, der sich über die Unmöglichkeit, sich in die herrschenden Arbeitsverhältnisse einzufügen, sowie über seine gesellschaftliche Isolierung charakterisieren läßt (Kapitel II). Wir können allerdings nicht bei diesen beiden »Zielgruppen«, auf die sich das konzentriert, was damals die Rolle der Sozialpolitik einnimmt, stehen bleiben. Die soziale Frage ist nämlich nicht nur eine Frage der Armut, ja nicht einmal nur eine der Not. In einem Gesellschaftsgebilde, in dem sich ungefähr die Hälfte der Bevölkerung mit minimalen Überlebensreserven begnügen muß, stellt Armut nicht wirklich ein Problem dar. Treffender ausgedrückt: sie ist akzeptabel und sogar erforderlich. Sie ist Teil des Plans der göttlichen Vorsehung und für das Funktionieren der Gesellschaftsmaschinerie notwendig. Ein Zeitzeuge schreibt:

> »*Die Armen in einem Staat sind wie Schatten auf einem Gemälde; sie bilden einen notwendigen Kontrast, den die Menschlichkeit manchmal beklagt, der aber dem Willen der Vorsehung zur Ehre gereicht […]. Es gibt also notwendigerweise Arme; doch ist es überhaupt nicht notwendig, daß es Elende gibt. Diese sind nämlich nur eine Schande für die Menschheit, die ersteren dagegen Teil der Ordnung der politischen Ökonomie. Durch sie regiert der Überfluß in den Städten, alle Bequemlichkeiten finden sich da, die Künste erblühen etc.*«[3]

Doch ein solcher »Staat« kann einzig unter der Voraussetzung ein harmonisches Ganzes bilden, daß Reiche und Arme ein festes Paar bilden, dessen Positionen komplementär sind, die Armut also integriert ist. Das gilt in immer geringer werdendem Maße für die vorindustriellen Gesellschaften des christlichen Abendlandes. Sie sind von einer stetig wachsenden Zahl von Elenden bevölkert. Diese massenhafte Verwundbarkeit verbietet es, eine strikte Einteilung in »Arme« und »Elende« vorzunehmen. Ein beträchtlicher Anteil der Armen ist ständig von Verelendung bedroht. Man kann, so der treffende Ausdruck Boisguilberts, »*einen Armen zugrunde richten*«.[4] Deshalb ist die durch die zu versorgenden Armen und die zu verfolgenden Vagabunden explizit aufgeworfene soziale Frage zumindest implizit schon im Voraus gestellt. Wir müssen also die Ursache für die Störungen des gesellschaftlichen Gleichgewichts im Prozeß zunehmender Verwundbarkeit suchen, der »die Armen ruiniert«.

3 P. Hecquet, *La Médecine, la chirurgie et la pharmacie des pauvres*, Paris, 1740, I, S. XII–XIII, zit. in: J. Kaplow, *The Names of Kings, op. cit.*, S. 27.

4 P. Le Pesant de Boisguilbert, *Mémoires*, zit. in Boislisle, *Correspondance des contrôleurs généraux des Finances avec les intendants des provinces*, Paris, 1874, Bd. II, S. 531: »Einen Armen, das heißt einen Arbeiter reich zu machen oder zugrunde zu richten, das ist die einfachste Sache: Beides hängt nur an einem dünnen Faden.«

Dies rückt nun auch die Lohnarbeitsfrage in den Vordergrund. Es ist nun nicht so, daß sich die Lohnarbeit – oder viel mehr ein heterogenes Ensemble von Situationen der Lohnabhängigkeit, die sich, wie wir noch zeigen werden, nie zu einer einheitlichen »Lage« herauskristallisieren – mit der Gesamtheit der Elendssituationen deckt. Auf dem Land gibt es Kleinbauern, die um ihr Überleben kämpfen, dabei aber im Prinzip selbständige Produzenten bleiben. Die Städte beherbergen eine Masse kleiner Ladenbesitzer, Wanderhändler, Lastträger, Botengänger, usw., winzige Unternehmer, die auf eigene Rechnung arbeiten und im Prinzip auch ihre eigenen Herren sind. Doch deutet der Rückgriff auf eine partielle oder völlige Lohnarbeit stets auf eine Verschlechterung hin, selbst noch bei den sowieso schon elenden Situationen. Der Hintersasse, der gezwungen ist, einen Teil seiner Zeit an einen reicheren Bauern zu vermieten oder für einen städtischen Händler zu weben, der abgerutschte Handwerker, der bei einem anderen Handwerker oder einem Kaufmann in Dienst steht, der Geselle, der nicht mehr Meister werden kann und zeitlebens Lohnarbeiter bleibt. Wenn wir von den Situationen ausgehen, in denen die Lohnarbeit unter all den anderen Formen eine minderwertigere Position einnimmt, können wir uns einen Überblick über den gesamten Weg verschaffen, den sie noch zur Überwindung all dieser ungeheuren Benachteiligungen zurücklegen muß. Wie ist es von einer fragilen, elenden und verachteten Lohnarbeit zu einer »Lohnarbeitsgesellschaft« gekommen, in der die große Mehrzahl der Gesellschaftssubjekte gerade über ihre Zugehörigkeit zu dieser Lage ihre Garantien und ihre Rechte bezieht? Wenn wir diese Odyssee der Lohnarbeit nachvollziehen, dann ebnen wir uns den Königsweg für das Verständnis der wesentlichen Wandlungen der sozialen Frage bis auf den heutigen Tag.[5]

Das zünftische Idiom

Den Ausgangspunkt dieser Odyssee bildet das durch die Untersuchungen des vorangegangenen Kapitels gerechtfertigte Paradox: In der vorindustriellen Gesellschaft *stellt das Vagabundentum das negative Wesen des Lohnarbeiters dar.* Dieser Grenzfall erlaubt uns, die strukturellen Charakteristika der Lohnarbeiterlage oder viel mehr der »Nicht-Lage« von einst herauszuarbeiten. Der Vagabund ist ein »reiner« Lohnarbeiter, und zwar in dem Sinn, daß er streng genommen nur über seiner Hände Kraft verfügt. Er ist eine Arbeitskraft im Rohzustand. Es ist ihm allerdings nicht möglich, zu ihrem Verkauf ein Arbeitsverhältnis einzugehen. In der Form des Vagabundentums, so könnte man sagen, »stößt die Lohnarbeit auf Grund«, sie ist der Nullpunkt der Lohnarbeiterlage: ein unmöglicher Zustand, der jedoch in Hunderttausenden von Exemplaren aus Fleisch und Blut existiert und zu sozialer Ausgrenzung ver-

5 Freilich bleibt in einer bis ins 19. Jahrhundert vorwiegend bäuerlichen Gesellschaft die Bodenfrage, die Agrarfrage dominant; ebenso haben ihre Behandlung während der Revolutionszeit, die Abschaffung der Feudalrechte und der Verkauf der Nationalgüter eine entscheidende Bedeutung für die Umstrukturierung der französischen Gesellschaft; auch ist die der Bauernschaft, der Besorgnis um die Bewahrung der ländlichen Gesellschaft und der Landflucht etc. gewidmete Aufmerksamkeit bis zur Dritten Republik und vielleicht noch darüber hinaus die Hauptsorge aller Regierungen gewesen. Doch diese wesentlichen Daten, die man in Erinnerung behalten sollte, stehen mit der hier verteidigten Position absolut in Übereinstimmung. Die der Bauernfrage zugebilligte Aufmerksamkeit läßt nämlich die »industrielle« Frage ungelöst, die in dem Maße immer drängender wird, als die Gesellschaft eben immer mehr durch die Industrie und später durch die Lohnarbeit geprägt wird.

dammt. Dieser Grenzfall hebt jedoch Züge hervor, die zur damaligen Zeit dem Großteil der Arbeitssituationen eigen sind. Selbst wenn sie nicht zu einer solchen *outcast*-Position[6] verurteilt sind, stehen die Lohnarbeiter beinahe immer auf fragilen und ungewissen Positionen: halbe Lohnarbeit, zersplitterte Lohnarbeit, heimliche und verachtete Lohnarbeit etc. Über dem Landstreicher, jedoch unterhalb all derer, die einen Stand haben, bevölkern die Arbeiter die minderwertigen und bedrohten Auflösungszonen der Gesellschaftsordnung. Sehen wir nun, warum es sich in der vorindustriellen Gesellschaft notwendigerweise so verhält.

Marx hat bekanntlich seine Theorie der Lohnarbeit ausgehend vom modernen Proletariat erarbeitet. Doch ist die Charakterisierung, die er daraus ableitet, Teil einer weitergespannten anthropologischen Perspektive. Für ihn »kann die Arbeitskraft als Ware nur auf dem Markt erscheinen, sofern und weil sie von ihrem eigenen Besitzer, der Person, deren Arbeitskraft sie ist, als Ware feilgeboten oder verkauft wird. Damit ihr Besitzer sie als Ware verkaufe, muß er über sie verfügen können, also freier Eigentümer seines Arbeitsvermögens, seiner Person sein.«[7] Der Lohn stellt die Kosten für die Transaktion dar, durch die der Besitzer seiner Arbeitskraft diese an einen Käufer veräußert.

Diese Charakterisierung der Lohnarbeit kann man akzeptieren, vorausgesetzt, man fügt hinzu, daß ein Arbeiter einen Teil seiner Arbeitskraft verkaufen kann, ohne »freier Eigentümer« seiner Person zu sein. So kann etwa ein Höriger schon teilweise Lohnarbeiter sein, wenn er nach Erfüllung seiner Verpflichtungen als Leibeigener einen Teil seiner »Freizeit« gegen Entgelt in den Dienst seines Herrn stellt.[8] Er ist dann schon ein Teil-Landarbeiter. Wohlgemerkt kann der Lohn in Geld oder in unterschiedlichen Formen von Naturallohn ausgezahlt werden. Wenn der Geldlohn die vollkommene Form des Arbeitsentgelts darstellt, so ist er an die Entwicklung einer Geldwirtschaft gebunden, und selbst nach ihrem Aufkommen kann er mit nicht-monetären Vergütungen einhergehen.

Auf Seiten der »industriellen«[9] Arbeit hat sich das Handwerk in Weiterführung der häuslichen Ökonomie ausgebildet, wie Georges Duby schreibt:

> »*Die vorrangige Aufgabe der burgi bestand darin, durch Gewerbe und Handel zur Versorgung des herrschaftlichen Hofes beizutragen. Ursprünglich gehörte der gesamte Bereich des Gewerbes zu den Pflichten der Dienstmannen. Seine Entwicklung vollzog sich in Form einer Überschußproduktion der Domänenwerkstätten, der*

6 Ich entlehne diesen Begriff Garreth Stedman Jones *Outcast London*, Oxford, 1973, der eine Homologie zwischen der Position der Unberührbaren in der indischen Gesellschaft und dem völlig entkoppelten Rand der Bevölkerung der modernen Stadt herstellt. Die Vagabunden nehmen die gleiche Position in der vorindustriellen Gesellschaft ein. Für eine meine Position bestätigende Interpretation des Vagabundentums am Beispiel Großbritanniens, vgl. A. L. Beir, »Vagrants and Social Order in Elizabethan Century«, *Past and Present*, n° 64, August 1964.

7 K. Marx, *Das Kapital, op. cit.*, Band I, 2. Abschnitt, 4. Kapitel, S. 138.

8 Vgl. I. Josuah, *La Face cachée du Moyen Age*, Paris, La Brèche, 1988; siehe auch unten »Das Modell der Fronarbeit«, S. 132f.

9 Die Begriffe »industriell« und »Industrie« bezeichnen zunächst die Bearbeitung und Fabrikation von Gegenständen durch manuelle Arbeit. Sie werden also auf Aktivitäten kleinen Umfangs, hauptsächlich in Form des Handwerks, angewandt. Erst seit der »industriellen Revolution« im 18. und 19. Jahrhundert werden die Bezeichnungen »industriell« und »Industrie« vorwiegend auf Formen der Konzentration von Arbeit, die »Großindustrie«, die industrielle Fabrikarbeit bezogen.

Brotöfen, der Schmieden, der Gerbereien und der Webstuben der Frauen. Im Laufe der Zeit stellten diese Werkstätten mehr Produkte her als das Haus des Herren konsumieren konnte, und sie begannen, den Überschuß einer auswärtigen Kundschaft anzubieten. [...] In der Geschichte des städtischen Gewerbes kam die Phase des eigentlichen und rapiden Aufschwungs, die Zeit, wo die Arbeiter sich völlig von der Dienstbarkeit gegenüber ihren Herren freimachten, etwas später, im Lauf des 12. Jahrhunderts.«[10]

In der Stadt organisieren sich die Handwerkszünfte als autonome Gemeinschaften, die über ein Produktionsmonopol verfügen.[11] Das Handwerk ist nicht die Lohnarbeit, doch stellt es historisch gesehen deren Hauptmatrix dar. Die Grundeinheit der Produktion zu Beginn des Aufschwungs dieser Handwerkszünfte bilden nämlich der Handwerksmeister, Eigentümer seiner Produktionswerkzeuge, ein oder zwei »Diener« oder Gesellen und ein oder zwei Lehrlinge. Die Gesellen sind im allgemeinen beim Meister untergebracht und versorgt und widmen ihm ihre gesamte Arbeitskraft. Sie sind die einzigen, die für Lohn arbeiten, da die Lehrlinge für ihre Lehrzeit keinerlei Entgelt bekommen. Doch zumindest in ihrer idealen Funktionsweise macht diese Organisation aus dem Lohnarbeiterdasein einen Übergangszustand: Man geht davon aus, daß aus den Lehrlingen Gesellen, und diese ihrerseits zu gegebener Zeit Meister werden. Die von den Gesellen verkörperte Form abhängiger Arbeit scheint deshalb eine relativ solide Lage zu sein, weil es sich um eine innerhalb der stabilen und dauerhaften Organisation der »*métiers*« eingefügte Vollzeittätigkeit handelt. Doch ist sie zugleich auch eine Übergangslage. Das Ideal der Lohnarbeitssituation ist ihre Selbstaufhebung, wenn der Geselle zum Meister wird und erst ab diesem Augenblick alle Vorrechte des Berufs teilt.

Eine Handwerkszunft verfolgt ein doppeltes Ziel: die Gewährleistung des Arbeitsmonopols in der Stadt (Abschaffung externer Konkurrenz), aber auch die Verhinderung des Aufkommens einer internen Konkurrenz zwischen ihren Mitgliedern. Das erste der beiden Ziele liegt am ehesten auf der Hand. Es besteht darin, die Auswärtigen oder »Ortsfremden«[12] auszuschließen, lange Lehrzeiten zu verlangen, die von drei bis elf Jahren reichen können und häufig nicht im Verhältnis zur Schwierigkeit des Berufs stehen, die Prüfungen und die Kontrollen zu vervielfachen. Doch untersagen die Reglements auch streng die Konkurrenz *innerhalb des Berufs*: Begrenzung der Lehrlings- und Gesellenzahl – gewöhnlich einer oder zwei –, Verbot der Häufung mehrerer Berufe, selbst wenn es sich um Arbeit am selben Werkstoff handelt wie beim Leder, dessen Bearbeitung sich auf die Gerber, Sattler und Kummet-, Taschen- oder Stiefelmacher aufteilt; schließlich noch Beschränkung und Reglementierung des

10 G. Duby, *Krieger und Bauern, op. cit.*, S. 241.

11 Es existiert eine vorwiegend industrielle Handwerkerschaft (Fabrikation von Gegenständen durch Schmiede, Schuster, Zimmerleute, Sattler, Weber...) und ein hauptsächlich mit dem Verkauf befaßtes Handwerk (Verkauf von Produkten durch die Bäcker, Metzger, Weinverkäufer, Krämer...). Doch überlagern sich die beiden Funktionen oft: Der Handwerksmeister vermarktet seine Produkte häufig selbst und führt in seiner Werkstatt einen Laden.

12 So steht etwa im Register für Zivilsachen des Châtelet vom 23. Juli 1454 zu lesen: »Jehan Lhuissier, Tuchwalker, zu einer Geldbuße an den König verurteilt, weil er gestanden hat, entgegen der Verordnung einen Fremden anstatt der Arbeiter von Paris zur Arbeit angestellt zu haben« (G. Fangier, *Documents relatifs à l'historie de l'industrie et du commerce en France*, Paris, 1898, Bd. II, S. 239).

Ankaufs von Rohmaterialien, die zu gleichen Teilen unter den Meistern aufgeteilt werden müssen.[13] So kann beispielsweise in Paris zu Ende des 16. Jahrhunderts im Lederhandwerk kein Meister für sich selbst Rohleder kaufen oder seinen Anteil am Rohmaterial an einen anderen Meister verkaufen.[14] Allerlei Vorsichtsmaßnahmen werden ergriffen, um Innovationen unmöglich zu machen und das Bestreben, seinen Nachbarn auszustechen, zu unterbinden. Das Ideal besteht darin, eine traditionelle Struktur durch die Erwirtschaftung von nur sehr wenig Profit identisch zu reproduzieren. Deshalb erlaubt diese Arbeitsorganisation auch nicht die Entstehung eines kapitalistischen Akkumulationsprozesses. Die Aufrechterhaltung des Status quo erfordert gleichzeitig die Blockierung von Expansionsmöglichkeiten einer jeden Produktionseinheit sowie derjenigen des gesamten Berufsstandes und der industriellen Berufe im allgemeinen. Im Jahr 1728 äußern sich die Schneidermeister Lyons noch folgendermaßen: »Für die mechanischen Künste darf es nicht zu viele Arbeiter geben. Sie fügen sich nur Schaden zu, hungern sich gegenseitig aus und füllen die bürgerliche Gesellschaft mit unnützen und verachtenswerten Gliedern an, was das größte Übel darstellt, das ihnen zustoßen kann.«[15]

Diese Struktur, deren Blütezeit im 12. und 13. Jahrhundert lag, entsprach den Organisationsbedingungen »industrieller« Arbeit in der mittelalterlichen Stadt. Doch das Paradox besteht darin, daß sie, wenn sie auch im Zuge der Öffnung weiterer Märkte Anzeichen der Erschöpfung zeigte, bestehen blieb und in gewisser Hinsicht sogar bis ins 18. Jahrhundert hinein stärker wurde.[16] Die ersten Handwerksinnungen waren häufig Ausdruck städtischer Freiheiten und Privilegien, weshalb sie auch einen Teil der politischen Macht in der Stadt hatten. Doch mit Erstarken der Königsmacht stützte diese sich hauptsächlich in Frankreich auf die Innungen und stimulierte deren Ausweitung, dies zweifelsohne aus finanziellen Gründen (die städtischen Freiheiten mußten erkauft werden), vor allen Dingen aber auch der Kontrolle der industriellen Produktion wegen. Die Krone vervielfacht also die Anzahl der zünftigen Handwerksberufe im Rahmen »einer taktischen Allianz zwischen Königtum und Meistern«.[17] Das 1597 von Heinrich IV. erneuerte Edikt Heinrichs II. von 1581 bemüht sich um eine Ausdehnung des Zunftsystems auf das gesamte Königreich. Richelieu und Colbert akzentuieren diese Politik noch. Es ist derselbe Geist – der Geist des Merkantilismus –, der die Schaffung von königlichen Manufakturbetrieben und die Stärkung der traditionellen Handwerke beseelt.

So zählt Poitiers, das im 14. Jahrhundert 18 »Schwurgemeinschaften« besaß, 25 im 16. und 42 im 18. Jahrhundert.[18] In Paris beträgt die Anzahl der geschworenen Handwerksberufe im Jahr 1672 60 und im Jahr 1691 129.[19] Neue Industriezweige wie die Papierindustrie sind genötigt, sich dem Vorbild der Zünfte anzupassen. In

13 G. Unwin, *Industrial Organization in the XVIth an XVIIth Centuries*, Oxford, 1904.
14 G. Unwin, *Industrial Organization..., op. cit.*, S. 149.
15 Zit. in M. Garden, *Lyon et les Lyonnais au XVIIe siècle*, Paris, Flammarion, 1975, S. 189.
16 Vgl. E. Cornaert, *Les Corporations en France avant 1789*, Paris, 1941. Zur Organisationsweise und Geschichte des Zunftwesens vgl. auch E. Martin Saint-Léon, *Histoire des corporations de métier depuis les origines jusqu'à leur suppression en 1797*, Paris, 1909 sowie F. O. Martin, *L'Organisation corporative de la France de l'Ancien Régime*, Paris, 1938.
17 H. Hauser, *Ouvriers du temps passé*, Paris, 1913, S. 2.
18 H. Hauser, *Les Débuts du capitalisme*, Paris, 1913.
19 G. Kefranc, *Histoire du travail et des travailleurs*, Paris, Flammarion, 1957, S. 176.

England unternehmen die Stuarts, allerdings weniger systematisch, den Versuch, die städtischen Zünfte gegen den aufkommenden Handelskapitalismus zu stützen.[20]

Die Zunfthandwerke, deren Privilegien berufsständisch verwaltet und von der königlichen Macht garantiert wurden, hatten die rigideste Organisationsform. Manche Historiker, so etwa Henri Hauser, haben den Umstand hervorgehoben, daß sie eigentlich nur eine Minderheit darstellten und daher bei weitem nicht die gesamte Produktion kontrollieren konnten. Die ländliche Industrie entzog sich ihnen, was, wie wir noch sehen werden, enorme Konsequenzen haben sollte. Es gibt auch eine große Anzahl von »Freistädten«. So hat etwa Lyon stets verbissen die »Freiheit der Arbeit« gegen die Kontrollversuche des Königtums verteidigt. Doch was bedeutet das? Das heißt, daß es städtische Beamte sind, die stellvertretend für die Zünfte fungieren, »Warenbeschauungen« vornehmen und die Qualität der Produkte kontrollieren. Die Zwänge können ebenso pedantisch und genauso wirksam gegenüber der unternehmerischen Freiheit sein wie wenn sie durch die durch königliche Patente sanktionierte Rechtssprechung selbst ausgeübt worden wären. Noch um die Mitte des 18. Jahrhunderts bricht zwischen den Schuhmachern und den Schuhflickern Lyons (erstere bearbeiten das neue Leder, während letztere gebrauchte Schuhe reparieren) ein fast schon »mittelalterlich« zu nennender Streit aus. Die Schuhmacher beklagen sich über »die herumstreifende und regellose Schar« der Schuhflicker:

> *»Es wäre doch ungerecht, daß Abenteurer, die keinerlei Prüfungen absolviert haben müssen und überhaupt nicht den Verpflichtungen nachgekommen sind, denen die Meister unterliegen, ihren Stand teilen könnten; das hieße doch jegliche Disziplin und jegliches Reglement zu zunichtezumachen; denn wenn die Lage der Schuhflikker gleich derjenigen der Schuster wäre, dann wäre es ja gar nicht mehr notwendig, sich den Lehrstatuten, der Gesellenschaft und dem Meisterrecht zu unterziehen.«*[21]

»Herumstreifende und regellose Schar«, »Abenteurer« auf der einen Seite, Stand, Lage, Disziplin, Statut auf der anderen: Neben den durch diese Regulationen verteidigten ökonomischen Interessen geht es hier gerade um den Platz der Handwerksberufe in einer Ständegesellschaft. Die Zugehörigkeit zu einem *métier* oder einer *corporation* (dieser Begriff kommt erst im 18. Jahrhundert auf) steht für die Zugehörigkeit zu einer Vorrechte und Privilegien spendenden Gemeinschaft, welche für die Arbeit einen entsprechenden sozialen Status gewährleistet. Dank dieser kollektiven Würde, deren Eigner nicht das Individuum, sondern das Handwerk selbst bleibt, ist der Arbeiter nicht einfach ein Lohnabhängiger, der seine Arbeitskraft zu Markte trägt, sondern Glied einer gesellschaftlichen Körperschaft, deren Position innerhalb eines hierarchisch geordneten Ganzen anerkannt ist.

Deshalb kommt den *métiers* nicht allein die technische Rolle zu, die Produktion zu organisieren und für die Qualität der Produkte zu sorgen, sie unterbinden auch die Existenz eines Marktes, auf dem die Waren frei zirkulieren können: weder Kon-

20 Vgl. G. Unwin, *Industrial Organization…, op. cit.*
21 Zit. in M. Garden, *Lyon et les Lyonnais, op. cit.*

kurrenz noch Freiheit der Produktionserhöhung. Sie verhindern aber auch die Existenz eines Arbeitsmarktes: weder Freiheit der Einstellung noch Zirkulationsfreiheit der Arbeiter. Von diesem Blickwinkel aus gesehen gibt es keinerlei Unterschied in der Natur der verschiedenen Typen von Reglementierungen: »Ob man es nun mit einer unter Obhut der Königsmacht stehenden geschworenen Zunft, einer der Stadtgemeinde unterstehenden geregelten Handwerkszunft, oder den in den Zuständigkeitsbereich von Polizeireglements fallenden freien Handwerke zu tun hat, man muß feststellen, daß es nirgends wirkliche Freiheit gibt. Es gibt nur unterschiedliche Formen von Reglementierungen.«[22]

Was William Sewell das *zünftische Idiom* nennt[23], wirkt sich ebenso auf die technische Organisation der Produktion aus wie auf die soziale Organisation der Arbeit. Es macht aus dem *métier* ein Kollektiveigentum, das für die Beschäftigungs- und Statusverteilung sorgt, allerdings einer per definitionem begrenzten Mitgliederzahl vorbehalten ist, und dessen Freiheiten auf der Verteidigung einer einzigen gesellschaftlich legitimierten Form der Arbeit beruhen. Ein *métier* zeichnet sich ebensosehr durch die Ausschließungsfunktion aus, die es gegenüber den Standeslosen sicherstellt, wie durch die positiven Vorrechte, die es einem zuteil werden läßt.

Betont man die Bedeutung dieses *zünftischen Idioms* für die Arbeitsorganisation bis zur französischen Revolution, so läuft das dennoch nicht auf die Behauptung hinaus, daß es sie völlig beherrscht hätte. Insbesondere die allerneueste historische Forschung weicht tendenziell immer mehr von der zu rigiden Auffassung der klassischen Historiker des Zunftwesens ab, wie sie gerade vorgestellt wurde. Arbeiten wie die von Michel Sonenscher, *Work and Wages*, behaupten, daß es im 18. Jahrhundert jedenfalls einen Fluß von Arbeitskräften von Werkstatt zu Werkstatt und von Stadt zu Stadt gegeben habe, und dies in viel höherem Maße, als man bisher angenommen hatte.[24] Eine viel stärkere Durchlässigkeit des Zunftwesens, als man sie sich im allgemeinen je vorgestellt hatte, was im Grunde eigentlich nichts Erstaunliches an sich hat: Die behauptete Rigidität dieser Organisationsform steht so sehr im Gegensatz zu den Grundtrends der Entwicklung von Handel und Industrie, daß sie keine buchstabengetreue Anwendung hat finden können. Doch daß sich eine Struktur beim Gebrauch als durchlässig erweisen kann, bedeutet beileibe nicht, daß sie völlig bedeutungslos war. Die unterschiedlichen Gestalten der Lohnarbeit fügen sich unter Schwierigkeiten prinzipiell innerhalb dieses *Intervalls* zwischen der Rigidität einer Struktur und ihren unablässigen Übertretungen ein. Das Paradox, über das wir uns klar werden müssen, besteht darin, daß das Zunftsystem, obwohl es selbst von innen her untergraben wird und von der Dynamik des entstehenden Kapitalismus an allen Ecken und Enden umgangen wird, weiterhin den Aufstieg eines freien Arbeitsmarkts und einer dauerhaften Lohnarbeiterlage verhindern kann.

alles wird kontrolliert

22 E. Dolléans und G. Debove, *Histoire du travail en France*, Paris, 1953, S. 61.
23 W. Sewell, *Gens de métiers et révolutions*, frz. Übers., Paris, Aubier, 1983.
24 Vgl. M. Sonenscher, *Work and Wages, Natural Laws, Politics and the Eighteenth-Century French Trades*, Cambridge, Cambridge University Press, 1989 und den Kommentar von Alain Cottereau, »Derrière les stéréotypes corporatifs: la grande flexibilité des métiers en France au XVIIIe siècle«, *Le Mouvement social*, 4. Trimester 1993.

Die Handschrift des Zunftwesens

Von innen her untergraben, gerät das Zunftwesen spätestens seit dem 14. Jahrhundert in die Krise. Von da an verringert sich nämlich die Chance, Meister zu werden, und bald besteht diese Möglichkeit nur noch für die Söhne von Meistern. Immer pedantischere Regelungen und immer schwierigere Zugangsbedingungen für den Aufstieg zum Meister wie etwa die Verallgemeinerung des kostspieligen »Meisterstücks« (das vorher nur selten erforderlich war) wirken sich in der Form aus, daß der interne Aufstieg blockiert und eine externe Rekrutierung zurückgedrängt wird. Diese Schließung wird zum Ausgangspunkt für die Entstehung zweier Kategorien von Arbeitern. Die ihrer Aufstiegsmöglichkeiten in die Meisterschaft beraubten Gesellen bilden eine Art Lohnarbeiterklasse auf Lebenszeit, die sich zur Verteidigung ihrer Interessen zu organisieren sucht.[25] Lang andauernde Streiks sind schon ab dem 16. Jahrhundert überliefert, so beispielsweise derjenige der Druckergesellen von Lyon und Paris von 1539 bis 1542. Die Gesellen versuchten vor allem die Einstellungen zu kontrollieren, und in den Städten, in denen sie am besten organisiert waren, gelang es ihnen denn auch, die Funktion des *rouleurs*, des Gesellenplazierers, durchzusetzen. Das war ein Geselle, der von seinen Genossen mit der Aufgabe betraut war, Arbeiter auf Beschäftigungssuche in Empfang zu nehmen und sie bei den zugelassenen Meistern unterzubringen – eine Funktion, die fast schon eine Art Monopol auf Stellen darstellte. Andere Gesellen versuchten, sich auf eigene Rechnung niederzulassen. Das sind die *chambrelans* (dt. »Bönhasen«), ein Wort, das im 15. Jahrhundert geprägt wurde, was belegt, daß diese Praxis schon weit verbreitet war.[26]

Doch das, was man vielleicht die perversen Effekte des Zunftwesens nennen könnte, ist nicht imstande, die Organisation der Arbeit merklich zu transformieren. Die *chambrelans* arbeiten im Verborgenen und werden gnadenlos verfolgt. Noch im 18. Jahrhundert nimmt die Zahl der »Ergreifungen« zu, zahlreiche *chambrelans* werden sogar per königlichem Geheimbefehl, einer sogenannten *lettre de cachet*, in die Bastille gesperrt.[27] Die Gesellenschaften werden ebenfalls unterdrückt. Wenn sie auch gegen die Meister opponieren, teilen sie gleichwohl deren zünftische Ideale. Die lohnabhängigen Gesellen kämpfen in Wirklichkeit um eine Teilhabe an den zünftischen Privilegien, und vor allem um das, was diese an Restriktionen gegen eine Öffnung des Arbeitsmarktes beinhalten. Sie schließen sich zu einer Kontrolle dieses Marktes zusammen, um die »Ortsfremden« auszuschließen, die ihre Arbeitskraft in der Stadt zu verdingen suchen, sowie diejenigen, die keine Handwerkslehre gemäß den traditionellen Regeln durchlaufen haben.[28]

---

25 Vgl. B. Geremek, *Le Salariat dans l'artisanat parisien aux XIIIe–XVe siècles, op. cit.* Es ist allerdings zweifelhaft, ob die Handwerkerschaft jemals, was ihre Rekrutierung anbelangt, eine »demokratische« Struktur gewesen ist. So ist etwa die lange Lehre nicht vergütet worden, ja sie mußte im Laufe der Zeit sogar immer häufiger bezahlt werden. Auf diese Weise wurden die jungen Leute vom Land, die in der Stadt nicht ohne Lohn über mehrere Jahre hinweg wohnen konnten, de facto ausgeschlossen.

26 H. Hauser, *Ouvriers du temps passé, op.cit.*, S. XXIX. [Als Bönhasen bezeichnete man in Deutschland nichtzünftige Handwerker; nach den heimlichen Arbeiten auf dem Dachboden und der Jagd der Zunftmeister auf sie; im Norddt. aus Boden [bo(de)ne] und Hase geprägter Ausdruck; Anm. d. Übers.]

27 Vgl. Arlette Farge, *Das brüchige Leben. Verführung und Aufruhr im Paris des 18. Jahrhunderts*, Berlin 1989, zweiter Teil, 1. Kapitel.

28 Vgl. für die geheime Gesellenorganisation und die ersten Streiks bzw. »Kabalen« H. Hauser, *Ouvriers du temps passé, op. cit.*

Die inneren Dysfunktionalitäten des zünftischen Idioms nehmen also keineswegs eine alternative Organisation der Arbeit vorweg, wie sie später der Industriekapitalismus auf der Grundlage des Arbeitsvertrags bewerkstelligt.

Die Organisation der Handwerksarbeit wird auch von den sie umgehenden Kräften hinweggespült. Diese Veränderungen treten in drei Hauptformen auf: Die von den Kaufleuten über die Produktion ausgeübte Hegemonie, die Entwicklung einer ländlichen »Proto-Industrie« und schließlich die Schaffung von Manufakturen auf Initiative der Königsmacht. Dennoch haben auch hier diese bedeutsamen Entwicklungen die Entstehung der modernen Lohnarbeiterlage mindestens ebensosehr gebremst wie gefördert.

1. Die Rolle der Kaufleute wird seit dem Mittelalter in einigen Sektoren bestimmend, vor allem im Textilgewerbe und der Tuchfabrikation, die besonders in Flandern und Norditalien die »Großindustrie« der Epoche verkörpern. Die Herstellung eines Stücks Tuch beispielsweise erfordert etwa fünfzehn oder zwanzig Arbeitsgänge – das Brühen und Spülen, Kämmen, Kardätschen, Trocknen, Scheren, Spinnen, Aufspulen, Weben, Schlagen, Walken, Färben etc. – und damit eine weit vorangetriebene Arbeitsteilung. Doch vollzieht sich diese auf der Basis der handwerklichen Organisation: Die grundlegenden Arbeitsgänge werden von den Meistern durchgeführt, die ihre Werkstatt, ihre Werkzeuge, Gesellen und Lehrlinge haben.[29] Trotzdem sind sie von einem Kaufmann – dem *drapier marchand*, dem Tuchhändler in Flandern oder dem englischen *clothier* – abhängig, der im allgemeinen das Rohmaterial liefert, das Produkt absetzt und die Kontrolle über den gesamten Prozeß ausübt. Nur er kann bedeutende Summen investieren, nur er hat Zugang zu den Verkaufskreisläufen und kann die Fluktuationen des Marktes auffangen. Er ist deshalb schon ein richtiger Kapitalist. Der direkte Produzent seinerseits ist weder Kapitalist noch Proletarier. Gewiß, er bleibt Eigentümer seiner Produktionsmittel und zahlt den Lohn an seine Angestellten. Doch verliert er die Gesamtverfügung über sein Produkt, da er es nicht selbst vermarktet und seine Arbeit ja nur eine Etappe innerhalb einer Kette ausmacht, die zum vermarktbaren Endprodukt führt. Er kann also nicht um seines eigenen Profits willen in den Prozeß der Akkumulation von Reichtum eintreten.

Diese »kapitalistische« Organisationsweise, Quelle großer Reichtümer im Mittelalter, hat sich demnach mehr recht als schlecht in die traditionelle Struktur des Handwerks eingepaßt. Zuerst durch die technischen Erfordernisse der Arbeitsteilung im Textilgewerbe erzwungen, wird sie bald die Unabhängigkeit zahlreicher Handwerksberufe beschneiden. Wie andere lassen auch die Pariser Händler im 16. Jahrhundert unterschiedliche Fabrikanten von Luxusgütern für sich arbeiten. Diese behalten aber noch die Kontrolle über die Qualität ihrer Produkte. Zeitgleich wird das Londoner Ledergewerbe von der mächtigen Leathersellers Compagny of London beherrscht. George Unwin hat für Frankreich und England im Detail den ewigen Kampf beschrieben, der alle gegeneinander aufbrachte: die Großkaufleute, die den nationalen und internationalen Handel kontrollierten; die Verleger, welche die »selb-

29 J. Heers, *Le Travail au Moyen Age*, Paris, PUF, 1975. Einige dieser Arbeitsschritte wie das Trocknen, Spinnen, Garnen sind wenig qualifizierte Tätigkeiten und werden im allgemeinen an Frauen vergeben, deren Situation besonders prekär ist. Das Walken und Weben verbleibt dagegen immer bei den Handwerksmeistern.

ständigen« Handwerker in ein Verlagssystem einzuspannen versuchten; die Kleinhandwerker, die *small masters*, die ihre traditionellen Vorrechte häufig auch durch Anrufung der Königsmacht zu wahren suchten; schließlich die lebenslänglich auf ein Dasein als bloße Lohnarbeiter herabgedrückten Gesellen und Lehrlinge.[30] Der Komplexität dieser Landschaft entspricht die Uneindeutigkeit der Situationen und die Kaskade der sich ergebenden Kompromisse, die im Lauf der Jahre und Jahrhunderte kommen und wieder vergehen. Wenn der Handelskapitalismus auch seinen Willen zur Hegemonie kundtut, so kann er sich doch nicht uneingeschränkt durchsetzen. Die verbissene Verteidigung der Privilegien übt eine beständige Bremswirkung auf die unternehmerische Freiheit aus.

Die Situation in der großen Seidenfabrik von Lyon im 18. Jahrhundert, zweifelsohne der größte Industriekomplex der Epoche, widmen sich doch 30 000 Menschen derselben Tätigkeit, veranschaulicht gut die Vielschichtigkeit dieser Situationen.[31] Die *fabrique*[32] wird von einer kleinen Zahl von Verlegern, reichen Kaufleuten beherrscht, von denen einige über bis zu hundert in die Lage von Hausindustriellen (façonniers) gesunkene »Werkmeister« eine vollständige Kontrolle ausüben können. Andere Handwerker versuchen, eine fragile und bedrohte Selbständigkeit zu wahren.[33] Zahlreiche Autoren haben das immer tiefere Absinken der Lyoner Handwerker hervorgehoben. Viele sind ins Elend gestürzte Quasi-Proletarier, während die Klasse der Kaufleute steinreich und herrschsüchtig ist. Die Heimarbeiter-Meister klagen 1780 über die »mörderische Freiheit« der Kaufleute bei der Festsetzung der Tarife: »Es geschieht keineswegs auf Kosten des Auslandes, des Überflusses oder des großen Reichtums, wenn der Kaufmann sich bereichert, es ist das Auskommen seiner ärmsten Mitbürger, an dem er sich mästet... Er läßt Menschen, die eines besseren Schicksals würdig sind, da sie doch industriös, sparsam und tatkräftig sind, in der Armut stöhnen«.[34] Das sind unbestreitbar Anklänge an den »Klassenkampf«, doch müssen dabei noch zwei Punkte geklärt werden. Erstens ist es ein handwerkliches Ideal, auf das sich der Lyoner Seidenweber zumindest bis ins 18. Jahrhundert beruft. Seine Proletarisierung bedeutet einen um so stärkeren Niedergang, als er weiterhin wie ein Meister leben will. Zweitens ist die Hegemonie des Kaufmanns noch nicht die des Industriekapitalisten. Der Verfall des Handwerks hat noch keine Gruppe in größerem Maßstab hervorgebracht, welche die Stellung des Unternehmers und des Produktionsorganisators zugleich wahrnimmt, also eine Gruppe von Industriekapitalisten.

30 G. Unwin, *Industrial Organization..., op. cit.* Max Weber analysiert diese Praxis unter der Bezeichnung »Verlagssystem«, vgl. *Wirtschaftsgeschichte, op. cit.*, S. 113.

31 Lyon wurde schon im 18. Jahrhundert von dem Komödienschreiber Benard als »Mode-Großhändlerin, deren Herz wie ein Geldschrank zu schlagen scheint«, bezeichnet (Zit. in: E. Mayet, *Mémoire sur les fabriques de Lyon*, Paris, 1786, S. 615).

32 Der Begriff Fabrik schloß im zeitgenössischen Verständnis auch die dezentrale Produktion für den überlokalen Markt ein; Anm. d. Übers.

33 Vgl. J. Godart, *L'Ouvrier en soie: monographie du tisseur lyonnais, 1466–1791*, Paris, 1899. Schätzung von Godart für 1786: 500 Händler, 7.000 Meister und 4.666 Meistersfrauen, 9.700 Lohnarbeiter (4.300 Gesellen, 3.100 Lehrlinge, 2.300 Gehilfen) bilden die Belegschaft der »großen Fabrik«, (S. 189 f.).

34 Zit. in: M. Garden, *Lyon et les Lyonnais au XVIIIe siècle, op. cit.*, S. 341.

Diese Situation ist keine Besonderheit der Fabrik von Lyon. Die handwerkliche Struktur hat die Entwicklung von Produzenten behindert, die in die Produktion selbst investieren, um ihr Unternehmen umzuwandeln und ihm einen industriekapitalistischen Charakter zu verleihen. Gewiß existiert seit dem 14. Jahrhundert, auf alle Fälle aber seit dem 16. Jahrhundert, ein »kapitalistischer Geist« im Sinne Sombarts, gekennzeichnet durch Gewinnstreben, Rechenhaftigkeit, Rationalismus, den Willen zur Anhäufung von Reichtümern.[35] Christopher Hill bemerkt deshalb: »Der Geschäftsmann des 16. Jahrhunderts weist ein von dem des Feudalherrn völlig verschiedenes Aussehen auf. Er knausert um einen Penny mehr oder weniger, wenn es darum geht, andere dazu zu zwingen, für ihn zu arbeiten. Und wenn die Arbeiter sich entschließen, ›freiwillig‹ für ihn zu arbeiten, empfindet er ihnen gegenüber keinerlei Verantwortungsgefühl, wenn die Zeiten hart sind. Wenn sie unzufrieden sind mit dem, was man ihnen vorschlägt, dann sollen sie doch anderswohin gehen.«[36]

Der Mechanismus der Abschöpfung des Mehrwerts ist also schon im Handelskapitalismus am Werk. Doch weicht er von der Form, welche der Industriekapitalismus später annehmen soll in zwei Punkten ab: Der Gewinn kommt nicht dem Produzenten zugute, sondern dem Händler, der das Produkt finanziert und vermarktet. Der Arbeiter hat kaum die Ressourcen, um »anderswohin zu gehen«, da es keinen »freien« Arbeitsmarkt gibt. Diese Form des Kapitalismus beruht, so bezwingend sie auch sei, auf den Zwängen der traditionellen Organisation der Arbeit, die sie zwar nicht völlig umstürzt, aber doch zu ihrem Nutzen umbiegt. Die Mobilität und die Modernität des Handelskapitalismus fußen auf dem Fortdauern der vom Handwerk dominierten Produktionsweise.

2. Die Ausbreitung des ländlichen Handwerks bildet eine weitere Linie »industrieller« Entwicklung, welche die traditionelle Organisationsweise des Handwerks unterläuft, ohne sie zu zerstören. Da das Zunftsystem eine im wesentlichen städtische Angelegenheit ist, unterliegen die Landbewohner nicht seinen Zwängen, kommen aber auch nicht in den Genuß seines Schutzes. Von daher sind sie verfügbar und können in Vollzeit für die Kaufleute aus der Stadt arbeiten, die ihnen die Rohmaterialien »vorlegen«, am häufigsten ist dies jedoch während derjenigen Zeiten der Fall, in denen die landwirtschaftlichen Arbeiten ruhen. Man nennt dies *putting-out system*: Der Kaufmann liefert ihnen Wolle, Tuch oder Metall – manchmal einige Werkzeuge – und holt das Fertig- oder Halbfertigprodukt dann wieder ab, um es abzusetzen.[37] Diese Form des Zuliefersystems kam ebenfalls schon sehr früh auf. Ein guter Teil des Reichtums von Brügge oder Gent rührte daher, daß die Bauern des platten flämischen Landes seit dem Mittelalter für die Tuchhändler dieser Städte arbeiteten. In größerem Stil aber entwickelte sie sich zunächst in England, wo sie aufgrund der

35 W. Sombart, *Der Bourgeois. Zur Geistesgeschichte des modernen Wirtschaftsmenschen*, Reinbek, Rowohlt, 1988.

36 C. Hill, *Puritanism and Revolution*, London, 1968, S. 217.

37 Man muß das Verlagssystem *(putting-out system)*, die Produktion für Kaufleute, welche die fertigen Objekte vermarkten, von der häuslichen Produktion zu im wesentlichen familiären Gebrauch (Kaufsystem) unterscheiden. Seit den Arbeiten von Mendels (»Proto-industrialization: The first Phase of the Industrialization Prozess«, *Journal of Economic History* (32), 1972) haben sich die Begriffe Proto-Industrialisierung und Proto-Industrie allmählich zur Bezeichnung dieser Praxis und zur Betonung ihrer entscheidenden Bedeutung für den Entwicklungsprozeß des Kapitalismus in Europa durchgesetzt. Vgl. A. Dewerpe, *L'industrie aux champs. Essai sur la proto-industrialisation en Italie du Nord, 1800–1890*, École française de Rome, 1985.

schwachen Stellung des städtischen Handwerks ab dem 16. Jahrhundert ungefähr die Hälfte der »industriellen« Produktion ausmachte. Auf dem Kontinent erfuhr sie ihre größte Ausdehnung im 18. Jahrhundert.

Entgegen der verbreiteten Vorstellung ist die Proto-Industrie also kein archaisches Überbleibsel der industriellen Entwicklung. Dies zunächst, weil sie eine gewisse Arbeitsteilung gestattet: Zahlreiche ländliche Handwerker können so an der Herstellung desselben Teils arbeiten, welches der Händler zirkulieren läßt und dessen Endprodukt er wieder abholt. Vor allem aber, weil sie sich perfekt in die Logik der Entwicklung des Handelskapitalismus einfügt. Das ländliche Handwerk weist tatsächlich eine Vielzahl von Vorteilen auf: die Löhne sind niedriger als die der städtischen Handwerker, da es sich für die Betreiber kleiner Pachtwirtschaften meistens nur um einen Zusatzeinkommen handelt; sodann die Geringfügigkeit der nötigen Investitionen, die sich praktisch auf die Lieferung von Rohmaterialien und die Kosten der Produktvermarktung beschränken; die Möglichkeit, die Fluktuationen des Marktes ohne Risiko aufzufangen, da es ja kein Festkapital gibt, das eine Rendite erbringen muß. Diese Produkte haben so auf eine für den Händler rentable Weise den nationalen und sogar internationalen Markt speisen können.[38] Es hat jedoch zu einer Spezialisierung der Produktion, einer Intensivierung des Handels und einem Anwachsen des Ertrags kommen können, ohne daß es einen Wandel des Produktionsverhältnisses gegeben hätte, welches sich weiterhin durch Aussparung der Notwendigkeit zu industrieller Konzentration in den Rahmen einer häuslichen Ökonomie einfügte.

Diese Charakteristika hemmen gleichermaßen die Entwicklung eines Industriekapitalismus wie das Aufkommen der modernen Form der Lohnarbeit, die sich ausgehend von den Arbeitern der Großindustrie bilden sollte. Die Landhandwerker, die häufig teilweise als Lohnabhängige und im Elend leben, fügen sich offenbar nicht der Logik kapitalistischer Akkumulation. Sie produzieren im allgemeinen, um den Ertrag aus ihren kleinen landwirtschaftlichen Betrieben etwas aufzubessern. Dadurch, daß die Produktion weiterhin am Wohnsitz verankert bleibt, hält dieses System obendrein die traditionellen Abhängigkeitsverhältnisse und die Werte der Agrargesellschaft am Leben. Der ländliche Handwerker ist mehr Bauer als Arbeiter, seine industrielle Aktivität bleibt den Regeln einer häuslichen Wirtschaftsweise verhaftet. Über die Entwicklung des ländlichen Handwerks können abgelegene Landschaften an der Marktentwicklung, kurzum, am Fortschreiten der Moderne Anteil haben, ohne überhaupt modernisiert zu sein. Nicht daß dieses Hereinbrechen der Moderne ohne Auswirkungen auf die gesellschaftlichen Verhältnisse auf dem Land geblieben wäre, doch verlaufen diese Wandlungen von der wirtschaftlichen und gesellschaftlichen Warte aus gesehen in nicht eindeutiger Weise. Die Entwicklung des ländlichen Handwerks führt zu einer Übervölkerung des Landes im Verhältnis zu den eigentlich agrarischen Ressourcen, einer Verringerung des Heiratsalters, einem bedeutenden Anwachsen der Landbevölkerung sowie einer gesteigerten Differenzierung der gesell-

38 Vgl. D. S. Landes, *Der entfesselte Prometheus. Technologischer Wandel und industrielle Entwicklung in Westeuropa von 1750 bis zur Gegenwart*, Köln 1973 (engl.: 1969).

schaftlichen Verhältnisse auf dem Land.[39] Sie erspart oder verringert den Rückgriff auf die Landflucht und wahrt die Vorherrschaft lokaler Schutzverhältnisse, wodurch die Entstehung eines Proletariats im modernen Wortsinn verhindert oder hinausgezögert wird. Als grundsätzliche Konsequenz daraus, auf die wir noch eingehen müssen, verweist die Entwicklung der Proto-Industrie und ihr langes Fortbestehen bis weit ins 19. Jahrhundert weitgehend auf das, was man den *Ausnahmecharakter des modernen Proletariats* nennen könnte: Ausnahme deshalb, weil es lange in der Minderheit geblieben ist, vor allem aber, weil es aufgrund der Tatsache, daß die Arbeiter der ersten industriellen Konzentrationen häufig völlig von ihren territorialen Bindungen abgeschnitten sind, ein vollkommen neuartiges gesellschaftliches Problem darstellt. Dagegen gewährleistet das ländliche Handwerk, obwohl es sich parallel zum städtischen Handwerk und gegenläufig zu dessen Zwängen entwickelt, aufgrund der Beibehaltung der traditionellen Schutzbeziehungen eine regulierende Funktion, die zu der homolog ist, welche die Zünfte über das städtische Handwerk ausüben.

Die Beziehung zwischen der Entwicklung der Proto-Industrie und dem aufkommenden Industriekapitalismus ist also alles andere als eindeutig. Es ist kein Zufall, wenn gerade England, wo sich die industrielle Revolution zuerst vollzogen hat, auch das Land ist, in dem das Verlagssystem schon am längsten etabliert war und nicht mehr genügend Entwicklungsspielraum für die Sättigung der Marktnachfrage besaß. Man kann die Hypothese aufstellen, daß die industrielle Revolution sich zumindest teilweise deshalb ereignete, weil England keinen »Far West« besaß. Damit meine ich, daß die ländliche Industrie keine neuen Territorien mehr erobern konnte, weil sie schon seit langem etabliert war und die Zahl der kleinen landwirtschaftlichen Betriebe, die ihr Arbeitskräfte hätten liefern können, aufgrund der ländlichen Eigentumskonzentration und der Entwicklung der »enclosures«, der Einfriedungen, immer geringer wurde.[40] Zwei zeitlich versetzte Konsequenzen aus der frühen Entwicklung des ländlichen Handwerks in England. Es versorgte dort einen blühenden nationalen – und sogar internationalen – Markt, während die französischen Landstriche mit einer geringeren handwerklichen Produktivität den Markt weniger mit »Industrie-« Produkten nährten. Während in der Folgezeit der Markt für das Landhandwerk in England gesättigt ist, ist er in Frankreich und auf dem europäischen Festland noch offen: Hier sind auf dem Land noch Arbeitskraftreserven verblieben, die dann im 19. Jahrhundert eine Entwicklung der Proto-Industrie gestatten und ebensosehr das Wachstum einer »modernen« Industrie hemmen.[41] Die zwei Hauptkennzeichen der »indu-

39 Vgl. R. Braun, »The impact of Cottage Industry on an Agricultural Population«, in: D. Landes, *The Rise of Capitalism*, New York, Macmillan, 1966.

40 Die Rolle der Einfriedungen ist seit den Analysen von Marx im *Kapital* mehrere Male untersucht worden. Man könnte die komplexe Debatte etwa so resümieren: Die verheerendste Phase der Einfriedungen hat sich nur im 18. Jahrhundert vollzogen, doch war die soziale Geographie des englischen Landes seit dem 16. Jahrhundert tiefgreifend verändert worden und machte dadurch die Situation der kleinen Hintersassen immer schwieriger. Zur Konzentration des Landeigentums in England vgl. G. Unwin, *Studies in Economic History* sowie R. H. Tawney, *The Agrarian Problem in the XVIth Century, op.cit.*

41 Was man von den Entwicklungsformen der städtischen Industrie in Großbritannien weiß, scheint diese Analyse zu bestätigen. Im 16. Jahrhundert war diese Industrie verglichen mit den anderen fortgeschrittenen europäischen Ländern hier im Rückstand. Gegen Ende des 17. Jahrhunderts hatte sie ihn noch kaum aufgeholt (vgl. D.C. Coleman, *Industry in Tudor and Stuart England*, London 1975). Vor allem die Situation auf dem Land hat die treibende Rolle bei der Entwicklung der englischen Industrieentwicklung gespielt.

striellen Revolution« lassen sich so als zwei Antworten auf die Unzulänglichkeiten der Proto-Industrie interpretieren: Rückgriff auf die Maschine zur Vervielfachung der Arbeitsproduktivität, ohne die Zahl der Arbeiter erhöhen zu müssen; Konzentration der Arbeiter in der Fabrik, was eine bessere Arbeitsteilung, eine bessere Überwachung, eine völlige Bindung des Arbeiters an seine Aufgabe erlaubt und derart den kontraproduktiven Elementen des Landhandwerks, nämlich der geographischen Streuung, der Selbständigkeit des mehr an seinem Land als an seinem Beruf hängenden ländlichen Arbeiters, seiner Distanziertheit gegenüber den Erfordernissen der industriellen Kultur, ein Ende bereitet.[42] Doch stellt diese »Revolution« nicht einfach die Verlängerung der vorausgehenden Organisation dar, sie hat sich vielmehr durchgesetzt, als die Grenzen der ländlichen Industrie erreicht waren.

3. Allem Anschein zum Trotz stellen frühe industrielle Konzentrationen wie die *königlichen Manufakturen* auch keine Vorwegnahme der modernen Produktionsformen und der damit einhergehenden Lohnarbeiterschaft dar. Von den Valois eingeführt, von Richelieu und vor allem von Colbert weiterentwickelt, entziehen sie sich völlig dem Einfluß des Zunftwesens. Ihre Grundlage bildet jedoch weiterhin ein Privileg, was ja fundamental dem Prinzip der freien Arbeit und der Konkurrenz widerspricht. Mittels sogenannter offener Urkunden gründet der König selbst einen Betrieb, der das Monopol auf die Herstellung bestimmter Produkte besitzt (die königlichen Manufakturen im eigentlichen Sinne wie etwa Saint Gobain, Aubusson für die Wandteppiche), oder er vergibt das Privileg der Fabrikation für eine begrenzte Zeit an eine oder eine Gruppe von Privatpersonen. Diese Gründungen sind eher im Rahmen des Merkantilismus, also nach einer kommerziellen und sogar politischen, weniger einer industriellen Logik zu begreifen. Zur Vermeidung einer unausgeglichenen Handelsbilanz wäre das Erlangen der Autarkie für das Königreich ideal. Colbert selbst bringt dies deutlich zum Ausdruck: »Ich glaube, man wird mühelos mit dem Grundsatz übereinstimmen, daß es allein die Fülle des Geldes ist, die über die Unterschiede zwischen Größe und Macht eines Staates entscheidet.«[43] Die Vermeidung von Importen wird zur unabdingbaren Pflicht des Staates. Dies gilt ganz besonders für den Ankauf von Luxusprodukten wie den vom Adel und den Führungsklassen so geschätzten Seidenwaren und Wandteppichen, von Produkten für militärische Zwecke wie Schiffen oder Waffen. Es müssen also neue Industrien zur Deckung der Inlandsnachfrage in diesen Bereichen aufgebaut werden, während das wiedererstarkte traditionelle Gewerbe (die königliche Macht versucht gleichzeitig den Einfluß der Zünfte auszudehnen) die Bedürfnisse der Allgemeinheit befriedigen soll. Die Manufaktur ist mehr ein Instrument im Dienste der königlichen Außenpolitik als eine der eigentlich ökonomischen Logik gehorchende Innovation.

Die Manufaktur hat »ihre stets der Staatskontrolle unterworfene Direktion, ihren Generalstab, ihre Werkstattvorsteher, Meister, Vorarbeiter, Handlungsgehilfen, Spezialisten und Arbeiter.«[44] Sie besitzt eine hierarchische und geschlossene Struktur.

42 Vgl. D. Landes, *Der entfesselte Prometheus…, op. cit.*

43 Jean-Baptiste Colbert, »Rapport au premier Conseil du commerce«, 3. August 1664, in: *Lettres, instructions et mémoires*, Bd. II, erster Teil, zit. in P. Léon, *Économies et sociétés industrielles*, 2. Bd., Paris, A. Colin, 1970, S. 120.

44 M. Bouvier-Ajam, *Histoire du travail en France*, 1. Bd., Paris, Librairie générale du droit et de la jurisprudence, 1957, S. 475.

Die Disziplin darin ist gnadenlos, die Arbeit oft von Gebeten eingerahmt.[45] Die Belegschaft umfaßt eine kleine Elite von häufig aus dem Ausland stammenden, hochqualifizierten Handwerkern, die man um ihrer Fertigkeiten und Kenntnisse willen abgeworben hat; dazu kommt ein diesem Kernpersonal gegenüber rebellisch eingestelltes und wenig qualifiziertes Personal, dessen Rekrutierung an die von der Armee praktizierte Anwerbung erinnert. Man sucht sich Zuchthäusler für den Schiffsbau, bemüht sich, Bedürftige anzuheuern und aus Frauen und Kindern ein Arbeitskräftepotential heranzubilden, weil man sie für gelehriger und weniger anspruchsvoll hält.[46] Diese Versuche stoßen jedoch auf die feindselige Haltung der örtlichen Handwerker, anscheinend aber auch der Mehrheit der Bevölkerung: Der Entschluß, in mehreren Städten Spitzenklöppelei-Manufakturen zur Herstellung des »*point de France*« einzurichten, um mit dem »*point d'Angleterre*« und dem »*point de Venise*« konkurrieren zu können, löst in Alençon regelrechte Aufstände aus. Beinahe nirgends ist es möglich, vor Ort genügend Arbeitskräfte zu rekrutieren, man muß sogar italienische Arbeiterinnen zur Betreuung der Einheimischen »importieren«.[47] Fügen wir noch hinzu, daß diese Manufakturen nur in seltenen Fällen die Form richtiger industrieller Komplexe annehmen. Meistens sind es große »verstreute Unternehmen« oder sogenannte »*nébuleuses*«, »Nebelflecken«, eine Ansammlung zahlreicher, unter einer Leitung stehender Werkstätten, in denen Arbeit derselben Art verrichtet wird. Es kommt aber auch vor, daß ein Zentralbetrieb eine Masse von über die Stadt, die Außenviertel oder das Umland verteilten Handwerkern für sich arbeiten läßt.

Diese Struktur nimmt also die moderne Fabrik und die Entwicklung der kapitalistischen Industrie noch lange nicht vorweg. Die Phase ihrer größten Ausdehnung fällt mit dem Höhepunkt des Merkantilismus zusammen. Als sichtbarer Ausdruck des königlichen Absolutismus wird sie auch gemeinsam mit diesem zu Ende gehen oder sich als ein Überbleibsel ohne Einfluß auf die Wirtschaftsentwicklung noch eine Weile halten.[48] Was ihre Rekrutierung und ihre innere Reglementierung anbelangt, funktionieren die Manufakturen eher wie Zwangsarbeitsanstalten statt wie Wegbereiter der Freiheit der Arbeit. Zudem preist sie die Königsmacht mit der gleichen Überlegung und zur selben Zeit wie sie die traditionellen Zunftorganisation auszuweiten sucht.

In einer berühmten Passage des *Kapital* schreibt Marx:

> »*Der Übergang aus der feudalen Produktionsweise macht sich doppelt. Der Produzent wird Kaufmann und Kapitalist, im Gegensatz zur agrikolen Naturalwirtschaft und zum zünftig gebundnen Handwerk der mittelalterlichen städtischen Industrie. Dies ist der wirklich revolutionierende Weg. Oder aber, der Kaufmann bemächtigt*

45 Vgl. G. Lefranc, *Histoire du travail et des travailleurs, op. cit.*

46 Vgl. M. Bouvier-Ajam, *Histoire du travail en France..., op. cit.*; G. Zeller, »L'industrie en France avant Colbert«, in: *Aspects de la politique française sous l'Ancien Régime*, Paris, PUF, 1964.

47 E. Levasseur, *Histoire des classes ouvrières et de l'industrie en France*, Paris 1900.

48 Zweifelsohne läßt sich in den königlichen Manufakturen eine Vorwegnahme von Formen staatlich gelenkter Wirtschaft sehen, die schon den Staat als Unternehmer erahnen läßt, der sich mittels Planifikation und Verstaatlichungen formiert (vgl. Kapitel VII). Falls es ein derartiges Verwandtschaftsverhältnis gibt, dann ist es zumindest kein direktes. Der aufkommende Liberalismus wird demgegenüber einen Bruch vollziehen.

> *sich der Produktion unmittelbar. Sosehr der letztre Weg historisch als Übergang wirkt – wie z.B. der englische Clothier des 17. Jahrhunderts, der die Weber, die aber selbständig sind, unter seine Kontrolle bringt, ihnen ihre Wolle verkauft und ihr Tuch abkauft –, sowenig bringt er es an und für sich zur Umwälzung der alten Produktionsweise, die er vielmehr konserviert und als seine Voraussetzung beibehält.«*[49]

Es ließe sich darüber diskutieren, was Marx unter »Übergang« – eine zweideutige Formulierung – versteht. Wichtig ist jedoch, daß der Weg, der einen »revolutionierenden« Bruch bezüglich der vorausgehenden Produktionsweise bedeutet, sicherlich der des Industriekapitalismus ist, der sich dadurch auszeichnet, daß der Produzent selbst die Gewinne aus seiner eigenen Produktion akkumuliert, selbst Investitionen vornimmt und für den Markt produziert. Nun weisen allerdings die Faktoren, welche die Entwicklung des Handelskapitals, die Herabsetzung eines Teils des städtischen Gewerbes auf den Stand von abhängig produzierenden Kleinhandwerkern sowie die Expansion des ländlichen Gewerbes bewirken, nicht in diese Richtung, jedenfalls nicht in gerader Linie. Während es eine bedeutende Akkumulation von Reichtümern gestattet, wahrt dieses Modell auch die Abhängigkeit des Produzenten vom Kaufmann und paßt sich an die traditionellen Formen der Arbeitsorganisation an. Die auf dem Monopol basierende Produktion der königlichen Manufaktur funktioniert nicht nach der Logik kapitalistischer Akkumulation. Daher weisen diese Produktionsformen, auch wenn sie sich den Regulierungen des zünftischen Idioms widersetzen, zumindest nicht direkt in Richtung eines »freien« Arbeitsmarktes.

Das steht hier freilich überhaupt nicht zur Debatte. Es geht mir nämlich nicht darum, mich über das enorme und heikle Problem der Bedingungen für das Aufkommen des Kapitalismus in Westeuropa auszulassen. Der Umweg hat sich jedoch als notwendig erwiesen, damit wir uns über eine auf den ersten Blick rätselhafte Feststellung Klarheit verschaffen können. Ungeachtet außergewöhnlicher wirtschaftlicher und sozialer Wandlungserscheinungen seit dem Mittelalter bleiben die Arbeitsbeziehungen von einem Modell beherrscht, das den Erfordernissen der Freiheit, obwohl sie ja schon am Werke sind, ganz und gar nicht entspricht: der unternehmerischen Freiheit, der Freiheit sich zu bewegen, zu produzieren, zu tauschen. Wie läßt sich die Beharrungskraft dieses Modells erklären? Warum hat die Entwicklung einer Lohnarbeiterschaft nach heutigem Verständnis so lange Zeit zu ihrer Durchsetzung benötigt?

Regulierte Arbeit, Zwangsarbeit

Folgende Antwort stellen wir zur Diskussion: Vor Anbruch der industriellen Revolution verkörpern die regulierte Arbeit und die Zwangsarbeit die zwei Hauptarten der

49 K. Marx, *Das Kapital*, III, 4. Abschnitt, Kapitel 20, *op. cit.*, S. 316. Max Weber argumentiert in derselben Richtung, wenn er betont, daß »die Fabrik *nicht aus dem Handwerk* und nicht auf seine Kosten entstanden ist, sondern zunächst *neben* ihm« (*Wirtschaftsgeschichte, op. cit.*, S. 157). Ebensowenig wie aus dem Handwerk ist die Fabrik aus dem Verlagssystem hervorgegangen, sondern vielmehr gleichfalls *neben* ihm entstanden« (*ebd.*, S.158; Hervorhebungen von M. Weber).

Arbeitsorganisation. Sie sind zugleich zwei Möglichkeiten der Ausübung von Zwang, deren Fortdauern erklären kann, warum es der »freien« Arbeit so schwer fiel, sich einen Platz zu ergattern. Dieses Fortdauern läßt sich selbst wiederum nur dann verstehen, wenn man abgesehen von und entgegen den technischen Anforderungen der Arbeitsproduktivität begreift, wie stark dieses Vorherrschen des Zwanges im Regulierungsprogramm dieser Gesellschaften verankert ist.

Unter »regulierter Arbeit« verstehe ich hier die Gesamtheit der gewerblichen Reglementierungen des Zunfthandwerks sowie der den städtischen Reglements unterstehenden Berufe.[50] Wenn ihre Fortdauer sich so oft als kontraproduktiv hinsichtlich der Anforderungen einer »rationellen« Organisation der Produktion auswirkt, dann liegt das daran, daß sie zuallererst einem völlig anders gelagerten Imperativ gehorchen, den man folgendermaßen formulieren könnte: *Unter welchen Bedingungen kann die Arbeit zu einem »Stand« werden?* Was sich nicht von selbst versteht, wenn man um die ungeheure Verachtung weiß, welche die Handarbeit genießt. »Handwerksleute (artisans et gens de métiers) sind diejenigen, die die *arts méchaniques*, die mechanischen Künste, ausüben, und in der Tat bezeichnen wir gemeiniglich das als mechanisch, was gemein und verächtlich ist. Die Handwerker werden als eigentliche Mechaniker für gemeine Personen gehalten.«[51]

Loyseau bekräftigt hier die im 11. Jahrhundert formalisierte Hierarchie der Stände bzw. Ordnungen, derzufolge der von den *oratores* – den Klerikern – verrichtete Gottesdienst und der von den *bellatores* – den Herren – ausgeübte Waffendienst Handarbeit unter Strafe der Verstoßung aus dem Adel ausschließen.[52] Die »dritte Ordnung« ist die der Arbeiter (*laboratores*), womit zu dieser Zeit im wesentlichen die Bearbeiter des Bodens gemeint sind. Aber diese Dreiteilung entspricht ja einer Wirtschaftsform, innerhalb der die Stadt nur eine lächerliche Stellung einnimmt. Mit der parallelen Entwicklung der Städte und des »Bürgertums« kommt schon von Anfang an der Keim eines Ungleichgewichts in diese Organisation.[53] Die »Bürger« sind zu einem Gutteil die Vertreter der »Zünfte«, die ökonomisch unabhängigen und von feudaler Bevormundung emanzipierten Handwerker. Bezeichnenderweise datiert Jacques Le Goff den Zeitpunkt, ab dem die Handarbeit eine gewisse Anerkennung genießt, welche sich sogar bei den Kirchenleuten durchsetzt, auf das 12 und vor allem 13. Jahrhundert: Die Berufskategorien werden zu anerkannten »Ständen«, von denen ausgehend die Beichtspiegel eine neue Klassifikation der Sünden ausarbeiten.[54]

50 Manche Autoren (wie z.B. H. Hauser, *Les Débuts du capitalisme, op. cit.*) treffen eine Unterscheidung zwischen den »geschworenen Handwerken«, deren Privilegien vom König garantiert werden, und den »regulierten Handwerken«, deren Regulierungen von den städtischen Behörden ausgehen. Diese Unterscheidung ist für die Analyse der Verschiedenartigkeit der internen Regulierungen der Handwerke erhellend, verliert aber ihre Aussagekraft, wenn es darum geht, die Funktion dieser Regulierungen herauszuarbeiten, insofern sie den Handwerken im allgemeinen einen Status verleihen.

51 C. Loyseau, *Traité des ordres et simples dignités*, Paris 1610, Neuaufl. 1666, S. 43.

52 Vgl. G. Duby, *Die drei Ordnungen. Das Weltbild des Feudalismus*, Frankfurt, Suhrkamp, 1986. Man erkennt das dreigeteilte Schema wieder, dessen Vorkommen Georges Dumézil in allen indo-europäischen Gesellschaften ausgemacht hat, und das im feudalen Mittelalter an seinem Gipfelpunkt eine seiner rigidesten Ausdrucksformen gefunden hat.

53 Über die Entstehung des Bürgertums vgl. z.B. R. Pernoud, *Histoire de la bourgeoisie en France*, 1. Bd., Paris, Le Seuil, 1960. Das Wort Bürger (*burgenis*) erscheint das erste Mal im Jahre 1007 in einer vom Grafen von Anjou gewährten Gründungsurkunde einer Stadt. Parallel zur Stadtentwicklung wird die wachsende Differenzierung der ländlichen Gesellschaft auch die eindimensionale und verächtliche Auffassung von den *laboratores* in Mitleidenschaft ziehen.

54 J. Le Goff, »Métier et profession d'après les manuels des confesseurs du Moyen Age«, in: *Pour un autre Moyen Age*, Paris, Gallimard, 1977.

Eine Anerkennung, die nicht ohne Widerstände vonstatten geht: »Die Arbeit ist noch uneindeutig; in ihr läßt sich die für das Mittelalter eigentümliche Vermischung von Mühsal, Anstrengung und Ausübung einer wirtschaftlichen Tätigkeit im modernen Sinne erkennen.«[55] Die Debatte ist nun aber eröffnet. Die dritte Ordnung ist auf dem Weg, zu einem mit positiven Vorrechten ausgestatteten dritten Stand zu werden. Allerdings nicht der dritte Stand in seiner Gesamtheit. Mit steigender Komplexität wird sich die Frage nach dem Innehaben eines »Standes«, also nach einem mit gesellschaftlicher Würde versehenen Status *im Innern des dritten Standes* stellen. Besser: Die Teilung verläuft *quer durch die Handarbeiter* hindurch. Manche manuellen Tätigkeiten, diejenigen, welche die »Handwerke« bilden, entsprechen Ständen, andere überhaupt nichts. Als bei Ausbruch der Revolution der Abbé Sieyés sein berühmtes Pamphlet verfaßt, bringt er nicht für den ganzen Dritten Stand die Forderung zum Ausdruck, »etwas zu werden«.[56] Ungefähr zur gleichen Zeit veröffentlicht ein wenig bekannter Autor die *Cahiers du quatrième ordre*, »der armen Taglöhner, der Kranken und Bedürftigen«[57], all derer, die nichts haben und nichts sind. *Die Dritte Ordnung hat sich verdoppelt.* Der Aufstieg des Dritten Standes wird nicht identisch mit dem des gesamten Volkes sein. Sein von gesellschaftlicher und politischer Anerkennung ausgeschlossener unterer Rand besteht aus dem »Pöbel, der nur seiner Hände Arbeit zum Leben hat.«[58]

Darin besteht ein ganz wesentlicher Streitpunkt, und dies um so mehr, als kein Konsens darüber herrscht, wo denn nun genau diese Trennungslinie verläuft. Loyseau formuliert die restriktivste Option, da sie als »gemein und verächtlich« alle manuellen Berufe ausschließt und die »Würde« den »Künsten« (arts) vorbehält, weil in den Künsten »die Konzeption, die Arbeit des Denkens diejenige am Material hinter sich läßt.«[59] Dem entgegen kommt in der zünftischen Tradition in ihrer

---

55 J. Le Goff, »Métier et profession...«, *loc. cit.*, S. 179. Fügen wir hinzu, daß diese relative Anerkennung der Arbeit zugleich auch eine Anerkennung des Lohnes ist. Le Goff legt eine Verschiebung in den Exegesen des Matthäus-Evangeliums offen: »...denn der Arbeiter ist seiner Nahrung wert« (Mt 10, 10) wird zu: »denn der Arbeiter ist seines Lohnes wert.« Die Verrichtung einer statthaften Arbeit verdient einen Lohn, was auch die Anerkennung einer Geldwirtschaft impliziert. Der Kommentar Le Goffs dazu: »Die notwendige Voraussetzung dafür, daß ein Beruf zulässig wird, daß ein Lohn mit gutem Recht empfangen wird, ist die Leistung einer Arbeit.« (*ebd.*, S. 179).

56 »Was also ist der Dritte Stand? Alles. Was ist der Dritte Stand bis jetzt gewesen? Nichts. Was verlangt der Dritte Stand? Etwas zu werden« (E. J. Sieyés, *Qu'est-ce que le tiers état?*, Paris, 1789, Neuaufl. Paris, Flammarion, 1988, S. 22, dt. Übers. ders., *Politische Schriften. 1788–1790.* Übers. und hg von E. Schmitt und R. Reichardt, München, Wien, R. Oldenbourg Verlag, 1981).

57 L. Dufourny de Villiers, *Cahiers du quatrième ordre*, Paris, April 1789.

58 »Unter Volk verstehe ich den Pöbel, der nur seiner Hände Arbeit zum Leben hat. Ich behaupte, daß diese Ordnung von Staatsbürgern [citoyens] niemals die Zeit noch die Fähigkeit zu ihrer Bildung aufbringen kann. Es scheint mir unerläßlich, daß es unwissende Leute gibt... Nicht den Handarbeiter muß man bilden, sondern den guten Bürger [bourgeois].« (Voltaire, Brief vom 1. April 1766, zit. in: E. Labrousse, F. Braudel, *Histoire économique et sociale de la France, op. cit.*, 2. Bd., S. 676).

59 C. Loyseau, *Traité des ordres et simples dignités, op. cit.*, S. 43. Loyseau ist bei weitem nicht der einzige, der diese Position vertritt. So drückt sich im Jahre 1789 der *prévot des marchands*, der Bürgermeister von Lyon derart bezüglich der Seidenarbeiter aus: »Die Handwerksmeister sind darauf beschränkt, so viele Ellen Material zu bearbeiten, wie ihnen die Herren Kaufleute liefern. Die Handarbeit ist der Anteil der Arbeiter, die Industrie der der Kaufleute. Sie sind es, die unsere schönen Stoffe erfinden und die im Austausch mit der gesamten Welt die Reichtümer daraus in unsere Stadt zurückfließen lassen« (zit. in: J. Godart, *L'ouvrier en soie, op. cit.*, S. 96). Freilich sind diese *maître ouvriers* abgestiegene Handwerker, die für die »Herren Kaufleute« arbeiten. Genausowenig sind sie aber »Arbeiter«, also einfache Arbeitskräfte. Diese Konzeption der Arbeit wird bis über das 18. Jahrhundert hinaus selbst noch die beeinflussen, die dem ganzen von Berufs wegen eine soziologische Theorie geben wollen. So machen Maurice Halbwachs und François Simiand aus den manuellen Arbeitern weiterhin rein dem Material verhaftete, und allein deshalb schon im Vergleich zum einfachsten Angestellten gesellschaftlich niedriger stehende einfache Befehlsempfänger (vgl. Kapitel VII).

Gesamtheit einer Arbeit, selbst wenn sie eine »mechanische« ist, ein zwar untergeordneter, aber legitimer Platz innerhalb des Systems der gesellschaftlichen Würden zu, allerdings unter der ausdrücklichen Bedingung, daß sie den strikten Reglementierungen gehorcht, wie sie vom zünftischen Idiom vorgegeben werden. Es übt also eine wesentliche Funktion bei der Plazierung und Klassifizierung aus. Es enthebt die Handarbeit der Bedeutungslosigkeit, der gesellschaftlichen Inexistenz – ihr Los, solange sie eine von standeslosen Menschen ausgeübte Tätigkeit bleibt. Das Handwerk ist eine gemeinnützige gesellschaftliche Tätigkeit. Es ist ihm, aber nur ihm allein zu verdanken, daß manche manuellen Tätigkeiten ihre fundamentale Unwürdigkeit verlieren.[60]

Das zünftische Idiom bestimmt also über den Zugang zu dem, was man soziales Bürgerrecht nennen könnte, also den Umstand, eine anerkannte Position im hierarchischen System gegenseitiger Abhängigkeiten einzunehmen, aus dem die Ordnung des Gemeinwesens besteht. Diese organische Zugehörigkeit der Handwerksberufe zum Organigramm der Würde, das zugleich auch eines der Macht ist, wird ausdrücklich vom Pariser Parlament anerkannt, als dieses sich 1776 dem Erlaß Turgots über die Abschaffung der Zünfte widersetzt. Das Parlament rechtfertigt seine Position durch sein geheiligtes Mandat, »die hergebrachte Lage der Stände zu wahren«. Nun sind aber die Handwerkszünfte Teil einer »Kette, deren Glieder mit der Hauptkette, der Autorität des Throns, verbunden sind, die zu unterbrechen eine Gefahr darstellt.«[61] Die Regulierungen der Arbeit werden über eine bis zum Gipfel der sozialen Pyramide reichende komplexe Reihe von Verschachtelungen zusammengehalten. Daran zu rütteln, brächte das gesamte Gebäude zum Einstürzen.

Das Zunfthandwerk zieht also die Scheidelinie zwischen den Eingegliederten und den Ausgegrenzten eines solchen Gesellschaftssystems. Jenseits von ihr liegt das Chaos, die völlige Würdelosigkeit der Leute von »gemeinem Stand«. Die zünftischen Privilegien stellen dagegen Vorrechte dar, die gewiß minimal sind, doch von derselben Natur wie die Privilegien der anerkannten großen Organe. Und obwohl – und vielleicht gerade weil – sie so geringfügig sind, sind sie gar unerläßlich, insofern sie manche manuellen Berufe zu *Ständen* machen, dies, indem sie sie von den viel besser gestellten Ständen und zugleich von der standeslosen Masse, dem »Pöbel« oder der »Kanaille« unterscheiden.

Es wird also verständlich, daß der Zwangscharakter dieser Regulierungen – den Zwängen unterliegen zudem alle Privilegierten, selbst die mächtigsten, Pflicht und Verbot sind stets die Kehrseite des Privilegs – im Vergleich zu diesem fantastischen Zugewinn, nämlich zu gesellschaftlicher Existenz zu gelangen, zweitrangig erscheinen kann.[62] Zudem besteht die Alternative nicht zwischen Zwang und Freiheit. Von diesen Reglementierungen befreit zu sein, bedeutet nicht, frei zu sein, sondern einem

60 Vgl. W. Sewell, *Gens de métiers et révolutions, op. cit.*

61 Zit. nach M. Bouvier-Ajam, *Histoire du travail en France, op. cit.*, 1. Bd., S. 655.

62 Daher scheinen die Aufstände der »*menus*«, der kleinen Leute, der den niederen Künsten zugehörigen Arbeiter, häufig mindestens ebensosehr von der Sorge angestachelt zu sein, einen Platz in der Gesellschaftsordnung zu wahren oder zu erringen, wie von streng »ökonomischen« Interessen. Ein Beispiel dafür wären etwa die Ciompi von Florenz, die im 14. Jahrhundert revoltierten, um an der Stadtregierung teilzunehmen und »Menschen zu sein« (Vgl. M. Mollat, P. Wolf, *Ongles bleus, Jacques et Ciompi, op. cit.*).

viel unerbittlicheren System von Zwängen ausgesetzt zu sein. Was gibt es denn ansonsten außerhalb des Zunftwesens? Viel weniger freie Arbeit als *Zwangsarbeit.* Für eine insgesamt vom Paradigma der Verpflichtung beherrschte Organisation der Arbeit gibt es die *Zwangsprivilegierten*, und das sind die Zunftmitglieder. Der Großteil der übrigen Handarbeiter unterliegt viel härteren Zwangssystemen, die keinerlei Privileg mit sich bringen. Das Nichtvorhandensein von zünftischen Kollektivregelungen unterstellt nämlich das alleinstehende und bedürftige Individuum den allgemeinen Regelungen der Polizei, die man im zeitgenössischen Sinn zu verstehen hat: alles, was für Bewahrung und Unterhalt der Bewohner einer Stadt oder einer Nation und die Förderung des öffentlichen Wohls notwendig ist.[63]

Die nicht den Regelungen der Zünfte unterliegenden Berufe fallen also in den Zuständigkeitsbereich der *Armenpolizei*: »Die Armenpolizei allein schließt alle übrigen Dienste und alle übrigen Gegenstände des öffentlichen Wohls ein.«[64] Sie umfaßt die Sittendisziplin (Kampf gegen Müßiggang und Libertinage), die Wahrung der Gesundheit (Kampf gegen Ansteckungen und Seuchen), das Fürsorgewesen (vor allem die Organisation der Spitäler für die Kranken) und die Reglementierung der Arbeit für die Gesunden: »Es ist deshalb für die Sicherheit und die öffentliche Ruhe, für den Handel, die Künste und die Landwirtschaft von Bedeutung, daß die Eindämmung dieser Unordnung über eine Verringerung der Zahl der Vagabunden dem Staat eine neue Hilfstruppe an Ackersmännern und Handwerkern liefert.«[65] Wenn die Arbeit eine polizeiliche Angelegenheit darstellt, so ist es Aufgabe einer »guten Policey« gegenüber den nicht arbeitenden Armen, diese zur Arbeit anzuhalten. Die Behandlung des Vagabundentums stellt, wie wir gesehen haben, eine Grenzform dieses Erfordernisses dar, welches sich dann als reiner Zwang entpuppt, als kategorischer Imperativ der Arbeit, freilich ohne die Möglichkeit, Arbeit zu bekommen. Aber das Paradigma gilt für die Gesamtheit der nicht zum Zunftwesen gehörigen Arbeiter und kommt in Form dessen zum Ausdruck, was man mit Fug und Recht ein *Zwangsarbeitsrecht* nennen könnte.

In England hat dieses Ensemble von Anordnungen seinen systematischsten Charakter angenommen. Denn das Zunftwesen war dort weniger fest etabliert und wurde vom Handelskapital frühzeitiger unterlaufen, zudem sind die Umwälzungen der Agrargesellschaft hier, wie man sagt, rascher und radikaler vonstatten gegangen.[66] Die überkommenen Formen der Organisation der Arbeit sind dort gründlicher erschüttert worden, und die Notwendigkeit, die Anordnungen ständig zu wiederholen, hat sich im Vergleich zum Festland ebenfalls als dringlicher erwiesen. Wir haben schon auf die Bedeutung des 1349 von Edward III. verkündeten *Statute of Labourers* hingewiesen. Es bildet den Auftakt für ein einheitliches Ensemble von Verfügungen, dessen Hauptbestandteile aus dem *Statute of craftsmen* von 1563, den elisabethani-

63 N. de La Mare, *Traité de police*, 1703.
64 *Ebd.*, S. 4
65 *Ebd.*
66 Für eine Synthese zur Transformation des englischen Landes, die auch den Kontrast zur französischen Bauernschaft begreiflich werden läßt, vgl. H. J. Habakkuk, »La disparition du paysan anglais«, *Annales ESC*, Juli–August 1965, sowie B. Moore, *Ungerechtigkeit. Die sozialen Ursachen von Unterordnung und Widerstand*, Frankfurt am Main, Suhrkamp, 1982.

schen *poor laws*, dem *Settlement Act* von 1662 und dem *Speenhamland Act* von 1795 bestehen.

Das *Handwerkerstatut* wiederholt die Verpflichtung zur Arbeit für alle Untertanen des Königreichs von 12 bis 60 Jahren; es setzt eine minimale Lehrzeit für die Zunfthandwerke, selbst die einfachsten, von sieben Jahren fest; sodann untersagt es den jungen Leuten vom Land, in der Stadt eine Lehre zu machen; die zünftischen Berufe sind den Söhnen von Handwerkern vorbehalten; und die Landhandwerker dürfen keine Lehrlinge haben, da man vermeiden will, »daß mehrere Personen unter der Leitung eines einzigen Mannes stehen«.[67] Die land- und qualifikationslosen Bauern können ihre Kirchengemeinde nur mit dem Zeugnis eines Polizeibeamten verlassen. Haben sie keines, so werden sie als Vagabunden angesehen. Die Königsmacht zielt darauf ab, die Organisation des schwer vom Aufkommen des Handelskapitals und des *putting-out system* gebeutelten städtischen Zunfthandwerks zu stärken und die Landbevölkerung auf ihre traditionellen Beschäftigungen festzulegen. Den Rahmen für das *Handwerkerstatut* bilden die zwischen 1531 und 1601 aufeinanderfolgenden *poor laws*. Sie organisieren, wie wir schon gesehen haben, regelrechte Jagden auf Vagabunden, doch geschieht dies vor dem Hintergrund einer Wiederholung der Arbeitsverpflichtung für »jeden Mann und jede Frau, die gesund am Körper sind und arbeiten können, die kein Land haben, bei niemandem in Dienst stehen oder keinen anerkannten Handels- oder Handwerksberuf ausüben.«[68] Jede Gemeinde muß Rohmaterialien beschaffen, um diese qualifikationslosen Arbeitskräfte in Arbeit zu bringen, »damit diese Schelme [rogues] keine Entschuldigung dafür bekommen, zu behaupten, sie könnten keine Arbeit oder Diensttätigkeit finden.«[69]

Angebotene Arbeit, aufgezwungene Arbeit: Die fürchterliche Drohung mit einer Verurteilung wegen Landstreicherei schwebt über diesen Müßiggängern. Über den *Settlement Act* von 1662 können die örtlichen Behörden gar jeden Neuankömmling ohne Einkommen hinauswerfen, weil man ja nicht garantieren kann, daß er nicht zukünftig der Gemeinde zur Last fällt. Die Bedürftigen werden also an ihre Ursprungsgemeinde gebunden, und das im Prinzip endgültig.[70] Der *Speenhamland Act* von 1795 bildet den letzten Stein dieses Gebäudes. Die bedürftigen Bewohner der Gemeinde werden vor Ort unterstützt und es wird ihnen sogar ein Zusatzlohn in Abhängigkeit von einer auf den Getreidepreis indizierten Einkommensschwelle zugeteilt. Ein Mindesteinkommen *avant la lettre*, das allerdings den Wohnsitz vor Ort und das strikte Verbot geographischer Mobilität der Arbeitskräfte voraussetzt.[71]

---

67 Zit. nach G. Unwin, *Industrial Organization in the XVIth and XVIIth Centuries, op. cit.*, S. 138. Man betrachte ebenso das Argument, das zur Rechtfertigung vorgebracht wurde, daß die Lehre der städtischen Handwerksberufe den Handwerkersöhnen vorbehalten sein sollen: »Es ist leichter für den Sohn eines Landhandwerkers oder Bauern, [Land-] Handwerker zu werden, als für den Sohn eines [städtischen] Handwerkers, Landhandwerker oder Bauer zu werden, so daß die Söhne der Stadthandwerker, so die Landhandwerker ihre Söhne in der Stadt unterbringen könnten, zu Gaunern [rogues] und Vagabunden werden müßten.« (*ebd.*, S. 138). All diese Maßnahmen sind wohl von dem Willen inspiriert, gegen das Risiko der sich über eine Deterritorialisierung von städtischen und ländlichen Bevölkerungsgruppen vollziehenden Entkoppelung zu kämpfen.

68 Zit. nach A. V. Judges, *The Elizabethan Underworld, op. cit.*, S. XXXIV.

69 Zit. nach R. H. Tawney, *The Agrarian Problem in the XVIth Century, op. cit.*, S. 269.

70 Vgl. D. Marshall, »The Old Poor Laws, 1662–1795«, in: E. M. C. Arus-Wilson, *Essays in Economic History*, London, 1954.

71 Vgl. K. Polanyi, *The Great Transformation, op. cit.*

Allen Kommentatoren dieser Arbeitsgesetze, von Adam Smith bis Karl Polanyi, ist gemein, daß sie ihren verheerenden Einfluß auf die Entwicklung einer modernen Wirtschaft anprangern. George Unwin erklärt ebenfalls: »Über beinahe alle von den Tudors erlassenen Arbeitsgesetze hinweg läßt sich beobachten, wie das England der Vergangenheit vergeblich Barrieren gegen das England der Zukunft errichtet.«[72] Diese Urteile sind jedoch problematisch, da solche Verfügungen England nicht daran gehindert haben, einen entscheidenden Vorsprung auf dem Weg in die Moderne zu gewinnen. Das steht außer Zweifel, denn wenn sie zwar zu den Erfordernissen dessen, was später der Industriekapitalismus werden soll, in Widerspruch stehen, sind sie dennoch nicht kontraproduktiv hinsichtlich des ihm vorausgehenden Zeitraums. Der »Vorsprung« Englands beruht zumindest zum Teil auf dem Umstand, daß es die durch die Organisation der vorindustriellen Arbeit eröffneten Möglichkeiten, und ganz besonders *die Koppelung von Arbeit und Domizilierung* maximal ausgenutzt hat. Speziell das *putting-out system* hat dort seine früheste und systematischste Verwirklichung gefunden. Nun setzt es ja gerade eine gebundene und wenig anspruchsvolle Arbeitskraft voraus, deren Stetigkeit die Fluktuationen des Marktes aufzufangen gestattet. Sie bekommt in Phasen der Unterbeschäftigung einen unzureichenden Unterhalt durch die ausgefeilteste Sozialgesetzgebung der damaligen Zeit. Die Liberalen des beginnenden 19. Jahrhunderts, welche die »gesetzlich geregelte Nächstenliebe« in ihrer englischen Version zur beliebtesten Zielscheibe ihrer Attacken[73] erhoben hatten, konnten oder wollten zweifelsohne nicht einsehen, daß das von ihnen angeprangerte System den Übergang vom Handelskapitalismus zum Industriekapitalismus bewerkstelligt hatte. Anscheinend weil es ihm gelungen war, über die Anwendung einer besonders grausamen Gesetzgebung gegen die Landstreicherei und die Gewährung minimaler Unterstützungen für die »Hausarmen« ein Maximum an Bedürftigen an Ort und Stelle zum Arbeiten zu bringen, hat England einen bedeutenden Teil seiner unqualifizierten Arbeitskräfte noch vor der industriellen Revolution mobilisieren können. Diese setzte ab der zweiten Hälfte des 18. Jahrhunderts ein, als sich die Quellen dieses Typs territorialisierter Arbeitskräftebeschaffung zu erschöpfen schienen.[74] Die Maschine und die industrielle Konzentration spielten dann die Rolle eines zweifachen Multiplikators von Arbeitskraft.

Auf dem europäischen Festland und besonders in Frankreich sieht die Situation ganz anders aus. Zum einen, weil der landwirtschaftliche Kleinbetrieb sich dort eher

72 G. Unwin, *Studies in Economic History, op. cit.*, S. 315.

73 Vgl. J. R. Poynter, *Society and Pauperism, English Ideas on Poor Relief, 1797–1834*, London, 1969. Wir werden in den Kapiteln IV und V noch auf das Unverständnis eingehen, das die liberalen Denker für die frühere Organisation der Arbeit und die daran geknüpften Formen sozialer Sicherung übrig hatten. Ihre Überlegungen standen nämlich im Rahmen eines völlig anderen Modells ökonomischer Entwicklung, aber auch gesellschaftlicher Organisation, das in Opposition zum vorausgehenden Typus konzipiert war. Die auf dem Vertrag beruhende liberale Auffassung von Freiheit hat sich gegen das System der traditionellen Bevormundungen herausgebildet. Der von den Liberalen eingenommene kämpferische Standpunkt gestattete es ihnen nicht, die Nützlichkeit dieses Systems für die Wahrung sozialer Kohäsion zu sehen.

74 Natürlich gibt es auch andere »Ursachen«, vor allem die Geschwindigkeit des Bevölkerungsanstiegs in England ab der zweiten Hälfte des 18. Jahrhunderts. Während dieses Zeitraums wuchs die englische Bevölkerung von 6,25 Millionen auf 8,89 Millionen an, was einem Anstieg von 42,2% entspricht (sowie von 8,89 auf 17,92 Millionen zwischen 1801 und 1851, eine Wachstumsrate von mehr als 100%). Vgl. G. Chapman, *Culture and Survival*, London, 1940, S. 34 ff.

hat halten können. Der kleine Hintersasse lebt ohne Zweifel in ärmlichen Verhältnissen, doch ist er in geringerem Maße oder nicht so frühzeitig von einer industriellen Nebenarbeit abhängig. Zum andern ist das städtische Handwerk hier tiefer verwurzelt. Die Interventionen in die Organisation der Arbeit lassen sich in Frankreich hinsichtlich dreier Hauptziele spezifizieren: Unterdrückung des Vagabundentums und des Bettelns von Arbeitsfähigen, Stärkung und Ausweitung des Zunftwesens, sowie Versuche zur Mobilisierung des sich außerhalb des Bereichs der traditionellen Regulierungen zünftischen Typs befindlichen Arbeitskräftepotentials. Es ist oben von den beiden ersten Strategien die Rede gewesen. Die dritte bestand in einer Palette von Interventionen der Königsmacht, die sicherlich begrenzt und wenig wirksam waren, dennoch einen beständigen Willen an den Tag legen, aus der Arbeitsfrage eine »Staatsangelegenheit« zu machen.

Dieses Tätigwerden der Königsmacht setzt ebenso frühzeitig ein wie in England. Wie wir gesehen haben, hatte die Politik Johanns des Guten Teil an diesem sich damals auf europäischer Ebene entfaltenden Bemühen, die traditionellen Strukturen der Organisation der Arbeit zu stärken. Im selben Maße wie sich die Königsmacht festigt, verstärkt sich auch dieser Wille, doch verharrt er zwischen einer rein repressiven Haltung, die sich mit der Austilgung des Vagabundentums und der Bettelei zufriedengibt, und viel anspruchsvolleren Versuchen, den Staat zum Initiator einer allgemeinen Mobilisierung der Arbeitskapazitäten des Königreichs zu machen. Dieser zweite Bestandteil einer Arbeitspolitik tritt das erste Mal mit Deutlichkeit in einer Erklärung Franz I. vom 16. Januar 1645 an den Tag:

> *»Wir sind ordnungsgemäß davon in Kenntnis gesetzt worden, daß mehrere gesunde Bettler, Männer und Frauen, Bewohner der besagten Stadt, und dazu noch mehrere Fremde aus der Picardie, der Champagne und von anderswo in besagter Stadt vorstellig geworden sind und gesagt haben, sie seien in solche Armut und Not gestürzt, daß sie sich von der Hand in den Mund lebend durchschlagen müßten und auf Almosen angewiesen seien. Sie entschuldigen sich dafür, daß sie niemanden finden können, der sie beschäftigen noch in Arbeit stellen möchte. Wir wünschen, erklären und ordnen an, daß die besagten arbeitsfähigen Bettler, Männer wie Frauen, von den Bürgermeistern und den Schöffen unserer Stadt Paris, für die notwendigsten Arbeiten der besagten Stadt angestellt werden, und daß ihre Löhne an die obengenannten in Deniers der besagten Stadt ausbezahlt werden; und damit die besagten arbeitsfähigen Armen gute und ganze Tagewerke verrichten, sollen sie so an den besagten öffentlichen Arbeiten eingesetzt werden, wie wenn es sich um private Arbeiten handelte.«*[75]

Wörtlich genommen würde diese Erklärung implizieren, daß es sich der Staat zur Pflicht macht, all denjenigen Arbeit zu verschaffen, die keine haben, wobei er die Widerspenstigen dazu zwingen kann, sich dieser Verpflichtung zu beugen. Tatsächlich wird diese Erklärung nur in lächerlichem Ausmaß umgesetzt werden. Fallen gelassen wird sie aber dennoch nicht. In dem Maße, wie die Königsmacht sich als regu-

75 Jourdan, Decrouzy, Isambert, *Recueil général des anciennes lois françaises, op. cit.*, Bd. XII, S. 900–901.

lierende Zentralinstanz durchsetzt, nehmen auch die Erklärungen über die Notwendigkeit zu, die »Pflanzschule« brachliegender Arbeitskräfte zu nutzen und daher alle lebenden Kräfte des Königreichs zu mobilisieren. Das Bild der Pflanzschule kehrt beständig in den vom Merkantilismus inspirierten Texten, vor allem beim ungestümsten seiner Ideologen, Barthélemy de Laffemas, wieder, der einen umfassenden Plan zur Organisation der Arbeitswelt entwirft. Für die Arbeiter außerhalb der Handwerksberufe schlägt Laffemas die Schaffung von zwei »öffentlichen Häusern« in den Vorstädten einer jeden Stadt vor, eines für die Männer, ein anderes für die Frauen. Dort sollen auch die ausgesetzten Kinder aufgenommen werden, um aus ihnen Lehrlinge zu machen.[76] Die Widerspenstigen »werden mittels Ketten und Gefängnis zur Arbeit gezwungen, um sie am Betteln zu hindern und um ihnen Disziplin beizubringen, wie es vom Polizeichef und den zwölf Bürgern bestimmt wird, die den Gemeinden ihre Regeln geben.«[77]

Richelieu erklärt im Jahre 1625 ebenfalls: »Wir wünschen, daß in allen Städten unseres Reiches für die Armen Ordnung und Reglement eingeführt werden, so daß nicht nur diejenigen der besagten Stadt, sondern auch die der benachbarten Orte darin eingeschlossen und unterhalten, und die Arbeitsfähigen für öffentliche Arbeiten eingesetzt werden.«[78] Ebenso Colbert im Jahre 1667: »Da der Überfluß seine Quelle in der Arbeit hat und das Elend im Müßiggang, soll unsere Aufmerksamkeit primär darauf gerichtet sein, Mittel zur Einsperrung der Armen zu finden und ihnen Beschäftigung zu geben, damit sie ihren Lebensunterhalt verdienen können. Hierfür können Sie nie früh genug gute Beschlüsse fassen«.[79]

Auf diesen Gedanken stößt man, wie wir gesehen haben, schon bei der Schaffung der königlichen Manufakturen und des *Hôpital général*. Die Verordnung von 1662 darüber, »daß man *Hôpitaux généraux* in allen Städten und großen Marktflecken des Reiches errichte«, führt desweiteren aus, daß man so »Pflanzschulen für Soldaten, Matrosen in den am Meer gelegenen Landstrichen sowie gesunde und gelehrige junge Leute mit guten Sitten finden wird«.[80] Die Ergebnisse sollten allerdings mehr als enttäuschend ausfallen. Ist dem so, weil man davor Angst hat, wie es ein anonymer *État sommaire des pauvres* von 1662 behauptet, »den Handwerkern Schaden zuzufügen«?[81] Man kann nämlich davon ausgehen, daß die Handwerkszünfte dieser Konkurrenz gegenüber nur feindlich eingestellt sein konnten, da sie an ihren Privilegien rüttelte und billigere Produkte auf den Markt hätte bringen können. Jedenfalls konnten die Erbärmlichkeit und der schwache Arbeitswille der Arbeitskräfte, die Dürftigkeit der Mittel und die mangelnde Anleitung nicht darauf hoffen lassen, daß die Arbeit einen wirklich produktiven Charakter innerhalb dieses Rahmens annahm. Die Leiter der *Charité* von Lyon, die sich unter den wenigen befanden, die wirklich in diese »Spitalmanufakturen« investierten, zogen 1732 folgende ernüchter-

76 Vgl. H. Hauser, *Les Débuts du capitalisme, op. cit.*, Kap. V, »Le système social de Barthélemy de Laffemas«.

77 B. de Laffemas, *Advis et remontrances à M.M. des Députez du Roy*, Paris, 1600, S. 7.

78 Cardinal de Richelieu, *Lettres, instructions diplomatiques et papiers d'État*, Bd. II, zit. in J.-P. Gutton, *La société et les pauvres, op. cit.*, S. 318.

79 J.-B. Colbert, Lettres, instructions et mémoires, Bd. I, zit. in J.-P. Gutton, *La société et les pauvres, op. cit.*, S. 338.

80 Zit. in A. Vexliard, *Introduction à la sociologie du vagabondage, op. cit.*

81 Zit. in J.-P. Gutton, *La société et les pauvres, op. cit.*, S. 468.

te Bilanz: »Das Gute an der Arbeit der Manufakturen liegt weniger in dem Gewinn, den man daraus zieht, als in den Vorteilen, einige in besagtem Spital eingesperrte arbeitsfähige Arme nutzbringend zu beschäftigen.«[82] Das schöne Vorhaben, die Arbeitskraft der gesunden Armen des Reiches fruchtbringend einzusetzen, hat sich unterm Strich in eine Ergotherapie für eine Handvoll harmloser Kostgänger der Spitäler verwandelt.[83]

Am bezeichnendsten ist dennoch, daß trotz wiederholten Scheiterns das Vorhaben, alle Armen in Zwangsarbeit zu stecken, in seinem Anspruch bestehen bleibt. 1724 weist der Abbé Saint-Pierre, der als der aufgeklärte Spezialist in diesen Fragen gilt, erneut mit Nachdruck auf den Verlust hin, der dem Staat daraus erwachse, wenn er dieser zu einer »wunderbaren Arbeit« befähigten Kraft, welche die unbeschäftigten Armen darstellen, beraubt bleibt.[84] Im selben Jahr empfiehlt eine erneute, zweifelsohne von den enttäuschenden Resultaten der Einsperrung motivierte feierliche Erklärung die systematische Anwendung schon nicht mehr. Sie wiederholt dennoch den ausdrücklichen Befehl an alle Bedürftigen, »Männer wie Frauen, die gesund sind und imstande, ihren Lebensunterhalt mit Arbeit zu verdienen, eine Beschäftigung anzunehmen, um von ihrer Arbeit leben zu können, sei es, daß sie in ein Dienstverhältnis eintreten, oder daß sie in der Landwirtschaft oder anderen Arbeiten und Berufen arbeiten, zu denen sie fähig sind«. Diejenigen, die keine Arbeit gefunden haben, werden »in Kompanien zu je zwanzig Mann eingeteilt und unter der Führung eines Sergeanten jeden Tag zur Arbeit geführt werden. [...] Sie sollen im Brücken- und Chauseebau oder in öffentlichen und anderen Arten von Arbeiten eingesetzt werden, die für sie als angemessen erachtet werden.«[85]

Nirgendwo lassen sich Spuren der Arbeit einer dieser »Brigaden« finden. Dennoch soll die Beschäftigung der arbeitsfähigen Armen im Brücken- und Straßenbau sowie bei öffentlichen Arbeiten gegen Ende des Ancien Régime eine Neubelebung erfahren, was in einer Zunahme der »Werkstätten der Nächstenliebe« zum Ausdruck kommt. Turgot entwickelt zunächst einen Prototyp im Limousin, wie es scheint, mit einigem Erfolg. Sie werden zwischen 1775 und 1789 auf die Gesamtheit der ausgewählten Landstriche ausgedehnt, und das *Comité de mendicité*, die Kommission für Bettelwesen der konstituierenden Versammlung wird die Idee erneut aufgreifen, bevor es ihr Scheitern unter dem Namen »Unterstützungswerkstätten« eingesteht.[86] Ihre Nützlichkeit scheint sich vor allem in Regionen mit bäuerlichen Kleinparzellen erwiesen zu haben, wo sie den Kleinpächtern, die zu arm sind, um von ihrem eigenen

82 *Ebd.*

83 Dieselbe Illusion haftet auch der beinahe zeitgleichen Schaffung der königlichen Manufakturen als Makel an, von denen Colbert sagte: »Außer den Vorteilen, die der Zufluß einer großen Bargeldmenge im Reich hervorbringt, gilt es als gewiß, daß mittels der Manufakturen eine Million von Leuten, die nun nichtsteuerisch herumlungern, ihren Lebensunterhalt verdienen könnten; daß eine ebenso ansehnliche Zahl ihren Lebensunterhalt in der Schiffahrt und auf dem Meer verdienen könnte; daß die beinahe unendliche Vermehrung von Schiffen ebenso auch die Größe und die Macht des Staates vermehren würde« (*Lettres, instructions et mémoires*, Bd. II, 4. Teil, zit nach P. Léon, *Économies et sociétés industrielles*, 2. Bd., *op. cit.*, S. 121). Tatsächlich aber hatten die königlichen Manufakturen nur ein geringe Bedeutung für den Arbeitsmarkt und noch weniger für das Bemühen, den »nichtsteuerisch herumlungernden Leuten« Arbeit zu verschaffen.

84 Abbé Saint-Pierre (Charles Irénée Castel), *Sur les pauvres mendiants*, Paris, 1724, S. 8.

85 Zit. in J.-P. Gutton, *L'État et la mendicité dans la première moitié du XVIIIe siècle, op. cit.*, Anhang I, S. 226f.

86 Vgl. C. Bloch, *L'Assistance et l'État en France à la veille de la Révolution*, Paris, 1909.

Betrieb ihren Lebensunterhalt erwirtschaften zu können, eine Nebeneinnahmequelle verschaffen.[87]

Diese jüngsten Innovationen sind jedoch den von der massenhaften Unterbeschäftigung geschaffenen Problemen nicht angemessen. Trotzdem ist es bezeichnend, daß sie parallel zur Schaffung der *dépôts de mendicité* die andere Alternative des zu Ende gehenden Ancien Régime darstellen, auf Ebene des Staates die Arbeitsfrage anzugehen. Werkstätten der Nächstenliebe und Bettlerdepots stellen zwei Varianten – die eine auf relativ sanfte, die andere auf harte Weise – des gängigen Paradigmas der Arbeitsverpflichtung dar. Zwischen diesen beiden Möglichkeiten hat die Monarchie nicht wirklich gewählt. Doch mußte sie das? Sie sind komplementär. Die Bettlerdepots zielen auf den am meisten asozialen oder zumindest so wahrgenommenen Rand der arbeitsfähigen Armen ab: die Bettler und die Vagabunden. Die Verpflichtung nimmt hier die Form bloßer Unterdrückung an, und die weiterhin beibehaltene Bezugnahme auf die zu schaffende Arbeit dient wie beim englischen *workhouse* nur schlecht als Alibi für die Strafpraktiken um der reinen Einschüchterung willen. Das *atelier de charité* zielt, wie einige auf örtlicher Ebene von den englischen *poor laws* eingerichtete Arbeitsstätten, auf ein breiteres Spektrum von beschäftigungslosen Armen ab, im Prinzip sogar auf all diejenigen, die aus eigenen Mitteln keine Arbeit haben finden können. Die Arbeitsgelegenheiten werden also grundsätzlich von der öffentlichen Hand bereitgestellt. Doch abgesehen davon, daß sie offenkundig nicht ausreichend sind, ist das Angebot von Anfang an verzerrt. Diese Arbeiten dürfen nicht in Konkurrenz zu den gängigen Formen der Arbeit stehen, und zwar derart, daß man »Sorge getragen hat, die Preise zu senken und man zu dieser Arbeit nur die Allerbedürftigsten zugelassen hat«, wie der Intendant von Poitiers 1784 sagt.[88] Das ist genau das *less eligibility*-Prinzip, das in jeder Sozialpolitik (und nicht nur in den vorindustriellen Gesellschaften) uneingeschränkt herrscht: Unterstützungsleistungen und Einkommenszuschüsse müssen stets niedriger sein als das niedrigste Entgelt, das ein Individuum aus einer »normalen« Erwerbstätigkeit beziehen kann. Um Zugang zum System zu erhalten, muß man daher entweder extrem bedürftig sein, oder dazu durch äußere Umstände oder aus Angst gezwungen werden. Die Formen »angebotener« Arbeit stehen folglich nicht im Gegensatz zu Formen der Zwangsarbeit wie in den Bettlerdepots, ja nicht einmal wie auf den königlichen Galeeren. Diese beiden Möglichkeiten funktionieren komplementär zueinander. Eine besonders repressive Arbeitspolizei muß nur mit Drohungen auftreten, damit die armen Teufel Formen der Zwangsarbeit »wählen«, für die der Zwang zwar euphemisierter ist, die aber freilich nichts Verlockendes an sich haben. So bestätigt sich also die von der Behandlung der Landstreicherei ausgeübte exemplarische Funktion: Sie verkörpert das Paradigma der Regularisierung einer vom Grundsatz der Verpflichtung beherrschten Organisation der Arbeit. In den präkapitalistischen Gesellschaften lastet sie bedrohlich auf der Arbeitsordnung für alle Armen.

---

87 Vgl. O. H. Hufton, *The Poor of the Eigteenth Century France, op. cit.*, Kap. VI. Für die Politik Turgots im Limousin, vgl. M. Lecoq, *L'Assistance par le travail et les jardins ouvriers en France*, Paris 1906. Der relative Erfolg Turgots rührte daher, daß er die Mühe auf sich genommen hatte, eine Klassifikation der betroffenen Bevölkerungsgruppen zu erstellen, und versucht hatte, dafür unterschiedliche Arbeitsarten zu finden, die ihnen jeweils entsprachen.

88 Zit nach Pierre Léon, »La réponse de l'industrie«, in: Fernand Braudel, Ernest Labrousse, *Histoire économique et sociale de la France, op. cit.*, 2. Bd, 2. Kapitel.

Die Gebeutelten

Regulierte Arbeit, sagten wir, oder Zwangsarbeit: zwischen den beiden einen Platz zu finden, war für die »freie« Arbeit kein leichtes Spiel. Freie Arbeit würde bedeuten, daß die Arbeitskraft als solche in Abhängigkeit von der Marktnachfrage getauscht, verkauft und gekauft wird. Doch besteht das Paradox der vorindustriellen Gesellschaften darin, daß sie, wenn sie auch unterschiedliche Formen von Lohnabhängigkeit gekannt und entwickelt haben, dennoch die Herausbildung einer Lohnarbeiterlage nicht gestattet haben. Bronislaw Geremek bemerkte schon im Hinblick auf das 13., 14. und 15. Jahrhundert: »Die Analyse der Lohnarbeitsformen und des Arbeitsmarktes läßt den Schluß zu, daß in der städtischen Wirtschaft des Mittelalters die Arbeitskraft in den Warenkreislauf eintritt, ohne jedoch schon die grundlegenden wirtschaftlichen und sozialen Strukturen durcheinanderzubringen. Der Prozeß bleibt randständig, da diese Ökonomie einen noch schwach entwickelten Bedarf nach freien und nichthandwerklichen Arbeitskräften empfindet.«[89]

Nicht daß die Lohnarbeit einen Bestandteil von sekundärem Rang dargestellt hätte, auf die die Organisation der Produktion äußerstenfalls hätte verzichten können. Ganz im Gegenteil, dieser »Bedarf« wird im Lauf der Zeit spürbar: Je näher das Ende des Ancien Régime heranrückt, umso mehr läßt sich auch ein starkes Anwachsen der Zahl der Lohnarbeiter und eine Diversifizierung der Formen abhängiger Arbeit feststellen. Wenn sie *quantitativ immer bedeutsamer wird*, so bleibt die Lohnarbeit aber doch im Vergleich zu den legitimen Formen der Arbeitsteilung *strukturell gesehen ein peripheres Phänomen*. Außerhalb des anerkannten Zunfthandwerks, dessen Verschachtelung die Gesellschaftsordnung aufrechterhält, nistet sich die Lohnarbeit in den Zonen mit dem schwächsten Grad an Legitimität ein. Sie ist aber nicht nur einfach minderwertig, sondern auch so stark fragmentiert, daß diese Atomisierung ihre Schwäche noch verdoppelt. Versuchen wir nun ein Inventar der Bereiche aufzustellen, in denen sie zu finden ist:

1. Ihr stabilster Kern wird von den Handwerksgesellen gebildet. Sie stellen für diese Zeit eine Art gutqualifizierte »Arbeiteraristokratie« dar. Selbst die auf Lebenszeit zu einer Existenz als Lohnarbeiter »verurteilten« Gesellen befinden sich in der gesicherten Position, aufgrund ihrer guten Ausbildung und ihrer hohen Kompetenzen eine Beschäftigung behalten oder wiederfinden zu können. Diese Arbeiterelite erlebt ihre Lage jedoch als einen Niedergang, oder zumindest als ein Scheitern hinsichtlich der Ziels, das die Situation des Handwerksmeisters verkörperte. Die Gesellen auf Lebenszeit sind die Linksliegengelassenen eines Zunftwesens, das sich selbst blockiert hat, und sie stellen auch keinerlei »moderne« Alternative zu diesem System dar. Ihr Ideal bleibt weiterhin der Aufstieg in die Meisterstellung, also die Auflösung der dauerhaften lohnabhängigen Arbeit. Da dem nicht so ist, greifen sie zu ihren »geheimen Machenschaften«, um dadurch die zünftischen Privilegien, insbesondere bei der Einstellung, zu ihren Gunsten zu monopolisieren.

89 B. Geremek, *Le Salariat dans l'artisanat parisien aux XIIIe–XVe siècles, op. cit.*, S. 147.

2. Dem kommt die Situation der abgerutschten oder ruinierten Meister nahe, die zur Arbeit für einen Dritten, meist für einen Kaufmann gezwungen sind. Dieser Rückfall in die abhängige Arbeit ist in den Gewerben wie der Tuch- oder der Seidenfabrikation allgemein, denen der Handelskapitalismus leichter und früher sein Gesetz aufzwingt. Aber andere Handwerker unterliegen aufgrund der Krisenanfälligkeit dieses Gesellschaftstypus' dem gleichen Risiko. Die Subsistenzkrisen der vorindustriellen Gesellschaften schlagen nämlich auf die handwerkliche Produktion durch. Die von einer oder mehreren schlechten Ernten ausgelöste »Teuerung« der Lebensmittelpreise hat einen Nachfragerückgang nach »industriellen« Produkten im Gefolge.[90] Die Expansion des nationalen und internationalen Marktes ist ein weiterer Faktor für die zunehmende Fragilität der Position von Direktproduzenten: Ihre Reserven sind häufig zu klein, um die Fluktuationen des Marktes aufzufangen. In beiden Fällen geraten sie in die Abhängigkeit der Kaufleute. Der Prozeß der Pauperisierung und des Verlusts der Selbständigkeit läuft allerdings nicht auf eine freie Lohnarbeiterlage hinaus, da ja das, was der abgerutschte Handwerker verkauft, eine Ware ist und nicht seine Arbeitskraft.

3. Wenn schon die Position derer, die wie die Meister und Gesellen zum Zunftwesen gehören, nie ganz und gar abgesichert ist, so ist die der an seinen Rändern Tätigen erst recht prekär. Das gilt besonders für die »*chambrelans*«, die Bönhasen, die von den offiziellen Regelungen nicht anerkannten Gesellen und Meister, oder für die »Ortsfremden«, die sich auf eigene Rechnung niederlassen wollen. Sie sind praktisch zu einer Art Heimlichkeit verurteilt, und ihre Situation ist in dem Maße dem Zufall unterworfen wie die Zunftorganisation solide ist. 1789 noch verlangen die Perückenmachermeister in ihren *Cahiers* das Verbot der Vermietung von Räumlichkeiten an »Bönhasen, die den Meistern all ihre Aufträge wegschnappen und es ihnen verunmöglichen, zu leben und ihre Steuern zu zahlen, indem sie sie arbeitslos machen.«[91] Für sie kann eine Arbeit zuhause als *façonnier* für einen Kaufmann zwar einen Ausweg darstellen, was allerdings mit dem Verlust der Selbständigkeit erkauft werden muß.

4. Die Dienstboten und Diener repräsentieren eine soziale Gruppe mit besonders ambivalentem Status, die trotz ihrer großen Zahl recht wenig untersucht wurde: Ihr Anteil an der Stadtbevölkerung liegt in einer Größenordnung von 10 %.[92] Eine heterogene Gruppe, da einige Dienstboten in den »Häusern« stark integriert sind und sogar ehrenwerte Positionen einnehmen können, wenn es sich dabei um »große Häuser« handelt. Sogar subalterne Diener können inmitten des Volkes eine seltene Sicherheit genießen, da die Befriedigung ihrer Bedürfnisse gewährleistet wird. So will sie Vauban in seinem *Projet de dîme royale*, dem Entwurf für einen königlichen Zins

90 Der Mechanismus dieser Krisen wird gut beschrieben in P. Goubert, *Cent Mille Provinciaux au XVIIe siècle, Beauvais et le Beauvaisis de 1600 à 1730*, Paris, Flammarion, 1968. Goubert zeigt, wie das Fehlen von für den Ankauf von Getreide verwendeten Bargeldes Unterbeschäftigung und Arbeitslosigkeit in den industriellen Berufen nach sich zieht. Dieser Prozeß trifft eine in der Fabrikation von Handwerksprodukten für den Konsum in breiten Bevölkerungsschichten spezialisierte Stadt wie Beauvais mit voller Wucht. Wenn sich aber die Schwächung der zahlungskräftigen Nachfrage über längere Zeit hinzieht, trifft sie gleichermaßen auch die Luxusproduktion.

91 Zit. nach J. Kaplow, *The Names of Kings, op. cit.*, S. 37.

92 J.-P. Gutton, *Domestiques et serviteurs dans la France de l'Ancien Régime*, Paris, Aubier, 1981.

 Pauperisierung = Verelendung großer Bevölkerungsteilen unmittelbar vor der Industrialisierung

steuerpflichtig machen, da es sich seinen Worten nach dabei »genau genommen um eine der glücklichsten Stellungen des niederen Volkes handelt. Sie müssen niemals Sorge um ihr Essen und Trinken, noch um ihr Kleidung, Schlafengehen, Aufstehen tragen. Das ist nämlich Aufgabe der Herren.«[93] Trotzdem läßt sich verstärkt eine Entwicklung des Dienstbotenstandes in Richtung Lohnabhängigkeit und Prekarisierung ausmachen. Zahlreiche Quellen deuten seit dem 17. Jahrhundert darauf hin, daß das Dienstbotenverhältnis zu einer besonders verächtlichen Lage herabgesunken ist und als der unruhige, unbeständige, ehrlose und nichtsnutzige Rand des niederen Volkes angesehen wird.[94] In den letzten Jahren des Ancien Régime klagt Mercier über das Ende des goldenen Zeitalters des Dienstbotenstandes: »Man hat nur Verachtung für sie übrig; sie spüren das und sind unsere größten Feinde geworden. Früher war ihr Leben mühevoll, hart, doch man hielt sie für jemanden, und der Diener verstarb an seines Herren Seite.«[95] Wenn das alte Band der Vormundschaft sich lockert oder gerissen ist, nähert sich die Lage der Bediensteten derjenigen an, die später die des Hausangestellten werden soll.

5. In der Stadt gibt es auch eine oder eher mehrere schwierig einzugrenzende Gruppen von Beschäftigungen, deren Situation die der modernen Angestellten vorwegnimmt: Verwaltungsgehilfen, Laufburschen, Gerichtsschreiber, Ladendiener usw. Sie arbeiten nicht mit ihren Händen, außer wenn sie manchmal schreiben, und zweifelsohne haben sie für die Handarbeiter nur Verachtung übrig. Trotzdem sind sie arm, ja ärmer noch als so mancher gelernte Arbeiter, und ihre Tätigkeit besitzt keinerlei Prestige, häufig mangelt es an Sicherheit. Georges Lefebvre ordnet diese nicht-manuell Arbeitenden ins »Volk« ein, dessen Haltungen sie auch zu teilen scheinen.[96] Eine richtige Verwaltungsorganisation mit einem System von Dienstgraden und Rängen kommt erst mit dem Direktorium und vor allem mit dem Kaiserreich auf.[97] Noch ist sie sehr hierarchisiert und räumt den Büroburschen und -gehilfen nur einen sehr geringen Status ein. So wird bis mindestens um die Mitte des 19. Jahrhunderts der Großteil der »Staatsdiener« nur aus eingeschränkten und schlecht bezahlten Kategorien von kleinen Beschäftigten bestehen. Die Situation der Angestellten im »Privatsektor«, im Handel und den »freien« Berufen muß wohl noch ungewisser gewesen sein.

6. Das niedere Volk der Städte setzt sich vor allem aus Arbeitern bestimmter Berufe zusammen, die keine Lehre, wie etwa auf dem Bau, durchlaufen haben, sowie aus diesen unzähligen Beschäftigungen, die sich, wie die Wasserträger, Warenlieferanten,

93 Vauban, *Projet de dîme royale*, Paris, 1907, S. 66. Ein Zeitgenosse Vaubans sagt ebenfalls: »Ihr Leben ist abgesichert: Ihr Land ist keinem Hagel ausgesetzt, ihre Güter keinem Bankrott« (C. Cordier, *La Sainte Famille*, Paris, 1700, zit. nach J.-P. Gutton, *Domestiques et serviteurs... op. cit.*, S. 171).

94 Vgl. N. de La Mare, *Traité de police, op. cit.* Eine 1778 erneuerte Polizeiverordnung von 1720 bestimmt, daß die Pariser Dienstboten, die ihre Herrschaft wechseln, mit einem Zeugnis ihres ehemaligen Arbeitgebers versehen sein müssen (vgl. J. Kaplow, *The Names of Kings, op. cit.*, S. 49).

95 L.-S. Mercier, (*Tableau de Paris)*, Réimpr. de l'éd. d'Amsterdam, Genf, Slatkine, 1782–1788, I, S. 161. Zur selben Zeit erklärt des Essarts im Anschluß an eine Attacke gegen die Dienstboten: »Man kann also den Schluß ziehen, daß die Klasse der Diener sich nur aus dem Abschaum des Landes zusammensetzt« (*Dictionnaire de la police*, Paris, 1786–1798, Bd. III, S. 485).

96 G. Lefebvre, *Études orléanaises*, Bd. I. *Contribution à l'étude des structures sociales à la fin du XVIIIe siècle*, Paris, Imprimerie nationale, 1962. Vgl auch, vor allem in Hinsicht auf die damaligen Zweideutigkeiten des Begriffes »Volk«, François Furet, »Pour une définition des classes inférieures à l'époque moderne«, *Annales ESC*, Mai–Juni 1963.

97 Vgl. Pierre Rosanvallon, *L'État en France de 1789 à nos jours*, Paris, Le Seuil, 1990, Kapitel V.

Tagelöhner, die Lastträger usw., allesamt »Handlanger und Helfershelfer«, im allgemeinen einen Tag lang für ungelernte Tätigkeiten verdingen. Als Anzeichen für die Geltung des zünftischen Idioms könnte man den Umstand ansehen, daß einige dieser Berufe die Ordnungen und Hierarchien der ehrbaren Handwerke nachahmen.[98] Doch insgesamt gesehen verkörpern sie den »Bodensatz des Volkes«, den »Pöbel«, die »Kanaille«. »Diejenigen, die weder einem Handwerk nachgehen, noch mit Waren handeln, die ihren Lebensunterhalt mit ihrer Hände Arbeit verdienen, und die wir überall Handlanger oder Söldner nennen, wie etwa die Lastträger, Maurergehilfen, Karrenzieher und andere Tagelöhner, gehören allesamt zu den Gemeinsten unter den kleinen Leuten. Es gibt nämlich keine schlimmere Beschäftigung als die, gar keine Beschäftigung zu haben.«[99] Ein Gutteil dieser ungelernten Arbeitskräfte besteht aus Frauen: Wäscherinnen, Bleicherinnen, Schneiderinnen, Hutmacherinnen u.a.

7. Diese Art städtischen Subproletariats hat sein Gegenstück auf dem Land: Elende Massen von Landarbeitern, die keinen anderen Broterwerb haben, als sich in fremden Betrieben zu verdingen, sei es als Knechte auf Vollzeit oder – was gewiß noch elender ist – für unregelmäßige Saisonarbeiten. Der Kleinhäusler muß sich also für Stückarbeiten verdingen und die Wechselfälle der Jahreszeiten, der Ernten, des guten Willens des Grundeigentümers, der ihn anstellt, ertragen, weil die Vermietung seiner Person Bedingung für sein Überleben ist. Er kann sich auch kaum »niederlassen«, das heißt familiale Bande knüpfen, stabile Beziehungen mit einer Gemeinschaft unterhalten. Für ihn wird zur Realität, was sich bei der Lage des Landstreichers gezeigt hatte, in welche abzustürzen er ohnehin stets bedroht ist: daß die Mobilität die negative Eigenschaft der Freiheit für diejenigen ist, die mangels eines irgendwie gearteten Besitzes nichts mehr zu verlieren haben.

8. Der Parzellenbauer ist örtlich gebunden, doch zwingt ihn die geringe Größe seines Betriebes häufig, sein Einkommen durch eine handwerkliche Tätigkeit aufzustocken.[100] Pierre Goubert hat mit sehr viel Sorgfalt die komplexe Lage der »Kleinhäusler-Serscheweber« der Beauvaiser Region – »im Sommer Landarbeiter, im Winter Serscheweber, immer aber Gärtner«[101] – analysiert, die häufig Eigentümer ihres Hauses sind und ihre wenigen Morgen Land bebauen, wozu noch eine Kuh und et-

98 So sind die *gagne-deniers*, Lastträger, dem *Dictionnaire du commerce* von Savary (1761) zufolge »starke und robuste Männer, die man in Paris (und anderswo) für eine gewisse Summe, über die man sich mit ihnen geeinigt hat, zum Transport von Lasten und Waren anheuern kann«, in vier Gruppen aufgeteilt: die »Starken« in den Markthallen und an den Zollschranken, sodann die auf einen bestimmten Warentyp wie Holz, Kalk, Salz oder Korn usw. spezialisierten Träger, sodann die *débardeurs*, die Schauerleute, welche mit den Seine-Schiffen angekommene Produkte entladen, schließlich der Nächstbeste (*commissionnaires, crocheteurs, hommes de peine, portefaix*), der auf Anfrage arbeitet. Die drei erstgenannten Gruppen waren in Form von durch die städtischen Behörden anerkannten Monopolen organisiert, und man bekam auf Zahlung einer Gebühr hin das Eintrittsrecht in den Berufsstand (vgl. J. Kaplow, *The Names of Kings, op. cit.*, S. 41f.).

99 C. Loyseau, *Traité des ordres, op. cit.*, S. 80.

100 Die Art des Rückgriffs auf handwerkliche Tätigkeiten hängt von den extrem unterschiedlichen Bodenbesitzverhältnissen ab sowie von der Größe des Betriebs. Man weiß etwa, daß der Anteil der »Freibauern« oder »Alloden«, also derjenigen Bauern, die vollständig Eigentümer ihres Landes sind, niedrig ist, und daß bis zum Vorabend der Revolution vier Fünftel des französischen Bodens unter »Feudalrecht« stehen. Doch gewähren die unterschiedlichen Arten von »Landbesitz« in Abhängigkeit von ihrer Größe und den darauf liegenden Feudallasten sehr unterschiedliche Grade wirtschaftlicher und sozialer Unabhängigkeit. Für eine Zusammenfassung dieser komplexen Lagen, vgl. P. Goubert, »Les paysans et la terre; seigneuries, tenures, exploitations«, in: F. Braudel, Ernest Labrousse, *Histoire économique et sociale de la France, op. cit.*, 2. Bd., 5. Kapitel.

101 P. Goubert, *Cent Mille Provinciaux au XVIIe siècle*, op. cit., S. 189.

was Geflügel kommen. Doch läßt sich diese Situation mit leichten Nuancen in fast allen ländlichen Gegenden finden, wo sie die immense Produktion des Landhandwerks in Gang hielt. Man könnte diese Situation beinahe schon als lohnabhängig bezeichnen, da diese Bauern ihre Arbeit über die Ware verkaufen, die sie bearbeitet haben, die ihnen aber nicht gehört, weil der Kaufmann die Grundstoffe dazu geliefert hat. Der Anteil der Frauen, der Garnhasplerinnen, Spinnerinnen, Spitzenklöpplerinnen usw. ist ebenfalls hoch, genauso der der Kinder, die dem Vater im Rahmen der häuslichen Arbeitsteilung zur Hand gehen. Es scheint so, als ob man aus den extrem unterschiedlichen Formen, die das Landhandwerk annehmen kann, folgendes Gesetz ableiten könnte: Der Umstand, daß man darauf zurückgreift, steht immer für eine Situation wirtschaftlicher Abhängigkeit, die Unmöglichkeit, die Reproduktion des Familienlebens auf der Grundlage eines landwirtschaftlichen Betriebs sicherzustellen. Die Landhandwerker sind die ärmsten unter den Landpächtern.[102] Und da die Landarbeiter noch ärmer, aber auch in noch höherem Ausmaß lohnabhängig sind, könnte man die folgende Extrapolation wagen: Zumindest auf dem Land verrät der Rückgriff auf abhängige Arbeit stets große Prekarität, und je mehr man von Lohnarbeit abhängig ist, umso mittelloser ist man.

9. »Feierabendbauern« (paysans-ouvriers), um einen modernen Begriff anzuwenden, der dieser Proto-Industrie annähernd gerecht wird, doch gibt es auch »Feierabendarbeiter« (ouvriers-paysans). Die ersten Andeutungen industrieller Konzentrationen – Bergwerke, Hütten, Papierfabriken etc. – sind häufig auf dem Land angesiedelt. Sie haben oft auch nur ein bescheidenes Ausmaß: zehn, manchmal auch mehrere Dutzend Arbeiter auf ein Hütten- oder Bergwerk.[103] Sie rekrutieren ihr untergeordnetes Personal in ihrem ländlichen Umfeld, und dieses Halb-Proletariat bewahrt sich solide Bindungen an den Boden. Es bebaut weiterhin sein kleines Stückchen Land, genauso nimmt es auch an den Feldarbeiten während der Erntezeiten und Weinlesen teil. Diese Mischsituation hat auch Vorteile für den Arbeitgeber: Die Löhne können besonders niedrig sein, da der Arbeiter über ein Zusatzeinkommen verfügt. Sie kann aber auch Nachteile mit sich bringen, insofern der Bauern-Arbeiter ja weniger abhängig von der Fabrik ist und nicht zur Arbeit erscheinen, seinen eigenen Arbeitsrhythmen folgen kann. Fügsamkeit des Arbeiters gegenüber den Erfordernissen der industriellen Produktion und seine Betriebstreue setzen sich erst spät im 19. Jahrhundert langsam durch (vgl. Kapitel V).

10. Eine weitere Variante einer Zwitterkategorie zwischen Landbewohnern und Städtern, Lohnabhängigen und »selbständigen« Bauern, die in sich selbst wiederum sehr heterogen ist, stellt die Situation der Saisonarbeiter dar. Saisonarbeit ist eine Überlebensnotwendigkeit in Gebieten mit bäuerlichen Kleinbetrieben. Daher diese

102 So zeigen die in einem flämischen Dorf nach einem Todesfall angelegten Nachlaßverzeichnisse, daß Besitz oder Nicht-Besitz eines Webstuhls ganz eng mit Größe und Ertrag eines bäuerlichen Betriebs zusammenhängen: Sobald dieser der Familienwirtschaft einen gewissen Wohlstand verschafft, findet sich kein Webstuhl mehr. Vgl. F. F. Mendels, »Landwirtschaft und bäuerliches Gewerbe in Flandern im 18. Jahrhundert, in: P. Kriedte, H. Medick, J. Schlumbohm, *Industrialisierung vor der Industrialisierung. Gewerbliche Warenproduktion auf dem Land in der Formationsperiode des Kapitalismus*, Göttingen, Vandenhoeck & Ruprecht, 1978, S. 325–349.

103 P. Léon, »La réponse de l'industrie«, in: F. Braudel, Ernest Labrousse, *Histoire économique et sociale de la France, op. cit.*, 2. Bd., 2. Kapitel, S. 260f.

unzähligen »Auvergnaten«, »Savoyarden« usw., die jedes Jahr für einige Monate in die Stadt kommen, um dort ihre speziellen Dienste anzubieten, bevor sie wieder auf ihr kleines Stückchen Land zurückkehren und ihrer Familie ein Zusatzeinkommen mitbringen. Eine weitere Variante sind die Arbeiter, die sich auf dem Land für saisonale Arbeiten, Ernten und Weinlesen verdingen. Olwen H. Hufton hat eingehend eine weit verbreitete Gewohnheit untersucht, die sie das »Essen außerhalb der Region« nennt.[104] Im Extremfall zahlt sich das Unternehmen schon aus, wenn der Auswanderer sich ganz einfach einige Monate lang irgendwo anders durchschlagen kann, ohne die Einkommensquellen der Familie anzapfen zu müssen. Wie der Landhandwerker, so kann auch er sehr niedrige Löhne in Kauf nehmen und in Konkurrenz zu den Einheimischen treten, die eine ganze Familie zu ernähren oder einen Haushalt zu unterhalten haben. Anders ließe sich nicht verstehen, wie sich beispielsweise die Auvergnaten bis hinunter nach Andalusien verdingen können, wo doch chronische Unterbeschäftigung herrscht. Dennoch sind diese Wanderungen dem Zufall unterworfen. Oft ist es kein weiter Weg vom Saisonarbeiter zum Vagabunden.

11. Schließlich gibt es in manchen industriellen Konzentrationen ein im Entstehen begriffenes richtiges Proletariat: Manufakturen, Werften, Spinnereien, Fabriken, Bergwerke, Hüttenwerke etc. Es bahnt sich im 18. Jahrhundert bereits ein *take off* an, der die Fabrik des 19. Jahrhunderts vorwegnimmt. Anzin beschäftigt im Jahr 1789 schon etwa 4000 Arbeiter. In Hayange mit den Wendels, in Creusot, in Montceau-les-Mines sind gewaltige industrielle Imperien am entstehen. Allerdings bleiben solche Betriebe Ausnahmeerscheinungen (Anzin liefert allein die Hälfte der französischen Ölproduktion). Überhaupt bleibt das dort angestellt Personal sehr heterogen. Es umfaßt oft, wie in den königlichen Manufakturen, eine hochqualifizierte und relativ gut bezahlte Arbeiterelite, die häufig aus dem Ausland »importiert« ist. Darunter befinden sich Deutsche und Schweden in der Metallindustrie, Italiener in der Seidenweberei, Engländer für bestimmte Textilprodukte und Holländer für die Tuche. Es besteht auch, nach dem Modell des »verstreuten Unternehmens«, dessen Fortbestehen nicht einfach ein Relikt darstellt, aus Landhandwerkern. In der Metallindustrie, beispielsweise in der Fabrik Dietrich von Niederbronn im Elsaß, einem trotz allem »modernen« Betrieb mit einer Personalstärke von 918 Angestellten, arbeiten nur 148 in der Werkshalle.[105] Innerhalb der entstehenden Fabrik repräsentiert deshalb das, was dem Proletariat bzw. Subproletariat im modernen Wortsinn entspricht, den rauhesten Teil der Arbeitskräfte, auch den am wenigsten beständigen. Er setzt sich aus vollkommen verarmten Leuten zusammen, die keinen anderen Ausweg fürs Überleben mehr sehen, als das, was man in England damals die *satanic mills*, die Teufelsmühlen nennt.[106]

Elf Formen vorindustrieller abhängiger oder halbabhängiger Arbeit? Ich erhebe nicht den Anspruch, zu einer erschöpfenden Typologie gelangt zu sein, dieser Nebel ist ja allzu undurchsichtig, als daß man die Analyse nicht noch weiter verfeinern

104 O. H. Hufton, *The Poor of the Eigteenth Century France, op. cit.*
105 P. Léon, »La réponse de l'industrie«, in: F. Braudel, Ernest Labrousse, *Histoire économique et sociale de la France, op. cit.*, 2. Bd., 2. Kapitel, S. 260.
106 Vgl. K. Polanyi, *The Great Transformation, op. cit.*, S. 59.

könnte. Beispielsweise könnte man sich auch fragen, ob nicht die Truppenrekrutierung durch die Armeen einer dieser Formen der Lohnarbeit entspricht. Die *Enzyklopädie* Diderots und D'Alemberts unterstellt dies, wenn sie in dem Artikel »salaire« vorschlägt: »So sagt man grundsätzlich zu dem Preis, den man den Tagelöhnern und Söldnern für ihre Arbeit gibt.«[107] Mein Ziel bestand hier nur darin, die außerordentliche Heterogenität dieser Situationen offenzulegen. Diese Herangehensweise zeigt ebenfalls, daß die bedeutenden wirtschaftlichen und gesellschaftlichen Wandlungen, die sich über mehrere Jahrhunderte hinziehen und im 18. Jahrhundert deutlich hervortreten, keine vereinheitlichende Wirkung auf die Lohnarbeiterlage gehabt haben, ganz im Gegenteil. Dem Nachweis »eines bedeutenden sozioprofessionellen Wandels« gegen Ende des Ancien Régime fügt Ernest Labrousse noch hinzu: »Er bleibt in zahlreichen Fällen heterogen und vieldeutig. Er geht auch bei weitem nicht immer – außer bei einer ganz bestimmten und relativ begrenzten Lohnarbeiterschaft – mit einer Lohnarbeit in Vollzeit einher, und schon gar nicht mit der Fabrikation eines neuen Typus von Arbeitern, wie das beim Industriekapitalismus der Fall sein wird.« Labrousse betont die entscheidende Bedeutung dessen, was er »die bruchstückhafte Lohnarbeit« nennt.[108]

Trotz der Seltenheit verläßlicher statistischer Daten läßt sich eine quantitative Einschätzung als Beleg für diese grundlegende Heterogenität vertreten. Vor allem auf dem Land ist diese »bruchstückhafte Lohnarbeit« allem Anschein nach in der Bevölkerung noch weit verbreitet – eine Tatsache, auf die nur selten hingewiesen wurde. »Man kann zumindest davon ausgehen, daß die zusammengewürfelte Gruppe der Lohnarbeiter gegen Ende des 18. Jahrhunderts [...] relativ oder absolut innerhalb der Landbevölkerung dominiert.« Diese Aussage besitzt nicht nur für Frankreich Gültigkeit, sondern auch für die Gesamtheit der frühzeitig erschlossenen und auch am stärksten bevölkerten, mit einem Wort, »entwickeltsten« Regionen Europas:

> »*Mit zeitweiligen Nebentätigkeiten und Hungerlöhnen kommen einem die Niederlande wie eine riesige Textilfabrik vor, wenn auch archaisch und wenig industrialisiert, doch wie ein schlagendes Beispiel für die überlebensnotwendige Komplementarität zwischen einer Industrie in ihrer überkommenen Form und einer hochproduktiven Landwirtschaft auf kärglichen und mit einer allzu zahlreichen Bevölkerung belasteten Böden.*«[109]

Doch die Feststellung, daß auf dem Land eine »zusammengewürfelte Lohnarbeiterschaft« vorwiegt, impliziert auch, daß die »reine« Lohnabhängigkeit embryonal bleibt: »Der Vollzeit-Arbeiter, der einzig vom Verkauf seiner Arbeitskraft lebt, stellt nur eine Minderheit innerhalb der bäuerlichen Lohnarbeiterschaft dar.«[110] In der Stadt sieht es hinsichtlich der Heterogenität der Situationen abhängiger Arbeit wie

107 *Encyclopédie, ou Dictionnaire raisonné des sciences, des arts et des techniques*, Bd. XIV, S. 532.
108 E. Labrousse, »En survol de l'ouvrage«, in F. Braudel, E. Labrousse, *Histoire économique et sociale de la France, op. cit.*, Bd. II, S. 711–712.
109 M. Garden, »L'industrie avant l'industrialisation«, in: *Histoire économique et sociale du monde, op. cit.*, Bd. III, S. 27.
110 P. Léon, *op. cit.*, Bd. II, S. 495.

auch des minoritären Charakters der »reinen« Lohnarbeit genauso aus. Sie ist keine mit dem Aufkommen der Industrialisierung einhergehende Neuerung. Bronislaw Geremek bemerkt, daß »die Lohnarbeit schon im Handwerk des ausgehenden Mittelalters eine anhaltend und deutlich ausgeprägte Kategorie ist«.[111] Diese aus dem Handwerk hervorgegangene Lohnarbeiterschaft gewinnt zunehmend an Umfang, ohne daß man jedoch ihren Zuwachs genauer beziffern könnte. Sie fügt sich aber weiterhin in den kleinbetrieblichen Rahmen ein. Am Vorabend der Revolution stehen Arbeiter zu Arbeitgebern in einem Verhältnis von ungefähr fünf zu eins.[112] Nur in sehr begrenzten Gegenden deuten sich langsam Industriekonzentrationen an, welche Anhäufungen von »reinen« Lohnabhängigen entstehen lassen. So steigt die Arbeiterbevölkerung (Familien eingeschlossen) in Sedan von 800 im Jahr 1683 auf 14.000 im Jahr 1789 – doch ist das ein Extremfall. Auf das gesamte Staatsgebiet bezogen »zählte Frankreich am Vorabend der Revolution vielleicht 500.000 »reine« Arbeiter«, während es zu Beginn des 18. Jahrhunderts noch 150.000 bis 200.000 waren.[113]

Die Anzahl der in Vollzeit arbeitenden Lohnabhängigen steigt also rapide an, allerdings in Proportionen, die eher gering bleiben. Demgegenüber überwiegen nämlich die »kombinierten« Situationen, in denen sich ungefähr die Hälfte der Bevölkerung befindet. Elendssituationen finden sich beim Großteil derjenigen, die völlig oder teilweise auf abhängige Arbeit angewiesen sind. Die Unsicherheit der Lohnarbeiterschaft, ihre Unterordnung und die auf ihr lastende gesellschaftlicheVerachtung lassen gegen Ende des 18. Jahrhunderts noch keineswegs ihr späteres Schicksal erahnen. Sie steckt noch ganz und gar in Beziehungsformen gegenseitiger Abhängigkeit, die das Gepräge der Feudalgesellschaft tragen. Man hat diesbezüglich allen Anlaß, im Sinne Jacques Le Goffs von einem »langen Mittelalter« sprechen.

Das Modell der Fronarbeit

Seit der industriellen Revolution wird Lohnarbeit spontan nach dem Modell der Freiheit und des Vertrags gedacht. Selbst wenn man den leoninischen[114] Charakter dieses Vertrags und die Fiktion der Freiheit eines Arbeiters anprangert, den häufig blanke Not zum Verkauf seiner Arbeitskraft zwingt, so bleibt doch unbestritten, daß der Arbeitsmarkt zwei, vom rechtlichen Standpunkt aus gesehen, unabhängige Personen miteinander in Verbindung bringt, und daß die von ihnen über diese Transaktion geknüpfte soziale Beziehung durch eine der beiden Parteien aufgekündigt werden kann. Diese liberale Auffassung der Lohnarbeit bedeutet jedoch eine außerordentliche Revolution in Verhältnis zu den in der Geschichte vorausgegangenen Formen, die sich nach ihrer formellen Abschaffung jedoch weiterhin halten konnten. Zum Verständnis des späten Aufkommens der modernen Lohnarbeit, der damit einherge-

111 B. Geremek, *Les Mariginaux parisiens aux XIVe et XVe siècles, op. cit.*, S. 279.

112 Die von F. Brasch im Jahr 1791 durchgeführte Zählung ergibt ein Verhältnis von 16,6 Angestellten pro Arbeitgeber, doch bezieht sie weder die Kleinbetriebe mit einem oder zwei Angestellten, noch die zuhause für einen Arbeitgeber tätigen Arbeiter mit ein (Vgl. A. Soboul, *Paysans, sans-culottes et jacobins*, Paris, Éd. Sociales, 1966).

113 P. Léon, in: *Économies et sociétés industrielles, op. cit.*, Bd. II, S. 378.

114 Leoninisch nennt man ein Vertragsverhältnis, in dem ein Kontraktant allein den Vorteil hat; Anm. d. Übers.

henden langen, tastenden Versuche, sowie der Schwierigkeiten, auf die sie bei ihrer Durchsetzung stieß, möchte ich die Behauptung aufstellen, daß *die Lohnarbeit kein Kind der Freiheit oder des Vertrages ist, sondern der Vormundschaft*. Ohne Zweifel muß man im Fortbestehen des *Modells der Fronarbeit*, des Prototyps der Form des pflichtmäßigen Tausches, durch den ein Handarbeiter seine Aufgabe erfüllt, den tieferen Grund für den Widerstand gegen das Aufkommen des modernen Lohnarbeitsverhältnisses suchen.

Die Aufbürdung der Arbeit geschah zuerst *im Rahmen einer personengebundenen Abhängigkeit ausgehend von einer zugewiesenen Ortsbindung*. Der Frondienst ist das (bzw. ein Teil dessen), was ein Hintersasse seinem Grundherrn schuldet, nämlich daß er sich während einer bestimmten Anzahl von Arbeitstagen für den Dienst im herrschaftlichen Betrieb zur Verfügung stellt.[115] In dieser Hinsicht bildet die Fron einen Gegensatz zur Lohnarbeit: Sie wird nicht vergütet, sie ist der Ausdruck einer persönlichen Abhängigkeit nach Art der Leibeigenschaft und folgte auf die Sklaverei.[116] Doch parallel zum Prozeß der Befreiung der hörigen Arbeitskraft kann man sich mit dem Aufkommen der Geldwirtschaft ab dem 12. Jahrhundert immer häufiger auch vom Frondienst freikaufen: Er wandelt sich von einer obligatorischen Arbeitsleistung immer mehr zu einer obligatorischen Geldleistung. Die Umwandlung der Fron ist die Ablösung von einer Untertänigkeit: Der Hintersasse wird »frei«, seine Arbeit zu organisieren, die sein Auskommen und das seiner Familie ebenso wie die Bezahlung des dem Grundherren geschuldeten Grundzinses (und anderer Pflichten) gewährleisten soll. Doch kann es vorkommen (und das wird häufig der Fall sein), daß das Produkt seines eigenen Hofs nicht für die Gesamtheit seiner Pflichten ausreicht. Er macht dann einen Teil seiner Zeit »frei« und stellt sie gegen eine Vergütung seinem Grundherrn oder einem anderen reicheren Bauern zur Verfügung. *Hierin scheint der Ursprung der ländlichen Lohnarbeit zu liegen*. Konkret bedeutet das, daß der Hintersasse soundsoviele Tage pro Woche oder pro Jahr gegen eine Vergütung auf einem anderen Hof im Dienste eines anderen arbeitet. Der Lohnarbeiter ist also »frei« zu arbeiten, doch nur von dem Platz aus, den er in einem territorialisierten Abhängigkeitssystem einnimmt, und die Arbeit, die er verrichtet, ist exakt von der gleichen Art wie die Fronarbeit.

115 Das System der Fronarbeit, welches völlig unterschiedliche Modalitäten aufweisen kann, existiert in seiner reinsten Form während der Karolingerzeit in den Regionen zwischen Loire und Rhein. Es beruht auf der Trennung der Grundherrschaft in das direkt vom Herrn über seine Leibeigenen und eventuell dort wohnenden Sklaven bewirtschaftete »Eigengut« und den entweder von seinen Leibeigenen oder von »freien« Hintersassen (tenures ingénuiles) bewirtschafteten »Lehnsgütern«. Die hörigen Grundholde müssen im allgemeinen drei Tagewerke in der Woche auf dem Eigengut ableisten. Wenn sie zwar selten dem wöchentlichen Frondienst unterliegen, so müssen die »freien« Hintersassen dennoch schwere manuelle Dienste verrichten: Spanndienste, Mitarbeit beim Bau und den Reparaturen der grundherrschaftlichen Gebäude, Teilnahme an den umfangreichen bäuerlichen Arbeiten, an der Heumahd, Getreideernte usw. Diese Hand- und Spanndienste, die eine Unterwerfung der Person in der Form direkter manueller Arbeit implizieren, bleiben selbst für die »freien« Hintersassen Hauptteil der an das Lehensgut gebundenen obligatorischen Abgaben. Vgl. zu diesen Punkten, I. Josuah, *La Face cachée du Moyen Age, op. cit.* Vgl. auch M. Bloch, *La Société féodale, op. cit.*

116 Die Fronarbeit ist für die Leibeigenschaft charakteristisch und tritt an die Stelle der Sklavenhaltung, der Form vollständiger Verfügung über die Person.

Diese beiden Formen der Arbeit, der Frondienst und die entlohnte Arbeit[117], können zudem koexistieren, und dies nicht nur während derselben Epoche, sondern auch bei demselben Individuum. So schulden manche Hintersassen in England, wo die Leibeigenschaft im 11. und 12. Jahrhundert noch weit verbreitet ist, ihrem Herrn die Montagsfron (man nennt sie deshalb auch *lundinarii*). Georges Duby schreibt aber über sie: »In manchen Höfen erschienen die *lundinarii* jeden Montag zur unentgeltlichen Arbeit. Kamen sie an einem anderen Tag wieder, so gab man ihnen eine Löhnung (*gage*).«[118] In derselben Woche und obendrein noch für denselben Herren können diese englischen »cottiers« bald Knechte sein, die ihren Frondienst ableisten, bald von einem Arbeitgeber entlohnte Teil-Lohnabhängige. Der gleiche Mann arbeitet ja ganz offensichtlich auf dieselbe Weise am Montag, Dienstag oder an irgend einem anderen Tag. Anders gesagt, unterscheidet sich seine Tätigkeit als Lohnarbeiter in ihrer materiellen Form nicht von seiner Hörigenarbeit. Sie besteht gleichfalls im Zur-Verfügung-Stellen seiner Person, das dann aber nicht den rechtlichen Status einer persönlichen Untertänigkeit besitzt. Rechtlich gesehen, bilden Frondienst und Lohnarbeit einen Gegensatz, und historisch gesehen hat die Lohnarbeit die Fronarbeit verdrängt. Doch worin unterscheidet sich existentiell, wenn ich so sagen darf, der »freie« Lohnarbeiter hinsichtlich der Art der von ihm ausgeführten Arbeit, und der Bedingungen, unter denen er sie verrichtet, von einem Fronpflichtigen, der in einem Verhältnis persönlicher Untertänigkeit gegenüber seinem Herrn steht? In gar nichts, außer daß er im ersten Fall eine Vergütung, einen Lohn bekommt.

Diese Situation ist keine Eigenheit dieser Teillohnabhängigen, die nur einen Teil ihrer Arbeitskraft vermieten. Sie ist sicherlich für den Großteil der vollkommen lohnabhängigen Landarbeiter sogar noch schlimmer. Daher diese unzähligen Landbewohner ohne Boden, die häufig auf Lebenszeit auf dem Hof eines Eigentümers niedergelassen sind und die in völliger Abhängigkeit und miserabelst unterhalten ausschließlich ihm zu Diensten stehen. Diese Dienstboten oder Lohnabhängigen (wie soll man hier konzeptuell einen Unterschied machen) verfügen über nichts anderes als ihrer Hände Arbeit, sie sind Proletarier. Sie leben ausschließlich vom Entgelt für ihre Arbeitskraft, sie sind Lohnabhängige. Doch beschränkt sich der Lohn praktisch auf aus dem Betrieb entnommene Naturalleistungen, das Essen am gemeinsamen Tisch, die Schlafstelle im Stall, wozu noch ein kleines Peculium kommt. Was die Arbeit angeht, so wird sie in einem Verhältnis völliger Abhängigkeit vom Herrn verrich-

117 Es muß daran erinnert werden, daß die Vergütung der Arbeit nicht unbedingt in Geldform geschah. Dies dürfte bei diesen frühen Formen der Lohnarbeit sogar eine große Ausnahme gewesen sein. Doch stellt die Löhnung (*gage*), welcher Art sie auch immer gewesen sei, wohl eine Form von Lohn in dem Maße dar, als durch sie eine auf Rechnung eines Dritten und innerhalb einer Abhängigkeitsbeziehung für diesen ausgeführte Arbeit vergütet wird.

118 G. Duby, *L'Économie rurale et la vie des campagnes dans l'Occident médiéval*, Paris, Flammarion, 1982², Bd. II, S. 56. Das gleiche Ineinandergreifen von persönlicher Unterwerfung und der Andeutung eines »Lohnarbeits«-Verhältnisses läßt sich auch in anderen Kulturzonen bis in unsere Zeit hinein finden. So wurden die Zuckerplantagen des brasilianischen Nordosten nach der Abschaffung der Sklaverei von den »*moradores*« bewirtschaftet. Das waren Arbeiter, die dauernd auf der Plantage wohnten und ihre Arbeitszeit zwischen der Bewirtschaftung eines kleinen Fleckchen Lands, das man ihnen zugestanden hatte, und dem Dienst für den Eigentümer der Plantage einteilten. Sie konnten für einige Tage bestimmte Tätigkeiten gegen Bezahlung verrichten. Als diese Anbindung der Arbeiter inmitten der Plantage im Lauf der fünfziger und sechziger Jahre an ihr Ende kam – zum großen Teil, weil sie sich nun für eine Arbeit in der Stadt, wo sich ein Arbeitsmarkt entwickelt hatte, »entscheiden« konnten –, wurden die *moradores* zu völlig unselbständigen Landarbeitern (Vgl. Afrânio Garcia, *Libres et assujettis, marché du travail et modes de domination au Nordeste*, Paris, Éditions de la MSH, 1989, sowie die Arbeiten des Museu nacional de Rio de Janeiro).

tet, ob es sich nun um einen Grundherrn oder einen Landbesitzer handelt.[119] Die Tagelöhner und Saisonarbeiter sind gewiß in dem Sinne »freier«, daß sie nicht permanent an einen Herrn gebunden sind, aber ihre Situation ist vielleicht weniger beneidenswert, weil sie sich niemals über den nächsten Tag in Gewißheit wiegen können und stets vom Absturz ins Vagabundentum bedroht sind. Für die ebenfalls lohnabhängigen Landhandwerker haben wir ja schon gezeigt, wie sehr sie in den enggezurrten Netzen der territorialen Abhängigkeit gefangen waren.

Die verschiedenen Formen von Lohnarbeit auf dem Land bzw. dessen, was ihre Stelle einnimmt, bleiben daher in den traditionellen Zwangssystemen gefangen. Kann man sagen, daß die städtische Lohnarbeit davon vollkommen befreit wäre? Gewiß, das Handwerk – das seine Wurzeln sogar bis hinein in die Hörigenarbeit als Form persönlicher Abhängigkeit ausstreckt, wenn etwa der Landhandwerker auf dem Eigengut des Grundherrn arbeitet[120] – scheint dadurch, daß es in der Stadt seine Freiheiten errungen hat, mit den Formen feudaler Untertänigkeit gebrochen zu haben. Doch diese Privilegien sind Vorrechte des *Handwerks* und nicht der Person des Arbeiters. Der Handwerker ist in seiner Arbeit keineswegs frei, er ist nur innerhalb eines bestimmten Rahmens unabhängig, insoweit er sich dem rigiden Zunftwesen unterstellt, dessen Regulierungen von allen Seiten seine Eigeninitiative hemmen. Seine Selbständigkeit ist in Wirklichkeit der ihm für seine Akzeptanz der Kollektivzwänge der Zunft zufließende Nießbrauch. Insofern es eine Grundform der abhängigen Arbeit, derjenigen der Gesellen begründet, setzt das städtische Handwerk ein Modell der Arbeitgeber-Lohnarbeiter-Beziehung um, die von feudaler Bevormundung geprägt bleibt. Bronislaw Geremek schreibt, daß der Begriff »valet«[121], der dem des »compagnon«[122] vorausgegangen war, noch Anzeichen dieser Unterwerfung trägt.[123] Manche Züge dieser Herr-Diener- oder Meister-Gesellen-Beziehung[124] verweisen auf euphemisierte Weise auf die Konzeption des Feudalrechts, die aus dem Diener (valet) den »Mann« seines Herrn machte: Der Herr bzw. Meister befiehlt nicht nur, es ist dem Gesellen obendrein auch untersagt, außerhalb der Bude des Arbeitgebers oder in Teilzeit für einen anderen Arbeitgeber zu arbeiten. Der Geselle

119 Man könnte sich Gedanken machen über den Unterschied zwischen der Lage des ländlichen Gesindes und jener der auf dem Land des Herrn arbeitenden Familie. Er könnte einem nur sehr fein erscheinen, insofern die Frau und die Kinder in einer genauso starken oder gar noch höheren Abhängigkeit vom Herrn stehen können. Dennoch unterscheiden sich die familiale Bevormundung und die gegenüber den Dienstboten ausgeübte Bevormundung fundamental voneinander, wenn man das Verhältnis zum Eigentum mit berücksichtigt. Die Familienmitglieder sind im Rahmen einer rein häuslichen Ökonomie eingebunden, sie bilden die familiale Gruppe als Produktionseinheit und Einheit der Güterübertragung. Das Gesinde dagegen steht in einem marktmäßigen Verhältnis, selbst wenn dieses nur in einem niedrigen Grad monetarisiert und kontraktualisiert ist. Im Vergleich zur familienwirtschaftlichen Einheit sind die Dienstboten ungeachtet der »paternalistischen« Ideologie: Fremde. Sie können auch sich selbst überlassen werden, so sie nicht mehr arbeiten können, etwa wenn sie zu alt dazu sind, während es zwischen den Familienmitgliedern das gibt, was man heutzutage »Unterhaltsverpflichtungen« nennt, einen übergenerationellen Austauschmodus, der nicht auf einer marktmäßigen Beziehung beruht, sondern auf der Zugehörigkeit zur Familie.

120 Der Umstand, daß der König, die Grundherren und sogar reiche Bürger bis zum Ende des Ancien Régime »ihre« ausschließlich für sie arbeitenden Handwerker hatten, läßt sich als Erbe dieser »archaischen« Situation interpretieren. Freilich handelt es sich dabei um privilegierte Handwerker mit besonderen Qualifikationen, die den Neid ihrer den Zunftzwängen unterliegenden Kollegen erregte.

121 zu deutsch etwa: Diener, Knecht; Anm. d. Übers.

122 dt. Geselle; Anm. d. Übers.

123 B. Geremek, *Le Salariat dans l'artisanat parisien, op. cit.*, S. 36.

124 Das französische Wort »maître« bedeutet sowohl Herr als auch Meister; Anm. d. Übers.

steht oft auch in Kost und Logis bei seinem Meister usw. Im goldenen Zeitalter des städtischen Handwerks hatte der Geselle nicht einmal das Recht, sich ohne Genehmigung seines Meisters zu verheiraten, und mußte solange warten, bis er selbst Meister wurde, um dieses Vorrecht der Unabhängigkeit zu erlangen.[125] Dieses Lohnverhältnis fügt sich daher in eine enge Abhängigkeitsbeziehung gegenüber dem Meister ein, und für den Gesellen ist, wie Geremek schreibt, »das Lohnarbeitsverhältnis eher eine Form der Vermietung seiner Person als des Verkaufes seiner Arbeitskraft.«[126] Ist es nun reiner Zufall, wenn das »Edikt über die Abschaffung der Zünfte und der Gemeinschaften des Handels, der mechanischen Künste und der Handwerke«, sowie das »Edikt über die Abschaffung der Fronarbeit«[127] (die noch im 18. Jahrhundert in einigen Provinzen für den Straßenbau und die Straßeninstandhaltung existierte) zum selben Zeitpunkt, nämlich im Februar 1776 erlassen wurden? In seiner Begründung der zwei Maßnahmen entfaltet Turgot die gleiche Argumentation: Die neue unternehmerische Freiheit muß mit den traditionellen Zwängen aufräumen.

Gewiß gibt es »freiere« Lohnbeziehungen, doch sind sie auch weniger abgesichert. Man stößt deshalb auf folgendes Paradox: Die zweifelsohne beneidenswerteste Form abhängiger Arbeit in dieser Gesellschaft, diejenige, die der Geselle verrichtet, ist zugleich auch jenige, der noch die meisten als archaisch zu qualifizierenden Eigenschaften anhaften. Es ist zudem nicht sicher, daß die anderen Formen abhängiger Arbeit völlig befreit von dieser Erblast sind. Was zu dieser Zeit noch am ehesten einem Arbeitsmarkt ähnelt, das sind die in den Städten eingerichteten Plätze, an denen sich die beschäftigungslosen Arbeiter auf der Suche nach einem Arbeitgeber bei Tagesanbruch einfinden müssen.[128] Dabei handelt es sich um ungelernte und unstetige Arbeitskräfte, die vom System der regulierten Handwerksberufe nicht erfaßt sind. Doch bemerkt Geremek ebenfalls, daß die Arbeitskräfte mittels dieser Institution in eigener Person auf dem Anwerbeplatz ausgestellt werden, so wie andere Waren, landwirtschaftliche oder handwerkliche Produkte auf dem Markt zum Kauf ausliegen.[129] Die Anwerbung stellt in dieser Form eher eine Art punktueller Aneignung der Person dar, als einen Rechtsvertrag zum Verkauf der Arbeitskraft. Der Käufer der Arbeit »nimmt« den Arbeiter genauso »mit« wie in dem von Georges Duby berichteten Fall die Fronarbeit verrichtenden *lundinarii*, die sich anderntags am herrschaftlichen Hof anboten, dieses Mal eben gegen Entgelt.

Um rekonstruieren zu können, was die Lohnarbeit in diesem Gesellschaftstyp sein konnte, muß man auf eine Gesamtheit von Situationen bezugnehmen, denen allen eine gewisse Unwürdigkeit gemein ist. Mit Lohnarbeit sind nicht nur materielles Elend und Not, Armuts- oder armutsnahe Situationen konnotiert, sondern auch Situationen der Abhängigkeit, die eine Art »Unter-Bürgerlichkeit«[130] implizieren, dies

125 Vgl. M. Weber, *Wirtschaftsgeschichte, op. cit.*, S. 139.

126 B. Geremek, *Le Salariat dans l'artisanat parisien, op. cit.*, S. 145.

127 Jourdan, Decrouzy, Isambert, *Recueil général des anciennes lois françaises, op. cit.*, Bd. XXII, S. 358–370 und 370–386.

128 So etwa in Paris die »Place de Grève«, von der aufgrund einer Sinnumkehrung der Begriff »gréviste« herrührt (frz. grève = Streik; gréviste = Streikender; Anm. d. Übers.): Es handelte sich dabei um Ansammlungen von Arbeitern, die nicht arbeiteten, die aber auf der Suche nach einer Anstellung waren.

129 B. Geremek, *Le Salariat dans l'artisanat parisien, op. cit.*

130 sous-citoyenneté, infra-citoyenneté; das Französische verfügt im Gegensatz zum Deutschen über eine Differenzierung zwischen dem *bourgeois*, dem (Wirtschafts-) Bürger und dem *citoyen*, dem der Begriff Staatsbürger am nächsten kommt; Anm. d. Übers.

in Abhängigkeit von Kriterien, die zur damaligen Zeit einen anerkannten Platz im Gesellschaftsgefüge gewährleisten. Ganz klar ist das so, weil es sich bei all diesen Formen von Lohnarbeit um Leute »gemeinen« oder niederen Standes handelt, die nichts zu tauschen haben außer ihre Fähigkeit, manuelle und häufig noch ungelernte Arbeit zu verrichten. Die Lohnarbeit hat jedoch kaum ein ansehenheischenderes Modell vorzuschlagen als eben das, welches von dem Teil der Bevölkerung geboten wird, der »das Volk« ausmacht, und der um zu leben bzw. zu überleben mit den Händen arbeiten muß. Diejenigen Dienste, denen gesellschaftliche Würde zukommt – und die im gleichen Maße zunehmen und sich ausdifferenzieren, wie sich der Staat und die »freien« Berufe, Juristen, Ärzte usw. entwickeln –, fallen nicht in die Kategorie der Lohnarbeit. Das gilt etwa für die Ämter, die, nachdem sie anfangs von einem Lehnsherrn nach der Logik des Gabentauschs verliehen wurden, mit zunehmender Käuflichkeit erworben werden können. Sie lassen sich nicht mit einer Situation abhängiger Arbeit vergleichen, weder was die Form ihrer Ausübung anbelangt, noch die Art ihrer Vergütung. Ein Amt entspricht dem Besitz eines Unternehmens zur Herstellung von Reichtümern und Ehre zugunsten des Amtsinhabers und seiner Familie. Es erinnert eher an eine Form des Handels als an eine öffentliche Dienstleistung. Ohne Zweifel läßt sich die Herausbildung eines Kerns von mit Prestige und Macht ausgestatteten Verhältnissen abhängiger Arbeit parallel zur Entwicklung eines staatlichen Apparats ausmachen: die Gruppe der staatlichen Beamten, deren obererste Schicht zum »Staatsadel« werden sollte.[131] Zur damaligen Zeit ist diese Gruppe erst im Keim vorhanden und ihre Repräsentanten müssen schwer von den traditionellen Würdenträgern zu unterscheiden gewesen sein, welche einer Logik des Privilegs unterliegen statt der Logik der Entlohnung von Diensten zu gehorchen.[132]

Unwürdige Lohnarbeit: Sie verweist auf extrem unterschiedliche Verhältnisse, die aber beinahe ausschließlich von der Not erzwungene und von Abhängigkeitsbeziehungen eingefaßte gesellschaftliche Tätigkeiten charakterisieren. Die Definition, die die *Encyclopédie* dafür gibt, billigt ungeachtet der »progressiven« Richtung dieses Werks das pejorative Urteil: »Salaire: Bezahlung oder Entlohnung, die man jemandem in Ansehung seines Fleißes oder als Ausgleich für seine Mühen oder Dienste, die er zu einer Gelegenheit erbracht hat, gewährt. So sagt man grundsätzlich zu dem Preis, den man den Tagelöhnern und Söldnern für ihre Arbeit gibt.«[133] Und das, was man von ihrer weiteren Entwicklung gegen Ende des Ancien Régime schon voraussehen kann, löst nicht gerade Optimismus aus. Wenn sie sich in der spektakulärsten Expansionsphase befindet, dann sind ihre im raschesten Wachstum begriffenen Sektoren wie das Landhandwerk und das frühe Industrieproletariat auch mit die elendsten. Und wenn sie sich nur schwer von den alten Formen der Abhängigkeiten losmachen kann, so geschieht dies, um in neue Abhängigkeiten einzumünden. Es ist

131 Vgl. P. Bourdieu, *La Noblesse d'État*, Paris, Éditions de Minuit, 1989.

132 So wurden einmal abgesehen von den vom König ernannten Kommissaren, Intendanten und Staatsräten, das Corps des Ponts et Chausées im Jahre 1754 geschaffen, das Corps des Mines im Jahre 1783. Über einen *Concours* (Wettbewerbsprüfung; Anm. d. Übers.) rekrutiert, erinnert ihr Status an den der öffentlichen Beamten. Doch (vgl. P. Rosanvallon, *L'État en France de 1789 à nos jours, op. cit.*) bildet sich der staatliche Beamtenstatus erst nach der Revolution aus und kann so Modelle für attraktive und »noble« Formen abhängiger Arbeit anbieten.

133 Article »Salaire«, *Encyclopédie, op. cit.*, Bd. XIV, S. 532.

wirklich symptomatisch, daß das Aufkommen des Industrieproletariats in embryonaler Gestalt mit neuen Formen autoritärer Überwachung und Einsperrung einhergeht, die sich obendrein im 19. Jahrhundert noch verschärfen sollen. Eine Verordnung von 1749 untersagt den Arbeitern, ihre Stelle ohne einen vom Arbeitgeber unterschriebenen »Beurlaubungsschein« zu verlassen, und ab 1781 muß der Arbeiter mit einem »Buch oder Heft« ausgestattet sein, das er bei einem Umzug von den Verwaltungsbehörden mit einem Vermerk versehen lassen und bei der Neueinstellung vorlegen muß.[134] Das ist kein reiner Zufall. Die Lohnarbeiter der entstehenden industriellen Konzentrationen gehören zu den ersten, die von den traditionellen Bevormundungen befreit sind. Gleichwohl weist ein Inspektor der Papierfabriken von Thiers im Jahre 1788 auf folgendes hin: »Der größte Teil dieser Arbeiter hat überhaupt keinen festen Wohnsitz und ist an ein Land nicht mehr als an irgendein anderes gebunden. So machen sie sich bei der nächstbesten Laune, die sie überfällt, aus dem Staub, und ein einziger, der fehlt, legt die Arbeit von dreien lahm.«[135] Man muß sie also mit neuartigen Regelungen zu binden versuchen. Doch die verlängern nur die alten Zwangsformen der königlichen Manufakturen, ja sogar der *Hôpitaux généraux*, der Werkstätten der Nächstenliebe und der Bettlerdepots.

Das alte Paradigma der Zwangsarbeit ist also noch nicht abgeschafft, als sich schon der Embryo der »modernen« Lohnarbeit entwickelt. Schon vorher begleitet sie sogar die Frühformen der Lohnarbeit und sucht ihnen einen Rahmen zu verleihen, was sich auch vollkommen begreifen läßt: Die Arbeitsbedingungen sehen in den ersten industriellen Konzentrationen derart schlimm aus, daß man schon wirklich dem Zwang der Armut ausgesetzt sein muß, um solche Arbeitsangebote überhaupt anzunehmen. Die schließlich dafür angeheuerten Unglücksraben wollen auch nur eines, nämlich möglichst schnell diese Elendsorte wieder verlassen. Erneut befinden wir uns nicht weit entfernt von der Gestalt des Vagabunden. Die ersten industriellen Konzentrationen scheinen nämlich unter diesen nomadisierenden Gruppen von Entkoppelten einen Gutteil ihrer Arbeiter rekrutiert zu haben (sowie unter den leichter einzuschüchternden Frauen und Kindern, die über noch weniger Gelegenheiten verfügt haben, diesen Arbeitsbedingungen zu entkommen). Es ist also »normal«, daß die Ausübung von Zwang hier besonders erbarmungslos gewesen ist.

Die großen Arbeiteransammlungen hatten schon immer Zwangsarbeit zur Voraussetzung. Die Großbaustellen und Bergwerke der Antike beruhten wie das System der kolonialen Plantage auf der Sklaverei. Die Reichtümer der Neuen Welt konnten nur dank der Zwangsarbeit der daran häufig zugrunde gegangenen Eingeborenen gewonnen werden. Des Potentials an Sklaven zumindest in den Metropolen und schließlich auch der Indianer beraubt, wo sollte man da noch Arbeitskräfte herholen? Die westlichen, obendrein noch christlichen Gesellschaften hatten ein schwieriges Problem zu lösen, nämlich Arbeiter für mühevolle Tätigkeiten zu finden, die nie-

134 Vgl. S. Kaplan, »Reflexions sur la police du monde du travail, 1700–1815«, *Revue historique*, 261, Januar–März 1979. Diese Art von Maßnahmen stellt keine Eigenheit Frankreichs dar. In Gent oder Antwerpen bestrafen zu Ende des 18. Jahrhunderts städtische Verordnungen die Arbeiter und armen Kinder als Vagabunden, die tagsüber auf den Straßen herumlaufen, da die einen wie die anderen eigentlich bei der Arbeit sein müßten. Vgl. C. Liss, H. Soly, *Poverty and Capitalism in Pre-Industrial Europe, op. cit.*, S. 164.

135 Zit. nach F. Braudel, E. Labrousse, *Histoire économique et sociale de la France, op. cit.*, Bd. II, S. 660.

mand annehmen wollte, solange er die Möglichkeit hatte, etwas anderes oder gar nichts zu tun. Unabhängig gar von moralischen Beweggründen, die stets dazu anstacheln, die für lasterhaft und gefährlich gehaltenen armen Teufel zu strafen, läßt sich die Fokussierung des Interesses auf bestimmte Kategorien von *outcasts*, Vagabunden, Zuchthäusler, Galeerensträflinge zur Verrichtung einer Arbeit nachvollziehen, die jeder anständige Mensch nur ablehnen konnte. Zum Unglück für die Unternehmer sind diese randständigen Bevölkerungsgruppen, die zu allem Überdruß oft auch noch besonders widerspenstig sind, in nicht genügend großer Zahl vorhanden, um eine zusammen mit der Industrialisierung anwachsende Nachfrage zu befriedigen. Deshalb der Rückgriff auf die »freien« Armen, die man nichtsdestoweniger noch zwingen muß. Wie Max Weber schreibt, erfolgte »die Arbeiterkonzentration innerhalb der Werkstatt [...] zu Beginn der Neuzeit zum Teil noch durch Zwang: Arme, Obdachlose, Verbrecher wurden in die Fabrik gepreßt«.[136] Doch selbst das Elend reicht nicht immer aus, um diese Aufgaben jemandem aufzwingen zu können. Weber berichtet, daß die Arbeiter in den Bergwerken von Newcastle bis ins 18. Jahrhundert hinein eiserne Halsringe trugen.[137] Gewiß eine Ausnahmesituation, die jedoch zeigt, daß der Gulag keine Erfindung des 20. Jahrhundert ist und daß sein Schatten die Entwicklung des Industriekapitalismus in seinen Anfängen schon begleitet hat.

Der Beweis: Es ist dieser Zusammenhang, in dem Jeremy Bentham seinen »Entwurf für ein Werk mit dem Titel Verbesserte Armenversorgung« verfaßt, der zwar weniger bekannt ist als das *Panoptikon*, zweifelsohne aber bedeutungsvoller. Das Zielpublikum ist nämlich nicht eine Population von Delinquenten, sondern die Gesamtheit der »Armen«, also »jede Person, die scheinbar keinerlei Eigentum oder ein ehrlich erworbenes und ausreichendes Einkommen besitzt.«[138] Diese Individuen werden auf Denunziation von »Privatleuten mit gutem Ruf« hin aufgegriffen und in »gleichmäßig über die gesamte Fläche des Landes verteilte« Arbeitshäuser gesteckt.[139] Das System soll wie eine Privatgesellschaft nach dem Vorbild der *India-Company* verwaltet und finanziert werden und das Monopol über diese Tätigkeit besitzen. In diesen Einrichtungen sollen das panoptische Prinzip und eine den Taylorismus schon vorwegnehmende Arbeitsteilung zur Anwendung kommen, um die Rentabilität der Arbeit zu steigern, zu der ebenso Invalide wie Gesunde, je nach Fähigkeit, gezwungen werden. Utopie einer Arbeitsorganisation, die das Elend und die Devianz gemeinsam auslöschen und dabei noch die Produktion maximieren würde: Die Radikalisierung in einer *totalen Institution* erscheint hier als Schatten der Befreiung der Arbeit.

Es sieht ganz so aus, als ob sich noch zum Ende des 18. Jahrhunderts hin zwei archaische Modelle der Machtausübung hinter dem Lohnarbeitsverhältnis abzeichneten. Sie betreffen zwei stark kontrastierende Bevölkerungsgruppen, von denen die eine (von den Entkoppelten gebildete) sich durch eine Freiheit ohne Fesseln, jedoch

136 M. Weber, *Wirtschaftsgeschichte, op. cit.*, S. 159. Vgl auch L.M. Leonard, *The Early History of English Poor Relief*, London, 1900.

137 M. Weber, *ebd.*

138 J. Bentham, »Outline of a Work Entitled Pauper Management Improved«, in: ders., *The Works of Jeremy Bentham*, hg. von J. Bowring, Bd. 8, New York, Russell & Russell, 1962, S. 369–439, frz. Übers. *Esquisse d'un ouvrage en faveur des pauvres*, Paris, an X.

139 *Ebd.*

auch ohne Stützen, auszeichnet und die man mit Gewalt seßhaft machen muß. Die andere (die Erben der Fronpflichtigen) ist in traditionelle Vormundschaftsverhältnisse eingefügt, die aufrechtzuerhalten sind. Gewiß decken diese Modelle ebensowenig die Gesamtheit der Lohnarbeitsverhältnisse ab, wie sie den Anforderungen einer rationellen Organisation der Arbeit gerecht werden. Gleichwohl wird die Entstehung einer modernen und einheitlichen Form der Lohnarbeit nicht ohne Dramatik vonstatten gehen, insoweit ihre Vertragsstruktur, Ausdruck der sich mit der Aufklärung durchsetzenden individualistischen Philosophie und des juristischen Formalismus, auf eine völlig andere Konfiguration der gesellschaftlichen Verhältnisse bezug nimmt.[140] Man muß also der Versuchung widerstehen, die Erfolgsgeschichte der Lohnarbeit als Kontinuität zu lesen. Gewiß diversifiziert sie sich und weitet sich in den dem Fall des Ancien Régime vorausgehenden Jahrhunderten aus, man könnte sogar sagen, daß sie sich »entwickelt«. Sie wird immer unerläßlicher und kann sich auch immer schwerer in den traditionellen Formen der Organisation der Arbeit halten. Sie sprengt sie auch an allen Ecken und Enden. Trotzdem bedeutet der Anbruch der liberalen Moderne einen Bruch mit diesen »Entwicklungen«. Sie wird den freien Arbeitsmarkt *gegen* die vorausgehenden Regulierungen durchsetzen und darauf hinwirken müssen, daß die »freie« Arbeit nicht mehr als ein *Mangel*, als das gedacht wird, was den anerkannten oder auferlegten Statuspositionen fehlt, sondern zum Status der Lohnarbeit überhaupt wird, von dem aus sich die gesamte soziale Frage neuformiert.

140 E. Cassirer, *Die Philosophie der Aufklärung*, 2. Aufl., Tübingen, J.C.B. Mohr, 1932, besonders Kapitel VI, »Recht, Staat und Gesellschaft«, S. 313–367.

Kapitel IV
Die liberale Moderne

»Der Handel und die Industrie sind im Schwunge; und ihre Erfüllung verursacht mit der übriggebliebenen Wildheit der Feudalverfassung eine wunderbare Gärung.«[1]

Dieses Urteil ist repräsentativ für die wachsende Erbitterung der aufgeklärten Geister im Europa des 18. Jahrhunderts angesichts der Widerstände der aus der Vergangenheit ererbten Strukturen gegen die die Wirtschaft umwälzende und die gesellschaftlichen Verhältnisse erschütternde gewaltige Dynamik. Es spiegelt auch die gemeinhin geteilte Deutung des Ursprungs der die Gesellschaft spaltenden Antagonismen wider, der zufolge die Kräfte der Modernisierung noch von der Last der Vergangenheit in Zaum gehalten würden. Und so stünden sich zwei Welten gegenüber, ehe sie schließlich brutal aufeinandertreffen. Kampf der Alten gegen die Modernen, der Adepten des Fortschritts gegen die Verteidiger altertümlicher Privilegien.

Diese Inszenierung ist jedoch zu stark vereinfachend. Wie die Revolutionskämpfe noch zeigen werden, sind die dem Gegensatz zugrundeliegenden Prozesse komplexer als es dieses dramatisierte Gegenüber von Alt und Neu suggeriert, und das vor allem, weil das Neue gar nicht so neu ist: Es hat sich schon seit langem allmählich festgesetzt, seine Saat wurde schon unter der alten »Feudalverfassung« ausgebracht; zudem ist es nicht einheitlich. Die den »Handel« und die »Industrie« mit sich reißenden Dynamiken, um sich nur auf die beiden, von Stewart angesprochenen Sektoren zu beschränken, haben weder das gleiche Ausmaß, noch folgen sie demselben Rhythmus. Schließlich besitzt es nicht die Universalität, welche ihm seine Wortführer unterstellen. Die triumphierende Moderne verkörpert die Interessen und Werte klar eingrenzbarer Gruppen, und diese stehen nicht nur in Gegensatz zu den Privilegien der Parteigänger des »Ancien Régime«. Das Europa des 18. Jahrhunderts besitzt zwar zweifelsohne seine »Progressiven« und seine »Konservativen«, umfaßt aber auch die Masse derer, die sich in einer intermediären Position zwischen diesen beiden Gegensätzen befinden. Innerhalb der sich abzeichnenden Wandlungserscheinungen ist vor allem die Stellung derer, die die Basis der Gesellschaftspyramide bilden, besonders ambivalent. Sie haben sicher wenig zu verlieren, jedenfalls was die Privilegien anbelangt. Doch was haben sie zu gewinnen? Ist es wirklich ausgemachte Sache, daß sie bei einer Aufhebung des Status Quo nur gewinnen können?

Welche Rolle fällt ihnen zu und was wird aus der Situation dieser heterogenen Gruppen werden, die im wesentlichen von ihrer Arbeit leben und deren Unglück in der »alten Gesellschaft« wir gerade skizziert haben? Wir werden zeigen, warum all

---

1 J. Stewart, *An Inquiry Into the Principles of Political Oeconomy*, (1767), 1. Bd., Hg. von Andrew S. Skinner, Edinburgh und London, Oliver & Boyd, 1966, S. 215 (dt. Übers. *Untersuchung über die Grundsätze der Volkswirtschaftslehre*, 1. Bd., Jena, Gustav Fischer, 1913–1914, S. 331).

das, was die Gesellschaft des 18. Jahrhunderts an »Progressivem« aufweist, zusammen darauf hinausläuft, aus dem Problem des freien Zugangs zum Arbeitsmarkt die Neuformulierung der sozialen Frage zu machen. Wir wollen aber auch verstehen, warum diese Lösung ihre Grenzen hat, schwer umsetzbar bleibt und weshalb sie sich, spannungsgeladen wie sie ist, eher als ein Spaltpilz denn als Grundlage für einen dauerhaften Konsens erweist. Dieser Imperativ des freien Zugangs zu Arbeit, über den bei den Parteigängern und Machern der Aufklärung solche Übereinstimmung herrscht, kommt eigentlich übereilt, ist angreifbar und brüchig. Genauer gesagt spiegelt er das Prinzip der sich durchsetzenden neuen *ökonomischen* Organisationsweise wider, zieht jedoch verheerende *gesellschaftliche* Auswirkungen nach sich, allerdings ohne daß sich diejenigen, die ihn formulieren, völlig darüber im Klaren sind. Auch wenn er eine generelle und endgültige Antwort auf die soziale Frage zu sein beanspruchte, stellt der freie Arbeitsmarkt vom historischen Blickwinkel aus gesehen nur eine Etappe auf dem Weg zu deren Neuformulierung im 19. Jahrhundert in Form der Frage nach der Integration des Proletariats dar.

Die massenhafte Verwundbarkeit

Zwei Neuerungen wandeln Ende des 17., Anfang des 18. Jahrhunderts die Formulierung der Frage nach dem Platz, den die am stärksten benachteiligten Gruppen einnehmen: Einerseits die Bewußtwerdung der massenhaften Verwundbarkeit, welche die Absicht mehr und mehr als Illusion erscheinen läßt, die soziale Frage über die Behandlung zweier Extremgruppen kleinzuarbeiten, nämlich der arbeitsunfähigen Armen, denen Fürsorge gewährt wird, und der Vagabunden, gegen die man repressiv vorgeht; andererseits eine veränderte Auffassung der Arbeit, die nicht mehr nur eine religiösen, moralischen oder gar wirtschaftlichen Erfordernissen gehorchende Pflicht ist. Sie wird zur Quelle des Reichtums überhaupt und muß, um gesellschaftlich nützlich zu sein, nach den Grundsätzen der neuen politischen Ökonomie umgedacht und umorganisiert werden.

Was den ersten Punkt anbelangt, so springt die Wandlung nicht unbedingt ins Auge. Beschränkte man sich auf eine Messung des an der Armutsgrenze lebenden Teils der Bevölkerung, dann ließen sich erstaunliche Konstanten in Raum und Zeit aufzeigen, das heißt für mindestens fünf Jahrhunderte und für den gesamten Raum westlich der Elbe. Gewiß, wenn es heute schon schwierig ist, »Armutsschwellen« zu definieren, so ist ein solches Unternehmen für weiter zurückliegende Zeiten noch willkürlicher.[2]

2 Armutsschwellen sollte man besser als »Bedürftigkeitsschwellen« bezeichnen, um dem Gegensatz zwischen einer hingenommenen und gar gesuchten Armut und einer Bedürftigkeit – »einer Schande für die Menschheit«, um den Ausdruck Doktor Hecquets vom Beginn des vorangegangenen Kapitels nochmals aufzugreifen – Rechnung zu tragen. Diese Unterscheidung beherrscht die Reflexionen über die Gesellschaft während des 18. Jahrhunderts, auch das vieler »fortschrittlicher« Köpfe. »Es wird immer Reiche geben, also muß es auch Arme geben. In den wohlregierten Staaten arbeiten und leben diese Letzteren; in den anderen hüllen sie sich in Lumpen und nagen unterderhand faulenzend am Staat. Wir wollen deshalb Arme haben, jedoch niemals Bettler. Das ist also das Ziel, nach dem sich jede gute Regierung richten soll« (J.-P. Brissot, *Théorie des lois criminelles*, Erstausgabe, Berlin, 1781, S. 75). Es handelt sich hier wohlgemerkt um denselben Brissot, der später eine der markantesten Figuren der Revolutionszeit und danach, als Beweis für diese keineswegs »reaktionäre« Haltung, der Gründer der »Gesellschaft der Freunde der Schwarzen« werden soll, die von 1786 an für die Abschaffung des Handels mit Sklaven und eine Milderung der Sklaverei kämpft.

Das ändert aber nichts an der Tatsache, daß es in einer bestimmten Gesellschaft, zu einem gegebenen Zeitpunkt nicht weiter reduzierbare Bedürfnisse nach Nahrung, Kleidung, Wohnung gibt – auch wenn sie häufig noch weiter komprimiert werden –, unterhalb derer ein Individuum nicht mehr aus eigener Kraft überleben kann. Wir legen deshalb als einigermaßen zufriedenstellende Annäherung für die vorindustriellen Gesellschaften die von Charles de La Roncière auf der Grundlage seiner Studie über die kleinen Leute im Florenz des 14. Jahrhunderts vorgeschlagene Armutsdefinition zugrunde: »Arm ist derjenige, dem das Lebensnotwendige fehlt und dessen eigene Ressourcen nicht ausreichen, um das Existenzminimum an Nahrung zu haben, sich so einfach wie möglich zu kleiden und eine Unterkunft (einen Schlafplatz in einer individuellen oder kollektiven Unterkunft) zu finden.«[3]

So hat beispielsweise Roger Gascon auf der Grundlage der Preise für Korn und andere Grunderzeugnisse und Mieten für Lyon um die Wende vom 16. zum 17. Jahrhundert errechnet, daß diese Schwelle unterschritten wurde, sobald eine vierköpfige Familie mehr als vier Fünftel ihres Einkommens für Brotgetreide ausgeben mußte.[4] Welcher Anteil der Bevölkerung befindet sich zu einem gegebenen Zeitpunkt unterhalb dieser Linie? Ohne verläßliche Statistiken kann eine solche Schätzung freilich nur äußerst annäherungsweise vorgenommen werden. Die verfügbaren Daten zu den Unterstützungsempfängern erlauben dennoch, interessante Konstanten in Raum und Zeit aufzuzeigen. In Orvieto machten zu Ende des 13. Jahrhunderts die Bettler und Unterstützung beziehenden Armen – also diejenigen, die sich unterhalb der »Armutsschwelle« befanden, weil sie nicht für sich selbst aufkommen konnten – ungefähr 10 Prozent der Stadtbevölkerung aus.[5] In der ländlichen Picardie zur gleichen Zeit[6] und im Florenz des 14. Jahrhunderts herrschen ähnliche Verhältnisse[7]. Henri Pirenne schätzt den Anteil der Armen unter der Bevölkerung von Ypern auf ein Zehntel.[8] Die von den Gemeindeverwaltungen zahlreicher europäischer Städte im 16. Jahrhundert verteilten Unterstützungen scheinen ebenfalls fünf bis zehn Prozent der Bewohner betroffen zu haben. »Während der Jahre 1534 bis 1561 erhielten ständig etwas mehr als fünf Prozent der Bevölkerung von Lyon wöchentliche Almosen.«[9] Für das 17. Jahrhundert zeigt Pierre Goubert, daß das *bureau des pauvres*, das Armenamt von Beauvais, in einem durchschnittlichen Jahr 700 bis 800 Personen, also sechs Prozent der Einwohner der Stadt, unterstützte.[10] Am 14. Germinal des Jahres II verzeichnet der von der Verwaltung der Spitäler an den *conseil général* der Kommune von Paris adressierte Bericht 68.981 Unterstützung empfangende Arme, das entspricht einem Pariser von neun.[11]

3 C. de La Roncière, »Pauvres et pauvreté à Florence au XIVe siècle«, *loc. cit.*, S. 662.
4 R. Gascon, »Économie et pauvreté aux XVIe–XVIIe siècles: Lyon, ville exemplaire et prophétique«, in: M. Mollat, *Études sur l'historie de la pauvreté, op. cit.*, Bd. 2, S. 274 ff.
5 M. Mollat, *Die Armen im Mittelalter, op. cit.*, S. 212.
6 R. Fossier, *La terre et les hommes en Picardie, jusqu'à la fin du XIIIe siècle, op. cit.*
7 C. de La Roncière, »Pauvres et pauvreté à Florence au XIVe siècle«, *loc. cit.*
8 H. Pirenne, *Histoire économique de l'Occident, op. cit.*, S. 487.
9 N. Zenon Davis »Armenpflege, Humanismus und Ketzerei«, *loc. cit.*, S. 59.
10 P. Goubert, *Cent Mille Provinciaux au XVIIe siècle..., op. cit.*, S. 342.
11 Zitiert in: A. Soboul, *Les Sans-Culottes*, Paris, le Seuil, 1968, S. 45.

Man könnte den wohl immer mehr oder weniger gut geschätzten Angaben noch viele andere hinzufügen. Sie gestatten jedoch schon den Schluß, daß in einem durchschnittlichen Jahr fünf bis zehn Prozent der Bevölkerung – in Anbetracht der häufigen Tendenz, die dramatischsten Situationen überzubewerten, vielleicht eher gegen fünf Prozent; doch sollte man auch die »verschämten Armen« und diejenigen, die jeglicher Form von Erfassung entgehen, mitberücksichtigen – zum Überleben von einer der verschiedenartigen Fürsorgeleistungen, etwa einer Vollversorgung in den Spitälern und »*charités*«, abhängig sind oder von partiellen Unterstützungen, beispielsweise in der Form einmaliger oder regelmäßiger Vergabe von Lebensmitteln oder finanziellen Hilfen. Auf dem Land ist aufgrund des weitgehenden Mangels an spezialisierten Institutionen eine zahlenmäßige Schätzung der Bedürftigen noch schwieriger. Doch kann man davon ausgehen, daß sie dort in denselben Proportionen existieren und von den nachbarschaftlichen Netzwerken zumindest so weit unterstützt werden, daß sie sich nicht als Vagabunden »aus dem Staub machen« müssen. Eine bedeutende *strukturelle Armut* ist also unbestreitbar eine Eigenheit dieser Gesellschaften. Sie hält sich über mehrere Jahrhunderte auf beinahe konstantem Niveau und findet sich in allen Ländern, die damals das »reiche« oder »entwickelte« Europa ausmachen.

Konjunkturelle Armut ist jedoch für diese vorindustriellen Gesellschaften gleichermaßen charakteristisch. Beispielsweise konnte sich die Zahl der Bettler in Florenz um die Mitte des 14. Jahrhunderts in bestimmten Jahren verfünffachen.[12] Die Historiker der Armenfürsorge haben durch die Bank beschrieben, wie die Städte überall und über lange Zeit hinweg in den Jahren der Teuerung von wahren Bettlerschwärmen überfallen wurden. Roger Gascon hat für die Region um Lyon zwischen 1470 und 1550 29 kritische Jahre gezählt.[13] In den schlimmsten davon strömen die bedürftigen Bauern auf der Suche nach Unterstützung in die Stadt. Da die Teuerung des Getreides einen Niedergang der »industriellen« Produktion und Arbeitslosigkeit zur Folge hat, rutscht auch ein Teil der kleinen Leute aus der Stadt in die Armut ab. Wenn die Armen von Beauvais im Durchschnitt sechs Prozent der Bevölkerung ausmachen, so zählen die Pfarrer im Dezember 1693 3.584 »Arme« auf ungefähr 13.000 Einwohner, die nicht selbst für ihren Unterhalt aufkommen können. Das macht zwischen einem Viertel und einem Drittel der Stadtbevölkerung aus.[14]

Neben der strukturellen Armut lebt also eine große Masse von Menschen in prekären Lebensumständen, und es bedarf nur einer ungünstigen konjunkturellen Situation, daß sie bedürftig werden. Doch darf man »konjunkturell« keineswegs mit »außergewöhnlich« gleichsetzen, da Subsistenzkrisen eine Konstante der Wirtschaft solcher Gesellschaften waren. Ein Erwachsener, der das Glück gehabt hat, fünfzig Jahre alt zu werden, hatte wohl davon mehrere durchmachen müssen. Wie hoch ist nun der Anteil derer an der Bevölkerung, die in einer so instabilen Situation leben? Das ist noch schwerer als für die »chronische« Armut festzustellen. Die Gegenüberstellung der von den Chronisten gemachten Angaben und verschiedener Monographien, der Vergleich von unterschiedlichen Indikatoren (etwa der Aufstellung der

12 C. de La Roncière, »Pauvres et pauvreté à Florence au XIVe siècle«, *loc. cit.*
13 R. Gascon, »Économie et pauvreté...«, *loc. cit.*
14 P. Goubert, *Cent Mille Provinciaux aux XVIIe siècle...*, *op. cit.*, S. 242.

»armen« oder »bedürftigen« Haushalte, oder der *nihil habentes*, also der Haushalte, die zu arm sind, um Steuern zu zahlen, schließlich noch die Untersuchung von Ehekontrakten und Nachlaßverzeichnissen, eine Untersuchung der Ernährungsweise und der Haushaltsbudgets von bedürftigen Familien usw.) stützen die Annahme, daß je nach Ort und Zeit zwischen einem Drittel und der Hälfte der Gesamtbevölkerung praktisch »von der Hand in den Mund« leben muß, ständig davon bedroht, unter eine Einkommensschwelle zu rutschen, die wenigstens eine minimale Autonomie gestattet.[15] Wenn sie auch nicht mehr die der Armut im eigentlichen Sinne ist, so ist die hier aufgeworfene Frage auch nicht die nach dem allgemeinen Reichtum dieser Gesellschaften, welcher ja durchaus ansteigen kann, selbst wenn ein großer Teil der Bevölkerung weiterhin in Knappheit lebt. Die europäischen Gesellschaften haben sich im Zeitraum vom 14. zum 18. Jahrhundert ganz unbestreitbar »fortentwickelt«, die Produktivität von Boden und Gewerbe ist angestiegen, der Handel ist angewachsen und hat Kaufleute und Bankiers reich gemacht, ein mächtiges Bürgertum geschaffen, und eine aufsteigende Mobilität hat bestimmten Gruppen eine Verbesserung ihrer Lage ermöglicht.[16] Doch bleibt das Elend eine wesentliche Strukturdeterminante dieser Gesellschaften. Eine neo-malthusianistische Erklärung in Begrifflichkeiten der Knappheit im Verhältnis zum Bevölkerungsvolumen wird dem nicht gerecht. Wenn es in ihnen nach heutigen Maßstäben nicht üppig zuging, so hatten diese Gesellschaften deswegen nicht mit einer generellen Knappheit zu kämpfen. Es sieht ganz danach aus, daß der auf die direkten Produzenten des Reichtums ausgeübte Druck gemeinsam mit dem Anwachsen eben dieses Reichtums gestiegen ist, und sie dabei an einer gerade noch für ihr Überleben ausreichenden Einkommensschwelle niedergehalten hat. Wenn der Lebensmittelkonsum und einige Elemente der Lebensweise sich haben ändern können, so unterscheidet sich die wirtschaftliche Lage eines kleinen normannischen Grundholden des 17. Jahrhunderts doch sicherlich nicht grundlegend von der seines Gegenstücks aus dem 14. Jahrhundert, ebenso nicht die Lage eines spätmittelalterlichen flämischen Walkers von der eines armen Seidenwebers im Lyon des 18. Jahrhunderts. Man hat noch für die Zeit kurz vor der französischen Revolution berechnet, daß 88 Prozent des Budgets der ärmsten Pariser Arbeiter für den Kauf von Brot ausgegeben werden mußten.[17]

Die Existenz einer armselig dahinlebenden Masse hat ebenso politische wie unmittelbar ökonomische Ursachen. Zumindest genauso wie die Knappheit der verfügbaren Güter ist auch das auf den Produzenten lastende unbarmherzige System der Abschöpfung für das Weiterbestehen und die Ausbreitung von Mangellagen verantwortlich. Der Fortbestand dieses Zwangssystems – der »Wildheit der Feudalverfas-

15 Die Arbeit von C. Liss und H. Soly, *Poverty and Capitalism in Pre-Industrial Europe, op. cit.*, ist sicher die umfassendste Synthese der diese Situation über einen langen Zeitraum und für das gesamte vorindustrielle Europa illustrierenden Daten. Vgl. auch C. M. Cipolla, *Before the Industrial Revolution, op. cit.*, der den Anteil an der europäischen Bevölkerung, den man als »arm in dem Sinne, als er über keinerlei Reserven verfügt«, einstufen kann, ebenfalls auf mehr als fünfzig Prozent schätzt.

16 Vgl. für eine Analyse der Mechanismen dieses sozialen Aufstiegs beispielsweise J. Bourgeon, *Les Colbert avant Colbert*, Paris 1973. Der Erfolg des hohen Finanzbeamten Ludwigs XIV. ist das Ergebnis einer zweihundertjährigen Strategie einer Familie von Bauern und Kaufleuten aus der Champagne, die es nach und nach bis in den Großhandel, in die Beamtenschaft und das Bankwesen brachte.

17 P. Léon, *Économies et sociétés préindustrielles, op. cit.*, 2. Bd., S. 376.

sung« – vermag daher die Behandlung einer Periode von fünf Jahrhunderten als einen zwar vielgestaltigen, dennoch aber einheitlichen Zeitraum rechtfertigen. Mangels besonderer Veränderungen behalten die Kontinuitäten hinsichtlich der Auswirkungen dieser soziopolitischen Organisation auf die bedürftigsten Bevölkerungsteile gegenüber den Unterschieden die Oberhand. Der Einzug der Bodenrente, der fiskalische Druck, die über die Löhne ausgeübten Kontrollen können sich wandeln, ohne die Tatsache in Frage zu stellen, daß sich während des gesamten Zeitraums mindestens ein Drittel der europäischen Bevölkerung um die Armutsschwelle herum ansiedelt, und dies in einem Westeuropa, welches, um den Ausdruck Pierre Chaunus[18] zu gebrauchen, »sich bereits im wirtschaftlichen ›take off‹ und im Prozeß der Überwindung seines ›Enklavendaseins‹ befindet«.

Gleichwohl vollzieht sich gegen Ende des 17. Jahrhunderts und noch deutlicher im 18. Jahrhundert ein Wandel. Ihn präzise zu charakterisieren, ist keineswegs ein leichtes Unterfangen, wenn es zutrifft, daß die objektiven Parameter beinahe konstant geblieben sind. Um so mehr erschwert wird das Unternehmen noch dadurch, daß ich mir den bequemen Weg versage, schlicht von einem Wandel der »Vorstellung« oder des »Bildes« von Armut bzw. von den Armen zu sprechen. Solche Begriffe sagen nichts aus, erklären tun sie schon gar nichts, zumindest wenn man sie mit Wandlungen von Situationen und Praktiken in Beziehung bringt. Dennoch sollten wir hier von den über diese Bevölkerungsgruppen geführten Diskursen ausgehen, um die darin zum Ausdruck kommenden gesellschaftlichen Veränderungen herauszudestillieren.

Neu am Armutsdiskurs seit dem Ende des 17. Jahrhunderts ist sein Beharren auf dem massenhaften Auftreten des Phänomens. Nicht, daß die Erkenntnis der Tatsache, daß die Armen zahlreich sind, eine Neuigkeit darstellte. Ganz im Gegenteil wimmelt die Literatur zu dieser Frage schon seit Jahrhunderten von Beschreibungen der »Horden« von Bettlern und Vagabunden. Fast allen Verordnungen der Armenpolizei – und ihre Zahl ist Legion – steht als Einleitung die Feststellung eines manchmal schon als gewaltig bezeichneten Wachstums dieser furchteinflößenden Bevölkerungsgruppen voran, welche die bestehende Ordnung hinwegzuspülen drohen. Doch so zahlreich sie auch sind, über lange Zeit hinweg werden sie als etwas Untypisches aufgefaßt. Die Begriffe »Bettler« und »Vagabunden« dienen zur Kennzeichnung dieser Marginalität. Sie beziehen sich auf Menschen *jenseits der gewohnten Ordnung*, das heißt auch jenseits der gewohnten Ordnung der Armut. Entsprechend dem von mir vorgeschlagenen Modell siedeln sich diese Bevölkerungsgruppen in zwei gegenüber der Hauptintegrationszone peripheren Regionen des gesellschaftlichen Lebens an. So zahlreich diese Individuen sein können – die über die Fürsorge integrierten Armen, oder die »Entkoppelten«, die aus dem gesellschaftlichen Raum ausgeschlossen bleiben –, ihr Vorhandensein ändert wenig an der Vorstellung einer im Gleichgewicht befindlichen Gesellschaft, selbst wenn diese Stabilität überwiegend auf »bescheidenen« Voraussetzungen beruht. Das neue Moment ab Ende des 17. Jahrhunderts scheint in der Bewußtwerdung einer *vom zeitlosen Bewußtsein einer massenhaften Ar-*

18 Vgl. P. Chaunu, *Histoire, science sociale: la durée, l'espace et l'homme, op. cit.*

mut verschiedenen massenhaften Verwundbarkeit zu liegen. Der nicht hinnehmbare Charakter der Not und die Risiken gesellschaftlichen Zerfalls, die sie mit sich bringt, werden nun nicht mehr ausschließlich von den Fürsorgeempfängern und den Entkoppelten, also alles in allem marginalen Elementen verkörpert. Sie werden zu einem Risiko, das die Lage der Arbeitenden als solche, mithin die Mehrheit der städtischen und ländlichen Bevölkerung betrifft. Die soziale Frage wird zu der von den Lebensumständen eines Teils des Volkes als solchem aufgeworfenen Frage, und nicht nur der Lage seiner am stärksten stigmatisierten Ränder.

In Frankreich scheint diese Bewußtwerdung durch die tragische Situation des Reiches gegen Ende der Herrschaft Ludwigs XIV. ausgelöst worden zu sein. Erteilen wir das Wort nun den Intendanten, den mit Vollmachten ausgestatteten Repräsentanten des Staatsapparats, die einer übertriebenen Nachsicht gegenüber dem Volk von vornherein nicht verdächtig sind. Der Intendant der Normandie schreibt im Jahre 1693 an den *Contrôleur général des Finances*:

> *»Das Elend und die Armut übersteigt das, was Sie sich vorstellen können, bei weitem. [...] Unendlich viele Leute sterben an Hunger. [...] [Es steht zu befürchten, daß] das Volk, welches wirklich zum Großteil an Hunger stirbt und nur noch Kräuter zu sich nimmt, das ganze Getreide noch vor seinem Reifwerden mäht und verdirbt.« Er fügt noch hinzu: »Glauben Sie bitte nicht, daß ich übertreibe!«*[19]

Der Intendant der Normandie ist beunruhigt über die Lage in der Region von Caux, einer bäuerlichen Gegend. Doch Trudaine, der Intendant der *Géneralité de Lyon* erstattet in denselben Jahren dem *Contrôleur général* in ähnlichen Worten Bericht:

> *»In der Stadt Lyon und Umgebung gibt es 20.000 Arbeiter, die von der Hand in den Mund leben; würde man sie acht Tage nicht arbeiten lassen, dann wäre die Stadt bald von Armen überflutet, die ihren Unterhalt nicht mehr verdienen könnten und zu allen, ja den gewalttätigsten Ausschreitungen fähig wären.«*[20]

Trudaine erfaßt klar die Natur des Risikos, des *Umkippens* eines Zustandes in einen anderen, den Übergang von einer Armut, die keine Probleme bereitete, wenn sie stabil bliebe, in eine Form völliger Mittellosigkeit, die in eine Explosion der Gewalt münden könnte. Die Mehrheit der Arbeiter befindet sich unterhalb dieser Verwerfungslinie. Die für die öffentliche Ordnung Verantwortlichen sind nicht mehr nur wie sonst über die rasche Vermehrung der Zahl derer beunruhigt, die nicht arbeiten (die Vagabunden und Fürsorgeempfänger), sondern über die prekäre Lage all derer, die arbeiten.

Vauban ist als hoher Staatsbeamter, aber auch als aufmerksamer Beobachter des Elends im Volk und couragierter Mann (er soll diese allzu hellsichtige Analyse damit bezahlen, daß er in Ungnade fällt) vielleicht derjenige, der das, was ich unter massenhafter Verwundbarkeit verstehe, zum ersten Mal klar formuliert:

19 *Correspondance des contrôleurs généraux des Finances avec les intendants des provinces*, Bd. 1, Paris, 1874, Brief vom 4. Mai 1693, zit. nach P. Sassier, *Du bon usage des pauvres*, Paris, Fayard, 1990, S. 126.
20 Zit. nach J.-P. Gutton, *La Société et les pauvres, op. cit.*, S. 94.

»In all den Forschungen, die ich seit mehreren Jahren durchführe, habe ich deutlich bemerkt, daß in letzter Zeit beinahe der zehnte Teil des Volkes an den Bettelstab gekommen ist und auch tatsächlich bettelt, und daß unter den neun anderen Teilen fünf sind, die nicht imstande sind, dem ersten Teil Almosen zu geben; es fehlt nämlich nicht viel, und sie finden sich selbst in dieser elenden Lage wieder.«[21]

Vauban ist sich dessen bewußt, daß es einen lückenlosen Übergang von dem in völlige Armut gestürzten Teil des Volkes, der etwa ein Zehntel der Bevölkerung ausmacht, zu dem Großteil desselben Volkes gibt, der aufgrund seiner ständig prekären Lebenslage dem geringsten Unglück schutzlos ausgeliefert ist. Doch geht Vauban in seiner Analyse noch viel weiter, da er die prekäre Lage des Volkes mit der Organisation der Arbeit in Verbindung bringt. Es sind nicht nur die niedrigen Löhne, die dem Schicksal eines arbeitsamen Lebens in Armut ihr Siegel aufdrücken, sondern auch die mangelnde Stabilität der Beschäftigung, die Suche nach provisorischen Anstellungen, die Unregelmäßigkeit von Zeiten der Arbeit und der Beschäftigungslosigkeit:

»Unter dem niederen Volk, besonders dem auf dem Lande, gibt es eine sehr große Zahl von Leuten, die kein bestimmtes Handwerk ausüben und dennoch einer ganzen Reihe armseliger Beschäftigungen nachgehen... Das sind jene, die wir Handarbeiter nennen, von denen die meisten nur ihre Armeskraft oder ganz wenig darüber hinaus besitzen, die für Tagelohn arbeiten oder für jeden, der sie anstellen will, Auftragsarbeiten erledigen...« Sodann faßt Vauban das Schicksal dieses Proletariers avant la lettre folgendermaßen zusammen: *»Er wird wohl immer nur mühsam das Ende des Jahres erreichen. Es liegt daher auf der Hand, daß er, so man ihn nur ein wenig zu stark belastet, notwendigerweise darunter zusammenbricht.«*[22]

Mit Vauban ist das Wesentliche schon gesagt. Man kann tatsächlich »einen Armen zugrunde richten«, um Boisguilberts Formulierung nochmals aufzugreifen, denn der Unterschied zwischen Armut und Bedürftigkeit »hängt nur an einem dünnen Faden«.[23] Die Verwundbarkeit ist zu einer kollektiven Dimension der Lage der Unterschichten geworden. Sicherlich hat die Konjunktur des »tragischen 17. Jahrhunderts« eine solch hellsichtige Analyse ermöglicht, doch sie erklärt nicht alles. Beleg dafür ist der Umstand, daß das Bewußtsein einer massenhaften Verwundbarkeit noch andauert, ja sogar noch deutlicher zum Ausdruck kommt, sobald sich die ökonomische und soziale Situation gebessert hat. In den zwanziger und dreißiger Jahren des 18. Jahrhunderts scheint sich die französische Gesellschaft aus dem Drama des Endes der Herrschaft des »Sonnenkönigs« zu verabschieden. Ein demographischer, wirtschaftlicher und gesellschaftlicher *take off* zugleich. Nun ist das Ende der Hungersnöte im eigentlichen Sinn gekommen (die Pest im Süden während der zwanziger Jahre ist der letzte große Angriff dieser Geißel). Kurz gesagt ist nun das Ende dessen erreicht, was

21 Vauban, *Projet de dîme royale, op. cit.*, S. 3.
22 *Ebd.*, S. 77–78.
23 S. oben, S. 99.

seit dem Mittelalter der Hauptfaktor des Ausbalancierens von Ökonomie und Demographie gewesen ist: *die Regulierung durch den Tod.*[24]

Doch welch ein Paradox: Die Wirtschaft kommt in Gang. In einigen Sektoren, vor allem im Finanzbereich und dem Handel, den in einem Konzentrationsprozeß befindlichen Industrien kommt es zu einem außerordentlichen Fortschritt, und davon profitieren alle sozialen Gruppen, wenn auch in ungleichem Ausmaß. Die Lohnabhängigen aber sind die einzigen Verlierer in diesem Spiel. Nach den Berechnungen von Ernest Labrousse steigt der Durchschnittslohn zwischen 1726 und 1789 um 26 Prozent, die Lebenshaltungskosten jedoch um 62 Prozent, was einer Einkommensverringerung in der Größenordnung von einem Viertel entspricht. Das bedeutet, daß die Armen nicht mehr in Massen sterben, weiterhin Nachkommen zeugen, unterm Strich also zahlreicher, aber auch ärmer werden, was sich in wissenschaftlicheren Begriffen ausdrücken läßt: »Ein Proletariat oder Quasi-Proletariat ohne Abnehmer strömt rasch auf den Arbeitsmarkt. [...] Es besteht kein Zweifel, daß die demographische Revolution des 18. Jahrhunderts die vorher schon schlechte Lage der Arbeiter durch ihre zahlenmäßige Zunahme noch weiter verschlimmert hat.«[25]

Daher kann ein Bevölkerungsdruck, der sich nicht mehr über den Tod selbstreguliert, die Gesamtheit der Arbeiter niederdrücken. Zugleich macht die Entwicklung der Handelsbeziehungen zwar die Finanziers und Kaufleute reicher, die Direktproduzenten werden jedoch noch abhängiger von den Zufälligkeiten eines Marktes, dessen Schwankungen sich intensivieren. Das führt dazu, daß *die massenhafte Verwundbarkeit sich noch vergrößert, während die Fälle extremen Elends zweifellos weniger geworden sind.* Ein Paradox, das Hufton folgendermaßen formuliert: »Die relative Befreiung von den Schrecken des Hungers und der Seuchen hatte eine größere Zahl an Armen im Vergleich zu vorher bewirkt.«[26]

Diese Situation ist für Frankreich nicht spezifisch, selbst wenn es für den Triumph der absoluten Monarchie den höchsten Preis bezahlt hat. Für England, das in mancher Hinsicht besser dasteht und wo die Hungersnöte früher unter Kontrolle gebracht werden konnten, haben neuere Arbeiten die Berechnungen Gregory Kings bestätigt, denen zufolge gegen Ende des 17. Jahrhunderts zwischen einem Viertel und der Hälfte der Bevölkerung ein Dasein nahe der Armut geführt hat.[27] Auch für Flandern haben Catharina Liss und Hugo Soly nachgewiesen, daß zu dieser Zeit »der Begriff ›Armer‹ im Prinzip synonym mit dem des Arbeiters gebraucht wird«.[28] Die Si-

24 Die Wirksamkeit dieses jahrhundertealten Regulators ist noch zu Ende des 17. Jahrhunderts bezeugt. Während des Winters 1693 zählt die Stadt Beauvais 3.584 »Arme«, die zum Überleben der Fürsorge bedürfen. Der Großteil von ihnen sind Textilarbeiter, die beschäftigungslos sind oder deren Arbeit sie nicht mehr ernährt. Doch dreizehn Monate später klagen die Fabrikanten »wegen der hohen Sterblichkeit des vergangenen Jahres« über einen Mangel an Arbeitskräften: 3.000 Personen von 13.000 Bewohnern von Beauvais sind in einem Jahr gestorben (P. Goubert, *Cent Mille Provinciaux au XVIIe siècle..., op. cit.*, S. 343). Marcel Lachiver schätzt den während der Krise der Jahre 1692 bis 1694 durch die erhöhte Sterblichkeit verursachten Aderlaß auf 1,5 Millionen (Hungersnöte, Krankheiten, damit einhergehende Epidemien). Die von den Pfarrern geführten Kirchenregister weisen häufig Anmerkungen auf, wie: »an Schwäche und Hunger gestorben«, »gestorben an Hunger und Elend«, »gestorben an Armut« (M. Lachiver, *Les Années de misère. La famine au temps du Grand Roi*, Paris, Fayard, 1991, S. 157f.).

25 E. Labrousse, *La Crise de l'économie française de la fin de l'Ancien Régime au début de la Révolution*, 1. Bd., Paris, PUF, 1943, S. XXIX.

26 O. H. Hufton, *The Poor of the Eighteenth Century France, op. cit.*, S. 15.

27 P. Léon, *Économies et sociétés préindustrielles, op. cit.*, 2. Bd., S. 90.

28 C. Liss und H. Soly, *Poverty and Capitalism in Pre-Industrial Europe, op. cit.*

tuation beschränkt sich auch nicht mehr nur auf die Stadt, selbst wenn sie in den urbanisierten Gegenden am stärksten empfunden wird. Doch der sprunghafte Anstieg des Landhandwerks im 18. Jahrhundert stellt eine Antwort auf die Verschlechterung der Konjunktur dar. Hufton spricht für die ländlichen Gegenden generell von einer »Notbehelfsökonomie« (*economy of makeshifts*), welche die Zahl der »Zusatztätigkeiten« hat ansteigen lassen.[29] Diese »Notbehelfe« bzw. »Zusatztätigkeiten« sind deswegen nichts Nebensächliches. Sie sind für das Überleben der Mehrheit der Werktätigen und ihrer Familien notwendig, deren stetiger Begleiter die Ungewißheit über den nächsten Tag ist.

Die Tatsache, daß das »Bild« der Bedürftigkeit nun nicht mehr auf den Bettler oder den Vagabunden fokussiert ist, bedeutet nicht einfach einen Wandel der »Vorstellung«. Die Verlagerung spiegelt das widersprüchliche Paar Verbesserung/Verschlechterung der Lebensumstände der kleinen Leute am Ende des Ancien Régime wider. So nimmt die Zahl der Belege für diese Bewußtwerdung der allgemeinen Prekarisierung der Lage des Volkes vor allem dann zu, als sich nach der Phase des in den sechziger Jahren des 18. Jahrhunderts kulminierenden wirtschaftlichen Wachstums eine Rezession[30] ankündigt. Ich zitiere hier nur einen unter vielen:

> »*Es ist gewiß, daß der Verdienst eines Arbeiters, so maßvoll dieser auch leben mag, zu gering bemessen ist, als daß er für mehr als sein tägliches Überleben und das seiner Familie ausreichen könnte. Und wenn die Altersschwäche ihm nicht mehr zu arbeiten gestattet, dann findet er sich vollständig verarmt inmitten der unlösbar mit dem Altern verbundenen Gebresten [...]. Es ist nicht weniger wahr, daß ein Arbeiter, der kein anderes Einkommen hat als das seiner Hände Arbeit, weder eine große Familie versorgen, noch die Ammen für mehrere Kleinkinder bezahlen oder seiner Frau in den kritischen Augenblicken beistehen kann, in denen sie eine neue Frucht ihrer Verbindung auf die Welt bringt; und daß häufig diese vom Schicksal geschlagene Frau, die ihre Fruchtbarkeit verflucht, an der Not inmitten einer mühsamen Niederkunft oder infolge von Vernachlässigung nach der Geburt zugrunde geht.*«[31]

Ich habe gerade diesen Auszug aus dem Amtsblatt der *Société philanthropique* unter Dutzenden von Texten ausgewählt, weil sie in eben diesem Jahr 1787, in dem sie dieses triste wie treffende Gemälde der Lage der Arbeiter veröffentlicht, beschließt, 1.100 Bedürftige zu unterstützen. Diese werden ausgewählt unter den mit einem

29 O. H. Hufton, *The Poor of the Eighteenth Century France, op. cit.*, S. 16. Der Ausdruck »Zusatztätigkeiten« (activités annexes) wird von G. Lefebvre, *Les Paysans du Nord pendant la Révolution*, Paris, 1924, zur Kennzeichnung des Umstands verwendet, daß man notgedrungen auf das Landhandwerk, auf Arbeit bei reicheren Bauern, auf die Nutzung der Allmenden, auf Wilderei usw. zurückgreift.

30 Zum Ausmaß der das Ende des Ancien Régimes prägenden Rezession vgl. die grundlegende Untersuchung von Ernest Labrousse, *La Crise de l'économie française de la fin de l'Ancien Régime au début de la Révolution, op. cit.*

31 *Calendrier philanthropique*, Paris, 1787, S. XXXIV, zit. nach J. Kaplow, *The Names of Kings, op. cit.*, S. 98 f. Dieser Kalender ist das Mitteilungsblatt der 1780 mit Unterstützung Ludwigs XVI. gegründeten Société philanthropique. Freimaurerischen Ursprungs, versammelte sie vor der Revolution zahlreiche Würdenträger des Regimes und nimmt 1789 sogar den Grafen der Provence sowie den Herzog von Chartres, die zukünftigen Könige Ludwig XVIII. und Louis-Philippe auf. Während der Restauration soll sie zu einem Zentrum der Legitimisten werden (vgl. A. Gueslin, *L'Invention de l'économie sociale*, Paris, Economica, 1987, S. 123f.).

Taufschein versehenen Achtzigjährigen, von Geburt an Blinden, schwangeren Frauen, die nachweisen, daß sie verheiratet sind, Witwen und Müttern mit mindestens sechs Kindern, von denen das Älteste nicht mehr als fünfzehn Jahre alt sein darf.[32] Niemals hat sich in einer solchen Offensichtlichkeit die Kluft zwischen der sozialen Frage, wie sie sich von nun an stellt, und der traditionellen Fürsorge gezeigt, die über kein anderes Mittel verfügt, als erneut die am meisten abgedroschenen Kategorien der »Handicapologie« zu bemühen. Dasselbe könnte man von den Versuchen zur Unterbindung des Vagabundentums sagen: Weder Bettlerdepots noch Galeeren haben merkliche Auswirkungen auf die Lage des Volkes. Am Vorabend der Revolution wird klar, daß die Grenzen zwischen den vier Zonen der Integration, der Verwundbarkeit, der Fürsorge und der Entkoppelung auf veränderter Grundlage neu gezogen werden müssen.

Die Freiheit der Arbeit

Parallel zu dieser Bewußtwerdung einer massenhaften Verwundbarkeit vollzieht sich ein Wandel in der Auffassung der Arbeit selbst, der tiefgreifende Auswirkungen auf die Lage der Arbeiter haben wird. Die Arbeit wird als Quelle gesellschaftlichen Reichtums anerkannt: »Seit langer Zeit schon sucht man nach dem Stein der Weisen; jetzt ist er gefunden, es ist die Arbeit.«[33]

Die Notwendigkeit der Arbeit ist natürlich nicht erst im 18. Jahrhundert entdeckt worden. Die Wurzeln reichen hier bis zur biblischen Verfluchung zurück, und das Geißeln des Müßiggangs ist eine Konstante jeglicher religiösen und moralischen Predigt, zumindest für diejenigen, auf die der Typ von Arbeit zutrifft, der einen buchstäblich »zum Schwitzen bringt« – »Im Schweiße deines Angesichts sollst du dein Brot verdienen« –, die manuelle Arbeit. Die Befreiung von der Arbeit, welche die herrschenden Stände genießen, widerlegt diese Verpflichtung bei weitem nicht, sie verstärkt sogar noch ihre Notwendigkeit. Die Befreiung von manueller Arbeit ist das Privileg schlechthin, während im Gegensatz dazu der Zwang zur Arbeit die einzige Art ist, mittels derer all diejenigen ihre gesellschaftliche Schuld abtragen können, die über nichts anderes als ihre Armeskraft verfügen. Daß die Arbeit für das Volk ein ehernes Gesetz ist, bedeutet freilich nicht, daß sie der Ursprung des Reichtums sei. Bis zum Anbruch der Moderne ist sie vielmehr Entsprechung des Umstandes, sich außerhalb der Ordnung des Reichtums zu befinden.

Reichtum wurde nämlich zunächst nach dem Modell der Gabe oder der Abgabe gedacht, als von einem Lehnsherrn an einen Vasallen als Gegenleistung für die dargebrachte Huldigung (den Lehnseid) vergebenes Land, das eventuell innerhalb einer Kette von gesellschaftlichen Abhängigkeitsverhältnissen bis hin zum letzten Grundholden weitergereicht wird, der es schließlich bebaut, weil er keine andere Gegenleistung bieten kann, als die Mühsal seines Körpers. Ebenso sind auch die von der Königsmacht verliehenen oder gekauften Posten und Ämter eher gesellschaftliche Wür-

32 J. Kaplow, *Les noms des rois, op. cit.*, S. 98.
33 R. de Coppans, in: *Des moyens de détruire la mendicité en France en rendant les mendiants utiles sans les rendre malheureux, op. cit.*, S. 323.

den als Gegenleistungen für eine Arbeit.[34] Der Handel, neben dem Land und den an öffentliche Posten gebundenen Privilegien, die andere große Quelle von Reichtum, wird nach dem Modell eines ungleichen Tausches gedacht, gemäß dem der Profit keinen direkten Lohn für eine produktive Arbeit darstellt. Der aus dem Handel rührende Reichtum entspringt einem Vorgang der Einbehaltung, von dem noch die Merkantilisten annehmen, daß er zum Nachteil dessen geschieht, mit dem man Handel treibt. Der internationale Fernhandel mit Gewürzen, Seidenwaren, Zucker, Kaffee und selbst die Exporte von Manufakturprodukten in die Ferne, die den Ursprung der großen kaufmännischen Vermögen ausmachen, stellen zwei ungleiche Partner einander gegenüber und funktionieren wie eine euphemisierte Form der Eroberung. An der Schwelle zur Moderne illustriert die Ausbeutung der Neuen Welt erneut die Tatsache, daß die Aneignung von Reichtümern nur auf einer systematischen Abschöpfung der Ressourcen der besiegten Eingeborenen, also genau dem Gegenteil von produktiver Arbeit beruht. Bei diesen Formen der Reichtumsgewinnung, die an die Plünderungsfeldzüge der Völkerwanderungszeit erinnern, erscheint der Anteil eigentlicher Arbeit (beispielsweise der Abbau von Silber in den Minen Perus, die Beförderung bis an die Häfen und die Verschiffung nach Sevilla) lächerlich im Vergleich zu den dabei herausgeholten märchenhaften Gewinnen. Obendrein bleibt sie den Leuten in elendster Lage wie den in Halbsklaverei gehaltenen Eingeborenen vorbehalten.

Die im Reichtum enthaltene Menge an Arbeit kann also nicht als Quelle des Wertes einer Ware erscheinen. Die Arbeit unterhält keine sichtbare Beziehung zum Reichtum, und noch weniger der Reichtum zur Arbeit: Im Allgemeinen arbeiten die Reichsten am wenigsten oder eben überhaupt nicht. Die Arbeit dagegen ist meist das Los der Armen und der *gagne-petits*, der Kleinverdiener, die zum Überleben Stoffe bearbeiten oder die Erde bebauen müssen. Sie ist gleichermaßen wirtschaftliche Notwendigkeit wie moralische Verpflichtung für alle Habenichtse, das Gegenmittel gegen den Müßiggang, das Korrektiv gegen die Laster des Volkes. Sie fügt sich also gleichsam »natürlich« in Disziplinarschemata ein. Es besteht hier, wie ich schon betont habe, eine Art organische Beziehung zwischen Arbeit und Zwang. Nicht, daß der wirtschaftliche Wert der Arbeit gleich null wäre, stellt er doch das notwendige Mittel dar, um für den Unterhalt all derer zu sorgen, die von ihrer gesellschaftlichen Lage her nicht ausreichend bedacht worden sind, und man hat auch festgestellt, daß ihr selbst die Kirche seit dem 12. Jahrhundert eine ökonomische Funktion zuerkennt. Doch hat man in diesem ökonomischen Nutzen keine autonome Dimension der Arbeit gesehen. Die Notwendigkeit der Arbeit ist Bestandteil eines – unauflösbar religiösen, moralischen, gesellschaftlichen und ökonomischen – Komplexes, den man *anthropologisch* nennen könnte und der die Lage der Unterschichten in ihrem Gegensatz zu den privilegierten Lagen bestimmt. Dieses Modell ist im 16. Jahrhundert noch lebendig, als, wie häufig gesagt wird, der moderne Kapitalismus seinen Siegeszug antritt. So will Juan Luis Vives, dem man häufig dadurch die Ehre erweist, daß man behauptet, er habe die Erfordernisse des Kapitalismus in die von religiösen Wer-

34 Vgl. F. Fourquet, *Richesse et puissance, une généalogie de la valeur*, Paris, La Découverte, 1989, Kapitel II.

ten beherrschte alte Welt der mittelalterlichen Armenfürsorge eingeführt, tatsächlich alle Bedürftigen, einschließlich der Arbeitsunfähigen, arbeiten lassen. Doch geschieht dies vor allem, damit sie, »wenn sie tätig und der Arbeit hingegeben sind, in ihrem Innern die bösen Gedanken und Betätigungen zügeln, die ihnen in den Sinn kommen, wenn sie nicht beschäftigt sind.«[35] Arbeit besitzt, hierin vergleichbar den religiösen Übungen, mit denen sie in den Zwangsarbeitsanstalten stets einhergeht, mindestens ebenso aufgrund ihrer moralisierenden Wirkung wie ihres ökonomischen Nutzens einen Wert. Als Extremfall für diese Disziplinarfunktion der Arbeit könnte man das Amsterdamer Rasphuis anführen, das Ende des 16. Jahrhunderts in Weiterführung der städtischen Politik, deren »bürgerlichen« und rationalen Charakter man gemeinhin hervorhebt, gegründet wurde. Die widerspenstigen Müßiggänger werden in einen mit Wasser vollaufenden Keller eingesperrt und müssen wie rasend das Wasser hinauspumpen, um nicht zu ertrinken: maximaler Erlösungswert der Arbeit bei einem gegen Null gehenden ökonomischen Nutzen.[36]

Der Merkantilismus ist eine Etappe auf dem Weg der Bewußtwerdung des Wertes der Arbeit, sie bleibt hier aber noch ins Disziplinarmodell eingehüllt. In seinem Bemühen um die Maximierung aller Ressourcen des Reichs muß der Merkantilismus auch seine gesamten Arbeitskräfte mobilisieren. Das ungenutzte Potential der Müßiggänger ist von diesem Blickwinkel aus gesehen ein Skandal, dem man ein Ende machen muß. Doch wenn die Arbeit, auch aufgrund ihres ökonomischen Nutzens, zu einem wesentlichen Wert wird, so auch in ihrer Eigenschaft als Mittel zur Umsetzung eines politischen Ziels, nämlich dem Reich eine Machtposition gegenüber der internationalen Handelskonkurrenz zu verschaffen (die Industriepolitik ist ein im Dienste der Handelspolitik stehendes Mittel, die wiederum dem königlichen Imperativ der Machterweiterung des Reiches untersteht). Arbeit ist niemals Selbstzweck. So wird auch begreiflich, daß der merkantilistische Produktivismus bestens mit der religiösen Konzeption von Arbeit als einem Erlösungsweg sowie mit der moralischen Auffassung harmoniert, daß Arbeit notwendig ist, um gegen die schlechten Neigungen der menschlichen Natur anzukämpfen, alles stets unter der Ägide der *Zwangsarbeit.* In den *Hôpitaux généraux*, den königlichen oder den speziell für die Armen vorgesehenen Manufakturen, wird maximale Leistung durch eine rigorose Aufsicht, Anleitung und eiserne Disziplin erreicht, während religiöse Übungen die technischen Arbeitsgänge skandieren. Zur Förderung der Arbeit reaktiviert der Merkantilismus die disziplinierenden Kapazitäten des geschlossenen Raumes und verstärkt parallel dazu den Einfluß der zünftischen Reglementierungen.

Ob es nun um den Merkantilismus oder vorausgehende Formen der Regulierung der Arbeit mittels moralischer oder religiöser Imperative geht, der ökonomische Wert

35 J. L. Vives, *De l'assistance aux pauvres, op. cit.*

36 Diese Haltung wird den Triumph des Industriekapitalismus überleben. In Irland bezeichnete man im 19. Jahrhundert Gebäude als »Hungertürme«, welche die Bedürftigen aufbauen, dann wieder einreißen mußten und dafür Kartoffeln als Unterstützung erhielten: »Statt daß man die Kartoffeln kostenlos verteilte, wie man sie auch bekommen hatte, verlangte man von ihnen, daß sie eine Arbeit täten, um ein Anrecht darauf zu erwerben. Man fand jedoch keine: Also ließ man sie auf dem flachen Land Türme bauen. Diese nutzlosen Türme wurden Hungertürme genannt. Und wenn die Hungertürme standen, bevor die Hungersnot zu Ende gegangen war, verlangte man von den Arbeitslosen, sie wieder niederzureißen« (J. Duboin, *L'économie distributive s'impose*, Paris, Leedis, 1950, S. 81).

der Arbeit bleibt immer anderen Erfordernissen untergeordnet, was zur Folge hat, daß die Arbeit sich nicht »frei« entfalten kann. Man muß ihr stets über *externe* Zwangssysteme einen Rahmen geben. Erst mit dem Liberalismus wird die Vorstellung von der Arbeit »befreit« und der Imperativ der freien Arbeit durchgesetzt werden.

Hannah Arendt faßt folgendermaßen die Hauptetappen des Siegeszugs der modernen Konzeption von Arbeit zusammen:

> »*Der plötzliche glänzende Aufstieg der Arbeit von der untersten und verachtetsten Stufe zum Rang der höchstgeschätzten aller Tätigkeiten begann theoretisch damit, daß Locke entdeckte, daß sie die Quelle des Eigentums sei. Der nächste entscheidende Schritt war getan, als Adam Smith in ihr die Quelle des Reichtums ermittelte; und auf den Höhepunkt kam sie mit Marx' ›System der Arbeit‹, wo sie zur Quelle aller Produktivität und zum Ausdruck der Menschlichkeit des Menschen selbst wird.*«[37]

In dieser Trilogie nimmt Adam Smith eine strategische Position ein:

> »*Deshalb ist der Wert einer Ware für seinen Besitzer, der sie nicht selbst nutzen oder konsumieren, sondern gegen andere tauschen möchte, gleich der Menge Arbeit, die ihm ermöglicht, sie zu kaufen oder darüber zu verfügen. Arbeit ist demnach das wahre oder tatsächliche Maß für den Tauschwert aller Güter. [...] Nicht mit Gold oder Silber, sondern mit Arbeit wurde aller Reichtum dieser Welt letztlich erworben.*«[38]

Gewiß ist diese Position nicht ganz frei von einer gewissen Doppeldeutigkeit. Adam Smith macht aus der Arbeitsmenge die Begründung für den Tauschwert eines Produktes, ohne so weit zu gehen und wie Marx später zu behaupten, daß diese Arbeitsmenge tatsächlich und ausschließlich den Wert eines jeden Produkts ausmacht.[39] Doch will Smith – der sich wie Locke weniger für die Arbeit als solche, denn als Grundlage des Privateigentums interessiert – die Existenz eines Marktes für die freie Zirkulation von Waren und die unbegrenzte Akkumulierung von Reichtum begründen. Zur Herausbildung eines solchen Marktes müssen die Produkte der Arbeit in Abhängigkeit von ihren Kosten ausgetauscht werden können.

Der Tausch wirkt also auf das rechte Gleichgewicht der Interessen zwischen den Vertragspartnern hin und hört dabei auf, ein ungleicher Tausch zu sein, bei dem der eine zwangsläufig gegenüber dem anderen einen Vorteil davonträgt. Dazu kommt es jedoch nur unter der Voraussetzung eines freien Marktes, auf dem die Produkte nach ihrem Arbeitswert getauscht werden, *der wiederum mittels freier Arbeit hervorgebracht*

37 H. Arendt, *Vita activa oder vom tätigen Leben*, München, Piper 1981, S. 92 (1. Aufl. 1958).

38 A. Smith, *An Inquiry into the Nature and Causes of the Wealth of Nations*, London 1776, hier zit. nach der dt. Übers.: *Der Wohlstand der Nationen. Eine Untersuchung seiner Natur und seiner Ursachen*, übers. von H. C. Recktenwald, München, dtv, 1978, S. 28.

39 Für eine Diskussion dieses Punktes vgl. L. Dumont, *Homo aequalis, genèse et épanouissement de la logique économique*, Paris, Gallimard, 1977.

wird. »Der Nutzen der Industrie entspringt im wesentlichen der Freiheit, und ohne diese Freiheit würde sich nicht allein dieser Nutzen verflüchtigen, er würde auch in Monopole ausarten und von Unruhen ersetzt werden, die notwendigerweise den Ruin des Staates nach sich zögen.«[40] Monopole untergraben gleichermaßen das freie Zirkulieren der Güter wie die freie Entfaltung der Bedingungen ihrer Produktion. Sie werden zu privilegierten Feudalmächten, die den Reichtum an sich reißen und ungleichen Tausch erzwingen. Im selben Zug wie der Arbeitswert als Maßstab des Reichtums nachgewiesen wird, wird auch der wirtschaftliche Tausch als Grundlage für eine das Interessengleichgewicht zwischen Vertragspartnern gewährleistende stabile Gesellschaftsordnung behauptet. Adam Smith will eine auf der Freiheit des Tauschs auf dem Markt basierende politische Ökonomie begründen. Die Verwirklichung dieser Tauschfreiheit hat aber die Freiheit der Arbeit, und damit die Liberalisierung der Lohnarbeit zur Voraussetzung:

> »*Das Eigentum, das jeder Mensch an seiner Arbeit besitzt, ist in höchstem Maße heilig und unverletzlich, weil es im Ursprung alles andere Eigentum begründet. Das Erbe eines armen Mannes liegt in der Kraft und in dem Geschick seiner Hände, und ihn daran zu hindern, beides so einzusetzen, wie er es für richtig hält, ohne dabei seinen Nachbarn zu schädigen, ist eine offene Verletzung dieses heiligsten Eigentums, offenkundig ein Übergriff in die wohlbegründete Freiheit des Arbeiters und aller anderen, die bereit sein mögen, ihn zu beschäftigen.*«[41]

Die wirkliche Entdeckung des 18. Jahrhunderts ist also nicht die der Notwendigkeit der Arbeit, sondern der *Notwendigkeit der Freiheit der Arbeit.* Sie impliziert die Vernichtung der zwei bis dahin dominierenden Organisationsweisen der Arbeit, der geregelten und der Zwangsarbeit. Das Werk Turgots ist in dieser Hinsicht exemplarisch. Er ist nämlich derjenige, der in der kurzen Zeit, in der Ludwig XVI. sich dareinzufügen scheint, ihm die Initiative zu überlassen, auf einen Schlag die Zünfte, die *dépôts de mendicité* und die Überreste des Frondienstes abzuschaffen versucht. Doch hat er schon vorher, in dem »Fondation« überschriebenen Artikel der *Encyclopédie* die Philosophie seiner Unternehmungen geliefert. Er arbeitet bei dieser Gelegenheit den Kern der politischen Philosophie des Liberalismus heraus, in dem die staatlichen Funktionen völlig neu definiert werden: »Der Staat schuldet einem jeden seiner Glieder die Zerstörung der Hindernisse, die sie in ihrem Gewerbefleiße hindert oder beim Genusse der Produkte stört, die den Lohn dafür

---

40 F. Quesnay, *Ordre naturel et essentiel des sociétés politiques*, Paris, 1767, zit. nach E. Labrousse, F. Braudel, *Histoire économique et sociale de la France, op. cit.*, 2. Bd., S. 225. Wir können hier nicht die Beziehungen zwischen dem ökonomischen Liberalismus Adam Smiths und der Position der Physiokraten erörtern. Für den Augenblick ist nur der Umstand von Bedeutung, daß diese trotz ihres Verhaftetseins an den Boden als realer Grundlage des Reichtums eifrige Verfechter der Handelsfreiheit sind (»Freiheit, völlige Freiheit, vollkommene Steuerfreiheit, das also ist das Grundgesetz«, schreibt der Abbé Baudeau im *Journal de l'agriculture*) sowie des eminenten Wertes der Arbeit als notwendigem Mittel, um aus dem Boden wirtschaftlichen Nutzen zu ziehen: »Die bäuerliche Arbeit zahlt die vorgeschossenen Kosten zurück, bezahlt die vorher beim Anbau eingebrachte manuelle Arbeit und produziert obendrein das Einkommen des Grundbesitzes« (F. Quesnay, Artikel »Grains«, *Encyclopédie, op. cit.*, Bd, VII, S. 813). Daher kämpfen die Physiokraten wie die ersten Liberalen, ungeachtet gewisser Differenzen in der Lehrmeinung, gleichermaßen entschlossen gegen Monopole und Privilegien.

41 A. Smith, *Der Wohlstand der Nationen, op. cit.*, S. 106.

darstellen.«[42] Ein *Minimalstaat* muß sich darauf beschränken, die Fesseln des Marktes abzuschaffen, sowie denen, die sich aus freien Stücken der Industrie widmen, eine Garantie dafür zu bieten, daß sie nicht um ihre Gewinne gebracht werden. Wie für Adam Smith dient auch für Turgot das Interesse als der wahre Regulator für die Dynamisierung der Gesellschaft. Die Rolle des Staates besteht darin, zu gewährleisten, daß sich das freie Spiel der Interessen entfalten kann: »Sind die Menschen genügsam am Wohle interessiert, das Ihr ihnen verschaffen wollt, so laßt sie gewähren: Darin besteht das große, das einzigartige Grundprinzip. Scheint es Euch, als ob sie mit weniger Eifer daran gehen, als Ihr wünscht, so vermehrt ihr Interesse.«[43]

Auf dem Weg der Verwirklichung dieser Ziele sind noch zwei Haupthindernisse zu beseitigen. Die Stiftungen und Spitäler, die wohltätigen Einrichtungen, von denen man sagt, in ihnen würde den Bedürftigen Fürsorge gewährt und einige von ihnen würden zum Arbeiten angehalten, sind gegen Ende des Ancien Régime bei allen Adepten der Aufklärung in Mißkredit geraten.[44] Diese Einrichtungen sind aber nicht nur zu Orten des Grauens geworden, wo Elend, Promiskuität und Dreck sowie die Willkür unkontrollierter Macht herrschen. Mindestens ebenso wie einen moralischen und politischen Skandal verkörpern diese Einrichtungen auch ein Verbrechen gegen die neuen Prinzipien der liberalen Ökonomie. Man gibt sich nicht damit zufrieden, die Armen zu malträtieren, nein, man sterilisiert auch noch den von ihnen verkörperten potentiellen Reichtum, weil man ihre Arbeitskraft vernichtet.

Montlinot ist sicher derjenige, der diese neuartige Befindlichkeit am hellsichtigsten zum Ausdruck gebracht hat. Er beschränkt sich nicht einfach darauf, wie all die fortschrittlichen Köpfe seiner Zeit, seine ablehnende Haltung gegenüber der Zwangsarbeit kundzutun. Der Grund, den er für seine feindselige Einstellung gegen die Einsperrung angibt, ist außerordentlich tiefschürfend:

> »*Kein neuer Betrieb, der nicht Ausfluß des Gewerbefleißes ist und nicht das persönliche Interesse zu seinem Führer hat, kann Erfolg haben: Der Wettstreit, der Wunsch nach einem besseren Schicksal ist es, der, wenn auch langsam, alle Künste, alle Gewerbe von einem Pol zum andern befördert. Nun frage ich mich, welchen Mut, welchen Fleiß man von einer Schar von Menschen erwarten kann, denen man nur Trübsal verschafft und die keine Fähigkeit reicher oder ehrenwerter machen kann.*«[45]

Die gesamte »liberale« Ideologie findet sich in diesen wenigen Zeilen formuliert: Die Freiheit der Arbeit muß auch die Privatinitiative, die Risikofreude, den Unterneh-

42 A.R.H. Turgot, »Édit portant suppression des jurandes et communautés de commerce, arts et métiers«, in: Jourdan, Decrouzy, Isambert, *Récueil général des anciennes lois françaises, op. cit.*, Bd. XXIII, S. 372.

43 *Ebd.*, S. 54.

44 Vgl. bspw. V. Mirabeau, *L'Ami des hommes*, Paris 1774, Bd. II, S. 349 und Tellès-Dacosta, *Plan général des hospices du royaume*, Paris 1789: »Die Namen Spital oder *Hôtel-Dieu* sind entwürdigend geworden und dienen nur dazu, all die Untertanen, die das größte Bedürfnis nach Unterstützung und Fürsorge haben, aus einem natürlichen Gefühl heraus, von sich fernzuhalten« (S. 4).

45 C. A. J. Leclerc de Montlinot, *Quels sont les moyens de détruire la mendicité, de rendre les pauvres utiles et de les secourir dans la ville de Soissons*, Soissons, 1770, S. 18.

mungsgeist und Wettbewerbssinn freisetzen. Der Wunsch nach einer Verbesserung wird zum Motor, ohne den die Industrie nicht auskommen kann. Man steht im diametralen Gegensatz zur traditionellen Auffassung, der zufolge die gesellschaftliche Norm darin besteht, sich in eine feste Ordnung einzufügen und damit zufrieden zu geben. Der Bruch mit der über Entmündigungen regierten Ständegesellschaft, der Gesellschaft der Ordnungen, der Statuspositionen ist vollzogen. Doch am Übergang zwischen diesen beiden Welten gelangt eine neuartige Definition der Arbeit zur Durchsetzung, die das Aufkommen des »neuen Regimes« gegen das Ancien Régime ermöglichen wird.

Diesen Grundsätzen folgend beschließt Turgot 1776 die Beseitigung der Bettlerdepots, in denen die Tradition der Zwangsarbeit fortgeführt wird (allerdings ohne großen Erfolg – als er in Ungnade fällt, eröffnet man sie sogleich wieder). Die im gleichen Jahr unternommene zweite Komponente dieser Politik, die Abschaffung der geregelten Arbeit und damit der Zünfte, ist von sehr viel größerer Tragweite. Diese Abschaffung soll die Erfordernisse des Naturrechts mit denen der ökonomischen Effizienz in Einklang bringen. Wie Montlinot sieht auch Turgot in den traditionellen Regulierungen der Arbeit Hemmschuhe für die Entfaltung dessen, was den Ausgangspunkt für die Produktion bildet: der Dynamik eines Subjekts, dem es frei steht, seinen Eigeninteressen nachzugehen: »Wir wollen diese Willküreinrichtungen abschaffen, die dem Bedürftigen nicht von seiner Arbeit zu leben erlauben [...] und die den Wetteifer und den Gewerbefleiß ersticken.«[46]

Grundlage dieser Maßnahmen ist die feierliche Bekräftigung eines Rechts auf Arbeit: »Indem Gott den Menschen Bedürfnisse eingepflanzt und sie zugleich gezwungen hat für deren Befriedigung zu arbeiten, hat er das Recht zu arbeiten [droit de travailler] zum Eigentum eines jeden Menschen gemacht, und dieses Eigentum ist das erste, das heiligste und unantastbarste unter den Eigentümern des Menschen.[47] Ist sich Turgot über die immensen Konsequenzen dieser Losung des Rechts auf Arbeit [droit au travail] völlig im Klaren, das später ja den erbittertsten sozialen Auseinandersetzungen im Lauf des 19. Jahrhunderts immer neue Nahrung geben soll? Sicher nicht. Doch bewirkt er schon dadurch eine revolutionäre Umwälzung, daß er die Notwendigkeit zu arbeiten mit der Natur und nicht durch die Gesellschaft begründet. Die Freiheit der Arbeit besitzt die Legitimität eines Naturgesetzes, während die historischen Formen ihrer Organisation rein zufällig sind. Daraus folgt, daß diese Formen, die bis zur Gegenwart noch dem Zwang unterstanden, willkürlich und despotisch sind. Die Geschichte hat ein vernünftiges, weil natürliches Erfordernis dadurch fehlgeleitet, daß sie »dem Partikularinteresse gegenüber dem Interesse der Gesellschaft zur Durchsetzung verholfen hat«. Die geschichtlich auf der Grundlage von Privilegien organisierte Gesellschaft ist partikularistisch. Sie hat den vom Monopolgeist inspirierten intermediären Körperschaften die Legitimation geliefert. Es wird deshalb dringend, dieses Erbe der alten Welt zu beseitigen, um den Naturgesetzen

46 A.R.J. Turgot, »Édit portant suppression des jurandes«, *loc. cit.*, S. 375.

47 *Ebd.* Adam Smith erklärt im Rahmen seiner Kritik am Arbeiterstatut von 1563 gleichfalls: »Das Eigentum, das jeder Mensch an seiner Arbeit besitzt, ist in höchstem Maße heilig und unverletzlich, weil es im Ursprung alles andere Eigentum begründet« (*Der Wohlstand der Nationen, op. cit.*, S. 106).

freien Lauf zu lassen. Der freie Zugang zu Arbeit, die Schaffung eines freien Arbeitsmarktes stehen für das Aufkommen einer vernunftgeleiteten Sozialwelt, die durch die Zerstörung der willkürlichen Gesellschaftsordnung der alten Gesellschaft ermöglicht wird.[48]

Die Wiederherstellung der im Naturrecht wurzelnden Freiheit bietet auch den Vorteil, daß sie sich mit den konkreten Interessen von Gruppen deckt, deren Aktivitäten von gesellschaftlichem Nutzen (und nicht parasitär wie die der Inhaber von Privilegien) sind. Es handelt sich dabei vor allem um die beiden Kategorien der Arbeitgeber und Arbeitnehmer, deren Positionen aus diesem Blickwinkel heraus noch komplementär erscheinen, bevor sie sich schließlich als Antagonisten entpuppen. Die Arbeiter müssen unbedingt arbeiten, für sie ist das eine Existenzfrage: »Wir schulden vor allem dieser Klasse von Menschen Schutz, die kein anderes Eigentum als ihre Arbeit besitzen und daher um so mehr das Bedürfnis und das Recht haben, die einzigen ihnen für ihren Lebensunterhalt zur Verfügung stehenden Einkommensquellen auszuschöpfen.«[49] Doch die Arbeitgeber müssen zur Entwicklung ihrer Unternehmen ebenso frei über jegliche erreichbare Arbeitskraft verfügen können: »Alle Klassen von Mitbürgern sind des Rechts beraubt, die Arbeiter zu wählen, die sie gerne anstellen würden, sowie der Vorteile, welche ihnen die Konkurrenz um den niedrigen Preis und dieVollendung der Arbeit bieten würde.«[50]

Man kann daran zweifeln, daß diese scheinbare Interessenskomplementarität notwendigerweise auch die völlige Beiderseitigkeit des Nutzens mit sich bringt, welche Arbeitnehmer und Arbeitgeber aus der Verwirklichung der Freiheit der Arbeit ziehen werden. Die unterschiedlichen Interessen direkt und unvermittelt aufeinandertreffen oder sich ergänzen zu lassen, ist dennoch die Grundbedingung für die erforderliche fundamentale Transformation der Organisation der Arbeit. Die Konsequenzen, so sie noch nicht alle aus dem Prinzip ableitbar sind, werden folgen.

Doch allein schon die Tatsache, daß Reichtum durch Arbeit geschaffen wird, ist imstande, einen grundlegenden Einstellungswandel gegenüber der gemeinhin elenden und verachteten Masse auszulösen, welche die Arbeitskraft einer Nation verkörpert. Das bedeutet, daß der Reichtum dieser Nation von nun an am vernünftigen Einsatz dieser Arbeitskraft hängt. Selbst wenn er arm ist, ist der Arbeiter doch reich durch seine Fähigkeit zur Arbeit, die er ja nur einsetzen muß, damit sie ihren Ertrag abwirft. Die wahre Politik eines Staates müßte, wie der Merkantilismus schon vorweggenommen hat, in der Entwicklung eines Maximums an Arbeitsfähigkeit seiner Bevölkerung bestehen. Es wird nun möglich, dieser Feststellung über die allgemeine Nützlichkeit der Arbeit eine wesentliche Präzisierung hinsichtlich der Behandlung der Arbeitenden hinzuzufügen. Der Merkantilismus hatte seine Entdeckung in eine autoritäre und repressive Instrumentalisierung der Arbeitsbeschaffung gezwängt, welche die Arbeit kontraproduktiv machte. Am Vorabend der Revolution äußert ein Autor, dessen Name es verdient hätte, der Nachwelt im Ge-

48 Vgl. zu dieser Auffassung von der Geschichte als Quelle der Irrationalität im Gegensatz zur natürlichen und vernünftigen Ordnung der Gesellschaften G. Procacci, *Gouverner la misère*, Paris, Le Seuil, 1993, 1. Kap.

49 A.R.J. Turgot, »Édit portant suppression des jurandes«, *loc. cit.*, S. 375.

50 Ebd.

dächtnis zu bleiben, mit allem Nachdruck die gegenüber dem arbeitenden Volk anzuwendende neue Strategie:

> »*Wenn jeder gesellschaftliche Genuß auf Arbeit gründet, so wird es für das Interesse der genießenden Klasse unerläßlich, über die Erhaltung der arbeitenden Klasse zu wachen. Darin besteht zweifelsohne eine Notwendigkeit, um dem Unfrieden und dem Unglück der Gesellschaft zuvorzukommen. Es besteht auch die Notwendigkeit, über die Erhaltung dieser riesigen und wertvollen Pflanzschule von Untertanen zu wachen, die für die Bebauung unserer Felder, den Transport unserer Nahrung, die Belegung unserer Manufakturen und Werkstätten bestimmt sind.*«[51]

Man sieht wie sich in diesem Text die Einstellung gegenüber den arbeitenden Klassen aufspaltet. Die überkommene repressive Haltung wird nicht verworfen. Sie steht immer noch am Horizont, um den Drohgebärden zu begegnen, zu denen ein übermäßiges Elend diejenigen verleiten kann, die nichts mehr zu verlieren haben. Doch für die Mehrzahl der Armen – den Großteil der Bevölkerung – bekommt die Metapher der Pflanzschule nun ihre volle Bedeutung. Die unterschiedlichen Arbeiterkategorien verkörpern eine Masse, die man sorgsam unterhalten und im eigentlichen Wortsinne »kultivieren«, das heißt bearbeiten muß, um sie zum Arbeiten zu bringen, damit schließlich das zum Sprießen gebracht und geerntet werden kann, dessen Grundlage die Arbeit ist: der gesellschaftliche Reichtum. Die Bevölkerung ist in der Tat die Quelle des Wohlstands der Nationen – freilich nur, wenn sie arbeitet.[52]

Und all dies im »Interesse der genießenden Klasse«. Wir befinden uns hier weitab von den sentimentalen Ergüssen der wohltätigen Philanthropie und der jahrhundertealten Einstellung, aus der zwangsweisen Beschäftigung der müßigen Armen eine polizeiliche Frage machen zu wollen. Die fürsorgerischen Praktiken richteten sich auf ganz besondere Kategorien, im wesentlichen diejenigen, die nicht arbeiten konnten. Das nun aufgeworfene Problem ist das der Lage der Masse des Volkes, und das erfordert *eine umfassende Neuorganisation der Arbeit.* Die Lehren der Ökonomie und nicht Neigungen des Herzens führen dazu, einen neuen Blick auf die Elenden zu werfen: Das wohlverstandene Interesse des nationalen Kollektivs, an erster Stelle der Besitzenden, verlangt herrisch danach, eine neuartige Politik hinsichtlich der benachteiligten Massen zu verfolgen. Armenfürsorge wie auch ihre Kehrseite, die Re-

51 C.P. Copeau, *Essai sur l'établissement des hôpitaux des grandes villes*, Paris, 1787, S. 142. Dieses Erfordernis ist um so drängender, als im 18. Jahrhundert der Glaube an einen Bevölkerungsrückgang weit verbreitet ist. Vgl. beispielsweise Quesnays Artikel »Population« in der *Encyclopédie* oder Montesquieu, der schreibt: »Nach einer so exakten Berechnung wie sie bei dieser Art von Dingen nur immer möglich ist, gibt es derzeit zehnmal weniger Menschen als früher [...]. Was erstaunt, ist der Umstand, daß er [der Planet] sich täglich entvölkert, und wenn das so weitergeht, wird er in zehn Jahrhunderten nur noch eine Wüste sein« (*Lettres persanes*, Brief 112, erste Auflage Amsterdam 1727). Eben derselbe Montesquieu ist auch Autor des bekannten Satzes: »Ein Mensch ist nicht arm, weil er nichts hat, sondern weil er nicht arbeitet« (*De l'esprit des lois*, erste Auflage Genf, 1749). Es wird so verständlich, daß diese zweifache Bewußtwerdung des Wertes der Arbeit wie der Knappheit der Arbeiter gemeinsam bewirkt, daß die Arbeit zum Reichtum par excellence wird.

52 Zu dieser Zeit zeichnet sich auch der Wille »zur Erhaltung der Kinder« ab. Die Unterbringung von Findelkindern verfolgt ebenfalls das Ziel, »das Königreich zu bevölkern« (vgl. M. Laget, »Note sur les réanimations des nouveaunés«, *Annales de démographie historique*, 1983). Für eine Gesamtübersicht über die Maßnahmen für Findelkinder vgl. B. Assicot, *L'Abandon d'enfant, étude sociologique*, thèse pour le doctorat de sociologie, université Paris VIII, 1993.

pression, als die bevorzugten Haltungen gegenüber den Unglücklichen gelten nun als überholt.

Gewiß ist die Haltung der »genießenden Klasse« dieser Frage gegenüber alles andere als einheitlich. Die Philanthropie ist in den Salons und bei Hofe in Mode. Vor allem die offizielle Politik behält aber die jahrhundertealten Bestimmungen zur Beseitigung des Vagabundentums und der Bettelei bei. Wir haben schon erwähnt, daß die große Verordnung von 1764 und die Weise, in der sie ausgeführt wurde, nur die alten Rezepte stärker systematisiert hat. Darauf beschränkte sich auch vorwiegend die Politik des Königtums bis zu seinem Sturz. Turgot allerdings ist als Vertreter der neuen Haltung alles andere als marginal. Während der kurzen Zeit, in der er als Generalinspekteur des Finanzwesens an der Macht ist, bringt er die zwei Hauptsäulen der traditionellen Organisation der Arbeit, nämlich die Zünfte und die Einrichtungen der Zwangsarbeit, ins Wanken. Das Ancien Régime hat durch seine Desavouierung möglicherweise die Aussicht auf eine »reformistische« Option vertan.

Es wird nun deutlich, daß über die verquickten Fragen der Armut, der Bettelei und des Vagabundentums zwei Auffassungen staatlicher Steuerung aufeinanderstoßen, die jedoch nicht dieselbe Tragweite haben. Die Bewußtwerdung einer massenhaften Verwundbarkeit und des herausragenden Wertes der Arbeit als Produzentin gesellschaftlichen Reichtums bringt die traditionellen Maßnahmen der Verabreichung von Unterstützung und der Zwangsarbeit in Verruf und weist ihnen nur noch eine sekundäre Rolle zu. Das liegt im wesentlichen daran, daß sie nur auf die Ränder der sozialen Frage einwirken können, auf die Zonen der Fürsorge und der Entkoppelung, auch wenn sie sich eine weitreichendere Abschreckung zutrauen. Ihre Wirksamkeit wird sich jedoch schon bald als äußerst zweifelhaft erweisen. Wenn es dagegen zutrifft, daß die Arbeit den Kern dieser Probleme bildet, weil ihre völlig unzulängliche Organisation zu einem Gutteil am Elend bzw. der massenhaften Verwundbarkeit schuld ist, dann kann die soziale Frage als Frage der Neuorganisation der Arbeit formuliert werden. Die Losung des *freien Zugangs zu Arbeit* geht über den sektoralen Charakter der unterschiedlichen Maßnahmen hinaus, die sich auf Sonderkategorien der Bevölkerung wie die Bettler, Vagabunden, kranken Alten, Findelkinder und andere richten. Insoweit sie sich auf die Gesamtheit der arbeitenden Klassen bezieht, kann sie sich direkt auf die massenhafte Verwundbarkeit, insbesondere auf die Lage der Lohnarbeiter auswirken. Der freie Arbeitsmarkt ist ein allgemeines Politikziel, das eine Strukturreform der Gesellschaft des Ancien Régime im Gefolge haben muß. Es läßt sich leicht begreifen, warum all das »Progressive« an dieser Politik mit dieser Losung verknüpft wird. Ein Urteil Tawneys bringt den von all diesen Männern geteilten Impetus zum Ausdruck, der aus ihnen automatisch Liberale macht: »Der große Feind der Epoche war das Monopol. Der Schlachtruf, in dessen Namen sich die Männer der Aufklärung schlugen, war einer der Abschaffung der Privilegien. Ihr Ideal bestand in einer Gesellschaft, in der jeder Mensch freien Zugang zu den wirtschaftlichen Opportunitäten hätte, über die er verfügt, und frei wäre, die durch seine Anstrengungen geschaffenen Reichtümer zu genießen.«[53] Die

53 R. H. Tawney, *The Acquisitive Society*, London, Collins, 1961, S. 23 (erste Auflage 1926).

Liberalisierung der Arbeit war der wichtigste Baustein zur Verwirklichung dieses Programms.[54]

Gewiß kann man sich wie die heutige Geschichtsschreibung Gedanken über die Richtigkeit dieser Vorstellung hinsichtlich der effektiven Organisation der Arbeit machen, die wie wir wissen in hohem Maße diese traditionellen Zwänge umgehen konnte.[55] Wie einst beim Vagabundentum – und bald beim Pauperismus – ist diese von den ersten Liberalen ausgedachte Zielscheibe einer völlig von Privilegien und Monopolen dominierten Arbeit eine gesellschaftliche Konstruktion, die sicherlich die bereits große Vielfalt der konkreten Arbeitsverhältnisse verzerrt. Der Grund für ihren revolutionären Einfluß liegt jedoch darin, daß sie ein Bestandteil der wesentlichen Wandlung war, die im 18. Jahrhundert sogar die Konzeption des Fundaments der Gesellschaftsordnung umwälzte. Im Denken der Aufklärer hört die Gesellschaft auf, Ausfluß einer transzendenten Ordnung zu sein, sie trägt das Prinzip ihrer Organisation in sich selbst. Der Markt und der Vertrag sind die *Operatoren* dieses Übergangs von einer transzendenten Grundlegung zur Immanenz der Gesellschaft. Der Rückgriff auf den Vertrag – die einzig vom Willen der *citoyens* hervorgebrachte Grundlage der Gesellschaftsordnung, der *contrat social* Rousseaus – bedeutet, daß die gesellschaftlichen Subjekte sich selbst als Kollektiv schaffen, anstatt von einem äußeren Willen überragt zu werden, der sie von oben beherrscht. Er markiert in den Worten Marcel Gauchets »die Emanzipation der Gesellschaft vom Schema der Unterordnung«.[56] Fast gleichzeitig entdeckt Adam Smith die ausschlaggebende Rolle des Marktes, »des vom Willen der Individuen unabhängigen autonomen Prinzips gesellschaftlicher Kohäsion, das durch sein völlig unbewußtes Funktionieren ihre Versammlung bewirkt.«[57]

So kommt in der Durchsetzung der Kombination von Arbeitsvertrag und freiem Marktzugang gegen die alte Kombination von zünftischer Bevormundung und Handelsmonopolen innerhalb des speziellen Bereichs der Produktion und des Handels die allgemeine Forderung nach einer Befreiung von einem Zwangssystem zum Ausdruck, welches auf der Unterordnung der Untertanen unter ein Ganzes – eben unter Gott oder seinen Stellvertreter hier auf Erden, den König – und ihrer Einfügung in eine Hierarchie von Ordnungen, Ständen, Statuspositionen, der Hinterlassenschaft der alten, noch »holistischen«[58] Gesellschaft für die triumphierende Moderne, be-

54 Das bedeutet offenkundig weder, daß der freie Arbeitsmarkt die einzig denkbare Reform darstellt, noch daß seine Reichweite universell wäre. Dadurch, daß er sich vor allem auf die Lohnarbeiter bezieht (worin der Grund besteht, warum seine Bedeutung hier besonders hervorgehoben wurde), wird er keinen besonderen Einfluß auf das bäuerliche Elend haben. Die Aufhebung der Feudalrechte in der Nacht des 4. August geschieht aber nicht losgelöst von der Abschaffung der Regulierung der Arbeit durch die *Loi Le Chapelier*. Die eine wie die andere Maßnahme heben die als archaisch bezeichneten Privilegien auf, wobei die eine den Boden, die andere die Arbeit für die freie Verwertung verfügbar macht. In der Steuerreform besteht eine weitere Option. Durch eine proportional zu den Einkommen steigende Besteuerung, die *dîme royale*, anstelle der die Ärmsten schwerer belastenden Steuer, wollte Vauban auch das massenhafte Elend bekämpfen. Dieses Projekt scheiterte jedoch zusammen mit anderen im 18. Jahrhundert ausgearbeiteten Haushaltsreformvorhaben an genau demselben Widerstand seitens der Privilegierten wie jene, die sich auf die Arbeit oder den Boden bezogen.

55 Vgl. M. Sonescher, *Work and Wages, op. cit.*

56 M. Gauchet, »De l'avenement de l'individu à la découverte de la société«, *Annales ESC*, Mai/Juni 1979, S. 463.

57 *Ebd.* Marcel Gauchet zufolge vollzieht der Markt besser als der Vertrag den Bruch hinsichtlich einer transzendenten Begründung der Gesellschaftsordnung, da er jeglichen Bezug auf ein Bewußtsein oder einen Willen ausspart.

58 Vgl. in Louis Dumont, *Homo aequalis, op. cit.*, die Analyse der Rolle, die der Markt bei der Zerstörung holistischer Normen und dem Aufkommen einer Gesellschaft von Individuen spielt.

ruht. Was hätte ein solcher Kampf denn anderes bewirken können, als das gesamte Lager der Aufklärer jenseits spezifisch wirtschaftlicher Interessen zu versammeln?

»Eine unantastbare und heilige Schuld«

Just im Augenblick, als das Ancien Régime zusammenbricht, faßt ein Text von bestaunenswerter Hellsichtigkeit den gesamten Gang der Ideen zusammen, dessen Rekonstruktion ich hier versucht habe. Die *Procès verbaux et rapports du Comité pour l'extinction de la mendicité de l'Assamblée constituante*,[59] die mündlichen Verhandlungen und Berichte des Ausschusses zur Abschaffung des Bettelwesens der Konstituierenden Versammlung klären die Optionen des alten Systems und entwerfen ein umfangreiches Programm für die Vergabe von Unterstützung und die Organisation der Arbeit in der Moderne.
Zunächst die Klärung einer säkularen Bewegung:

> »*Bei der Betrachtung dieser langen Reihe von Gesetzen [der Gesamtheit der Regelungen zum Vagabundentum und der Bettelei] kommt man zu dem Schluß, daß sie in erster Linie gegen die Bettler gerichtet waren, welche die Not zum Vagabundieren zwang. Die Verwaltung, die beinahe immer außerstande war, dem Volk Arbeit anzubieten, hatte keine andere Möglichkeit als das lästige Elend in den Spitälern zusammenzupferchen oder das Gesetz mit Unerbittlichkeit zu wappnen, um all die, welche der Gesellschaft zur Last fallen, einzusperren.*«[60]

Was das alte System nicht begriffen hatte, war die Tatsache, daß die Armut ein grundlegendes rechtliches Problem darstellt: »Man hat immer daran gedacht, wohltätig gegenüber den Armen zu sein, niemals jedoch daran, die Rechte des armen Menschen gegenüber der Gesellschaft sowie die der Gesellschaft gegenüber ihm zur Geltung zu bringen.«[61] Daher ließ man bestenfalls den Würdigsten unter den Armen Unterstützung zukommen; parallel dazu trat man gegenüber all denen repressiv auf und kriminalisierte sie, die eine schlechte Verwaltung mittellos und vor allen Dingen ohne Arbeit ließ. Gönnerhafte Fürsorge oder polizeiliche Maßnahmen, zwei Möglichkeiten, die Frage des Elends aus einer Reflexion über die Staatsbürgerlichkeit herauszulösen: »Kein Staat hat in seiner Verfassung an die Armen gedacht.«[62] Anstelle des früheren Umherziehens ermöglicht nun ein im Grunde einfaches Prinzip, das jedoch universelle Geltung hat, das zweifache Gebäude der Verga-

59 Herausgegeben von C. Bloch, A. Tutey, Paris, Imprimerie nationale, 1910. Von der konstituierenden Versammlung einberufen und vom Herzog de La Rochefoucauld-Liancourt präsidiert, wird aus dem *Comité pour l'extinction de la mendicité* später während der Gesetzgebenden Versammlung und des Konvents das *Comité de secours public* (Ausschuß für öffentliche Unterstützungen) hervorgehen: Auch was das Vokabular anbelangt ist man vom Ancien Régime zur Neuzeit übergegangen. Doch sind die Arbeiten des Ausschusses der konstituierenden Versammlung viel dichter und origineller, und gerade sie sind es, die unmittelbar das Gesetzgebungswerk des Konvents inspirieren. Ein Beweis dafür, daß zumindest auf diesem Gebiet der Gegensatz zwischen einer »gemäßigten« und einer »radikalen« Phase der Revolution nicht besonders aussagekräftig ist. Der Konvent der Montagnards hat die seit den Anfängen der Revolution empfohlene Politik im wesentlichen gutgeheißen.

60 C. Bloch, A. Tutey, »Deuxième Rapport«, S. 353.

61 *Ebd.*, »Premier Rapport«.

62 *Ebd.*

be von Unterstützung und der Reorganisierung der Arbeit auf solide Grundlagen zu stellen:

> »*Jeder Mensch hat ein Recht auf Unterhalt: Diese Grundwahrheit jeder Gesellschaft, die mit Nachdruck einen Platz in der Erklärung der Menschenrechte für sich einfordert, erschien dem Ausschuß als die Grundlage für jedes Gesetz, für jede politische Institution, die sich vornimmt, dem Bettelwesen ein Ende zu bereiten. Wenn jeder Mensch ein Recht auf Unterhalt genießt, dann muß die Gesellschaft für den Unterhalt all derjenigen ihrer Glieder sorgen, denen es daran mangeln könnte, und diese hilfsbereite Fürsorge darf nicht als Wohltätigkeit angesehen werden, sie ist ohne Zweifel ein Verlangen eines jeden empfindsamen und humanen Herzens, der Wunsch eines jeden denkenden Menschen; sie ist aber die strikte und unerläßliche Pflicht eines jeden Menschen, der sich selbst nicht in Armut befindet, eine Pflicht, die keinesfalls durch ihren Namen noch die Eigenschaft des Almosens entwürdigt werden darf; schließlich ist sie für jede Gesellschaft eine unantastbare und heilige Schuld.*«[63]

Doch um was für eine Art Recht handelt es sich da? Hier wird eine Unterscheidung von außerordentlicher Tragweite für die Zukunft getroffen. Gewiß hat der Mensch ein Recht auf Unterhalt. Das Recht auf Leben ist ein fundamentales Vorrecht der Menschheit, welches keine Gesellschaft übertreten kann, da es dabei ja gerade um ihre Einheit geht: »Da, wo eine Klasse von Menschen ohne Unterhalt existiert, liegt auch eine Verletzung der Menschenrechte vor, da ist das gesellschaftliche Gleichgewicht gestört.«[64] Doch verkompliziert sich die Umsetzung dieses Rechts, je nach dem, ob diese »Menschen ohne Unterhalt« arbeitsfähig sind oder nicht. Der Ausschuß übernimmt unverändert diese Unterscheidung, auf deren Rolle für die Strukturierung jedweder Überlegung zur Armut seit mehreren Jahrhunderten wir schon ausführlich eingegangen sind. Es gibt zwei Typen von elenden Menschen, die schon immer und auch in Zukunft einer unterschiedlichen Behandlung unterliegen.

Die Arbeitsunfähigen unterstehen dem Recht auf Unterstützung. Damit sind die gemeint, »denen das Alter noch nicht oder nicht mehr zu arbeiten erlaubt; schließlich diejenigen, die aufgrund der Natur ihrer Krankheit zu dauerhafter oder aufgrund vorübergehender Krankheiten zu momentaner Untätigkeit verurteilt sind.«[65] Gewissenhaft erstellt der Ausschuß eine umfangreiche Liste, die von den Findelkindern bis zu den greisen Menschen ohne Einkommen reicht. Auf diese Weise fügen sich die Kategorien der alten »Handicapologie« in das neue Recht auf Fürsorge ein. Sein restriktiver Charakter wird sorgsam hervorgehoben.[66] Aber da es sich um eine »unan-

63 *Ebd.*, »Plan de travail«, S. 310.
64 *Ebd.*
65 *Ebd.*
66 Der restriktive Charakter grenzt nicht nur die Empfängerkategorien ein, sondern auch die Menge der ausgegebenen Unterstützungsleistungen: »Es ist hart, das zu sagen, aber es ist eine politische Wahrheit. Der Arme darf durch die Unterstützungen, die er von der Regierung erhält, nicht ebensogut gestellt sein, wie wenn er diese Unterstützungen nicht nötig hätte...« Das ist der Grund, weshalb »die Summen, welche eine weise Regierung zur Erleichterung des Loses der Armen verwendet, eher unterhalb als oberhalb der Bedürfnisschwelle liegen müssen« (»Proposition pour un ordre du travail«, Anhang zur Sitzung des 26. Februar 1790, *ebd.*, S. 3).

tastbare und heilige Schuld« handelt, werden diese Unterstützungen von nun an vollständig von den staatlichen Behörden finanziert und verwaltet werden. Der für die Verfassunggebende Nationalversammlung geschriebene Entwurf eines Erlasses über die öffentliche Unterstützung erklärt die Einkünfte der Spitäler, Häuser der Nächstenliebe und all der alten mit der Unterstützungsvergabe befaßten Einrichtungen zu Nationalgütern. An ihrer Stelle wird eine Nationalstiftung eingerichtet, und die Nationalversammlung muß die Gelder unter den Departements verteilen, welche sie über öffentliche Ämter an die in den Unterstützungsregistern eingetragenen Empfänger vergeben. Das Fürsorgesystem soll also vollständig als öffentliche Dienstleistung finanziert und organisiert werden: »Die Verwaltung der Unterstützungsleistungen wird an die übrigen Teile der öffentlichen Verwaltung angeglichen werden, von denen keine mit Einkünften aus privatem Grundbesitz zu tun hat.«[67]

Die zweifache Voraussetzung kennen wir ja schon: Arbeitsunfähig sein und einen Wohnsitz, also einen »Unterstützungswohnsitz« nachweisen können. Der Unterstützungsempfänger »muß seinen wirklichen Bedarf nach öffentlicher Unterstützung durch einen von zwei im Kanton wohnenden wählbaren Mitbürgern feststellen lassen[68], ein Ausländer, ein »Zufluchtsloser« hingegen, soll als Maßnahme »gegen die Gefahr, der gegenüber die Gesellschaft machtvoll auftreten muß«, aus dem Königreich geschafft werden.[69] Das Prinzip der Territorialisierung bleibt gewahrt, ebenso das der Arbeitsunfähigkeit, doch repräsentiert von jetzt an die Nation die das Recht auf Unterstützung garantierende Basisgemeinschaft. Die Armenfürsorge ist ein aus der Staatsbürgerschaft abgeleitetes Anrecht. Ungeachtet dieser beiden Voraussetzungen schlägt der Ausschuß dem Gesetzgeber vor, feierlich den konstitutionellen Charakter des Rechts auf Unterstützung zu bestätigen:

> »*Die Nationalversammlung erklärt, daß sie die Armenfürsorge in allen Lebensaltern und allen Lebenslagen in den Rang der heiligsten Pflichten der Nation erhebt, und daß man dafür ebenso wie bei den Ausgaben zur Abschaffung des Bettelwesens in einem für notwendig befundenen Maße aus den Staatseinkünften aufkommt.*«[70]

Dagegen unterliegen die arbeitsfähigen Armen einer völlig anderen Behandlung: »Wir sehen es als unantastbaren Grundsatz an, daß den arbeitsfähigen Armen nur mittels Arbeit geholfen werden soll.«[71] Durch die Bestätigung dieser jahrhundertal-

67 C. Bloch, A. Tutey, »Troisième Rapport«, S. 369.

68 *Ebd.*, S.383. Zur Ausarbeitung des Begriffs des Unterstützungswohnsitzes, vgl. »Quatrième Rapport«, S. 438f.

69 *Ebd.*, »Sixième Rapport«, S. 514–516.

70 *Ebd.*, »Troisième Rapport«, S. 380. Daß der Ausschuß diesen Grundsätzen eine neuartige Klarheit und Feierlichkeit verleiht, bedeutet offensichtlich nicht, daß er sie aus dem Nichts heraus schafft. Hier wie andernorts baut er im Lauf des 18. Jahrhunderts nach und nach ausgearbeitete Begriffe in ein neues Gesamtkonzept ein. Die Urheberschaft für den Begriff des Rechts auf Unterstützung kann Montesquieu für sich beanspruchen: »Die paar Almosen, die man einem nackten Mann auf der Straße gibt, ersetzen nicht die Verpflichtung des Staates, der all seinen Bürgern einen sicheren Unterhalt schuldet, sowie anständige Kleidung und Lebensumstände, die der Gesundheit nicht abträglich sind.« (*De l'esprit des lois, op. cit.*, XXIII, Kapitel XXIX, erste Auflage 1742). Vor allem aber auch der Abbé Baudeau: »Solange Sie den wahren Armen nicht jegliche ihnen zustehende Unterstützung gegeben haben, werden Sie gezwungenermaßen die Bettelei ertragen müssen« (*Idées d'un citoyen sur les besoins, les droits et les devoirs des vrais pauvres*, Amsterdam, 1765, S. 98). Auch für Baudeau sind die »wahren Armen« die Greise, Kinder, Gebrechlichen, Kranken und »verschämten Armen«, während die »falschen Armen« wie immer in der Gestalt des Vagabundentums und der Bettelei stigmatisiert werden.

71 »Troisième Rapport«, S. 380.

ten Unterscheidung zwischen Arbeitsfähigen und Arbeitsunfähigen definiert der Ausschuß zugleich auch die Politik ihnen gegenüber um. Anstatt die arbeitsfähigen Armen zu bestrafen oder zur Arbeit zu zwingen, will man ihnen Arbeitsgelegenheiten verschaffen. Der freie Arbeitsmarkt tritt an die Stelle des disziplinierenden Arbeitszwangs. Konkret bedeutet das, daß man alle von der Tradition gegen die Öffnung des Arbeitsmarktes errichteten Barrieren aufheben muß und daß dies zweifellos auch ausreichend ist: »Die heiligsten Rechte des Menschen wären nicht gewahrt, stieße der Arbeiter auf Hindernisse, so ihn die Freiheit oder seine eigene Berechnung dazu veranlaßten, eine einträgliche Arbeit an den Orten zu suchen, wo er sich gerne hinbegeben würde.«[72] Die Zerschlagung der Zünfte und die Aufhebung aller protektionistischen Reglementierungen, die das freie Zirkulieren der Arbeitenden verhindern, implizierte zugleich auch die Gewährleistung der Liberalisierung der Wirtschaft und der Entwicklung des nationalen Wohlstands. Der Vierte Bericht schließt unmittelbar daran an:

> »*Das wirtschaftliche Interesse des Reichs verlangt dringend nach dieser Freiheit. Nur durch sie kann die Arbeit sich naturgemäß an die Orte verteilen, wo ein Bedarf danach besteht, nur durch sie erhält der Gewerbefleiß seine größte Ermunterung, geraten alle Unternehmungen leicht und stellt sich schließlich ein Niveau an Arbeitskräften, eine ach so wünschenswerte Bedingung für das Gedeihen des Staates, in allen Teilen des Reiches ein.*«[73]

So ist die bekannte Formulierung zu verstehen: »Die Not der Völker ist ein Unrecht der Regierungen.«[74] Ein neuartiger politischer Wille kann die Bedürftigkeit durch die Abschaffung der archaischen Strukturen der Organisation der Arbeit, überkommenes Erbe einer Privilegienherrschaft, vollkommen tilgen. Ebenso wie es die »alte Regierung« unterlassen hat, die Rechte der arbeitsfähigen Armen gegenüber der Nation zur Geltung zu bringen, hat sie auch die Sonderinteressen und Monopole fortbestehen lassen, deren Wirkung darin bestand, »freie« Arbeit für jeden zu verbieten. Man muß aber auch folgendes betonen: Der freie Zugang zu Arbeit bedeutet als solcher kein Recht auf Arbeit. Es ist Sache des Beschäftigungssuchenden, sich um Arbeit zu bemühen.

»Wenn einem arbeitsfähigen Armen jedesmal, wenn er sich vorstellt, am nächstliegenden Ort Arbeit angeboten wird, und dann noch von leichtester Art, dann entbindet ihn die Gesellschaft dadurch von der Notwendigkeit, sich selbst darum kümmern zu müssen. Sie erntet so genau die negativen Begleiterscheinungen, die sie ja gerade dadurch vermeiden wollte, daß sie sich voraussetzungsfreie Unterstützung versagte: Sie fördert so die Faulheit, die Sorglosigkeit.«[75] Der Vierte Bericht widerlegt ausführlich die These, der zufolge eine »weise Regierung« gehalten sei, »sich in gewöhnlichen Zeiten für die Beschaffung von Arbeit für alle, die keine haben, einzusetzen«. Ganz

72 »Quatrième Rapport«, S. 438.
73 *Ebd.*, S. 438–439.
74 »Premier Rapport«, S. 7.
75 »Quatrième Rapport«, S. 427.

im Gegenteil »soll sie sich über große Einrichtungen, eine vorausschauende Gesetzgebung, über gut aufeinander abgestimmte allgemeine Pläne darauf beschränken, die Mittel zur Arbeit zu fördern und zu vermehren.«[76] Das ist, auf die Organisation der Arbeit bezogen, exakt die Steuerungsweise, deren Formel von Turgot vorgeschlagen worden war. Der Staat kann keinesfalls direkt Beschäftigung für die Arbeitenden garantieren: »Sein Eingreifen muß indirekt vonstatten gehen; er soll die Triebfeder der Arbeit sein, jedoch vermeiden, sozusagen selbst als solche zu erscheinen.«[77]

Eine subtile Formulierung – vielleicht allzu subtil. Sie impliziert die Aufhebung der traditionellen Arbeitsregulierungen. Doch was wird wohl geschehen, wenn diese Maßnahmen nicht ausreichen, um Arbeit für alle zu schaffen? Der Ausschuß stellt sich diese Frage nicht explizit. Er stellt einfach fest, daß eine Garantie für die Arbeiter, unter allen Umständen Arbeit zu finden, den Interessen der Arbeitgeber wie auch der Macht des Staates zuwiderliefe, da sie die Arbeitenden anspruchsvoller gegenüber der ihnen angebotenen Arbeit machen würde.

> »*Der Grundbesitzer wie der Fabrikant sähen sich einem Mangel an Arbeitern ausgesetzt, wenn ihre Unternehmen eine große Zahl von Händen benötigten [...]. Diese Fürsorge würde sich so schädlich auf den Gewerbefleiß, den Einsatz des Kapitals, ein wahrhaft nationales Wachstum auswirken; sie zöge in diesem Zusammenhang unheilvollste und überaus radikal der Politik zuwiderlaufende Konsequenzen nach sich; sie setzte den solchermaßen regierten Staat auf eine niedrigere Stufe herab als sie alle Staaten einnehmen, die nicht auf eine so gefährliche Art verwaltet würden.*«[78]

Ansonsten sieht es ganz danach aus, als läge dem Optimismus dieser Liberalen stillschweigend der Glaube an die ungeheuren Möglichkeiten des Marktes, sind erst einmal die Zwänge der traditionellen Organisation der Arbeit aufgehoben, zugrunde. Nachdem Montlinot Mitglied des *Ausschusses für das Bettelwesen* geworden ist, erklärt er schon 1779: »Wir stellen als unbestreitbaren Grundsatz fest, daß es fast nie einen arbeitsfähigen Bettler gibt, der nicht irgend etwas verdienen könnte.«[79] Die Nebeneinanderstellung von »unbestreitbaren Grundsatz« und »fast nie« schockiert ein wenig. Ist es wirklich so offensichtlich, daß, wer auch immer eine Arbeit will, auch wirklich eine finden kann, so daß man sich nicht einmal mehr die Mühe machen muß, dies zu begründen? Die Geschichte wird bald den gegenteiligen Beweis erbringen. Doch die ersten Liberalen wollten bzw. konnten die Möglichkeit eines strukturellen Ungleichgewichts zwischen Arbeitsangebot und -nachfrage nicht ins Auge fassen und unterschätzten den Interessengegensatz zwischen Arbeitgebern und Arbeitnehmern, der bald die soziale Frage erneut aufwerfen sollte.

76 *Ebd.*, S. 431.
77 *Ebd.*, S. 428.
78 »Quatrième Rapport«.
79 C. A. J. Leclerc de Montlinot, *Quels sont les moyens de détruire la mendicité, de rendre les pauvres utiles et de les secourir dans la ville de Soissons, op. cit.*, S. 84.

Wir werden nochmals auf diese grundlegende Ambivalenz zurückkommen müssen. Aber die Öffnung des Arbeitsmarktes zieht schon von sich aus unmittelbare Konsequenzen nach sich. Die Bettelei und das Vagabundentum können nun zu dem werden, was sie tatsächlich in der vorausgegangenen Epoche gewesen sind: Delikte, auf die gerechtfertigte Strafen stehen. Der Müßiggang wird von dem Augenblick an zu einem Verbrechen, wo er freiwillig ist. Während die »früheren Regierungen« Schimpf und Schande auf sich zogen, weil sie Leute, die schuldlos ohne Arbeit waren, verurteilten, wird die neue Regierung durch die Bestrafung von Schmarotzern, die sich dem harten Gesetz der Arbeit entziehen, obwohl ihnen die Möglichkeit zu arbeiten offensteht, ein Werk der Gerechtigkeit vollbringen. Der *Ausschuß für das Bettelwesen* kann deshalb die unbarmherzigsten Verdammungen der Bettelei und Landstreicherei, die zu dem *Gesellschaftsdelikt* schlechthin werden, wieder aufgreifen:

> »*Dieser Zustand der Faulenzerei und des Vagabundierens, der notwendigerweise zu Unruhe und Verbrechen verleitet und sie noch vermehrt, ist ein regelrechtes Gesellschaftsdelikt; es muß demnach unterdrückt werden, wie auch der Mensch, der es begeht, aus demselben Grund wie all die, die über mehr oder minder schwere Delikte die öffentliche Ordnung stören, bestraft werden muß. Diese Bestrafung widerspricht der Ausübung der Menschenrechte nicht mehr als die Bestrafung eines Gauners oder Mörders.*«[80]

Der verborgene Widerspruch, der in dieser Stellungnahme möglicherweise enthalten ist – die Verurteilung derjenigen, die hätten arbeiten wollen, es aber nicht konnten – kommt ein einziges Mal zur Sprache: »Es ist nicht nötig, hier daran zu erinnern, daß der arbeitsfähige Bettler sich eine Arbeit verschaffen können muß, damit diese Wahrheit vollständig auf die Bettelei anwendbar sei. Ohne diese Voraussetzung wäre die Repression ihrerseits eine Ungerechtigkeit, folglich also ein Verbrechen gegen die Menschheit.«[81] Die Liebhaber einer symptomatischen Lesart würden hier voll auf ihre Kosten kommen. Das »es ist nicht nötig, hier daran zu erinnern« klingt wie eine Verneinung. Aber man geht davon aus, daß die Voraussetzung, »daß der arbeitsfähige Bettler sich eine Arbeit verschaffen können muß«, allein schon durch die Öffnung eines Arbeitsmarktes erfüllt wird, so daß man nun mit Fug und Recht von »schlechten Armen« sprechen darf, selbst wenn sie denen aufs Haar gleichen, die von den »schlechten Regierungen« einst unterdrückt wurden: »Diejenigen, die sich, bekannt unter dem Namen der Berufsbettler und Vagabunden, jeglicher Arbeit widersetzen, stören die öffentliche Ordnung, sind eine Geißel der Gesellschaft und rechtfertigen deren strengstes Vorgehen gegen sie.«[82]

Die zentralen Stoßrichtungen dieses außergewöhnlichen Dokuments mußten aus mindestens drei Gründen offengelegt werden: Über die Verknüpfung, die es zwischen dem Recht auf Unterstützung und dem freien Arbeitsmarkt herstellt, schlägt es eine formell kohärente Lösung für die Aporien der vorangegangenen Maßnahmen

80 »Sixième Rapport«, S. 513.
81 »Plan de travail«.
82 Nationalversammlung, Sitzung vom 14. Juni 1791, *le Moniteur universel*, Bd. VIII, S. 661.

vor; es wirkt sich inspirierend auf das gesetzgeberische Werk der revolutionären Versammlungen aus, die fast wortwörtlich auf die Vorschläge zurückgreifen werden; es zeichnen sich schließlich darin schon über das, was es nicht sagt, wie über die von ihm bewirkten Fortschritte die grundlegenden gesellschaftspolitischen Auseinandersetzungen ab, die das 19. Jahrhundert spalten sollen.

Einstweilen werden die Revolutionsversammlungen die Ansichten des *Ausschusses für das Bettelwesen* billigen. Am 14. Juni 1791 verabschiedet die Gesetzgebende Versammlung fast einstimmig die *Loi Le Chapelier*. Hier der Wortlaut ihrer Begründung:

> »*Es gibt keine Korporationen mehr im Staat; es gibt sodann nur noch das Sonderinteresse eines jeden Individuums und das Gemeininteresse. Es ist niemandem erlaubt, bei den Mitbürgern ein intermediäres Interesse wachzurufen, sie in korporativem Geiste von der öffentlichen Sache zu trennen [...] Man muß wieder zu dem Prinzip zurückkehren, wonach der Taglohn für jeden Arbeiter in freien Übereinkünften zwischen Individuen festgelegt werden soll, und es sodann dem Arbeiter obliegt, die Übereinkunft, die er mit dem, der ihn anstellt, eingegangen ist, einzuhalten.*«[83]

Die Arbeit gilt nun als eine Ware, die auf einem Markt verkauft wird, der dem Gesetz von Angebot und Nachfrage gehorcht. Die Beziehung, die den Arbeiter an seinen Arbeitgeber bindet, ist zu einer simplen »Übereinkunft« geworden, also zu einem Vertrag zwischen zwei Partnern, die sich auf einen Lohn geeinigt haben, doch ist diese Transaktion nicht mehr über Zwangssysteme oder Garantien geregelt, die dem eigentlichen Tausch äußerlich sind. Die Welt der Arbeit wird sich von Grund auf wandeln. Das ist eine Revolution innerhalb der Revolution.

Am 19. März 1793 erklärt der Nationalkonvent: »Jeder Mensch hat ein Recht auf Unterhalt durch Arbeit, wenn er arbeitsfähig ist; auf unentgeltliche Unterstützungen, wenn er außerstande ist zu arbeiten.« Dieser doppelte Grundsatz wird in feierlicher Form in den am 24. Juni 1793 verabschiedeten Artikel 21 der Verfassung aufgenommen: »Öffentliche Unterstützung ist eine heilige Schuld. Die Gesellschaft schuldet ihren notleidenden Bürgern den Lebensunterhalt, indem sie ihnen Arbeit verschafft, oder aber denjenigen, die außerstande sind zu arbeiten, Existenzmittel zur Verfügung stellt.«[84]

Die Sozialgesetze der revolutionären Versammlungen setzen also den Kern des Programms des *Ausschusses für das Bettelwesen* um, in dem wiederum der Kern der Vorstellungen der Aufklärer hinsichtlich des freien Zugangs zu Arbeit und der Armenfürsorge zum Ausdruck kommt. Man muß hier noch hinzufügen, daß die Revolutionäre entgegen weitverbreiteter Ansicht ihr Interesse an der Umsetzung dieser »Grundsätze« nicht verloren. Unter mehr als schwierigen Umständen und obwohl sie von einer Unmenge von Aufgaben in Anspruch genommen waren, ergriffen sie konkrete Maßnahmen. Verweilen wir einen Augenblick beim freien Arbeitsmarkt und

83 Vgl. in L. Parturier, *L'Assistance à Paris sous l'Ancien Régime et pendant la Révolution*, Paris, 1897, S. 222.
84 Vgl. L.-F. Dreyfus, *L'Assistance sous la législative de la Convention, 1791–1795*, Paris, 1905.

den Aporien, in die er münden wird. Hinsichtlich des Rechts auf Unterstützung definiert das Gesetz vom 28. Juni 1793 die von den Empfängern, Greisen, Gebrechlichen, Kranken, Findelkindern, kinderreichen Familien zu erfüllenden Voraussetzungen. Zwei Monate vor dem Thermidor eröffnet das Gesetz vom 22. Floréal des Jahres II (11. Mai 1794) auf den Bericht von Barère hin das *Livre de la bienfaisance nationale*, das »Buch der nationalen Wohltätigkeit«, und organisiert die Armenfürsorge im Land. Entgegen den nach dem Sturz des Konvents hastig vorgebrachten Urteilen, hat dieses Programm nichts Inflationistisches an sich. Es schränkt die Eintragungen in das »Buch« auf drei Kategorien von Armen ein, wobei die Quoten pro Departement für jede von ihnen festgelegt sind: Die betagten oder gebrechlichen Bauern (in Wirklichkeit sind das die alten und arbeitsunfähig gewordenen Kleinbauern), die alten oder versehrten Handwerker, die bedürftigen Mütter und Witwen mit Kindern.[85] Der Bericht Barères ist aber auch ein besonders bedeutsames Zeugnis für die politische Utopie, die diese republikanische Strategie des Umgangs mit der Not durchzieht. Nachdem er erklärt hat, daß »die Bettelei unvereinbar mit einer Regierung des Volkes sei« und nachdem er an den Satz Saint-Justs erinnert hat, wonach »die Armen die Kraft des Bodens« seien, sieht Barère vor, daß jedes Jahr eine staatsbürgerliche Zeremonie »zu Ehren des Unglücks« organisiert werden solle.[86] An diesem Tag sollen die Unterstützungsempfänger im Kreise ihrer Mitbürger ihre Leistungen entgegennehmen:

> »*Die zwei Extremfälle des Lebens sollen versammelt sein mit dem Geschlecht, das die Quelle davon ist. Ihr werdet da sein, alte Bauern, arbeitsunfähige Handwerker, und neben Euch werdet auch Ihr sein, Mütter und Witwen ohne Vermögen und beladen mit Kindern. Dieses Schauspiel ist das Schönste, was die Politik für die Natur aufführen und was die fruchtbar gemachte Erde dem Trost spendenden Himmel anbieten kann.*«[87]

Es handelt sich hier um nichts Geringeres als einen Versuch zur Umkehrung des Stigmas des Unglücks. Die Fasten der neuen republikanischen Religion werden die unglückselige Armut rehabilitieren. Der Elende wird im Kreise der lokalen Notablen, der braven Bürger und der Schulkinder in die Gemeinschaft der Menschen wiedereingegliedert. In der schwülstigen Ausdrucksweise der Zeit bringt dieses Zeremoniell eine tiefsinnige Eingebung zur Aufführung. Es ist die eine und unteilbare Nation, die das universelle Recht auf Unterstützung garantiert. Doch ist die Armut ein in der Alltäglichkeit erlebtes Drama und ein Risiko des Bruchs der primären Sozialbeziehungen. Die Schadensbehebung muß also innerhalb der örtlichen Gemeinschaft erfolgen, hier gilt es, das gesellschaftliche Band erneut zu knüpfen. Das Recht auf Un-

85 Barère de Vieuzac, »Rapport sur les moyens d'extirper la mendicité et sur les secours que doit accorder la République aux citoyens indigents«, *Le Moniteur*, 234, 24. Floréal des Jahres II (13. Mai 1794), S. 54.

86 Vier Tage vorher, am 8. Floréal, hatte Robespierre die Ziele des Fests des Unglücks bestimmt: »Die Sklaven beten das Vermögen und die Macht an; ehren wir das Unglück, das Unglück, welches die Menschheit nicht völlig von der Erde verbannen kann, das sie aber mit Respekt lindern und erleichtern möge« (*Discours sur les rapports et les idées morales et religieuses avec les principes républicains et sur les fêtes nationales*), 18. Floréal des Jahres II.

87 Barère de Vieuzac, »Rapport sur les moyens d'extirper la mendicité...«, *loc. cit.*, S. 56.

terstützung als hoheitliches Prärogativ und als verfassungsmäßige Garantie findet seinen Gegenpart in dieser intimen und zugleich feierlichen Zeremonie am Hauptort des Verwaltungsbezirks, wenn die örtliche Gemeinde ihre Solidarität offen zur Schau stellt, indem sie ihre bedürftigen Mitbürger feiert. »Das Fest des Unglücks« symbolisiert die Macht der Republik, allen den Universalismus der Menschenrechte, eine konkrete gesellschaftliche Unterstützung, die Garantien der Staatsbürgerlichkeit im öffentlichen Raum und zugleich die Anerkennung eines Platzes im privaten Raum zu gewährleisten. Ist dies nicht der Gehalt, den man dem Begriff der Brüderlichkeit innerhalb der republikanischen Trilogie geben soll? Die Nation beschränkt sich nicht darauf, die unglückseligen Staatsbürger zu unterstützen. Sie koppelt sie wieder an, indem sie für sie das Schauspiel von der Rückkehr in den Schoß der Gemeinschaft aufführt. In der Symbolwelt des Festes hört das Unglück auf, Faktor der Ausgrenzung zu sein und wandelt sich in ein Verdienst, das seine Auszeichnung erhält. Unser modernes Mindesteinkommen zur Wiedereingliederung (RMI) kommt neben diesen bürgerlichen Freudenfesten der entstehenden Republik etwas blaß daher. Doch der zeitgenössische Begriff der Eingliederung (insertion) findet vielleicht gerade hierin eine authentische gesellschaftliche und politische Grundlage für seinen Gehalt. Was sollte sie freilich anderes sein, wenn nicht, wie es das Gesetz zur Einführung des RMI vom Dezember 1988 anführt, die Aktualisierung eines »nationalen Gebots« der Solidarität – das von der nationalen Gemeinschaft anerkannte Recht auf Eingliederung – über die Aufbringung von Ressourcen der lokalen Gemeinschaft zur Wiederherstellung des gesellschaftlichen Bandes in einem Verhältnis wiederentdeckter Nähe? Die Fürsorge, so behaupteten wir, funktioniert analog zur primären Sozialbeziehung. Selbst wenn sie zu einer nationalen Schuld wird, muß sie die Wiederherstellung konkreter gemeinschaftlicher Stützfunktionen bewirken.

Die Aufspaltung des Rechts

Diese Geschichte war gewiß zu schön um wahr zu sein. Trotzdem muß man sich fragen, warum dieses Programm sich nicht durchgesetzt hat und während eines Jahrhunderts praktisch in Vergessenheit geriet, bis es schließlich in der Dritten Republik, freilich in abgeschwächter Version, wieder auf die Tagesordnung zurückkam.

An Gründen dafür mangelt es wahrhaftig nicht: Ein ruiniertes, von Bürgerkriegen und Kriegen im Ausland zerrissenes Frankreich; ein Wandel des politischen Willens nach dem Thermidor, der eine regelrechte Restauration *avant la lettre* im Bereich der Armenfürsorge nach sich zieht.[88] Dennoch wäre es etwas verkürzt, diese Prinzipien, die angeblich nur von »ideologischen« Motiven inspiriert gewesen wären, eines mangelnden Realismus zu bezichtigen. Sie waren ganz im Gegenteil reiflich überlegt, lan-

88 Einer der ersten Akte des Thermidor-Konvents wird in einem Aufschub des Verkaufs der Spitalgüter bestehen, bevor ihnen am 16. Vendémiaire des Jahres V (7. Oktober 1796) ihre Rechtspersönlichkeit und die Nutznießung ihrer Güter wieder zugesprochen wird. Das Direktorium gibt den Kongregationen praktisch wieder ihre alten Vorrechte zurück. Die Hauptmaßnahme des Kaiserreichs in diesem Feld besteht aber in einer erneuten Einführung der *dépôts de mendicité*, also in der repressiven Version des Umgangs mit den arbeitsfähigen Armen. Zur Rückkehr zur Konfessionalität, zur Privatheit und zum philanthropischen Paternalismus, die mit der eigentlichen Restauration deutlich wird, vgl. das folgende Kapitel.

ge diskutiert, ihre Finanzierungsquellen sorgfältig ausgesucht und ihre Anwendungsbedingungen im Detail analysiert. Zudem waren ihre hauptsächlichen Baumeister alles andere als gefährliche »Extremisten«.[89]

Meine Hypothese lautet nicht, daß diese Maßnahmen aufgrund ihrer ökonomischen Kosten, ihrer philosophischen Abstraktion oder ihrer politischen Radikalität nicht umgesetzt wurden. Nein, sie waren nicht umsetzbar aufgrund ihrer internen Ökonomie. Hat man aber einmal diese »Nichtumsetzbarkeit« verstanden, dann begreift man auch die besondere Art der Verknüpfung des Politischen, Ökonomischen und Sozialen, die das Ende des 18. Jahrhunderts zu bewerkstelligen versuchte; ebenso, warum diese Konstruktion wieder eingestürzt ist, nachdem sie kaum errichtet war. Um dieses Problem auf den Punkt zu bringen: Warum hat sich die von den Urhebern der Aufklärung vorgeschlagene und im Augenblick der Revolution gutgeheißene Lösung der sozialen Frage – die Verbindung des Liberalismus zur Regelung der Arbeitsfrage mit einer staatlichen Fürsorge zur Regelung der Unterstützungsfrage – allzu bald als obsolet erwiesen? Hier zwei Elemente einer Antwort: Weil sie implizit zwei einander widersprechende Auffassungen von der Rolle des Staates miteinander koexistieren ließ; vor allem weil die Verbindung des politischen Voluntarismus und des ökonomischen Laisser-faire gesellschaftliche Antagonismen entfesselte, welche ihre Urheber zu kontrollieren oder überhaupt vorherzusehen zweifelsohne außerstande waren; weil diese Konstruktion die von ihr ausgelöste gesellschaftliche Dynamik in Wirklichkeit verschleierte. Die so bewerkstelligte Komplementarität des Ökonomischen und des Politischen »vergaß« die perversen Effekte der von ihr geschaffenen Organisation. Die Wiederkunft dieses von der liberal-revolutionären Synthese befreiten wie verdrängten Sozialen soll dann der Geschichte des 19. Jahrhunderts den Stoff liefern.

Erster Punkt, die Nebeneinanderstellung von zwei antagonistischen Staatsauffassungen: Die Umsetzung einer echten Politik öffentlicher Unterstützungen schloß die Errichtung eines starken Staates mit ein. Das Programm des *Ausschusses für das Bettelwesen* und der Revolutionsversammlungen ist ambitioniert, wenn auch sorgsam durchdacht. Es setzt ein öffentliches Finanzierungs- und Verteilungssystem voraus, das die Beteiligung des privaten und konfessionellen Sektors ausschließt. Darin findet sich schon die Logik dessen, was man viel später einmal den Wohlfahrtsstaat nennen wird: Pflichtabgaben, Aufbau einer Sozialverwaltung mit all den damit unvermeidlich einhergehenden bürokratischen und technokratischen Begleiterscheinungen. Diese Belastung hätte möglicherweise um so schwerer wiegen können, als der

89 Der wichtigste Stichwortgeber nicht nur der Arbeiten des *Comité de mendicité*, sondern auch der Sozialgesetzgebung der Revolutionsversammlungen ist der Herzog de La Rochefoucauld-Liancourt, ein liberaler Grandseigneur und Getreuer Ludwigs XVI., der nach der Hinrichtung des Königs ins Exil geht, später wieder nach Frankreich zurückkehrt, wo er bis zu seinem Tod »der fade Patron aller Philanthropien auf Erden« sein wird, um einen Polizeibericht aus der Zeit der Restauration zu zitieren (zit. nach C. Pautras, *Guizot sous la Restauration*, Paris 1949). Zu diesem außergewöhnlichen Schicksal vgl. L.-F. Dreyfus, *Un philanthrope d'autrefois, le duc de La Rochfoucauld-Liancourt, op. cit.* Barère, selbst der wichtigste Wortführer der Sozialgesetzgebung des Konvents und Autor dieses anderen großartigen Texts, seines Berichts vom 22. Floréal des Jahres II, ist ein ehemaliger Mitarbeiter von La Rochefoucauld-Liancourt im Bettelausschuß. Bei Barère läßt sich eine Radikalisierung des revolutionären Diskurses feststellen – »die Revolution zum Nutzen derer ins Rollen bringen, die sie unterstützen, zum Ruin derer, die sie bekämpfen« – doch die erlassenen Maßnahmen greifen im wesentlichen die Vorschläge des *Comité de mendicité* auf.

Konvent der Bergpartei in der Zeit zwischen dem Sturz der Gironde und dem Thermidor immer kühnere Maßnahmen vorsieht: neben einer sehr großzügigen Unterstützung für ledige Mütter und Fürsorge empfangende Kinder noch ein Familien mit offenen Armen empfangendes System von Familienbeihilfen, da es Familien betrifft, die im Rahmen von bis zu zehn Arbeitstagen besteuert werden (Gesetz vom 28. Juni 1793); sodann Wiederauflage eines Systems öffentlicher Arbeiten auf Ebene der Departements (Gesetz vom 15. Oktober 1793). Eine solche Staatsauffassung scheint unvereinbar – und alle sich über das 19. Jahrhundert bis in unsere Tage erstreckenden Polemiken laufen auf eine Bestätigung dessen hinaus – mit den Grundannahmen des reinen Liberalismus und dem darin impliziertenTyp des »Minimalstaats«.[90]

Dagegen verkörpert die Konzeption der Staatsgewalt, die die Grundlage für den freien Arbeitsmarkt abgibt, den liberalen Minimalstaat, wie ihn Turgot entworfen hat. Gewiß, der Staat, auf den sich der Liberalismus beruft, muß auch zu intervenieren verstehen, in der Revolutionszeit wird er sich da auch kaum zurückhalten. Das Wirken vor allem des Wohlfahrtsausschusses stellt einen Grenzfall von staatlichem Dirigismus dar, den so mancher als Vorwegnahme des allmächtigen Staates in totalitären Regimen hat interpretieren können. Doch ist er im Prinzip eine Gegengewalt, um die Widerstände der vorausgehenden politischen Organisation zu brechen.[91] Der Staat muß im Namen der Minimierung der Rolle des Staates um so energischer auftreten, als er den Mißbräuchen eines absolutistischen Staates ein Ende setzen will. Die Rechtfertigung für diesen Interventionismus besteht in der Bekämpfung der Despotie, was zugleich auch gestattet, die Bahn für Wirtschaftsprozesse frei zu machen und soziale Ungerechtigkeit zu beseitigen. So wird letztlich die Vermählung des Denkens eines Adam Smith mit dem eines Jean-Jacques Rousseau bewerkstelligt. Die Revolutionäre glaubten an so etwas wie eine »unsichtbare Hand«, die ein Gleichgewicht zwischen Angebot und Nachfrage nach Arbeit, zwischen Produktion und Konsum gewährleisten könne, so daß die Liberalisierung der Wirtschaft de facto das Ende der Unterbeschäftigung bewirken und die Not der Massen lindern müßte. Gleichzeitig, und ohne daß ihnen das als widersprüchlich erschienen wäre, hingen sie einer rousseauistischen, d.h. tugendhaften Konzeption von Politik an. Die Unterwerfung unter die *volonté générale* löst die Einzelinteressen auf, so daß das sich als Souverän erkennende Individuum sich über die Interessenantagonismen stellt, indem es

90 Das ist der Punkt, in dem ich nicht mit der beeindruckenden Arbeit Catherine Duprats, *Le Temps des philanthropes*, 1. Bd., Éditions du Comité des travaux historiques et scientifiques, Paris 1993, übereinstimme, die erst nach Abfassung dieses Kapitels erschienen ist. Zu den Arbeiten des *Comité de mendicité* – doch die Revolutionsversammlungen greifen, wie wir gesehen haben, abgesehen von einigen Nuancierungen, diese Vorschläge auf – schreibt sie: »Dieses Manifest des sozialen Liberalismus steht ganz klar in diametralem Gegensatz zum Wohlfahrtsstaat, von dem eine Legende hartnäckig behauptet, das *Comité de mendicité* wäre sein Initiator gewesen« (S. 317). Die Autorin berücksichtigt aber nicht in ausreichendem Maße die wesentliche und auf einer viele Jahrhunderte alten Tradition beruhende Unterscheidung zwischen dem Umgang mit den arbeitsunfähigen Bevölkerungsgruppen und denen, die arbeiten müssen. Der Geniestreich, aber auch der Schwachpunkt der Position des Ausschusses für das Bettelwesen und des Konvents selbst steckt in der Neuinterpretation, der sie diesen alten Gegensatz unterziehen, was ihnen ermöglicht, eine »etatistische« und eine »liberale« Position miteinander koexistieren zu lassen. Entsprechend verbietet dieser vom Ausschuß erreichte entscheidende Durchbruch, diese »revolutionäre Philanthropie« – um diese Benennung beizubehalten – in der Kontinuität der vorausgehenden Philanthropie der *Société philanthropique* zu verorten, der eine dem Ancien Régime verbundene Mehrheit von Adeligen und Notablen angehörte. Vor allem aber verbietet er, sie der paternalistischen Philanthropie zuzuschlagen, deren Bedeutung mit der Restauration zunimmt (vgl. das folgende Kapitel).

91 ...und um die Feinde im Ausland zu besiegen.

seinen Standpunkt als Individuum fahren läßt.[92] Rousseau läßt die Politik in der staatsbürgerlichen Tugend ihre Erfüllung finden, und in diesem Sinne ist Robespierre sein gelehrigster Schüler. Wie es später auch bei der Rechtfertigung der Diktatur des Proletariats der Fall sein wird, programmiert sich der Terror selbst als ein Spasmus, mit dem der Staat energisch sein eigenes Verschwinden vorantreibt.

Die Staatsauffassung, die zur Befreiung der Wirtschaft von künstlichen Hemmschuhen notwendig ist, und selbst diejenige, die zur Niederschlagung der Despotie aktiviert wird, unterscheiden sich daher von derjenigen, nach welcher der Dirigismus und die erforderlichen Kontrollen zur Verwirklichung eines umfassenden öffentlichen Unterstützungsprogramms verlangen. Die auf den ersten Blick harmonische Verknüpfung des Rechts auf Unterstützung und des freien Arbeitsmarktes verschleiert so den Widerstreit zweier Prinzipien staatlicher Steuerung, das des Sozialstaats und jenes des liberalen Staats. Diese Nebeneinanderstellung hätte sich ganz sicher als inkompatibel entpuppt, hätte die Zeit nur die Entfaltung all der praktischen Konsequenzen der revolutionären Programme erlaubt; wenn diese beiden Prinzipien sich später aber nicht als völlig inkompatibel erweisen sollen, dann wird die Erarbeitung eines Kompromisses (wie ihn der Keynesianismus verwirklichen sollte) auf jeden Fall eine lange »Arbeit der Geschichte« erforderlich machen, die gegen Ende des 18. Jahrhunderts freilich noch nicht in Gang gekommen ist. Die moderne Sozialpolitik beruht nämlich auf der Existenz von »Sozialpartnern«, die ihre Identität auf einer stabilisierten Lohnarbeit gründen. Doch zur Zeit der Revolution gibt es noch keinerlei möglichen Verhandlungsspielraum zwischen dem politischen Willen des Staates und den Erfordernissen der Wirtschaft.

Einer solchen Interpretation ließe sich entgegenhalten, daß die beiden Steuerungsformen durchaus nicht im Widerspruch zueinander stünden, da sie ja nicht auf der gleichen Ebene wirkten. Warum sollte es nicht möglich sein, eine formal-juristische Konzeption der Verpflichtung auf der rechtlichen Ebene (Recht auf Unterstützung, das seine Verlängerung im Arbeitsrecht und in verschiedenen sozialen Rechten finden könnte) mit dem Liberalismus des freien Arbeitsmarktes auf ökonomischer Ebene zu vereinen? Doch – und das ist das zweite Erklärungselement, welches den gescheiterten Versuch der Koppelung des Ökonomischen und des Sozialen gegen Ende des 18. Jahrhunderts begreiflich werden läßt – die Art und Weise, wie man den Begriff des freien Arbeitsmarktes denkt, ist eigentümlich ambivalent. Anstatt eine Lösung für das Problem der Armut bei Arbeitsfähigkeit zu bieten, öffnet er die Büchse der Pandora zukünftiger sozialer Konflikte.

In formeller Hinsicht ist die Lösung freilich elegant. Sie findet sich mit einem Höchstmaß an Klarheit in einem vorbereitenden Bericht von Jean-Baptiste Bô, der das Gesetz vom 24. Vendémiaire des Jahres II (15. Oktober 1793) über die Abschaf-

92 »Wenn sich schließlich jeder allen hingibt, gibt er sich damit niemandem hin, und da man über jedes Gesellschaftsglied dasselbe Recht erwirbt, das man ihm über sich gewährt, so gewinnt man für alles, was man verliert, Ersatz und mehr Kraft, das zu bewahren, was man hat.« J.-J. Rousseau, *Der Gesellschaftsvertrag*, Köln 1988, S. 49. Anders ausgedrückt hat der Staatsbürger, der einem Rechtsstaat angehört, kein Recht darauf, mehr zu verlangen, als das, worüber er innerhalb dieses Rahmens verfügt. Er wird von der Verfassung beglückt, die seinem eigenen Willen entspringt. Daher diese Auswirkung, die zum Motor der revolutionären *Terreur* wird: Der Staatsbürger muß absolut tugendhaft sein, sei es freiwillig oder mit Gewalt.

fung der Bettelei einleitet: »Indem Sie ihnen [den nicht arbeitenden arbeitsfähigen Armen] die Notwendigkeit der Arbeit aufzwingen, lenken Sie sie wieder auf die Notwendigkeit zurück, nützliche und tugendhafte Staatsbürger zu sein. Sie schaffen so zwischen ihnen und der Gesellschaft eine Gegenseitigkeit der Pflichten.«[93] Diese Gegenseitigkeit verläuft aber nur in eine Richtung und birgt das Risiko, sich in eine Falle zu verwandeln. Der Bedürftige wird wieder in den politischen Pakt miteinbezogen, wenn er arbeitet: Er wird zu einem »nützlichen und tugendhaften Bürger«. Doch gibt es keinen sozialen Pakt, um ihm die Möglichkeit hierfür zu bieten. Das hat zur Folge, daß die Verpflichtung auf dem Armen allein lastet. Er muß im strengen Wortsinn arbeiten, und die im Bettler- und Vagabundenrecht begründete Kriminalisierung existiert, um ihn stets daran zu erinnern. Die Regierung ist aber ihrerseits im eigentlichen Wortsinn nicht gehalten, ihm Arbeit zu verschaffen. »Die Notwendigkeit der Arbeit aufzuzwingen«, heißt sich immer noch auf die Zwangsarbeit zu beziehen, und das genau zu einem Zeitpunkt, wo man die Freiheit der Arbeit verkündet. Die öffentliche Gewalt wiederum hat das Ihrige schon weitgehend getan, indem sie den Grundsatz des freien Zugangs zum Arbeitsmarkt durchgesetzt hat.[94] Anders gesagt kann sich der Staat im wesentlichen darauf zurückziehen, politische Maßnahmen zu ergreifen (die Zerstörung der Monopole und Korporationen). Dieser politische Voluntarismus eröffnet einen Raum, innerhalb dessen sich das wirtschaftliche Laisser faire entfalten kann. Zwischen diesen beiden besteht keinerlei Raum für die Entwicklung einer Sozialpolitik.

Der Kern der Ambivalenz steckt gerade im Begriff des Rechts. Das Wort Recht hat keinen identischen Sinn, wenn es sich auf Unterstützung oder auf Arbeit bezieht. Im ersten Fall geht es ganz klar um eine Schuldforderung des Bedürftigen gegen die Gesellschaft. Der Staat »muß«[95] (und könnte vielleicht auch) ein öffentliches Unterstützungssystem einrichten, Steuern erheben, Personal rekrutieren, spezielle Institutionen schaffen usw. Die Sache sieht dagegen völlig anders aus, wenn es darum geht, »den Unterhalt über Arbeit zu verschaffen«: Der Staat weigert sich ausdrücklich, Verantwortung für die Gewährleistung von Arbeit für jeden zu übernehmen. Ich habe schon auf die vom *Comité de mendicité* entwickelte subtile, aber etwas verworrene Kasuistik hingewiesen, die zwischen einer »allgemeinen Gesetzgebung« zur »Vermehrung der Arbeitsmittel«, die man ermuntern müsse, und »speziellen« Garantien zur Beschaffung von Arbeit für einen jeden unterscheidet. Diese letzteren würden die Nachlässigkeit und Faulheit derjenigen Arbeiter nähren, die über eine gesicherte Beschäftigung verfügten, ohne eine suchen zu müssen, und »zögen unheilvollste und überaus radikal der Politik zuwiderlaufende Konsequenzen nach sich«.[96] Dieser »Animateurstaat«, wie man heute sagen würde, ist nicht der Rechtsstaat, der eine Gegen-

93 J.-B. Bô, *Rapport sur l'extinction de la mendicité présenté à la Convention nationale au nom du Comité des secours publics*, 22. Vendémiaire des Jahres II, Bibliothèque nationale, Paris, S. 4.

94 Unter dem Vorbehalt allerdings, daß dieses Gesetz vom 24. Vendémiaire des Jahres II sehr wohl Saisonarbeiten auf der Basis des Unterstützungswohnsitzes vorsieht, um die Armen an Ort und Stelle zu halten, die zu drei Vierteln des örtlichen Durchschnittslohns vergütet werden sollen (vgl. *ebd.*, S. 6). Doch abgesehen davon, daß diese Maßnahme niemals umgesetzt wurde, gehorcht sie eher dem vom englischen Speenhamland Act (1797) beschworenen Prinzip der *less eligibility* als der Dynamisierung des Arbeitsmarktes.

95 Der Autor spielt hier mit der Doppeldeutigkeit des Wortes »devoir« (= schulden und müssen); Anm. d. Übers.

96 C. Bloch, A. Tutey, »Quatrième Rapport«, *op. cit.*, S. 428.

seitigkeit der Verpflichtungen zwischen dem Individuum und der Kollektivität erzwingt.

Trotzdem erklärt das Gesetz vom 19. März 1793 im selben Zug: »Jeder Mensch hat ein Recht auf Unterhalt durch Arbeit, wenn er arbeitsfähig ist; in Form unentgeltlicher Unterstützungen, wenn er außerstande ist zu arbeiten.« Doch die packende Diskussion, die der Verabschiedung voranging, zeigt, daß sich zumindest einige der Protagonisten durchaus über diese Ambivalenz im Klaren waren – eine grundlegende Auseinandersetzung, wenn es wirklich um die Klärung der Frage geht, ob es zum einen möglich ist, die allgemeinen bürgerlichen und politischen Rechte der Staatsangehörigen mit den sozialen Rechten in Einklang zu bringen, die den Unglücklichsten zugute kommen könnten; zum andern auch Freiheit und Eigentumsrecht, die die Wohlhabenden begünstigen, mit Gleichheit und Brüderlichkeit in Übereinstimmung zu bringen, welche von denen ersehnt werden, die hauptsächlich von Hoffnungen leben.[97]

Romme trägt folgendes vor: »Ich schlage einen folgendermaßen lautenden zusätzlichen Paragraphen vor: Jeder Mensch hat das Recht, von der Gesellschaft für seine Bedürfnisse eine Arbeit oder Unterstützung zu fordern.« Doch das Protokoll der Sitzung in den parlamentarischen Archiven vermerkt: »Unterbrechungen, Murren«.[98] Die überwältigende Mehrheit der Versammlung teilt die »vernünftige« Meinung Boyer-Fonfrèdes, wie sie auch schon vom Ausschuß für das Bettelwesen vertreten wurde:

> *»Es wäre sehr gefährlich, wollte man dekretieren, daß die Gesellschaft den Individuen Unterhalt schulde. Was will man ansonsten ausdrücken, wenn man versichert, daß die Gesellschaft all denen Unterstützung schuldet, die mittellos sind? Von welchen Armen will man da sprechen? Von den arbeitsfähigen oder den arbeitsunfähigen Armen? Doch die Gesellschaft schuldet nur den Schwachen Unterstützung, denen, die von der Natur stiefmütterlich behandelt wurden und die nicht mehr von ihrer Arbeit leben können. In bezug darauf schuldet die Gesellschaft ohne Zweifel den Individuen das Notwendigste; doch Sie würden die Gesellschaft elend und arm machen, Sie würden den Gewerbefleiß und die Arbeit abtöten, wenn Sie denen Unterhalt gewähren würden, die zwar nichts haben, aber arbeiten können.«*[99]

Die Einführung eines echten Rechts auf Arbeit wäre freilich keine Kleinigkeit. Der Staat müßte hierfür in die Organisation der Produktion eingreifen, indem er sich beispielsweise selbst zum Unternehmer machte (»Nationalisierungen«), oder er müßte sich zumindest in die Einstellungspolitik der Arbeitgeber einmischen. Dazu bedürfte es eben eines sozialistischen oder sozialisierenden Staates, und so wird das

97 Vgl. M. Gauchet, *La Révolution et les droits de l'homme*, Paris, Gallimard, 1989, 2. Teil, Kapitel VI.

98 *Archives parlementaires*, Sitzung vom 22. April 1793, Bd. LXIII, S. III.

99 Zit. nach M. Gauchet, *La Révolution et les droits de l'homme, op. cit.*, S. 232. Ich werde in Kapitel VI nochmals auf diese Debatte zurückkommen, weil sie zum ersten Mal mit völliger Klarheit die im Gegensatz von Eigentum und Arbeit enthaltenen Streitpunkte zum Ausdruck bringt, welche der Sozialstaat zu Beginn des 20. Jahrhunderts zu überwinden versucht, indem er ein auf dem Versicherungsprinzip und dem öffentlichen Dienst beruhendes soziales Eigentum einführt.

Recht auf Arbeit auch zu einer der Hauptforderungen zukünftiger sozialistischer Programme. Eine solche dem Staat übertragene Macht erscheint jedoch sogar dem von den Montagnards beherrschten Konvent noch allzu maßlos, insofern er überhaupt die Folgen davon absehen konnte.

Genau deshalb besteht gerade in der gewollten Verschwommenheit um den Status des freien Arbeitsmarktes keinerlei Inkonsequenz. Sie ist geradezu konstitutiv für die Position der Mehrheit der Revolutionäre. Sie haben diese Doppeldeutigkeit aber mit einer formal einwandfreien Formulierung versehen. Dank ihrer Neuinterpretation der alten Dichotomie Arbeitsfähigkeit-Arbeitsunfähigkeit haben sie ohne offenkundigen Widerspruch *einer Maximalposition für das Recht auf Unterstützung eine Minimalposition für das Recht auf Arbeit* beigesellen können. Ihr Fürsorgeprogramm ist zu diesem Zeitpunkt vielleicht noch unausgegoren, während sie auf die Arbeit bezogen noch keine Regulierungen eingeführt haben.

Müssen wir den Umstand, daß sie sich nicht mit dem Recht auf Arbeit beschäftigt haben, als ein raffiniertes Kalkül deuten? Gewiß, für die Arbeitgeber war es nur von Vorteil, so zu tun, »als ob« der freie Zugang zu Arbeit als ein Recht auf Arbeit galt. Das bedeutete, daß die wirtschaftliche Entwicklung einzig ihrer Kontrolle unterstellt wurde, während das Recht auf Arbeit vor allem ein Recht für die Arbeitnehmer gewesen wäre und das wirtschaftliche Interesse der Verwirklichung gesellschaftlicher Ziele untergeordnet hätte. Zudem scheint die Forderung nach einem freien Arbeitsmarkt tatsächlich nur von den »aufgeklärten Geistern« getragen worden zu sein und nicht von den Arbeitenden. Die wenigen Zeugnisse ihrer Meinung, über die wir verfügen – die um einiges weniger zahlreich sind, als die in Büchern, Broschüren, Zeitungen und parlamentarischen Debatten festgehaltenen, in denen die Meinungen der Inhaber ökonomischen wie auch kulturellen Kapitals zum Ausdruck kommen – scheinen darauf hinzudeuten, daß die Arbeiter die Freiheit der Arbeit nicht in demselben Sinne »begriffen« hätten wie die, die sich zu ihren Verfechtern aufgeschwungen hatten.

So reichen kurz vor Verabschiedung der *Loi Le Chapelier* im April 1791 die Pariser Zimmermannsgesellen beim Rathaus von Paris eine Petition ein, um einen Mindestlohn von 50 Sous am Tag zu bekommen, wobei sie argumentierten, daß ihnen der Lohn, den man ihnen gibt, nicht zum Leben reiche. Sie wenden sich höflichst an die neuen Machthaber im Namen – so denken sie zumindest – revolutionärer Grundsätze: »Die Assemblée hat bei der Erklärung der Menschenrechte sicherlich gewollt, daß die Erklärung der Rechte irgendwie auch der bedürftigen Klasse diene, welche so lange der Spielball des Despotismus der früheren Herren gewesen ist.« Der Bürgermeister von Paris, Bailly, weist sie daraufhin scharf zurecht: »Alle Staatsbürger sind gleich vor dem Recht, sie sind es jedoch nicht an Fähigkeiten, Talenten und Mitteln... Eine Arbeiterkoalition, die den Tagelohn auf einen einheitlichen Betrag heben will und die diejenigen von gleichem Stand zwingen will, sich dieser Festsetzung zu unterwerfen, würde also ganz offensichtlich ihren wirklichen Interessen zuwiderlaufen.«[100]

100 Zit. nach E. Dolléans, G. Debove, *Histoire du travail en France, op. cit.*, S. 129–131.

Daher sollten die Arbeiter einsehen, daß ihr »wirkliches Interesse« nicht darin bestehe, über einen gesicherten Lohn gegen Not geschützt zu sein, sondern darin, die liberale Ideologie zu übernehmen, welche sie miteinander in Konkurrenz bringt, die »Fähigkeiten« und »Talente« belohnt und die Mittelmäßigen und Schwachen bestraft. Doch warum sollten sie aus freien Stücken diese Logik der Konkurrenz übernehmen, von der sie doch schon im Voraus erahnen konnten, daß sie von ihr auf Gnade und Ungnade den Arbeitgebern ausgeliefert würden? Hier eine weitere, aus der Zeit nach der Verabschiedung der *Loi Le Chapelier* stammende Quelle: Im August 1792 fordern Arbeiterdelegationen vom Rat von Le Havre eine Erhöhung ihrer »Tarife«. Wie Bailly weigert sich auch hier der Bürgermeister und erteilt ihnen folgende Lektion: »Die Arbeiter sollen vom Respekt vor dem Gesetz durchdrungen sein, welches will, daß derjenige, der Arbeit gibt, so wie derjenige, der arbeitet, darin frei sei, den Preis dafür zu geben oder zu empfangen, der ihm gefällt... Im Prinzip sind die Löhne der Arbeitenden das Ergebnis eines freien Vertrags zwischen dem Auftraggeber und dem, der arbeitet.«[101] Auch hier wieder erscheinen die Arbeiter im Kollektiv, um Unterstützung seitens der Behörden zu erhalten, doch ein jeder wird wieder auf sich selbst und auf eine Verhandlung *face to face* mit dem Arbeitgeber verwiesen. Der »freie Arbeitsvertrag« scheint den Arbeitenden in einem politischen Herrschaftsverhältnis aufgezwungen worden zu sein.

Ganz allgemein scheint die Kritik an der traditionellen Zunftorganisation keine eigentliche Forderung des Volkes gewesen zu sein. Sidney und Beatrice Webb charakterisieren die Haltung der Arbeiter angesichts der Infragestellung der korporatistischen Zwänge folgendermaßen: »Was passierte, als sich überall die Wirkungen des kapitalistischen Wettbewerbs bemerkbar machten, war, daß der Tagelöhner und oft sogar die kleinen Handwerker Petitionen einreichten, um die Situation wieder in Ordnung zu bringen, das Verbot neuer Maschinen forderten sowie die Anwendung des alten Gesetzes, welches die Zahl der Lehrlinge pro Handwerker strikt limitierte.«[102] Anders als beim »Luddismus«, der in England den Charakter einer Massenrevolte gegen die Maschinen annahm[103], scheinen sich die Reaktionen der französischen Arbeiter auf die Liberalisierung der Arbeit größtenteils auf eine Beibehaltung des Protektionismus gerichtet zu haben.[104] So geraten gegen Ende des Ancien Régime in Lyon die Seidenhändler mit den Arbeitern, einschließlich der Handwerksmeister, in einen scharfen Konflikt. Denn diese fordern einen »einheitlichen« Tarif für die Waren und prangern die »mörderische« Freiheit der Preise an, da diese nämlich »schlicht die Freiheit ist, diejenigen zu vernichten, die diesen Einheitstarif fordern und unterstützen«.[105] Wenn ich mich nicht irre, dann sind während der Revo-

101 Zit. nach J. Leroy, *Le Peuple du Havre et son histoire*, Le Havre, 1962, 1. Bd., S. 221.

102 S. und B. Webb, *The History of Trade Unionism*, London, 1920, S. 53.

103 E. P. Thompson, *Die Entstehung der englischen Arbeiterklasse*, Frankfurt am Main, Suhrkamp, 1987, 2. Bd., Kap. 15. Für eine Zusammenfassung dieser Frage für Frankreich, vgl. M. Perrot, »Ouvriers et machines au XIXe siècle«, in: *Recherches*, n°s 32–33, September 1978.

104 Gleichwohl ist zu bedenken, daß Arlette Farge auch Freudenbekundungen beim Volk anläßlich der Abschaffung der Zünfte durch Turgot im Jahre 1766 erwähnt (*Das brüchige Leben, op. cit.*). Doch ist die Stoßrichtung dieser Reaktionen seitens der Unterschichten nicht klar auszumachen. Geht es darum, die Freiheit der Arbeit als solche zu feiern, oder den Sieg über die alten Privilegien und die Hofpartei?

105 Zit. nach M. Garden, *Lyon et les Lyonnais, op. cit.*, S. 341.

lution keine Forderungen seitens der Sansculotten und der revolutionären Massen gegen die Organisation der Arbeit erhoben worden. Sie haben nach einer Preiskontrolle verlangt, in zweiter Linie nach einem anständigen Lohn, d.h. einer Reglementierung der Lebensmittelkosten (vgl. die Gesetze über die Höchstpreise, die auf Druck des Volkes durchgesetzt wurden) und eine bessere Entlohnung ihrer Arbeit.[106] Man darf annehmen, daß sie sich im allgemeinen mehr von den traditionellen Formen der regulierten Arbeit beschützt fühlten als von einer wilden Freiheit. In Ermangelung dieses Schutzes wandten sie sich an die Behörden, um neue Regulierungen zu fordern, nicht die Freiheit der Arbeit.

Der utopische Kapitalismus

Der freie Arbeitsmarkt kam also unbestreitbar den »bürgerlichen« Klassen zugute, die sich gerade daran machten, die Macht zu übernehmen. Der Ausspruch Marats, eines der wenigen Gegner der *Loi Le Chapelier* erscheint im Rückblick prophetisch: »Was haben wir denn von der Zerstörung der Aristokratie der Adeligen gewonnen, wenn sie nachher wieder von einer Aristokratie der Reichen ersetzt wird?«[107] Kann man insofern schließen, daß die gewagte Konstruktion des Bettelausschusses oder die Gesetzgebung der revolutionären Versammlungen nur Vorwände zur Sicherung der ökonomischen Hegemonie der Industriellen waren? Es besteht kein großes Verdienst darin, im Nachhinein die Geschichte im Lichte dessen zu interpretieren, was sich in der Folge zugetragen hat. Meine Interpretation geht vielmehr dahin, daß die über die gesamte Analyse dieser Positionen hinweg ständig betonte Ambivalenz sehr wohl eine reelle, in den Köpfen wie auch in den Tatsachen präsente Ambivalenz war. Genau deshalb ziehe ich einer zynischen Lesart (die aufstrebende Bourgeoisie hat alles zu ihren Gunsten manipuliert) eine andere vor, die eine Einordnung der revolutionären Episode in die *longue durée* und damit ein besseres Verständnis der zukünftigen Peripetien der sozialen Frage gestattet. Die Hypothese lautet, daß diese Konstruktionen »*utopischen*« Charakters sind, in dem Sinne wie Pierre Rosanvallon vom »utopischen Kapitalismus« spricht.[108] Diese Reformer hätten demnach, zugespitzt formuliert, die dynamischsten Eigenschaften der wirtschaftlichen und sozialen Entwicklung, die sie

---

106 Vgl. A. Soboul, *Les Sans-Culottes, op. cit.* und G. Rudé, *Les Foules dans la Révolution française*, frz. Übers. Paris, Maspero, 1982. Der Wohlfahrtsausschuß gibt dem Druck des Volkes nach Preisobergrenzen bei den Lebensmitteln zur großen Entrüstung der Gemäßigten nach, führt jedoch parallel dazu eine oberste Lohngrenze ein. Letztere Maßnahme spricht zum Teil für einen Mangel an Begeisterung bei den revolutionären Massen für eine Verteidigung der Linken innerhalb der Bergpartei während des Thermidor und Robespierres Sturz.

107 Zit. nach M. Bouvier-Ajam, *Histoire du travail en France, op. cit.*, 1. Bd., S. 707. Wir merken gleichwohl an, daß die Argumentation Marats nicht wirtschaftlicher, sondern politischer Art ist. Gewiß prangert er die Arbeitgeber an, »die der zahllosen Klasse der Erwerbstätigen und Arbeiter das Recht genommen haben, sich zu versammeln, um ordnungsgemäß über ihre Interessen zu beraten, und dies unter dem Vorwand, daß diese Versammlungen die aufgelösten Korporationen wiedererwecken könnten.« Dies geschieht aber, weil »sie die Staatsbürger isolieren und sie daran hindern wollten, sich gemeinsam um die öffentliche Sache zu kümmern« (*Ami du peuple*, 18. Juni 1791). Tatsächlich ist der springende Punkt der *Loi Le Chapelier* mindestens ebenso politischer wie ökonomischer Natur gewesen. Es ging nämlich um ein Verbot der Gesellschaften und Clubs, deren Handeln die Stabilisierung des neuen Regimes behinderte, und die Geschichte sollte den Ernst dieser Gefahr bestätigen. Ich beschränke mich hier aber auf die wirtschaftlichen und sozialen Auswirkungen der *Loi Le Chapelier.*

108 P. Rosanvallon, *Le capitalisme utopique, op. cit.* Vgl. auch D. Meuret, »A Genealogy of Political Economy«, *Economy and Society*, London, Vol. 17, n° 2, Mai 1988.

gegen Ende des 18. Jahrhunderts beobachteten, extrapoliert. Sie hätten ihre schließliche Vollendung vorweggenommen, ohne parallel dazu die gesellschaftlichen Auswirkungen zu sehen bzw. ahnen zu können, die aus der Situation des 18. Jahrhunderts noch nicht vollständig ablesbar waren. Darin taten sie zudem nichts anderes, als schlicht die Grundtendenz jeglicher »progressiver« Kritik wiederzugeben, nämlich die Verwirklichung dessen zu verkünden, was die Vernunft fordert. Wenn darin eine Illusion besteht, wird ihr dann von der gesellschaftlichen und ökonomischen Realität der Zeit nicht noch zusätzliche Nahrung geliefert?

Was ist der Kapitalismus im 18. Jahrhundert tatsächlich? Fernand Braudel hat gezeigt, daß eine Form von Kapitalismus schon den dynamischen Sektor der vorindustriellen Gesellschaften bildete. »Modernität, Wendigkeit, Rationalität [...]. Er ist die Speerspitze des modernen Wirtschaftslebens«.[109] Und er ist dies schon »seit den fernen Anfängen«, als er sich im Mittelalter in einigen italienischen und flämischen Städten ausbreitet. Er herrscht jedoch nur über sehr begrenzte Sektoren, über die Finanzwelt, den internationalen Handel, ein dünnes Häutchen auf der Oberfläche dessen, was Braudel *»das Wirtschaftsleben«* nennt, welches von den traditionellen Regulierungen eingegrenzt bleibt und Wirtschaftskreisläufe von schwachem Umsatz nährt. Noch weniger lassen sich seine Spuren im *»materiellen Leben«* der Routinen und Wiederholungen finden, die den langen, beinahe unbeweglichen Zeitraum der Geschichte ausmachen.

Im 18. Jahrhundert hat dann dieser kapitalistische Spitzensektor verglichen mit diesen »fernen Anfängen« schon ansehnliche Ausmaße angenommen, seine strukturelle Position hinsichtlich des »Wirtschaftslebens« und des »materiellen Lebens« hat sich jedoch nicht substantiell gewandelt. Mit Recht darf man von einem ungeheuren Fortschritt im Finanzwesen und dem Fernhandel, von einem langsameren, jedoch noch substantielleren Entwicklungsschub in der Industrie sprechen, der in der Landwirtschaft noch gemächlicher vonstatten ging. Trotzdem ist dieser »wachstumstreibende« Sektor, wie wir heute sagen würden, noch außerordentlich stark begrenzt. In einem dem Braudelschen vergleichbaren Gedankengang unterscheidet Chaunu drei konzentrische Kreise wirtschaftlichen und gesellschaftlichen Verkehrs.[110] Innerhalb eines ersten Kreises mit einem Radius von wenigen Kilometern vollziehen sich ca. 90 % des Austausches, all dessen, was man produziert und konsumiert (einschließlich der Frauen auf dem Heiratsmarkt). Der zweite Kreis, der einige Hundert Quadratkilometer umfaßt, entspricht einem »Land« in der alten Bedeutung des Wortes und schließt den Markt einer oder zweier kleiner Städte ein. Er mobilisiert ca. 10 % des Austauschs. Schließlich hat der dritte Kreis, der des Warendurchgangs- und Fernhandels, des Tausches von Manufakturprodukten eine zunehmend internationale Dimension angenommen, vor allem im Zuge des Heraustretens der alten abendländischen Christenheit aus ihrer Enklave im 16. Jahrhundert. Er macht die Anhäufung ungeheurer Handels- und Finanzvermögen möglich, stellt jedoch auch nur ein Hun-

109 F. Braudel, *Civilisation matérielle, économie et capitalisme, XV–XVIII siècle. Le temps du monde*, Paris, A. Colin, 1979, S. 11 (dt. Übers. *Sozialgeschichte des 15.–18. Jahrhunderts*, Bd. 3, *Aufbruch zur Weltwirtschaft*, München, Kindler, 1990).

110 P. Chaunu, *Histoire, science sociale*, op. cit.

dertstel der gesamten Austauschbewegungen dar. Wenn er einen »globalen Druck« auf die gesamte Struktur ausübt, so nimmt er doch weiterhin einen peripheren Platz ein. Im gleichen Zusammenhang hat Carlo Cipolla errechnet, daß in den vorindustriellen Jahrhunderten sieben oder acht Menschen dem Boden verhaftet bleiben mußten, damit insgesamt zehn Personen zu Essen hatten.[111] Diese Notwendigkeit, der Preis für die Schwäche der Transformationstechnologien, entspricht nicht nur der erdrückenden Vorrangstellung der Landwirtschaft innerhalb der Gesamtwirtschaft, sondern auch der massiven Territorialisierung der Bevölkerung und dem geographisch stark begrenzten Charakter des Großteils der nach außen hin abgeschlossenen ökonomischen und gesellschaftlichen Austauschbeziehungen.

Im 18. Jahrhundert und vor allem in dessen zweiter Hälfte ist der Moment gekommen, in dem die überkommenen Gleichgewichte zu wanken beginnen.[112] Ein Moment der »Dekonversion« also, der an das erinnert, was aus völlig anderen Gründen und in einem ganz anderen Rahmen um die Mitte des 14. Jahrhunderts geschah. Eine immer nachhaltigere Dynamik in der Wirtschaft, dem Handel und sogar der Industrie stößt weiterhin auf die massive Immobilität der gesamten Gesellschaft. Für die Zeitgenossen sollte es in Anbetracht des in allen Bereichen noch erdrückenden Gewichts jahrhundertealter Zwänge nicht offenkundig sein, daß manche selbst bedeutende Anzeichen (die Geschwindigkeit des demographischen, industriellen und vor allem Handelswachstums, die ersten Maschinen, die ersten noch bescheidenen Fabriken...) in einen neuartigen Typ wirtschaftlicher und gesellschaftlicher Organisation münden würden. Die Schrittmacher der Moderne haben es sich vorgenommen, den Nutzen der von ihnen in den noch beschränkten Sektoren beobachteten Wandlungen auf den gesamten Gesellschaftskörper auszudehnen. Sie schließen daraus auf eine noch im Entstehen begriffene Dynamik. Und eben darin besteht der »utopische« Charakter ihrer Konstruktion. Sie liefern keine Beschreibung eines allgemeinen Zustands, sondern entwerfen in globalem Maßstab die Vollendung eines Prozesses, der, wenn auch nicht marginal, so doch von allerlei Hinterlassenschaften gehemmt bleibt, ob es sich nun um die politischen Strukturen, rechtlichen Regulierungen, um die Arten der Bodenbearbeitung oder die Formen handelt, Menschen arbeiten zu lassen.

Kann man ihnen zum Vorwurf machen, daß sie nicht überdies die gesellschaftlichen Auswirkungen von noch nicht abgeschlossenen Umwälzungen vorhersahen, etwa daß die Zerstörung der in ihren Augen überholten Regulierungen auch die grundlegenden gesellschaftlichen Verhältnisse, vor allem das Verhältnis zum Boden und das Verhältnis zur Arbeit revolutionieren mußte? Die Analysen Karl Polanyis erklären zwei wesentliche Eigentümlichkeiten, welche die industrielle Revolution im

111 C. Cipolla, *Before the Industrial Revolution, op. cit.*

112 Erinnern wir uns daran, daß beim Großteil der Historiker heute Einigkeit darüber herrscht, den Beginn der industriellen Revolution in England auf die siebziger Jahre des 18. Jahrhunderts anzusetzen. Das bedeutet natürlich weder, daß der *take off* sich ganz plötzlich vollzogen hat, da er von mehreren Jahrhunderten langsamer Transformationen vorbereitet wurde, noch daß er sich sofort auf das gesamte von ihm erschütterte geographische Gebiet in hegemonialer Weise ausgebreitet hat. Die »industrielle Revolution« geht auf dem europäischen Kontinent sogar mit einer wachsenden Entwicklung der »Proto-Industrie« einher, vgl. das vorangegangene Kapitel. Die Zukunft schreitet in Verkleidung voran. Daher die Schwierigkeit für die Zeitgenossen, sie unter all dem Beständigen zu entdecken.

Gefolge hatte: den Ausnahmecharakter des »selbstregulierten« kapitalistischen Marktes im Vergleich zu allen früheren Organisationsweisen des Austausches und Wirtschaftens; den Umstand, daß er zu seiner Durchsetzung die gesamte Gesellschaft nach seinem Bilde unter der Herrschaft der Warenform umgestalten muß.[113] Trotzdem werden Polanyi und andere vor ihm, darunter Marx, ihre Analysen ausgehend von der Sicht des 19. Jahrhunderts erarbeiten, als sich die gesellschaftlichen Folgeerscheinungen, besonders das Aufkommen neuartiger Formen von Pauperismus schon auf breiter Basis durchgesetzt haben werden. War das jedoch schon aus der Sicht der zweiten Hälfte des 18. Jahrhunderts möglich? Ein derart »progressiver Diskurs« konnte damals in etwa ohne allzuviel Unaufrichtigkeit geführt werden: Das Königreich ist noch arm, der Großteil der Untertanen lebt im Elend, weil die Gesellschaft blockiert ist. Durch eine Beendigung dieser Blockaden wird die landwirtschaftliche und industrielle Produktion anwachsen, der Handel wird prosperieren, die zahlungskräftige Nachfrage wird zunehmen, dabei die Produktion ankurbeln und das endlose Anwachsen des nationalen Reichtums gewährleisten. Der Arbeitende seinerseits wird der Früchte dieses gemeinsamen Vermögens teilhaftig und dank eines Anwachsens der zahlungskräftigen Nachfrage wird praktisch Vollbeschäftigung erreicht.

Das ist eine moderne, wenn man will, keynesianische Übersetzung zahlreicher Texte der Zeit. Beispielsweise des Folgenden:

> »*Die arbeitsfähigen Armen sind also nichts anderes als Tagelöhner ohne Eigentum. Schafft Arbeiten, öffnet die Werkstätten, erleichtert der Arbeitskraft, sich zu verkaufen: gegen diejenigen, die trotz der Notwendigkeit zu arbeiten diese Notwendigkeit offenbar nicht anerkennen, wird repressiv vorgegangen, wenn sie betteln; wenn sie nicht betteln, werden sie zweifelsohne andernorts die Mittel zum Leben finden.*«[114]

Wir betonen gleichwohl das »zweifelsohne«: Es verrät die unterschwellige Uneindeutigkeit dieser Politik und fördert zutage, daß der Optimismus so mancher Erklärungen, die eine bessere Zukunft feiern, keineswegs nur naiv ist. Ebensowenig kommt darin reiner Zynismus zum Ausdruck. Nichts ist noch ausgemacht. Die relative Verteilung der Erträge des Wachstums, das spontane Ins-Gleichgewicht-Kommen der Nachfrage, die für Quasi-Vollbeschäftigung sorgen, sind keine Gewißheiten, genauso wenig die zukünftige Ausbeutung des Proletariats. Damit diese in ihrem gesamten Ausmaß offenbar wird, muß nicht nur die Generalisierung des Marktes *verkündet*, sondern auch auf breiter Ebene *realisiert* sein. Dennoch ist dieser liberale Optimismus in der Version des 18. Jahrhunderts aus einem viel tiefer liegenden Grund noch fragil, der sich uns nun erschließt. Die Gesamtkonstruktion, die den freien Arbeitsmarkt in den Vordergrund rückt, enthält ein schwaches Glied. Sie bürdet dem Hand-

113 K. Polanyi, *The Great Transformation, op. cit.*, Zweiter Teil, 1. Kapitel.

114 C. Bloch, A. Tutey, *Procès verbaux et rapports du Comité de mendicité, op. cit.*, »Troisième Rapport«, S. 381. In der selben Geisteshaltung schreibt Leroy d'Allarde, Autor eines im Februar 1791 vorgelegten Berichts, der die von der *Loi Le Chapelier* übernommenen Vorschläge formuliert: »Die Seele des Handels ist der Gewerbefleiß, die Seele des Gewerbefleißes ist die Freiheit. Fürchtet man die Zunahme der Arbeiter? Ihre Zahl hängt von der Gesamtbevölkerung ab, oder, was auf das gleiche hinausläuft, vom Konsum« (zit. nach M. Bouvier-Ajam, *Histoire du travail en France, op. cit.*, 2. Bd., S. 25).

arbeiter das Gewicht der neuen Freiheit auf, einem Individuum ohne Ressourcen, ohne Würde, dessen Status – darauf muß erneut mit Nachdruck hingewiesen werden – demjenigen nahekommt, den man zu dieser Zeit der »Kanaille« zuschreibt.

Der Abbé Sieyès ist, wie man weiß, der Hauptstichwortgeber der Erklärung der Menschenrechte gewesen. Er hat jedoch auch folgendes geschrieben:

> »*Unter den Unglücklichen, die sich der mühsamen Arbeit widmen, den Produzenten des Genusses der anderen, die kaum genug erhalten, um ihren leidenden Körper stärken zu können, die voller Not sind, in dieser riesigen Masse von zweifüßigen Werkzeugen ohne Freiheit, ohne Sittlichkeit, die nur ihre wenig verdienenden Hände und eine sorgenbeladene Seele besitzen, ist es das, was Ihr Menschen nennt? Gibt es darunter auch nur einen, der dazu fähig wäre, der Gesellschaft beizutreten?*«[115]

Die Äußerung Sieyès' hat nichts Außergewöhnliches an sich. Die Nationalversammlung nimmt drei Tage nach Verabschiedung der Erklärung der Menschenrechte die Unterscheidung zwischen Aktivbürgern und Passivbürgern an und schließt damit die Teilnahme von 2.700.000 Franzosen männlichen Geschlechts am politischen Leben aus, die nicht einmal Steuern in Höhe von drei Tageseinkommen zahlen, d.h. den Großteil der Lohnarbeiter und mehr als ein Drittel der Männer im wahlberechtigten Alter.[116] Der Journalist Loustalot erklärt zu diesem Anlaß: »Kein Staatsbürger darf seiner Fähigkeit zu wählen durch das Recht beraubt werden, es kommt darauf an, daß alle Proletarier, alle Bürger, die eventuell korrumpierbar sind, faktisch davon ausgeschlossen werden.«[117]

Ein sehr erhellendes Paradox in der Argumentation: Im Namen des Rechts, das für alle Geltung beanspruchen muß, sollen die Proletarier de facto von der vollen Staatsbürgerschaft ausgeschlossen werden. Diese setzt nämlich die Unabhängigkeit voraus, und wie der Bedienstete seinem Herrn unterworfen ist, so ist der seiner Notdurft unterworfene Proletarier ein korrumpierbares Wesen und staatsbürgerlicher Gesinnung nicht fähig. Man kann einer schwierigen Frage aus dem Weg gehen und diese Positionen einfach als »rechts« oder »bürgerlich« abtun. Saint-Just, den man sicherlich nicht einer mäßigen Haltung bezichtigen kann, läßt seine Verachtung für die »industrielle« Arbeit ebenfalls durchblicken: »Ein Handwerk verträgt sich schlecht mit einem richtigen Staatsbürger: Die Hand des Mannes ist nur für den Boden oder für die Waffen geschaffen.«[118] Das ist die Haltung Saint-Justs, aber auch des hinsichtlich revolutionärer Radikalität noch eine Stufe höher anzusiedelnden Gracchus Babeuf, der ja bekanntlich hingerichtet wurde, weil er die Verschwörung der

115 E. J. Sieyès, *Écrits politiques, op. cit.*, S. 81. Individuen, die keinerlei Stütze und Einkommen haben, sind nicht imstande, »der Gesellschaft beizutreten«, Kollektive im eigentlichen Sinne zu bilden, sie sind einzig eine Ansammlung von »Zweifüßlern«: Ohne Zweifel eine der ersten expliziten Formulierungen der Thematik des »negativen Individualismus«, auf dessen Bedeutung im Schlußkapitel noch näher eingegangen wird.

116 Zu den Auseinandersetzungen um diese politische Diskriminierung vgl. O. Lecour Grandmaison, *Les Citoyennetés en révolution, 1789–1794*, thèse pour le doctorat de sciences politiques, université de Paris I, 1991, sowie P. Rosanvallon, *Le Sacre du Citoyen*, Paris, Gallimard, 1993.

117 Loustalot, *les Révolutions de Paris*, n° 17, zit. nach J. Bart, »Le prolétaire présent/absent«, actes du colloque *La Révolution française et les processus de socialisation de l'homme*, université de Rouen, Éditions Messidor, 1988, S. 402.

118 Zit. nach A. Olivier, *Saint-Just ou la force des choses*, Paris, 1954, S. 18.

Gleichen angestiftet hatte. Die Notwendigkeit, die er zusammen mit der Leidenschaft empfindet, endlich Schluß mit der skandalösen Ungleichheit der Lagen zu machen, veranlaßt ihn dennoch nicht dazu, die Lage der Lohnarbeiter aufzuwerten. Ganz im Gegenteil sagt er: »Bewirken wir, daß die arbeitsamen Menschen, gegen eine sehr maßvolle Arbeit und ohne Lohn zu erhalten, Würde und gleichbleibenden Wohlstand genießen, und die Augenbinde wird bald von den Augen dieser von Vorurteilen und der Routine irregeleiteten Bürger fallen.«[119] Babeuf verurteilt vehement den Müßiggang als Quelle des Schmarotzertums der Besitzenden und der sozialen Ungerechtigkeit. Doch als Gegenleistung für eine maßvolle Arbeit sieht er eine Art Sozialrente vor und nicht einen Lohn, über dessen entwürdigenden Charakter er sich durchaus im Klaren ist.

Die erdrückende Last der Würdelosigkeit der Lohnarbeiterlage, deren jahrhundertealte Wurzeln wir freigelegt haben, kann nicht einfach durch die schlichte Behauptung des Grundsatzes des freien Zugangs zu Arbeit aufgebrochen werden. Die Achillesferse des Liberalismus – insofern er überhaupt den Entwurf sozialer Gerechtigkeit hat beinhalten wollen – bestand gewiß in der bemerkenswerten gesellschaftlichen Schwäche dieser Lage. »Dem Arbeiter obliegt es, die Übereinkunft einzuhalten, die er mit demjenigen getroffen hat, der ihn beschäftigt«, erklärt die Präambel der *Loi Le Chapelier.* Doch wie kann die Übertragung dieses kontraktuellen Ideals faktisch aussehen, wenn der reale Lohnabhängige nur über die negativen Attribute der Freiheit verfügt? Der Aufstieg des Arbeitsvertrags mündet in die Entdeckung der Tatsache, daß der Vertrag zur Begründung einer stabilen Ordnung ungeeignet ist.

Angesichts des Großteils der schon angeführten liberalen Erklärungen, deren Zweideutigkeit eher einen Hang zum Optimismus aufweist, mußte man gewiß außerordentlich hellsichtig sein, um schon in der zweiten Hälfte des 18. Jahrhunderts einen Diskurs ohne Doppeldeutigkeiten zu führen. Zumindest ein Mensch, nämlich Turgot, hatte schon das »eherne Gesetz« der Löhne und die industrielle »Reservearmee« vorhergesehen:

> »*Der einfache Arbeiter, der nur seiner Hände Arbeit und seinen Gewerbefleiß besitzt, hat nur insoweit etwas, als er seine Arbeit an andere verkaufen kann. Er verkauft sie mehr oder weniger teuer; doch dieser mehr oder weniger hohe Preis hängt nicht von ihm allein ab: er ergibt sich aus der Übereinkunft zwischen ihm und demjenigen, der ihm seine Arbeit bezahlt. Dieser bezahlt ihn so niedrig wie möglich: Wenn er die Wahl zwischen einer großen Anzahl von Arbeitern hat, dann zieht er denjenigen vor, der am billigsten arbeitet. Die Arbeiter sind also gezwungen, den Preis im gegenseitigen Wettlauf mit den anderen zu senken. Bei allen Arten von Arbeit muß es geschehen, und geschieht es auch tatsächlich, daß die Arbeit des Arbeiters sich auf das beschränkt, was er zur Befriedigung des Notwendigsten braucht.*«[120]

119 Berichtet von I. Buonarotti, *La Conspiration pour l'égalité, dite de Babeuf,* Éditions sociales.
120 A. R. J. Turgot, *Formation et distribution des richesses*, Éditions Schelle, Paris, Bd. II, S. 537, zit. nach H. Hauser, *Les Débuts du Capitalisme, op. cit.*

Beinhaltet der Klarblick Turgots schon eine Vorahnung? In der Tat ist Malthus nicht allzuweit[121], und schon zuvor hatte die englische politische Ökonomie eine Reflexion über *das Bedürfnis* in Gang gesetzt, welche imstande war, die Idee des Natürlichen umzustürzen und die Verderbnis des Vertrags zu entschleiern. Wenn man die traditionellen Absicherungen abschaffte, riskierte man, keineswegs die Vernünftigkeit der Naturgesetze zutage treten zu lassen, sondern die biologische Macht der Instinkte: Die Bedürftigen würden dann durch die natürliche Not, also den Hunger getrieben werden.[122] Hinter dieser juristischen Gegenseitigkeit des Arbeitsvertrags zeichnet sich also die grundsätzliche Andersartigkeit der sozialen Stellung der Vertragspartner ab, und der befriedete Raum der Marktbeziehungen verwandelt sich in ein Feld des Kampfes auf Leben und Tod, wenn man die *zeitliche* Dimension in den Arbeitsvertrag einführt. Was den Arbeitgeber angeht, so kann er warten, er kann einen Vertrag »aus freien Stücken« eingehen, da er sich nicht im Reich der Notwendigkeit befindet.[123] Der Arbeiter ist biologisch dazu bestimmt, seine Arbeitskraft zu verkaufen, weil er der Dringlichkeit unterliegt und von nun an seinen Lohn zum Überleben benötigt, was auch Edmund Burke deutlich gesehen hat, so »reaktionär« er auch war, oder eher wohl, weil er es war und weil er die traditionellen Bevormundungen gegen die liberale Logik verteidigte:

> »*Die Arbeit ist eine Ware und als solche ein Handelsartikel. Wenn eine Ware zu Markte getragen wird, hängt die Notwendigkeit, daß der Preis steigt, nicht vom Verkäufer, sondern vom Käufer ab. Die Unmöglichkeit für einen Mann, der seine Arbeit zu Markte trägt, seinen Lebensunterhalt zu erhalten [the impossibility of subsistance], steht dieser Sicht der Dinge zufolge völlig außer Zweifel. Die einzige Frage besteht darin: Was ist das dem Käufer wert?*«[124]

Für Frankreich jedenfalls sieht es so aus, als ob das Nachdenken derer, die sich im Augenblick des Ausbruchs der industriellen Revolution als Verfechter des Fortschritts entpuppten, politisch überdeterminiert war.[125] Anders ausgedrückt, ihre Lesart der politischen Situation ist klar, doch ihre Sicht der gesellschaftlichen Situation bleibt verschwommen. Politischer Voluntarismus drängt sich in ihren Augen auf, weil er zur

121 T. R. Malthus, *An Essay on the Principle of Population*, 1. Auflage London 1798.

122 »Die ihren Lebensunterhalt durch ihr Tagwerk erwerben, stehen jedoch selten unter dem Einfluß eines jener beiden Motive [Ehrgeiz und Habsucht], so daß nichts weiter sie dazu antreibt, sich nützlich zu machen, als ihre Armut, die es zwar klug ist zu mildern, töricht aber, ganz zu beseitigen. [...] Aus dem Gesagten wird deutlich, daß in einem freien Volke, wo die Sklaverei verboten ist, der sicherste Reichtum in einer großen Menge schwer arbeitender Armer besteht« (B. Mandeville, *The Fable of the Bees*, 5. Aufl., London 1728; dt. Übers. *Die Bienenfabel*, Frankfurt, Suhrkamp, 1980, S. 232 und S. 319).

123 Adam Smith selbst hatte die von der Dringlichkeit, das heißt der Zeitlichkeit gespielten Rolle klar gesehen, welche die Kampfinstinkte, Leben und Tod in die aseptische Welt der ökonomischen Gesetzmäßigkeiten einführt: »Für längere Zeit mag zwar der Unternehmer genauso auf den Arbeiter angewiesen sein wie umgekehrt dieser auf ihn, für kurze Zeit ist er es aber nicht« (*Der Wohlstand der Nationen, op. cit.*, S. 58).

124 E. Burke, »Thoughts and Details« (veröffentlicht 1795), in: *Works*, vol. V, Boston 1869, S. 142, zit. nach R. Bendix, *Work and Authority in Industry*, New York 1956, S. 75.

125 Zwei komplementäre Hypothesen zur Erklärung dieses Unterschieds: In England gestattet es die dort weiter fortgeschrittene industrielle Revolution, einige ihrer gesellschaftlichen Folgeerscheinungen früher wahrzunehmen; flexiblere politische und gesellschaftliche Rahmenbedingungen bilden dort ein weniger offenes Hindernis für das Aufkommen des neuen Tauschsystems.

Befreiung der Potentialitäten der Wirtschaft notwendig ist, doch die gesellschaftlichen Auswirkungen dieses Bruchs sind ungewiß. Sind die sozialen Kosten der *unternehmerischen* Freiheit etwa nicht exorbitant?

Diese Situation enthält daher schon viel Zündstoff für Konflikte zwischen denen, die sich nicht mit einem System zufriedengeben können, das es bei der Befreiung der Marktgesetze bewenden läßt, ohne an ihrem Elend etwas zu ändern, und denen, die beanspruchen, die soziale Frage schon durch die Aufhebung der Hindernisse für die wirtschaftliche Entwicklung gelöst zu haben. Man muß dieser Antwort auf die soziale Frage in Form des entfesselten Arbeitsmarktes dennoch einige Kohärenz zugestehen. Sie besagt genau das Gegenteil dessen, was die früheren Zwangssysteme zur Förderung des Fortschritts vorbrachten. Sie setzt sich also zugleich für die Anforderungen der politischen Revolution und für ökonomische Rationalität ein. Sie bewirkt die Modernisierung des Staates wie der Wirtschaft. Sie kann aber der Dynamik der industriellen Revolution nicht widerstehen, da die neue Wirtschaftsordnung zu einem Faktor gesellschaftlicher Deregulierungen sein wird.
Am Ende des 18. Jahrhunderts ist eine Metamorphose gleichwohl noch im Gange.

Zweiter Teil

Vom Kontrakt zum Status

Die zu Ende des 18. Jahrhunderts eingetretenen Umwälzungen haben zwar eine Liberalisierung des Arbeitsmarktes zur Folge, tragen jedoch nichts oder zumindest recht wenig zur Verbesserung der Lage der Lohnarbeiter bei. Der Arbeiter wird von nun an, dem treffenden Ausspruch Turgots zufolge, auf gut Glück »seine Mühe an andere verkaufen« müssen. Die Kontraktualisierung des Arbeitsverhältnisses ist außerstande, der Würdelosigkeit der Lohnarbeiterschaft abzuhelfen, die vielleicht nicht gerade der gemeinste, aber doch einer der gemeinsten Stände bleibt. Ein klein wenig darunter beginnt schon das Reich der von Notbehelfen und Kleinkriminalität lebenden Schichten des Pöbels, eine scharfe Trennlinie läßt sich freilich nur schwer ziehen: Bald wird schon die Rede von den »gefährlichen Klassen« zur Bezeichnung eines Teils der Arbeiterschaft aufkommen. Der aus der Vertragsförmigkeit des Arbeitsverhältnisses hervorgehende neue Arbeiterstand stellt sich so als Nullpunkt des Lohnabhängigkeitsverhältnisses dar, wenn man darunter die Anerkennung eines Status versteht, an den Garantien und Rechte geknüpft sind. Ohne sein vormundschaftliches Stützgerüst ist der Lohnarbeiterstand nicht nur schlicht schutzlos, er wird buchstäblich unlebbar werden.

Was man während des Zusammenbruchs des Ancien Régime als moderne Antwort auf die soziale Frage ausgegeben hat, läßt sich also nicht umstandslos umsetzen. Mit dem Prinzip des freien Arbeitsmarktes beginnt eine Ära von Turbulenzen und Konflikten. Erneut stellt sich die soziale Frage, freilich in abgewandelter Form auf der Grundlage neuer Kerne von Instabilität, die wie der von der ökonomischen Entwicklung geworfene Schlagschatten erscheinen. Der entfesselte Industrialisierungsprozeß bringt ein Monstrum hervor, den Pauperismus. Wie läßt sich da ein Kompromiß zwischen Markt und Arbeit finden, der den sozialen Frieden wahrt und die von der Industrialisierung erzeugte massenhafte Entkopplung absorbiert? Diese Frage wird sich als Frage nach der Integration der Arbeiterklasse entpuppen. Allerdings werden die hierzu vorgebrachten Antworten nicht einhellig ausfallen. Die Regierungen, die sich auf die Eigeninitiative und die Freiheit des Tauschs berufen, werden zunächst alles erdenkliche unternehmen, um die öffentliche Hand aus der Sache herauszuhalten. Eine Sozialpolitik ohne Staat ist möglich, der Liberalismus hat sie erfunden. Sie errichtet neue Bevormundungen mit dem Ziel, den Vertrag zu entlasten und um die Lohnarbeit herum einen ihr wesensfremden Bereich zu schaffen. Die Patronage der Unternehmer und Philanthropen erzeugt nicht nur Formen persönlicher Abhängigkeit, sie ist ein regelrechtes Programm politischer Steuerung, das auf eine Umstrukturierung der Arbeitswelt auf der Basis eines Systems moralischer Verpflichtungen hinausläuft (Kapitel V).

Nach seinem relativen Scheitern kommen neuartige an den Staat geknüpfte Strategien zur Durchsetzung. Der Sozialstaat reagiert auf die perversen Effekte rein ökonomischer und die Unzulänglichkeiten rein moralischer Regulierungen. Er setzt alles daran, ein Konzept von (sozialer) Sicherheit zu garantieren, deren Schutzmechanismen weniger auf dem Eigentum als auf der Arbeit beruhen. Er ist deshalb noch kein Ausdruck von politischem Voluntarismus, ganz im Gegenteil fungieren die spezifischen, im Namen der Solidarität errichteten Dispositive ausnahmslos als Mittel zur Vermeidung einer direkt politischen Transformation der Gesellschaftsstrukturen. Ein

Pauperismus = Verelendung großer Bevölkerungsteile unmittelbar vor der Industrialisierung bzw. das für die damalige Elite noch ungeklärte Phänomen zunehmender Verarmung der Arbeiterschicht.

jeder bleibe an seinem Platz, ein jeder soll aber auch einen Platz haben. »Sozial sein« und zugleich den Sozialismus vermeiden? Der Sozialstaat ist, was seine Philosophie wie die Formen seiner praktischen Umsetzung anbelangt, ein Kompromiß.

Ein Kompromiß zwischen den Interessen des Marktes und den Forderungen der Arbeiter: Der durch ihn bewerkstelligte Interessensausgleich zwischen den »Sozialpartnern« hängt vom Kräfteverhältnis zwischen diesen beiden Parteien ab. Dem Sozialstaat wie er heute besteht, gingen mindestens zwei Varianten voraus: Eine Minimalversion während der Dritten Republik, die mit einer noch hochgradig verwundbaren Lohnarbeiterschaft und einem im wesentlichen der Selbstregulation überlassenen Markt einhergeht (Kapitel VI); sodann eine Maximalversion im Anschluß an den keynesianischen Kompromiß, die Wirtschaftswachstum, Vollbeschäftigung und die Entwicklung des Arbeitsrechts in die Strukturierung der Industriegesellschaft einbezieht. Sein Spielraum ist um so größer, als eine »positive Rückkopplung« die Interessen der Produktion mit denen der Produzenten vereinbar macht. Der Anstieg der Produktivität wie auch die Zunahme »sozialer Errungenschaften« erlauben zumindest, daß der, der am wenigsten bekommt, in der Zukunft gleichwohl mehr hat (Kapitel VII).

Diese Situation ist nun nicht mehr die unsere. Bei Arbeit und sozialer Sicherung scheint eine Abwärtsentwicklung in Gang gekommen zu sein, nur kumulieren sich diesmal die Auswirkungen dieses Abdriftens in einem Teufelskreis. Man hatte gewiß nicht begriffen, wie sehr unsere Auffassung von Sicherheit auf dem Strukturierungstyp der in der Industriegesellschaft dominierenden Lohnarbeit beruhte; ebensowenig, inwieweit Arbeit mehr als nur Arbeit ist: Nun, wo sie sich auflöst, laufen die daran gebundenen Formen der Vergesellschaftung und Integration Gefahr zu zerbrechen. Was geschieht mit dem Sozialstaat unter diesen neuen Umständen? Sich einfach auf das Stopfen dieser »Restlöcher« in der sozialen Sicherung zu beschränken, ist nicht mehr möglich; ebensowenig, einfach mit einer Integrationspolitik über die Regulierung von Ungleichheiten und die Herstellung von Chancengleichheit fortzufahren. Das ist die Bilanz, die wir aus den laufenden Wandlungen auf der Ebene der Organisation – oder Desorganisation – der Arbeit und der Strukturierung – oder Entstrukturierung – der Sozialbeziehungen ziehen müssen. Sie verlangen danach, die soziale Frage heute in den Begriffen der Wiederkunft einer gebannt geglaubten massenhaften Verwundbarkeit zu reformulieren (Kapitel VIII).

Dennoch bleibt der Sozialstaat unser Erbe, er bildet sicher auch unseren Horizont. Unser Erbe: Wir leben noch inmitten von mächtigen Systemen sozialer Sicherung, und genau dies verleiht der gegenwärtigen Situation ihre Besonderheit. Diese Verwundbarkeit im Anschluß an und zeitgleich mit den sozialen Sicherungen ist nicht mit der Verwundbarkeit vor Errichtung dieser Sicherungssysteme in der ersten Hälfte des 19. Jahrhunderts zu vergleichen. Der Sozialstaat bildet auch einen Horizont: Der historische Rückblick zeigt, daß er die – freilich variable – Form des Kompromisses zwischen der vom Profitstreben bewirkten wirtschaftlichen Dynamik und dem vom Anspruch auf Solidarität erforderten Bemühen um soziale Sicherung ist. Wäre eine Gesellschaft ohne einen solchen Kompromiß denkbar; sähe dieser anders aus als der bisher vorherrschende? Ist es überhaupt hinnehmbar, daß wir wieder zu der andauernden Unsicherheit der Zeit vor Einführung dieser Absicherungen zurückkehren? Wenn nicht, dann sollte man das Verhältnis zwischen Markt und Arbeit, wie es in der Matrix der Industriegesellschaft geschaffen wurde, als diese noch hegemonial war, neu aushandeln. Wir werden im folgenden zeigen: Was die Sozialgeschichte seit dem 19. Jahrhundert an Neuerungen hervorgebracht hat, ist die zumindest teilweise Entkoppelung von Sicherheit und Eigentum und die ausgeklügelte Koppelung von Sicherheit und Arbeit. Wir müssen uns nun an die Erfindung einer neuen Version dieser Konstruktion machen, es sei denn, wir gingen davon aus, daß das Ende der Arbeit gekommen sei, und wären mit einem Unterschreiten der erreichten Sicherheit einverstanden.

Kapitel V
Eine Politik ohne Staat

Das Ancien Regime hatte energisch im sozialen Bereich interveniert: Maßnahmen gegen das Bettelwesen und das Vagabundentum, Unterstützung der Krone für die traditionelle Arbeitsorganisation, Initiativen der königlichen Macht zur Errichtung von Arbeitsstätten, Spitälern, Werkstätten der Nächstenliebe, Bettlerdepots. In England hatten die öffentlichen Interventionen die Bildung eines regelrechten, über eine Zwangssteuer finanzierten Unterstützungssystems zur Folge. Dort wird zudem die politische Bühne von einer heftigen Debatte für oder gegen die Abschaffung der *poor laws* belebt, der »gesetzlichen Liebestätigkeit« also, welche allen Bedürftigen grundsätzlich ein Mindesteinkommen garantiert. Als dann der von Malthus angeführte, für ihre Abschaffung eintretende Flügel unter den Ökonomen scheinbar die Oberhand gewinnt, schafft die 1834 reformierte Gesetzgebung ein neues öffentliches Unterstützungssystem. Ein sehr hartes, um das *workhouse*, also um die Zwangsarbeit für Bedürftige unter oft unmenschlichen Bedingungen zentriertes System; allerdings ein zentralisiertes und auf nationaler Ebene organisiertes System, das sich einheitlich gibt und aus öffentlichen Töpfen finanziert wird.[1]

Nichts dergleichen in Frankreich, vor 1848 findet sich kaum die Spur einer öffentlichen Debatte zu den Fragen der Armut und der Arbeit.[2] Beständig kritische Verweise auf die englische »gesetzliche Liebestätigkeit«, der man exorbitante Kosten vorwirft und zugleich, daß sie bei den Armen eine Unterstützungsmentalität erzeuge. Die Situation ist paradox, in der ersten Hälfte des 19. Jahrhunderts kommt es nämlich zur Bewußtwerdung einer Form des Elends, das scheinbar mit der Entwicklung von Reichtum und dem zivilisatorischem Fortschritt einhergeht. Die soziale Frage stellt sich aufs neue, da diese »neuen Armen« nun im Kernbereich der Gesellschaft sitzen, sie bilden die Speerspitze ihres Produktionsapparats. Kann sich eine Gesellschaft dem ihr drohenden Bruch gegenüber gleichgültig verhalten?

Die Gesellschaft der ersten Hälfte des 19. Jahrhunderts ist es nicht gewesen. Sie wird zu neuartigen Strategien greifen, denen »soziale« Ambitionen ostentativ auf die Fahnen geschrieben sind. Man kann also »sozial sein«, und dabei recht weit gehen, ohne den Staat ins Spiel zu bringen, ja, indem man gar sein Eingreifen geradezu ablehnt. Parallel zum Vertrag, der die marktförmigen und sozialen Beziehungen unter Gleichen regelt, sollen neue Bevormundungen und ein aufgeklärtes Patronagewesen Netze gegenseitiger Abhängigkeit zwischen Höher- und Niedrigergestellten, zwi-

1 Vgl. J. R. Poynter, *Society and Pauperism, English Ideas on Poor Relief, 1795–1834*, London, Routledge and Kegan Paul.

2 Abgesehen von der parlamentarischen Diskussion, die der Abstimmung um das Gesetz zur Begrenzung der Kinderarbeitszeit im März 1841 voranging. Eine Ausnahme, auf deren Bedeutung wir weiter unten noch eingehen werden: Es ging dabei mehr um die Reproduktion des Lebens der Arbeiter als um eine Verbesserung ihrer Arbeitsbedingungen.

schen dem unmündigen Volk und den um das Gemeinwohl besorgten Führern knüpfen. Dennoch findet sich eine Masche, ja ein Widerspruch inmitten dieser ansonsten recht ausgeklügelten Arrangements: Die moralische Wirksamkeit setzt die Anhänglichkeit derer voraus, um deren Moralisierung man bemüht ist, und muß daher die Situation gesellschaftlicher Unmündigkeit der Unterworfenen auf Dauer stellen, so daß die Geschichte einer Politik ohne Staat auch von den Mißgeschicken einer moralischen Konzeption des Sozialen zu berichten weiß, die durch das Politische wieder eingeholt wird.

Les Misérables

Die Sozialgeschichte des 19. Jahrhunderts beginnt mit einem Rätsel, der beunruhigenden Fremdheit einer ungewohnten Situation:

> »*Durchreist man die verschiedenen Landschaften Europas, so gerät man in Erstaunen angesichts eines außergewöhnlichen und scheinbar unerklärlichen Schauspiels. Die anscheinend elendsten Länder sind in Wirklichkeit diejenigen, die am wenigsten Arme zählen, und bei den Völkern, deren Überfluß Sie bewundern, ist ein Teil der Bevölkerung zum Überleben auf die Gaben des Nächsten angewiesen.*«[3]

Und Alexis de Tocqueville, der wie beinahe alle Gesellschaftsanalytiker seiner Zeit auch seine eigene Denkschrift über den Pauperismus verfaßt hat, fährt fort mit einem Vergleich zwischen Portugal und England. Portugal ist das, was man eine vorindustrielle Gesellschaft bzw. eine Gesellschaft des Ancien Régime nennen könnte, also das Gegenteil von einer Gesellschaft im Überfluß, in der aber die massenhafte Armut kaum sichtbar ist, weil sie eine integrierte Armut ist und von den unmittelbaren Netzwerken der bäuerlichen Gemeinschaft oder von altertümlichen Fürsorgeformen getragen wird, als deren Baumeister die katholischen Kirche firmiert. England wäre eher das Amerika oder Japan der damaligen Zeit. Die industrielle Revolution bewirkt dort eine ungeheuerliche Vervielfachung des Reichtums, der ihm einen ansehnlichen Vorsprung gegenüber dem restlichen Europa verschafft hat, namentlich gegenüber den vorwiegend agrarischen Ländern wie Portugal. Dennoch ist die Armut dort allgegenwärtig, hartnäckig und massenhaft.

Was Tocqueville schreibt, ist keineswegs originell. Eugène Buret beispielsweise kommt zum gleichen Ergebnis und rückt dieses sogar in eine historische Perspektive: »In der gegenwärtigen Situation ist es unglücklicherweise nur allzu wahr, daß das Elend genau den verschiedenen zivilisierten und reichen Völkern gefolgt ist. Zieht man die Statistik zu Rate, so wird man gewahr, daß die Nationen beinahe den gleichen Rang auf der Skala des Elends wie der des Reichtums einnehmen.« Und er fügt hinzu, daß das Wort Pauperismus, das diese neue Armut zum Ausdruck bringt, »aus

3 A. de Tocqueville, *Mémoire sur le paupérisme* lu à l'Académie de Cherbourg en 1835. Denkschrift wiedergegeben in *Revue internationale d'action communautaire*, n° 16/56, Herbst 1986, Montreal, S. 27–40.

England entlehnt ist, dem Land, dem es gewiß zukommt, dem Übel einen Namen zu geben, das es vor allen anderen Nationen besitzt.«[4]

Tatsächlich eine »neue Armut«, von der man sich heute nicht mehr vorstellen kann, wie buchstäblich verblüffend ihre Entdeckung gewirkt hat, da sie zum »utopischen Kapitalismus«, dem liberalen Optimismus in der Version des 18. Jahrhunderts, in völligem Gegensatz steht. Diese Armut, die »unter dem neuen und traurig drastischen Namen des Pauperismus ganze Bevölkerungsklassen heimsucht«, sagt seinerseits Villeneuve-Bargemont, »neigt dazu, sich gerade aufgrund der industriellen Produktion immer weiter auszudehnen. Sie ist kein Zufall mehr, sondern die unentrinnbare Lage eines großen Teils der Bevölkerung«. Daher stellt »der Pauperismus eine große Bedrohung für die politische und gesellschaftliche Ordnung dar.«[5] Im Grunde wirft er die neue soziale Frage auf.

Zwei Wesensmerkmale des Pauperismus gestatten es, ihre Neuartigkeit zu begreifen. Zum einen widerlegt er den während des gesamten 18. Jahrhunderts formulierten liberalen Gedanken, wonach »der Mensch nicht arm ist, weil er nichts hat, sondern weil er nicht arbeitet« (Montesquieu), weshalb man eben »Werkstätten eröffnen« und »Arbeitsmittel bereitstellen« (la Rochefoucauld-Liancourt) müßte. Hier also das Ergebnis. Es existiert eine Armut, die nicht aus dem Fehlen von Arbeit resultiert, sondern aus der neuen Organisation der Arbeit, der »befreiten« Arbeit also. Sie ist ein Kind der Industrialisierung. Dazu Louis-Napoléon Bonaparte, der ebenfalls ein Programm zur Auslöschung des Pauperismus vorgelegt hat:

> »*Die Industrie, diese Quelle von Reichtümern, besitzt heutzutage weder Regel, Organisation, noch Ziel. Sie ist eine Maschine, die ohne Regler funktioniert; die bewegende Kraft, die sie in Gang hält, ist für sie kaum von Bedeutung. In ihrem Räderwerk zermalmt sie Mensch wie Material, entvölkert das Land, ballt die Bevölkerung in Räumen ohne Luft zusammen, schwächt Geist wie Körper und wirft schließlich die Menschen, die ihre Jugend, ihre Existenz geopfert haben, um ihre Kraft zu bereichern, aufs Pflaster, sobald sie nicht mehr weiß, was sie mit ihnen anfangen soll. Als ein wahrhaftiger Saturn der Arbeit verschlingt die Industrie ihre Kinder und lebt einzig von ihrem Tod.*«[6]

Der Pauperismus stellt die Moderne vor die Herausforderung, mit ihrer Kinderkrankheit fertig zu werden. Doch ist darin eine Kinderkrankheit oder das Schicksal der Industriegesellschaften zu sehen? Im Gegensatz zu den zahllosen Verurteilungen in Bausch und Bogen zeigen jene Autoren, die, wie Eugène Buret, das Phänomen einer genaueren Analyse unterzogen haben, daß es der direkte Ausfluß der neuen Organisation der Arbeit ist, ein andauernder Unsicherheitsfaktor für die

4 E. Buret, *De la misère des classes laborieuses en France et en Angleterre*, Paris, 1840, Bd. I, S. 120. Buret seinerseits stellt »die Misere, die ein Zivilisationsphänomen darstellt und die das Erwachen, ja sogar eine fortgeschrittene Entwicklung des Bewußtseins voraussetzt«, den Völkern gegenüber, »die in ihrer primitiven Bedürftigkeit verblieben sind, wie etwa die Korsen und die Niederbretonen«.

5 A. de Villeneuve-Bargemont, *Traité d'économie politique chrétienne ou recherches sur le paupérisme*, Paris, 1834.

6 L.-N. Bonaparte, *L'Extinction du paupérisme*, in: *Œuvres*, Paris, Éditions napoléoniennes, Ausgabe von 1848, Bd. II, S. 256 (die ursprüngliche Ausgabe stammt von 1844).

Gesellschaft. »Diese mehr und mehr bedrängten Scharen von arbeitenden Menschen haben nicht einmal die Sicherheit einer stetigen Anstellung; die Industrie, die sie herbeigerufen hat, läßt sie nur kommen, wenn sie ihrer bedarf, sobald sie sich ihrer aber entledigen kann, läßt sie sie ohne den geringsten Skrupel fallen.«[7] Es geht hier buchstäblich um die Prekarität der Beschäftigung. Buret hebt auch die Bedeutung der Arbeitslosigkeit hervor, dessen, was er »die Arbeitslosigkeiten« (les chômages) nennt und was er, von konkreten Situationen wie jener der Handweber ausgehend untersucht, bei denen »Arbeitslosigkeiten häufiger als in jedem anderen Gewerbe vorkommen; bei der nächstbesten wirtschaftlichen Störung ist der Weber ohne Arbeit.«[8] Der Gesellschaftsbeobachter hebt auch mangelnde Qualifikation als Ursache hervor: »Die meisten industriellen Tätigkeiten sind keine Lehrberufe, sondern Dienstleistungen von kurzer Dauer, die der Nächstbeste verrichten kann; dies ist nur allzu wahr, denn ein Kind von sechs Jahren wird für den Gebrauch seines Körpers ab seinem Eintritt in die Manufaktur bezahlt.«[9] Er erwähnt auch die große Prekarität – der Begriff taucht explizit auf –, die mangelnde Qualifikation nach sich zieht, ebenso den massenhaften Rückgriff auf diesen Typ von Arbeitskraft: »Das mechanische Gewerbe vervielfacht die Zahl der ungeschickten Arbeiter; es sucht vorzugsweise ungeschickte Arbeiter, und es bringt auch nur solche hervor.«[10]

Buret liefert hier also eine Gesamtdarstellung der »Verwundbarkeit« der Industriearbeiter. Die Lage wird dadurch erschwert, daß sie nichts Zufälliges an sich hat. Sie betrifft keineswegs archaische oder marginale Nischen in der Arbeitsorganisation, sondern ist als ein unmittelbarer Ausfluß der modernen Produktivitätserfordernisse zu begreifen. Prekarität der Arbeit, mangelnde Qualifikation, das Alternieren von Beschäftigung und Beschäftigungslosigkeit, die »Arbeitslosigkeiten« charakterisieren die allgemeine Lage der entstehenden Arbeiterklasse: »Man wird zumindest nicht in Abrede stellen, daß unter dem gegenwärtigen System die Arbeit ohne jegliche Sicherheit, ohne Garantie und Schutz ist.«[11]

Ein weiteres Merkmal des Pauperismus illustriert seinen neuartigen und buchstäblich umwälzenden Charakter. Er bringt eine geschichtlich neuartige Kategorie des Elends der Unterschichten mit sich, die sich nicht nur als materielles Elend, sondern auch als tiefer moralischer Verfall äußert. Es schält sich hier eine von der Industrialisierung hervorgebrachte neuartige anthropologische Lage heraus, eine Art neuer Barbarei, die weniger eine Rückkehr zur Wildheit vor Anbruch der Zivilisation als einen

7 E. Buret, *Misère des classes laborieuses..., op. cit.*, Bd. I, S. 68.

8 *Ebd.*, Bd. II, S. 25.

9 *Ebd.*

10 *Ebd.*, S. 35. Buret übersetzt als »ungeschickte Arbeiter« (»travailleurs inhabiles«) den Ausdruck unskilled workers, den er von englischen Autoren übernimmt, und der in Wirklichkeit unqualifizierte oder unterqualifizierte Arbeiter meint.

11 *Ebd.*, Bd. I, S. 70. Diese Diagnose ist im großen und ganzen von den neueren historischen Arbeiten bestätigt worden. So betont E. J. Hobsbawm die Bedeutung »der strukturellen und zyklischen Arbeitslosigkeit« zu Beginn der Industrialisierung und präzisiert, daß zu gewissen Zeiten, wie etwa während der Krise der Jahre 1841–1842, mehr als die Hälfte der Arbeiter der englischen Manufakturen von Arbeitslosigkeit betroffen sein konnten (»En Angleterre: révolution industrielle et vie matérielle des classes populaires«, *Annales ESC*, November–Dezember 1962, S. 1049). In Frankreich behält die Schmelzhütte von Chaillot, die normalerweise 300 bis 400 Arbeiter beschäftigt, in der Krise von 1828 nur noch 100 von ihnen. In der Seifenindustrie ist ebenfalls die Hälfte der Belegschaft arbeitslos (Vgl. E. Labrousse, *Le Mouvement ouvrier et les théories sociales de 1815 à 1848*, Paris, CDU, S. 92).

dem modernen, namentlich dem städtischen Leben eigenen Zustand der Entsozialisierung bedeutet.[12]

Buret, der dem Industrialisierungsprozeß gleichwohl recht kritisch gegenübersteht, spricht von Leuten, die »im Schmutz verkommen«, die »durch Verrohung wieder in das wilde Leben zurückverfallen seien«. Sie erregen »eher Abscheu als Mitleid«. »Sie sind Barbaren«.[13] Diese Urteile beziehen ihre Substanz hauptsächlich aus der Beschreibung der Lebensweise der in den Außenvierteln der Industriestädte zusammengepferchten Arbeiterfamilien, wo das enge Zusammenleben der Geschlechter und Altersgruppen, der völlige Mangel an Hygiene zuwege bringen, was man eine neue Ätiologie des Sittenverfalls nennen könnte. Man muß diese Bilder des »Magma«, des »Ghettos«, dieser undifferenzierten Räume wirklich voll auskosten; eine Art ausgedehnter Lachen des Elends, auf denen sich Ausschweifungen, Gewalt und Alkoholismus bei den Männern, schlechter Lebenswandel und Prostitution bei den Frauen, Verderbtheit bei den Kindern wie Ruß aus einem Schornstein niederschlagen. Sie erzeugen das Gefühl, einer völlig neuartigen geschichtlichen Situation beizuwohnen:

> »*Das Elend und der Verfall des Verstandes, die Armut und der Kleinmut der Seele, die Erschlaffung und Zersetzung des individuellen Willens und der Tatkraft, das Abstumpfen des Gewissens und der Persönlichkeit, mit einem Wort, das moralische Element wird empfindlich, oft sogar tödlich getroffen. Darin besteht also der wesentliche, grundlegende und völlig neuartige Charakter des Pauperismus.*«[14]

Der Pauperismus ist demnach eine Art von Amoralität, ein bei den Arbeitern und ihren Familien in Fleisch und Blut übergegangener völliger Verfall der Lebensweise. Ausgehend von seinen Beobachtungen der ins Asyl von Saint-Yon bei Rouen eingelieferten Textilarbeiter und ihrer Familien wird der Irrenarzt Morel sein Konzept der Degenerierung entwickeln, dem noch eine schöne Zukunft beschieden sein wird. In der Degenerierung kommt ein Verfall der menschlichen Gattung zum Ausdruck, der erblich, jedoch nicht angeboren ist. Sie wird von der gesellschaftlichen Umwelt ausgelöst, deren beklagenswerte Auswirkungen Morel vor allem bezüglich der Arbeiterbevölkerung feststellt.[15]

In einer derartigen Haltung zeigt sich nicht einfach eine punktuelle Reaktion auf die beginnende Industrialisierung. Noch 1892 findet sich in dem von Émile Chevalier geschriebenen Artikel »paupérisme« im damals noch als Autorität geltenden *Nouveau Dictionnaire d'économie politique* von Léon Say und Joseph Chailley folgendes Urteil:

> »*Der Pauperismus stellt aufgrund seiner Ursachen wie auch seines Wesens einen neuartigen Zustand dar. Er ist der industriellen Organisation unserer gegenwärtigen Epoche zu verdanken; er beruht auf den Existenz- und Lebensbedingungen der*

12 Vgl. G. Procacci, *Gouverner la misère, op. cit.*, Kapitel VI.
13 E. Buret, *Misère des classes laborieuses..., op. cit.*
14 E. Laurent, *Le paupérisme et les institutions de prévoyance*, Paris, 1865, Bd. I, S.13.
15 R. Castel, *Die psychiatrische Ordnung*, Frankfurt, Suhrkamp, 1983, S. 281.

Manufakturarbeiter [...]. Er hat sittliche Zerrüttung, ein Sinken und Verfallen der mentalen Fähigkeiten zur Voraussetzung.«[16]

Diese Bewertungen bilden die Grundlage für das, was man zu Recht einen im Bürgertum des 19. Jahrhunderts weitverbreiteten und gegen die Arbeiter gerichteten Klassenrassismus nennen darf. »Arbeitende Klassen, gefährliche Klassen«. Louis Chevalier zitiert eine Vielzahl von Texten – von Lecouturier: »Paris ist eine einzige Lagerstätte von Nomaden«, über Jules Breyniat: »Die Bourgeoisie sollte das Opfer dieser Barbaren sein«, zu Thiers: »Die gemeine Menge, die jeglichen Gemeinsinn verloren hat« und schließlich Hausmann: »Diese Meute von Nomaden« etc.[17] –, welche diese Bevölkerungsgruppen »außerhalb der Gesellschaft, außerhalb des Gesetzes« stellen, zu »outlaws« stempeln (der Ausdruck stammt diesmal von Buret[18]). Louis Chevalier zeigt dennoch, daß die beherrschende Thematik der »arbeitenden Klassen, gefährlichen Klassen« sich nicht in der Kriminalität erschöpft, selbst wenn die Kriminalität ihre Grenzzone ausmacht: »Die Gefahr steckt nicht im Verbrechen, sie sitzt in den Beziehungen zwischen dem Bodensatz der Gesellschaft und der Welt der Arbeit.«[19] Das Neuartige im Vergleich zu den jahrhundertealten Gemälden der »gueuserie«, der Bettelei, rührt vom Bewußtwerden einer Arbeiterlage her, die so tief herabgesunken ist, daß sie ganze Bevölkerungsgruppen an den Rand der Asozialität bringt.

Victor Hugo hat mit *Les Miserables* ein Gemälde dieser Situation geliefert, das sicherlich genauso viel wert ist wie mehrere sozialgeschichtliche Arbeiten zusammen.[20] Jean Valjean, Gavroche, die Thénardiers sind »Elende«: Das von Heldentum bis zu Verworfenheit reichende Kontinuum an Verhaltensweisen, denen aber gerade das Elend, diese neuartige, »moderne« Lage der Leute aus dem einfachen Volk gemein ist, fällt nicht mehr unter die integrierte Armut, ebenso wenig unter die »primitive Bedürftigkeit der Korsen oder Niederbretonen«, von der Eugène Buret sprach. Der richtigen Bemerkung Louis Chevaliers nach wird das Wort *misérable* »immer häufiger

16 L. Say, J. Chailley, *Nouveau Dictionnaire d'économie politique*, Paris, 1892, Artikel »paupérisme«, S. 450. Es ließen sich noch viel aktuellere Artikulierungen dieser Haltung anführen. So findet sich etwa noch in dem Artikel »pauperism« der *Encyclopaedia Americana* in ihrer Ausgabe von 1951 folgende Formulierung: »Die Geschichte des Pauperismus ist im wesentlichen die Geschichte der in der Armenfürsorge begangenen Irrtümer, die einer allzu eifrigen humanitären Einstellung und einer unvernünftigen Nächstenliebe. [...] Der wesentliche Grund für den Pauperismus besteht, abgesehen von den unbedachten Almosen, in den Lastern, die das Individuum heimsuchen. [...] Die Sinnlichkeit schwächt den Körper, zerstört die Selbstachtung und führt zu chronischer Abhängigkeit.«

17 L. Chevalier, *Classes laborieuses et classes dangereuses à Paris pendant la première moitié du XIXe siècle*, 2. Auflage, Paris, Hachette, 1984, S. 602.

18 E. Buret, *Misère des classes laborieuses..., op. cit.*

19 L. Chevalier, *Classes laborieuses et classes dangereuses..., op. cit.*, S. 255. Die von Chevalier interpretierten Daten beziehen sich auf Paris, das keine neu entstandene Industriemetropole ist, und wo handwerkliche oder handwerksähnliche Formen der Arbeitsorganisation noch vorherrschend sind. Er zeigt aber auch, daß diese neue Vorstellung von den Arbeitern als potentiellen Kriminellen durch die beispiellose Veränderung in der Zusammensetzung der Pariser Arbeiterschichten zu Beginn des 19. Jahrhunderts hervorgerufen wird: massive Einwanderung bindungsloser Landbewohner, herumtreibende Bevölkerungsgruppen, welche die alten Armenviertel überschwemmen und die *garnis*, die möblierten Zimmer bevölkern usw. Was den »Pauperismus« ausmacht, das ist, in Paris wie auch verstärkt noch in den neu errichteten Industrieagglomerationen, das Aufeinandertreffen neuer Formen der Arbeitsorganisation und einer weitestgehend auf dem Zustrom neuer entsozialisierter (entkoppelter) Schichten beruhenden Verschlechterung der Lebensumstände der »niederen Klassen«.

20 Erinnern wir uns daran, daß die erste Ausgabe von *Les Miserables* zwar aus dem Jahr 1862 stammt, die Pariser Episoden jedoch gegen Ende der Restaurationszeit und während der Julimonarchie spielen, also in dem Augenblick, wo sich die soziale Frage herauskristallisiert.

und ausschließlicher auf jene angewandt, die sich an der ungewissen und unablässig neu gezogenen Grenze zwischen dem Elend und dem Verbrechen bewegen. Er [Victor Hugo] unterscheidet nicht mehr zwei verschiedene Lagen, sondern den Übergang von der einen zur anderen, die von uns beschriebene gesellschaftliche Zerrüttung: eine bewegliche Zwischensituation und nicht einen Zustand.«[21]

Freilich werfen nicht alle »Bourgeois« den gleichen Blick wie Victor Hugo auf die *misérables*, eher den eines Javert. In der Mischung aus Verachtung und Angst, aus der ihre Einstellung besteht, äußert sich ein fundamentaler gesellschaftlicher Antagonismus, der das Aussehen eines Kampfes auf Leben und Tod annehmen kann. So etwa, neben so vielen anderen, in diesem kurz nach der Revolte der Lyoner Seidenarbeiter von 1831 im *Journal des débats* veröffentlichten Text:

> »*Jeder Fabrikant lebt in seiner Fabrik wie die koloniale Plantagenbesitzer inmitten seiner Sklaven; einer gegen hundert, und die Unruhen von Lyon glichen den Aufständen von Santo Domingo... Die Barbaren, von denen die Gesellschaft bedroht wird, befinden sich weder im Kaukasus, noch in der tartarischen Steppe: sie leben in den Vororten der Industriestädte. Die Mittelklasse muß diese Lage klar erkennen.*«[22]

Der Klassenkampf ist nicht nur eine Erfindung der »Kollektivisten«. Er wird auch von Konservativen und Gemäßigten formuliert, denen zu Beginn der dreißiger Jahre des 19. Jahrhunderts das Risiko gesellschaftlicher Auflösung zu Bewußtsein kommt, da die Industriearbeiter »eine Nation innerhalb der Nation bilden, die man mit einem neuen Namen zu bezeichnen beginnt: das Industrieproletariat«.[23]

Die Verwunderung bei den Zeitgenossen angesichts des Pauperismus und die Reaktionen darauf müssen wiederum unser Erstaunen heute hervorrufen, vor allem, weil das Phänomen nicht so massiv auftritt, wie die Beschreibungen und Befürchtungen behaupten. Für die Zeit um das Jahr 1848 läßt sich die französische Arbeiterpopulation auf ungefähr 4.400.000 Personen schätzen. Doch die Mehrzahl dieser Arbeiter ist noch einer ländlichen oder halb-ländlichen Umwelt verhaftet, in der die traditionellen Regulierungen beibehalten werden. Man muß stets im Gedächtnis haben, daß damals drei Viertel der Bewohner Frankreichs auf dem Land wohnen. Selbst in denjenigen Gegenden, die schon urbanisiert sind, »ist Frankreich in der ersten Hälfte des 19. Jahrhunderts ein Land mit kleinen Städten, wo sich das städtische

---

21 L. Chevalier, *Classes laborieuses et classes dangereuses..., op. cit.*, S. 176. Daher enthält das Attribut »misérable« für Hugo keine Verurteilung, es ist ganz im Gegensatz Teil eines Rehabilitierungsversuchs ausgehend von der Entdekkung der gesellschaftlichen Ätiologie des Elends. Exakt die gleiche Konnotation des Begriffs »misère« und das gleiche Kontinuum zwischen der verschwommenen Unschuld und dem Verbrechen findet sich auch bei den sozialistischen Denkern wie Proudhon und Louis Blanc: »Das Elend ermuntert unablässig zur Aufgabe der persönlichen Würde und fast immer verlangt sie dies auch. Das Elend schafft eine standesbedingte Abhängigkeit bei demjenigen, der vom Charakter her unabhängig ist, und zwar dergestalt, daß es eine neue Pein in einer Tugend verbirgt und das, was man an Generosität im Blute trägt, in Galle verwandelt. Wenn das Elend Leiden hervorruft, dann erzeugt es auch das Verbrechen. Wenn es ins Spital mündet, dann mündet es auch ins Gefängnis. Es macht Sklaven; es bringt den Großteil der Diebe, Mörder und Prostituierten hervor« (L. Blanc, *Organisation du travail*, Paris, Ausgabe von 1850, S. 4, erste Ausgabe 1839). Bei Eugène Buret findet sich ebenfalls diese schöne Formulierung: »Das Elend ist die moralisch empfundene Armut« (*Misère des classes laborieuses..., op. cit.*).

22 Saint-Marc Girardin, *Journal des Débats*, 9. September 1831, zitiert nach E. J. Hobsbawm, *Europäische Revolutionen*, München, Kindler, 1978, S. 289.

23 Daniel Stern, zit. nach Louis Chevalier, *Classes laborieuses et classes dangereuses..., op. cit.*, S. 599.

Leben wenig vom Landleben unterscheidet und mit ihm in engem Austausch steht.«[24] Es herrscht nur eine eingeschränkte geographische Mobilität: Noch 1856 wohnen nur 11% der Franzosen in einem anderen Departement als dem, in dem sie geboren sind.[25]

Wir können also einen Fortbestand der traditionellen Lebensweise, aber auch der zersplitterten Organisationsformen der Arbeit feststellen. Der Prozeß industrieller Konzentration geht sehr langsam vonstatten, und der Großteil der Ansammlungen von Arbeitern stammt aus der Zeit gegen Ende des 19., Anfang des 20. Jahrhunderts, die man bisweilen als »zweite industrielle Revolution« bezeichnet.[26] Bis dahin sind die Arbeiter der Großindustrie, verglichen mit denen der Kleinbetriebe mit bis zu 10 Mitarbeitern, noch in der Minderzahl.[27] Selbst in den Industrieregionen, etwa den großen Textilzentren von Reims, Mulhouse oder Roubaix, erfolgen 75% der Tuchproduktion außerhalb der Stadt. Was den Bergbau anbelangt, werden es die verbissenen Bemühungen der Unternehmensleitung das gesamte 19. Jahrhundert hinweg in einer Gegend wie Carmaux nie soweit bringen, den ländlich geprägten Habitus eines Großteils der Bergleute auszumerzen.[28] Wir erinnern schließlich daran (vgl. Kapitel III), daß die Protoindustrie und das ländliche Handwerk keineswegs Überbleibsel darstellen. Noch bis ins beginnende 19. Jahrhundert hinein sind sie in Expansion begriffen.

So hat in der ersten Hälfte des 19. Jahrhunderts der vorsichtige *take off* der Großindustrie die beiden älteren Formen der Arbeitsorganisation, das Landhandwerk und die städtische Organisation der Arbeit in kleinen Werkstätten noch nicht verdrängt. Wir schätzen die Zahl der in Vollzeit beschäftigten »Industriearbeiter« auf 1.200.000,[29] wovon wiederum ungefähr die Hälfte in den großen industriellen Konzentrationen arbeitet, die den Stoff für die Beschreibungen des Pauperismus abgeben.[30]

Ist nun der Pauperismus eine von der Furcht der Besitzenden am Leben gehaltene Chimäre? Neuere historische Arbeiten befassen sich mit den im 19. Jahrhundert produzierten Katastrophengemälden des Pauperismus: Sie seien das Ergebnis einer Art Klassenethnozentrismus, ihre Autoren – zum Großteil der Gruppe der Notabeln zugehörig – legten in diesen Beschreibungen nur ihr Unverständnis der Sitten und Verhaltensweisen der Unterschicht an den Tag, welche man mit ungeheuerlichen Perversionen gleichsetzte. Eine zweifache Rehabilitierung, zum einen des Volkes, das ja gar nicht so übel gewesen ist wie man behauptet hat, zum andern der Besitzenden, die sich nun vom Vorwurf reingewaschen finden, so unbarmherzig gewesen zu sein, Nutzen aus einer Situation zu ziehen, die ja gar nicht so schlecht war. Eine solche Lesart der Geschichte der beginnenden Industrialisierung ist zudem nicht neu. Sie kehrt seit Mitte des 19. Jahrhunderts in den Kreisen wieder, welche wie etwa das

24 C.-H. Pouthas, *La population française pendant la première moitié du XIXe siècle*, Paris, 1956.

25 G. Noiriel, *Les ouvriers dans la société française*, Paris, Le Seuil, 1986, S. 18.

26 Vgl. zusammenfassend zum langsamen Voranschreiten der Industrialisierung: C. Charle, *Histoire sociale de la France au XIXe siècle*, Paris, Le Seuil, 1991, Kapitel I.

27 Vgl. W. Sewell, *Gens de métiers..., op. cit.*

28 Vgl. R. Trempé, *Les Mineurs de Carmaux, 1848–1914*, 2 Bde., Paris, Éditions ouvrières, 1971.

29 G. Noiriel, *Les ouvriers dans la société française, op. cit.*, S. 18.

30 J.-P. Rioux, *La Révolution industrielle*, Paris, Le Seuil, 1971, S. 170, zählt 670.000 für 1848 in Betrieben mit mehr als zehn Arbeitern, die Hälfte davon Frauen und Kinder (154.000 bzw. 130.000).

Journal des économistes der Reinheit der Grundsätze des Wirtschaftsliberalismus das Wort reden:

> »*Was macht man seit 15 Jahren anderes, als uns ohne Unterlaß dunkle Gemälde von der Situation der Arbeiter zu zeigen und dabei abwechselnd die Regierung und die Mittelklassen anzuklagen, sie unterdrückten und beuteten die Arbeiter aus und lieferten sie so unendlichem Elend aus? Mit solchen Erklärungen kommt man gewiß nicht zu sozialen Reformen.*«[31]

Wenn sie auch dazu einladen, einige Gemälde des Pauperismus zu relativieren, vermögen diese Neueinschätzungen dennoch nicht vollkommen zu überzeugen. »Übertreibungen« einmal beiseite gelassen, verbrachten Hunderttausende von Männern, Frauen und Kindern ihr kurzes Leben mit Sicherheit bis zu vierzehn oder sechzehn Stunden am Tag für Hungerlöhne in den frühen Industriezentren; sobald sie aber, der Willkür des Fabrikherrn völlig ausgeliefert und auf den Stand von Maschinen zur Profiterzeugung reduziert, aufhörten, ihre Dienste zu tun, wurden sie wieder hinausgeworfen. Angesichts der Ähnlichkeit der Beschreibungen all jener Beobachter, welche die Mühe auf sich nahmen, vor Ort nachzusehen, von den »Gemäßigten« wie dem Doktor Villermé oder Eugène Buret bis zu den »Radikalen« vom Schlage eines Robert Owen oder Friedrich Engels, kann man nur mit Verblüffung reagieren.[32] Sie zitieren zudem zahlreiche Zeugnisse von Gesundheitsbeamten, Ordensleuten, ja sogar offizielle Ermittlungsberichte, die man a priori nicht des Fabulierens bezichtigen kann. In seinen Beobachtungen der Anfänge des Industrialisierungsprozesses in England schreibt Jean-Baptiste Say, der sicherlich nicht des politischen Extremismus' verdächtig ist, schon 1815: »Ein Arbeiter kann in England, je nach Familiengröße, trotz oft höchst beachtenswerter Anstrengungen nur drei Viertel, manchmal sogar nur die Hälfte seiner Ausgaben verdienen.«[33]

---

31 T. Fix, »Observations sur l'état des classes ouvrières«, *Journal des économistes*, Nov.–Dez. 1845. Vgl. auch C. Dunoyer, *De la liberté du travail, ou simple exposé des conditions dans lesquelles les forces humaines s'exercent avec le plus de puissance*, Paris, 1845, der sich erfreut zeigt über »den Fortschritt des materiellen Wohlergehens, nicht allein für die wohlhabenden Klassen, sondern auch für breite Schichten, was durch offizielle und glaubwürdige Dokumente belegt ist.«

32 Man vergleiche etwa die Beschreibung des Viertels Saint-Sauveur in Lille von Villermé, *Tableau de l'état physique et moral des ouvriers employés dans les manufactures de laine, de soie et de coton* (1838, Neuauflage Paris, UGE, 1971), jene Eugène Burets von East London, *La Misère des classes laborieuses en France et en Angleterre, op. cit.*, und die grauenerregende Beschreibung Manchesters von Friedrich Engels, *Die Lage der arbeitenden Klassen in England*, München, dtv, 1973. Wir erinnern auch daran, daß das 1854 erschienene »engagierteste« Werk von Charles Dickens, nämlich *Hard Times* (London, Penguin Books, 1969), ebenfalls in Manchester spielt. Dickens entwirft mit unerbittlichem Humor in der Figur des Mr. Bounderby die Haltung der guten Bürger gegenüber den mit ihrem Schicksal unzufriedenen Arbeitern, deren unerhörte Forderung darin bestehe, »mit goldenen Löffeln zu essen«. Man muß hervorheben – auch wenn dem keine absolute wissenschaftliche Beweiskraft zukommt – daß die Sozialwissenschaften sich ihre ersten Sporen auf solchen »Terrains« verdient haben. Viele dieser Gemälde des Pauperismus kommen Forschungen mit objektivem Anspruch und praktischen Zielsetzungen gleich, die schon auf regelrechte »Forschungsausschreibungen« antworteten. So etwa der Auftrag der *Académie des sciences morales et politiques* von 1838, der Buret den ersten Preis einbrachte: »Anhand positiver Beobachtungen danach suchen, welches die Elemente sind, aus denen sich in Paris oder in jeder anderen großen Stadt dieser Teil der Bevölkerung zusammensetzt, der durch seine Laster, seine Ungebildetheit und sein Elend eine gefährliche Klasse bildet; die Mittel angeben, mittels derer die Verwaltung, die reichen und wohlhabenden Menschen, die intelligenten und arbeitsamen Arbeiter diese gefährliche und verdorbene Klasse bessern können.«

33 J.-B. Say, »De l'Angleterre et des Anglais«, *Œuvres*, Bd. IV, S. 213.

Der Pauperismus ist unbestreitbar eine gesellschaftliche Konstruktion. Allerdings ist jegliche soziale Wirklichkeit eine gesellschaftliche Konstruktion. Es ist zudem unbestreitbar, daß die extremen Beschreibungen des Pauperismus nur für eine Minderheit der Arbeiter der ersten Hälfte des 19. Jahrhunderts Gültigkeit beanspruchen können. Doch widerlegt diese Feststellung keineswegs die historische Bedeutung des Phänomens. Vor der industriellen Revolution stellten die Vagabunden verglichen mit der massenhaften Verwundbarkeit der arbeitenden Unterschichten auch nur eine Minderheit dar. Vor wie nach der Industrialisierung stellt sich die soziale Frage zuerst hinsichtlich der Lage offensichtlich marginaler Bevölkerungsgruppen. Um nichts weniger betrifft sie jedoch auch die Gesellschaft als Ganzes.

Wenn wir die Pauperismus-Frage ernst nehmen, erlaubt uns das tatsächlich ein besseres Verständnis eines der Kernprobleme der Sozialgeschichte der ersten Hälfte des 19. Jahrhunderts: *die Konkurrenz zwischen zwei Industrialisierungsmodellen.* Das erste erscheint »sanft«, und zwar insofern, als ihm eine sich über Jahrhunderte hinziehende Wandlungsbewegung zugrunde liegt, die es scheinbar ohne dramatische Sprünge fortführt. In der Stadt fügt es sich in die Organisationsstruktur des handwerklichen Kleinbetriebs ein, auf deren Robustheit William Sewell für das frühe 19. Jahrhundert aufmerksam gemacht hat. Auf dem Land scheint die Protoindustrialisierung die wirtschaftliche Entwicklung und die Beibehaltung der traditionellen Bevormundungen miteinander vereinbar gemacht zu haben. Ihre ländliche und familiale Verankerung läßt die unmittelbaren Sicherungsmechanismen der primären Sozialbeziehungen unangetastet und vermag scheinbar die Entkoppelung zu verhindern. Alain Dewerpe spricht diesbezüglich von einer »Proletarisierung in der Familie«[34]: Der Übergang zur völligen Lohnarbeit vollzieht sich häufig im Kontext einer häuslichen Ökonomie, in der die Aufgabenverteilung innerhalb der familialen Zelle stattfindet. Durch diese Arbeitsorganisation wird die familiäre Auflösung verhütet und die Landflucht abgebremst. Die Industrialisierung ist offenbar innerhalb des behüteten Rahmens der Familie und des Dorfes möglich, ohne zumindest allem Anschein nach ihre traditionellen Regelungssysteme in Frage zu stellen. Diese paradoxe Situation ist von Hans Medick betont worden, der »das Janusgesicht der Protoindustrialisierung« aufgedeckt hat[35]: Einerseits bleiben diese Arbeiter der ländlichen Gemeinde verbunden; zugleich sind sie jedoch auf virtuelle Weise entterritorialisiert, insofern sich nämlich ihr Lohn nicht in bezug auf die lokalen Preise festsetzt, sondern in Abhängigkeit von der nationalen oder gar internationalen Konkurrenz, welche den Wert ihrer Produkte bestimmt. Bis hin zu Le Play (und sogar bis zum Vichy-Staat) werden zahlreiche Sozialreformer den Traum hegen, eine möglichst große Zahl von Arbeitern wieder aufs Land umzusiedeln, wo sie dann über ihre Verankerung in einer Region die Werte der Familie, der Moral und der Religion wiederentdecken könnten.

Verglichen mit diesem Modell bekommen die modernen Formen industrieller Konzentration den Charakter einer tragischen Neuigkeit. Dazu Eugène Buret:

34 A. Dewerpe, *L'Industrie aux champs. Essai sur la proto-industrialisation en Italie du Nord, 1800–1880*, École française de Rome, 1985, S. 479.

35 Zit. nach M. Garden, »L'industrie avant l'industrialisation«, in: P. Léon (dir.), *Histoire économique et sociale du monde, op. cit.*, Bd. III.

»Die Industrie hat in die Lage der arbeitenden Klassen einen Wandel hineingetragen, der eine schreckliche Neuartigkeit bedeutet: sie hat die Arbeit im Familienkreis durch die Arbeit in der Fabrik ersetzt; sie hat die Ruhe und den Frieden des häuslichen Lebens brüsk unterbrochen, um an seine Stelle den Wirbel und den Lärm des promiskuitiven Zusammenlebens zu setzen. Es ist kein Übergang bewirkt worden, und die um der ruhigen Existenz der Familie willen aufgezogenen Generationen sind ohne Vorbereitung in die Werkstätten geworfen worden; Männer, Frauen und Kinder finden sich zu Tausenden in riesige Manufakturen zusammengepfercht, wo sie Seite an Seite und bunt durcheinander vierzehn oder fünfzehn Stunden am Tag arbeiten müssen.«[36]

Eine gewiß idealisierte Auffassung von der Arbeit in der Familie und den Reizen des Landlebens.[37] Nichtsdestoweniger stellte diese Gegenüberstellung der Heimwirtschaft und eines »Manchester-Modells« industrieller Konzentration in den Augen der Zeitgenossen ein fundamentales Wahrnehmungsraster dar, mit dem sie die Neuartigkeit und Besonderheit der sich gerade herausbildenden Formen der Industrialisierung offenlegen konnten. Die *Annali universali di statistica* formulieren daher 1829 diesen Gegensatz in Begriffen, die nicht nur für Italien Gültigkeit haben:

»Italien hat eine Berufung für einen Typ von Industrie, beispielsweise für die Seidenweberei. Doch diese Industrieart gleicht nicht derjenigen der Werkstätten von Birmingham, Manchester oder Paris. Man muß Industrie und Industrie auseinanderhalten. Diejenige, die den bäuerlichen Tätigkeiten am nächsten steht und keine Anhäufungen von Menschen in den Fabriken und Werkstätten mit dauerhaft unsicherem Schicksal erforderlich macht, wird stets die unschuldigere sein, die am wenigsten unangenehme für den Staat und die am wenigsten schwer zu ertragende für die Bevölkerung.«[38]

In der ersten Hälfte des 19. Jahrhunderts setzt der langsame Niedergang[39] der Protoindustrie ein. Sie wird später von der Großindustrie verdrängt werden. Doch was uns im Nachhinein als evident erscheint, stellt für die Zeitgenossen ein Risiko dar. Die Möglichkeit, daß die neue Arbeitsorganisation mit ihren gänzlich neuen Konsequenzen die Zukunft der Welt sei, macht ihnen Angst:

36 E. Buret, *Misère des classes laborieuses..., op. cit.*, Bd. II, S. 20.

37 E.P. Thompson formuliert ein ausgewogeneres Urteil: »Das Verbrechen des Fabriksystems bestand darin, die schlimmsten Auswüchse der Heimindustrie in einen Zusammenhang zu übernehmen, der nichts mehr von deren Kompensationen besaß« (*Die Entstehung der englischen Arbeiterklasse, op. cit.*, 1. Bd., S. 364). David Levine zeigt außerdem, daß es sich nicht um einen absoluten Gegensatz handelt und daß die Entwicklung der Proto-Industrie ein entscheidender Faktor bei der Pauperisierung des Landes selbst gewesen ist und sich stark auf die demographische und soziale Struktur der ländlichen Familie ausgewirkt hat (vgl. *Family formation in an Age of Nascent Capitalism*, New York, Academic Press, 1977). Doch diese Auswirkungen der Protoindustrialisierung sind nicht unmittelbar einsichtig für die Zeitgenossen, die weiterhin den Zauber des Landlebens besingen.

38 *Annali universali di statistica*, 19, 1829, zit. nach Alain Dewerpe, *L'Industrie aux champs..., op. cit.*, S. 470.

39 Die Protoindustrie wird sich als kontraproduktiv erweisen, insbesondere, was die Erfordernis der Rentabilisierung kostspieliger Anlagen in den Fabriken sowie die Mobilisierung von dafür notwendigen, seßhaften und einer präzisen und kontinuierlichen Arbeit zugeneigten Arbeitskräften anbelangt.

»Die allgemeine Ausbreitung der Manufakturen über ein ganzes Land erzeugt bei seinen Bewohnern eine neue Wesensart; und diese Wesensart entsteht aus einem Grundsatz, der dem Glück des einzelnen und der Allgemeinheit äußerst abträglich ist; sie wird höchst beklagenswerte und dauerhafte Mißstände erzeugen, zumindest wenn diese Tendenz nicht durch gesetzlichen Eingriffe in eine andere Richtung gelenkt wird.«[40]

Es läßt sich so nachvollziehen, daß der Pauperismus zum Kristallisationskern der neuen sozialen Frage wird. Der Pauperismus stellt zunächst eine riesige Enttäuschung dar, die das Scheitern des liberalen Optimismus in der Spielart des 18. Jahrhunderts bestätigt. Ungeachtet seines quantitativ gesehen beschränkten Charakters, wirft er kein sektorielles Problem auf, da er die geschichtliche Neuigkeit des beginnenden 19. Jahrhunderts überhaupt, einen regelrechten Bruch mit der Vergangenheit verkörpert. Das ist ein Bruch in der Organisation der Arbeit, aber auch das, was im schlimmsten Fall anscheinend einen neuen Menschen hervorbringen könnte. Er stellt damit das offenkundigste Merkmal der Moderne dar. In der Tat kommt in ihm das Problem der Bedeutung der Moderne und der fundamentalen Bedrohung, die sie mit sich bringt, zum Ausdruck: das Risiko, daß der wirtschaftliche Fortschritt zu einer völligen sozialen Spaltung führt – es sei denn, man erteilte der Industrialisierung eine Absage. Wenn die Konzentration auf ihn an jene erinnert, die sich vorher auf das Vagabundentum richtete – den Teil für das Ganze, also eine gesonderte Bevölkerungsgruppe als den Kristallisationskern der Gesamtheit der sozialen Frage zu nehmen –, dann erscheint das Problem nun doch um einiges gewichtiger. Der Vagabund war ein Herumtreiber, der an der Peripherie des sozialen Raums blieb, und sein Drama bestand darin, daß er sich außerhalb der produktiven Ordnung bewegte. Mit dem Pauperismus kommt die Gefahr einer massenhaften Entkoppelung ans Tageslicht, die sogar im Zentrum des Produktionsprozesses des Reichtums verankert ist.

Vielleicht war der Pauperismus ein Phantasma. Ein solches Trugbild trug aber eine tiefe historische, gesellschaftliche und anthropologische Wahrheit in sich. Gewiß kann man über die Zahl der Industrialisierungsopfer diskutieren oder ihr Unglück mit Hilfe von Statistiken über die Lohnentwicklung zu relativieren versuchen. Das ist unerläßlich. Der Streit über Zahlen vermittelt jedoch nur in ungenügendem Maße die Streitpunkte und Dramen einer Epoche. Zusätzlich zu den gelehrten Diskursen, denen ich hier breiten Raum eingeräumt habe, werde ich mich, nach Hugo und Dickens, nochmals auf einen Dichter berufen, der ein ebenso bedeutender Politiker gewesen ist. Alphonse de Lamartine entwirft ein Gemälde der modernen Entkoppelung, welches man als allzu »lyrisch« abzutun versucht ist, das aber die Veranschaulichungskraft einer Filmsequenz von Abel Gance hat. Wie in einem umgekehrten napoleonischen Epos inszeniert sein Vortrag vor der Deputiertenkammer über das Arbeitsrecht vom 14. Dezember 1844

40 R. Owen, zit. nach K. Polanyi, *The Great Transformation, op. cit.*, S. 179 f.

»die Heere von Arbeitern, deren Arbeit ebenso immens ist wie das Kapital, das sie beschäftigt, so glücklich wie die Spekulation, die sie befiehlt, so beweglich wie die Mode, die sie konsumiert, und die nichts von der Stetigkeit der Heimwirtschaft an sich hat. Die großen Fabriken an der Loire, der Rhone, im Elaß, in den Vogesen und im Norden rekrutieren oder reihen eine Masse von 6 oder 700.000 Familien bei sich ein, Werkzeuge der seide-, tuch-, karton- oder eisenverarbeitenden Großindustrie; ein Volk, hervorgegangen aus dem Volk, eine Nation in der Nation, eine landlose Rasse, deren einziges Kapital ihre Arme sind, deren Land ein Beruf, deren Heim ein gemietetes Dach, deren Vaterland eine Werkstatt, deren Leben ein Lohn ist. Sie sind eine unstet herumtreibende Kaste, deren Rahmen zerbrochen sind, die nur noch eine einzige Sache kann, und die sich, wenn ihre besondere Arbeit und ihr Proviant gerade ausgeblieben sind, über die Nation in Form von Zusammenrottungen, Aufständen, Vagabundentum, Lastern, Lepra und Elend ergießt. Diese nennt man eigentlich Proletarier, eine Rasse, deren Los darin besteht, den Boden zu bevölkern, eine Art Sklaven der Industrie, die unter dem strengsten aller Herrn, dem Hunger, dienen.«[41]

Unter diesen »Übertreibungen« verdient ein Paradoxon noch heute unsere Aufmerksamkeit: Der Wille, einen Produktionsapparat zu errichten, grenzt gerade die praktisch aus, die sich im Brennpunkt der Modernisierungsdynamik befinden. Die Aktualität der Pauperismus-Frage besteht nicht allein darin, daß sich im 19. Jahrhundert wie heute eine »Pauperisierung« bestimmter gesellschaftlicher Kategorien ausmachen läßt. Sie lädt viel mehr dazu ein, über die Beziehungen zwischen der sich vollziehenden Neuordnung des Systems der Arbeit und einer massenhaften Entsozialisierung nachzudenken. Der Pauperismus ist ein Drama, das den Bumerang-Effekt illustriert, durch den das, was scheinbar an den Rändern einer Gesellschaft passiert, deren gesamtes Gleichgewicht ins Wanken bringt.

Die Wiederkehr der Vormundschaft

Was ist angesichts dieser Schutzlosigkeit der Lohnarbeiter zu tun? Was ebenso angesichts anderer Formen der Armut und anderer Risiken gesellschaftlicher Spaltung wie dem Anstieg der Rate illegitimer Geburten, der Zahl von ausgesetzten Kindern und Kindstötungen?[42] Villeneuve-Bargemont zufolge zählt Frankreich im Jahr 1834 198.000 beim Zensus erfaßte Bettler und 1.600.000 Arme[43], Zahlen, die den Ernst der Lage unterschätzen, da nicht alle Bedürftigen erfaßt werden. So gebe es in Lille, immer noch nach den Angaben Villeneuve-Bargemonts, 22.000 Personen auf 70.000 Bewohner, die nicht selbst für ihren Unterhalt aufkommen können. Für Paris schätzt ein Bericht des Präfekten des Departements Seine 1836 den Anteil der Armen auf einen von 12 Bewohnern. Buret bestreitet diese Zahl und führt ausgehend

41 A. de Lamartine, *La France parlementaire, Œuvres oratoires et écrits politiques*, t. IV, S. 109, zit. nach L.-F. Dreyfus, *L'assistance sous la Troisième République*, Paris, 1907.
42 Vgl. P. Strauss, *Assistance sociale. Pauvres et mendiants*, Paris, 1901.
43 A. de Villeneuve-Bargemont, *Traité d'économie politique chrétienne, op. cit.*, S. 255 f.

von der Sterblichkeit in den Spitälern komplizierte Berechnungen durch, um schließlich zu einem Verhältnis von einem Armen auf 4,2 Bewohnern für Paris und von einem Armen auf 9 Personen für den Rest des Landes zu kommen.[44] All diese Schätzungen lassen sich bestreiten, dennoch schließt Louis Chevalier, der sie seinerseits diskutiert:

> »*Zusammengenommen ein ungeheuerliches und dauerhaftes Elend: Es verschlimmert sich in den ärgsten Krisenmomenten und treibt mehr als die Hälfte der Pariser Bevölkerung, also praktisch die Gesamtheit der Arbeiterschaft in den Hunger, die Krankheit, den Tod. Doch wütet es auch in normalen Zeiten und fällt niemals weit unter ein Viertel der Gesamtbevölkerung, also einen großen Teil der Arbeiter.*«[45]

Angesichts einer solchen Situation kommen einem die in der ersten Hälfte des 19. Jahrhunderts vorgebrachten Antworten auf den ersten Blick lächerlich vor. Die anspruchsvollen Programme der revolutionären Versammlungen sind leere Worte geblieben. Stattdessen sind die alten Strukturen der konfessionellen Armenfürsorge wiedergekehrt und nehmen beinahe die gleiche Stellung ein, die sie schon vor der Revolution innehatten: Im Jahr 1848 führen 25.000 Ordensleute 1.800 wohltätige Einrichtungen (1789 waren es 25.000). Was neben dieser althergebrachten Organisation der Wohltätigkeit für den öffentlichen Dienst steht, sind zwei Säulen: Das der Kontrolle durch die Gemeinden unterstellte Spital- und Hospizwesen mit seinem hochkomplexen Verwaltungsapparat richtet sich vor allem an die arbeitsunfähigen Armen.[46] Es ist schlecht organisiert und altertümlich: Noch 1869 stammen von den 1.557 Spitälern 1.224 aus dem Ancien Regime. Die zweite Säule bilden die 1796 geschaffenen Wohlfahrtsbüros. Im Prinzip den Präfekten unterstellt, sind sie in Wirklichkeit kommunale Einrichtungen, deren Finanzierung unsicher ist (Steuern von 10 % auf Schauspielaufführungen und vor allem Spenden von Privatleuten). Eine Untersuchung von 1871 zeigt, daß sie nur in 13.367 der 35.389 französischen Kommunen existieren, und das mit enormen Unterschieden je nach örtlicher Situation.[47] Wir erinnern ebenfalls an das Vorhandensein von ca. zehn Spezialeinrichtungen, einer Art Institute für Stumme, Blinde und Taube, sodann die Waisenhäuser und die Irrenhäuser (seit dem Gesetz von 1838 im Prinzip eines pro Departement). Das also ist die Summe der öffentlichen Versorgung in Armutssituationen. Diese Fürsorge bleibt mit gerade zwei Ausnahmen (den Irren und den Findelkindern) fakultativ und der Verantwortung der örtlichen Behörden (der Kommunen) unterstellt. Eine derartige Organisationsweise findet noch während des gesamten 19. Jahrhunderts ihre Fürsprecher. Im *Nouveau Dictionnaire d'économie politique* von Léon Say und Joseph Chailley (1892) fügt Émile Chevalier, nachdem er die Komplementarität des Spitalwesens und der Wohltätigkeitsbüros betont und die Lücken in ihrer Funktionsweise

44 E. Buret, *Misère des classes laborieuses..., op. cit.*

45 Louis Chevalier, *Classes laborieuses et classes dangereuses..., op. cit.*, S. 585.

46 Vgl. für eine umfassende Darstellung des Spital- und Hospizwesens J. Imbert, *Le droit hospitalier de la Révolution et de l'Empire*, Paris, 1954.

47 Eine Besprechung dieser Untersuchung von Watreville in: P. Leroy-Beaulieu, *L'État moderne et ses fonctions*, Paris, 1890, S. 304–305.

eingestanden hat, dennoch hinzu: »Diese Organisation wäre vollkommen, wenn sie nur allgemein wäre.«[48]

Extreme Armseligkeit des öffentlichen oder halb-öffentlichen Unterstützungswesens also, ein absoluter Kontrast zum Umfang der »gesetzlichen Liebestätigkeit«, wie sie in England existiert. Das System ist weit davon entfernt, eine ausreichende Versorgung in Situationen gesellschaftlicher Armut zu gewährleisten. Hinzufügen muß man offenkundig noch das Wirrwarr von privat-konfessioneller Fürsorge und kirchlichen Institutionen und Werken. Es kommt aber auch eine neuartige Konzeption der Mobilisierung gesellschaftlicher Eliten auf, die gegenüber den Unglücklichen vormundschaftliche Gewalt einsetzen und wohltätige Aufgaben wahrnehmen sollen, durch die sich staatliche Eingriffe erübrigen. Das der Entwicklung der »gesetzlichen Liebestätigkeit« in Frankreich entgegengehaltene praktische Verbot führt im Gegenzug zu komplexen Strategien, denen die Suche nach nicht-staatlichen Antworten auf die soziale Frage zugrundeliegt.

Der erste Verfechter dieser bis zum Ende des 19. Jahrhunderts dominierenden Orientierung ist sicher das Konventsmitglied Delecroy. Er hat unmittelbar nach dem Thermidor die Aussetzung des Gesetzes vom 23. Messidor des Jahres II über den Verkauf der Spitalgüter erreicht. Während des Direktoriums läßt er es endgültig aufheben und schlägt bei dieser Gelegenheit einen allgemeinen Plan zur Reorganisation des Unterstützungswesens vor. Ein kurzer, aber dichter Text, der schon alles Wesentliche der liberalen Thematik auf sozialem Gebiet enthält.[49]

Der Plan beginnt mit einer Verurteilung der »tiefen Spur übertriebener Philanthropie, in der wir uns seit der konstituierenden Versammlung festgefahren haben«, gemeint ist also die Durchsetzung des Rechts auf Fürsorge, Ausdruck einer »Nivellierungs- und Verallgemeinerungsmanie bei der Verteilung von Unterstützungen«.[50] Es tritt also die »unantastbare und heilige Schuld« der Nation gegenüber ihren bedürftigen Bürgern von der Bühne ab. Abgesehen davon, daß diese Verirrung unter finanziellen Gesichtspunkten gesehen kostspielig ist, widerspricht sie den Grundsätzen der liberalen Vorstellung von staatlichem Eingreifen. »Die Regierung ist niemandem gegenüber etwas schuldig, der ihr nicht dient. Ein Anrecht hat der Arme einzig auf das allgemeine Mitleid.«[51] In der Tat, eine Grundsatzposition, die fortan von den liberalen Denkern unablässig als ein unumgänglicher Prellbock gegen den Staatsinterventionismus im Unterstützungsbereich verkündet wird. Adolphe Thiers sagt in seinem berühmten Bericht von 1851 über die Fürsorge und dieVorsorge nichts anderes:

48 Émile Chevalier, Artikel »Assistance«, in: L. Say, J. Chailley, *Nouveau Dictionnaire d'économie politique, op. cit.*, Bd. I, S. 76. Man findet in den vier umfangreichen Bänden des Baron de Gérando, *Traité de la bienfaisance publique*, Paris, 1839, eine detaillierte Darstellung aller Institutionen, die sich der »Wohltätigkeit« zurechnen lassen. Dem sind die auf Betreiben Napoleons wiedereröffneten Gefängnisse und die *dépôts de mendicité* hinzuzufügen. Dieser ordnet in einer Note an seinen Innenminister vom 15. November 1807 an: »Frankreich soll bei Beginn der schönen Jahreszeit das Schauspiel eines Landes ohne Bettler aufführen« (zit. nach L. Rivière, »Un siècle de lutte contre le vagabondage«, *Revue parlementaire*, Mai 1899, S. 5). In der Folge bestimmt ein Dekret vom 5. Juli 1808 zur »Ausmerzung der Bettelei« die Schaffung eines *dépôt de mendicité* je Departement. Wohlgemerkt wird diese Maßnahme gegenüber dem Vagabundentum wie alle vorausgegangenen auf einen Fehlschlag hinauslaufen.

49 J.-B. Delecroy, *Rapport sur l'organisation des secours publics*, Nationalkonvent, Sitzung vom 12. Vendémiaire des Jahres V.

50 *Ebd.*, S. 2.

51 *Ebd.*, S. 4.

»Es kommt darauf an, daß diese Tugend [die Wohltätigkeit], wenn sie von einer individuellen zu einer kollektiven, von einer privaten zur öffentlichen wird, den ihr eigenen Charakter als Tugend nicht verliert, das heißt, daß sie freiwillig, spontan, letztendlich in ihrem Tun und Lassen frei bleibt, denn andernfalls hörte sie auf, eine Tugend zu sein, und würde zu einem Zwang, sogar zu einem verhängnisvollen Zwang. Wenn freilich eine ganze Klasse, statt zu empfangen, Forderungen stellen könnte, dann geriete sie in die Rolle eines Bettlers mit gezogener Pistole in der Hand. Man würde den gefährlichsten Gewalttaten Vorschub leisten.«[52]

Trotzdem ist diese Position viel komplexer als es auf den ersten Blick scheint. Delecroy fährt seinerseits fort: »Machen wir es uns doch zum Grundsatz, daß sich die Regierung nicht allein mit dem Unterhalt des Armen befassen kann; sie soll jedoch, indem sie ihn dem Schutz des allgemeinen Mitleids und der Vormundschaft wohlhabender Leute unterstellt, das Beispiel für eine in ihren Mitteln begrenzte Wohltätigkeit geben.«[53] Deshalb sind selbst innerhalb des durch die Verweigerungshaltung gegenüber der Entwicklung einer öffentlichen Politik vorgegebenen Rahmens »wohltätige« Praktiken nicht ausgeschlossen, ja im Gegenteil sogar empfohlen, selbst wenn sie von Seiten der Regierung kommen. Welcher Status kann ihnen zukommen? François Ewald hat nachdrücklich auf den Umstand hingewiesen, daß die hartnäckige Gegnerschaft der Liberalen gegenüber der Verrechtlichung von Unterstützungsleistungen das Eintreten für einen anderen Typ der Regulierung sozialer Probleme zum Gegenstück hatte.[54] Das Recht dient als Garant für Beziehungen der Gegenseitigkeit zwischen verantwortlichen und gleichen Individuen beim Tausch, den der Vertrag sanktioniert. Dagegen vollziehen sich Fürsorgepraktiken im Rahmen eines ungleichen Tauschs. Der Bedürftige bittet und kann keine entsprechende Gegenleistung geben für das, was er erhält. Die Beziehung zu seinem Wohltäter liegt *unterhalb der Sphäre des Rechts*. Auf diesen Gebieten Gesetze zu erlassen, bedeutete über die Organisation der bürgerlichen Gesellschaft hinweg Partei zu ergreifen, bzw. im zeitgenössischen Duktus, »in den Bereich des Sittlichen hinein Gesetze zu erlassen«. Das käme dem Versuch gleich, aus der Gesamtheit der gesellschaftlichen Beziehungen ein System sanktionierbarer Verpflichtungen zu machen, was eine recht treffende Definition des Totalitarismus *avant la lettre* darstellt. Portalis sagt dies beinahe explizit während der vorbereitenden Diskussionen zur Ausarbeitung des *Code civil* und des *Code pénal*: »Die Gesetze vermögen nichts ohne die Sitten. Aber nicht alles, was in den Bereich der Sitten fällt, kann gesetzlich geregelt werden. Ein Gesetzgeber, der in sein Gesetzbuch all das aufnehmen möchte, was dem Bereich der Moral angehört, müßte denen, die seine Vorschriften ausführen, eine allzu willkürliche Macht verleihen; er würde im Glauben, die Tugend zu schützen, lediglich den Grundstein zur Tyrannei legen.«[55] Und an anderer Stelle schlägt Portalis diese gewagte Formel vor: »Man regiert schlecht, wenn man zuviel regiert.«[56]

52 A. Thiers, *Rapport au nom de la Commission de l'assistance et de la prévoyance publique*, Sitzung vom 26. Januar 1850, S. 11.
53 J.-B. Delecroy, *op. cit.*, S. 3.
54 F. Ewald, *Der Vorsorgestaat*, Frankfurt, Suhrkamp, 1993, Kapitel I, »Verantwortlichkeit, Haftung«.
55 J. E. M. Portalis, *Discours et rapports inédits sur le Code civil*, Paris, 1844, S. 83, zit. nach Ewald, *op. cit.*, S. 74.
56 *Ebd.*, S. 496, Fn. 20.

Daß die Sphäre des Rechts so strikt eingegrenzt sein muß, bedeutet freilich nicht, daß der Rest des gesellschaftlichen Lebens einfach der Erfindungsgabe oder Willkür überlassen bleiben könnte. Er kann einer Art von Verpflichtungen unterstehen, die genauso streng, jedoch ganz anderer Natur sind: *den moralischen Verpflichtungen*. Die Moral beschränkt sich nicht allein auf den Privatbereich. Es gibt ebenso auch eine *öffentliche Moral*, Verpflichtungen also, die bestimmte soziale Beziehungen ohne rechtliche Sanktion regeln. Das aussichtslose Unterfangen des Liberalismus wird in dem Versuch bestehen, eine komplette Sozialpolitik in diesem ethischen und nicht politischen Raum unterzubringen. Die Moral ist, wie Kant betont, die Synthese aus Freiheit und Verpflichtung. Die Sphäre der moralischen Schuld ist weit, sie deckt die privaten Beziehungen, bestimmte Beziehungen zwischen Gleichen, die innerfamiliären Beziehungen ab usw. Sie enthält aber auch einen besonderen Sektor, *die Beziehungen zu Niedrigerstehenden* und besonders zu den »niederen Klassen«, also die Gesamtheit des »Sozial«-Sektors. Diese Schuld ist eine Verpflichtung zum Schutz und sie kommt über die Wohltätigkeit, jene sittliche Tugend mit öffentlichem Nutzen, zur Ausübung. »Die Wohltätigkeit ist eine Art Vormundschaft«, sagt Duchâtel.[57] Die Angehörigen der niederen Klassen sind wie die Kinder Unmündige, denen die Fähigkeit der Selbstführung mangelt. Deshalb »muß man zwischen der aufgeklärten Klasse und der, der es an Aufklärung gebricht, zwischen den guten Menschen und denen, deren Moral nicht vollkommen ist, Verhältnisse der Obhut begründen, welche in tausenderlei Formen den Charakter einer wohlwollenden und bereitwilligen Patronage annehmen soll.«[58] Es bedarf einer moralischen Politik, bzw. was auf dasselbe hinausläuft: eine Sozialpolitik, insoweit sie sich auf Gruppen richtet, die im Stande von Unmündigen sind, ist notwendigerweise moralischer Natur. Die Analogie von einfachem Volk und Kind fungiert als Leitmotiv all jener, die sich mit dem Schicksal der unteren Klassen befassen: »Der Arbeiter ist ein robustes, aber unwissendes Kind, das um so mehr der Leitung und des Rats bedarf, je schwieriger seine Stellung ist.«[59] Die einzige positive Führungsweise ihm gegenüber besteht also in der Ausübung einer moralischen Vormundschaft. Dazu Gérando: »Die Armut steht zum Reichtum wie die Kindheit zum reifen Alter.«[60] Daher

> *»steht es in unseren Augen also überhaupt nicht zur Debatte, sich ein allgemeines System industrieller Organisation vorzustellen wie es gewisse Leute fordern, also eine staatliche Planung. [...] Wir haben mehr Vertrauen in Maßnahmen, welche zum Ziel haben, die Aufklärung zu verbreiten, Arbeit durch Anleitung zu ermutigen, freundschaftliche Beziehungen zwischen Kapitalisten, Konsumenten und Produzenten zu schaffen, der Ohnmacht der Schwachen durch eine wohlwollende Patronage abzuhelfen.«*[61]

57 M. T. Duchâtel, *De la charité dans ses rapports avec l'état moral et le bien-être des classes inférieures*, Paris, 1829, S. 29.
58 Baron de Gérando, *Le visiteur du pauvre*, Paris, 1820, S. 9.
59 P. Rossi, *Discours sur la liberté de l'enseignement secondaire*, Paris, 1844, zit. nach E. Labrousse, *Le mouvement ouvrier et les théories sociales en France de 1815 à 1848, op. cit.*, S. 129.
60 Baron de Gérando, *Traité de la bienfaisance publique, op. cit.*, Bd. IV, S. 611.
61 *Ebd.*, Bd. III, S. 288–290.

Vormundschaft, Patronage, »Befähigung« (Guizot) oder »soziale Autorität« (Le Play): Schlüsselbegriffe eines Programms zur Regierung der niederen Klassen. Eine zugleich *politische wie nicht-staatliche* Antwort auf die soziale Frage wird denkbar, wenn ausgehend von diesen Begriffen die Instrumentalisierung einer Ordnung von Beziehungen möglich ist, die stark genug sind, um jenes Risiko der Spaltung zu bannen, das der Gesellschaft zu Beginn des 19. Jahrhunderts so sehr zusetzt.

Die tiefe Furcht vor der gesellschaftlichen Spaltung beschäftigt alle Köpfe der nachrevolutionären Zeit. Man teilt allgemein die Einschätzung, wonach die Revolution gewissermaßen zu gut gelungen ist und durch die Abschaffung aller intermediären Körperschaften eine gefährliche Leere zwischen dem Staat und den atomisierten Individuen geschaffen hat.[62]

Die Revolution zu beenden, indem man die gerissenen sozialen Bande neu knüpft, darin besteht also die brennende Frage des beginnenden 19. Jahrhunderts. Napoleon, den man normalerweise nicht gerade in Gesellschaft von Saint-Simon, Madame de Staël, Benjamin Constant, Rémusat, Royer-Collard, August Comtes usw. erwartet, bringt dies schon zum Ausdruck: »Es gibt eine Regierung, staatliche Gewalten, doch der ganze Rest der Nation, was ist das? Sandkörner. Wir sind verstreut, ohne Ordnung, ohne Anschluß, ohne Beziehung.« Und in seiner energischen Redeweise fügt er hinzu: »Man muß einige Granitblöcke auf den Boden Frankreichs werfen.«[63] Auf seine Art macht er sich denn auch daran: die Bemühungen um die Schaffung eines Reichsadels, um die Gründung einer neuen Notablenschaft in Form der Ehrenlegion[64] und jene etwas besser gelungene Schaffung eines soliden Verwaltungsapparats sind genau solche Versuche, eine Brücke zu schlagen zwischen »der Regierung« und dem, was noch an Lebendigem in der bürgerlichen Gesellschaft existiert oder wiedererweckt werden muß. Doch der napoleonische Umbau beruht im wesentlichen auf einem Verwaltungszentralismus, der von oben herab auf den konkreten Beziehungen zwischen den Individuen lastet. Obendrein sollte der Zusammenbruch des Kaiserreichs das Durcheinander noch vergrößern. Royer-Collard resümiert daher die allgemeine Stimmung während der Restaurationsphase folgendermaßen: »Die Revolution hat nur Individuen übriggelassen; die Diktatur, die sie beendet hat, hat ihr Werk in dieser Hinsicht nur vollendet.«[65]

Es wurden anders gesagt die früheren Bevormundungen gebrochen, was die Schreckensherrschaft und den politischen Despotismus möglich gemacht hat und nun in einem generalisierten Zustand gesellschaftlicher Instabilität fortwirkt.[66] Lehnt

62 Vgl. P. Rosanvallon, *Le moment Guizot*, Paris, Gallimard, 1986. Vgl. auch ders., *Le sacre du citoyen, Histoire du suffrage en France*, Paris, Gallimard, 1993, 2. Teil, 1. Kapitel, »L'ordre capacitaire«. Wie die Zeitgenossen diese Situation erlebten, wird untersucht in: H. Gouhier, *La jeunesse d'Auguste Comte et la formation du positivisme*, 2 Bde., Paris, 1993.

63 Zit. nach P. Léon, *Histoire économique et sociale de la France*, Bd. III, S. 113.

64 Gegen Ende des Kaiserreichs gibt es 32.000 Ehrenlegionäre, darunter jedoch nur 1.500 Zivilpersonen (P. Léon, *ebd.*, S. 125).

65 P.-P. Royer-Collard, in: Barande, *La vie politique de M. Royer-Collard, ses discours, ses écrits*, Paris, 1851, Bd. II, S. 131, zit. nach P. Rosamvallon, *Le moment Guizot, op. cit.*, S. 62.

66 Hinsichtlich der gesellschaftlichen Realität zu Anfang des 19. Jahrhunderts fallen diese Analysen gewiß einseitig aus. So lassen sie die Familienstruktur außen vor, deren hierarchische Funktionsweise keineswegs abgeschafft wurde: Die Familie übt weiterhin eine stark bevormundenden Einfluß auf ihre Glieder aus. Ebenso bleiben die sozialen Beziehungen vor allem auf dem Land von traditionellen Abhängigkeiten geprägt. Unabhängig von der politischen Restauration erlebt das »Schloßleben« mit all dem, was es an lästigen Zwängen mit sich bringt, in der ersten Hälfte des 19. Jahrhunderts auf dem Land eine Renaissance. Doch diese Feststellungen ändern nichts an der Tatsache, daß die Probleme der nachrevolutionären Zeit ihren Niederschlag in den Repräsentationen größtenteils vermittelt über das Schema der gesellschaftlichen Spaltung erfuhren.

man die buchstäblich reaktionäre Option der Wiederherstellung der ehemaligen Untertänigkeit als solche ab, dann müssen in einem vom Vertrag beherrschten Universum neue Regulierungsformen geschaffen werden, die mit der Freiheit vereinbar sind, dabei aber gleichzeitig die Abhängigkeitsbeziehungen aufrechterhalten, ohne die eine gesellschaftliche Ordnung nicht möglich ist. Pierre Rosanvallon zeigt auf überzeugende Weise, daß die von Guizot entworfene Theorie der »Befähigungen« oder »Kapazitäten« die Antwort auf eine solche Problematik innerhalb der *politischen* Sphäre darstellt. Sie begründet die Legitimität des Zensuswahlrechts, eines repräsentativen Systems also, das sich vor der Macht der Zahl, den Exzessen standesloser Menschen zu schützen sucht. Doch besitzt diese Lösung ihre Relevanz auch über den eng politischen Rahmen hinaus. Sie entspricht dem Willen zur Wiederherstellung einer *gesellschaftlichen Ordnung*. Guizot spricht das aus, was in verschiedenerlei Hinsicht wesentlich ist: »Die empfundene und akzeptierte Überlegenheit ist das ursprüngliche und legitime Band der menschlichen Gesellschaften; sie ist eine Tatsache und zugleich ein Recht; sie ist der wahrhaftige, der einzige Gesellschaftsvertrag.«[67]

Entgegen der Rousseauschen Konzeption des von souveränen Individuen eingegangenen freien Vertrags, ist der *wahrhaftige Gesellschaftsvertrag ein Vormundschaftsvertrag*. Es gab die traditionellen Bevormundungen wie das Feudalverhältnis oder die von der früheren Organisation der Arbeit geregelte Arbeit. Im Namen der gegen die Willkür und den Absolutismus errungenen Freiheit steht ihre Wiederherstellung als solche gar nicht zur Debatte. Es kann aber auch von dem Moment an *neue Bevormundungen* geben, wo es zwischen den Gesellschaftssubjekten – zwischen dem Reichen und dem Armen, dem Gebildeten und dem Ungebildeten, dem Arzt und dem Irren, dem Zivilisierten und dem Eingeborenen – zu einem Niveauunterschied kommt, der das Eingehen eines gegenseitigen Tauschvertrags untersagt. Diese Bevormundungen können vorübergehend oder endgültig sein, je nach dem, ob das ungleiche Verhältnis übergangsweise oder von Dauer ist. Es zeigen sich in ihnen nicht mehr die Irrationalitäten archaischer Erbschaften aus der Zeit, als die Gesellschaft nach den Prinzipien der Despotie regiert wurde und in Unwissenheit vor sich hin dämmerte. Sie sind der Ausdruck der Legitimität des Wissens, der auf Kompetenz beruhenden Autorität, kurzum, sie stellen die am besten gerechtfertigte Ausübung der Vernunft dar in einer historischen Situation, in der nicht jeder vernünftig ist.[68] Es geht darum, sagt Guizot, auf politischer Ebene – doch man kann seine Formulierung ausweiten, um daraus den Entwurf einer allgemeinen Regierungsweise zu machen – »aus der Gesellschaft all das zu ziehen, was an Vernünftigem, an Gerechtig-

67 F. Guizot, *Des moyens de gouvernement et d'opposition dans l'état actuel de la France*, Paris, 1821, S. 164, zit. nach P. Rosanvallon, *Le moment Guizot, op. cit.*, S. 109.

68 Ich habe andernorts gezeigt, daß die therapeutische Beziehung im Rahmen des Irrenwesens auf einer Bevormundung gleichen Typs beruhte (Vgl. *Die psychiatrische Ordnung, op. cit.*, 1. Kapitel). Die moralische Behandlung setzt ein Verhältnis der Ungleichheit zwischen dem die Vernunft repräsentierenden Arzt und dem des Gebrauchs seiner Fähigkeiten beraubten Kranken voraus. Diese Bevormundung ist jedoch eine gelehrte Bevormundung, die prinzipiell auf dem psychiatrischen Wissen beruht und von der ärztlichen Deontologie kontrolliert wird, deren Ziel in der Heilung des Irren besteht. Diese Beziehung bildet einen schroffen Gegensatz zu den alten, auf Gewaltanwendung und Willkür beruhenden Bevormundungen. Im besten Fall ist sie zudem provisorisch, da die Heilung die Gleichheit zwischen den beiden Personen wiederherstellen soll. Darin läßt sich die elaborierteste und durch das Wissen bestens sublimierte Form dieses neuen Bevormundungsverhältnis sehen, das die Beziehungen zwischen Höherstehenden bzw. Überlegenen und Untergebenen bzw. Unterlegenen das gesamte 19. Jahrhundert über beherrschen wird.

keit, Wahrheit in ihr steckt, um es zur Regierung dieser Gesellschaft in Anwendung zu bringen.«[69]

So wird letztlich all das verworfen, was ohne jeden Zweifel das Gesellschaftsideal der Revolutionäre, jedenfalls der Montagnards, ausgemacht hatte und was so klar in der Formulierung Barères zum Ausdruck kam, daß sie sich als Kontrapunkt gegen diejenige Guizots setzen läßt: »Alles, was eine Abhängigkeit von Mensch zu Mensch bewirken kann, muß in einer Republik verboten sein.«[70] Von nun an gibt es wieder Abhängigkeiten von Mensch zu Mensch, die legitim sind. Es müssen sogar dringend neue geschaffen und fest im Gesellschaftsgewebe verankert werden.[71]

Es ist hier nicht von Bedeutung, daß die Art und Weise, die man gewählt hat, um »all die verstreut in der Gesellschaft vorhandene Vernunft« zu sammeln und zu konzentrieren, tatsächlich dazu führte, daß die politische Macht in die Hand einer kleinen Oligarchie von Eigentümern fiel. Ist es aber möglich, Kriterien für »Befähigung« aufzustellen, die nicht vom Geld erdrückt werden? Guizot scheint von einer Abgeordnetenkammer überrollt worden zu sein, die noch konservativer war als er. Abgesehen von dieser Reduzierung von Verdienst an der Gesellschaft auf Geld, muß das allgemeine Modell einer »Regierung der Besten«[72], Grundlage einer neuen Autorität, unsere Aufmerksamkeit auf sich ziehen, da sie sich noch in vielerlei Bereichen entwickeln sollte.

Der Beitrag Guizots wurde hier nicht nur deshalb angeführt, weil er der Mann ist, der die französische Politik und Gesellschaft von der Restaurationszeit bis zum Jahr 1848 grundlegend geprägt hat. Er ist auch eine der für die liberale Sicht der sozialen Frage repräsentativsten Persönlichkeiten gewesen. Als eine Schlüsselfigur der liberalen Opposition während der Restauration wird er zu einem aktiven Vorkämpfer derjenigen Bewegung, die sich selbst als »philanthropische« bezeichnet und deren Ziel in der Ausbreitung der Wohltätigkeit auf die »unteren Gesellschaftsklassen« besteht. Im

69 F. Guizot, *Les origines du gouvernement représentatif*, Bd. I, S. 98, zit. nach P. Rosanvallon, *Le moment Guizot, op. cit.*, S. 93.

70 Barère de Vieuzac, »Rapport sur les moyens d'extirper la mendicité et sur les secours que doit apporter la République aux citoyens indigents«, 24. Floréal des Jahres II, *loc. cit.*, S. 55.

71 Auf diese Weise läßt sich jenes folgenschwere Paradox verstehen: Die Errichtung der liberalen Gesellschaft fällt mit der Reaktivierung der Strukturen von totalen Institutionen, dem *dépôt de mendicité*, dem Gefängnis, dem Irrenhaus oder in England der *workhouses* zusammen. Die Wiederkehr der Einsperrung in modernisierten und durch Reparatur- oder Heilungsideologien gerechtfertigten Formen ist die für die widerspenstigsten oder am stärksten entsozialisierten Gesellschaftsgruppen angemessene »Lösung«, ob es sich nun um Arbeitsscheue, Kriminelle (M. Foucault, *Überwachen und Strafen*, Frankfurt, Suhrkamp, 1977) oder Verrückte (vgl. *Die psychiatrische Ordnung, op. cit.*, 1. Kapitel) handelt. Allerdings sind neue Strategien zu erfinden, die dann schwieriger auf Kategorien anzuwenden sind, die *in vivo* moralisiert werden müssen. Das Problem besitzt auch ein gänzlich anderes Ausmaß, weil es die Gesamtheit der »niederen Klassen« betrifft, die nicht mehr von den traditionellen Regulationen erfaßt werden, also einen bedeutenden Teil der neuen industriellen Bevölkerungsgruppen.

72 Bekanntlich ist dies die Übersetzung des Wortes »Aristokratie«, man kann jedoch hinzufügen, daß die Aristokratie die Repräsentantin der traditionellen Bevormundungen war bzw. wurde, und ihre geschichtliche Rolle deshalb in den Augen der Liberalen überholt war. Eine der ersten, wenn nicht die erste Erwähnung des Ausdrucks »Regierung der Besten« im nachrevolutionären Kontext stammt von Boissy d'Anglas aus dem Jahr 1795. »Wir müssen von den Besten regiert werden: Die Besten sind die Gebildetsten und die am meisten an der Aufrechterhaltung der Gesetze interessierten; nun, mit nur ganz wenigen Ausnahmen finden sie solche Männer einzig unter denen, die Eigentum besitzen und dem Land verbunden sind, in dem es sich findet« (»Discours préliminaire au projet de Constitution pour la République française«, *le Moniteur universel*, Bd. XXV, 29. Juni 1795, S. 92). Doch die Notwendigkeit, eine kompetente Elite nach der Abschaffung der auf dem Herkommen begründeten Privilegien zu formieren, bildet den Kern aller von Sieyès ab 1789 mit der Unterscheidung zwischen »aktiven« und »passiven Staatsbürgern« angestoßenen Debatten. Vgl. O. Lecour-Grandmaison, *les Citoyennetés en révolution, 1789–1794, op. cit.*

Jahr 1821 wird er eines der Gründungsmitglieder der *Société de morale chrétienne*, 1826 ihr Vizepräsident, 1828 schließlich der Präsident. Diese Gesellschaft stellt zur damaligen Zeit die bedeutendste *Pressure-group* dar, in der die mit sozialen Problemen befaßte Intelligenz versammelt ist. Man gibt sich »christlich«, wenngleich nicht unbedingt katholisch im Sinne der auf die Kongregationen bauenden Politik der Kirche, die der traditionellen »charité« treu bleibt. Die *Société de morale chrétienne* vereinigt zahlreiche Protestanten, die über die Risiken gesellschaftlicher Spaltung im Zuge der fortschreitenden Industrialisierung beunruhigt sind, sowie Bankiers und Industrielle, Schüler Sismondis, die eine »soziale Ökonomie« entwickeln wollen, um die inhumansten Auswirkungen der Wirtschaftsentwicklung auszugleichen, aufgeklärte Katholiken wie Villeneuve-Bargemont, den sein früheres Amt als Präfekt in Nordfrankreich für das Elend der Arbeiter sensibilisiert hat, liberale Aristokraten wie den aus Amerika zurückgekehrten Herzog de la Rochefoucauld-Liancourt, der nach der Verurteilung Ludwigs XVI. dorthin ins Exil gegangen war.[73] Hier finden wir diese »ehrenwerten Menschen«, die der Baron de Gerando auffordert, dem Volk Sitten beizubringen. Ihre philanthropischen Aktivitäten verkörpern den sozialen Aspekt einer auf den »Befähigungen« beruhenden Regierungsweise, welche Guizot auf politischer Ebene instrumentalisiert hat. Sie wird noch bis zur Dritten Republik praktisch vorherrschend bleiben, auf sozialer Ebene allerdings offener als auf politischer.

Über die Aktivitäten der *Société de morale chrétienne* hinaus, welche besonders der Restauration und den Anfängen der Julimonarchie ihren Stempel aufdrückten, wirkt diese Haltung während des gesamten 19. Jahrhunderts fort, wobei sie sich unter Ausbildung vielfältiger Schattierungen den veränderten Umständen anpaßt. Die Strömungen, aus denen sie sich zusammensetzt, sind nur schwer auf einen Nenner zu bringen. »Philanthropen« sind sie ohne Zweifel, doch beginnt das Wort schon vor den fünfziger Jahren des 19. Jahrhunderts zu veralten. »Christlich-sozial« sind zwar viele, der Ausdruck ist freilich uneindeutig, faßt er doch ganz unterschiedliche Gefühlslagen zusammen, von Frédéric Ozanam, der bis 1848 für demokratische Positionen eintritt[74], bis zu Armand de Melun, einem Legitimsten, und dennoch sicherlich bedeutendsten unter all diesen Sozialreformern mit ihrem bis in die Anfänge der Dritten Republik nicht nachlassende Aktivismus.[75] Neben einer durch und durch re-

---

73 Mitglieder der Gesellschaft sind auch der Herzog de Broglie, die Barone de Gerando und Dupin, Benjamin Constant, der Herzog von Orleans, Lamartine, Tocqueville, Dufaure usw. Zu ihren Aktivitäten vgl. L.-F. Dreyfus, *Un philanthrope d'autrefois, le duc de la Rochefoucauld-Liancourt, op. cit.*

74 Frédéric Ozanam gründet 1833 die Gesellschaft Saint-Vincent-de-Paul, deren ausschließlich wohltätiges Ziel darin besteht, junge Katholiken zu sammeln, um sie durch die Ausübung guter Werke zu guten Menschen zu schulen. Doch begreift er die Rolle des Christen zunehmend als die eines »Vermittlers« zwischen »dem überhandnehmenden wilden und verzweifelten Pauperismus« und »einer Finanzaristokratie, deren Inneres sich verhärtet hat« (Brief vom 12. Juli 1840). Mit Heranrücken des Jahres 1848 wandelt er sich zum Demokraten und schreibt am Vorabend des Februar seinen bekannten Artikel »Laßt uns zu den Barbaren überlaufen«, in dem er den Christen rät, sich mit der Arbeiterklasse zu vereinigen (vgl. J.-B. Duroselle, *Les débuts du catholicisme social en France, 1822–1870*, Paris, PUF, 1951, S. 165–172). Doch wird diese »christlich-demokratische« Orientierung nach der Niederschlagung der Arbeitererhebung im Juni 1848 und nach dem Staatsstreich Louis-Napoléon Bonapartes von der öffentlichen Bildfläche verschwinden.

75 Zur sozialen Ausrichtung des Legitimismus vgl. D. Renard, »Assistance en France au XIXe siècle: logique de l'intervention publique«, *Revue internationale de l'action communautaire*, n° 16–65, Montréal, Herbst 1986; zur Unterschiedlichkeit der legitimistischen Positionen vgl. P. Rosanvallon, *le Sacre du citoyen, op. cit.*, 2. Teil, 1. Kapitel. Zur Komplexität der vom »Sozialkatholizismus« eingenommenen Positionen vgl. J.-M. Meyeur, »Catholicisme intransigeant, catholicisme social, démocratie chrétienne«, *Annales ESC*, März–April 1972.

aktionären »Ultra«-Version des Legitimismus (der schlicht und einfach für eine Rückkehr zu den Bevormundungen des Ancien Regime eintritt), existiert noch eine eher gemäßigte Variante, die um eine Integration der von den Notabeln gegenüber ihren Abhängigen ausgeübten traditionellen Obhutsbeziehungen in den von der Industrialisierung geschaffenen neuen Kontext bemüht ist. Diese Strömung innerhalb des Legitimismus findet daher einen gewissen Widerhall in der Haltung derjenigen Liberalen, die den zerstörerischsten Auswirkungen der ökonomischen Entwicklung Einhalt gebieten wollen.[76]

Im selben Einflußbereich bewegen sich während der zweiten Hälfte des 19. Jahrhunderts Frédéric Le Play und seine Anhänger. Sie sind keine Liberalen mehr, sondern besessen von der »klaffenden Wunde des Pauperismus«.[77] Auch Le Play will alle »gesellschaftlichen Autoritäten« sammeln, um eine neuartige »Patronage« über die entsozialisierten Massen auszuüben. »Die freiwillige Patronage erweist sich bei der Bekämpfung des Pauperismus als ebenso wirkungsvoll wie das frühere System der Zwänge.«[78] So erklärt sich der paradoxe Charakter seiner Schule, einer Mischung aus Vergangenheitssehnsucht und modernistischen Bestrebungen, die in Ingenieurskreisen und bei den Chefs dynamischer Unternehmen Faszination hervorrief.[79] Le Play, der selbst Abgänger der *École polytechnique* ist und eine originelle Methode zur Beobachtung sozialer Tatsachen entwickelt hat (die Monographien über Arbeiterfamilien), steigt zum gefragten Berater Napoleons III. und zum Generalbevollmächtigten der Weltausstellung von 1867 auf, welche die »soziale Ökonomie« popularisiert. Sein Einfluß soll den Fall des Zweiten Kaiserreichs und seinen Tod lange überdauern. Dennoch ist auch die Le Play-Schule nicht homogen, angefangen bei Le Play selbst, der zunehmend in den Sog der katholischen Reaktion gerät, bis zu den Technokraten *avant la lettre* wie Émile Cheysson, dem Erfinder der Figur des »Sozialingenieurs«. Diese Männer begegnen sich jedoch, besuchen sich gegenseitig, und ihr jeweiliger Einfluß addiert sich. So öffnet sich die *Société d'économie sociale* Le Plays gegenüber den

76 Armand de Melun, der anfänglich wie Ozanam ein Anhänger der guten Werke ist und wie er selbst schreibt »am selben Tag Dachkammern wie Salons aufsucht« (Brief vom Juli 1844), schildert seine eigene Entwicklung folgendermaßen: »Die Neuorientierung meiner Forschungen ließ mich meinem Programm treu bleiben, welches mich von den Armen zu den Arbeitern und von der Fürsorge zu den Vereinen übergehen ließ« (Brief vom Juni 1850). Tatsächlich wird er zum Motor der mit der Reform des öffentlichen Unterstützungswesens unter der Zweiten Republik befaßten Kommission, sodann zum unermüdlichen Verfechter der Unterstützungsvereine, allerdings unter der Bedingung, daß die Mitgliedschaft darin fakultativ bleibt und die Gesellschaften der Obhut von Notabeln unterstehen, an deren Spitze Armand de Melun die Pfarrer stellt (vgl. J.-B. Duroselle, *op. cit.*, S. 439–474).

77 Le Play spricht von dem Drama der in seinen Augen wilden Industrialisierung: »Der Lauf der Dinge entwickelte sich in einer noch nie dagewesenen Art und Weise. Man konnte sehen, wie sich unzählige von ihren Familien getrennte und ihren neuen Arbeitgebern unbekannte Bevölkerungsgruppen um die neuen Fertigungsmaschinen scharten, ohne anständige Behausungen, Kirchen und Schulen, mit einem Wort, der Mittel des Wohlstands und der Sittlichkeit beraubt, die bisher als für die Existenz eines zivilisierten Volkes nötig erachtet wurden. [...] Dieses System lastete unversehens auf Individuen, die jählings aus altertümlicher Patronage und den traditionellen Gewohnheiten der Enthaltsamkeit gerissen worden waren. Es wird begreiflich, daß sie gesellschaftliche Unruhen auslösten, von denen die Menschheit bislang noch keine Vorstellung hatte« (*La réforme sociale en France*, Paris, 1867, Bd. II, S. 413).

78 *Ebd.*, S. 425.

79 Diese Kombination erinnert an die, welche das Vichy-Regime verwirklichen wollte, in dem die letzten Anhänger Le Plays sich zudem sehr wohl fühlten. Es sei noch angemerkt, daß Paul Descamps, der letzte dieser »vergessenen Erfinder«, dem eine gewisse Bekanntheit zuteil wurde, dies dem Umstand verdankte, von Salazar nach Portugal gerufen worden zu sein, um ihm bei der Ausarbeitung seiner Sozialpolitik zu helfen (vgl. B. Kalaora, A. Savoye, *Les inventeurs oubliés, Le Play et ses continuateurs aux origines des sciences sociales*, Seyssel, Éditions du Champ-Vallon, 1989).

»Sozialkatholiken«, und Armand de Melun soll gar Mitglied des Verwaltungsrats werden.[80]

Eine genuin politische Charakterisierung dieser Sozialreformer ist ein eher schwieriges Unterfangen. Der Großteil von ihnen wird im Alter die unterschiedlichen Regime, weniger bekümmert um die Einhaltung einer Parteietikette als um die Verteidigung dieser »zentristischen« Position zwischen der Maßlosigkeit der Reaktion und dem Zynismus des reinen Ökonomismus auf der einen, dem »Ausufern« der unterschiedlichen Sozialismen auf der anderen Seite, durchlaufen haben. »Sozial« sind sie in dem Sinne, den das *Dictionnaire* von Littré diesem Wort beilegt: »Mit sozial bezeichnet man im Gegensatz zu politisch die Bedingungen, die, sieht man einmal von der Regierungsform ab, auf die intellektuelle, moralische und materielle Entwicklung der Volksmassen Einfluß haben.« Das »Soziale« steht für eine ganze Reihe von Praktiken, die auf eine Milderung der defizitären materiellen, aber mehr noch der moralischen Lage der unteren Gesellschaftsklassen abzielen. Es wird im »Gegensatz zu politisch« verstanden, allerdings nicht in Opposition zur »politischen Politik«, die der Großteil dieser Reformer gewandt praktiziert, sondern zu einer Politik, die den Staat zum Steuermann dieser sozialen Praktiken machen will. Die Sozialpolitik, wie sie von ihnen befürwortet wird, fällt nicht ins Ressort der Regierung, sondern in den Verantwortungsbereich der aufgeklärten Staatsbürger, die bereitwillig die Ausübung dieser Patronage über die Volksklassen übernehmen sollen.

So gesehen könnte man sagen, daß diese Haltung in der Umlaufbahn des Liberalismus verbleibt, ihm jedenfalls nicht widerspricht. Vom »utopischen« Liberalismus des 18. Jahrhunderts bis zu demjenigen, der der Industriegesellschaft sein Gepräge gegeben hat, hat sich eine beachtliche Verschiebung vollzogen. Ersterer war eroberungslustig, bilderstürmerisch und wirklich revolutionär in seiner Gesellschaftsauffassung: Die Hemmnisse für den Anbruch der Freiheit sollten beseitigt werden. Ohne unbedingt einen Wertewandel durchlaufen zu haben, ist der während des 19. Jahrhunderts vorherrschende Liberalismus bezüglich der Gesellschaftsordnung konservativer oder eher restaurativer geworden. Seine Position hat sich gewandelt. Es geht nun nicht mehr darum, gegen Privilegiensysteme anzugehen, sondern gegen die Faktoren der Unordnung; nicht mehr gegen ein Übermaß an drückenden und archaischen Regulierungen, sondern gegen die Risiken gesellschaftlicher Auflösung. Dieses Sich-Auflösen des kritischen Ideals in der Obsession, um jeden Preis den sozialen Frieden aufrechterhalten zu müssen, macht den Liberalismus mit den diversen Varianten sozialer Philanthropie kompatibel.

80 Zu den Orientierungen der Anhänger Le Plays, vgl. B. Kalaora, A. Savoye, *Les inventeurs oubliés, op. cit.* Zu den komplexen Beziehungen zwischen all diesen Strömungen, die sich gegen Jahrhundertende im *Musée social* begegnen, vgl. S. Elivit, *The Third Republic Defended, Bourgeois Reform in France*, Baton Rouge, Louisiana State University Press, 1986. Der Grund für die Vorbehalte gegenüber diesem umfassenden Werk liegt meiner Meinung nach darin, daß es die Besonderheit des Solidarismus unterschätzt, insoweit er nämlich staatliche Intervention befürwortet, was hingegen die anderen »bürgerlichen« Strömungen ablehnen (vgl. das folgende Kapitel).

Gewiß gibt es auch einen harten Liberalismus, der jegliche Intervention mit mißtrauischem Blick beäugt, die noch so minimale Auswirkungen auf die Gesetze des Marktes nach sich ziehen könnte. Mit Naville[81], Bastiat[82] oder Dunoyer hat er auch seine Wortführer.[83] Sie sind dem Elend gegenüber zwar nicht blind, manche behaupten jedoch in Malthusscher Tradition lautstark, daß es ein notwendiges und im Grunde genommen nützliches Übel darstelle.[84] Es gibt auch rein konservative Positionen. Das sind ganz allgemein die der katholischen Kirche, die der ländlichen Notabeln und all derer, die dem Ancien Regime wehmütig nachtrauern. Wenn es nun schon Eingriffe zugunsten der »Armen« geben soll, dann reduzieren sie sich für diese Konservativen auf die traditionellen Praktiken der »Wohltätigkeit« unter der Zuchtrute der Kirche und der Kongregationen. Aber es zeichnen sich zwischen diesen beiden Extremen eine bzw. mehrere Zwischenpositionen ab, die recht schwammig und konfus sind, sich letztlich aber behaupten können. Aus diesem Zentrum mit etwas unklaren Konturen ist im 19. Jahrhundert die erste moderne Version der Sozialpolitik hervorgegangen.[85]

Ungeachtet ihrer Heterogenität läßt sich diese Bewegung durch zwei wesentliche Züge kennzeichnen: Zum einen durch ein *Staatsverbot*, das schon angedeutet worden ist, auf dessen vielfältige praktische Umsetzungen wir aber noch zurückkommen werden (da die Ablehnung öffentlicher Intervention in ihrem Absolutheitsanspruch jedoch immer schwieriger aufrechtzuerhalten ist, handelt es sich eher um deren hartnäckige Minimierung und Begrenzung); gleichzeitig, wenn auch scheinbar im Widerspruch dazu, durch eine *Ablehnung des Laisser-faire*, ein Abrücken von der »reinen« politischen Ökonomie. Die am wenigsten befriedigende Antwort auf die Frage nach den Gemeinsamkeiten dieser Positionen besteht daher auch in der Aussage, daß sie mehrere Varianten der *sozialen Ökonomie* vertreten. Sie stellen die Frage nach den Auswirkungen der vom Kapitalismus erzwungenen Produktionsweise des Reichtums auf die Produzenten selbst. Doch sie verbieten sich, direkt in diese Produktionsweise einzugreifen. »Am Sozialen arbeiten« bedeutet, am Elend der kapitalistischen Welt zu arbeiten, also an den perversen Effekten der wirtschaftlichen Entwicklung. Darin be-

81 F.M.L. Naville, *De la charité légale, de ses effets et de ses causes*, Paris 1838, 2 Bde.

82 F. Bastiat, *Harmonies économiques*, Paris 1850.

83 C. Dunoyer, *De la liberté du travail, au simple exposé des conditions dans lesquelles les forces humaines s'excercent avec le plus de puissance*, Paris 1845.

84 Charles Dunoyer: »Sie finden, daß es [das Elend] ein grauenhaftes Übel ist? Fügen Sie hinzu, daß es ein notwendiges Übel ist. [...] Es ist gut, daß es in der Gesellschaft Niederungen gibt, in welche Familien, die sich schlecht verhalten, hinabstürzen können. [...] Das Elend ist diese fürchterliche Hölle. [...] Es wird vielleicht nur dem Elend und den heilbringenden Schrecken, die es bei seinem Marsch eskortieren, gegeben sein, uns zu Verstand und zur Ausübung der für unsere Gattung und ihre geregelte Entwicklung wahrhaft nötigsten Tugenden zu führen. [...] Es bietet ein heilbringendes Schauspiel für den gesamten gesund gebliebenen Teil der weniger glücklichen Klassen; es ist dazu da, sie mit heilbringendem Schrecken zu erfüllen; es spornt sie zu den schwierigen Tugenden an, derer sie bedürfen, um eine besseres Los zu erreichen.«

85 Ganz klar gibt es auch sozialistische Positionen und typische Forderungen und Organisationsformen der Arbeiterbewegung, die radikale gesellschaftliche Wandlungen befürworten. Doch stehen sie außerhalb der Grenzen der vorliegenden Skizze, da sie eine völlig andere Konzeption der Gesellschaft und des Sozialen vertreten. Die Einstellung der Republikaner ist ambivalenter, da sie sich bald auf die Arbeiterbewegung stützt, eine große Zahl Republikaner sich nach dem Mai 1848 aber mit der Ordnungspartei vereinigt, während die anderen eine zu minoritäre Position vertreten, als daß sie einen signifikanten Einfluß auf die Ausarbeitung der Politik haben könnte. Die republikanische Haltung wird erst unter der Dritten Republik an die Regierung und damit zu Einfluß kommen, diesmal freilich zu einem entscheidenden. Vgl. das folgende Kapitel.

steht der Versuch, Korrekturen an den unmenschlichsten Verfehlungen der Gesellschaftsordnung anzubringen, ohne jedoch an ihrer Struktur zu rütteln.[86]

Patronage und Patrons

Innerhalb dieser heterogenen Gruppierung von Sozialreformern wird also die soziale Frage in der Version des 19. Jahrhunderts, die Frage nach Hebung der durch die Wunde des Pauperismus »brandig«[87] gewordenen Arbeiterklassen zuallererst formuliert. Wenn ich mich nicht irre, taucht der Ausdruck zum ersten Mal im Zuge eines Aufstands der Lyoner »canuts«, der Seidenarbeiter, am 28. November 1831 in *La Quotidienne*, einer legitimistischen Zeitung auf, welche der Regierung die Verantwortung dafür zuschiebt: »Man sollte doch endlich begreifen, daß außerhalb des parlamentarischen Machtgefüges eine soziale Frage existiert, der genüge getan sein will... Eine Regierung tut stets unrecht, wenn sie Leuten, die nach Brot verlangen, nichts anderes entgegenzusetzen vermag, als ihre Bitte abzulehnen.«[88] Diese Formulierung liefert schon den Schlüssel für die Art und Weise, in der diese Frage bis zur Dritten Republik gestellt wird. Die soziale Frage existiert »außerhalb des parlamentarischen Machtgefüges«, also außerhalb der politischen Sphäre. Sie betrifft unmittelbar die Lage des Volkes, in dessen Namen die legitimistischen Oppositionellen an die Regierung interpellieren, sich dem Elend des Volkes »zuzuwenden«. Die Frage bedeutet jedoch noch keine Neustrukturierung des politischen Feldes. Es geht rein darum, das Elend zu lindern, und nicht, von ihr ausgehend »das Machtgefüge« zu überdenken. Deshalb haben wir es während dieses gesamten Zeitabschnittes bis zur Neuformulierung der Frage der Solidarität in politischen Begriffen mit einer »Politik ohne Staat« zu tun, welche die Struktur des Staates außen vor läßt.

86 C. Gide, der um die Jahrhundertwende die soziale Ökonomie zu erneuern versucht, teilt sie in vier Strömungen ein: eine christlich-soziale Richtung, eine liberale, eine solidaristische und eine sozialistische (*Quatre écoles d'économie sociale*, Conférences de l'Université de Genève, Genève 1890). Ich werde jedoch zeigen (vgl. das folgende Kapitel), daß der Solidarismus und die Sozialismen eine stark abweichende Auffassung des Sozialen vertreten. Da es sich hier um »Politiken ohne Staat« dreht, sind es nur die aus dem Liberalismus und dem Sozialkatholizismus hervorgegangenen beiden erstgenannten Formen, welche das von mir soeben erwähnte verschwommene vormundschaftliche Gebilde abdecken. Wenn es fruchtlos ist, eine rigorose theoretische Kohärenz in diesen Unternehmungen zu suchen, so hat doch zweifelsfrei Léonard Simonde de Sismondi zu Beginn des Jahrhunderts ihre Grundsätze am klarsten herausgearbeitet (*Nouveaux Principes d'économie politique ou de la richesse dans ses rapports avec la population*, Paris 1819). Sismondi will die einzig mit der Produktion von Reichtum befaßte Ökonomie (die »Chrematistik«) mittels einer »sozialen Ökonomie« korrigieren, welche darauf bedacht bleibt, das Wohlergehen der größtmöglichen Anzahl von Menschen zu fördern. Marx sah darin mit einer gewissen Verachtung eine »Vulgärökonomie«, die es – im Gegensatz zur Konstruktion Ricardos – ablehne, sämtliche sich für den Menschen zerstörerisch auswirkenden Konsequenzen aus der inneren Logik des Kapitalismus zu ziehen. Vgl. zu diesen Punkten G. Procacci, *Gouverner la misère, op. cit.* Gegen Ende des Jahrhunderts gibt René Worms folgende delikate Definition der sozialen Ökonomie: »Die soziale Ökonomie ist eine abgemilderte politische Ökonomie« (»L'économie sociale«, *Revue internationale de sociologie*, 1898).

87 Das Bild des »Wundbrandes« stammt von Abbé Meysonnier: »Der Arbeiterklasse muß Moral beigebracht werden, sie stellt den vom Wundbrand befallenen Teil der Gesellschaft dar« (zit. nach L. Reybaud, *Études sur le Regime des manufactures*, Paris 1955, S. 276). Dieser Kirchenmann ist der Anstaltsgeistliche der »Seidenkonvente«, der von der Lyoner Arbeitgeberschaft geschaffenen Fabriken, in denen arme junge Mädchen unter Aufsicht von Nonnen einer klösterlichen Zucht unterworfen sind.

88 Zit. nach J.-B. Duroselle, *Les débuts du catholicisme social en France, op. cit.* Hier zeigt sich wieder die Komplexität des Legitimismus, den seine Rolle als politische Opposition nach 1830 und seine Ablehnung der liberalen Moderne zur Unterstützung mancher Forderungen der Unterschichten und in die Rolle des Schutzherrn der Opfer der Industrialisierung drängen.

Die Formulierung zirkuliert in der Folge im Umfeld des Sozialkatholizismus. Frédéric Ozanam schreibt am 13. März 1833 an seinen Freund Falconnet, um sich bei ihm dafür zu bedanken, daß er ihn »mit dem großen Problem der Hebung der arbeitenden Klassen« vertraut gemacht hat.[89] Innerhalb desselben Zusammenhangs, nämlich den Vorträgen der Société Saint François-Xavier, eines katholischen Erziehungswerks für junge Arbeiter, erklärt Théodore Nizard: »Das große gesellschaftliche Problem unserer Zeit ist unstreitig die Hebung der arbeitenden Klassen.«[90] Villeneuve-Bargemont nimmt im Abgeordnetenhaus während der Diskussion um das Gesetz von 1841 zur Verkürzung der Kinderarbeitszeit Stellung. Er ist auch der einzige, der die gesamte Reichweite der Debatte verdeutlicht: »Die Hebung der niederen Klassen, der Arbeiterklassen stellt das große Problem unserer Zeit dar. Es wird Zeit, ernsthaft etwas zu seiner Lösung zu unternehmen und eine wahrhafte soziale Ökonomie zu schaffen, die wir nur allzu oft in unseren sterilen politischen Agitationen aus den Augen verloren haben.«[91] Und Armand de Melun ist ganz gewiß derjenige, der dieser Frage am treffendsten Ausdruck verliehen hat: »Was ist die Schuld der Gesellschaft am Pauperismus, seinen Ursachen und seinen Auswirkungen, und inwieweit und mit welchen Mitteln muß sie diese Schuld einlösen? Darin besteht die gesamte soziale Frage.«[92]

Gewiß, in den Jahren 1830 und 1840 beginnen auch die Sozialisten und Arbeiter diese Frage zu stellen, freilich auf gänzlich andere Art und Weise. Sie befürworten eine alternative Organisation der Arbeit, die Assoziation der Produzenten und die Abschaffung der Lohnarbeit.[93] Man sollte natürlich nochmals darauf zurückkommen. Im Augenblick interessiert jedoch die Position der herrschenden Klassen. Aus diesem Blickwinkel gesehen muß der Umstand unsere Aufmerksamkeit auf sich ziehen, daß sie sich ungeachtet ihrer massiven Ablehnung des Staates sowie der geringsten, von den »unteren Klassen« unternommenen Anstalten, auf ihr eigenes Geschick Einfluß zu nehmen, an die systematische Ausarbeitung eines Bündels von Verfahren gemacht haben. Diese Moralisierungsstrategien sind auf drei Ebenen angesiedelt: der Fürsorge für die Armen mittels Techniken, die die Sozialarbeit im beruflichen Sinn des Begriffes vorwegnehmen; der Entwicklung von auf freiwilliger Basis beruhenden Spar- und Unterstützungseinrichtungen, welche man als die Anfänge einer Versicherungsgesellschaft sehen könnte; der Errichtung einer von den Arbeitgebern ausgeübten Patronage, die eine rationelle Organisation der Arbeit sowie sozialen Frieden garantieren soll.

1. Der Baron de Gérando schlägt in *Le visiteur du peuple* (Der Armenbesucher) eine neue Technologie der Armenfürsorge vor. Sein Hauptziel besteht allerdings nicht in der Verabreichung von Unterstützung an die Armen. Die Verteilung materieller Güter an die Armen birgt nämlich immer eine Gefahr, es sei denn, man übt eine

89 *Ebd.*, S. 168.
90 *Ebd.*, S. 9.
91 *Ebd.*, S. 231.
92 Armand de Melun, *De l'intervention de la société pour prévenir et soulager les misères*, Paris 1849, S. 9.
93 So stammt die erste Auflage von *L'organisation du travail* von Louis Blanc aus dem Jahr 1839, und die Zeitschrift *L'Atelier*, die zwischen 1840 und 1851 erscheint, entwickelt schon ein richtiges Programm zur Umsetzung der Arbeiterautonomie.

strikte Kontrolle über den Gebrauch aus, den sie davon machen. Die Ausübung einer blinden Nächstenliebe hält den Unterstützungsempfänger in seiner Lage und vermehrt nur die Zahl der Bedürftigen. Ein Unterstützungsprogramm muß also mit der gewissenhaften Bestandsaufnahme der Bedürftigkeit der Armen beginnen, der »Grundlage für das gesamte Gebäude, zu dessen Errichtung eine aufgeklärte Barmherzigkeit berufen ist.«[94] Unter den Formen der Bedürftigkeit gibt es permanente, etwa solche, die in Gebrechlichkeit ihre Ursache haben, andere, eher vorübergehende, die von einer Krankheit herrühren, schließlich weitere, die, wie »Arbeitslosigkeiten«, auf die Arbeitsbedingungen oder die schlechte moralische Verfaßtheit sowie mangelnde Planung der Bedürftigen zurückzuführen sind. Einer jeden »Ursache« entspricht also ein Mittel. Vor allem aber muß man die Unterstützungsvergabe von der guten Führung des Empfängers abhängig machen. Die bewilligte Leistung soll ein Mittel zur moralischen Hebung sein und gleichzeitig eine dauernde Beziehung zwischen den Protagonisten des Tauschverhältnisses begründen. Die Hilfsbeziehung ist wie ein Strom von Menschlichkeit, der zwischen diesen zwei Personen fließt. Gewiß ist diese Beziehung ungleich, doch darin besteht ja gerade ihr Interesse. Der Wohltäter verkörpert ein Sozialisationsmodell. Durch seine Vermittlung breitet sich das Wohl auf den Empfänger aus. Dieser antwortet seinerseits durch seine Dankbarkeit, der Kontakt zwischen edlen Menschen und den »misérables« ist wiederhergestellt. Eine positive Verbindung stellt sich da ein, wo vorher nichts als Gleichgültigkeit, ja sogar Feindseligkeit und Klassenantagonismus herrschte. Das Bevormundungsverhältnis schafft eine Gemeinschaft in und durch Abhängigkeit. Der Wohltäter und der ihm Dank Schuldende bilden eine Gesellschaft, das moralische Band ist ein gesellschaftliches Band. Der Elende wird aus seiner Unwürdigkeit emporgehoben und wieder in das Universum gemeinsamer Werte aufgenommen. Schlechte Arme gibt es im Grunde nur, weil es schlechte Reiche gibt: »Ihr Reichen, erkennt das Euch übertragene Amt; begreift wohl, daß ihr nicht zu irgendeiner unbestimmten Führung berufen seid. [...] Ihr seid zur Vormundschaft berufen, einer freien und eurem Willen überlassenen, aber wirklichen und tätigen Vormundschaft.«[95] Die Tugend des Reichen fungiert als sozialer Zement, der die neuen Barbaren, die von ihren Daseinsbedingungen demoralisierten Armen der modernen Zeiten wiederankoppelt.

Diese Interventionsform kann freilich nur in beschränktem Maße etwas gegen massenhafte Armut ausrichten. Der »visiteur du pauvre«, der Armenbesucher, beläßt es bei einem persönlichen Verhältnis (das aber nicht punktuell ist: er muß für seine Fortführung sorgen) bewenden, im großen und ganzen betreibt er nichts anderes als eine Sozialklinik, *crisis intervention* in besonderen Lebenslagen. Trotzdem ist diese wohlüberlegte Wohltätigkeitspraxis alles andere als naiv. Ihr Kern ist eine Expertenschaft, aus der sich später die professionalisierte Sozialarbeit herausschälen kann: Feststellung des Bedarfs, Kontrolle der Verwendung der Unterstützung, personalisierter Umgang mit dem Klienten. Die in den angelsächsischen Ländern in der zweiten Hälfte des 19. Jahrhunderts so rührige Strömung der *scientific charity* wird dieses

94 Baron de Gérando, *Le visiteur du peuple, op. cit.*, S. 39.
95 Baron de Gérando, *Traité de bienfaisance publique, op. cit.*, Bd. IV, S. 611.

Vorgehen der Fürsorge in großem Maßstab fortentwickeln.[96] Die Tradition des *case work* fügt sich auch in diese Abstammungslinie ein.[97] Man darf sich fragen, ob die Prägnanz des klinischen Modells in der Sozialarbeit nicht in hohem Maße von diesem zweifachen Erfordernis herrührt, deren erster Theoretiker der Baron de Gérando gewesen ist, nämlich eine »wissenschaftliche« Untersuchung des Bedarfs des Klienten vorzunehmen sowie ein persönliches Verhältnis zu ihm aufzubauen.

Für den Fall des 19. Jahrhunderts muß man auf jeden Fall klar sehen, daß diese Praktiken in den Augen ihrer Vordenker *an die Stelle eines Rechts auf Unterstützung treten.* Die von der Tugend der Wohltätigkeit angeleitete Erstellung dieser Diagnose bestimmt den Erhalt von Unterstützung und die Formen, die sie annehmen soll. So entgeht man der Falle der englischen »gesetzlichen Nächstenliebe«, deren Bild oder vielmehr Zerrbild als Schreckgespenst zur Abwehr etwaiger Versuche staatlicher Intervention ins Fürsorgewesen dient. Darüber ist sich alle oder zumindest beinahe alle Welt einig, allen voran die großen Liberalen wie etwa Alexis de Tocqueville:

> »*Ich bin zutiefst davon überzeugt, daß das gesamte regelmäßige, dauerhafte administrative System, dessen Ziel in der Linderung der Not der Armen bestehen wird, noch mehr Elend hervorbringt als es kurieren kann; daß es die Bevölkerung, die es unterstützen und trösten will, verderben wird; daß es mit der Zeit die Reichen darauf beschränken wird, nur noch Pächter der Armen zu sein; daß es die Quellen des Sparens versiegen läßt, das Akkumulieren von Kapital stoppt, den Aufschwung des Handels abwürgt, die Aktivität und den Fleiß der Menschen absterben läßt und schließlich eine gewaltsame Revolution über den Staat hereinbrechen läßt, wenn die Zahl der Almosenempfänger fast ebenso hoch geworden sein wird, wie die Anzahl derer, die Almosen zu vergeben haben, und wenn der Bedürftige, der von den verarmten Reichen nichts mehr für seinen Unterhalt beziehen kann, es leichter finden wird, sie auf einmal ihrer Güter zu berauben, als sie um Unterstützung zu bitten.*«[98]

Adolphe Thiers und die »große Angst« der Besitzenden lassen grüßen. Für uns ist es heutzutage schwer nachvollziehbar, wie ein so tiefsinniger Denker wie Tocqueville solche Katastrophen aus der schlichten Existenz eines Unterstützungsanspruchs für

96 Vgl. G. Himmelfarb, *Poverty and Compassion*, New York, A. Knopf, 1991.

97 Das *social case work* ist in den zwanziger Jahren unseres Jahrhunderts in den Vereinigten Staaten aus dem Willen heraus entstanden, die soziale Intervention in benachteiligten Milieus wieder auf die Beziehung zwischen den Intervenierenden und die Leistungsempfänger zu konzentrieren, weswegen, wie die Präsidentin des *National Congress of Social Work* im Jahr 1930, also während der Großen Krise sagt, »alle offiziellen Programme, insbesondere die vom Staat initiierten überflüssig« seien (M. van Waters, »Presidential Address«, in: *Philosophical Trends in Modern Social Work, Proceedings of the Fifth National Congress of Social Work*, Boston 1930, S. 19; vgl. F. Castel, R. Castel, A. Lovell, *La société psychiatrique avancée: le modèle americain*, Paris, Grasset, 1979, S. 59f.).

98 A. de Tocqueville, *Mémoire sur le paupérisme, op. cit.*, S. 39. Erinnern wir uns gleichfalls daran, daß Tocqueville – Liberalismus verpflichtet – 1849 während der parlamentarischen Diskussion über das Recht auf Arbeit sich als Autor einer besonders wütenden Attacke gegen den Sozialismus hervortut: »Wir müssen das Land von der Last befreien, mit der das sozialistische Gedankengut sozusagen auf seine Brust drückt... [Der Sozialismus] ist ein entschlossener, beständiger, maßloser Aufruf an die materiellen Leidenschaften des Menschen [...]. Wenn ich letztlich eine allgemeine Formulierung finden müßte, um das besser ausdrücken zu können, was der Sozialismus als Ganzer für mich ausmacht, dann würde ich sagen, daß er eine neue Form der Knechtschaft ist« (zit. nach E. Labrousse, *Le mouvement ouvrier et les théories sociales en France, op. cit.*, S. 214).

einige mittellose Bevölkerungsgruppen ableiten konnte. Doch was all diese Leute umtreibt, ist das Risiko, den Finger in eine brandige Wunde zu legen und dadurch einen Leviathan oder schlimmer noch, den Sozialismus heraufzubeschwören.[99]

2. Dennoch können diese Techniken zur Hebung der Armen, die in einer »*Person-to-person*-Beziehung« von Fall zu Fall vorgehen, dem Ausmaß der vom Pauperismus aufgeworfenen Probleme nicht gerecht werden. Dazu müssen notwendigerweise auch kollektive, in Institutionen verankerte Praktiken hinzukommen. Das Insistieren auf die *institutionelle* Dimension sozialer Interventionen ist für diese Strömung von Sozialreformern das, was ihren eigentlichen Unterschied im Vergleich zu den traditionellen Formen der Armenfürsorge ausmacht. Im Jahr 1824 schließt deshalb der Sekretär der *Société morale chrétienne* seinen Tätigkeitsbericht folgendermaßen:

> »*Meine Herren, man kann hinzufügen, daß die Philanthropie, also die philosophische Art, die Menschheit zu lieben und ihr zu dienen, eher auf Ihrem Banner steht als die Mildtätigkeit, die ja die Pflicht eines jeden Christenmenschen ist und darin besteht, seinen Nächsten zu lieben und zu unterstützen... Der Mildtätigkeit ist Genüge getan, wenn sie das Leid gelindert hat; der Philanthropie dagegen ist erst dann Genüge getan, wenn sie Vorkehrungen dagegen getroffen hat... Die Verbesserungen, das Werk [des Philanthropen] hören gewiß nicht mit ihm auf, sie verwandeln sich früher oder später in Institutionen.*«[100]

Und tatsächlich bildete die *Société de morale chrétienne* – in der wie gesagt so unterschiedliche Persönlichkeiten wie La Rochefoucauld-Liancourt, Guizot, Constant, Dufaure, Tocqueville, Gérando oder Dupin usw. miteinander verkehrten – einen Brennpunkt für Überlegungen und Initiativen, aus dem zahlreiche Institutionen hervorgingen. Sie förderte Sparkassen und Unterstützungsvereine, bildete eine Kommission für die sittliche Hebung von Gefängnisinsassen, eine weitere für die Vermittlung von Waisenkindern, einen Ausschuß für öffentliche Hygiene, einen für die Irrenfürsorge usw., und zahlreiche Reglementierungen gehen aus ihr hervor.[101]

In diesem Gesamtkomplex kommt denjenigen Institutionen ein besonderes Interesse zu, die gegen die durch Armut verursachten Mißstände *vorbeugen* können. Der Versuch, Schäden zu beheben, wenn sie entstanden sind, ist eine Sache; besser wäre es freilich, zu vermeiden, daß sie überhaupt eintreten. Von diesem Standpunkt aus erweisen sich zwei Einrichtungen, nämlich die Sparkassen und die Unterstützungsvereine, am geeignetsten für eine Umsetzung des Mandats zur moralischen Hebung der unteren Klassen, des eigentlichen Anliegens der Philanthropie. »Unter all den Diensten, die die Nächstenliebe den niederen Klassen zu erweisen vermag, gibt es keinen größeren, als bei ihnen den Sinn für Vorsorge zu erwecken.«[102] Mangelnde Vorsorge ist nämlich die Hauptursache für das Unglück der Unterschichten. Der Ar-

99 Vgl. im folgenden Kapitel die Dramatisierung dieser Debatte um das Recht auf Arbeit im Jahr 1848.
100 L. de Guisart, *Rapport sur les travaux de la Société de morale chrétienne pendant l'année 1823–1824*, Paris 1824, S. 22–23.
101 Vgl. L.-F. Dreyfus, *Un philanthrope d'autrefois, op. cit.*
102 M. T. Duchâtel, *De la charité dans ses rapports avec l'état moral et le bien-être des classes inférieures, op. cit.*, S. 306.

beiter ist wie ein Kind unfähig dazu, die Zukunft vorwegzunehmen und dadurch seines Geschickes Herr zu werden. Er lebt von einem Tag auf den nächsten, vertrinkt an einem Zahltag den Lohn für eine ganze Woche, ohne daran zu denken, was ihn ereilen könnte, etwa eine Krankheit, ein Unfall, Arbeitslosigkeit, familiäre Kosten, das Alter, in dem er ohne Einkommen dasteht. Beiträge an eine Kasse zu zahlen heißt, die Sorge um die Zukunft in der Gegenwart zu verankern, heißt zu lernen, wie man seine Instinkte bändigt und dem Geld einen Wert zuerkennt, der über die Befriedigung von Augenblicksbedürfnissen hinausgeht. Das bedeutet auch, Reserven anzulegen, sich gegen die Unwägbarkeiten des Daseins zu versichern.

Die erste Sparkasse wird im Jahr 1818 in Paris gegründet. Ihr Präsident wird der Herzog de la Rochefoucauld-Liancourt, der schon zu Zeiten des Ausschusses für die Abschaffung des Bettelwesens der Schaffung solcher Kassen in jedem Departement »zum Nutzen und Frommen der arbeitsamen Klasse« das Wort geredet hatte.[103] Nach 1830 stellt Villermé einen bedeutenden Aufschwung dieser Kassen fest.[104] Trotzdem bleibt die rein ökonomische Wirkung dieser Form des Sparens aufgrund der bescheidenen Löhne von Arbeitern nur begrenzt. Ihr kommt als Erziehung zur Vorsorge vor allem ein moralisierender Wert zu.[105] Während das Pfandleihhaus die Verantwortungslosigkeit der Unterschichten und ihre von der Augenblicksbezogenheit ihrer Bedürfnisse erzeugte Not symbolisiert, macht die Sparkasse das Volk mit den Vorzügen der kalkulatorischen Rationalität und dem Wert des Geldes als Quelle für produktive Investitionen vertraut.

Von noch größerer Tragweite ist aber die versittlichende Wirkung der Unterstützungsvereine. Sie bilden zusammen mit der von den Unternehmern ausgeübten Patronage den mit der liberalen Wirtschaftsstruktur kompatiblen Kern der Hoffnung auf eine Verbesserung des Schicksals der Unterschichten. Die englische Situation dient hier als Modell, während sie sonst eher als Gegenargument gegen das Recht auf Unterstützung fungiert. Die Entwicklung der *friendly societies* scheint zu zeigen, daß es ein Mittel gibt, gegen die existentielle Unsicherheit der Lohnarbeiterlage anzugehen, indem man ganze Berufsgruppen gegen bestimmte Risiken wie Krankheit, Unfall, sogar Arbeitslosigkeit und Alter absichert.[106] Die Vorsorge kann kollektiv erfolgen und dennoch freiwillig bleiben. Sie vermag den philanthropischen Praktiken eine

103 C. Bloch, A. Tuetey, *Procès-verbaux et rapports au Comité pour l'extinction de la mendicité, op. cit.*, »Quatrième Rapport«.

104 L. R. Villermé, *Tableau sur l'état physique et moral des ouvriers employés dans les manufactures, op. cit.*

105 Freilich können manche Arbeiter, vor allem, wenn sie nah bei ihren ländlichen Herkunftsorten verbleiben, unerwartete Qualitäten an den Tag legen. Louis Reybaud schreibt verwundert: »Da ist mit Verstand nichts auszurichten. Auf der einen Seite die Fehlbeträge, die unausweichlich erscheinen, auf der anderen Rücklagen, die sie ausgleichen sollen. Wie läßt sich das miteinander vereinbaren? Offenbar hinken all unsere Berechnungen in diesem Punkt, weil sie eine bei den vom Land stammenden Arbeitern stark entwickelte Fähigkeit nur ungenügend erfassen: die Fähigkeit, sich zurückzuhalten, das Vermögen freiwilliger Entsagung. Man kann ihre Ausgaben noch so niedrig schätzen, sie finden stets noch Wege, um darunter zu liegen. Ihre Laster, beispielsweise ihre Trunksucht, werfen diese Berechnungen nicht immer um. Sie kommen für deren Kosten auf, indem sie die Ihrigen leiden lassen. So und durch häufig noch mit Tränen vermischten Wassertropfen schwillt der Sparstrom des Volkes an« (*Le fer et la houille*, Paris 1874, S. 111).

106 Die *friendly societies* zählen 1815 schon 925.000 Mitglieder, eine Zahl, die in Frankreich erst nach 1870 erreicht wird, einem Zeitpunkt, zu dem die englischen Gesellschaften ihrerseits schon vier Millionen Mitglieder haben. Der englische »Vorsprung« rührt daher, daß diese Gesellschaften sich gegenüber dem Staat und der Aufsicht durch Notabeln viel autonomer entwickeln konnten, wozu noch die höhere Zahl an Lohnabhängigen in England kommt. Dennoch rekrutieren sich die Unterstützungskassen in England wie in Frankreich vor allem aus den seßhaftesten und bestbezahlten Arbeitnehmern. Vgl. B. B. Gilbert, *The Evolution of National Insurance in Great Britain*, London 1966.

wirklich »soziale« Dimension zu verleihen. Die Hilfskassen weisen jedoch zwei heikle Eigenschaften auf: Die Arbeiter können diese Vereinigungsmöglichkeit zu subversiven Zwecken und zur Formulierung von Forderungen mißbrauchen und so die Unterstützungsvereine zu Horten des Widerstands machen. Das Risiko ist um so größer als die Arbeiter-Assoziationsbewegung ihre Wurzeln in sehr alten Handwerkstraditionen hat, die mehr oder minder heimlich die *Loi Le Chapelier* überlebt haben.[107] Es besteht zudem die Gefahr, daß obligatorische Beitragszahlungen ihren versittlichenden Charakter verlieren. Wirkliche Vorsorge kann nur freiwillig sein. Da eine Verpflichtung nur durch den Staat gewährleistet werden kann, würde also eine obligatorische Beitragszahlung zu dem trojanischen Pferd, über das sich die öffentliche Gewalt in die Fragen der Arbeit einmischte.

Die auf Gegenseitigkeit beruhende Versicherung, die *mutualité*, muß also überwacht und angeleitet sein, die Mitgliedschaft soll fakultativ bleiben. Unter dieser zweifachen Voraussetzung wird sie ihren Aufschwung nehmen; und gerade die Schwierigkeit, dieses zweifache Erfordernis einzuhalten, erklärt den bewegten Werdegang dieser Vereine, bevor sie dann, allerdings erst viel später, in die Pflichtversicherung einmünden (vgl. das folgende Kapitel).

Eine überwachte Freiheit also. Man regt die Schaffung der Unterstützungsvereine an, doch geschieht dies auch unter sorgsamer Anleitung. Unter der Restauration können sie im Grunde nur unter dem Vorsitz eines Bürgermeisters oder Polizeikommissars zusammentreten. Auf die Agitation durch die Arbeiter zu Beginn der Julimonarchie hin reduziert ein Gesetz von 1834 die Zahl ihrer Mitglieder auf zwanzig und verschärft die Strafen (bis zu zwei Jahre Gefängnis) im Falle einer Zuwiderhandlung.[108] Bei Anbruch des Jahres 1848 vervielfacht sich ihre Zahl. Sie werden aber von einer breiten Bewegung mitgerissen, welche die Arbeiter mit Nachdruck dazu bringt, in der Vereinigung das Prinzip einer völligen Umgestaltung des Systems der Arbeit zu sehen. In den Augen der Gemäßigten läuft der Unterstützungsverein Gefahr, davon angesteckt zu werden. Trotzdem übt das Modell der Vorsorge eine so starke Anziehungskraft auf die Sozialreformer aus, daß die Nationalversammlung nach Wiederherstellung der Ordnung nach den Erhebungen des Jahres 1848 den Unterstützungsvereinen einen gesetzlichen Status verleihen will, allerdings unter der Voraussetzung, daß sie die liberalen Grundsätze einhalten. Armand de Melun wird zu einem ihrer glühenden Verfechter. Die Mehrheit in der Nationalversammlung widersetzt sich dem Gedanken einer Verpflichtung, die von der republikanischen »Bergpartei« unterstützt wird. Kraft Gesetzes vom 15. Juli 1850 bleibt die Mitgliedschaft in den Kassen fakultativ und die Vereine werden in ein Korsett aus vorausgehenden Genehmigungen und Kontrollen gezwängt, die sich als Hemmschuh für ihre Entwicklung er-

107 Zu den »zünftischen« Ursprüngen der Unterstützungsvereine vgl. E. Laurent, *Le paupérisme et les sociétés de prévoyance*, Bd. 1, Paris 1865 sowie W. Sewell, *Gens de métiers et révolutions, op. cit.* Um 1820 läßt sich die Anzahl solcher Vereine auf 132 schätzen, welche ca. 10.000 Mitglieder zählen (A. Gueslin, *L'invention de l'économie sociale, op. cit.*, S. 124). Die Umwandlung der Unterstützungsvereine in Vereinigungen des Widerstands ist schon sehr früh bezeugt. So kommt der *Société du devoir mutuel* von Lyon ein aktiver Anteil an den Erhebungen der Seidenarbeiter von 1831 und 1834 zu (vgl. M. Perrot, »Mutualité et mouvement ouvrier au XIXe siècle«, *Prévenir*, n° 4, Oktober 1981). Für eine umfassende Geschichte der *mutualité* vgl. B. Gibaud, *De la mutualité à la Sécurité sociale*, Paris, Éditions ouvrières, 1986.

108 G. Dupeux, *La Société française*, Paris, A. Colin, 1964, S. 148f.

weisen werden. Parallel dazu schafft ein Gesetz vom 18. Juni 1850 eine »Altersrenten- oder Leibrentenkasse«. Aber auch hier ist die Mitgliedschaft rein fakultativ, und die Kassen funktionieren wie einfache Sparkassen für die wenigen willigen Beitragszahler.[109] So sollen die Unterstützungsvereine zwar den Pauperismus durch Vorsorge bekämpfen, freilich unter der Bedingung, daß sie in den vormundschaftlichen Komplex eingebunden bleiben. Der Berichterstatter des Gesetzes vor der Nationalversammlung, Benoît d'Azy, bringt dies in völliger Klarheit zum Ausdruck:

»*Die Versicherungsvereine sind wie richtige Familien und müssen auch fast alle Eigenschaften einer Privatfamilie aufweisen... Wenn diese Vereine aufhören, einfach nur Gruppierungen von Personen zu sein, die sich kennen, dann sind sie keine Vereine mehr in dem Sinne wie wir es hier verstehen, dann sind sie allgemeine Gesellschaften; sie funktionieren nicht mehr auf brüderlicher Basis, sie sind dann etwas anderes.*«[110]

Eine Interpretation, die durch folgende Episode bestätigt wird. Als Louis-Napoléon Bonaparte an die Macht kommt, will er die Unterstützungsvereine wieder beleben und ihnen obligatorischen und allgemeinen Charakter verleihen. Der Autor von *L'extinction du paupérisme* scheint zu dieser Zeit von einer Art obrigkeitlichem Arbeiterschutz versucht worden zu sein, wie ihn Bismarck ein Viertel Jahrhundert später in Deutschland umsetzen wird: Die vom Staat angestoßene und garantierte Zwangsversicherung sollte die Gesamtheit der Arbeitnehmer gegen die sozialen Grundrisiken versichern und von mit Forderungen verbundenen Aktionen abbringen. Louis-Napoléon beruft hierfür Armand de Melun, der ihn aber davon abbringt, der *mutualité* diesen Zwangscharakter zu geben, um nicht der Einführung »eines regelrechten Staatssozialismus« in Frankreich Tür und Tor zu öffnen. Die Kassen werden auch keine Unterstützung im Fall von Arbeitslosigkeit verteilen. Armand de Melun verfaßt die grundlegende Verordnung mit Gesetzeskraft über Staatsorgane vom 28. März 1852, die die Schaffung von Unterstützungskassen »unter Aufsicht des Bürgermeisters und des Pfarrers« anregt. Die vom Innenminister »genehmigten Vereine« werden vorsorglich zudem von »Ehrenmitgliedern«, also von Notabeln angeleitet. Daher kann die *Commission supérieure d'encouragement et de surveillance des sociétés de secours mutuels* (Kommission zur Förderung und Überwachung der Versicherungsvereine auf Gegenseitigkeit), deren Berichterstatter Armand de Melun ist, in ihrem Mitteilungsblatt von 1859 erfreut mitteilen: »Jedermann muß dem christlichen und zugleich politischen Denken Beifall zollen, welches aus den Arbeiterassoziationen ein Element der Ordnung, der Würde und der Versittlichung zu machen verstanden hat.«[111] »1869 zählen 6.139 Gesellschaften 913.633 Anhänger, 764.473 zahlende Mitglieder und 119.160 Ehrenmitglieder.«

109 Vgl. L.F. Dreyfus, *L'assistance sous la Seconde République*, Paris 1907.
110 Zit. nach J. Le Goff, *Du silence à la parole, droit du travail, société, État, 1830–1889*, Quimper, Calligramme, 1983, S. 84.
111 Vgl. J.-B. Duroselle, *Les débuts du catholicisme social en France, op. cit.*, S. 501–512.

So wird die Hinterlassenschaft des Zweiten Kaiserreichs an die Dritte Republik in einer mutualistisch strukturierten und schon weitgehend in der Arbeiterklasse verankerten Bewegung bestehen. Doch dank des Aktivismus von Sozialreformern wie Armand de Melun bleibt sie weiterhin Teil des »philanthropischen« Versittlichungsprogramms der Arbeiterklassen.

3. Dennoch ist der Patronage-Gedanke gerade im Unternehmen aufgrund der praktisch uneingeschränkten Macht der Unternehmensführung über die Arbeiter zu voller Geltung gekommen. Le Play, der sich zum Herold der industriellen Patronage aufgeschwungen hat, erhebt sie in den Rang eines politischen Regulierungsprinzips:

> *»Der Begriff der freiwilligen Patronage erscheint mir völlig passend zur Bezeichnung dieser neuartigen Organisation [der Arbeit]; das Prinzip der Hierarchie wird beibehalten; einzig die militärische Autorität der Grundherren, die früher mit der Verteidigung des Bodens betraut waren, wird durch den moralischen Einfluß der Patrons, die die Werkstätten beaufsichtigen, ersetzt.«*[112]

Das setzt jedoch voraus, daß die Unternehmer das Spiel dieser moralischen Patronage überhaupt mitspielen, d. h. abrücken wollen von der rein liberalen Konzeption des Arbeitsverhältnisses als einer Vertragsbeziehung, die auf folgendes hinausläuft: »Der Arbeiter leistet seine Arbeit, der Arbeitgeber [maître] zahlt den ausgehandelten Lohn, womit auch ihre gegenseitigen Verpflichtungen schon enden. In dem Augenblick, wo er [der Arbeitgeber] seine [des Arbeiters] Arme nicht mehr benötigt, entläßt er ihn, und es ist Sache des Arbeiters, damit zurecht zu kommen«.[113] Im Gegensatz dazu macht genau »die liebevolle Fürsorge um den Arbeiter« die Patronage aus, »welche bewirkt, daß der Patron ein Interesse an ihm hat, das über jenes hinausgeht, welches er ihm eigentlich schuldet, und daß er sich bemüht, ihm hilfreich zu sein.«[114]

Der Unterschied zwischen politischer Ökonomie und sozialer Ökonomie bekommt hier klare und konkrete Konturen. Freilich schuldet der Arbeitgeber seinem Angestellten jeder Vertragsgerechtigkeit nach nur seinen Lohn, er kann jedoch begreifen, daß es nur billig und auch in seinem Interesse ist, ihm Dienste zu erweisen, die keiner strikten Marktlogik gehorchen:

> *»Hinter der Arbeitskraft, dieser ökonomischen Abstraktion, steht ein Arbeiter, ein Mensch mit seinem Leben und seinen Bedürfnissen. Wenn man sich daran hält, daß Arbeit eine Ware ist, dann ist sie auf jeden Fall eine Ware sui generis, die keiner anderen gleicht und eigenen Gesetzmäßigkeiten gehorcht. Mit ihr steht die menschliche Persönlichkeit als Ganze auf dem Spiel.«*[115]

112 F. Le Play, *La réforme sociale en France, op. cit.*, Bd. 2, S. 413.

113 M. T. Duchâtel, *De la charité dans ses rapports avec l'état moral et le bien-être des classes inférierures de la société*, Paris 1829, S. 133.

114 H. Valleroux, Artikel »patronage«, in: L. Say, J. Chailley, *Nouveau Traité d'économie politique, op. cit.*, Bd. II, S. 440.

115 E. Cheysson, »Le rôle de l'ingénieur«, *La Réforme sociale*, Paris, Oktober 1897.

Der Arbeiter beispielsweise, der für eine Familie aufkommen muß, hat nicht die gleichen Bedürfnisse wie der Junggeselle; er hat zusätzliche Belastungen in Form des Unterhalts und der Unterbringung seiner Familie oder der Ausbildung seiner Kinder usw. Der reinen Vertragsgerechtigkeit ist also ein Mangel an Billigkeit eigen, wenn sie dem verheirateten Mann und dem Junggesellen den gleichen Lohn gibt, obwohl der erstere für die Gesellschaft nützlicher und weniger gefährlich ist: Er reproduziert die Arbeitskraft und ist ans Heim gebunden, während der Junggeselle oft zu einem Faktor gesellschaftlicher Destabilisierung und der Sittenverderbnis wird.[116] Ebenso kann der Arbeiter aufgrund einer Krankheit oder eines Unfalls zeitweise seiner Überlebensfähigkeit beraubt sein, ohne dafür verantwortlich zu sein. Die Festsetzung des Lohnes folgt trotzdem den Gesetzen der politischen Ökonomie, welche auf diese Schwierigkeiten keinerlei Rücksicht nehmen kann. In solchen *Diensten* kann das »soziale« Engagement Form annehmen, ohne in Widerspruch zu den wirtschaftlichen Erfordernissen zu geraten. Die Wiederherstellung der Gesundheit, die Verbesserung der Wohnverhältnisse, die Unterstützung in Notsituationen, sogar die Erziehungsmittel, gesunde Freizeitbeschäftigungen und Beihilfen bei Arbeitsunfähigkeit, Arbeiterwitwen- und Waisenunterstützungen usw. können nach einer anderen Logik als der des Profits verteilt werden, ohne ihr deshalb zuwiderzulaufen. Derart macht sich der Patron zum Sachwalter der Sicherheit des Arbeiters, wozu dieser von sich aus außerstande wäre. »Obliegt nicht ihm [dem Patron] die Pflicht, für den Arbeiter dasjenige zu tun, was dieser nicht selbst macht, also für sich selbst Vorsorge zu treffen, zu sparen und auf sich zu achten?«[117]

Auf diesen Grundlagen entwickelt sich in einigen großen Industrieregionen der damaligen Zeit, etwa dem elsässischen Textilgebiet, den Bergwerken von Anzin, Le Creusot, Monceau-les Mines eine beinahe allumfassende Infrastruktur an Sozialdiensten. Le Creusot etwa bietet unter der entschlossenen Zuchtrute der Familie Schneider einen medizinischen Dienst an, mit Apotheker und Krankenrevier, ein Wohltätigkeitsbüro, das kranken oder verletzten Arbeitern, aber auch Arbeiterwitwen und -waisen eine Unterstützung zukommen läßt, eine Sparkasse der die Fabrik 5 % Zinsen für die eingezahlten Beträge überweist, eine Versicherungsgesellschaft, an die die Arbeiter Beiträge in Höhe von 2% ihres Lohnes abzuführen haben. Die Firma legt ebenfalls eine Wohnungspolitik auf: Errichtung von Einheitswohnungen, Verkauf von Baugrund zu ermäßigten Preisen und Vermögensbildungskredite an Arbeiter. Ähnliche Leistungen bieten die Chagot in Monceau-les-Mines.[118]

Das Ideal besteht in der Verwirklichung einer perfekten Osmose zwischen der Fabrik und dem Alltagsleben der Arbeiter und ihrer Familien. »Die Fabrik ist in Wirklichkeit die Gemeinde. Alle beide sind bisher von der gleichen Hand gelenkt worden

116 Das althergebrachte Paradigma vom Vagabunden, dem völlig entkoppelten Herumstreuner geistert immer noch durch die Gesellschaft: »Allerorten sind es die nomadischen Arbeiter, ortsfremde Leute, die Vagabunden, Junggesellen, all jene, die nicht durch die Familie an ein Heim gebunden sind, die im allgemeinen die schlimmsten Sitten an den Tag legen und höchst selten Ersparnisse zurücklegen [...]. Diejenigen, die nicht herumreisen, sondern stets am selben Ort, nahe bei ihren Eltern oder Kindheitsfreunden bleiben, haben Furcht vor den Aufsichtsbehörden und gehen eher den üblen Subjekten aus dem Weg.« (H.A. Frégier, *Des classes dangereuses de la population dans les grandes villes, et des moyens de les rendre meilleures*, 2 Bde., Paris 1840, S. 81).

117 H. Valleroux, Artikel »Patronage«, *loc. cit.*, S. 439.

118 Vgl. J.-B. Martin, *La fin des mauvais pauvres, de l'assistance à l'assurance*, Seysset, Éditions du Champ Valon, 1983.

und gut damit gefahren... Darin besteht eben das Geheimnis von Le Creusot, und es bewirkt eine ganze Menge zu geringen Kosten: die Stadt und die Fabrik sind zwei Schwestern, die unter derselben Obhut aufgewachsen sind.«[119] Sie sind tatsächlich die Umsetzung der totalen Institution im buchstäblichen Sinne, ein einziger Ort, an dem der Mensch die Totalität seiner Bedürfnisse befriedigt, wo er lebt, arbeitet, wohnt, sich ernährt, sich vermehrt und stirbt. Reybaud begeistert sich erneut, diesmal mit Blick auf Anzin: »Die Firma geleitet den Arbeiter buchstäblich von der Wiege bis zur Bahre, wir werden noch sehen, mit wieviel wachsamer Sorge und zum Preis welcher Summen.«[120] Die erste Verwirklichung sozialer Sicherheit wird also mit der absoluten Abhängigkeit des Arbeiters erkauft.

Diese Errungenschaften leisten zugleich einen Beitrag zur Lösung des größten Problems, mit dem der Kapitalismus seit seinen Anfängen zu kämpfen hat: der Beendigung der unerwünschten Mobilität der Arbeiter, der gleichzeitigen Verwirklichung »der Disziplin zur Arbeit und der Disziplin bei der Arbeit«, wie David Landes es ausdrückt.[121] Der »Sublimismus« der Arbeiter ist in der Tat das Leitmotiv der gesamten Literatur zu sozialen Themen im 19. Jahrhundert.[122] Er bezeichnet ein geographisches Nomadentum (die Arbeiter ziehen von Zeche zu Zeche, von Baustelle zu Baustelle, verlassen, angezogen von höheren Löhnen oder abgestoßen von den Arbeitsbedingungen, unversehens ihren Arbeitgeber) und den unregelmäßigen Besuch des Arbeitsplatzes (Feiern des »blauen Montags« und anderer volkstümlicher Bräuche, die ebenso als Zeichen mangelnder Vorsorge gebrandmarkt werden).

Die vom Arbeitgeber ausgeübte Patronage dient als wirkungsvolles Mittel zur Seßhaftmachung der Arbeiter, da diese all ihre »Sozialleistungen« verlieren, wenn sie ihre Firma verlassen. Zu einem so umfassenden Einfluß kann es freilich nur in den relativ geschlossenen Räumen der großen industriellen Konzentrationen kommen. In den kleinen Werkstätten oder gerade dann, wenn er in der Stadt wohnt, gerät der Arbeiter in die Gefahr, all den »üblen Einflüssen« durch das Wirtshaus und die in den Unterschichten herrschende Solidarität ausgesetzt zu sein und sich seinen schlechten Neigungen hinzugeben.[123] Doch selbst unter diesen nicht allzu günsti-

119 L. Reybaud, *Le fer et la houille*, Paris, 1874, S. 34.

120 *Ebd.*, S. 190.

121 Vgl. D. Landes, *The Rise of Capitalism, op. cit.*

122 Vgl. D Poulot, *Le sublime* sowie die Einleitung Alain Cottereaus zur Ausgabe von 1980, Paris, Maspero. Es ist bezeichnend, daß der zur Bezeichnung der Unstetigkeit der Arbeiter verwendete Begriff »sublime« im Mund von Denis Poulot zwar pejorativ konnotiert ist, trotzdem aber auf die besten Arbeiter angewandt wird, auf diejenigen, die am schnellsten und besten arbeiten und daher nur drei oder vier Tage in der Woche Arbeit zu finden brauchen, sich ihren Arbeitgeber aussuchen können und dabei nicht riskieren, arbeitslos zu werden. Er gibt den Wunsch nach Autonomie seitens der bestausgebildetsten Arbeiter wieder sowie ihre abgrundtiefe Abneigung gegen all die Formen der Unterstellung unter die Erfordernisse kollektiver Arbeit und unter die moralische Ordnung, die man ihnen aufzuzwingen versucht (Eigentlich bedeutet der Begriff »sublime« soviel wie »erhaben«, »überragend«, »bewunderungswürdig«. Im Jargon der Pariser Arbeiter steht er jedoch, ironisch gewendet, für den Arbeiter, der sich der Autorität des Arbeitgebers widersetzt und die familiale Moral nicht respektiert; Anm. d. Übers.).

123 Georges Duveau stellt die Mentalität und die Verhaltensweisen der in den Städten lebenden Arbeiter, »welche für die sich tentakelhaft ausbreitende Fabrik und den omnipräsenten ›Patron‹ stehen«, dem Leben in den Großstädten gegenüber, welche Freiheit gewährleisten und »den Träumen der Arbeiter Nahrung geben« können (*La vie ouvrière en France sous le second Empire*, Paris, Gallimard, 1946, S. 227). Für die »ehrenwerten Menschen« dagegen verkörpert das vom Volk besuchte Wirtshaus den Hort aller Laster und Gefahren. Leroy-Beaulieu beispielsweise nimmt diesbezüglich kein Blatt vor den Mund: »Man wird dort neidisch, habsüchtig, revolutionär und skeptisch, letztendlich Kommunist« (*La question ouvrière au XIXe siècle*, Paris 1871, S. 335).

gen Voraussetzungen kommt die patronale Vormundschaft über zwei Institutionen mit enormer Bedeutung im 19. Jahrhundert zur Ausübung: das Arbeitsbuch und die Fabrikordnung.

Das Ziel des *Arbeitsbuchs*, das während des Konsulats auf der Basis von Verfügungen aus der Zeit des Ancien Régime eingeführt (vgl. Kap. III), in den Jahren 1850 und 1854 wiederaufgegriffen und erst 1890 abgeschafft wird, besteht in der Kontrolle der Wanderungsbewegungen der Arbeiter. Es dient als Voraussetzung für eine Einstellung und bei den Polizeibehörden als Paß, obendrein sind in ihm noch die Schulden verzeichnet, die ein Arbeiter bei seinem früheren Arbeitgeber eingegangen ist. »Als Garant einer höchst eigentümlichen, aber sehr drastischen Ordnung und einzig im Interesse des Arbeitgebers erfunden«,[124] bricht das Arbeitsbuch mit der Gegenseitigkeit der beiden Vertragspartner nach dem Zivilrecht. Ein »Industriegesetz« gibt dem Patron Ermessensfreiheit bei der Einstellung. Dieses Gesetz erfüllt auch polizeiliche Funktionen: Zwei Verordnungen vom 1. April 1831 und vom 30. Dezember 1834 machen es dem zur Arbeitsuche nach Paris gekommenen Arbeiter zur Pflicht, innerhalb von acht Tagen sein Buch auf dem Kommissariat mit einem Vermerk versehen zu lassen.[125]

Die Fabrik- und Werkstattordnung weicht noch stärker vom gemeinen Recht ab. Sie bringt den Willen, das Öffentliche im Privaten aufgehen zu lassen – darin besteht letztlich die Vormundschaft durch den Arbeitgeber – klar zum Ausdruck. Als Eigentümer der Fabrik diktiert der Patron eine Ordnung, der Gesetzeskraft zukommt und deren Übertretung Sanktionen nach sich zieht. Aus dem nach dem Modell der Familie gedachten privaten Bereich der Fabrik, dessen Oberhaupt der Unternehmer ist, geht ein System verpflichtender Regelungen mit moralisierender Absicht aus. Neben den Maßregeln bezüglich technischer Hygiene- und Sicherheitsanforderungen enthalten die Fabrikordnungen nämlich auch Vorschriften wie etwa jenen in der Glashütte Saint Édouard 1875 erlassenen Artikel 30: »Jeder in der Glashütte beschäftigte Arbeiter, dessen Betragen nicht dem eines nüchternen und arbeitsamen Ehrenmannes entspricht, der in allem und überall das Interesse der Fabrikherren im Auge hat, wird des Betriebes verwiesen und gegebenenfalls bei Gericht angezeigt.«[126] Alain Cottereau merkt dazu an, daß im Unterschied zur »Manufakturpolizei« des Ancien Régime und entgegen dem Geist des *Code civil* die Unternehmer, also Privatpersonen, die Reglements der Arbeitspolizei erlassen und letztendlich die Funktion öffentlicher Personen ausüben.

Wir haben hier nur ein besonders schlagendes Beispiel für eine Übertretung der Vertragsordnung durch die vormundschaftliche Ordnung, die Gesamtheit dieser Überschreitungen bildet aber ein System. Das Zusammenspiel der vom Patronage-System geschaffenen Abhängigkeiten formt ein Modell, das auf die Gesamtgesellschaft zur Sicherung des sozialen Friedens ausgedehnt werden müßte. Über seinen

124 M. Sauzet, *Le livret obligatoire des ouvriers*, Paris 1890, S. 14.
125 Vgl. J.-P. de Gaudemar, *La mobilisation générale*, Paris, Éditions du champ urbain, 1977, S. 115.
126 Zit. nach A. Cottereau, »Introduction«, in: A. Biroleau, *Catalogue des règlements d'atelier, 1798–1936*, Paris, Bibliotheque nationale. Marx sprach schon davon, daß »der gesetzgeberische Scharfsinn der Fabrik-Lykurge [...] ihnen die Verletzung ihrer Gesetze womöglich noch einbringlicher als deren Befolgung« mache (*Das Kapital, op. cit.*, 1. Bd., S. 382).

Beitrag zur Auflösung der Klassengegensätze hinaus wird es von Le Play in den Rang des zivilisatorischen Prinzips schlechthin erhoben: »Die freiwilligen Patrons des neuen Systems haben mehr Anrecht auf öffentliches Ansehen als die früheren Feudalherren... Sie sind hervorragend dazu geeignet, die sittenlosen und nicht vorausschauenden Klassen zu führen, nutzbringende Beziehungen zwischen den zivilisierten Nationen zu schaffen und die wilden und barbarischen Rassen zu schützen.«[127]

Eine rückwärtsgewandte Utopie

Diese Strategien haben etwas paradoxes an sich. Ihre Verfechter akzeptieren im wesentlichen den ökonomischen Liberalismus, die Industrialisierung, die Vertragsförmigkeit des Rechts im allgemeinen und des Lohnarbeitsverhältnisses im besonderen. Trotzdem bemühen sie sich, diesem Universum der Moderne wieder ein Modell vormundschaftlicher Beziehungen einzuimpfen, welches an das erinnert, was Marx und Engels mit beißender Ironie »die verzauberte Welt der feudalen Beziehungen« nennen. Verbirgt sich dahinter nicht eine Art reaktionärer Utopie, also ein Versuch der Umkodierung des historisch Neuen in Kategorien, die schon dazu gedient haben, frühere Formen gesellschaftlicher Organisation zu denken und zu bewerkstelligen?

Die Techniken der Patronage haben nur inmitten der großen Industrieagglomerationen, in den Spitzensektoren der Produktion Anwendung gefunden. Doch in der Literatur zur Apologie dieser Praxisformen finden wir merkwürdige Texte wie diesen:

> *»Das Wort Patron bezieht sich nur auf Dienstherren [chefs], die ihren Untergebenen Frieden und Sicherheit gewährleisten. Sobald diese Funktion nicht mehr erfüllt wird, fällt der Patron in die Kategorie der maîtres, der Herren, und ist nicht mehr als ein Arbeitgeber [employeur], gemäß dem barbarischen Terminus, der in den Regionen, in denen Unbeständigkeit herrscht, den des Patron abzulösen im Begriff ist.«*[128]

Ein wirklicher »Patron« ist also einer, der seine Arbeiter in einer Beziehung der Unterordnung hält. Dagegen ist derjenige »Unternehmer« nur ein »Barbar«, der in den »Regionen, in denen Instabilität herrscht«, also in den neuen »Beschäftigungsbecken« tätig ist, in denen die vormundschaftlichen Regulierungen nicht Fuß gefaßt haben. Diese Konzeption des Personalmanagements bleibt die gleiche wie die des »Armenbesuchers«, die der Baron de Gérando auf jene andere, von den Bedürftigen verkörperte Kategorie von Unmündigen anwandte: Einwirkung auf die Gefühle, Erwartung von Dankbarkeit im Austausch gegen Wohltaten, Auflösung des Rollenunterschieds und der Interessenkonflikte in einer personalisierten Abhängigkeit. Ist ein derartiges familialistisches Modell mit der Entwicklung der Arbeitsteilung, der zunehmend technischen Hierarchisierung der Aufgaben und der Bewußtwerdung von Interessenantagonismen vereinbar? Eugène Schneider versäumt nicht die Gelegen-

127 F. Le Play, *La réforme sociale en France, op. cit.*, Bd. IV, S. 425.
128 F. Le Play, *ebd.*, Bd. II, S. 458.

heit, seine Arbeiter daran zu erinnern, daß Le Creusot eine große Familie ist. Doch als diese 1870 beschließen, die Betriebsunterstützungskasse selbst zu verwalten, erteilt ihnen Schneider folgende Zurechtweisung: »Geben Sie acht, sie legen eine oppositionelle Haltung an den Tag, die zwar höflich bleibt, aber deswegen um nichts weniger Opposition ist, und ich mag keine Opposition.«[129] Die Arbeiter werden mit Streik darauf antworten.

Die bewußtesten unter den späteren Vertretern unternehmerischer Patronage haben verstanden, wie schwierig moralische Bevormundung, technische Effizienz und sozialer Friede zu vereinbaren sind. Émile Cheysson, der von 1871 bis 1874 Direktor in Le Creusot war, wird später den Begriff des »Sozialingenieurs« prägen, der technische Kompetenz mit der Sorge um die gute Führung der Arbeiter vereinen soll. Doch seine Haltung bleibt ambivalent:

> *»Heutigentags, wo die Arbeiter ein stolzes und ängstlich bewahrtes Gefühl für ihre Unabhängigkeit haben, bezieht sie der Patron stärker in die Einrichtungen ein, die er für sie organisiert, wenn er ihnen nicht gar die Verwaltung, abgesehen von Hilfen in Form diskreter Hinweise und Subventionen oder Vorschüssen, vollständig überläßt. So wird er dem Anecken des «Paternalismus» bei leicht gekränkten Geistern vorbeugen und dadurch seine Patronage um so annehmbarer und wirkungsvoller gestalten können.«*[130]

Ist dies ausreichend, um »das stolze und ängstlich bewahrte Gefühl« der Arbeiter »für ihre Unabhängigkeit« zu entwaffnen?

Die Patronage-Strategien haben zwei Faktoren unterschätzt, die eine immer entscheidendere Rolle in der Großindustrie spielen sollen. Der erste ist technischer Art. Die Erfordernisse der Organisation der Arbeit in großem Maßstab werden eher objektive und über die zu verrichtenden Aufgaben definierte Verhältnisse erzwingen als von moralischen Imperativen bestimmte Beziehungen persönlicher Abhängigkeit. Die für die Moderne charakteristische »Entzauberung der Welt« bringt anstelle von Klientelismus und persönlicher Unterwerfung das Aufkommen formaler bzw. »bürokratischer« Beziehungen im Sinne Max Webers natürlich auch in der Organisation der Arbeit mit sich. Diese Richtung wird sich dann ja mit dem Taylorismus durchsetzen. Man kann zumindest behaupten, daß die Ideologie der Patronage nicht gerade zur Aufgeschlossenheit gegenüber dieser entscheidenden Wandlung der Arbeitsorganisation beiträgt.

Die zweite Sackgasse ist noch schwerwiegender. Sie rührt aus der Unterschätzung des »stolzen und ängstlich bewahrten Gefühls« her, welches die Arbeiter gegenüber ihrer Unabhängigkeit hegen, besser gesagt von der Unmöglichkeit, in diesem Zusammenhang die eigenen Forderungen der Arbeiter und ihrer spezifischen Organisationsformen zu berücksichtigen. Die unternehmerische Bevormundung kann sicherlich eine gewisse Wirkung bei Bevölkerungsgruppen erzielen, die sich aus kürzlich

129 Zit. nach E. Dolléans, *Histoire du mouvement ouvrier*, Bd. 1, 1830–1871, Paris, A. Colin, 1957, S. 344.
130 É. Cheysson, »Le patron, son rôle économique et social« (Vortrag vom 11. April 1906), in: *Œuvres choisies*, Paris, 1911, Bd. 2, S: 117.

eingewanderten Arbeitern zusammensetzen und noch von ihren ursprünglichen ländlichen Werten durchdrungen sind, jedoch noch keine Wurzeln in ihrer neuen industriellen Umgebung geschlagen haben.[131] Je stärker nun eine Arbeiterklasse auf den Plan trat und sich organisierte, sich empfänglich gegenüber den sozialistischen und kommunistischen Lehren zeigte, welche ihre Bedeutung heraushoben und ihre Ausbeutung anprangerten, konnte sie sich eigentlich nur diesen patronalen Managementformen widersetzen, die ja von den Arbeitern verlangten, in ihrem Elend glücklich zu sein und denen, die daraus Profit zogen, auch noch Anerkennung zu zollen. Die Probe aufs Exempel für die Unvereinbarkeit dieser Interessen wird bald erbracht werden. Bezeichnenderweise brechen gerade in den Bastionen des Patronagesystems gegen Ende des Zweiten Kaiserreichs große Arbeiterstreiks aus.[132] Bezeichnend ist auch, daß sie gerade zu der Zeit aufkommen, als eine zweite oder dritte Generation von Industriearbeitern sich langsam eine eigene Kultur und eigene Organisationsformen hat schaffen können. Mögen die Generationen vorher noch von vormundschaftlicher Sehnsucht besessene Bauernlümmel gewesen sein, von nun an beginnt sich der Embryo einer organisierten Arbeiterklasse zu rühren.[133]

Nicht daß die unternehmerische Patronage gegen Ende des 19. Jahrhunderts schon zu einem Relikt verkümmert gewesen wäre. Gewiß erklärt Louis Reybaud 1863: »Es bleibt, wie sich erahnen läßt, nur noch wenig Spielraum für die direkte Patronage und eine inoffizielle Vormundschaft. Diese Poesie gehört von nun an der Kindheit der Fabriken an; sie verblaßt in dem Maße wie diese sich anschicken, ins Mannesalter einzutreten.«[134] Doch bekräftigt die Zeitung der Bergwerkskommission noch 1902: »Der Unternehmer [patron] hat seine Schuldigkeit noch nicht getan, wenn er seinen Angestellten den vereinbarten Preis ausgezahlt hat, und er muß ihnen gegenüber im Rahmen des Möglichen die Vorsorge eines Familienvaters an denTag legen.«[135]

Tatsächlich weisen bis heute noch breite Sektoren der Arbeitsorganisation Hinterlassenschaften der Patronage und des Paternalismus auf.[136] Beide stellten einen ersten Versuch eines groß angelegten Kampfs gegen die instabile Lage der Arbeiter dar. Sie

131 Der im Gegensatz zu Deutschland langsame und relativ kontinuierliche Verlauf der Landflucht in Frankreich wirkte sich hemmend auf die Bewußtwerdung einer spezifischen Arbeiterlage aus. Mehrere Schichten von Arbeitergruppen finden sich an ein und demselben Ort, die letzten sind noch ganz von der ländlichen Lebensweise durchdrungen, während die früher gekommenen sich ihrer schon entledigt haben. Vgl. zu diesem Aspekt F. Sellier, *La confrontation sociale en France, 1936–1981*, Paris PUF, 1981.

132 Vgl. F. Huillier, *Les luttes ouvrières à la fin du second Empire*, Paris, A. Colin, »Cahiers des Annales«, 1957.

133 Diese Bemerkungen betreffen die Entwicklung des Proletariats der großen Industriekonzentrationen, auf das sich die unternehmerische Kuratel hauptsächlich richtet. Das Aufkommen der aus dem städtischen Proletariat hervorgegangenen Arbeiterelite vollzieht sich noch früher und nach einer weniger vom unternehmerischen Zugriff abhängigen Logik. Vgl. beispielsweise G. Duveau, *La vie ouvrière en France sous le second Empire, op. cit.*, und das bewundernswerte Gemälde der Mentalität der Pariser Arbeiter in D. Poulot, *Le sublime, op. cit.*

134 L. Reybaud, *Le coton*, Paris, 1863, S. 368.

135 Zit. nach A. Melucci, »Action patronale, pouvoir, organisation«, *Le mouvement social*, n°97, Oktober–Dezember 1976, S. 157.

136 Vgl. für eine schon zeitgenössische Version der Patronage beispielsweise A. Lemenorel, »Paternalisme version XXe siècle: l'exemple de la Société métallurgique de Normandie, 1910–1988«, in: *Le social aux prises avec l'historie*, »Cahiers de recherches sur le social«, vol. III, 1991 (Die *Société métallurgique de Normandie* ist übrigens eine Tochtergesellschaft der Schneider-Fabriken von Le Creusot). Die Patronage, verstanden als eine Form des Personalmanagements, die sich an traditionellen Regulierungsmustern orientiert, läßt sich vom Paternalismus, einer Verschärfung der Patronage nach den Streiks vom Ende des 19. Jahrhunderts unterscheiden (G. Noiriel, »Du patronage au paternalisme: la restauration des formes de domination de la main-d'œuvre ouvrière dans l'industrie métallurgique française«, *Le mouvement social*, n° 144, Juli–September 1988). Doch in der Realität vermischen sich die beiden Haltungen häufig.

brachten auch die ersten systematischen Formen sozialer Absicherung hervor, doch reaktivierten diese Innovationen sehr archaische Herrschaftsformen. Wie Louis Bergeron schreibt, unternimmt die Patronage das aussichtslose Unterfangen, »die neue Industriegesellschaft in die Form der alten ländlichen Gesellschaft zu gießen«, oder sogar »die im Vormarsch begriffene Urbanisierung und Proletarisierung vergessen zu machen«[137]. So gesehen könnte man von einer »reaktionären« oder »rückwärtsgewandten Utopie« sprechen: Damit ist eine Utopie gemeint, für die der Rückbezug auf die Vergangenheit das organisatorische Schema für die Zukunft ist und die letztlich nur neuen Wein in alte Schläuche gießen will.

Die Unfähigkeit oder Weigerung, die Existenz des Sozialen sui generis zu begreifen, scheint den gemeinsamen Nenner dieses konturlosen Raumes sozialreformerischer Positionen auszumachen. Man beschränkt sich im allgemeinen darauf, die über den sozialen Interventionen schwebende Art von »Staatsverbot« mit der liberalen Konzeption eines Minimalstaates in Verbindung zu bringen. Aber beruhen diese Haltungen etwa nicht zutiefst auf der Konzeption einer *Minimalgesellschaft*, die ebenfalls vom Liberalismus gestützt wird? Der liberale Mensch ist ein rationales und verantwortliches Individuum, das sein Interesse auf der Basis von mit anderen Individuen eingegangenen Vertragsbeziehungen verfolgt – »methodologischer Individualismus« *avant la lettre*. Nun sind aber nicht alle Menschen diesem Ideal gewachsen. Die Entdeckung des Pauperismus hat wohl eine Herausforderung für diese Konzeption von Gesellschaft als einer Vereinigung rationaler Individuen bedeuten müssen. Doch hat sie sie dank des Denkschemas von der Minderwertigkeit der unteren Klassen annehmen oder umgehen können, welches die Begründung einer vormundschaftlichen Beziehung zu ihnen gestattete. Der Liberalismus entwickelt zwei Modelle gesellschaftlicher Organisation, die sich nicht notwendigerweise einander widersprechen, ebensowenig wie die Spannung zwischen ihnen stark sein muß: das des *vertraglichen Tausches* zwischen freien, gleichen, verantwortlichen und vernünftigen Individuen, und das des *ungleichen Tausches* der denjenigen gegenüber auszuübenden Patronage, die der Logik vertraglicher Gegenseitigkeit nicht gewachsen sind. Dazu Benjamin Constant: »Diejenigen, welche die Not in ewiger Abhängigkeit hält und die sie zu Taglöhnerarbeiten verurteilt, sind über die öffentlichen Angelegenheiten nicht aufgeklärter als Kinder und am nationalen Wohlstand ebensowenig interessiert wie Ausländer.«[138] Die »sozialen« Interventionen bewegen sich also in diesem Raum eines quasi anthropologischen Unterschieds, der nicht mehr von der Verantwortlichkeit zwischen Gleichen, sondern von der Ausübung einer aufgeklärten Vormundschaft über Unmündige bestimmt wird. Gewissermaßen ein »Ersatz-Soziales« zur Gewährleistung der Verbindung zwischen Höheren und Niedrigeren, die nicht wirklich eine Gesellschaft bilden.

2 Modelle des Liberalismus

Der Graben kann nur tiefer werden zwischen dieser paternalistischen *Weltanschauung*[139] und einer Arbeiterklasse, die langsam ihrer eigenen »Befähigungen«[140] bewußt wird, um eine Formulierung Proudhons zu übernehmen. Die Patronage in

137 L. Bergeron, *Les capitalistes en France, 1780–1914*, Paris, Julliard-Gallimard, 1978, S. 152.
138 B. Constant, *De la liberté chez les modernes*, in: *Œuvres*, Paris, La Pléiade, Gallimard, 1957, S. 316.
139 im Original deutsch, A. d. Ü.
140 J. Proudhon, *De la capacité des classes ouvrières*, Paris 1865.

der Industrie hat, wie wir gesehen haben, Streiks nicht verhindern können. Die Ablehnung ist jedoch allgemeiner. Seit den vierziger Jahren des 19. Jahrhunderts bringt die Zeitung *L'Atelier*, die eine kohärente Ideologie der Autonomie der Arbeiter entwickelt, regelmäßig ihre Verachtung für die »Philanthropie« zum Ausdruck: »Die Philanthropie ist ein regelrechter Alptraum, der mit enormem Gewicht auf die Brust der Arbeiterklassen drückt. [...] Wer wird uns also von der philanthropischen Vaterschaft erlösen?«[141]

Diese unwiderrufliche Verurteilung der Patronage erfolgt um so vehementer, als sich die Arbeiterbewegung ein Alternativmodell der Arbeitsorganisation schmiedet, das die Ausbeutung der Lohnarbeit abschaffen soll, nämlich die Arbeiterassoziation: »Wir sind uns dessen gewiß, daß wir unser eigener Herr sein können und keine Herren mehr brauchen.«[142] Die Assoziation birgt eine andere Konzeption des Sozialen und ihre Umsetzung erfolgt über die Bildung von Kollektiven, die Beziehungen gegenseitiger Abhängigkeit zwischen gleichen Individuen einführen. Bekanntlich ging das Gären und Wallen von 1848 genauso wie später die Bewegung der Pariser Kommune mit einer außerordentlichen Vermehrung von Konsum-, vor allem aber von Produktionsgenossenschaften einher.[143] Die Reaktion der Notabeln auf diese Versuche ist typisch. Thiers sieht darin am 26. Juli 1848 »die lächerlichste von allen bei uns aufgekommenen Utopien.«[144] Villermé bedauert, daß »die Arbeiter nicht begreifen, daß nur zwei Klassen von Menschen in der Industrie möglich sind, die Chefs und die Lohnarbeiter; und daß sie, was sie auch unternehmen, ob sie assoziiert sind oder nicht, stets Chefs oder eben Patrons, wie man heute sagt, über sich haben werden.«[145] Der Gipfel an Klassendünkel wird aber zweifelsohne von Leroy-Beaulieu erreicht: »Haben wir weder Bedauern noch Ungeduld für diese Versuche übrig; die Rolle, welche die Arbeiter ergreifen wollen, wird auf zufriedenstellendere Weise und zum Besten der Interessen aller von der Bourgeoisie erfüllt. Was die arbeitende Bevölkerung angeht, so gibt es sicherere Mittel, um ihr Geschick zu heben.«[146]

Man wird wohl kaum darüber staunen, daß die Repräsentanten der herrschenden Klassen diese Form der Arbeiterorganisation, die Arbeiterassoziation, welche sie enteignen würde, verurteilen.[147] Noch bezeichnender sind aber die verwendeten Argumente und die dahinterstehende Konzeption sozialer Aktivität. Nicht so sehr der »Kollektivismus« als solcher wird im Sinne eines Willens zur kollektiven Aneignung der Produktionsmittel gebrandmarkt (die Assoziation wird von sämtlichen Strömungen der Arbeiterbewegung, einschließlich den antikollektivistischen Anarchisten, gepriesen). Die strikte Ablehnung bezieht sich auf die *Existenz des Kollektivs* überhaupt, auf jeglichen Versuch also, über die Beteiligung der Betroffenen das Elend und die Unterwerfung der Arbeiter kollektiv in die Hand zu nehmen. Die »sichereren Mittel

141 Kritische Besprechung des Buches von A. Egon, *Le livre de l'ouvrier*, in der Februar-Nummer von *L'Atelier* von 1844, zit. nach A. Faure, J. Rancière, *La parole ouvrière 1830–1851*, Paris, UGE, 1976, S. 232.

142 *Ebd.*, S. 352.

143 Vgl. A. Gueslin, *L'invention de l'économie sociale, op. cit.*, S. 139f.

144 A. Thiers, Rede vom 26. Juli 1848, zit. nach L.-F. Dreyfus, *L'assistance sous la Seconde République, op. cit.*, S. 62.

145 L.-R. Villermé, *Des associations ouvrières*, Paris 1849, S. 34.

146 P. Leroy-Beaulieu, *La question ouvrière au XIXe siècle*, Paris 1871, S. 287.

147 Vgl. für eine abweichende, »sympathisierende« Lesart derselben Art von Daten, M. Leroy, *La coutume ouvrière*, Paris 1913.

zur Hebung des Geschicks« der Arbeiterklassen, die Leroy-Beaulieu befürwortet, schließen jedwede Organisationsform und gar jegliche Initiative seitens der Betroffenen aus. Die Mittel zur Abhilfe befinden sich in den Händen der »ehrenwerten Leute« und bestehen aus den Strategien, die sie aus eigener Initiative gegenüber ihren Untergebenen zur Anwendung bringen. Der einzige Heilsweg für das Volk besteht in seiner respektvollen Zustimmung zu dem für es und ohne es aufgestellten Wertesystem. Das, was für eine Sozialpolitik steht, besteht darin, eine sittliche Einstellung auf die Ebene kollektiver Einsätze zu extrapolieren. Das letztendliche Ziel dieser Strategien liegt wohl darin, daß »die neue Gesellschaftsordnung vollkommen wie ein Komplex sittlicher Verpflichtungen erlebt wird.«[148]

Wir stoßen hier auf ein eigentümliches Paradox. All diese Überlegungen werden ab den zwanziger Jahren des 19. Jahrhunderts durch die Entdeckung des Pauperismus, durch wissenschaftliche Untersuchungen der von der Industrialisierung erschütterten oder zerstörten Lebensweise der Unterschichten ausgelöst. Diese Erkenntnisse bilden den ursprünglichen Kern der Sozialwissenschaften.[149] Doch der praktische Gebrauch, den man von diesem Wissen macht, beschränkt sich auf die Ebene moralischer Instrumentalisierung. Beim Großteil dieser Autoren koexistiert ein Bewußtsein davon, daß das neuartige Elend eine Massenerscheinung, eine nicht auf die Summe individuellen Fehlverhaltens reduzierbare Auswirkung der Industrialisierung darstellt, mit dem Eifer, dieses Elend mit Hilfe individueller oder kollektiver Techniken anzugehen, die, seien sie aufgezwungen oder angeboten, einer *institutionalisierten Moral* unterliegen.

Diese Ambivalenz klärt sich aber auf, sobald man die politische Zielsetzung dieser Strategien in Betracht zieht. Man muß keineswegs allzu subtile Interpretationen zu ihrer Entzifferung bemühen. Sie wird offen bekundet:

> *»Anstatt die Gesellschaft unter Verwendung abscheulicher Bezeichnungen in die Kategorien Eigentümer und Proletarier einzuteilen, die man dazu anstachelt, sich zu hassen und sich gegenseitig zu berauben, bemühen wir uns, den am wenigsten begüterten Menschen zu zeigen, wieviele reichlich sprudelnde und heilige Quellen von Sympathie und Wohltaten zu ihren Gunsten inmitten der begüterten Klassen entspringen. Jeder Art von Unglück, das einer Arbeiterfamilie widerfahren kann, setzt die großzügige Nächstenliebe eine Einrichtung entgegen, die es verhüten oder zumindest lindern kann.«*[150]

Diese Erklärung ist eine Überlegung wert, da sie von einem Mann stammt, der neben Armand de Melun zweifelsohne am repräsentativsten diese Bewegung einer »Politik ohne Staat« personifiziert. Charles Dupin, ein Liberaler, der 1827 zum Abgeordneten, dann zum Pair Frankreichs gewählt wird, Großoffizier der Ehrenlegion, Mit-

148 G. Procacci, *Gouverner la misère, op. cit.*, S. 179.

149 Der Ablauf ist ähnlich wie bei der Chicago-School in den zwanziger Jahren des 20. Jahrhunderts. Sie begründete die amerikanische Soziologie ausgehend von der Frage nach der Brüchigkeit des gesellschaftlichen Bandes und der Gefahr seines Reißens, die durch die Existenz von »devianten« Einwanderergruppen aufgeworfen wurde, welche sich nicht in die gemeinsamen Regulierungen der amerikanischen Gesellschaft einfügten.

150 Baron Dupin, *Bien-être et concorde des classes du peuple français*, Paris, 1840, S. 40.

glied des Institut de France, Anhänger der von Guizot präsidierten *Société de morale chrétienne*, später der von Armand de Melun gegründeten *Société d'économie charitable* sowie der von Le Play gegründeten *Société d'économie sociale* usw., mischt in allen Debatten und bei allen Kämpfen mit, die dieses etwas zwielichtige Soziale betreffen.[151] Wenn sich ein solcher Synkretismus einer präzisen konzeptuellen Einrahmung entzieht, so ist doch seine politische Absicht offenkundig. Offenkundig sind ebenso die Grenzen dieser Haltung bzw. werden es bald sein. Die »weniger begüterten Menschen« hätten schon außergewöhnlich tugendhaft oder naiv sein müssen, um sich mit dieser »großzügigen Nächstenliebe« zufriedenzugeben. Wie eine Antwort auf diese beruhigende Rede muß man auch die fast zeitgleiche derbe Stimme Proudhons aufnehmen:

> »*Leichtfertig erzählen Sie mir da etwas von Brüderlichkeit und Liebe. Ich bleibe davon überzeugt, daß Sie mich wohl kaum lieben, und ich fühle nur allzu gut, daß ich Sie nicht liebe. Ihre Freundschaft ist nur eine Finte, und wenn Sie mich lieben, dann nur aus reinem Eigennutz. Ich verlange alles, was mir zukommt, nichts als das, was mir zukommt. Ergebenheit! Ich leugne die Ergebenheit, das ist reiner Mystizismus. Sprechen Sie zu mir von Recht und von Haben, in meinen Augen den einzigen Maßstäben für das Gerechte und das Ungerechte, das Gute und Böse in der Gesellschaft. Jedem nach seinen Werken.*[152]

Es handelt sich um zwei völlig unvereinbare Positionen. Von da an laufen die Konstruktionen einer «Politik ohne Staat» Gefahr, in eine Sackgasse zu münden. Aufgrund ihrer moralischen Natur hängt ihr Gelingen letztendlich an der Zustimmung des Volkes zu den ihm nahegelegten bzw. aufgezwungenen Werten. Doch in dem Maße wie sich ein Arbeitermilieu herausbildet, bringt es auch seine eigenen Organisationsformen und Programme hervor, die in nichts anders als in den Konflikt mit diesen auf der Leugnung des Anderen fußenden Konzeptionen geraten können. Der Diskurs über den sozialen Frieden schmiedet so die Voraussetzungen für den Klassenkampf, den er ja gerade beschwören möchte. Durch seine Weigerung, aus dem

151 So ist er der erste, der 1848 die Schließung der Pariser Nationalwerkstätten fordert, doch ist das eine für einen Philanthropen gewöhnliche Reaktion. Zwei seiner Interventionen können dieses sich im 19. Jahrhundert vollziehende Abdriften liberaler Positionen besser illustrieren. Er ist es, der – ein Zeichen für seine herausragende Stellung im philanthropischen Milieu – im *Institut de France* die Grabrede für den Herzog de la Rochefoucauld-Liancourt hält. Er vollbringt das Kunststück, in vier Zeilen die Rolle des Herzogs während der Revolution darzustellen, »der ja nur einen einfachen Betteleiausschuß leiten wollte« (*Éloge du duc de la Rochefoucauld-Liancourt prononcé le 30 mars 1827*, publication de l'Institut, 1827, S. 12). Der Herzog war unter anderem auch Mitglied der *Société des amis des Noirs* (Gesellschaft der Freunde der Schwarzen), die seit 1789 für die Abschaffung des Sklavenhandels kämpften. 1845 widersetzt sich Charles Dupin im Oberhaus mit folgenden Worten jeglicher Reform des *Code noir*, des Schwarzengesetzes, das die Sklaverei noch bis ins Jahr 1848 verlängert: »Schnüren wir die Bande zwischen den Herren und den freien oder unfreien Arbeitern fester. Respektieren und unterstützen wir weiterhin die gute Ordnung, die Ökonomie und die Lebensklugheit bei den schwarzen Arbeitern, so wie wir es in Frankreich mit den weißen Arbeitern handhaben. Verzichten wir darauf, sie durch flammende Erklärungen zu verbittern oder zum Revoltieren zu bringen« (*Le moniteur universel*, 5. April 1845). Die Philanthropie führt den gleichen Kampf zum Wohl der Sklaven wie zum Wohl der »weißen Arbeiter«. Eine solche Rede illustriert die vollkommene Kehrtwende der liberalen Ideologie zwischen dem Ende des 18. und der Mitte des 19. Jahrhunderts: Vom Bannerträger freiheitlicher Bestrebungen ist sie zum Bürgen für die Konservierung der Gesellschaftsordnung geworden.

152 J. Proudhon, *Système des contradictions économiques ou économie de la misère*, erste Ausgabe 1846, Paris, édition Marcel Rivière, 1923, 2. Bd., S. 258.

Staat einen im sozialen Spiel beteiligten Partner zu machen, stellt er Herrschende und Beherrschte ohne Vermittlung von Angesicht zu Angesicht einander gegenüber. Von nun an könnte sich das Kräfteverhältnis gut umkehren, und die, die nichts zu verlieren haben, könnten sich in den Kopf setzen, auf einmal alles zu wollen. Wer könnte sie daran hindern? Zweifelsohne der Staat, aber ein liberaler Staat ist auf die Rolle des Gendarmen beschränkt, der von Außen eingreift, um die Unruhen der Unterschichten – wie im Juni 1848 oder während der Pariser Kommune – niederzuschlagen, ohne jedoch darauf Einfluß zu nehmen oder das verhüten zu können, was sie hervorbringt. Gerade im Namen des sozialen Friedens sollte der Staat mit neuartigen Funktionen betraut werden, um diesem zerstörerischen Antagonismus Einhalt zu gebieten.

Kapitel VI
Das Sozialeigentum

Die Entstehung des Sozialstaats läßt sich als die Einschaltung eines Dritten in die Auseinandersetzung zwischen den Herolden der Volksversittlichung und den Verfechtern des Klassenkampfes interpretieren. Die einen wie die anderen nehmen zueinander symmetrische Positionen ein, Milde der ehrenwerten Gesellschaft gegenüber den Elenden auf der einen Seite, Kampf der Ausgebeuteten gegen die Ausbeuter auf der anderen. Symmetrisch sind diese Positionen, da ihnen absolut nichts gemein ist; es gibt schlicht nichts, was zwischen den beiden verhandelbar wäre. Dagegen, so könnte man sagen, beginnt die Karriere des Sozialstaats in dem Augenblick, als die Notabeln ihre uneingeschränkte Herrschaft einbüßen und das Volk bei dem Versuch, die soziale Frage zu seinen Gunsten zu lösen, eine Niederlage einstecken muß. Hier öffnet sich ein Vermittlungsraum, der dem »Sozialen« eine neue Bedeutung zumißt. Die Lösung von Interessenkonflikten durch Moralmanagement steht nicht mehr zur Debatte, ebensowenig ein revolutionärer Umsturz. Es kommt zur Aushandlung von Kompromissen zwischen unterschiedlichen Positionen, der Überwindung des Moralismus der Philanthropen bei gleichzeitiger Vermeidung des Sozialismus derer, die am liebsten alles aufteilen würden.

Die Grundfrage lautet: *Wie* kann staatliches Handeln legitim ausgeübt werden, wenn direkte Eingriffe in die Eigentumsordnung und die Wirtschaft ausgeschlossen sind. Die Ausarbeitung einer ersten Lösung erwies sich in Frankreich als ein außerordentlich mühsames Unterfangen, das sich über einen langen, von der Revolution von 1848 bis zur Konsolidierung der Dritten Republik reichenden Zeitraum erstreckte. Drei Dinge waren nämlich dafür erforderlich: erstens eine Neubestimmung dessen, wie ein aus Produzenten bestehendes Kollektiv beschaffen sein muß, um überhaupt eine Gesellschaft zu bilden; zweitens eine Neudefinition des Rechts, wenn es anderes als nur Vertragsverhältnisse zwischen Personen regeln soll; schließlich eine neuartige Konzeption des Eigentums, wenn es öffentliche Schutzfunktionen erfüllen soll, ohne den Privatinteressen zuwiderzulaufen. Wie haben sich nun diese drei Elemente zu ein und derselben Gesamtheit zusammengefügt, welche die Grundmatrix des Sozialstaats als eines Systems gesetzlicher Garantien bildet, dem es zu danken ist, daß Sicherheit nicht mehr ausschließlich von Privateigentum abhängt? Wie gelang es dem Staat, eine über dem Antagonismus zwischen Herrschenden und Beherrschten schwebende Stellung einzunehmen?

Zur Beantwortung dieser Frage müssen wir nochmals auf diese ersten zögerlichen Versuche eingehen, da sie den Sockel des Gebäudes bilden, das man später den Wohlfahrtsstaat nennen sollte. So wird auch begreiflich, wie wenig sich der Begriff »Wohlfahrtsstaat« eigentlich zur Bezeichnung der Zielsetzungen des Sozialstaats eignet. Diese Strategien erinnern nicht im geringsten an ein üppiges Manna, dessen

Wohltaten über zufriedene Untertanen zur Ausschüttung kommen. Dieser Staat ist wenig gebefreudig, kalkulierend und wacht stets mißtrauisch über den Gebrauch, den man von seinen Leistungen macht. Er orientiert sich vorwiegend an Minima, statt unbekümmert seine Scherflein in Massen zu verteilen, seine Neuerungen entspringen ebenso der Furcht wie der Freigebigkeit. Die Langsamkeit seines Aufstiegs, begleitet von zögerlichem Vorantasten und schwerfälligem Auf-der-Stelle-Treten, belegt, daß für seine Dynamik gerade Konflikte zentral sind. Wenn der Sozialstaat auch nicht völlig souverän ist, so stellt er doch etwas grundlegend Neues dar. Das Aufkommen des *Sozialeigentums* (propriété sociale) ist vielleicht die maßgebliche, ihm zu verdankende moderne Errungenschaft, die den jahrhundertealten Konflikt zwischen Vermögen und Arbeit in gänzlich neuen Begriffen formuliert.

Die Karten werden neu verteilt

Eines muß gleich klargestellt werden: Wenn sich, wie erwähnt, ein Dritter einschaltet (was keineswegs mit der Anwesenheit eines unparteiischen Schiedsrichters gleichzusetzen ist), dann setzt das zwingend die Erfüllung von zwei Bedingungen voraus. Zum einen, daß sich der Schraubstock des Patronagesystems lockert, anders ausgedrückt, daß die Unfähigkeit dieser Netze moralischer Regulierungen zur Korsettierung des gesamten Lebens und aller Bestrebungen der »niederen Klassen« ans Licht kommt, wofür das sich über das gesamte 19. Jahrhundert hinziehende allmähliche Heranreifen von Zentren des Widerstands gegen die von den Notabeln bestimmte Gesellschaftsordnung steht. Mindestens ebenso notwendig ist aber die Überwindung oder zumindest die Aussetzung der im engeren Sinne revolutionären Alternative eines radikalen Umsturzes der Herrschaftsverhältnisse: Der soziale Wandel wird nicht daraus hervorgehen, daß eine Hegemonie einfach die andere ablöst. Der Sozialstaat setzt den Klassengegensatz voraus und umgeht ihn zugleich. Ich würde sagen, daß er ihn sublimiert hat, daß er also wie jede Form von Sublimierung eine Erfindung darstellt.

Die von Jacques Donzelot in *L'invention du social*[1] vorgeschlagene Interpretation der Ereignisse von 1848 ist sehr hilfreich, um die Bedeutung des aufkommenden Sozialstaats zu begreifen. 1848 ist sicherlich ein erschreckender Warnschuß vor den Bug aller vorausgegangenen Strategien zur Pazifizierung der Gesellschaft: Das Volk (oder zumindest die Pariser Arbeiterschaft) ergreift Besitz von der öffentlichen Bühne und zwingt der Regierung zunächst seine Forderungen auf. Daß die Arbeiter überhaupt eine solche Bedrohung haben darstellen können, bringt einen grundlegenden Widerspruch im Regulierungsmodus der Gesellschaft zum Vorschein, der eine Neubestimmung der Rolle des Staates erforderlich macht. Nachdem ihr Scheitern besiegelt und die Forderung nach einem *Recht auf Arbeit* abgeschmettert ist, bleibt immer noch eine Regierungsweise zu finden, die dem *Arbeitsrecht* einen gewissen Platz einräumt.

1 J. Donzelot, *L'invention du social, op. cit.*, 1. Kap., vgl. auch G. Procacci, *Gouverner la misère, op. cit.*; P. Rosanvallon, *Le Sacre du citoyen, op. cit.*

Der Verlauf dieser Episode ist ja hinlänglich bekannt: Im Februar proklamiert die provisorische Regierung auf Druck der Straße gleichzeitig die Republik, das allgemeine Wahlrecht und das Recht auf Arbeit: »Die provisorische Regierung der französischen Republik verpflichtet sich, dem Arbeiter seinen Unterhalt durch Arbeit zu garantieren. Sie verpflichtet sich, allen Bürgern Arbeit zu gewähren. Sie erkennt an, daß die Arbeiter sich untereinander assoziieren müssen, um in den Genuß des rechtmäßigen Ertrags ihrer Arbeit zu kommen.«[2] Doch anstelle des vom Volk verlangten Arbeits- bzw. Fortschrittsministeriums, das mit der Umsetzung der Forderungen betraut wäre, setzt sie sogleich die »Luxembourg-Kommission« ein, ein Organ, in dem Vorschläge aufgegriffen und beraten werden. Sie eröffnet die Nationalwerkstätten, die mehr Ähnlichkeit mit den *ateliers de charité* des Ancien Régime haben als mit einem echten öffentlichen System der Organisation von Arbeit. Die Schließung dieser Werkstätten im Juni bildet den Auftakt für die Erhebung der Arbeiter und deren anschließende blutige Niederschlagung.

Auf die Niederlage des Rechts auf Arbeit hin – dem Gegenstück zu dem nun offenkundigen Brüchigwerden der von den Notabeln ausgeübten vormundschaftlichen Kontrolle – tut sich ein weites Feld von Ungewißheiten auf, das den Ausgangspunkt für eine neue Konzeption des Sozialen und der Sozialpolitik abgibt. Ein Auftakt, der zugleich auch ein »Ursprungstrauma« auslöst, da die Tatsache, die in diesem Augenblick ins öffentlich Bewußtsein tritt, wahrlich erschütternd ist: Die Kluft zwischen dem von nun an durch das allgemeine Wahlrecht verwirklichten republikanischen Ideal und der sozialen Demokratie, auf die sich die Erwartungen der Pariser Arbeiter richten. Pierre Rosanvallon zitiert hierzu eine im nachhinein erstaunliche Erklärung des *Bulletin de la République* vom 19. März 1848, die ohne Zweifel von Lamartine verfaßt worden ist: »Die Wahl ist Sache aller Bürger. Von diesem Gesetz an [welches das allgemeine Wahlrecht erläßt] gibt es keine Proletarier mehr in Frankreich.«[3] Freilich stellt sich die Verwunderung erst in der Rückschau ein, bei uns, die wir den weiteren Verlauf der Geschichte kennen. Für den Kern der republikanischen Tradition, die in der Opposition gegen die auf das Konsulat folgenden Regime zusammengeschweißt wurde, besteht die ausschlaggebende Forderung in der Herstellung voller politischer Souveränität. Die Beendigung der politischen Unmündigkeit des Volkes muß zwangsläufig ihre soziale Befreiung zur Folge haben. Die Republik ist die Regierungsform, in der allen Bürgern ohne Ausnahme die vollkommene Ausübung ihrer Rechte gewährleistet wird.[4]

---

2 Dekret vom 25. Februar 1848.

3 Zit. nach P. Rosanvallon, *Le sacre du citoyen, op. cit.*

4 Es ist gewiß müßig, sich darüber Gedanken zu machen, ob dieser Glaube »echt« war oder ob die republikanischen »Bourgeois« sich der Wünsche der Unterschichten bedient haben, um ihre eigenen politischen Ziele zu verwirklichen und sich anschließend wieder zu entsolidarisieren. Es liegt darin schon eine gewisse Ambivalenz, auf die wir bereits anläßlich der ersten Revolution gestoßen sind (vgl. Kap. IV) und die sich nicht notwendigerweise auf Unaufrichtigkeit zurückführen läßt. Die Republik erscheint ihren Anhängern als eine für die *gesamte* Gesellschaft gültige Regierungsform, die sich demnach dazu eignet, die politische und die soziale Dimension zu subsumieren. Die Kritik, etwa die marxistische, am »Formalismus« dieser Vorstellung sowie an der Tatsache, daß sie als Deckmäntelchen der Klasseninteressen dient, setzt im nachhinein an und im großen und ganzen als Lektion, welche die Arbeiter aus diesen Ereignissen ziehen müssen, nachdem die Erfahrung die anfängliche Ambivalenz geklärt hat (vgl. K. Marx, *Die Klassenkämpfe in Frankreich 1848–1850, Berlin 1850,* in: ders., F. Engels, *Werke*, Bd. 7, Berlin, Dietz, 1960).

Die Ereignisse von 1848 demonstrieren *in vivo*, wie illusorisch dieser Glauben ist. Als dieses Glaubensbekenntnis im *Bulletin de la République* erscheint, müssen die am 24. Februar angeschlagenen Plakate der *Deklaration des souveränen Volkes* an den Mauern von Paris noch lesbar gewesen sein: »Alle Bürger müssen in Waffen bleiben und ihre Barrikaden verteidigen, bis sie den Genuß ihrer Rechte als Bürger und Arbeiter erlangt haben.«[5] Sicher haben sich die unter dem Einfluß der republikanischen Propaganda stehenden Arbeiter die politische Forderung nach dem allgemeinen Wahlrecht zunehmend zu eigen gemacht.[6] Vor allem aber haben sie selbst ihre für sie spezifische und in ihren Augen wesentliche Forderung ausgearbeitet: das Ende der Unterordnung in der Arbeitsbeziehung durch die Assoziation und das Recht auf Arbeit.[7] Diese Forderung nach einem Recht auf Arbeit wird in ihrer Explizitheit zwar nur von einer Arbeiterelite oder bestimmten sozialistischen Theoretikern wie Louis Blanc[8] vorgebracht, ist jedoch für die Gesamtheit der Arbeiter von vitaler Bedeutung, da sie allein sie aus Elend und Abhängigkeit zu führen vermag (und dies um so mehr, als sich die Revolution von 1848 inmitten einer schweren und von hoher Arbeitslosigkeit begleiteten Wirtschaftskrise ereignet). Diese Forderung kommt in der im *Manifest der Geheimgesellschaften* veröffentlichten neuen Version der Menschenrechte klar zum Ausdruck:

> »*Uns wurde eine zweifache Mission übertragen: die Errichtung der republikanischen Regierungsform und die Schaffung einer neuen Gesellschaftsordnung. Daher haben wir am 24. Februar die Republik errungen; die politische Frage ist nun gelöst. Was wir jetzt wollen, das ist die Lösung der sozialen Frage, darin besteht das rasch wirkende Heilmittel gegen die Leiden der Arbeiter, das ist schließlich die Umsetzung der in unserer Erklärung der Menschenrechte enthaltenen Grundsätze... Das erste Menschenrecht ist das Recht auf Leben*«.[9]

Die Art, in der die Arbeiter von ihren eigenen Bedürfnissen ausgehend die soziale Frage umdefinieren, läßt sich gar nicht deutlicher zum Ausdruck bringen. Die einzige gesellschaftliche Form, die das Recht auf Leben für die Arbeitenden annehmen kann, besteht im *Recht auf Arbeit.*[10] Es bildet das Gegenstück zum Eigentumsrecht der Besitzenden. Eine solche Forderung erscheint natürlich der Nationalversammlung, die ja selbst rechtmäßig durch allgemeine Wahl aufgestellt wurde, als maßlos, da sie nichts weniger als eine grundlegende Umwälzung des Verhältnisses von Staat und Gesellschaft impliziert, um die Kluft zwischen Kapital und Arbeit aufzuheben und die Vergesellschaftung des industriellen Eigentums voranzutreiben. Implikationen, die Karl Marx in »Die Klassenkämpfe in Frankreich« so trefflich herausgearbei-

5 Zit. nach W. Sewell, *Gens de métiers et révolutions, op. cit.*, S. 327.
6 Vgl. G.Weil, *Histoire du parti républicain*, Paris.
7 Das ist das bevorzugte Thema der zwischen 1840 und 1850 publizierten Zeitung *l'Atelier* (»Die Werkstatt«), vgl. A. Cuvillier, *Un journal d'ouvriers, »l'Atelier«, 1840–1850*, Paris, 1914.
8 L. Blanc, *l'Organisation du travail, op. cit.*
9 Zit. nach M. Agulhon, *les Quarante-Huitards, op. cit.*, S. 128.
10 Félix Pyat sagt dies mit Nachdruck in seinem Plädoyer für das Recht auf Arbeit am 2. November 1848: »Das Recht auf Arbeit, das ist das Recht auf Leben durch Arbeit« (*ebd.*, S. 184).

tet hat: »[...] hinter dem Rechte auf Arbeit steht die Gewalt über das Kapital, hinter der Gewalt über das Kapital die Aneignung der Produktionsmittel, ihre Unterwerfung unter die assoziierte Arbeiterklasse, also die Aufhebung der Lohnarbeit, des Kapitals und ihres Wechselverhältnisses.«[11]

Darin läßt sich sicherlich nicht nur eine rein »marxistische« Analyse erkennen. Hartnäckig darauf bedacht, das Recht auf Arbeit abzuwehren, sagen die Vertreter der Mehrheit der Nationalversammlung, darunter auch deren beredteste Wortführer Thiers und Tocqueville, die die Interessen der anderen sozialen Gruppen mehrheitlich repräsentieren, nichts anderes. Nichts anderes sagt auch der Politiker, der zum Hauptverfechter dieses Rechts wird und seinen Grundsatz in das Dekret vom 25. Februar mit aufnehmen läßt, nämlich Louis Blanc: »Beim Abfassen dieses Dekrets war mir nicht bewußt, wie sehr dadurch die Regierung gefordert wurde: Ich wußte sehr wohl, daß es nur mittels einer Sozialreform zur Anwendung gebracht werden könnte, welche die Assoziation zum Grundsatz hätte und die Abschaffung des Proletariats als Wirkung. Doch in meinen Augen lag gerade darin der Wert des Dekrets.«[12]

Man könnte deshalb sagen, daß die Forderung nach dem Recht auf Arbeit in Frankreich um die Mitte des 19. Jahrhunderts ihre eigene Niederlage schon in sich trug. Doch bliebe dann auf jeden Fall noch hinzuzufügen, daß diese Niederlage eine Niederlage der revolutionären Alternative bzw. der Alternativen zur sozialen Frage ist und daß die revolutionäre Option sich gewissermaßen nie mehr wieder von dieser Niederlage erholen wird. Nicht, daß die Revolution auf den Barrikaden oder in den darauf folgenden, von der Ordnungspartei beherrschten parlamentarischen Debatten gestorben wäre.[13] Doch hat sich da eine entscheidende und irreversible Verschiebung vollzogen, selbst wenn die Pariser Kommune ungefähr zwanzig Jahre später beinahe das gleiche Drehbuch mit demselben Mißerfolg nochmals nachspielen sollte.[14] Die Radikallösung der sozialen Frage ist irgendwie in den Untergrund abgetaucht. Sie ließe sich nur durch eine völlige Umkehrung der republikanischen Ordnung umsetzen, welche die revolutionären Parteien durch die Erhebung voranbringen wollen. Obsolet erscheint von nun an die Hoffnung, daß sich eine das Recht auf Arbeit gewähren-

11 K. Marx, *Die Klassenkämpfe in Frankreich 1848–1850, op. cit.*, S. 42.

12 L. Blanc, *Histoire de la révolution de 1848*, Paris, 1849, 1. Bd., S. 129.

13 Ein von Félix Pyat eingebrachter Änderungsantrag zur Aufnahme des Rechts auf Arbeit in die Präambel der Verfassung wird am 22. November 1848 mit 638 gegen 86 Stimmen abgelehnt: Der seit seiner prinzipiellen Annahme durch die provisorische Regierung im März »rückwärts« zurückgelegte Weg ist enorm. Vgl. zu der äußerst heftigen parlamentarischen Debatte vom Herbst 1848, in der sich A. Thiers und Tocqueville als die hartnäckigsten Opponenten erwiesen, J. Garnier, *le Droit au travail à l'Assemblée nationale. Recueil complet de tous les discours prononcés dans cette mémorable discussion*, Paris 1848.

14 Man könnte sagen, daß das Drama der Pariser Kommune das von Jacques Donzelot erwähnte »Ursprungstrauma« von 1848 reaktiviert hat. Wie nach der Niederschlagung der Erhebung vom Juni 1848, so können sich die Besitzenden auch nach der Kommune nicht in völliger Sicherheit wiegen, die Kommune verdeutlicht nur noch, wie schlimm die soziale Frage ist. Kurz vor den Weihnachtstagen des Jahres 1871 läßt die immer noch unter dem Vorsitz Armand de Meluns stehende *Société d'économie charitable* an den Pariser Mauern einen »Appell an die Menschen guten Willens« anbringen: »Die in dieser Zeit allgegenwärtige soziale Frage ist kein Gegenstand mehr, den man diskutieren könnte. Sie steht vor uns als Bedrohung, als eine permanente Gefahr [...] Sollen wir zulassen, daß diese Kinder (denn das Volk ist ein »erhabenes« (»sublime«; vgl. Anm. 122 auf S. 226; Anm. d. Übers.) und egoistisches Kind), diese in ihrer Leidenschaft und ihrem Stolz geschmeichelten Arbeiter den Untergang des Vaterlands und der ganzen Welt besiegeln?« (zit. nach R.H. Guerrand, *les Origines du logment social en France*, Paris, Éditions ouvrières, 1967, S. 217).

de soziale Demokratie der durch das allgemeine Wahlrecht geschaffenen politischen Demokratie irgendwie aufpfropfen ließe.[15]

Doch für die Sieger wird die Lage nach 1848 ebenfalls nicht mehr genau dieselbe sein wie vorher. Die am 4. November »im Namen des französischen Volkes« verabschiedete Verfassung der Republik enthält in ihrem Artikel 8 die »gemäßigte« Antwort auf die Forderung des Rechts auf Arbeit, welche man dem Dekret vom 25. Februar gegenüberstellen muß:

> »*Die Republik muß den Bürger in seiner Person, seiner Familie, seiner Religion, seinem Eigentum, seiner Arbeit beschützen und jedem die für alle Menschen unerläßliche Bildung zugänglich machen; sie muß durch brüderliche Fürsorge das Auskommen der bedürftigen Bürger gewährleisten, sei es, indem sie ihnen im Rahmen ihrer Möglichkeiten Arbeit verschafft, oder daß sie den Arbeitsunfähigen Unterstützung gewährt, wenn sie keine Familie haben.*«[16]

Das sind beinahe wortwörtlich die vom *Ausschuß für die Austilgung des Bettelwesens* vorgesehenen und in die Verfassung von 1793 aufgenommenen Bestimmungen. Die immer wieder aufgegriffene und viele Jahrhunderte alte Unterscheidung zwischen Arbeitsfähigkeit und Arbeitsunfähigkeit wird ein weiteres Mal herangezogen, um das Feld des Sozialen abzustecken. Für all diejenigen, die unter die alte »Handicapologie« fallen, wird erneut ein Recht auf Unterstützung bekräftigt: »Die Republik schuldet...« – wenn auch so restriktiv wie möglich ausgelegt – »...wenn sie keine Familie haben«. Für die andere Kategorie der arbeitsfähigen Armen, die zum Teil diejenige der erwerbslosen Arbeiter mit abdeckt, besteht dieselbe Unschärfe fort, mit der schon der Bettelausschuß und selbst der Konvent gespielt hatten: »...indem sie ihnen im Rahmen ihrer Möglichkeiten Arbeit verschafft«. Wer wird über diesen »Rahmen der Möglichkeiten« richten, wenn nicht diejenigen, die gerade mit Gewalt die Maximalversion dieser »brüderlichen Fürsorge«, das Recht auf Arbeit verworfen haben? Man kann sagen, daß staatliche Intervention in diesem Bereich solange dazu verurteilt bleibt, nur auf dem Papier zu stehen, wie eine Änderung der Organisation der Arbeit mit einem Verdikt belegt bleibt.

Wiederholt sich die Geschichte oder, schlimmer noch, stottert sie? Nicht ganz. Einerseits erkennt die Zweite Republik durch die Bestätigung des Rechtsanspruchs auf

15 Wohlgemerkt ist die Erhebung vor 1848 gängige republikanische Praxis gewesen, das beweist die Existenz von Geheimgesellschaften oder eine Laufbahn wie jene Blanquis, des ewigen Aufrührers. Doch war dies ein Umsturzversuch zur Durchsetzung des von den konservativen Regimen erstickten republikanischen Ideals. Wenn man bestimmte Episoden der Revolutionsphase ausnimmt, etwa die Verschwörung der Gleichen Babeufs, dann bekommt die Republik, wie Jacques Donzelot bemerkt, nach 1848 zunehmend Feinde auf der Linken, und es bildet sich eine gleichermaßen theoretische wie praktische Kritik der republikanischen Regierung, die mit der bürgerlichen Ausbeutung gleichgesetzt wird. Selbst denjenigen, die überzeugte Republikaner bleiben, werden auf schmerzhafte Weise die Grenzen des allgemeinen Wahlrechts bewußt, das, anstelle den Triumph der Demokratie zu gewährleisten, einer konservativen Kammer eine vom Volk abgesegnete Legitimität verleiht. »Die Republik steht über dem allgemeinen Wahlrecht«, berichtet Eugène Spuller zusammenfassend über die Debatten des Jahres 1848, die »innerhalb der gesamten republikanischen Partei« stattfanden (*Histoire parlementaire de la Seconde République*, Paris 1891). Im selben Zusammenhang schreibt die Sozialdemokratische Kommission von Paris in ihrem Programm vom Februar 1849: »Die Republik steht über dem Recht der Mehrheiten« (zit. nach P. Rosanvallon, *le Sacre du citoyen, op. cit.*, S. 301).

16 Zit. nach M. Agulhon, *les Quarante-Huitards, op. cit.*, S. 229.

Unterstützung nach einer Sonnenfinsternis von einem halben Jahrhundert die Unzulänglichkeiten aller vorherrschenden Richtungen an, die sich seit dem Direktorium zur Verurteilung der »gesetzlichen Nächstenliebe« zusammengetan hatten. So arbeitet die verfassungsgebende Nationalversammlung an einem umfangreichen Gesetz zur Koordination der Fürsorge, löst sich jedoch vor der Abstimmung auf (dagegen verabschiedet sie noch die Reform der Pariser öffentlichen Fürsorge). Die sie ab Mai 1849 ablösende, noch konservativere und stärker von religiösen Einflüssen geprägte legislative Versammlung setzt eine Fürsorge-Kommission mit Armand de Melun als Vorsitzendem und Thiers als Berichterstatter ein: Ein nur geringes Risiko also, daß sie ein kühnes System öffentlicher Fürsorge ausarbeiten wird.[17] Ebenso scheitern die Anwandlungen, den *mutuelles*, den Unterstützungskassen, einen offiziellen Status zu verleihen und eine nationale Rentenkasse zu schaffen, an der geballten Gegnerschaft der Liberalen und der Traditionalisten, die an dem der sozialen Ökonomie so teuren Prinzip der freiwilligen Mitgliedschaft festhalten.[18]

Der Staatsstreich vom 2. Dezember 1851 macht all diesen zaghaften Versuchen ein Ende. Der massenhafte Schulterschluß der Konservativen und der »Republikaner des nächsten Tags«[19] mit Louis-Napoléon Bonaparte erklärt sich zweifelsfrei aus dem Umstand, daß eine Diktatur ihnen zur Aufrechterhaltung der Ordnung und des sozialen Friedens auf einer soliden Basis geeigneter erschien als die Republik. Es ist nicht auszuschließen, daß die Zweite Republik, hätte sich erst einmal die auf die Juni-Ereignisse folgende große Furcht der Besitzenden gelegt, mit der Zeit auch das in der Präambel der November-Verfassung stehende gemäßigte Sozialprogramm aufgelegt hätte. Doch soll hier die Geschichte nicht umgeschrieben werden. Gewiß scheint jedenfalls, daß das Zweite Kaiserreich die öffentliche Debatte über den Umgang mit der sozialen Frage in einem demokratischen Regierungssystem abgewürgt hat.[20] Sie wird nach der langsamen Konsolidierung der Republik in den 1880er Jahren erneut aufleben. Mächtige Feinde besitzt sie noch auf der Rechten, doch wird sie auch vom Aufstieg und der Radikalisierung der Arbeiterbewegung bedroht. Die soziale Situation stellt von nun an ein explizit politisches Problem dar, dem sich der Staat nicht mehr ohne weiteres entziehen kann.

---

17 Vgl. L.-F. Dreyfus, *l'Assistance sous la Seconde République*, *op. cit.* Die gesetzgebende Versammlung hat eine Reihe von Teilgesetzen, die Findelkinder, die Patronage der Gefängnisinsassen, den Status der Spitäler und Hospize, die Lehre usw. betreffend verabschiedet, doch zur Gesamtdiskussion über das Fürsorgeprogramm wird es aufgrund des Staatsstreichs Louis-Napoléon Bonapartes niemals kommen.

18 Vgl. oben, Kap. IV.

19 Der in der republikanischen Tradition verwurzelte und im Gegensatz zu den »Republikanern des Vorabends« stehende Ausdruck bezeichnet diejenigen, die sich während der Februar-Revolution der Republik angeschlossen hatten, deren republikanische Überzeugungen sich in der Folge jedoch häufig als nicht allzu fest erwiesen.

20 Was keineswegs heißen soll, daß sich die Situation während des Zweiten Kaiserreichs nicht gewandelt hätte. Vgl. insbesondere die ansehnliche Entwicklung der Unterstützungsgesellschaften, die Formierung und Radikalisierung der Arbeiterbewegung mit der Schaffung der Ersten Internationale. Das Gesetz von 1864, das die »Arbeiterkoalitionen« erlaubt, was die Legalisierung von Streiks zur Folge hat, ist von entscheidender Bedeutung für die Bewußtwerdung der Realität des Kollektivs der Arbeiter gegenüber den personalisierten Beziehungen des von den Arbeitgebern ausgeübten Patronagewesens. Auch auf theoretischer Ebene entwickeln sich Überlegungen, welche die vom Liberalismus dem Staat zugemessene Rolle angreifen, vor allem mit dem bahnbrechenden Werk von M. C. Dupont-White, *l'Individu et l'État*, Paris, 1857. Dupont-White beschreibt den Widerspruch, in dem der zeitgenössische Arbeiter gefangen ist, »Anhängsel einer Maschine durch die Industrie, Souverän durch das allgemeine Wahlrecht... Der Richter über diese Antagonismen ist der Staat« (S. 57). »Es ist klar, daß das Tempo des Fortschritts ebenso wie der Fortschritt selbst dem Staat eine intervenierende Rolle übertragen, die ihm früher nicht zukam« (S. 62).

Im Kern dreht sich diese Debatte um die Art und Weise, in der der Staat sich in die soziale Frage einmischen kann. Wenn die Zweite Republik hier so zaghaft geblieben ist, so liegt dies sicher nicht nur an ihrem Konservatismus, genauso wenig daran, daß man noch nicht begriffen hat, daß die soziale Frage auch eine politische Frage bedeutet: Der Juni 1848 hat dies ja auf ganz offensichtliche und tragische Weise demonstriert. Vom Zufall abhängig bleibt aber die Form, in der sich staatliches Eingreifen praktisch *umsetzen* ließe. Es bedarf der Erfindung eines dritten Wegs zwischen den beiden verfügbaren Optionen, der freilich für die eine Seite unzureichend, für die andere inakzeptabel ist: Unzureichend für die Allianz des Liberalismus und des aufgeklärten Konservatismus, die gesellschaftliches Eingreifen mit moralischem Aktivismus verwechselt; inakzeptabel für die Option »der Sozialen«, die, ungeachtet ihrer zweimaligen Niederlage im Juni 1848 und während der Pariser Kommune, ihren Siegeszug durch die Arbeiterklasse fortführt, freilich eine völlige Umgestaltung des politischen Systems bedeuten würde und gerade deshalb keine mehrheitliche Zustimmung für sich verbuchen kann.

Letztlich stellt sich das Problem in zweierlei Hinsicht: zum einen auf Seiten des Staates, freilich liegt keinerlei Musterformel auf der Hand, wie man zwischen dem praktisch auf jeglichem öffentlichem Eingreifen lastenden Verbot, welches weiterhin das Glaubensbekenntnis der Notabeln bildet, und der Gefahr einer Vereinnahmung des Staates zum Zwecke der Befreiung der arbeitenden Klassen vermitteln könnte.[21] Doch seitens dessen, was ich »die Frage des Kollektivs« genannt habe, mangelt es ebenfalls an einem Ansatzpunkt für die Umsetzung einer Sozialpolitik. Auf der einen Seite reduziert sich das kollektive Band tendenziell auf das rein moralische Band der Patronagestrategien; auf der anderen drohen die vom revolutionären Sozialismus verkörperten Risiken des »Kollektivismus«, der Reduzierung der Individualitäten und der Kollektivierung des Privateigentums.

Der Weg zur Lösung der sozialen Frage, den wir der Dritten Republik zu verdanken haben, gründet darauf, daß es ihm gelungen ist, *die beiden Aspekte* des Problems miteinander zu verschränken, und zwar durch die Verknüpfung einer neuartigen Konzeption staatlicher Intervention mit einer ebenso neuartigen Form des Kollektivs. Sehen wir uns an, was Léon Bourgeois dazu sagt: »Durch die Zerstörung des abstrakten und rein hypothetischen Begriffs des isolierten Menschen zerstört das Wissen um die Gesetze der natürlichen Solidarität im gleichen Zug den ebenfalls abstrakten und hypothetischen Begriff des Staates als eines vom Menschen losgelösten und ihm entgegengesetzten, mit distinkten Rechten ausgestatteten Subjekts oder einer höheren Macht, der er unterworfen wäre.«[22]

»Die Erkenntnis der Gesetze der Solidarität«, in dieser Formulierung kommt grundlegend die Bewußtwerdung der Interdependenz der Teile im Verhältnis zum Ganzen zum Ausdruck, die das natürliche Gesetz für die Lebenden und das soziale

21 So etwa die Staatsauffassung Louis Blancs: »Wir wollen eine starke Regierung, da es in dem System der Ungleichheit, in dem wir noch dahinvegetieren, Schwache gibt, die eine gesellschaftliche Kraft zu ihrem Schutz benötigen. Wir wollen eine Regierung, die in die Industrie eingreift, weil dort, wo man nur an die Reichen verleiht, ein Sozialbankier vonnöten ist, der auch an die Armen verleiht« (*l'Organisation du travail, op. cit.*, S. 20).

22 L. Bourgeois, *Solidarité*, Paris 1896, S. 87.

Gesetz für die Menschheit ist: »Die Menschen sind wie alle Wesen und Körper an allen Punkten des Raumes und der Zeit durch Bande gegenseitiger Abhängigkeit miteinander verknüpft.«[23] Léon Bourgeois, eine Schlüsselfigur der »Fortschrittsrepublikaner«, von denen die Dritte Republik errichtet wurde, setzt die Ergebnisse der gerade frisch entstehenden Soziologie um. Das gilt besonders für die Soziologie Durkheims, die das Grundpostulat der liberalen Anthropologie verwirft, nämlich das, was ich im vorangegangenen Kapitel ihren »methodologischen Individualismus« genannt habe, also ihren Hang, in den gesellschaftlichen Phänomenen Unternehmungen zu sehen, die einzig auf individuelle Initiativen zurückzuführen sind. Mit Durkheim setzt sich nun langsam etwas durch, was man im Gegensatz dazu eine »soziologische Gesellschaftskonzeption« nennen könnte, worin keineswegs eine Tautologie besteht, steht doch das Beispiel des Liberalismus und seiner individualistischen Theorie der Gesellschaft für das Gegenteil. Diese Konzeption des Kollektivs als einer Realität *sui generis* findet sich schon im Werk Saint Simons und August Comtes, wird aber von Durkheim systematisch ausgebaut: Es gibt so etwas wie umfassende objektive Regulierungen, die globalen Prozesse stehen über den individuellen Initiativen, die gesellschaftlichen Phänomene existieren »wie Dinge«. Deshalb kommt der vergesellschaftete Mensch nur über seine Verankerung in Kollektiven zur Existenz, welche für Durkheim ihre Konsistenz letztlich aus der innerhalb der gesellschaftlichen Arbeitsteilung eingenommenen Stellung beziehen.[24]

Die entscheidende Bedeutung Durkheims für die Neuformulierung der sozialen Frage besteht in seiner Annahme, daß die Industriegesellschaft eine spezifisch neue Art von Beziehungen zwischen den gesellschaftlichen Subjekten schafft, die nicht mehr auf der von ihm »mechanische Solidarität« genannten unmittelbaren Sicherung der Primärvergesellschaftung aufbauen kann. Das Problem des in der modernen Gesellschaft durch massenhafte Entkoppelung bedrohten sozialen Bandes muß erneut angepackt werden. Die »organische Solidarität« steht für die neue in der Industriegesellschaft vorherrschende Daseinsordnung.[25] Der Umstand, daß die Arbeitsteilung eine immer differenziertere Komplementarität der Aufgaben mit sich bringt, bildet die Grundlage für den Gedanken, daß die moderne Gesellschaft *eine Gesamtheit von ungleichen und voneinander abhängigen sozialen Lagen* bildet.

Diese Behauptung richtet sich gegen den Liberalismus: Der vertragliche Tausch bildet nicht die Vorbedingung für das gesellschaftliche Band, »es ist nicht alles vertraglich am Vertrag«. Der Vertrag beruht auf Vorgaben, die von der innerhalb der gesellschaftlichen Arbeitsteilung eingenommenen Position abhängen. Das Argument

23 *Ebd.*, S. 50.

24 E. Durkheim, *De la division du tavail social*, 1. Aufl. Paris 1895 (dt. Übers. *Über soziale Arbeitsteilung*, Frankfurt 1992).

25 Möglicherweise hat der Sprachgebrauch der Zeit Durkheim einen schlechten Dienst erwiesen und macht es für uns heute schwer, die Tiefe seiner Intuition zu begreifen. Er nennt diese neue Konzeption gesellschaftlicher Interdependenz »organisch«, ein Wort mit naturalistischer Konnotation, während doch Durkheim, wie Gérard Noiriel betont, eine radikale Kritik der Thematiken der Verwurzelung in die lokalen, territorialen, ethnischen oder genealogischen Vergesellschaftungsformen vorlegt (*le Creuset français*, Paris, Le Seuil, 1988, S. 33). Die »organische« Solidarität stellt im Gegensatz dazu eine auf den Ruinen der Primärvergesellschaftung errichtete oder zu errichtende Vergesellschaftungsform dar. Genausowenig ist Durkheims Interesse an den »Korporationen« Ausdruck rückwärtsgewandter Nostalgie, sondern die Bewußtmachung des von der modernen industriellen Organisationsweise enthaltenen Risikos der Entkoppelung.

richtet sich jedoch auch gegen den Kollektivismus. Das Kollektiv steht nicht im Gegensatz zum Individuum. Es existieren *Kollektive*, die unterschiedliche und komplementäre Positionen in der Sozialstruktur einnehmen. Diese Differenzierung macht den Reichtum einer Gesellschaft aus, ihren »organischen« Charakter im Gegensatz zur simplen »mechanischen« Aneinanderreihung von Ähnlichkeiten, die für die Masse charakteristisch sind. Dieses komplexe Spiel von Unterschieden und Interdependenzen ist um so sorgsamer zu wahren, als der Prozeß der Arbeitsteilung auch die Risiken sozialer Desintegration steigert. Die Solidarität, der Zement einer Gesellschaft, bildet und festigt sich in dem Maße, wie der Komplexitätsgrad einer Gesellschaft zunimmt. Daher steht eine Praxis bzw. Politik durchaus auf vernünftiger Basis, wenn sie sich die Wahrung und Stärkung dieser Einheit in der Unterschiedlichkeit zum Ziel macht, dieses zerbrechliche Wunder, das eine moderne Gesellschaft hervorbringen, das ihr aber durchaus auch fehlen kann.

Diese Gesellschaftsauffassung überträgt dem Staat eine regulierende Funktion hinsichtlich der Interessen der unterschiedlichen Kollektive: »Der Staat ist das Denkorgan der Gesellschaft.[26] Gewiß ist die Untersuchung dieser Rolle bei Durkheim selbst etwas formal geblieben, da er sich vor allem damit aufhält, die Unparteilichkeit der Repräsentanten des Staatsapparates herauszuarbeiten, welche die Rolle von Schlichtern zwischen den verschiedenen Partikularinteressen einnehmen.[27] Léon Bourgeois setzt sie dann in seiner Eigenschaft als politischer Verantwortlicher wirkungsvoll um. Eine Gesellschaft ist die Gesamtheit von Diensten, die sich ihre Glieder gegenseitig leisten. Das hat zur Folge, daß ein jeder allen gegenüber Schulden hat, um so mehr als ein Individuum, wenn es zur Welt kommt, schon eine Ansammlung von gesellschaftlichen Reichtümern vorfindet, woraus es schöpfen kann. Die Verpflichtungen gegenüber der Allgemeinheit spiegeln diese jeden in der Gesellschaft betreffende Schuldnerposition wieder. Pflichtabgaben, Umverteilung von Gütern und Dienstleistungen stellen also keineswegs Angriffe auf die Freiheit des Individuums dar. Sie sind Rückzahlungen, die man von ihm rechtmäßig abverlangen kann, was nur billig ist. Von wem anders können sie verlangt oder gar beansprucht werden als vom Staat: »Der Staat«, schrieb Dupont-White, »ist der Verwalter der Kollektivinteressen.«[28] Doch wußte Dupont-White nicht, wie er diese Rolle konkretisieren sollte, da er als Opfer des von ihm kritisierten Liberalismus noch dem Gegensatz Individuum-Staat verhaftet blieb und für ihn das Kollektiv etwas dem Individuum Äußerliches blieb. Für Léon Bourgeois ist der Staat als Verwalter der Kollektivinteressen genauso auch der Garant von »Quasi-Verträgen«, welche die Individuen aufgrund der simplen Tatsache eingegangen sind, daß sie zur Gesellschaft gehören.[29] Er ist nur derjenige, der die von den Gesellschaftssubjekten selbst verbindlich eingegangenen

26 E. Durkheim, *Leçons de sociologie*, Paris, PUF, S. 95.

27 Vgl. P. Birnbaum, »La conception durkheimienne de l'État: l'apolitisme des fonctionnaires«, *Revue française de sociologie*, vol. XVIII, n° 2, April–Juni 1976. Allgemein zur Stellung der Politik im Werk von Durkheim vgl. B. Lacroix, *Durkheim et la politique*, Presses universitaires, Montréal, 1981.

28 C. Dupont-White, *l'Individu et l'État, op. cit.*, S. 345.

29 Im Gegensatz zum liberalen Menschen, dessen Individualismus aus seinem mangelnden Bewußtsein oder gar Egoismus resultiert, erkennt der Staatsbürger (citoyen) seine Schuld gegenüber allen an, daher ist der von einem jedem als Gesellschaftsglied eingegangene »Quasi-Vertrag« »nichts anderes als der rückwirkend eingewilligte Vertrag« (*Solidarité, op. cit.*, S. 133).

Schulden vollstreckt. Daher kann der Staat »all denen geben, die Gläubiger sind, und die bezahlen lassen, die Schuldner sind«[30], ohne sich in die Interessen des Individuums einzumischen.

Diese Verortung des Staates bildet konkret die Grundlage einer Politik, die eine Politik sozialer Gerechtigkeit ist: »Das Glück kann nicht Ziel der Gesellschaft sein, ebensowenig die Gleichheit der Lagen... Die Gerechtigkeit ist es, die wir all unseren Mitmenschen schuldig sind.«[31] Das Glück ist nämlich ein allzu vager und zugleich so allgemeiner Begriff, daß eine »Politik des Glücks« in alle öffentlichen und privaten Daseinsbereiche eingreifen müßte und in Totalitarismus ausarten würde. Die Gleichheit der Lagen ihrerseits würde die Natur des gesellschaftlichen Bandes in einer komplexen Gesellschaft zunichte machen, die auf der Differenzierung in gegenseitiger Abhängigkeit, anders gesagt, auf der Ungleichheit in der Komplementarität basiert. Im Gegenzug »sehe ich ganz klar zwei Voraussetzungen für diese Gerechtigkeit in den gesellschaftlichen Dienstleistungen: Die Gesellschaft muß all ihren Gliedern Zugang zu den sozialen Gütern eröffnen, die allen einsichtig sind; sie muß Garantien gegen die Risiken leisten, die durch Anstrengung aller vermeidbar sind.«[32]

Daher dürfte eine demokratische Gesellschaft legitimerweise auch eine inegalitäre Gesellschaft sein, freilich unter der Voraussetzung, daß die weniger Begüterten nicht zu Abhängigen in Vormundschaftsverhältnissen werden, sondern, wie Léon Bourgeois sagt, zu solidarisch in einem gemeinsamen Werk vereinten »Mitmenschen«.[33] Besser noch: Eine demokratische Gesellschaft könnte die Gleichheit der Lagen gar nicht herbeiführen, da das bedeuten würde, die »organische« Differenzierung einzuebnen, was auf einen Rückschritt hin zu einer Auffassung vom Kollektiv als einer simplen mechanischen Aneinanderreihung von ähnlichen Elementen hinauslaufen würde. Der Staat kann und muß aber intervenieren, damit jedem ungeachtet dieser Ungleichheiten die ihm zukommende Gerechtigkeit widerfährt.

Diese neuen, sich mit der Dritten Republik verfestigenden Grundsätze werden es ermöglichen, über die für den Liberalismus stehende Konzeption der Souveränität des Individuums ebenso hinauszugehen wie über die der Souveränität des Staates als Instanz, die von außen die Gesellschaft auf neuen Grundlagen aufbauen kann. Doch bevor die Wirkungsweise dieses Staates entfaltet wird, soll erst noch die Frage seiner Benennung geklärt werden. Eine Frage, die nicht einfach eine des Vokabulars ist. Allgemein sieht man hier den Kern des modernen »Wohlfahrtsstaats«.[34] Diese Benennung verbietet sich mir aus mindestens drei Gründen:

Erstens, weil der Ausdruck eine unmittelbare Beziehung zwischen einem wohltätigen Staat und den passiv seine Gaben entgegennehmenden Empfängern behauptet. Daher die beständig angestimmte alte Leier all der Verächter staatlichen Eingreifens,

30 *Ebd.*, S. 94.

31 L. Bourgeois, *Deux Discours de M. Léon Bourgeois*, Paris, Fédération nationale de la mutualité française, 1903, S. 23 (Rede vom 28. September 1902 in Saint-Étienne zur Gründung der Société de secours mutuels de France).

32 *Ebd.*, S. 22.

33 »Die Gesellschaft setzt sich aus Mitmenschen (»semblables«, eigentl. »Ähnliche, Gleiche«, Anm. d. Übers.) zusammen, das heißt aus Wesen, die bei allen sie unterscheidenden realen Ungleichheiten eine unzerstörbare Grundidentität besitzen (*Solidarité, op. cit.*, S. 51).

34 »Etat-Providence«, zu deutsch eigentl. »Vorsehungs-« oder »Vorsorgestaat«; Anm. d. Übers.

die nach Belieben den Zwang, den Verantwortungsverlust und letztlich die Willensschwäche der Nutznießer dieser Vorsorge anprangern. Diese Interpretation der Rolle des Sozialstaats geht überhaupt nicht auf seine Position als die eines *Dritten* ein, welche er zwischen den Gruppen mit gegensätzlichen Interessen einnimmt. Aber gerade darin liegt ja die Besonderheit dieser Form staatlichen Handelns. Er verwaltet den Antagonismus und den Konflikt mindestens ebenso, wie er befriedet oder Verantwortung abnimmt.

Zweitens ist »Wohlfahrtsstaat« von Anbeginn an ein polemischer Begriff, der von den Verleumdern öffentlichen Eingreifens erfunden wurde, um eine angebliche Unterwerfung anzuprangern. Dieses Anprangern ertönt im übrigen von zwei verschiedenen Seiten der politischen Bühne. Wenn ich mich nicht irre, taucht der erste oder zumindest einer der ersten Hinweise auf die »vorsorgende« Rolle des Staates in pejorativem Sinne in *l'Atelier* auf, wo im Dezember 1849 der Hauptmitarbeiter der Arbeiterzeitung, Corbon, sein Bedauern darüber zum Ausdruck bringt, daß »mehr als ein Ausgebeuteter erwartet, daß die Vorsehung in Form der Regierung ihn ohne eine Bemühung seinerseits aus der Klemme zieht.«[35] Und in ihrer letzten Nummer vom 31. Juli 1850 ermahnt *l'Atelier*, in einer Art politischem Testament vor ihrem Verschwinden, die Arbeiter, »mehr Vertrauen in ihre eigenen Kräfte zu setzen, mehr auf sich selbst zu zählen und weniger auf diese enttäuschende Vorsehung, die man Staat nennt.«[36] Der Stachel der Kritik richtet sich also keineswegs gegen die Errungenschaften des »bürgerlichen« Staats – dies aus gutem Grund, gibt es sie doch zu dieser Zeit noch kaum –, sondern gegen die Strömungen innerhalb des Sozialismus, die sich auf den Staat stützen möchten, um eine Veränderung der Lage der Arbeiter herbeizuführen, und sehr wahrscheinlich, selbst wenn er nicht genannt wird, gegen Louis Blanc. Die Kritik am »Wohlfahrtsstaat« fungiert hier als Gegenposition im Rahmen der Verteidigung der Arbeiterautonomie.

Dieselbe Kritik taucht zeitgleich auch in den Milieus auf, in denen man nach einer gemäßigten Reformposition sucht, die im Rahmen freiwilliger Initiativen verbleibt. Freie Vereinigungen, Unterstützungsgesellschaften, alles schön und gut, allerdings unter der Bedingung, daß sie sich unabhängig von staatlichem Eingriff entfalten. So prangert Émile Laurent, dessen gesamte Lehre ein zögerliches Abrücken von der Patronage durch freiwillige Vorsorge enthält[37], als einen Frankreich eigenen »nationalen Charakterzug« den Hang an, »Zuteilungen des Staates, der als eine Art Vorsehung angesehen wird, übermäßig aufzublähen.«[38] Ins selbe Horn bläst Émile Ollivier, der in einem am 27. April 1864 vor der Kammer gehaltenen Plädoyer zugunsten der Arbeitervereine den »Wohlfahrtsstaat« auf die Französische Revolution zurückführt, die durch die Abschaffung der intermediären Körperschaften nur noch atomi-

35 Zit. nach A. Cuvillier, *Un journal ouvrier, »l'Atelier«, op. cit.*, S. 122.

36 *Ebd.*, S. 42.

37 Zögerlich ist durchaus das passende Wort, da Émile Laurent, nachdem er erklärt hat, daß »die Abneigung gegenüber der Patronage eine der unerschütterlichsten Strömungen unserer Zeit darstellt«, seine aufrüttelnde Lobrede auf die versittlichenden Eigenschaften der genossenschaftlichen Versicherungsvereine folgendermaßen abschließt: »Das bedeutet nicht die völlige Abschaffung dessen, was man die Patronage nennt, sondern ihre radikale Umwandlung« (*le Paupérisme et les associations de prévoyance, op. cit.*, 1. Bd., S. 92).

38 *Ebd.*, 1. Bd., S. 64.

sierte Individuen gegenüber einem allmächtigen Staat zurückgelassen hat: »Daher kommt das Ausufern der Zentralisierung, die maßlose Ausdehnung der sozialen Rechte, die Übertreibungen der sozialistischen Reformer; daher der Prozeß des Babeuf, die Errichtung des Wohlfahrtsstaats, die revolutionäre Despotie in all ihren Formen. Hier hat das Vorurteil gegen die Eigeninitiative seinen Ursprung.«[39]

»Die maßlose Ausdehnung sozialer Rechte«: Man meint zu träumen. Die erschrockenen Bezugnahmen auf die Allmacht des Wohlfahrtsstaates – und darin besteht der dritte Grund, weswegen man den Begriff vermeiden sollte – tauchen nämlich in einer Zeit auf, in der er schlicht noch gar nicht existiert. Der Wohlfahrtsstaat ist eine ideologische Konstruktion, die von den Gegnern staatlicher Intervention aufgebracht wurde, welche ihre auf administrativer und politischer Ebene vielleicht nicht unbegründete Klage auf eine vorgebliche soziale Rolle des Staates ausweiten. Der Diskurs über die überbordende Rolle, die der Staat auf diesen Gebieten seit dem Ancien Régime spiele, bildet damals eine Konstante im politischen Schrifttum, zu dem so gegensätzliche Kritiken wie die von Tocqueville und Marx gleichermaßen beredte Akzente hinzufügen.[40] Selbst wenn man die Berechtigung dieser Kritik an der administrativen und politischen Rolle des Staates[41] akzeptiert, so bleibt seine soziale Rolle damals doch unbedeutend. Für das Zweite Kaiserreich läßt sich der für Soziales ausgegebene Anteil am Volkseinkommen auf 0,3% schätzen.[42] Viel eher müßte gerade das Nichtvorhandensein oder die Verspätung bei der Übernahme einer »providentiellen« Rolle des Staates unsere Verwunderung erregen. Und dies besonders in Frankreich. Bis kurz vor Beginn des 20. Jahrhunderts bleibt die vom Staat bewerkstelligte soziale Sicherung unermeßlich weit hinter dem Stand zurück, den sie nicht nur in Großbritannien oder Deutschland erreicht hat, sondern auch in den skandinavischen Ländern, Österreich, den Niederlanden und gar in Rumänien.[43]

39 É. Ollivier, *le Moniteur universel*, 15. Mai 1864, S. 688, zit. nach A. Cotterau, »Providence ou prévoyance? Les prises en charge du malheur et la santé des ouvriers au XIXe siècle britannique et français«, *Prévenir*, n° XIX, 2e semestre 1989, S. 25.

40 Die Anprangerung der Frühzeitigkeit und der nivellierenden Auswirkungen der staatlichen Zentralisierung in Frankreich ist, wie man weiß, eines der Leitthemen von Tocquevilles *l'Ancien Régime et la Révolution*. Doch findet das seinen Widerhall bei Marx, demzufolge die Staatsmacht sich bis auf »die feudalen Würdenträger« zurückführen läßt, die »in bezahlte Beamte« verwandelt worden seien. »Alle Umwälzungen vervollkommneten diese Maschine, statt sie zu brechen« (*Der achtzehnte Brumaire des Louis Bonaparte*, Frankfurt am Main, Verlag Marxistische Blätter, S. 116).

41 Man müßte sie jedoch zumindest nuancieren. So betonen die neuesten historischen Arbeiten zur »absoluten Monarchie« auf die seit langem dem königlichen Kabinett und den Intendanten übertragene hegemoniale Rolle in der Gesellschaft des 17. Jahrhunderts. Ebenso sollte man sicherlich auch die dem Staat während des Zweiten Kaiserreichs verliehene Omnipotenz überdenken. Es stimmt schon, daß die politische Bevormundung durch den Staat stark zu spüren war (vgl. die Überwachungsrolle, die von den Präfekten ausgeübt wurde, die offiziellen Kandidaturen usw.), auch die Prachtentfaltung des Staatsapparates wurde immer spektakulärer, doch hat es kein quantitatives Anwachsen der Rolle des Staates gegeben: Das Verhältnis der Staatsausgaben zum »physischen Produkt« der Nation (der zusammengenommene Wert aus landwirtschaftlicher und industrieller Produktion) ist praktisch in der Größenordnung von 13% zwischen 1815 und 1874 unverändert geblieben (vgl. Alain Plessis, *De la fête impériale au mur des fédérés*, Paris, Le Seuil, 1973, S. 89 ff.).

42 Vgl. P. Rosanvallon, *l'État en France*, Paris, Éditions du Seuil, 1990, S. 165 (dt. *Der Staat in Frankreich von 1789 bis in die Gegenwart*, Münster, Westfälisches Dampfboot, 2000).

43 Vgl. H. Hatzfeld, *Du paupérisme à la Sécurité sociale*, Paris, A. Colin, 1971, S. 34.

Aus all den genannten Gründen verschleiert der Ausdruck »Wohlfahrtsstaat« mehr, als er erhellt. Er strotzt vor Vorurteilen über die im weiteren Verlauf noch zu untersuchenden Interventionsformen des Staates im Sozialbereich und über die Art seiner Wirkungen, die dieser Auffassung nach nichts anderes als perverse Effekte sein können. Ich ziehe ihm hier also den zunächst neutralen Begriff »Sozialstaat« systematisch vor und werde sodann dessen Bedeutungsgehalt anhand der ganzen Bandbreite seiner Interventionsformen näher bestimmen. Tatsächlich wäre eine Kombination aus den Begriffen »Nationalstaat« und »Sozialstaat« (État national-social) am adäquatesten, fürchtete man nicht eine Sinnwidrigkeit oder eine Unterstellung.[44] Beschaffenheit und Handlungsrahmen des Sozialstaats sind nämlich gänzlich vom Nationalstaat vorgegeben. Daraus ergibt sich nicht nur eine gewisse Disparität der nationalen Sozialpolitiken in Abhängigkeit von den unterschiedlichen kulturellen und politischen Traditionen der jeweiligen Staaten.[45] Will man noch weitergehen, so läßt sich die Politik des Sozialstaats als Mobilisierung eines Teils der Ressourcen einer Nation zur Aufrechterhaltung ihrer inneren Kohäsion interpretieren. Diese ist klar unterschieden von ihrer Außenpolitik, die von der Erfordernis bestimmt ist, seine Position im »Konzert der Nationen«[46] zu behaupten. Beide verhalten sich aber auch komplementär zueinander. Man müßte darauf noch näher eingehen, es wird jedoch auch so klar, daß diese Verankerung des Sozialstaats in der Realität eines Nationalstaats schwerwiegende Fragen aufwirft. Wie kann etwa ein »soziales Europa« heute aussehen, wenn die verschiedenen Sozialpolitiken historisch gesehen stets der Ausdruck der Nationalstaaten waren?[47] Und rührt nicht augenblicklich der Ernst der Lage der sozialen Sicherung in hohem Maße daher, daß der Nationalstaat durch die Globalisierung der Wirtschaft und des Arbeitsmarktes überrollt wird? Wie es sich auch mit diesen aktuellen Problemen verhalten mag, es wird deutlich, daß eine solche innenpolitische Funktion des Nationalstaats nichts mit einer »providentiellen« bzw. einer »Wohlfahrts«-Funktion gemein hat.

Die Frage der Verpflichtung

Worin hat also das Sicherungssystem, Kern einer frühen Form des Sozialstaats in Frankreich gegen Ende des 19. bis in die dreißiger Jahre des 20. Jahrhunderts, bestanden? Henri Hatzfeld hat die strittigen Punkte der parlamentarischen Debatten, in denen der republikanische Staat das Recht auf Unterstützung und eine erste Reihe von Maßnahmen zur Sozialversicherung hervorgebracht hat, vorzüglich nachgezeichnet[48], vor allen Dingen den Nachdruck und die Hartnäckigkeit, mit der der »liberale Einwand« weiter vorgetragen wurde. Achtzehn Jahre vergehen zwischen der Eingabe

44 Étienne Balibar verwendet den Ausdruck, vgl. »Inégalités, fractionnement social, exclusion«, in: J. Affichard, J.-B. de Foucauld (Hg.), *Justice sociale et inégalités*, Paris, Éditions Esprit, 1992, S. 154.

45 Vgl. für eine maximalistische Version der Disparitäten zwischen Nationalstaaten die Arbeiten der sog. »neoinstitutionalistischen Schule«, besonders P. B. Evans, D. Rueschemeyer, T. Skocpol, *Bringing the State back in, op. cit.*

46 Vgl. F. Fourquet, N. Murard, *Valeurs des services collectifs sociaux*, Bayonne, Terka, 1992.

47 Vgl. A. de Swaan, »Les chances d'un système social transnational«, *Revue française des affaires sociales*, 1990, S. 3 (dt. »Perspektiven einer transnationalen Sozialpolitik«, *Journal für Sozialforschung*, 32. Jg., 1992, Heft 1, S. 3–17).

48 H. Hatzfeld, *Du paupérisme à la Sécurité sociale, op. cit.*, Kap. II, »L'objection libérale et le problème de l'obligation«.

des ersten Gesetzentwurfs (1880) und der Verabschiedung des Gesetzes über die Arbeitsunfälle (1898); zwanzig Jahre, um das erste Gesetz über die Renten der Beschäftigten in Industrie und Landwirtschaft auszuarbeiten, das dann schließlich, zumindest fehlt nicht viel dazu, eine Maus gebiert.[49] Zu diesem Zeitpunkt verfügt Deutschland, der damalige große Rivale Frankreichs, schon seit einem Vierteljahrhundert über ein Versicherungssystem, das die Mehrheit der Arbeitnehmer gegen die sozialen Risiken Krankheit, Unfall und Alter abdeckt. Die Engländer besitzen eine Arbeitslosenversicherung, auf deren Einführung man in Frankreich tatsächlich bis 1958 warten muß. Kein Grund also, ein etwaiges »französisches Modell« zu beweihräuchern. Sich das langsame Aufkommen dieser Institutionen ins Gedächtnis zu rufen, ist dagegen höchst aufschlußreich, um das Ausmaß der Hindernisse begreifen zu können, auf die der Sozialstaat stieß: Er ist alles andere als die Inkarnation politischer Souveränität, und zu seiner Durchsetzung kommt es letztlich nur dadurch, daß er die feindlichen Kräfte umgeht oder mit ihnen Kompromisse aushandelt.

Eine erste Reihe von Maßnahmen erkennt ein Recht auf Pflege für bedürftige Kranke (Gesetz über die kostenlose medizinische Hilfe von 1893) sowie ein Recht auf Unterstützung für bedürftige und invalide alte Menschen an (1905). Man kann dem noch das Gesetz von 1913 zugunsten kinderreicher und bedürftiger Familien hinzugesellen, allerdings war dabei die Intention ein wenig anders gelagert.[50] In dieser Gesetzgebung kommt eine minimale Umsetzung der solidaristischen »Schuld« zum Ausdruck, es geht nämlich dabei darum, Bedürftigen, die in der Regel nicht oder nicht mehr arbeiten können, gleichermaßen minimale Existenzbedingungen zu gewähren. Denn ein weiteres Mal bildet die altehrwürdige Aufteilung in Arbeitsfähige und Arbeitsunfähige die Haupttrennlinie zwischen denen, die Unterstützung bekommen und all den anderen. Und wieder kommt es nicht ohne Schwierigkeiten zur Geltendmachung dieser Schuld, welche schon der Bettelausschuß als »unverletzbar und heilig« bezeichnet hatte und die in der Präambel zur Verfassung von 1848 erneuert worden war.

Der »liberale Einwand« wurde erneut mobilisiert, insbesondere gegen das Gesetz von 1905[51], indem man einmal mehr das gesamte Arsenal an Argumenten gegen die »gesetzliche Nächstenliebe« strapazierte:

> »*In einem wirklich freien Land sollte sich die Rolle des Staates nahezu nur auf die Funktionen beschränken, um derentwegen er geschaffen worden ist, also auf die Aufrechterhaltung des Friedens nach außen wie innen. Alles Übrige fällt nicht in sein Gebiet, und ich bin insbesondere der Meinung, daß alle die öffentliche Fürsorge betreffenden Probleme auf eine viel befriedigendere und gleichzeitig weniger kostspielige Art gelöst werden könnten, wenn ihre Lösung den kleinen Kollektivitä-*

49 Das Gesetz über die Renten der Beschäftigten in Industrie und Landwirtschaft betraf potentiell 7 Millionen Lohnabhängige. 1912 gab es ungefähr 2,5 Millionen Mitglieder, 1922 nur noch 1 728 000; vgl. A. Prost, »Jalons pour une histoire des retraites et des retraités«, *Revue d'histoire moderne et contemporaine*, Bd. XI, 1964.

50 Dieses Gesetz vom 14. Juli 1913, das Familien mit mehr als drei Kindern und nicht ausreichenden Mitteln für deren Erziehung eine monatliche Beihilfe für jedes Kind unter 13 Jahren gewährt, stellt die erste einer Reihe von bevölkerungspolitischen Maßnahmen dar, die im Gesetz über die Familienbeihilfen von 1932 gipfelt.

51 Die Pflege der bedürftigen Kranken (Gesetz von 1893) ist von gesellschaftlichem Nutzen, da sie erneut arbeiten könnten, was bei den Alten und Invaliden nicht der Fall ist. Daher rief das Gesetz von 1893 breite Zustimmung hervor, während dasjenige von 1905 auf heftige Opposition stieß.

ten, also den Kommunen und den Départements und vor allem der Initiative von Vereinen und Privatleuten überlassen bliebe.«[52]

Behalten wir auf jeden Fall das »nahezu« im Auge. Der Liberalismus kann einige Ausnahmen vom »Staatsverbot« in ganz bestimmten Fällen der Mittellosigkeit akzeptieren, wenn ansonsten keine andere Versorgungsalternative mehr verbleibt. So erklärt Edmond Villey, ein überzeugter Liberaler, der sich hartnäckig gegen jegliche Form der Pflichtversicherung aussprach: »Staatliches Eingreifen ist prinzipiell immer dann legitim, wenn es sich um den Schutz von Arbeitsunfähigen handelt.«[53] Die »Arbeitsunfähigen«: diese Kategorie entspricht dem, was wir die »Handicapologie« genannt haben. Da es sich um faktisch von jeglicher Teilhabe an den produktiven Tauschbeziehungen ausgeschlossene Bevölkerungsgruppen handelt, birgt ihre Versorgung durch den Staat nicht das Risiko von störenden Auswirkungen auf das Wirtschaftsleben.[54]

Man muß auch das Urteil Jean Jaurès' während der Diskussionen über die obligatorische Fürsorge bei Altersarmut nuancieren: »Worin besteht tatsächlich der Gedanke des Gesetzes? Darin, die Willkür des Almosens durch die Gewißheit eines Rechtsanspruchs zu ersetzen.«[55] Das ist schon richtig, freilich nur unter der Voraussetzung, daß man drei Dinge hinzufügt: erstens ist schon in den Jahrhunderten vor dem Gesetz die Versorgung derer, die wie die armen Alten in die Kategorie »Arbeitsunfähigkeit« oder die »Handicapologie« fallen, faktisch meist über die Formen der auf dem Wohnsitzprinzip fußenden unmittelbaren Sicherung bewerkstelligt worden (vgl. Kap. I). Es handelt sich also eher um den Übergang von einem Quasi-Gesetz zu einem faktischen, eine nicht zu vernachlässigende Unterscheidung, die freilich keine umwälzende Neuerung mit sich brachte.

Zumal dieses Anrecht zweitens noch eine Einkommensprüfung voraussetzt und administrativen Kontrollen unterliegt: Der Arme muß den Beweis erbringen, daß er

52 Rede des Grafen de Languinais vor der Deputiertenkammer, Sitzung vom 15. Juni 1903, zit. nach H. Hatzfeld, *Du paupérisme à la Sécurité sociale, op. cit.*, S. 72.

53 E. Villey, *Du rôle de l'État dans l'ordre économique*, Paris, 1882, zit. nach J. Le Goff, *Du silence à la parole, op. cit.*, S. 50.

54 So wird verständlich, daß schon vor der »Erfindung« der Solidarität und dem Aufkommen des republikanischen Staates ein erstes Gesetz über die obligatorische Armenfürsorge verabschiedet wurde. Es handelt sich um das Gesetz vom 30. Juni 1838 über die Irrenfürsorge, das zwar lange diskutiert, jedoch mit einer breiten Mehrheit verabschiedet wurde, und zwar von einer Kammer, in der die Konservativen und die Liberalen die Mehrheit hatten. Zwei Gründe erklären die hohe Priorität: Die armen Irren sind die Bedürftigsten unter den Bedürftigen und von der Arbeitsverpflichtung ausgenommen. Doch gefährlich wie sie sind, stellen sie ein Problem für die öffentliche Ordnung dar und können sich nicht selbst überlassen bleiben. Die obligatorische medizinische Versorgung gewährleistet diesen Kranken zugleich die Pflege, die ihr Zustand erfordert, und löst durch die Einweisung in geschlossene Anstalten die Frage der Wiederherstellung der öffentlichen Ordnung: »Ein glückliches Zusammentreffen«, sagt der Berichterstatter über das Gesetz in der Pairskammer, »das, wenn streng verfahren wird, den Vorteil des Kranken mit dem allgemeinen Wohl eins werden läßt« (vgl. R. Castel, *Die psychiatrische Ordnung, op. cit.*, S. 215). Das andere Gesetz über den obligatorischen Schutz von 1841 zur Einschränkung der Kinderarbeit war schon problematischer, da es eine direkte Einmischung in die Organisation der Arbeit bedeutete, und das Risiko, daß es außer Kontrolle geriet, sehr hoch war. »Zum ersten Mal beschreiten wir einen Weg, der nicht ohne große Gefahren ist; dies ist der erste Akt zur Reglementierung der Industrie, und die Industrie benötigt Freiheit, um leben zu können«, betont einer der Redner in der Kammer, der Graf de Beaumont. Doch diesem schwerwiegenden Einwand hat man begegnen können, da die Kinderarbeit die Reproduktion der Arbeitskraft und damit auch die obersten Interessen der Industrie und zudem noch der Arbeiter in Gefahr brachte. Seine Anwendung wurde praktisch den Arbeitgebern überlassen.

55 J. Jaurès; Deputiertenkammer, Sitzung vom 9. Juni 1903, zit. nach H. Hatzfeld, *Du paupérisme à la Sécurité sociale, op. cit.*, S. 75.

vollkommen »mittellos« ist, er muß also die Anzeichen seines Unglücks zur Schau stellen. Er ist weniger ein Anspruchsberechtigter im strengen Wortsinn, als ein potentieller Empfänger einer Leistung, die der Überprüfung durch eine Verwaltungsinstanz unterliegt.[56] Der Übergang von der Fürsorge zu einem rechtlichen Status reicht nicht hin, das Stigma, das der Bedürftigkeit anhaftet, ganz zu tilgen. Ebensowenig kann dadurch der Rechtsanspruch ortsunabhängig gestaltet oder, wenn man will, universalisiert werden: Die Eröffnung eines Rechtsanspruchs auf Unterstützung hängt von einer auf lokaler Ebene durchgeführten Begutachtung ab.[57]

Schließlich ist der außerordentlich restriktive Charakter der Kriterien hervorzuheben, denen all diejenigen genügen müssen, die in den Genuß des Rechts kommen wollen. Henri Monod, der Direktor der *Assistance publique*, der öffentlichen Fürsorge, von dem man eigentlich aufgrund seines Amtes erwarten sollte, daß er für die Ausdehnung des Kompetenzbereichs seiner Institution kämpft, erklärt deshalb 1889: »Öffentliche Fürsorge ist bei Ausbleiben anderweitiger Fürsorge demjenigen Bedürftigen geschuldet, dem es – zeitweilig oder endgültig – aus physischen Gründen unmöglich ist, für seinen Unterhalt aufzukommen.«[58] Hier wird nicht nur der traditionelle Grundsatz der Handicapologie – »dem es [...] aus physischen Gründen unmöglich ist, für seinen Unterhalt aufzukommen« – nachdrücklich bestätigt, sondern ein Anspruch auf öffentliche Unterstützung besteht obendrein nur »bei Ausbleiben anderweitiger Fürsorge« familiärer oder sonstiger privater Art. Seitens der Familie besteht die »Unterhaltsverpflichtung« weiter fort (welche noch 1953 beibehalten wird, als die Fürsorge in »Sozialhilfe« umgetauft wird), die auf eine restriktive Kasuistik der Rechtsanwendung hinausläuft. Die Möglichkeit des Rückgriffs auf private Unterstützung zeigt ebenfalls, daß sich die Fürsorge, trotz des während der Dritten Republik grundsätzlich vorherrschenden antiklerikalen Meinungsklimas, tatsächlich bestens mit der Existenz privater Wohltätigkeitseinrichtungen verträgt. Die Fürsorgekongresse werden diese öffentlich-private Zusammenarbeit, die zumindest den Vorteil aufweist, daß sie einen Beitrag zur Einsparung öffentlicher Mittel leistet, weiter voran-

56 Wenn es auch von einer systematischen Feindseligkeit gegenüber der »gesetzlichen Nächstenliebe« beseelt ist, so verdient das von Tocqueville vorgebrachte Urteil doch einiges Nachdenken: »Die gewöhnlichen Rechte sind den Menschen eingedenk gewisser Überlegenheiten über ihre Mitmenschen verliehen. Jenes [das Recht auf Unterstützung] wird ihnen aufgrund einer anerkannten Unterlegenheit zugesprochen. Die ersteren verleihen diesen Überlegenheiten ein klares Profil und konstatieren sie, das letztere rückt gerade diese Unterlegenheit ins Licht und legalisiert sie« (*Mémoire sur le paupérisme, op. cit.*, S. 35).

57 Alexandre Mirman, unabhängiger Sozialist und entschlossener Vorkämpfer für ein erweitertes Recht auf Unterstützung, war sich des Problems vollkommen bewußt. Er läßt über die Deputiertenkammer die Kategorie »Bedürftiger« in »Anspruchsberechtigter«, bzw. »haben Fürsorge beantragt« in »haben ihren Rechtsanspruch geltend gemacht« usw. umändern. Er will auch, daß die Gutachterkommissionen ihre Entscheidungen schriftlich offenlegen und daß die Betroffenen dagegen Einspruch erheben können. Diese Vorschläge werden aber vom Senat verworfen (vgl. H. Hatzfeld, *Du paupérisme à la Sécurité sociale, op. cit.*, S. 74 f.). Hätte jedoch eine Änderung im Vokabular ausgereicht, um das Recht auf Unterstützung von einer jahrhundertealten zweifachen »Kontaminierung« reinzuwaschen, nämlich von dem den Bedürftigen anhaftenden Image des »bösen Armen« sowie dem Urteil der für die Vergabe der Unterstützung zuständigen Instanzen, das mehr einem Werturteil über das moralische Verhalten der Antragsteller gleichzukommen drohte als der Gewährung eines Forderungsanspruchs? Die gegenwärtigen Diskussionen über die Gewährungsvoraussetzungen des RMI (Mindesteinkommen zur beruflichen und gesellschaftlichen Wiedereingliederung; Anm. d. Übers.) zeigen, daß dieses irritierende Problem noch nicht gelöst ist.

58 H. Monod, »Discours d'ouverture«, *Ier Congrès international d'assistance publique*, Paris, 1889. Monod wird sich zwanzig Jahre später im Rückblick auf den Sinn seines Werks noch deutlicher äußern: »All meine Bemühungen gingen dahin, staatliches Eingreifen zu begrenzen, die Kategorien der Unglücklichen, denen öffentliche Unterstützung zukommen muß, zu beschränken« (*la Réforme sociale*, April 1906, S. 658).

treiben.[59] Wir befinden uns hier weit unterhalb der vom Bettelausschuß erarbeiteten und von der verfassungsgebenden Nationalversammlung verabschiedeten Grundsätze, der Anerkennung dieser »unverletzbaren und heiligen Schuld« der Nation, wonach diese Aufgabe unter Ausschluß der privaten Wohltätigkeitseinrichtungen von A bis Z der öffentlichen Hand oblag, damit die Pflicht zur Unterstützung der Unglücklichen »weder durch den Namen noch den Charakter des Almosens entwürdigt werden könne«.[60]

Die hochgesteckten Grundsätze der republikanischen Solidarität haben sich hier also nicht sonderlich innovativ ausgewirkt. Sie haben eher höhere Kohärenz und Deutlichkeit in eine Praxis gebracht, die sich faktisch ohnehin schon mehr oder minder etabliert hatte. Das liegt aber auch daran, daß dieses Problem der Fürsorge, wenn es auch symbolisch überdeterminiert gewesen ist, keinen strategisch wichtigen Einsatz bedeutet. Die von ihm betroffenen Bevölkerungsgruppen sind relativ klar eingegrenzt. Vor allem stimmen sie mit unterschiedlichen Kategorien außerhalb der Arbeit stehender Personen überein, die im Prinzip von einer aktiven Teilnahme am Gesellschaftsleben ausgegrenzt sind. Ihre Versorgung im Rahmen einer Politik der Armenunterstützung vermag aus ihnen integrierte Arme zu machen. Am gesellschaftlichen Gesamtgleichgewicht ändert sich durch sie großartig nichts. Die soziale Frage stellt sich auf dieser Ebene nicht in zugespitzter Form.

Dagegen stellt sie sich hinsichtlich der massenhaften Verwundbarkeit, wie sie in der unsicheren Lage der Arbeiter zum Ausdruck kommt. Es ist das Problem des Status der meisten Lohnabhängigen, das zunächst im Pauperismus eine Formulierung findet und sich dann in Gestalt von Beschäftigungsinstabilität, Willkür der Arbeitgeber, Niedriglöhnen, mangelnder Arbeitssicherheit und dem Elend der alternden Arbeiter verstetigt. Das Problem bekommt hier eine andere Größenordnung.

> »*Welches ist die Klasse, der die größte Anzahl von Personen zugehörig sind, die sich an die Fürsorge und die öffentlichen Wohlfahrtseinrichtungen wenden? Es ist augenscheinlich, daß sich die größte Zahl an Leiden in der Armee des Elends in der Klasse der Fabrik- und Landarbeiter [ouvriers et laboureurs] findet. Welches sind die Hauptursachen, aufgrund deren sich die Klasse der Fabrik- und Landarbeiter*

59 Eine Illustration für die Komplementarität dieser Gesichtspunkte in *I*[er] *Congrès international d'assistance publique, op. cit.* Es stellt sich eine Arbeitsteilung zwischen der bei Menschen in völliger Mittellosigkeit quasi automatisch eingreifenden *Assistance publique* und dem Privatsektor ein, wobei der Letztgenannte eher punktuell und fallspezifisch eingreift. Die eine wie der andere dürfen nicht aus den Augen verlieren, daß die Lage der Fürsorgeempfänger stets weniger erstrebenswert sein soll als die Situation derer, die für sich selbst aufkommen. Darin besteht das Prinzip der von den englischen *poor laws* inspirierten *less eligibility.* Die privaten Unterstützungswerke bevorzugen moralische und psychologische Mittel anstatt materieller Unterstützung. Sie nehmen in der philanthropischen Tradition des *Armenbesuchers* eine gründliche und vieldimensionale Überprüfung der »Fälle« vor (vgl. den Vortrag C.S. Lochs, des Sekretärs der Londoner *Charity Organization Society*: »De l'organisation de l'assistance«, *I*[er] *Congrès international d'assistance publique, op. cit.*, 1. Bd., S. 51 f. Trotz der Spannungen zwischen den auf diesem Gebiet zueinander in Konkurrenz stehenden Akteuren fassen sich diese beiden Formen als komplementär auf.

60 C. Bloch, A. Tutey, *Procès-verbaux et rapports du Comité pour l'extinction de la mendicité, op. cit.*, »Plan de travail«, S. 310. Diese Einschränkungen schließen weder eine Hommage an die Gründer der ersten Republik aus, noch einen heftigen »ideologischen Kampf« darum, welche Bedeutung in der Geschichte der Fürsorge den Arbeiten der revolutionären Versammlungen zukommt. Er stellt die republikanischen Historiker wie Camille Bloch und Louis-Ferdinand Dreyfus den »klerikalen« Historikern wie Lallemand oder Christian Paultre gegenüber. Daher hat die Interpretation, die sich die Dritte Republik von der Fürsorge gemacht hat, mindestens ebenso politischen wie praktischen Notwendigkeiten entsprochen. Vgl. zu diesen Punkten C. Bec, *Assistance et République*, Paris, Éditions ouvrières, 1994.

mehr als die anderen in einem elenden Zustande befinden? Der Großteil dieser Ursachen steckt in der dieser Klasse eigenen ökonomischen Lage.«[61]

Zu Beginn des Jahrhunderts entzündet sich an diesem Punkt eine heftige Debatte: Fürsorge oder Versicherung? Kann die Fürsorge von dem Augenblick an, ab dem man zu der Erkenntnis gelangt, daß das Elend zu einem guten Teil aus der Arbeitsproblematik herrührt, noch eine adäquate Antwort auf dieses Arbeiterelend bieten? Allem Anschein nach bewegen sich alle Überlegungen, die zu diesem Problem angestellt werden, einschließlich die der Republikaner und sogar mancher Sozialisten, zwischen zwei Optionen: Soll man die *Fürsorge ausdehnen*, um die Gesamtheit aller mittellosen Elenden zu versorgen, oder für all jene die *Versicherungspflicht einführen*, deren Mittel so gering sind, daß sie altersbedingt oder im Falle von Unfall oder Krankheit möglicherweise nicht mehr für ihren Unterhalt aufkommen können.

Zunächst werden die »opportunistischen« Republikaner auf die Fürsorge setzen. Dadurch, daß sie den Bedeutungsgehalt der Formulierung »mittellos« (privé de ressources) weiter als nur »physisch arbeitsunfähig« fassen, schließen sie auch den unteren Rand der Arbeiterklasse mit ein.[62] Ein verallgemeinertes Fürsorgesystem wirkt auch verlockend auf die »unabhängigen« Sozialisten. Besonders aufschlußreich ist in dieser Hinsicht der Disput, den sich Alexandre Mirman und Jean Jaurès 1905 in der Deputiertenkammer liefern. Mirman verteidigt ein steuerfinanziertes nationales Solidaritätsgesetz, das der gesamten bedürftigen Bevölkerung, Lohnabhängigen wie Nicht-Lohnabhängigen, ein Mindesteinkommen *avant la lettre* gewährt. Jaurès dagegen erkennt die Fallstricke eines reinen Fürsorgegesetzes, welches Unterstützung letztlich auf die mittellosesten Kategorien beschränkte und die Entwicklung einer Sozialgesetzgebung zugunsten der Lohnarbeiter untersagte. Er formuliert bei dieser Gelegenheit einen Anspruch, den die Gründer der Sozialversicherung nach dem Zweiten Weltkrieg wieder aufgreifen werden: »Auch wir träumen von dieser Einheitlichkeit der Gesetzgebung; wir sind sicher, daß eines Tages die allgemeine und systematische Organisation der auf alle Risiken ausgedehnten Versicherung an die Stelle der Fürsorge tritt.«[63] Vorläufig darf man sich jedoch nicht hinsichtlich der Priorität irren. Eine Ausdehnung der Fürsorge würde ein Anwachsen der Abhängigkeit in der Bevölkerung bedeuten. Eine Versicherung zu schaffen, welcher der Arbeiter durch Einzahlung von Beiträgen angehört, heißt, darauf hinzuwirken, wie Jaurès schon 1895 zur Verteidigung der Bergarbeiterrenten vorbrachte, »daß man es hier nicht mehr mit Wohltätigkeit zu tun hätte, sondern mit einer durch ein gleichwertiges Opfer sanktionierten Anerkennung eines Rechtsanspruchs.«[64]

61 C. Biancoli, Vortrag vor dem *IVe Congrès international de l'assistance publique et de la bienfaisance privée*, Mailand, 1906, S. 134.

62 C. Bec, *Assistance et République, op. cit.* Vgl. auch das nachlassende Interesse an der Fürsorge zugunsten eines Interesses an der Versicherung in den Diskussionen und Projekten, die der Schaffung eines Arbeitsministeriums 1906 vorausgingen (J.-M. Tournerie, *le Ministère du Travail, origines et premiers développements*, Paris, Éditions Cujas, 1971).

63 Zit. nach H. Hatzfeld, *Du paupérisme à la Sécurité sociale, op. cit.*, S. 78. Die Position Mirmans erinnert an die von Beatrice und Sidney Webb zur selben Zeit in Großbritannien vertretene (*The Prevention of Destitution*, London 1911; frz. Übers. *La Lutte préventive contre la misère*, Paris 1913; dt. Übers. *Das Problem der Armut*, Jena 1912). Die Webbs stehen der Versicherung und jeglicher Sondersozialgesetzgebung gleichermaßen feindselig gegenüber. Sie sehen einen Transfer von zentralstaalichen Interventionen an unterschiedliche nicht-spezialisierte örtliche Dienste vor, die ein Abgleiten in Abhängigkeitssituationen verhüten sollen, ohne jedoch die Armut zu einem privilegierten Ziel zu machen.

64 H. Hatzfeld, *ebd.*, S. 118.

Freilich besitzt nicht jeder den Scharfblick eines Jaurès. Zudem teilt nicht jeder seine Sorge um die Emanzipation der Arbeiter. Aber selbst wenn man dieses »Klasseninteresse« ausklammert, bleibt dieses um die Jahrhundertwende zum Ausdruck kommende Schwanken vollkommen nachvollziehbar. Bei der Fürsorge weiß man, woran man ist: Die Techniken der Fürsorge haben sich jahrhundertelang bewährt, es genügte, die sie betreffende gesetzliche Grundlage zu erweitern (und für diese Ausdehnung eine Finanzierung zu finden, was weniger selbstverständlich ist). Die Versicherung dagegen setzt eine völlig andere Interventionstechnologie ein, die sich für neuartige und quasi unbegrenzte Anwendungsmöglichkeiten anbietet. Wenn die Durchsetzung der *Pflichtversicherung* auf soviel Widerstand stößt, so liegt das daran, daß der von ihr geschaffene Typ von Sicherung völlig neu ist und sie sich auf andere Bevölkerungsgruppen als die der traditionellen Fürsorgeempfänger richtet. Auf dem Spiel steht nichts geringeres als eine neue Funktion des Staates, eine neue Form des Rechts und eine neue Konzeption des Eigentums. Ein Einsatz, den man bei genauerem Abwägen des Wortsinns zu Recht als revolutionär bezeichnen darf: Die Pflichtversicherung wird für die Lage der Lohnarbeiter eine stille Revolution bewirken.

Allerdings fängt man hier auch nicht mehr bei Null an. Die Art und Weise, in der das Versicherungsprinzip vorher schon Anwendung findet, trägt jedoch mehr zur Verdunklung der Debatte als zu ihrer Aufklärung bei. Die zur Risikovorsorge gegründeten Vereinigungen haben sich in Gestalt der Unterstützungsgesellschaften (sociétés de secours) schon zu Hoffnungsträgern entwickelt (vgl. Kap. V). Die philanthropische Bewegung hat darin ein hervorragendes Mittel zur Versittlichung der »niederen Klassen« gesehen. Ein Teil der Unternehmerschaft hat es zu einem bevorzugten Werkzeug zur Steigerung der Betriebstreue der Belegschaft geformt. Doch der Einsatz der Versicherungstechnik blieb mit den beiden Strategien der Patronage kompatibel: der Überwachung und/oder der Betreuung durch die Polizei oder die Notabeln; der Territorialisierung der Arbeitskräfte, welche nicht zuletzt durch diese Sozialleistungen *avant la lettre* an einen Ort gebunden wurden.

Freilich nicht ohne Ambivalenzen. Besessen von der Befürchtung, diese Gesellschaften könnten zu Stützen gewerkschaftlicher oder politischer Aktivitäten werden, unterschätzen die Notabeln sicherlich eine viel fundamentalere Gefahr: Selbst wenn sie friedlich sind, bilden sie *eine Organisationsform aus, die mit der Form der Unterordnung des Bevormundungssystems inkompatibel ist.*[65] Sie schaffen nämlich *horizontale*

65 Manche von diesen Notabeln scheinen zumindest einen gewissen Verdacht dahingehend gehegt zu haben. So etwa der Bericht eines kaiserlichen Staatsanwalts aus dem Jahr 1867, der, von Amts wegen um die Aufrechterhaltung der öffentlichen Ordnung besorgt, in dieser Vereinigungsform das Risiko einer Infragestellung jeglicher »Obrigkeit, jeglicher Regierung« zu erahnen scheint: »Man wäre nur über eine Sache überrascht, nämlich daß die Regierung mit ihren eigenen Händen ein Werkzeug des Umsturzes geformt hätte... Ich weiß, daß die Unterstützungsvereine ein beliebtes Gebilde sind, doch die Lieblingskinder sind immer diejenigen, welche die Familie ruinieren... Der Gedanke ist wohl verführerisch, daß man das Proletariat dazu bringen kann, sich selbst in Krankheit und im Alter zu helfen: Es wirkt sehr beruhigend zu glauben, daß einem die organisierten Geheimgesellschaften erspart bleiben; die Hoffnung ist verlockend, eine riesige Vereinigung zu bilden, die der Regierung völlig ergeben ist. Unglücklicherweise sind all diese abgeleiteten Ergebnisse weit entfernt vom Denken derer, die ihre Ermutigungen annehmen. Sie ergreifen die Waffe, die ihnen gegeben wird; doch sie verstehen es, damit nach ihrem Gutdünken umzugehen... In der Arbeiterklasse ist die vorherrschende und einzig wirklich mächtige Leidenschaft der Haß auf jede Obrigkeit, auf jede Regierung... Ihnen fehlt nur noch die Organisation; die sogenannten Unterstützungsvereine aber geben sie ihnen an die Hand« (zit. nach B. Gibaud, *De la mutualité à la Sécurité sociale, op. cit.*, S. 38).

Beziehungen zwischen ihren Mitgliedern, im Gegensatz zur *vertikalen Struktur*, wie sie der »Regierung der Besten« eigen sind. Die *mutuelle* (Hilfskasse) gibt dem Kollektiv eine Form der Organisation an die Hand, die nicht durch hierarchische Abhängigkeit zementiert wird. In ihrer Struktur trägt sie schon den Keim einer demokratischen Organisation. Das soziale Band hängt an einem System gegenseitiger Beziehungen, die von moralischer Unterordnung unabhängig sind und sich auch von den durch die Marktgesetze erforderten ökonomischen Tauschbeziehungen unterscheiden. Das Prinzip der Solidarität eint bereits die Mitglieder einer *mutuelle*. Möglicherweise haben die Hüter einer auf Bevormundung basierenden Ordnung durch die Förderung dieser auf Reziprozität basierenden Strukturen eine Schlange an ihrer Brust genährt.

Eine zweite Unklarheit unterminiert die Vorstellung, die sich die »ehrbaren Leute« von der Rolle der Hilfskassen machen. Was für ein Publikum wollen sie denn gewinnen, wenn sie sogar zugeben, daß sie diese Schulen zur moralischen Hebung des Volkes befürworten?[66] Letztlich doch nur die guten Arbeiter, diejenigen, die schon ausreichend versittlicht sind, jedenfalls schon genügend vom Guten angezogen, um den Wunsch nach Verkehr mit den »ehrbaren Leuten« zu verspüren; sodann auch diejenigen, die Beiträge entrichten können, deren Lohn sie davor bewahrt, »von der Hand in den Mund« zu leben, und ihnen eine Zukunft ermöglicht. Nicht die Elendsten, ebensowenig die Böswilligen, die nicht wahrhaben wollen, daß ihr Wohl sich nur über eine Verständigung mit ihren Herren einstellt, also genau diejenigen, die eine Versittlichung am nötigsten hätten. Statt zu einer allgemeinen Hebung der Volksmassen beizutragen, läuft die Entwicklung der freiwilligen Vorsorge Gefahr, den Graben zwischen »guten« Arbeitern und den »schlechten Armen« noch zu vertiefen.

Die Entwicklung der Rekrutierungsbasis der Hilfskassen scheint diese pessimistische Diagnose zu bestätigen. Lassen wir uns von der Zunahme der Mitgliederzahl nicht täuschen (die zudem mäßig und um einiges niedriger ist als die Anhängerschaft der englischen *friendly societies*). Während sie ursprünglich in der Tradition der Handwerkszünfte und Gesellenbruderschaften stehende Unterschichtsgruppierungen waren, »verbürgerlichen« sich die *mutuelles* zunehmend und ziehen vorwiegend Arbeiter an, die des Umgangs mit den Notabeln würdig sind. Die Entwicklung der Gewerkschaftsbewegung nach 1884 verbreitert den Graben zwischen einer von revolutionärem Gedankengut beherrschten organisierten Arbeiterschaft und dem politisch eher gemäßigten *mutualisme*, dessen Ziel erklärtermaßen in der Zusammenarbeit zwischen den Klassen besteht.[67] Wie dem auch sei, die elendsten sowie die politisch fortgeschrit-

66 Hier ein Zeugnis unter vielen, das von Émile Laurent, einem der ersten Verächter des Wohlfahrtsstaats, der als Kontrapunkt dagegen diese mitreißende Lobrede auf die *mutuelles*, die Unterstützungsgesellschaften, hält: »Mit ihren Ehrenmitgliedern, ihren brüderlichen Vereinigungen von Herrn und Arbeitern in der Fabrik wie auch außerhalb, Vereinigungen – die schon allein aufgrund einer gemeinsamen Beratung gut sind –, wo man sich nicht darauf beschränkt zu beraten, wo man einander mag, wo man sich kennt, weil man im Herzen des anderen gelesen hat; wo das Mißtrauen verschwindet, wo Mißverständnisse ausgeräumt werden, wo die Höhergestellten im Bewußtsein, daß sie Menschenlasten tragen, das Bedürfnis empfinden, den einfachen Leuten die höchste Lehre zu erteilen, nämlich die des Beispiels; die Unterstützungsvereinigung mit ihren Schulen, ihren Adoptionen, ihren tausend vormundschaftlichen Aspekten« (*le Paupérisme et les associations de prévoyance, op. cit.*, Bd. I, S: 107).

67 Vgl. B. Gibaud, *De la mutualité à la Sécurité sociale, op. cit.* Dieser Gegensatz wird das 20. Jahrhundert über anhalten, vgl. beispielsweise in B. Gibaud, *op. cit.*, S. 100 f., die alles andere als zweideutige Rolle, welche die *mutualité* während des Vichy-Regimes gespielt hat.

tenen Ränder des Proletariats (diese beiden Kategorien überlappen sich nicht notwendigerweise) entziehen sich jedenfalls dem Unternehmen der freiwilligen *mutualité*.[68]

Es wird dadurch begreiflich, daß die Einführung der Pflichtversicherung hinsichtlich der Fürsorge und der freiwilligen Vorsorge einen regelrechten *Paradigmenwechsel* bedeutet. Wie hat es dazu kommen können?

Es bedurfte dazu vor allem einer allmählichen Lockerung des über das gesamte 19. Jahrhundert hinweg geknüpften Bandes zwischen Versicherung und Patronage. Gegen Ende des 19. Jahrhunderts nämlich ließ eine ganze Reihe veränderter Umstände dieses Arrangement brüchig werden. Das gilt zum einen für die wachsende Opposition der Arbeiter gegen die Kassenhoheit der Arbeitgeber, die dieses Arrangement zu ihrem eigenen Nutzen geschaffen hatten und nun darüber die Kontrolle behalten wollten. Man hat davon gesprochen, daß sich gegen Ende des Zweiten Kaiserreichs zahlreiche Streiks an der Frage der Kontrolle über die Kassen entzündet hatten. Die Opposition innerhalb der Arbeiterschaft wurde durch die Willkür, ja gar Unehrlichkeit so mancher Unternehmer bei der Verwaltung der Kassen genährt. In der umfangreichen Überblicksdarstellung, die er dieser Frage gewidmet hat, führt der dennoch auf Arbeitgeberseite stehende Joseph Lefort zahlreiche Beispiele für solche Praktiken an, so etwa die Benutzung der Unterstützungsfonds für die Unternehmensfinanzierung und sogar die willkürliche und entschädigungslose Entlassung von Arbeitern kurz vor deren Eintritt ins Rentenalter nach dreißig Jahren guter Führung und treuer Dienste, um ihnen keine Pension überweisen zu müssen.[69]

Schwerwiegender bzw. spektakulärer noch ziehen Unternehmensbankrotte den Konkurs der Kassen nach sich, und die Arbeiter sehen sich um ihre Beitragszahlungen gebracht. Das ist gegen Ende der 1880er Jahre etwa bei der *Compagnie minière de Terrenoire* und beim *Comptoire d'escompte de Paris* der Fall. Die Publizität, die diesen Affären zuteil wird, führt schließlich zur Einführung einer Kontrolle durch die Behörden. Ein 1895 verabschiedetes Gesetz führt die Verpflichtung ein, die Arbeitnehmerbeiträge bei der *Caisse des dépôts et consignations* oder bei den behördlich genehmigten Kassen anzulegen.[70]

Schließlich überschreitet die Unternehmerschaft selbst häufig den Grundsatz der Freiwilligkeit, der angeblich den versittlichenden Wert dieser Art des Sparens ausmache. Obligatorische Lohnabzüge sorgen zusammen mit einer Beteiligung der Arbeitgeber für die Finanzierung der Kassen. Besser noch: Vor der Jahrhundertwende ist in zwei Unternehmenstypen, dem Bergbau und der Eisenbahn, das System der obligatorischen Rentenversicherung praktisch allgemein verbreitet.[71] Dieser Zustand er-

68 Die Verwantwortlichen der genossenschaftlichen Bewegung sind sich übrigens über die Kluft im klaren, die sich zwischen der *mutualité* und dem Großteil der Arbeiter auftut. Léopold Mabilleau, der spätere Vorsitzende der *Fédération nationale de la mutualité française*, erklärt im Jahre 1900, daß diese »der Versicherung nur die am wenigsten interessanten Vertreter der Arbeiterklasse zuführt, nämlich diejenigen, die schon eine Wirtschaftselite in diesem Land darstellen« (*Premier Congrès international de la mutualité*, Paris 1900, S. 12).

69 J. Lefort, *les Caisses de retraites ouvrières*, Paris 1906, 1. Bd., S. 114 f.

70 Vgl. E. Levasseur, *Questions ouvrières et industrielles en France sous la Troisième République*, Paris 1907, S. 500 f.

71 1898 sind 98 % der Bergarbeiter und ungefähr zwei Drittel der Eisenbahnangestellten in den Arbeitgeberkassen versichert (J. Lefort, *les Caisses de retraites ouvrières, op. cit.*, 2. Bd., S. 89 und S. 177). Die dritte Kategorie von Rentenempfängern ist die der staatlichen Beamten aufgrund eines Gesetzes von 1853. Doch tritt hier der Staat als Unternehmer im Rahmen einer Personalpolitik auf, welche die bescheidene Höhe der Gehälter durch Beschäftigungssicherheit und die Rente kompensiert.

klärt sich durch die Besonderheiten dieser Unternehmen: Sie sind staatlich konzessioniert, und die Gefahr und Härte der Arbeit für die Bergarbeiter, besondere Erfordernisse nach Regelmäßigkeit und Pünktlichkeit für die Eisenbahner haben dazu geführt, die »Sozialleistungen«, darunter auch die Renten, großzügig zu gestalten, um die Arbeitskräfte zu halten. Doch wenn hier praktisch eine faktische Verpflichtung vorliegt, warum sollte sie nicht von staatlicher Seite garantiert werden, anstatt von unternehmerischer Willkür abzuhängen? Das fordern nämlich insbesondere die Bergleute. Ihnen wird 1894 Genüge getan. Das am 29. Juni verabschiedete Gesetz schafft einen *Rechtsanspruch* auf die Rente. Sie wird paritätisch aus den Beiträgen der Arbeiter und der Arbeitgeber finanziert und hat den Charakter einer gesetzlichen Verpflichtung, der Unternehmer wie Angestellte gleichermaßen unterworfen sind. Die Struktur der »Sozialversicherungen« existiert also schon vor Ende des 19. Jahrhunderts. Warum hat man diese Einrichtung nicht auf die Gesamtheit der Lohnabhängigen ausgedehnt?

Das wäre genau im Sinne des Gesetzesentwurfs über die Altersrenten der Beschäftigten in Industrie und Landwirtschaft, dessen erste Version der Kammer ab 1890 vorliegt. Zwanzig Jahre müssen jedoch noch vergehen, mit erbitterten Debatten innerhalb und außerhalb des Parlaments, bevor es in etwas abgeschwächter Form 1910 zu einem Durchbruch kommt. Zunächst bedeutet es in quantitativer Hinsicht einen Wechsel der Größenordnung: Es handeltet sich um einen Sprung von einigen Hunderttausend Rentenempfängern auf sieben Millionen Lohnabhängige.[72] Vor allem wirft diese Ausdehnung jedoch ein *prinzipielles* Problem auf: Joseph Lefort, dessen Werk 1906 von der *Académie des sciences morales et politiques* ausgezeichnet wird, bringt die Haltung der Gegner klar zum Ausdruck:

> »*Wenn sich die Rentenfrage für die Arbeiter der Privatindustrie zwingend stellt, so ist sie durch Freiheit, Einzelinitiative, durch Vereinigung in ihren vielfältigen, jedoch so fruchtbaren Formen, durch den Zusammenschluß aller Leute mit guten Absichten zu lösen. Die Erfahrung dessen, was im Ausland geschieht, hat uns in dieser Überzeugung nur bestätigen können, daß ein auf Pflicht und staatlicher Intervention beruhendes System ebenso sehr der wirtschaftlichen Situation Frankreichs, den Traditionen seiner Rasse widerspricht wie den Neigungen, die in einer demokratischen Gesellschaft vorherrschen sollen.*«[73]

Machen wir uns klar, daß es nicht das Prinzip der Rente ist, das hier zur Debatte steht. Diese ist aufgrund der elenden Lage der alternden Arbeiter »zwingend« erforderlich. Der Großteil von ihnen muß auf Gedeih und Verderb bis zu seinem Tod arbeiten oder ist auf familiäre Hilfe bzw. Fürsorge angewiesen. Aber sie muß eine Sache der *freiwilligen* Vorsorge bleiben. Die Argumentation bleibt die gleiche wie zu Zeiten

72 Ungefähr sieben Millionen und nicht die zwölf Millionen, die man damals zählt, da die Versicherung, wie wir noch sehen werden, zuerst nur den unteren Rand der Lohnarbeiterschaft erfaßt.

73 J. Lefort, *les Caisses de retraites ouvrières*, *op. cit.*, 1. Bd., S. III. Eines der Argumente gegen das hier angesprochene »deutsche System« besteht darin, daß es sich nicht darauf beschränkt, Leistungen zu vergeben. Es führt auch dazu, Krankenhäuser, Altenheime, Ambulanzen usw. einzurichten, kurzum einen Kern von Gesundheits- und Sozialeinrichtungen, deren öffentlicher Charakter für die Gegner staatlicher Intervention vollkommen inakzeptabel ist.

der Philanthropie des 19. Jahrhunderts: »Man muß sich vor allem die sittliche Erziehung zur Aufgabe machen.« Die bescheidene Höhe der Arbeiterlöhne enthebt einen nicht eigener Bemühungen. Freiwilliges Sparen ist immer möglich »aufgrund der wunderbaren Elastizität der Bedürfnisse, die unendlich ausdehnbar und zugleich unendlich komprimierbar sind.«[74]

Hinter dieser etwas platten und fast schon besessen repetitiven Vulgata zeichnet sich eine grundlegende Unterscheidung ab, welche die Arbeiterschaft nach einem *moralischen* Kriterium aufteilt. Demnach fallen diejenigen in die Zuständigkeit der Fürsorge, deren »Sorglosigkeit«, »Leichtsinn«, »mangelnde Nüchternheit« usw. das Vorhaben ihrer sittlichen Hebung ins Leere laufen lassen. Zur Autonomie gelangen diejenigen, die zur freiwilligen Vorsorge fähig sind. Émile Cheysson formuliert diese Unterscheidung mit einer gewissen Brutalität, wenn er

> *»den moralischen und sozialen Vorteil einer Trennung von Fürsorge und Vorsorge und einer klaren Unterscheidung von aufrechten und gefallenen Menschen [betont], deren Vermengung in ein und derselben Organisation überhaupt nichts bringt. Wenn er sich erst einmal über die Letztgenannten Gewißheit verschafft hat, dann fühlt sich der Gesetzgeber besser imstande, der zum Sparen und zu Privatinitiative befähigten nüchternen Klientel die ihr zustehende Behandlung zukommen zu lassen, anstatt die gesetzlichen Lösungen auf die Ebene der Unvorsichtigkeit oder des Abstürzens herunterzuziehen, welche eher die bevormundende Fürsorge erforderlich machen. Er bringt so den Respekt, den er der freien Assoziation schuldet, mit der persönlichen Anstrengung in Einklang.«*[75]

Man kann den »gefallenen Menschen«, den »Arbeitsunfähigen« durchaus Fürsorge gewähren. In keinem Fall kann man aber ein Recht auf Versicherung schaffen. Das hieße, wie Cheysson sagt, »die gesetzlichen Lösungen herunterzuziehen«. Eine etwas seltsame Ausdrucksweise, die aber folgendermaßen zu verstehen ist: Das Recht muß weiterhin die Beziehungen zwischen verantwortlichen Menschen regeln. Notfalls ist es noch möglich, dieses vom Recht auf Unterstützung verkörperte Recht zweiter Ordnung sorgsam umgrenzten Bevölkerungsgruppen zuzuerkennen. Das kann sogar taktisch geschickt sein, insoweit es dem Gesetzgeber, »nachdem er sich über die Letztgenannten Gewißheit verschafft hat«, leichter fällt, sich dem Recht auf Versicherung zu widersetzen. Darin bestand explizit die Absicht zahlreicher Liberaler, die sich um das Gesetz von 1905 über die Unterstützung bei Altersarmut sammelten: »Wir werden ein Fürsorgegesetz verfassen, das uns erlauben wird – und davon bin ich absolut überzeugt –, die Pflichtversicherung bei den Arbeiterrenten zu umgehen.«[76]

---

74 *Ebd.*, 1. Bd., S. 9.

75 E. Cheysson, »Discussion«, in: *la Solidarité sociale*, Académie des sciences morales et politiques, Paris 1903, S. 137. Cheysson spricht sich explizit gegen den Solidarismus aus, weil der Begriff »gesellschaftliche Schuld« (dette sociale) einen Rechtsanspruch schaffe. Als Schüler von Le Play hält er sich an die »gesellschaftliche Pflicht« (devoir social), die keinerlei gesetzliche Verpflichtung auslöst, sondern eine moralische Schuld. Was den Staat anbelangt, so kann dieser die Initiativen allerhöchstens dadurch ermuntern, daß er nach dem Grundsatz der »unterstützten Freiheit« (liberté subsidiée), wie man damals in Belgien sagt, denjenigen hilft, die sich selbst helfen.

76 Rede M. Seblinas im Senat, Sitzung vom 9. Juni 1905, zit. nach H. Hatzfeld, *Du paupérisme à la Sécurité sociale, op. cit.*, S. 71.

Das Recht auf Unterstützung steht also in gedanklichem Gegensatz zur Versicherungspflicht, es ist eine Sicherheitsvorkehrung gegen ihre Ausdehnung. Im Klartext heißt das, daß ein Sozialrecht, wenn man angesichts des Rechts auf Unterstützung tatsächlich von einem Recht sprechen kann, nur dann legitim ist, wenn es auf diejenigen Bezug nimmt, die sich praktisch schon außerhalb des Sozialen, in dieser von den Tauschkreisläufen zwischen autonomen Individuen abgeschnittenen Zone der Fürsorge befinden. Das Recht darf nicht an die Zone der Verwundbarkeit, der prekären Arbeit, der Mangellagen des Arbeiterdaseins rühren. Wer nicht ins Elend und in Abhängigkeit »abrutschen« will, muß sich aus eigener Kraft dagegen zur Wehr setzen. Es besteht keine kollektive Verantwortung für die mit der allgemeinen Lage des Volkes einhergehenden Mißstände. Anders gesagt ist staatliches Eingreifen nur legitim, um die Grenzfälle zu versorgen, die im Vergleich zur Lage der Arbeiter als atypisch gelten und in die Zuständigkeit der Fürsorge fallen.

Daher gehört die »solidaristische« Position, ungeachtet ihrer moderaten Haltung, einer anderen gedanklichen Ordnung an. Sie besteht in der Mobilisierung des Rechts für eine gewisse Umverteilung der gesellschaftlichen Güter und eine gewisse Verringerung der Ungleichheiten. Sie macht den Begriff des Anspruchsberechtigten im wahrsten Sinne des Wortes nötig, was Jaurès sehr wohl sieht: »Der Anspruchsberechtigte, und seien es auch Millionen, wird in der Rentenversicherung in dem Augenblick, da nach dem Gesetz seine Rente fällig wird, diese mit absoluter Gewißheit auch bekommen, ohne daß er mit irgend jemandem darüber diskutieren müßte.«[77] Daher gehen Jaurès und die Mehrheit der sozialistischen Abgeordneten eine Allianz mit den »Fortschrittsrepublikanern« ein, was schließlich zur Annahme des Gesetzes über die Altersrenten der Industrie- und Landarbeiter führt. Für Jaurès und seine Freunde bleibt die Versicherungspflicht in den Strukturen des Kapitalismus verankert. Doch sie wahrt zumindest die Würde des Arbeiters. Sie gewährt der Arbeiterklasse im Gegensatz zur Patronage eine gewisse Sicherheit bei gleichzeitigem Respekt vor ihrer Autonomie.

Ein solches so mühsam errungenes Ergebnis mag etwas lächerlich wirken. Die Renten waren kaum höher als die 1905 beschlossenen Unterstützungssummen für die Armen im Alter. Obendrein wurde kaum ein Fünftel der sieben Millionen potentiellen Empfänger effektiv von der Rente abgedeckt, und sogar das Prinzip der Versicherungspflicht wurde bald umgangen.[78] Fügt man noch das Gesetz von 1898 über die Arbeiterunfallversicherung und die verschiedenen Gesetze hinzu, die bestimmten Kategorien von Erwerbsunfähigen ein Recht auf Unterstützung einräumen, so hat

77 J. Jaurès, Deputiertenkammer, Sitzung vom 12. Juli 1905, zit. nach H. Hatzfeld, *Du paupérisme à la Sécurité sociale, op. cit.*, S. 71.

78 Die Rechtsprechung des Kassationsgerichtshofes stellt fest, daß der Arbeitgeber eines Beschäftigten, der nicht unterzeichnet hat, von der Notwendigkeit von Beitragszahlungen befreit ist. Die »Verpflichtung« wird also praktisch fakultativ. Man kann dem noch hinzufügen, daß 65 Jahre für die damalige Zeit ein Alter ist, welches nur von einer Minderheit erreicht wird: »Rente für die Toten« wird die Gegenpropaganda der CGT lauten, welche sich aufs heftigste dem Prinzip des Arbeitnehmerbeitrags widersetzt, der einer Lohnsenkung gleichkomme. Das Scheitern des Gesetzes von 1910 wird 1923 offiziell von den Vorkämpfern des Gesetzes über die Sozialversicherungen zugegeben: »Nach allen Arbeitsministern, nach allen Haushaltsberichterstattern können wir nur das Scheitern dieses Systems feststellen« (Bericht Édouard Gringas, *Documents parlementaires*, Deputiertenkammer, Anhang n° 5505, Sitzung vom 31. Januar 1923, S. 36).

man damit trotzdem schon den Kern der Sozialgesetzgebung der dem Ersten Weltkrieg vorausgehenden vierzig Jahre unter republikanischer Regierung beisammen. Gewiß eine recht bescheidene Bilanz, was die praktischen Umsetzungen anbelangt. Numa Murard sagt zurecht: »Man darf ruhig sagen, daß das 19. Jahrhundert bis 1914 nur Reden hervorgebracht hat.«[79] Freilich muß man hinzufügen, daß diese »Reden« einen Umbau der rechtlichen Ordnung und vor allem des Verhältnisses von Besitz und Arbeit möglich machen werden, der die große Veränderung des 19. Jahrhunderts auf dem Gebiet der Sozialpolitik verkörpert.

Eigentum oder Arbeit

Neuere Arbeiten haben auf die fundamentale Rolle hingewiesen, welche die Versicherungstechnologie beim Umbau der Rechtssphäre gespielt hat.[80] Die Ablösung der gesetzlichen Verpflichtung von der individuellen Verantwortlichkeit ermöglicht es dem Sozialrecht, die Vergesellschaftung von Interessen zu bewerkstelligen, welche eine Folge der die verschiedenen Glieder des Gesellschaftskörpers vereinigenden Solidarität darstellt. Es gibt also einen direkten Bezug zwischen der Auffassung, die Gesellschaft sei eine Gesamtheit interdependenter Teile, und einer Form praktischen Intervenierens in diese Gesellschaft, der Versicherungstechnik. Die Versicherung aktualisiert ein Modell der Solidarität, auch wenn sich die Teilhaber dessen gar nicht bewußt sind. Ein Arbeitnehmer geht keine Versicherung ein, um mit den anderen Beitragszahlern solidarisch zu werden, er ist es einfach. Sein Interesse hängt von dem der anderen Mitglieder des von der Versicherung gebildeten Kollektivs ab und umgekehrt. Ein individuelles Risiko ist durch den Umstand »abgedeckt«, daß es im Rahmen der Zugehörigkeit zu einer Gruppe versichert ist.

Die in der Anwendung des Versicherungsprinzips bestehende Neuerung ist deshalb von so enormer Tragweite, weil sie eine operative Matrix vorgibt, die sich auf beinahe unendlich viele Situationen anwenden läßt. Anders gesagt ist das Prinzip der Abdeckung eines Risikos nicht von der Art dieses Risikos abhängig. Man kann gegen Unfall, Brand, Hagel oder Überschwemmung »versichert« sein, jedoch können auch – und vor allem – Krankheit, Alter oder Tod solchen Risiken gleichgesetzt sein. Sie sind mehr oder weniger wahrscheinliche Zufälle, bzw. ist es mehr oder weniger wahrscheinlich, daß sie in diesem oder jenem Moment eintreten, und dieses Eintreffen ist kalkulierbar. Das Gesellschaftsleben kann daher zumindest annäherungsweise einer bestimmten Zahl von (sozialen) Risiken gleichgesetzt werden. Gegen die Gesamtheit der Risiken abgesichert zu sein, hieße, sich in totaler Sicherheit zu wiegen.

Was kann der Staat angesichts einer so breiten Palette an Möglichkeiten tun?[81]

---

79 N. Murard, *la Protection sociale*, Paris, La Découverte, 1989.

80 Besonders J. Donzelot, *l'Invention du social, op. cit.* und F. Ewald, *l'État providence, op. cit.*

81 Wohlgemerkt kann die Versicherung eine »private« Praxis sein, und genau in solchen Privatinitiativen wie der Seeversicherung seit dem Mittelalter hat sie auch ihre Ursprünge: Die immensen Risiken der damaligen Seeschiffahrt machten es erforderlich, daß sie von den verschiedenen Kommanditären der Handelsexpeditionen geteilt wurden. Die Königliche Versicherungskompanie, die erste französische Lebensversicherungsgesellschaft, wird 1797 gegründet, ist jedoch trotz ihres Namens, ein Privatunternehmen. Auch die verschiedenen *mutuelles* sind Vereinigungen, die nach dem Versicherungsprinzip funktionieren, allerdings ohne staatliche Garantien.

Gewiß nicht alle Risiken abdecken, auch wenn die Versuchung groß ist, das von ihm zu verlangen. Bezüglich seiner Rolle als »Vertreter der kollektiven Interessen«, um die Formulierung Dupont-Whites zu übernehmen, gibt es besonders schwerwiegende oder besonders bedeutende Risiken, die Auswirkungen auf das Kollektivinteresse haben und im Extremfall eine Bedrohung für die gesellschaftliche Kohäsion darstellen. Der Arbeitsunfall ist beispielsweise nicht einfach ein Unglücksfall, der einem Arbeiter zustößt. Er ist auch eine gesellschaftliche Tatsache, hinsichtlich derer die Vertreter des Allgemeininteresses sich fragen müssen, ob sie hinnehmbar ist, und wenn ja, zu welchen Kosten und in welcher Form, kurz, ob sie so rationell wie möglich im Namen des Interesses der Allgemeinheit handhabbar ist. Manche Individuen sind Risiken in besonderem Maße ausgesetzt, während ihre Arbeit im Interesse aller ist. Die Solidarität als gegenseitige Abhängigkeit der Teile des gesellschaftlichen Ganzen bildet die Legitimation dafür, daß sie einen Ausgleich erhalten. Die persönliche Auswirkung eines Unfalls ist nur die Folge einer mit einem Nutzen für die Allgemeinheit verbundenen Tätigkeit. Die Entschädigung der Opfer bzw. ihrer Familie ist absolut gerecht, wenn man soziale Gerechtigkeit als die Notwendigkeit definiert, die Solidarität der Gesellschaft sicherzustellen.[82] Das Alter muß also versichert werden, weil es gerecht ist, daß ein Arbeiter, der seine Kräfte für ein Unternehmen von kollektivem Interesse verschlissen hat, vor Armut geschützt ist.

Diese Implikationen sind von anderen Autoren schon ausführlich behandelt worden, so daß man darauf nicht erneut einzugehen braucht. Dagegen hat die Einführung der Versicherung noch eine weitere, mindestens ebenso bedeutende Tatsache wie den Wandel des Rechtssystems zur Folge, welche die Wissenschaft seit den bahnbrechenden Arbeiten Henri Hatzfelds vor nunmehr zwanzig Jahren hat brach liegen lassen, nämlich *einen Wandel des Eigentums*, die Neubegründung einer Art *Sozialeigentum*, das, auch wenn es das Ergebnis eines geschichtlichen Entstehungsprozesses ist, keinen historischen Vorläufer hat.

Ein Paradox verdient unsere Aufmerksamkeit, das für die nur auf die juristischen Implikationen fixierte Reflexion über die Versicherung kennzeichnend ist. Die Versicherung ist eine universalistische Technologie. In den Worten François Ewalds ebnet sie einer »Versicherungsgesellschaft« den Weg, in der zumindest tendenziell alle gesellschaftlichen Risiken abgedeckt werden könnten. Sie ist auch eine demokratische Technologie, und zwar in dem Sinne, als die Versicherten eine homologe und austauschbare Position innerhalb eines Kollektivs einnehmen. Dennoch – und genau darin liegt das ernstzunehmende Paradox – waren die ersten Umsetzungen der Pflichtversicherung *auf die von sozialem Abstieg bedrohten Bevölkerungskategorien* beschränkt. Das in seinen unterschiedlichen Ausprägungen abgedeckte Risiko – Arbeitsunfall, Krankheit, Altersarmut – ist in Wirklichkeit gleichbedeutend mit dem Risiko eines Abrutschens von einer Situation der Verwundbarkeit in eine Elendslage: Das Risiko, daß der Unfall oder die Krankheit das prekäre Gleichgewicht des Arbeiterbudgets stört, daß das Alter einen abgearbeiteten und mittellosen Lohnarbeiter

82 Darum geht es genau bei dem Gesetz von 1898 über die Arbeitsunfälle, dessen paradigmatische Rolle von François Ewald, *l'État providence, op. cit.* schon ausführlich herausgearbeitet worden ist, so daß ich hier nicht mehr näher darauf eingehen muß.

überfällt usw. Das oben erwähnte Hin und Her in den Diskussionen über die Verpflichtung zur Armenunterstützung und den Debatten über die obligatorische Rentenversicherung für die Lohnabhängigen in Industrie und Landwirtschaft hat gezeigt, daß manche der Verpflichtung zur Unterstützung der Armen zustimmen, um eine Verpflichtung bei der Rente der Lohnarbeiter zu vermeiden. Die anderen müssen sich mit einem Modell der Industrie- und Landarbeiterrenten begnügen, das kaum befriedigender ausfällt als ein Unterstützungsanspruch für die Armen.[83] Es sieht deshalb zunächst ganz so aus, *als ob die Versicherung die Rolle eines Analogons zur Fürsorge gespielt hätte.* Vereinfacht gesagt bedeutet das, daß all diejenigen sich versichern müssen, die ansonsten Gefahr liefen, auf die Fürsorge angewiesen zu sein. Jenseits einer Einkommensgrenze bleibt die Versicherung fakultativ. Die gesellschaftlichen Gruppen, deren Mittel in Form eines hohen Lohnes oder Vermögens vor Armut zu schützen scheinen, fallen aus der Pflichtversicherung heraus. Die ersten Versicherungsgesetze bestätigen also die Trennungslinie zwischen den unteren Lagen der Sozialstruktur, die kollektiv versichert werden müssen, und den höheren Lagen, deren Sicherheit von ihren eigenen Mitteln, das heißt ihrem eigenen Hab und Gut, ihrem *Privat*eigentum abhängen.

Daher kann die Pflichtversicherung in ihren Anfängen bei weitem noch keine allgemeine Sicherheit schaffen. Sie bricht nicht vollständig mit der vorausgehenden Situation, ebensowenig löst sie die Wende zu einem neuen Rationalitätsregime aus.[84] Sie bietet ein neues Paradigma des Umgangs mit den gesellschaftlichen Antagonismen an, dessen Umsetzung auf komplexen gesellschaftsgeschichtlichen Voraussetzungen aufbaut. Diese Feststellung stellt uns vor zwei ernsthafte Probleme: Warum findet die Versicherung als universalistische Technologie zunächst nur auf besondere Situationen Anwendung, die obendrein noch das Gepräge ihrer *sozialen Unwürdigkeit* tragen? Welche Voraussetzungen haben des weiteren bei ihr den Übergang von einem formalen Universalismus zu einem Universalismus bewirkt, der dadurch Gestalt angenommen hat, daß er zur Matrix einer Versicherungsgesellschaft wurde? (Den Hintergrund des Ganzen bildet eine dritte Frage, der eine zentrale Bedeutung für die Gegenwart zukommt: Wodurch wurde der Universalismus der Versicherung destabilisiert, weswegen wir heute erneut vor dem allgemeinen Risiko der sozialen Unsicherheit stehen?)

Um uns diesen Problemen stellen zu können, müssen wir die neuartigen Wechselbeziehungen in die Überlegung einbeziehen, die sich zu Beginn des 20. Jahrhunderts zwischen (Lohn-) Arbeit, Sicherheit und Eigentum anbahnen. Die ersten Nutznießer der Versicherung verfügen zum Überleben einzig über ihre Arbeit. Das sind die außerhalb der Eigentumsordnung stehenden Proletarier, in denen der Gegensatz zwischen Eigentum und Arbeit Gestalt annimmt, der schon seit jeher im Gegensatz Sicherheit und Unsicherheit seinen Ausdruck fand. Eine Versicherung dieser Nicht-Ei-

83 Vgl. F. Netter, »Les retraites en France au cours de la période 1895–1945«, *Droit social*, Nr. 9–10, September/Oktober 1965.

84 Das ist der Vorbehalt, den man gegenüber der beeindruckenden Konstruktion François Ewalds in *l'État providence, op. cit.* haben kann. Ein Verständnis der Umsetzungsbedingungen der Versicherung macht die Analyse der Transformationen der Lohnarbeit erforderlich.

gentümer wird nicht nur das Verhältnis zwischen Arbeit und Sicherheit verändern, sondern auch *die Beziehungen zwischen dem Eigentum und der Arbeit.* Ich folge hier den Überlegungen Henri Hatzfelds und seinem Vorschlag, »den komplexen Wandel der Kombination von Sicherheit und Eigentum in jene von Sicherheit und Rechtsanspruch unter die Lupe zu nehmen«.[85] Ich möchte aber auch zeigen, daß dieser Übergang die erste Etappe eines Umbruchs bildet, der schließlich in die moderne »Lohnarbeitsgesellschaft« führt: Eine Gesellschaft, in der soziale Identität eher auf Lohnarbeit aufbaut als auf Eigentum.

Charles Gide erklärt im Jahre 1902: »Was die besitzende Klasse anbelangt, bildet das Eigentum eine gesellschaftliche Institution, welche die anderen praktisch überflüssig macht.«[86] *A contrario* heißt dies, den gesamten Bereich des Sozialen in einen Raum zu verlegen, der durch einen spezifischen Mangel, den *Mangel an Eigentum*, gekennzeichnet ist. Und wirklich haben bis zu diesem Zeitpunkt (1902) die meisten dieser im vorangegangenen Kapitel aufgeführten »sozialen« Errungenschaften noch Ersatzcharakter, zielen also darauf ab, den Mangel an Autonomie, die einzig das Eigentum zu gewährleisten vermag, einigermaßen, meist aber eher schlecht als recht zu kompensieren. Der Knoten der sozialen Frage sitzt genau hier: Die allermeisten Werktätigen befinden sich bestenfalls in anfälliger, häufig jedoch schon in elender Lage, solange sie ohne die ans Eigentum geknüpften Sicherungen auskommen müssen. Solange sie in diesen Begrifflichkeiten, das heißt im Rahmen des absoluten Gegensatzes von Arbeit und Eigentum gestellt wird, bleibt die Frage unlösbar. Die Neuformulierung der sozialen Frage wird nicht nur darin bestehen, diesen Gegensatz zwischen Eigentümer und Nicht-Eigentümer aufzuheben[87], sondern ihn neu zu definieren. Neben das Privateigentum tritt eine andere Form des Eigentums, das *Sozialeigentum*, welches außerhalb der Sphäre von Privateigentum ein Leben in sozialer Sicherheit gewährleistet.

Hier handelt es sich ganz sicher um einen fundamentalen Wandel. Die Sozialversicherung bewerkstelligt, vermittelt über die Arbeit und unter der Ägide des Staates, eine Art *Eigentumstransfer.* Sicherheit und Arbeit werden sich zu einer substantiellen Einheit fügen, weil in einer Gesellschaft, die sich um die Lohnarbeit herum neu organisiert, der Status, der der Arbeit zukommt, das moderne Äquivalent zur traditionell vom Eigentum gewährleisteten Absicherung bildet. Damit kommt ein lang andauernder Prozeß zum Abschluß, dessen Etappen wir noch abstecken müssen. Denn wir sind heute im wahrsten Sinne des Wortes die Erben dieser Geschichte.

Schon seit der Revolutionszeit ist das Problem der Herstellung von neuen Beziehungen zwischen Arbeit und Eigentum aufgetreten, und das schon in recht komplexen Formen. Zunächst trat es in Gestalt der politischen Aporie auf, daß gerade diejenigen, die zwar eigentumslos sind, im Kern die Arbeitswelt repräsentieren. Wie soll man diesen dritten Stand«, der aus all denjenigen besteht, die nichts haben und dem-

85 H. Hatzfeld, »La difficile mutation de la sécurité-propriété à la sécurité-droit«, *Prévenir*, n° 5, März 1982.

86 C. Gide, *Économie sociale*, Paris 1902, S. 6.

87 Eine Ausnahme bilden die »kollektivistischen« Optionen, die für die Abschaffung des Privateigentums kämpften, allerdings waren sie nicht vorherrschend, jedenfalls nicht in Westeuropa. Es ließe sich freilich anführen, daß eine Revolution wie diejenige, die 1917 in Rußland gesiegt hat, die andere, die »kollektivistische« Option der sozialen Frage durchgesetzt hat.

nach auch nichts sind, in den Gesellschaftspakt miteinbeziehen?[88] Während der Debatte, die der Abstimmung über die Verfassung von 1793 vorausging, erklärte der Abgeordnete Harmand folgendes:

»Alle aufrichtigen Männer werden mit mir der Meinung sein, daß nach dem rechtmäßigen Erhalt der politischen Gleichheit der zeitgemäßeste und der dringlichste Wunsch derjenige nach faktischer Gleichheit ist. Ich füge dem noch hinzu, daß ohne den Wunsch oder die Hoffnung auf diese faktische Gleichheit, die rechtliche Gleichheit stets eine grausame Illusion bleiben wird, die anstatt der Freuden, die sie versprochen hat, für den nützlichsten und zahlreichsten Teil der Bürger nur die Tantalusstrafe übrig hat.«[89]

Daraufhin stellt er die fundamentale Frage: »Wie können die gesellschaftlichen Einrichtungen dem Menschen diese faktische Gleichheit verschaffen, welche ihm von der Natur vorenthalten wird, ohne daß man am Grundbesitz und am industriellen Eigentum rührt? Wie kann man ohne Agrargesetz und ohne Aufteilung der Vermögen dahin gelangen?«

Marcel Gauchet sieht darin zu Recht den Kern der modernen sozialen Frage und die grundlegende Aporie, mit der das republikanische Regierungssystem konfrontiert ist, nämlich »das Unvermögen, eine Organisation der Mächte zu bewerkstelligen, in der auf adäquate Weise die Freiheit und die Gleichheit der Bürger zum Ausdruck kommt«[90], die Unmöglichkeit, die Erklärung der Menschenrechte durch die Entwicklung sozialer Rechte zu vervollkommnen. Und dies aus gutem Grund: Wie ließe sich zu dieser Zeit eine solche »Gleichheit« herstellen, »ohne daß man Grundbesitz und am industriellen Eigentum rührt [...], ohne Agrargesetz und ohne Aufteilung der Vermögen«? Unmöglich ohne einen Wandel des Bezugssystems, welchen just die Pflichtversicherung bedeuten soll. Doch mangels einer solchen »Lösung«, die weder realisierbar, noch Ende des 18. Jahrhunderts überhaupt denkbar war[91], haben die Revolutionäre drei andere ausprobiert, zwischen denen sie nicht wirklich gewählt haben und die sie auch nicht zu Ende haben führen können. Es sind ebenso sehr Variationen über den Gegensatz von Eigentum und Arbeit wie sie sich um dessen Verringerung bemühen.

88 Vgl. Dufourny de Villiers, *Traité du quatrième ordre, op. cit.* Seit Ende 1789 richtet Lambert, Inspekteur der im *hôpital général* untergebrachten Lehrlinge und späteres Mitglied des Bettelausschusses, Anfragen an die verfassungsgebende Nationalversammlung, in denen er sie zur Gründung eines Ausschusses auffordert mit dem Auftrag, »die in der Erklärung der Menschenrechte und in der Verfassung beschlossenen obersten Prinzipien der Gerechtigkeit zum Schutze und zur Bewahrung der nichtbesitzenden Klasse auf eine spezielle Art und Weise zur Anwendung zu bringen.« Der Ausschuß zur Austilgung des Bettelwesens wird als Antwort auf diese Initiative eingesetzt (vgl. L.-F. Dreyfus, *Un philanthrope d'autrefois, op. cit.*, S. 147).

89 Rede vom 15. April 1793, *Archives parlementaires*, Bd. LXII, S. 271, zit. nach M. Gauchet, *la Révolution des droits de l'homme, op. cit.*, S: 214.

90 *Ebd.*, S. 201.

91 Dennoch bildeten Überlegungen zur Vorsorge einen wichtigen Bestandteil des revolutionären Denkens. Vgl. den von La Rochefoucauld-Liancourt abgefaßten »Quatrième Rapport« des Ausschusses zur Austilgung des Bettelwesens, *op. cit.*, sowie vor allem J.A.N. Condorcet, *Esquisse d'un tableau historique des progrès de l'esprit humain*, Paris, Jahr III (dt. Übers. *Entwurf einer historischen Darstellung der Fortschritte des menschlichen Geistes*, hg. von W. Alff, Frankfurt am Main 1976), der in der Zehnten Epoche »Von den künftigen Fortschritten des menschlichen Geistes« versucht, »die soziale Mathematik« zur Verringerung der Ungleichheiten anzuwenden. Doch bleibt diese Vorsorge freiwillig, und im Unterschied zum Recht auf Unterstützung erleben diese »Ansichten« niemals auch nur den geringsten Versuch ihrer Umsetzung.

Es sei nochmals die erste Lösung in Erinnerung gerufen: Die Verknüpfung des Rechts auf Unterstützung mit dem freien Zugang zu Arbeit sollte den »besitzlosen Klassen« insgesamt eine minimale Sicherheit bieten, sei es für die Arbeitsunfähigen in Form des Unterstützungsanspruchs, oder für die Gesunden, die nunmehr sicher sein sollten, Arbeit finden zu können. Doch hat, wie wir in Kapitel IV gesehen haben, das Recht auf Unterstützung den Thermidor nicht überlebt, ebenso hat die Öffnung des Marktes, anstatt die Abhängigkeit und das Elend der Werktätigen abzuschaffen, nur dem Pauperismus Tür und Tor geöffnet.

Der zweite, parallel dazu eingeschlagene Weg bestand in dem Versuch, Eigentumserwerb für alle möglich zu machen. Die Idee hierzu findet sich schon in den Arbeiten des Bettelausschusses, der »in der Überzeugung, daß Armut sich durch Eigentum auflöst und durch Arbeit gelindert wird, der Frage nachgehen wird, ob er nicht der Verfassungsgebenden Versammlung den Vorschlag machen soll, die Gunst der Stunde zu nutzen, um die Zahl der Eigentümer zu erhöhen. Hierfür soll sie anordnen, daß ein Teil der Domänen und Kirchengüter, deren Enteignung die Nation plant, in so kleinen Parzellen, daß sie noch eine Familie ernähren, verkauft werden und so einer möglichst großen Zahl von Käufern offenstehen soll.«[92] La Rochefoucauld-Liancourt ist überdies auch Berichterstatter der mit der Veräußerung der Nationalgüter betrauten »Enteignungskommission«. Darin wird er diese Position offensichtlich ohne Erfolg vertreten, da, wie man weiß, der Verkauf dieser Güter im wesentlichen zum Vorteil derer vonstatten ging, die sowieso schon Eigentümer waren. Dasselbe gilt für den ähnlich gelagerten Vorschlag, die Domänen an die Armen zu verteilen, die sie »durch ihrer Hände Arbeit fruchtbar machen sollten«.[93] Dieser Vorschlag findet sich auch im Barère-Bericht, der 1794 das »Buch der nationalen Wohlfahrt« eröffnete.[94]

Radikal umgesetzt, hätte diese Option den Gegensatz zwischen Eigentümern und Eigentumslosen durch die Verallgemeinerung des Eigentumserwerbs abgeschafft. Sie ist tief in der gesellschaftlichen Vorstellungswelt der Revolutionszeit verankert. »Daß einer großen Klasse von Menschen Eigentum versagt bleibt, wird stets, egal unter welcher Verfassung, Ursache dauernder und zwangsläufiger Armut sein.«[95] Diese Option verkörpert das Ideal einer Republik von Kleineigentümern, die ihrem Vaterland aufgrund ihres Besitzes und vornehmlich durch ihr Stückchen Land verbunden sind. »Einem jeden sollte etwas Land überlassen werden«, sagt Saint-Just.[96] Das ist

92 *Procès verbaux et Rapports du Comité..., op. cit.*, »Plan de travail«, S. 318–319.

93 »Die Nationalversammlung [...] kann die Armut wirkungsvoll angehen, wenn sie die Zahl der Eigentümer erhöht; die gegenwärtigen Umstände geben ihr dazu glücklicherweise die Gelegenheit, welche sie nicht verstreichen lassen wird, da sie wohl nicht wiederkehren dürfte. Fünfzehn bis zwanzig Millionen den Domänen zugehörige Morgen schmachten nutzlos in der Dürre der Heiden, unter dem Schlamm der Sümpfe oder unter der Tyrannei der Holz- und Triftrechte. Diese der Bestellung durch die Hände von Bedürftigen anvertrauten Ländereien, die zum Teil für ihre Arbeit durch die Abtretung eines Stücks des von ihnen fruchtbar gemachten Bodens bezahlt werden, werden sie für immer vor dem Elend bewahren, werden bei den unglücklichen Familien für Wohlstand sorgen, und sie durch ihr eigenes Interesse und durch Ihre Wohltaten an ihr Vaterland binden« (*ebd.*, »Quatrième raport«, S. 388).

94 Barère, »Rapport sur les moyens d'extirper la mendicité et sur les secours que la République doit accorder aux citoyens indigents«, *op. cit.*

95 *Procès verbaux et rapports du Comité..., op. cit.*, »Plan de travail«, S. 315.

96 Saint-Just, *Fragment sur les institutions républicaines*, éd. C. Nodier, Paris 1831, zit. nach M. Bouvier-Ajam, *Histoire du travail en France, op. cit.*, Bd. II, S. 30.

das Ideal der politisch »fortgeschrittensten« Eliten vom Schlage eines Saint-Just, es bringt jedoch auch einen im Volk verbreiteten Wunsch zum Ausdruck. Albert Soboul bemerkt, daß eine der radikalsten Forderungen dieser Zeit dem Nationalkonvent am 2. September 1793 von der Sektion der Sansculotten des Jardin des Plantes vorgetragen wird. Darin wird folgendes verlangt: »Daß ein und dasselbe Individuum nur bis zu einer bestimmten Obergrenze Eigentum besitzen kann, daß niemand mehr Land besitzen kann, als er für eine bestimmte Menge an Pflügen braucht; daß ein und derselbe Bürger nur eine einzige Werkstatt, nur einen Laden haben darf.« Diese Maßnahmen werden, so fügen die Petitionäre hinzu, »nach und nach die allzu große Ungleichheit in der Güterverteilung zum Verschwinden bringen und die Anzahl der Eigentümer erhöhen.«[97]

Dieses Ideal wird die Revolution beim einfachen Volk wie auch bei den Sozialreformern überleben. Simonde de Sismondi, ein Sozialreformer der ersten Stunde, äußert sich, abgesehen von einem einzigen Punkt, nur sehr vage über die erforderlichen Mittel zur Bekämpfung der negativen Auswirkungen der rüden ökonomischen Entwicklung: Man muß eine begrenzte, aber notwendige Agrarreform in Angriff nehmen, um »die größtmögliche Zahl von Arbeitskräften an die Felder zu binden.«[98] Diese Reterritorialisierung wird zu einer ständig wiederkehrenden Referenz für den Großteil der zur »Tilgung des Pauperismus« vorgebrachten Lösungen, einschließlich derjenigen Louis-Napoléon Bonapartes, der eine Aufteilung der Allmenden unter die arbeitslosen Armen vorschlägt.[99] Dieser Wunsch nach einem »Zurück aufs Land« wird sich noch weit bis ins 19. Jahrhundert und sogar darüber hinaus halten, und das nicht nur beispielsweise bei Le Play, sondern auch bei der politischen Führungsriege der Dritten Republik,[100] ganz zu schweigen von den Nostalgien des Vichy-Regimes.

Im Sinne einer direkten Umverteilung des Eigentums ist diese Option jedoch niemals verwirklicht worden. Das konnte sie unter den Vorzeichen der Industrialisierung und Urbanisierung auch gar nicht, setzt sie doch ein Schrumpfen der Lohnarbeit voraus, wo die aufkommende Industriegesellschaft Lohnarbeit gerade einführt und fortentwickelt.

Dennoch ist der Revolutionszeit eine dritte Option in Gestalt einer Relativierung des Privateigentums zugunsten seiner sozialen Funktion nicht ganz fremd. Sie kann sich auf die Rousseausche Tradition berufen: »Mein Gedanke [...] geht nicht soweit, das Privateigentum völlig abzuschaffen, da dies gar nicht möglich ist, sondern es in möglichst engen Grenzen zu halten. Ich will, in einem Wort, daß das Eigentum des Staates so groß und stark und das Eigentum des Bürgers so klein, so schwach wie möglich ist.«[101] Der Abbé de Mably, ein Schüler Rousseaus, bestreitet ebenfalls, daß

97 Zit. nach A. Soboul, *Paysans, sans-culottes et jacobins*, Paris 1966, S. 133.

98 Simonde de Sismondi, »De la richesse territoriale«, *Revue mensuelle d'économie politique*, Februar 1834, S. 15.

99 L.-N. Bonaparte, *l'Extinction du paupérisme, op. cit.*

100 Vgl. von Jules Méline, dem glühenden Verfechter einer protektionistischen Politik zugunsten der Bauern: *le Retour à la terre et sur la surproduction industrielle*, Paris 1906. Noch 1923 äußert sich der Berichterstatter des Sozialversicherungsgesetzes vor der Abgeordnetenkammer folgendermaßen: »Wir kennen alle die schädlichen Wirkungen der Landflucht; unser Wohl liegt in der Rückkehr aufs Land« (*Documents parlementaires*, Chambre des députés, Anhang n° 5505, Sitzung vom 31. Januar 1923, S. 53).

101 J.-J. Rousseau, *Projet de Constitution pour la Corse*; vgl. C.E. Vaugham, *The Political Writing of J. J. Rousseau*, Cambridge 1915, Bd.II.

die Gesellschaftsordnung auf der Konsekration des Privateigentums gegründet sein könne.[102]

Handelt es sich hier um eine eher marginale Richtung? Die Verfassungsväter haben sehr wohl das Recht auf Eigentum unter die Menschenrechte mitaufgenommen, und der Konvent selbst hat einstimmig ein Gesetz verabschiedet, das jeden mit dem Tod bestraft, »der Agrargesetze oder irgendwelche anderen Gesetze oder Maßnahmen vorschlägt oder umzusetzen versucht, welche kommerzielles oder industrielles oder Grundeigentum gefährden.«[103] Doch diese Vorkehrungen lassen sich auf zweierlei Art lesen: als eine unbedingte Verteidigung des Privateigentums oder als die Anerkennung seines durch und durch gesellschaftlichen Charakters. Man hat gewiß zu Unrecht der ersten Interpretation den Vorzug gegeben. »Muß man es noch sagen? Kein Mensch ist wirklich Bürger, wenn er nicht Eigentümer ist. Was ist das Vaterland? Es ist der Boden, auf dem man geboren ist. Und wie soll man es lieben, wenn man damit durch keinerlei Band verbunden ist? Einer, der nur den Staub von seinen Füßen klopfen muß, um ein Land zu verlassen, kann er es überhaupt lieben?«[104] Dahinter steht das Bild des Vagabunden, des »Staubfußes«, der weder Glauben noch Moral hat, da er weder Heim noch Herd besitzt. Eigentum ist das, was die soziale Existenz ausmacht, weil es einem festen Halt und einen Ort gibt. Es ist das Heilmittel, und zur damaligen Zeit zweifellos das einzige Mittel gegen das größte gesellschaftliche Übel, die Entkoppelung.

Das Eigentum ist also keineswegs auf seinen rein ökonomischen Wert reduzierbar. Ebensowenig ist es den Genüssen gleichzusetzen, die es im Privaten ermöglicht. Es ist der Sockel, auf dem jede gesellschaftliche Zugehörigkeit aufbaut. So läßt der Erlaß vom 8. Ventôse des Jahres II, der den Besitz der Revolutionsfeinde einzieht, um damit mittellose Bürger zu entschädigen, eine andere Deutung zu als die, die darin nur Demagogie oder ein Abgleiten in politischen Extremismus sieht. Saint-Just erklärt diesbezüglich: »Die Revolution hat uns zur Anerkennung des Grundsatzes gebracht, daß derjenige, der sich als Feind des Vaterlandes erwiesen hat, darin auch kein Eigentum haben darf... Das Eigentum der Patrioten ist heilig, die Güter der Verschwörer aber sind für die Elenden da.«[105] Mögliche Übersetzung: Das Eigentum macht den Staatsbürger, jedoch ist die Staatsbürgerschaft nicht die einfache private Nutznießung des persönlichen Besitzes, sie begründet auch eine Reihe von gesellschaftlichen Pflichten. Genauso wie man nicht wirklich Bürger sein kann, ohne Eigentümer zu sein, hat man auch nicht das Recht, Eigentümer zu sein, ohne gleichzeitig Staatsbürger zu sein, in der Sprache Saint-Justs also ein »Patriot«. Eigentum ja, aber begrenzt in seiner Ausdehnung, kontrolliert in seinem Gebrauch und bezogen auf einen gesellschaftlichen Nutzen. Auch für Robespierre ist »die Gleichheit des Besitzes eine Chimäre«, jedoch »ist die extreme Zerstreuung der Vermögen die Quelle vieler Übel und Verbrechen.«[106]

102 Abbé de Mably, *Doutes sur l'ordre naturel et essentiel des sociétés*, Paris 1767.

103 Gesetz vom März 1793, zit. nach M. Bouvier-Ajam, *Histoire du travail en France, op. cit.*, Bd. II, S. 30.

104 A. Duquesnoy, *Journal de l'Assemblée constituante*, Paris, Ausgabe von 1894, Bd. I, S. 498.

105 Zit. nach M. Leroy, *Histoire des idées sociales en France*, Bd. II, S. 272.

106 M. Robespierre, *Projet de Déclaration des droits à la Convention*, 23. April 1793. Man versteht so, daß für Robespierre das Eigentum »das Recht eines jeden Bürgers auf Genuß und Verfügung über den Anteil seines Besitzes [sein soll], der ihm vom Gesetz garantiert wird.«

Diese »gemäßigte« Interpretation der Position des radikalsten Flügels der Montagne scheint durch die Tatsache gerechtfertigt, daß der gesellschaftliche Charakter mancher Eigentumsarten von der Mehrheit der politischen Strömungen, welche die Revolution durchgeführt hatten, explizit anerkannt wurde. Die Konfiszierung der Kirchengüter und der wohltätigen Stiftungen durch die Nation wurde etwa von einem so gemäßigten Geist wie dem Herzog von La Rochefoucauld-Liancourt vorgeschlagen und hatte breite Zustimmung finden können. Warum wohl? Weil diese Güter für den Dienst an den Armen bestimmt waren. Es ist also nur gerecht, wenn sie der Staatskasse zukommen, um eine bessere Organisation dieser sozialen Dienstleistung zu ermöglichen. Ist es aber nur diese Art von Gütern, deren gesellschaftlicher Nutzen anerkannt ist, da sie alles in allem Eigentum der Armen sind? Am 10. August 1789 hält Mirabeau in der Nationalversammlung während der Diskussion über die Abschaffung des Kirchenzehnten eine erstaunliche Rede:

> *»Ich kenne nur drei Arten, in der Gesellschaft zu sein: als Bettler, Dieb oder Lohnarbeiter. Der Eigentümer ist selbst nur der erste unter den Lohnarbeitern; was wir gemeinhin sein Eigentum nennen, ist nichts anderes als der Preis, den ihm die Gesellschaft dafür zahlt, daß er damit betraut ist, durch seinen Konsum und seine Ausgaben an die anderen Individuen auszuteilen: die Eigentümer sind die treibende Kraft, die Verwalter des Gesellschaftskörpers.«*[107]

Angesichts der gesellschaftliche Würdelosigkeit, die der Lohnarbeit zu dieser Zeit anhaftet, ist es tatsächlich erstaunlich, daß Mirabeau die Worte »Lohnarbeiter« und »Eigentümer« quasi synonym verwendet. Er entwirft hier jedoch eine Konzeption des Eigentums im Sinne einer öffentlichen Dienstleistung: Der Eigentümer ist mit einem Verwalter zu vergleichen, der die Aktivität des Gesellschaftskörpers durch seine Aufträge und Ausgaben anregt und auf diese Weise mit seinen Reichtümern bewässert und durchblutet. Wie ein Verwalter kann er für das ihm obliegende gesellschaftliche Mandat verantwortlich gemacht werden. So scheint sich inmitten der revolutionären Erregung eine Neudefinition des Privateigentums anzubahnen, und zwar ausgehend von den gesellschaftlichen Funktionen, die es erfüllt.

Im Grunde genommen ist diese Position aber gar nicht so originell, wie es den Anschein hat. In Frage steht eher die Vorherrschaft eines rein privatistischen Verständnisses von Eigentum. Denn in der »alten Gesellschaft« war das Eigentum gewöhnlich ein Sozialeigentum. Die zünftischen Privilegien sind das kollektive Eigentum der Handwerkszunft und nicht das der einzelnen Handwerker; die Allmenden stellen eine für die vorindustrielle Ökonomie grundlegende Form kollektiven Eigentums dar; das Feudaleigentum selbst ist nicht ein seinem Handelswert gleichsetzbares Vermögen, sondern eine ganze Reihe von an den Boden gebundenen sozialen und juristischen Vorrechten. Gewiß, der Liberalismus will mit diesen »Archaismen« aufräu-

107 Zit. nach Maxime Leroy, *Histoire des idées sociales en France, op. cit.* H. G. Mirabeau führt seinen Gedanken am 2. April 1791 weiter aus: »Wir können das Recht auf Eigentum, so wie wir es ausüben, als eine gesellschaftliche Schöpfung ansehen. Die Gesetze schützen und erhalten das Eigentum nicht nur, sie bringen es in gewisser Weise hervor« (S. 270).

men und aus dem Eigentum – wie aus der Arbeit – eine Ware machen. Aber ebenso wie die Kontraktualisierung der Arbeitsverhältnisse zu einem Faktor gesellschaftlicher Auflösung wird, wird auch die völlige Privatisierung des Eigentums die Gefahr heraufbeschwören, den Gesellschaftskörper in eine Unzahl von Eigentümer-Individuen zu atomisieren. Kann eine einfache Ansammlung von souveränen Eigentümern eine Gesellschaft bilden? Als die Parole in Umlauf kommt, daß die »Revolution beendet« und den politischen Wirren und der gesellschaftlichen Instabilität endlich Einhalt geboten werden muß, tauchen bei etlichen Menschen Zweifel auf, daß der uneingeschränkte Genuß privaten Vermögens Grundlage einer stabilen Gesellschaftsordnung sei kann. Begnügen wir uns mit einem Beleg aus der Feder Auguste Comtes:

> *»In jedem normalen Menschheitsstadium stellt ein jeder Bürger einen öffentlichen Beamten dar, dessen mehr oder weniger definierte Aufgabenbereiche die Verpflichtungen und die Ansprüche bestimmen. Dieses universelle Prinzip muß bis auf das Eigentum ausgedehnt werden, in dem der Positivismus vor allem eine unerläßliche gesellschaftliche Funktion erblickt, die zur Aufgabe hat, das Kapital zu bilden und zu verwalten, mittels dessen jede Generation die Arbeiten der folgenden vorbereitet.«*[108]

Daher stellt die Konzeption des unverletzlichen und heiligen Eigentums eines frei und souverän darüber verfügenden Individuums keineswegs eine Selbstverständlichkeit dar. Gewiß steht sie in der Erklärung der Menschenrechte, im Code Napoléon und liegt auch dem marktförmigen Tausch zugrunde. Doch bestünde eine allzu große Verkürzung darin, dieses immense Gären von Ideen, das die Revolution begleitet hat und ihr folgte, auf die Herausbildung dieses »bürgerlichen« Eigentumsbegriffs als der alleinigen Grundlage der Gesellschaftsordnung zurückzuführen. Es kämpfen ja nicht nur die Verfechter seiner Abschaffung, die »Kollektivisten«, gegen seinen Absolutheitsanspruch. Die Aufmerksamkeit auf seine gesellschaftlichen Funktionen rückt es in die Nähe der Arbeit. Es ist das, was die Aktivität der Gesellschaft beseelt (Mirabeau), was durch sein »Arbeiten« für die Kontinuität zwischen der einen Generation und der nächsten sorgt (Comte). Alles in allem ist das Privateigentum ebenso sozial, wenn man *seine Gebrauchsweisen* in Rechnung stellt und nicht nur *die Formen seiner Aneignung*. Der absolute Einschnitt zwischen ihm und der Arbeit läßt sich um so leichter hinterfragen, als jene unterm Strich letztendlich doch die Quelle des Reichtums ist. Doch in seiner liberalen Fassung bleibt eine Scheidung zwischen den Gebrauchsweisen und der Aneignungsweise des Eigentums bestehen. Es ist durch seine gesellschaftliche Nützlichkeit gerechtfertigt (damit werden nämlich die Unternehmer ständig ihre privilegierte Stellung rechtfertigen: Das Unternehmen erlaubt den Arbeitnehmern zu leben), doch sein Besitzer bleibt der oberste Richter über seine Nutzung. Läßt sich dieser der rein liberalen Eigentumskonzeption inhärente Widerspruch überwinden und kann man, zumindest für manche seiner Gebrauchsweisen, *seine kollektive Nutzen* um seiner selbst willen anerkennen und ganz obenan stellen?

108 A. Comte, *Système de politique positive*, Paris, Ausgabe von 1892, 1. Bd., S. 156.

Derart ließe sich ein Sozialeigentum definieren, das sich der Willkür seiner privaten Verwendung entzöge und im Dienste des Gemeinwohls stünde.

Das Transfereigentum

Die Thematik des Sozialeigentums wird ab 1880 zum Gegenstand einer Grundsatzdebatte. Die »Fortschrittsrepublikaner« spielen zu dieser Zeit die Möglichkeit zur Republikgründung aus und besetzen dabei eine Position, die gleich weit vom Individualismus wie vom Sozialismus entfernt ist. Viele bedeutende Arbeiten wie etwa die Alfred Fouillés[109], Émile Laveleyes[110] oder Léon Duguits kreisen um die Frage des Sozialeigentums.[111] Laveleye mobilisiert gegen Thiers das Arsenal der gerade entstehenden Ethnologie, um die Behauptung zu untermauern, daß »das auf den Boden angewandte uneingeschränkte Eigentumsrecht eine noch sehr junge Einrichtung ist«[112], und um das Eigentum auf Gemeinnützigkeit zu gründen. Duguit geht noch weiter und erklärt: »Das Konzept des Eigentums als subjektives Recht verschwindet, um dem Konzept des Eigentums als gesellschaftlicher Funktion Platz zu machen.«[113] Das Sozialeigentum steht im Zentrum der Entwicklung des *öffentlichen Dienstes.* Dieser ist ein kollektives Gut, das eine Verringerung der Ungleichheiten durch die Bereitstellung allgemein zugänglicher Sozialleistungen für alle, in erster Linie von Bildung, erlauben sollte.[114] So lassen sich die Funktionen des republikanischen Staates mit konkretem Inhalt füllen, wie es Barni in seinem »Manuel républicain«, dem Republikanischen Handbuch, beschrieben hat, das zu einer Art Bibel, freilich einer laizistischen, für das Regierungssystem wurde: »Der Staat besteht aus der Gesamtheit der mit der Lenkung und Verwaltung des gesamten Landes befaßten öffentlichen Behörden«.[115]

Ist die Aporie: »Wie können die gesellschaftlichen Einrichtungen dem Menschen diese faktische Gleichheit verschaffen, die ihm von der Natur vorenthalten wird, ohne daß man an Grundbesitz und an industriellem Eigentum rührt?«, die das Konventsmitglied Harmand zur Sprache brachte, überholt? In gewissem Sinne ja, verwechselt man Gleichheit nicht mit Egalitarismus: Gesellschaftliche Institutionen ermöglichen eine Teilhabe aller an der »chose publique«, der »öffentlichen Sache«. Die Gesellschaft beginnt, wie Léon Bourgeois sagt, damit, »all ihren Gliedern Teilhabe an den gesellschaftlichen Gütern zu eröffnen, die für alle zugänglich sind.«[116] Somit findet in der Entwicklung des Sozialeigentums und der öffentlichen Dienste das solidaristische Programm gegen den egoistischen Individualismus des klassischen Liberalismus seine konkrete Umsetzung.

109 A. Fouillé, *la Propriété sociale et la démocratie*, Paris 1884.
110 É. de Laveleye, *De la propriété et de ses formes primitives*, Paris 1891.
111 L. Duguit, *le Droit social, le droit individuel et la transformation de l'État*, Paris 1908.
112 É. de Laveleye, *op. cit.*, S. 542.
113 L. Duguit, *op. cit.*, S. 148.
114 Vgl. C. Nicolet, *l'Idée républicaine en France, 1798–1924*, Paris, Gallimard, 1982, besonders Kap. X.
115 J. Barni, *Manuel républicain*, Paris 1872, S. 420.
116 Vgl. die weiter oben genannten *Deux Discours de M. Léon Bourgeois, op. cit.*, S. 22.

Die Bedeutung dieses Kollektiveigentums – nicht mit Kollektivismus zu verwechseln – wird noch durch den Umstand erhöht, daß es auch die gemäßigten Strömungen der Arbeiterpartei, die »Possibilisten«[117], zur Grundlage der von ihnen zur Bekämpfung der bürgerlichen Hegemonie angestrebten gesellschaftlichen Transformationen machen. Sie sehen im öffentlichen Dienst, dem Rückgrat des Staates, die Konkretisierung der ungerechterweise von der Klasse der Kapitalisten eingezogenen menschlichen Arbeit. Der aufkommende Sozialismus in seiner possibilistischen Version konnte sich auf die Wiederaneignung des gesellschaftlichen Nutzens der menschlichen Arbeit in Form des öffentlichen Dienstes stützen.

> *»Die Regierungen wechseln mit den verschiedenen Klassen, welche die Macht erobern, der Staat aber bleibt und fährt in seiner normalen Entwicklung fort, indem er nach und nach jede Kategorie der menschlichen Arbeit transformiert und sie sich im Namen und in der Form des öffentlichen Dienstes aneignet. Der Staat ist die Gesamtheit der schon bestehenden öffentlichen Dienstleistungen.«*[118]

Die im öffentlichen Dienst verkörperte Form des Sozialeigentums bleibt jedoch auch insofern ein Kollektiveigentum, als es unpersönlich ist. Es kann nicht von einem einzelnen Individuum angeeignet werden. Folglich kann es ihm nur ungenügende Unterstützung leisten in den Wechselfällen des persönlichen Lebens, die aus ihm ein gesellschaftlich verwundbares Subjekt machen, wenn es über keinerlei Privateigentum verfügt: Krankheit, Arbeitslosigkeit, Alter etc. Unter diesen Umständen – die sich, wie das gesamte Leben nach Ende der Erwerbsphase, zu einer dauernden Lage verfestigen können – kann sich der Werktätige nicht mit einem Dasein als Kollektivnutzer der öffentlichen Dienstleistungen begnügen. Er hat auch persönliche Bedürfnisse, die er durch den Einsatz persönlicher Mittel befriedigen können muß, beispielsweise nach Ende des Arbeitslebens weiterhin ein Auskommen zu haben. Er hat jedoch kein privates Vermögen. Kann es so etwas wie *ein Vermögen geben, das nicht privater Natur ist und doch einer Person zugeschrieben wird*, das also sozial ist, aber privatem Nießbrauch offensteht? Dieser Stein der Weisen, eine Antwort auf die von Harmand formulierte Aporie, hat sich schließlich finden lassen. Es sind die Leistungen der Pflichtversicherungen: ein Vermögen, dessen Ursprung und Funktionsregeln sozialer Natur sind, das aber die *Funktion* eines privaten Vermögens *erfüllt.*[119]

Nichts illustriert die gefährliche Bresche, die in die Vorherrschaft des Privateigentums geschlagen wurde, besser als der Widerstand Adolphe Thiers', dieses wachsa-

117 Als »Possibilisten« oder auch »broussistes« bezeichnet man all die Sozialisten, die die Möglichkeiten zu partiellen Reformen innerhalb des kapitalistischen Systems nutzen wollten. Sie stehen in Opposition zu den Anhängern einer radikalen und sofortigen Veränderung der Gesellschaft, wie die von Jules Guesde angeführte marxistische Strömung oder die direkte Aktion des Syndikalismus (vgl. G. Weill, *Histoire du mouvement social en France, 1852–1902,* Paris 1904, S. 224ff.).

118 P. Brousse, *la Propriété collective et les services publiques*, Paris 1883, Éditions du Prolétaire, Organ der Arbeiterpartei, hier nach der Neuauflage von 1910 zitiert, S. 27. Man kann darin den Auftakt der Nationalisierungslehre sehen, wie sie während der Zwischenkriegszeit im Einflußbereich des Reformsozialismus formuliert wird. Henri de Man, ihr erster Theoretiker, charakterisiert sie folgendermaßen: »Das Wesen der Nationalisierung liegt weniger in der Eigentumsübertragung als in der Übertragung der Autorität; genauer: hinter dem Problem der Verwaltung bleiben das Problem des Besitzes und die Änderungen in dem von der gelenkten Wirtschaft erforderten Autoritätssystem zurück« (zit. nach P. Dodge (Hg.), *A Documentary Study of Hendrik de Man*, Princeton 1979, S: 303).

men Hüters der Eigentumsordnung. In den »heißen« Jahren 1848 und 1850 – dieses Attribut ist hier besser denn je am Platze – veröffentlicht er zwei Texte, deren Gegenüberstellung recht aufschlußreich ist. *De la propriété*[120] ist eine vehemente Verteidigung und Illustration des Eigentums, die alle erdenklichen philosophischen und historischen Argumente aufgreift, um das, was man zu Recht als seine »bürgerliche« Konzeption bezeichnet, zu rechtfertigen. Thiers nimmt eine Neuinterpretation der gesamten Geschichte und Philosophie vor, um den Beweis zu erbringen, daß das Privateigentum das einzig mögliche Fundament für eine gesellschaftliche Ordnung sein kann. Der andere Text ist der Bericht des Fürsorge-Ausschusses der gesetzgebenden Versammlung.[121]

Dieser Bericht enthält nicht nur eine Widerlegung des Rechts auf Arbeit und eine Verteidigung des »tugendhaften« Charakters, den die Wohltätigkeit bewahren soll, um nicht in gesetzliche Liebestätigkeit auszuarten (vgl. Kap. V). Er formuliert auch eine bemerkenswerte Kritik am Vorhaben der Versammlung, Rentenkassen einzurichten. Diese Kritik kommt unerwartet, da, wie wir betont haben, der Großteil der Spezialisten der »sittlichen Hebung der unteren Klassen« darin übereinstimmt, die unterschiedlichen, nach dem Prinzip der Gegenseitigkeit funktionierenden Sparformen unter der Voraussetzung ihrer Freiwilligkeit zu fördern. Doch Thiers zeigt sich sehr reserviert gegenüber einer Kapitalbildung, selbst wenn sie auf freiwilliger Basis erfolgt, um sich einen Rentenanspruch anzusparen. Er stellt die Sparkassen den Rentenkassen gegenüber. Die Einlage bei der Sparkasse ist »stets nach Belieben abhebbar, kann dem Arbeiter im Falle von Arbeitslosigkeit, Krankheit, wenn er sich selbständig machen oder eine Familie gründen will, und für seine alten Tage dienen.«[122] Sie ist »fruchtbar, was die materiellen wie die sittlichen Resultate anbelangt«[123], weil sie alle Eigenschaften des Privateigentums aufweist. Der Sparer ist ein kleiner Eigentümer. Ohne Zweifel wird er es niemals zum Rentier bringen. Doch sein kleines Patrimonium rückt ihn schon in den Rang derer, die Ansehen verdienen. Er ist über den Umweg des privaten Sparens wieder in die Eigentumsordnung eingegliedert.

Im Gegensatz dazu bringt der Beitrag in eine Rentenkasse nur »begrenzte und wenig sittliche« Resultate hervor, und jeder, der so verfährt, »ist bei genauerem Hinsehen letztlich nur ein Egoist.«[124] Das so angesparte Kapital ist nämlich einzig zum

119 Die Versicherungsleistungen sind freilich nicht die einzige Form von Sozialeigentum, die sich von einem Individuum aneignen lassen. Der Sozialwohnungsbau stellt die andere große Modalität kollektiven Eigentums dar, das unter bestimmten Voraussetzungen einem privaten Gebrauch offensteht. Diese Parallelität zwischen Sozialversicherungen und dem Sozialwohnungsbau als den zwei hauptsächlichen Formen, in denen dem »Volk« ein Sozialeigentum zur Verfügung gestellt wird, um es von seiner Verwundbarkeit zu befreien, verdiente es, weiter vertieft zu werden – von den ersten »Billigwohnungen«, deren Auftauchen sich ungefähr zeitgleich mit dem der ersten Formen der Sozialversicherungen vollzieht, bis zu den großen Programmen des Sozialwohnungsbaus (HLM), deren Expansion ungefähr parallel zur Ausweitung der Sozialversicherung (Sécurité Sociale) verläuft. Doch wollte man diese Punkte weiter vertiefen, hieße das, noch einige Bücher in Angriff zu nehmen. Auf jeden Fall lädt diese Überlegung dazu ein, die Initiativen zur Bekämpfung der gesellschaftlichen Verwundbarkeit nicht mit der Errichtung dessen zu identifizieren, was François Ewald »die Versicherungsgesellschaft« nennt. So wesentlich sie auch ist, die Versicherungstechnik deckt bei weitem nicht das gesamte Feld des Sozialeigentums mit ab, welches in meinen Augen das umfassendere Konzept darstellt, um die Gesamtentwicklung des Sozialsektors seit Errichtung der Dritten Republik darunter zu subsumieren.

120 A. Thiers, *De la propriété*, Paris 1848.

121 A. Thiers, *Rapport général au nom de la Commission de l'assistance et de la prévoyance publique, op. cit.*

122 *Ebd.*, S. 114.

123 *Ebd.*, S. 115.

124 *Ebd.*, S. 118.

Nutzen des Einzahlers angelegt. Doch vor allem »darf es bis zu dem Tag nicht zu anderen Zwecken abgehoben oder ausgeliehen werden, an dem die Pension fällig wird.«[125] Es stellt also kein Privatvermögen im eigentlichen Sinne dar, ein Gut, über das sein Besitzer frei verfügen kann und das er seinen Erben in einem Prozeß kapitalistischer Akkumulation vermachen kann. Deshalb ist diese Anlageform, wenn man sie schon nicht verbieten kann, den Sparkassen doch um einiges unterlegen. Obendrein stammt ihre Entwicklung »aus der Zeit, in der zum Zwecke der Verführung und Täuschung der Massen mehr und mehr Irrlehren erfunden wurden, gleich einem Gebirgsbach, der anschwillt, bis er schließlich über die Ufer tritt.«[126] Eine solche Form der Kapitalbildung weist alles in allem schwer durchschaubare Affinitäten zum Kollektivismus auf. Sie geht schwanger mit künftigen Exzessen.

Dieses Urteil verrät gewiß die Unfähigkeit Thiers' und derVertreter des reinen Liberalismus, sich den Wert des Eigentums anders als in der Form des für seinen Besitzer persönlich verfügbaren und direkt an seine Nachkommen vererbbaren Vermögens vorzustellen. Doch über die darin zum Ausdruck kommende Furcht hinaus wittert er auch das Aufkommen einer anderen Eigentumsform, die nicht wie Geld zirkuliert und sich nicht wie eine Ware tauschen läßt. Das wäre weniger ein Gut, das man besitzt, denn ein aus der Zugehörigkeit zu einem Kollektiv resultierender Anspruch, dessen Geltendmachung von einem System rechtlicher Regeln abhängt.

Thiers' Widerstand gegenüber dieser Form der Kapitalbildung haftet nichts Anekdotisches an. Er macht den harten Kern eines immer wieder gegen die Versicherungspflicht vorgebrachten Einwands aus. Thiers liefert lediglich eine extreme oder gar extremistische Version, zweifelsohne weil er, hellsichtiger oder schlicht viel stärker einer rein privaten Eigentumsauffassung verhaftet als viele andere Liberale, die Voraussetzungen der Versicherungstechnologie, selbst in Form freiwilliger Mitgliedschaft, begreift. Der Rückgriff auf die Versicherung bindet nämlich das Subjekt de facto in ein Diagramm der Solidarität ein, was in klarem Widerspruch zur liberalen Definition von Verantwortung und Eigentum steht. Diese Implikation kommt vollends bei der Pflichtversicherung zum Vorschein. Ein halbes Jahrhundert später wird deshalb in der Debatte über die Industrie- und Landarbeiterrenten genau dieses Argument wiederaufgegriffen und breit ausgewalzt. So etwa am 25. Juni 1901 in der Deputiertenkammer von Denys Cochin:

»*Wenn Sie dem Arbeiter einen Vormund geben, um ihn zur Einzahlung seiner Ersparnisse in Ihre Rentenkasse zu verpflichten, dann werden Sie ihn der Möglichkeit anderweitiger Verwendungen berauben, die er vielleicht vorgezogen hätte. Auf dem Land kauft er sich ein Feld, ein Haus, Vieh; in der Stadt Werkzeuge, einen kleinen Laden. Er hat den Aufstieg ins Unternehmertum geschafft. Sie ziehen ihn in die Lohnarbeit hinab, indem Sie ihm eine ausschließliche Verwendung seines kleinen Kapitals, eine einzige Anlageart aufnötigen. Sehen Sie, meine Herren, das Unrecht Ihres Vorhabens besteht darin, die Bürger in zwei Klassen einzuteilen, sie in zwei*

125 *Ebd.*, S. 118.
126 *Ebd.*, S. 115.

Clans zu spalten, den der Unternehmer und den der Lohnarbeiter. In Wirklichkeit durchdringen sich die beiden Clans, die beiden Klassen vermischen sich. Sie suchen umsonst den sparenden Arbeiter auf Ihren Pensionärslisten; er ist Unternehmer geworden, er ist Bürger geworden, ohne Ihnen Bescheid zu geben und ohne Ihrer zu bedürfen.«[127]

Auf den ersten Blick erscheint das Argument paradox, ja sogar unehrlich: Die Verfechter des Gesetzes über die Pflichtversicherung, also im großen und ganzen die parlamentarische Linke, werden angeklagt, die Lohnabhängigen in ihrer untergeordneten Lage einzusperren. Dennoch steckt darin eine grundlegende Einsicht. Wie Henri Hatzfeld schreibt, impliziert die Idee der Pflichtversicherung, wenn man sie zu Ende denkt, die Akzeptanz der Besonderheit der Industriegesellschaft und des irreversiblen Charakters der sozialen Schichtung, die sie zur Folge hat. In der Industriegesellschaft wird die Aufgabenteilung immer weiter vorangetrieben, doch auch die soziale Differenzierung nimmt immer komplexere Formen an, ohne daß es möglich wäre, sie wieder rückgängig zu machen. Es gibt nicht mehr nur Eigentümer und Eigentumslose, die es verdienten, durch stetiges Bemühen selbst Eigentümer zu werden. Die Lohnarbeit nimmt eine *strukturelle* Position in der Gesellschaft ein: Es wird immer Lohnabhängige und immer mehr permanente Lohnarbeiter geben. Kann folglich das Paradigma des Eigentümers das einzige gemeinsame Ideal für alle Gesellschaftsmitglieder und der alleinige Garant für Sicherheit bleiben? Das hieße doch, man fügt sich der Tatsache, daß sich eine wachsende Masse von Menschen, dieselben, die für die Entwicklung der Industriegesellschaft unerläßlich sind, definitiv in der Prekarität einrichtet. Ist die Frage nicht vielmehr die, wie man die Lohnarbeiterlage stabilisieren und sie – wenn ich so sagen darf – »*würdig machen*« kann, damit sie zu einem eigenen Status wird, anstatt weiterhin als provisorischer Zustand zu erscheinen, den man abschaffen könnte oder dem man durch Eigentumserwerb entgehen könnte?

Die Einführung der Versicherung bestätigt daher die Anerkennung des irreversiblen Charakters der sozialen Schichtung in modernen Gesellschaften sowie die Tatsache, daß sie auf der Arbeitsteilung und nicht mehr allein auf dem Eigentum aufbauen kann. Umgekehrt verteidigen die Gegner der Pflichtversicherung die Hegemonie des selbständigen Eigentümers, des Eigentums als ausschließlicher Grundlage gesellschaftlicher Würde und Sicherheit. Dieses Ideal kann im Großgrundbesitzer oder Rentier Gestalt annehmen, aber auch im Handwerker, im Ladenbesitzer, dem kleinen Bauern: Der Kauf von ein paar Morgen Land oder einigen Werkzeugen ist geradezu populäres Wunschziel.[128]

Diese Lösung der sozialen Frage einzig durch Eigentumserwerb anstelle der Pflichtversicherung wurde nicht nur von den Besitzenden und ihren Ideologen befürwortet, die man einer Verteidigung ihrer Klassenprivilegien bezichtigen könnte. Man begriffe nicht die Bedeutung des außergewöhnlich hartnäckigen Widerstands gegen die Versicherung – vor allem in Frankreich –, verstünde man nicht, daß darin auch ein Widerstand eines Frankreichs der Eigentümer oder derer, die es zu werden

127 Zit. nach H. Hatzfeld, *Du paupérisme à la Sécurité sociale, op. cit.*, S. 88.

wünschten, zum Ausdruck kam: das Frankreich der »Kleinen« ebenso wie das Frankreich der »Großen«, das Frankreich der Ladenbesitzer, das der handwerklichen Traditionen und des bäuerlichen Kleineigentums, das antiindustrielle Frankreich. Man mußte erst abwarten, bis es besiegt oder zumindest geschwächt war, damit sich die neue Konzeption von Sicherheit, die Sozialversicherung, durchsetzen konnte. Man mußte darauf warten, daß die französische Gesellschaft sich langsam, schüchtern, drei Schritte nach vorne, zwei zurück, um die Lohnarbeit herum formierte. Umgekehrt verstehen wir, daß die uneingeschränkte Akzeptanz der Lohnarbeit einen entscheidenden Schritt auf dem Weg in die Moderne bedeutet: ein Gesellschaftsmodell, in dem sich die sozialen Stellungen im wesentlichen über den in der Arbeitsteilung eingenommenen Platz bestimmen.

Die Umsetzung der Versicherungstechnologie wird also eine Umwandlung des Eigentums ermöglichen: die Schaffung eines »*Transferkapitals*« im engen Wortsinn.[129] Die gesparten Summen werden automatisch und obligatorisch abgeführt; sie können vom zukünftigen Leistungsempfänger nicht auf dem Markt angelegt werden; der Leistungsbezug ist an das Eintreten bestimmter Umstände oder präzise Fälligkeiten, an einen Krankheitsfall, das Erreichen des Rentenalters usw. gebunden. Das Abführen der Beiträge ist eine unausweichliche Verpflichtung, eröffnet jedoch einen unveräußerlichen Rechtsanspruch. Das Eigentum des Versicherten ist kein verkäufliches Gut, es ist in einem System juristischer Zwänge verankert, und die Leistungen werden von öffentlichen Anstalten überwiesen. Es ist eine »propriété tutélaire«[130], ein »*Eigentum unter Kuratel*«. Der Staat spielt eine schützende Rolle als Garant. Er ist jedoch nicht die »Vorsehung«[131]: er verteilt keinerlei Wohltaten, sondern macht sich zum Hüter einer neuen Ordnung der Güterverteilung.

Hier haben wir den Ausgangspunkt dessen, was die Regulationstheorie in den Begriff der Vergesellschaftung der Einkommen faßt und was einen ständig weiter wachsenden Anteil des gesellschaftlich verfügbaren Einkommens ausmachen wird (vgl. Kap. VII). Der Lohn ist nicht nur die Vergütung der Arbeit, die so kalkuliert ist, daß sie gerade noch die Reproduktion des Arbeitnehmers und seiner Familie gewährlei-

128 Das Argument, wonach die Versicherungspflicht es dem Arbeiter verbiete, zur Verbesserung oder Veränderung seiner Lage frei über seine Ersparnisse zu verfügen, ist offensichtlich auch auf die Landarbeiter angewandt worden: »Die Rentenversicherung für den Landarbeiter soll aus ihm einen Kleineigentümer und nicht einen kleinen Rentier machen. Die Rente wäre für ihn eher eine große Gefahr als etwas Gutes, wenn ihn die Aussicht darauf und die späteren Überweisungen vom Land abgewandt und ihn der Würde und des Nießbrauchs des Eigentums beraubt haben.« (A. Souchon, *la Crise de la main d'œuvre agricole en France*, Paris 1914, S. 159, zit. nach H. Hatzfeld, *Du paupérisme à la Sécurité sociale, op. cit.*, S. 284). Die Verspätung, mit der die Bauern nach Ende des Zweiten Weltkriegs in das System der Sozialversicherung aufgenommen wurden, illustriert a contrario die privilegierten Bande zwischen diesem System, der Industrialisierung und der Industriearbeiterschaft. Umgekehrt ließe sich sagen, daß die Bauern sehr lange Gefangene des von dem Paar Sicherheit-Eigentum verkörperten Modells und seines archaischsten Kerns, des Eigentums an Grund und Boden, geblieben sind.

129 A. de Swaan, *Der sorgende Staat, op. cit.*, S. 170ff. Möglicherweise hat die Entwicklung des Handelsrechts und besonders die Bildung von Aktiengesellschaften (Gesetz vom 24. Juli 1867) diesen Typ von Transferkapital mit zu Wege gebracht. Alfred Fouillé stellt explizit eine Verbindung zwischen dem Zusammenschluß des Kapitals und dem Zusammenschluß der Versicherungsbeiträge her: »Gegenüber dem Zusammenschluß des Kapitals müssen die Arbeitenden ihre Vorsorgeleistungen und ihre Ersparnisse, deren Macht durch das Versicherungssystem verhundertfacht wird, zusammenschließen« (*la Propriété sociale et la démocratie, op. cit.*, S. 146). Der doch ansehnliche Unterschied besteht in jedem Falle darin, daß die Teilhaber einer Aktiengesellschaft prinzipiell frei über ihr Kapital verfügen können, während es für die Mitglieder einer Versicherung blockiert ist.

130 A. de Swaan, *ebd.*

131 Wohlfahrtsstaat heißt im Französischen »État providence«, also im Wortsinn »Vorsehungsstaat«; Anm. d. Übers.

stet. Er umfaßt einen weiteren Anteil, den »indirekten Lohn«, eine Art arbeitsabhängiger Rente für Situationen außerhalb der Arbeit. Diese Situationen sind zunächst negativ definiert: Krankheit, Unfall, das unproduktive Alter, ein blasser Ersatz für die Arbeit, während man doch eigentlich arbeiten müßte. Sie könnten aber auch, was später dann geschieht, positiv definiert werden, nämlich als die Möglichkeit zu konsumieren, sich zu bilden, freie Zeit zu haben... Paradoxerweise wird dieses an die Arbeit geknüpfte Eigentum einen Sockel dafür schaffen, von dem aus sich die Hegemonie der Arbeit abschütteln läßt.

Trotzdem wird das Transfereigentum zunächst vor allem als ein Mangel oder eine Schwäche im Vergleich zu den vollen Rechten des »bürgerlichen« Vermögens wahrgenommen, besonders was die Möglichkeit seiner Übertragung an die Nachkommenschaft anbelangt. Aber eine wesentliche Funktion für die Industriegesellschaft erfüllt es schon vollkommen: die Bewahrung der Arbeiterklasse vor gesellschaftlicher Entmündigung. Diese zweifache Eigenschaft findet sich bei einem Autor treffend ausgearbeitet, der ganz zu Ende des Jahrhunderts die Auswirkungen dieser noch im Entwurfsstadium befindlichen Maßnahmen auf die Arbeiterfamilie ausmacht:

> »*Während die Übertragung des Erbes der bürgerlichen Familie durch Testament oder durch natürliche Erbfolge geschieht, spielt das Testament bei der Arbeiterfamilie keine Rolle; was die natürliche Erbfolge angeht, so unterliegt sie keiner einheitlichen Regel mehr, sondern ist abhängig von den Gesetzen und Regeln der verschiedenen Institutionen, die sich die Schaffung dieses Erbes für den Arbeiter zum Ziel gesetzt haben. Wie wir soeben gesagt haben, stellt sich hier die Frage der Testierfreiheit nicht, weil die verschiedenen Wohlfahrtseinrichtungen nicht die Bildung eines Vermögens bezwecken, über das der Arbeiter nach Belieben verfügen kann, sondern den Schutz seiner Familie, die ohne die Hilfe der genannten Institutionen eine deklassierte Familie wäre, die der Fürsorge zur Last fiele.*«[132]

Der Kapitalismus bewirkt hier eine merkwürdige alchimistische Prozedur. Die Macht des Eigentums bleibt gewahrt. Der Rechtsanspruch ist an die Abführung des Beitrags gebunden, genau darin besteht sein unbedingter Charakter im Gegensatz zum Recht auf Unterstützung: Aufgrund seiner Beiträge wird der Versicherte zu einem Anspruchsberechtigten im vollen Wortsinn und in jedem Falle, selbst wenn er für sein Auskommen gar keinen »Bedarf« an dieser Leistung hat, wenn er etwa begütert und Rentner zugleich ist.[133] Aus diesem Grund ist das Transfereigentum nicht inkompatibel mit dem klassischen Eigentum. Es respektiert das Recht auf Privateigentum, ja bestärkt es sogar: Nur eine individuelle Zahlung verschafft Zugang zum kollektiven Rechtsanspruch. Gleichzeitig begründet diese Operation aber auch ein neues Register der Sicherheit. In der Zeit vor Bestehen der Versicherung bedeutete, sich in Si-

132 P. Aivarez, *De l'influence de la politique, de l'économie et du social sur la famille*, Paris 1899, zit nach J. Donzelot, *la Police des familles*, Paris, 1977, S. 47 (dt. *Die Ordnung der Familie*, Frankfurt am Main, Suhrkamp, 1980, S. 59f).

133 Erinnern wir uns an die oben schon zitierte Bemerkung Jaurès': »Der Anspruchsberechtigte, und seien es auch Millionen, wird in dem Augenblick, da seine gesetzliche Rente fällig wird, diese auch mit absoluter Gewißheit bekommen, und zwar ohne daß er mit irgend jemandem darüber diskutieren müßte«.

cherheit zu wähnen, über Güter für die Wechselfälle des Schicksals zu verfügen. Mit der Versicherung sind diese Risiken nun »abgedeckt«. Wie das? Über ein System rechtlicher Garantien, die in letzter Instanz durch den Rechtsstaat sanktioniert sind. Der Sozialstaat übernimmt hierbei eine besondere Aufgabe. Er ist, so könnte man sagen, *der Garant des Transfereigentums*. Der Staat legt sich also eine neuartige und noch nie dagewesene Rolle zurecht, die es ihm gestattet, den totalen Antagonismus zwischen der vehementen Verteidigung des »bürgerlichen« Eigentums und den sozialistischen Programmen zu dessen Enteignung zu überbrücken. Diese Rolle vermag er zu spielen, ohne an das Privateigentum zu rühren. Doch durch die Verwaltung[134] des Transfereigentums stülpt er ihm ein für soziale Sicherheit sorgendes System öffentlicher Leistungen über.

Diese politische Indienstnahme der Versicherungstechnik macht es möglich, daß man den von den Notabeln vertretenen Moralismus einer »Politik ohne Staat« bei gleichzeitiger Umgehung des »Staatssozialismus« der Kollektivisten getrost hinter sich lassen kann. Diesmal geht es aber nicht mehr um bloße Entwürfe, um Programme: neue Institutionen stehen bereit, neue Geldflüsse können ihren Lauf nehmen.

Ein derartiges Konstrukt leitet die der Industriegesellschaft eigene Lösung der sozialen Frage ein. Sie war, wie wir uns erinnern, durch einen zu Beginn der Industrialisierung bestehenden Widerspruch ausgelöst und in den Beschreibungen des Pauperismus in Szene gesetzt worden, nämlich als die Existenz von Bevölkerungsgruppen, die im Zentrum des produktiven Apparates stehen, da sie die Lanzenspitze der Industrialisierung bilden, zugleich aber praktisch aus der Gesellschaft ausgeschlossen sind, entkoppelt hinsichtlich der kollektiven Normen und der vorherrschenden Formen der Lebensführung. Wie muß eine solide Beziehung gesellschaftlicher Teilhabe für diese an die Ränder wilder Industrialisierung gedrängten Bevölkerungsgruppen beschaffen sein? Die Versicherung stellt das Mittel zur Repatriierung dieser Randgruppen bereit, die, so August Comte[135], »inmitten der abendländischen Gesellschaft kampieren, ohne darin Platz zu finden«, der Lohnabhängigen also oder zumindest ihres unteren Randes.

Zwei Optionen stehen offen: Entweder man hält die Fragmentierung der Lohnarbeitsverhältnisse und die Prekarität ihrer Stellungen weiterhin aufrecht, dann bedeutet das, daß man in dem Maße, in dem sich die Lohnarbeitssituationen vervielfachen, verfestigen und immer irreversibler werden, die Instabilität im Zentrum der Industriegesellschaft verankert und hinnimmt, daß der Fortschritt auf dem Sand gesellschaftlicher Verwundbarkeit erbaut ist; oder eben man stabilisiert die Situation der Lohnabhängigen, was schließlich durch die Versicherung geschieht. Sie sorgt nicht nur für eine gewisse materielle Sicherheit, sie bindet den Leistungsbezieher auch in eine rechtliche Ordnung ein. Diese Einbindung ist völlig anderer Natur als diejenige,

134 Der Staat verwaltet die Versicherungsleistungen nicht direkt. Das geschieht bekanntlich über die »Kassen«, deren Status und Akteure übrigens umfangreiche Wandlungen durchgemacht haben: Zuerst waren sie *mutuelles*, später werden sie von Repräsentanten der Arbeitnehmer und der Arbeitgeber verwaltet. Vgl. z.B. A. Catrice-Lorey, *Dynamique interne de la Sécurité sociale*, Paris, CREST, 1980. Doch über diese komplizierten technischen Modalitäten hinaus ist vor allem der Umstand von Bedeutung, daß der Staat der Garant der Einrichtung ist und eventuelle Modifikationen des Systems in die Zuständigkeit des Gesetzgebers fallen.

135 A. Comte, *Système de politique positive*, Paris, Ausgabe von 1929, S. 411.

die die unmittelbaren Sicherungen der Fürsorge oder die bevormundenden Patronagestrategien bewirkten. Für diese kann allein die Einbindung in einen territorialen Rahmen oder in klientelistische Beziehungen Sicherheit vermitteln: Die Teilhabe an den Solidaritäten der näheren Umgebung, die Treue zu einem Unternehmen und zu einem »Patron« verbürgen die besten Chancen, die Wechselfälle des Arbeiterdaseins zu bestehen. Dagegen »delokalisiert« die Versicherung die Sicherungen im selben Maße, wie sie sie entpersonalisiert. Sie ermöglicht es, mit der jahrhundertealten Verknüpfung zwischen Sicherung und persönlicher Abhängigkeit zu brechen. Umgekehrt bewirkt sie eine *völlig neuartige Verknüpfung von Sicherheit und Mobilität.* Das Nomadendasein, das aus dem Vagabunden das negative Gegenstück zur Freiheit machte, wird zusammen mit der Unsicherheit bezwungen. Erfüllt der Arbeitnehmer die Voraussetzungen für seinen Rechtsanspruch, dann kann er genauso gut in Maubeuge wie in Cholet versichert sein. Deterritorialisierung ist nun nicht mehr mit Entkoppelung identisch. Die Möglichkeit der Verknüpfung von Mobilität und Sicherheit macht den Weg frei für die Rationalisierung des Arbeitsmarktes, wobei sie die Erfordernis nach Flexibilität für die industriellen Entwicklung wie auch das Interesse des Arbeiters berücksichtigt. Dieser kann theoretisch im Raum zirkulieren, ohne daß er dadurch seine Absicherungen kappt, weil er an eine juristische, das heißt universalistische Ordnung angekoppelt ist. Diese ans Arbeitsrecht gebundene rechtliche Ordnung bildet auch den Rahmen für eine geordnete Mobilität der Arbeitskräfte. Natürlich nur theoretisch, denn die ersten Anwendungen dieses neuen Diagramms waren noch recht bescheiden und sollten es auch lange bleiben. Doch 1904 erklärt Léon Bourgeois:

> »*Die Organisation der solidarischen Versicherung aller Staatsbürger gegen die Gesamtheit der Risiken des gewöhnlichen Lebens – Krankheiten, Unfälle, unfreiwillige Arbeitslosigkeit, Alter – erscheint zu Beginn des 20. Jahrhunderts als die notwendige Voraussetzung für die friedliche Entwicklung einer jeden Gesellschaft, als der unvermeidliche Gegenstand gesellschaftlicher Aufgaben.*«[136]

Darin besteht das gesamte Programm der von 1945 an errichteten Sozialversicherung, insoweit ja der Schutz bei Arbeitslosigkeit schon vorgesehen ist, jedoch erst ab 1958 mit der Gründung der *Assedic*[137] etwas zögerlich umgesetzt wird. Dennoch sind zu der Zeit, da Léon Bourgeois diesen Text im Rahmen eines Plädoyers für die Renten auf dem Kongreß der *Mutualité* von Nantes schreibt, mit dem Gesetz von 1898 erst die Arbeitsunfälle »abgedeckt«. Das Rentengesetz wird sich, wie wir gesehen haben, als ein Fehlschlag entpuppen. Man wird bis in die dreißiger Jahre warten müssen, bis eine neue Etappe anbricht. Doch wird die beschränkte Anwendung der Versicherung auf die unteren Lohnarbeitergruppen beibehalten. Der erste, 1921 eingereichte Gesetzentwurf – und wieder wird die Wartezeit bis zur Verabschiedung des

136 L. Bourgeois, *la Politique de la prévoyance sociale, op. cit.*, S. 321.

137 ASSEDIC (Associations pour l'emploi dans l'industrie et le commerce): Die Ämter bzw. Kassen der paritätisch von den Sozialpartnern organisierten Arbeitslosenversicherung in den einzelnen Departements und Regionen; zugleich auch Synonym für die Arbeitslosenunterstützung selbst. Anm. d. Übers.

Gesetzes von 1930 sehr lange sein, werden die vorgebrachten Argumente im Vergleich zu denen für das Gesetz von 1910[138] redundant ausfallen – formuliert die Philosophie des Vorhabens: »Warum tritt der Staat, selbst wenn die Beteiligten sich ohne Schwierigkeiten der unerläßlichen Mühe unterziehen könnten, im Akt der Versicherung an ihre Stelle? [...] Dieser Beitrag ist um der Schwachen, der in einfachen Verhältnissen Lebenden, um der kleinen Lohnabhängigen willen erforderlich.«[139]

Eine Einkommensobergrenze, oberhalb der eine Versicherung *unnötig* ist, wird beibehalten und bis zum Vorabend des Zweiten Weltkriegs sogar aufgrund der Inflation periodisch angehoben.[140] Es geht wiederum weniger um eine rückhaltlose Anerkennung des Lohnarbeiterstatus als um einen Versuch, etwas gegen das Elend der mittellosesten Arbeitnehmer zu tun:

> »*Der Lohnabhängige wird nun in einem ausgeglicheneren, gerechteren Arbeitsvertrag das finden, was für sein Dasein unentbehrlich ist, selbst wenn er aus physischen Gründen einmal nicht für seinen Unterhalt aufkommen kann. Als Versicherter wird er die sozialen Risiken aus seinen Sorgen verbannen, die ihn und die Seinen auf brutale Art und Weise in tiefste und völlig unverdiente Notlagen stürzen können. Als pensionierter alter Mensch wird er aufgrund seiner Rente keine Belastung mehr für seine Kinder am Familientische darstellen, er bedeutet einen Wert.*«[141]

Es hat lange gedauert, bis die Versicherung sich von dem alten Sockel der Fürsorge hat lösen können. Erst 1945 wird die Pflichtversicherung in einem völlig veränderten Kontext dem Anspruch gerecht werden, zum Prinzip einer generalisierten Abdekkung der sozialen Risiken zu werden.

Doch sprechen wir hier nicht allzu vorschnell von einer »Verspätung«. Um welche Art von Verspätung könnte es sich hier handeln? Aufgrund ihrer Struktur scheint die Versicherung praktisch schon deshalb »providentiell«, weil sie zur Lösung der sozialen Frage eine Technologie zum Einsatz bringt, die für Sicherheit sorgt, ohne ans Eigentum und die Produktionsverhältnisse zu rühren. Doch die Chance, die sich dem Kapitalismus dadurch eröffnet, daß er zur Selbststabilisierung fähig wird, ohne deshalb seine Strukturen grundlegend ändern zu müssen, wäre erst recht verwunderlich, wenn die Versicherungstechnik nur aus eigenem Antrieb funktionierte. Die Versicherung ist kein Zaubertrank, dessen inhärente Eigenschaften aus sich heraus die sozia-

138 Zwei Neuerungen gibt es gegenüber dem Beginn des Jahrhunderts dennoch zu vermelden. Ein 1925 von dem Senator Chauveau vorgeschlagener Versuch, Arbeitslosigkeit ebenfalls zu versichern, der nach einer interessanten Debatte letztlich abgeblockt wird. Im Verlauf der Debatte stimmt die Mehrheit darin überein, daß »die Arbeitslosigkeit eine Gefahr darstellt, von der für die französische Wirtschaft derzeit keinerlei Gefahr ausgeht« (*Documents parlementaires*, Sénat, Anhang Nr. 128, Sitzung vom 30. März 1926, S. 881). Die zweite Neuerung besteht im Präzendenzfall des wiedergewonnenen Elsaß-Lothringen, welches ja schon in den Genuß des von Bismarck geschaffenen Sozialversicherungssystems gekommen war. Es schien undenkbar, den Bewohnern Elsaß-Lothringens, weil sie wieder Franzosen geworden waren, die Sozialleistungen wegzunehmen, gleichzeitig war es aber auch schwierig, in Elsaß-Lothringen und dem Rest Frankreichs zwei verschiedene Systeme sozialer Sicherung parallel bestehen zu lassen.

139 *Documents parlementaires*, Chambre des députés.

140 1930 wird diese Versicherungsgrenze auf 15 000 FF Jahreslohn für das gesamte Staatsgebiet und auf 18 000 in den Städten von mehr als 200 000 Einwohnern festgesetzt. Sie steigt 1938 auf 30 000 FF (vgl.F. Netter, »Les retraites en France au cours de la période 1895–1945«, *loc. cit.*).

141 Erster Bericht Gringa, *Documents parlementaires*, Chambre des députés, Anhang, Sitzung vom 31. Januar 1923.

len Antagonismen zu überbrücken vermögen. Sie bildet einen komplexen Regulierungsmechanismus, dessen Umsetzung von dem sich ständig wandelnden Gleichgewicht zwischen divergierenden Interessen abhängt. Manche von ihnen wirken wie »Motoren«, andere wie »Bremsen«.[142] Vier Hauptpartner sind an diesem subtilen Spiel beteiligt: die Lohnabhängigen selbst, ihre Arbeitgeber, die Verfechter des Privatvermögens und die Vertreter des Staatsapparats.[143] Doch keiner dieser Interessenpole ist mit einer Gruppe identifizierbar, die einer kohärenten Strategie folgen würde. Stark vereinfachend könnte man sagen, daß die Arbeiterklasse in eine gemäßigte Richtung, welche die Reformen unterstützt, und eine sich dem heftig widersetzende revolutionäre Strömung gespalten ist, daß sich bei den Arbeitgebern das Großunternehmertum leichter damit abfindet, während sich die Kleinunternehmer auf die Verteidigung ihrer Unabhängigkeit versteifen, daß vor allem die Gesamtheit der Verteidiger des Privatvermögens und der unternehmerischen Freiheit, sehr heterogene Gruppe der Kleinlandwirte, Kleinhändler, Vertreter der selbständigen und »freien« Berufe, an erster Stelle die Ärzteschaft, die entschiedensten Gegner sind, daß schließlich der Staat tendenziell eine Schiedsfunktion einnimmt und um die Durchsetzung derjenigen Optionen bemüht ist, die soziale Spannungen auf ein Minimum reduzieren.[144]

Doch ein solches Panorama ist nicht nur zu schematisch. Man müßte auch die synchrone Dimension in diese Art von Spiel über vier Banden miteinbeziehen, durch welche sich die Kräfteverhältnisse zwischen diesen Partnern mit Reformschüben und Rückschlägen (beispielsweise im Ersten Weltkrieg, gefolgt von einer relativen Normalisierung) verschieben. Man müßte diese Dynamik auch in Beziehung zu den sozio-ökonomischen Transformationen setzen, welche die Stellung jeder dieser Gruppen schwächen bzw. stärken (das betrifft zum Beispiel Wirtschaftskrisen oder die konstante und langsam voranschreitende Schwächung der Klasse der Kleineigentümer, der selbständigen Kleinproduzenten, der Kleinrentner). Schließlich sollte man den allmählichen und konfliktgeladenen Aufstieg einer *reformistischen Position* miteinbeziehen, welcher wir uns jetzt zuwenden müssen.

Unter Reformismus verstehe ich das Auftreten von Veränderungen in den gesellschaftlichen Verhältnissen, die vom Staat sanktioniert sind. Daher stellen die Leistungen der Philanthropie und der Patronage, so bedeutend sie auch sind, keine wirklichen sozialen Reformen dar, weil sie nicht gesetzlich abgesegnet sind. Die Pflichtversicherung dagegen ist eine wirkliche Reform, insofern sie einen Wandel innerhalb der Beziehungen zwischen den Sozialpartnern, Arbeitgebern und Arbeitnehmern, Eigentümern und Eigentumslosen per Gesetz bestätigt. Diese Hypothese dürfte es möglich machen, die spezifische Rolle des Staates in diesem komplexen Spiel zu

142 Die Ausdrücke stammen aus H. Hatzfeld, *Du paupérisme à la Sécurité sociale, op. cit.*

143 Vgl. A. de Swaan, *Der sorgende Staat, op. cit.* De Swaan gebraucht dieses Schema, um die zeitlichen Unterschiede sowie die Unterschiede in der Ausgestaltung der sozialen Sicherungssysteme in den Ländern Westeuropas zu erklären. Dieser Ansatz erscheint mir fruchtbar zur eigenen Verortung innerhalb der Debatte, welche die Verfechter der Besonderheit einer jeden nationalen Konfiguration und die Verteidiger einer Struktureinheitlichkeit des Sozialstaats über die Grenzen hinweg einander gegenüberstellt. Man wird so gewahr, wie die Besonderheiten eines jeden Landes mit diesen »strukturalen« Beziehungen zwischen verschiedenen Akteurstypen in Übereinstimmung gebracht werden, die in jedem nationalen Kontext, freilich mit unterschiedlichen Gewichtungen aufeinandertreffen.

144 Vgl. für eine zusammenfassende Darstellung der Rolle des Staates unten, Kapitel VII.

begreifen. Er verkörpert keine gegenüber den anderen gesellschaftlichen Kräften unabhängige Instanz, er ist jedoch die Instanz, die eine Veränderung mittragen und gutheißen muß, damit sie zu einer Reform wird. Das hätte zum Ergebnis, daß die Parteigänger eines Wandels, um eine Reform überhaupt zu ermöglichen, im Staatsapparat repräsentiert sind und eine gewisse Entscheidungsgewalt innehaben. In Frankreich kommt es erst sehr spät zur Repräsentation einer solchen »reformistischen« Orientierung im Staatsapparat, ihr Einfluß bleibt auf lange Zeit schwach.[145]

Das solchermaßen beschriebene Programm überschritte aber den Rahmen der vorliegenden Untersuchung. Wir beschränken uns hier darauf, den zu Beginn gewählten Faden, die Transformationen der Lohnarbeit, weiterzuverfolgen. Denn um den Status der Lohnarbeit dreht sich ja im wesentlichen die Problematik der sozialen Sicherung. Wir haben soeben gesehen, daß die soziale Sicherung zuerst an den Verwerfungen der Lohnarbeit angesetzt hat, um sie sodann nach und nach aus ihrer unwürdigen Lage zu befreien; über den Ausbau der sozialen Sicherung wird sie sich denn auch entwickeln und in Gestalt der Lohnarbeitsgesellschaft ihre Blüte erreichen; die Krise der Lohnarbeit ist es schließlich, die heute die soziale Sicherung wieder brüchig macht. Wir können somit begreifen, daß die Lohnarbeit der Sockel, aber auch die Achillesferse der sozialen Sicherung ist. Die Konsolidierung des Lohnarbeiterstatus ermöglicht die Blüte der Sicherung, während sein Prekärwerden erneut zu sozialer Unsicherheit führt.

145 Die »unabhängigen Sozialisten«, die mit den revolutionären Orientierungen der Sozialistischen Partei gebrochen haben, weil sie eine Mitwirkung an den »bürgerlichen« republikanischen Regierungen beabsichtigen, werden zu den ersten Wortführern eines solchen Reformismus, die zum Staatsapparat Zugang haben. Hören wir Alexandre Millerand: »Die Republik ist die politische Methode des Sozialismus, so wie der Sozialismus der wirtschaftliche und soziale Ausdruck der Republik ist« (Motto von *Socialisme réformiste français*, Paris 1903). Millerand ist der erste Sozialist, der einen Ministerposten erhält. Nach seinem Dienstantritt im Handelsministerium arbeitet er von 1901 bis 1903 mehrere »soziale« Gesetzentwürfe aus, es gelingt ihm jedoch nicht, das Gesetz über die Altersrenten für Industrie- und Landarbeiter durchzubringen. Viviani, gleichermaßen unabhängiger Sozialist, wird 1906 erster Arbeitsminister, doch bleiben sein Handlungsspielraum begrenzt und seine Erfolge sehr mäßig (vgl. J.-M. Fournerie, *le Ministère du Travail, origines et premiers développements, op. cit.*). Aristide Briand verkündet 1909 ein ambitioniertes Programm von Sozialreformen, das aber nur auf dem Papier stehen wird (vgl. M.-G. Dezes, »Participation et démocratie sociale: l'expérience Briand en 1909«, *le Mouvement social*, n° 87, April–Juni 1974). Albert Thomas, Rüstungsminister während des Krieges, will nach dem Sieg eine während der »Union sacrée« entworfene Politik der Klassenzusammenarbeit verfolgen und eine »industrielle Demokratie« in die Wege leiten, der jedoch die Arbeitgeberschaft strikte Ablehnung entgegenbringen wird (vgl. P. Fridenson, M. Rebérioux, »Albert Thomas, pivôt du réformisme français«, *le Mouvement social, ebd.*). Die Verankerung einer reformistischen Politik von einem Ausmaß, das dem vergleichbar wäre, welches sich in Deutschland und Großbritannien hat durchsetzen können, scheitert an der Schwäche des Staates während der Zwischenkriegszeit (vgl. R. F. Kuisel, *le Capitalisme et l'État en France*, frz. Übers. Paris, Gallimard, 1984, Kap. III und IV), an der relativen Schwäche der Arbeiterklasse und ihrer Uneinigkeit in diesem Punkt: Reform oder Revolution. Man wird bis zur Volksfront warten müssen, bis sich eine Sozialreformen gegenüber aufgeschlossene Regierungsmehrheit behauptet. Vgl. zu diesem Schlüsselmoment 1936 unten, Kap. VII.

Kapitel VII
Die Lohnarbeitsgesellschaft

Proletarische Lage, Arbeiterlage, Arbeitnehmerlage: drei Kristallisationsformen der Arbeitsverhältnisse in der Industriegesellschaft, zugleich drei Varianten der Beziehung zwischen der Welt der Arbeit und der Gesamtgesellschaft. Schematisch gesehen, folgen sie zwar zeitlich aufeinander, das impliziert jedoch keineswegs eine lineare Verkettung. Hinsichtlich der hier interessierenden Frage nach dem Status abhängiger Arbeit als Stütze sozialer Identität und gesellschaftlicher Integration stellen sie eher drei irreduzible Formen dar, in denen diese Gestalt angenommen hat.

Die proletarische Lage ist eine Situation faktischer Ausgrenzung aus dem Gesellschaftskörper. Der Proletarier ist zwar ein wesentliches Glied im Prozeß der Frühindustrialisierung. Um sich reproduzieren zu können, muß er aber auf Gedeih und Verderb arbeiten, und dem schon zitierten Ausspruch Auguste Comtes zufolge »kampiert er inmitten der Gesellschaft, ohne darin Platz zu finden«. Zu Beginn der Industrialisierung wäre es wohl kaum einem »Bürgerlichen« in den Sinn gekommen – einem Proletarier wohl ebenso wenig –, einen Vergleich zwischen seiner Lage und der eines Arbeiters der frühen industriellen Ballungsräume hinsichtlich seiner Lebensweise, Wohnung, Bildung und Erziehung, Freizeit etc. zu ziehen. Man hat es hier weniger mit einer Hierarchie zu tun als mit einer durch den Gegensatz von Kapital und Arbeit sowie dem Gegensatz von Sicherheit stiftendem Eigentum und massenhafter Verwundbarkeit gespaltenen Welt. Gespalten, aber auch bedroht. Die »soziale Frage« ist also identisch mit dem Bewußtwerden der Tatsache, daß diese in den Beschreibungen des Pauperismus inszenierte zentrale Bruchlinie den Zerfall der Gesamtgesellschaft nach sich ziehen könnte.[1]

Das Verhältnis der Arbeiterlage zu der als einer Gesamtheit verstandenen Gesellschaft fällt dagegen schon komplexer aus. Ein neuartiges Lohnabhängigkeitsverhältnis hat sich herausgebildet, in dem der Lohn nicht mehr nur die punktuelle Vergütung für eine verrichtete Aufgabe ist. Es gewährt Rechte, eröffnet den Zugang zu Lei-

---

1 »Zentral« soll hier auf die Industriegesellschaft bezogen verstanden werden. Man darf nicht vergessen, daß Frankreich bis weit ins 19. Jahrhundert hinein eine vorwiegend bäuerliche Gesellschaft bleibt. Eine indirekte, aber grundlegende Antwort auf die durch die Industrialisierung aufgeworfene soziale Frage kann darin bestehen, diese zu bremsen. Richard Kuisel beschreibt solche Strategien unter der Bezeichnung »ausgewogener Liberalismus«. Sie bestehen im Mißtrauen gegenüber den Industriearbeitern, dem Städtewachstum, einer zu allgemeinen und abstrakten Schulbildung, welche die Gefahr der »Entwurzelung« des Volkes in sich birgt usw.; umgekehrt beinhalten sie eine Unterstützung für die Bevölkerungskategorien, die eine stabilisierende Rolle für das gesellschaftliche Gleichgewicht ausüben, etwa die Selbständigen, die Kleinunternehmer, vor allem aber die Kleinbauern. »Ein graduelles und ausgeglichenes Wachstum, bei dem alle Wirtschaftssektoren im gleichen Tempo fortschreiten, ohne daß die Großen die Kleinen ausstechen könnten oder die Städte das Land seiner Substanz beraubte, so sah das Idealbild nationalen Wohlstands aus« (R. Kuisel, *le Capitalisme et l'État en France, op. cit.*, S. 72). *Small is beautiful.* Dieser sozioökonomische Kontext soll als Kontrastfolie für den von mir dargestellten Prozeß dienen. Er steht für die Langsamkeit, mit der die Industrialisierung der Gesamtheit der französischen Gesellschaft ihren Stempel aufdrückt. Und tatsächlich ist Frankreich ja erst nach dem Zweiten Weltkrieg zum »Industrialismus« konvertiert, nur ein paar Jahrzehnte also vor dessen Auflösung.

stungen außerhalb der Arbeit (bei Krankheiten, Unfällen, Alter) und ermöglicht eine erweiterte Teilhabe am sozialen Leben: an Konsum, Wohnung, Bildung und ab 1936 sogar an der Freizeit. Diesmal nun das Bild einer Integration in der Unterordnung. Bis in die dreißiger Jahre des 20. Jahrhunderts, dem Augenblick, in dem sich diese Konfiguration in Frankreich herauskristallisiert, assoziiert man mit Lohnabhängigkeit nämlich im wesentlichen die lohnabhängigen Arbeiter (salariat ouvrier). Diese Kategorie umfaßt also vorwiegend ausführende Tätigkeiten, eben solche, die am unteren Ende der gesellschaftlichen Stufenleiter angesiedelt sind. Zugleich zeichnet sich aber eine Schichtung ab, die noch komplexer ist als der einfache Gegensatz zwischen Herrschenden und Beherrschten. Sie umfaßt sich überschneidende Zonen, über welche die Arbeiterklasse diese Teilhabe in der Unterordnung erlebt: Konsum (der aber Massenkonsum ist), Bildung (die freilich Primarschulbildung ist), Freizeitvergnügungen (aber reine Unterschichtsvergnügungen), Wohnung (aber Arbeiterwohnung) usw. Genau deshalb ist diese Integrationsstruktur auch so instabil. Lassen sich die Arbeitnehmer in ihrer Gesamtheit, weitab von Macht und Prestigepositionen, mit ihren rein ausführenden Tätigkeiten abspeisen, während die Industriegesellschaft eine demiurgische Auffassung von Arbeit ausbildet? Wer ist es denn, der das gesamtgesellschaftliche Vermögen schafft, und wer ist es, der es sich unberechtigt aneignet? Der Augenblick, in dem es zur Bildung der Arbeiterklasse kommt, ist zugleich auch der, in dem ein Klassenbewußtsein offen zutage tritt: Zwischen »denen« und »uns« ist noch lange nicht alles ausgemachte Sache.

Das Aufkommen der Lohnarbeitsgesellschaft[2] wird jedoch keinen Triumph der Arbeiter bedeuten. Die Handarbeiter sind nicht so sehr in einem Klassenkampf besiegt, als von der Verallgemeinerung der Lohnabhängigkeit über Bord gespült worden. »Bürgerliche« Lohnabhängige, *employés*, *cadres*, *professions intermédiaires*[3], tertiärer Sektor: Die Ausdehnung der Lohnabhängigkeit auf die Gesamtgesellschaft läßt die Arbeiterlage aus und weist ihr erneut eine untergeordnete Stellung zu, diesmal allerdings ohne Hoffnung darauf, daß sie jemals wieder zu ihrer ehemaligen Führungsrolle zurückfinden könnte. Wenn alle Welt oder zumindest beinahe jeder lohnabhängig ist (das waren 1974 mehr als 82% der Erwerbstätigen), dann definiert sich soziale Identität anhand der innerhalb der Lohnabhängigkeit eingenommenen Stellung. Jeder vergleicht sich mit jedem, unterscheidet sich aber auch von jedem. Die gesellschaftliche Stufenleiter umfaßt eine wachsende Anzahl von Sprossen, an denen die Lohnabhängigen ihre Identität durch Betonung der Differenz zur nächst niedrigeren Stufe festmachen und bestrebt sind, in eine höhere Schicht aufzusteigen. Die Arbei-

2 Ich übernehme hier das Konzept der Lohnarbeitsgesellschaft im Sinne Michel Agliettas und Anton Brenders, *Les Métamorphoses de la société salariale*, Paris, Calmann-Lévy, 1984, und möchte in diesem Kapitel dessen soziologische Implikationen herausarbeiten.

3 Es handelt sich hier um Kategorien der französischen Berufsgruppenstatistik, die nicht ohne weiteres ins Deutsche übertragen werden können. Annäherungsweise könnte man sagen, daß die Kategorie *employés* (wörtlich eigentlich die »Angestellten«) hauptsächlich Arbeitnehmerinnen in vorwiegend einfachen Dienstleistungsberufen umfaßt. Im Gegensatz zu den deutschen Angestellten schließt sie jedoch nicht die Führungskräfte (die *cadres*) und die höhere Qualifikationen erfordernden Dienstleistungsberufe im vorwiegend sozialen, medizinischen Sektor und im Primarschulbereich, sowie Techniker und einfache Verwaltungsangestellte ein. Die letztgenannten Gruppen gehören nämlich zu den sog. *professions intermédiaires* (bis 1982 *cadres moyens*). Vgl. auch F. Schultheis et al., »Klassen und Klassifikationen. Repräsentationen des sozialen Raumes im interkulturellen Vergleich«, in: *Berliner Journal für Soziologie*, 1, 1996, S. 43–68, Anm. d. Übers.

terlage nimmt fast immer den untersten Teil der Stufenleiter ein (es gibt ja auch noch die Immigranten, halb Arbeiter, halb Barbaren, und dann noch die Verlorenen des Subproletariats). Doch solange das Wachstum anhält, der Staat weiterhin seine Dienste und Sicherungssysteme ausweitet, kann jeder, der es verdient, auch »aufsteigen«: Verbesserungen für alle, sozialer Fortschritt und Wohlstand. Die Lohnarbeitsgesellschaft scheint von einer unaufhaltsamen Aufstiegsbewegung getragen zu sein, was in der Anhäufung von Gütern und Vermögen, der Schaffung neuer Positionen und völlig neuartiger Opportunitäten, dem Anwachsen von Ansprüchen und Garantien, schließlich der Zunahme von Sicherheiten und Absicherungen zum Ausdruck kommt.

Dieses Kapitel möchte weniger diese Geschichte als die Voraussetzungen nachzeichnen, die sie möglich und die Lohnarbeitsgesellschaft zu einer gleichermaßen ausgeklügelten wie fragilen neuartigen Struktur gemacht haben. Diese Fragilität ist erst jüngst, zu Beginn der siebziger Jahre, ins allgemeine Bewußtsein gedrungen. Heute hat sie sich zu einem Problem ausgewachsen, da wir ja auf den Fundamenten dieser Lohnarbeitsgesellschaft leben. Können wir, Michel Aglietta und Anton Brender folgend, sagen, daß die Lohnarbeitsgesellschaft auch »unsere Zukunft« ist?[4] Diese Frage soll uns im folgenden Kapitel beschäftigen, aber selbst wenn dem so sein sollte, dann handelt es sich doch um eine recht ungewisse Zukunft. Befassen wir uns einstweilen mit der Aufstiegslogik der Lohnarbeit in ihrer Stärke und ihrer Brüchigkeit, dann werden wir besser begreifen, worin diese Ungewißheit besteht.

Das neue Lohnarbeitsverhältnis

»Die Industrialisierung hat die Lohnarbeit hervorgebracht, und die Großindustrie ist der Ort des modernen Lohnarbeitsverhältnisses schlechthin.«[5] Dieses Urteil wird von den vorangegangenen Analysen bestätigt und nuanciert. Lohnarbeit hat während der vorindustriellen Epoche zunächst in fragmentarischem Zustand existiert, ohne daß sie sich zu einer einheitlich strukturierten Lage hat auswachsen können (vgl. Kapitel III). Mit der industriellen Revolution kommt ein neues Profil von Manufaktur- und Fabrikarbeitern auf, welches das moderne Lohnverhältnis vorwegnimmt, ohne es schon in Gänze entfalten zu können (vgl. Kapitel V).[6]

Wir können so die Hauptelemente dieses Lohnarbeitsverhältnisses zu Beginn der Industrialisierung in Entsprechung zu dem bestimmen, was wir die proletarische Lage genannt haben: eine nahe am Minimaleinkommen liegende Bezahlung, die gerade noch so die Reproduktion des Arbeitnehmers und seiner Familie sicherstellt, darüber hinaus jedoch keine Ausgaben für Konsum erlaubt; ein Mangel an gesetzli-

4 *Ebd.*, S. 7.

5 R. Salais, »La Formation du chômage comme catégorie: le moment des années 30«, *loc. cit.*, S. 342.

6 Wohlgemerkt entspricht dieses Profil nicht der Gesamtheit, ja nicht einmal der Mehrzahl der Arbeitenden zu Beginn der Industrialisierung während der ersten Hälfte des 20. Jahrhunderts (lange Zeit kommt noch dem Handwerk, der »Protoindustrie«, den teilweise Lohnabhängigen, die einen Teil ihres Einkommens aus einer anderen Tätigkeit oder der Hauswirtschaft etc. beziehen, eine zahlenmäßig große Bedeutung zu). Es bildet aber den Kern dessen, was später zu der von den Arbeitnehmern der Großindustrie verkörperten Lohnarbeiterschaft der Industriegesellschaft werden soll.

chen Garantien in dem vom Dienstvertrag (Artikel 1710 des *Code civil*) geregelten Arbeitsverhältnis; der »labile«[7] Charakter der Beziehung des Arbeitnehmers zum Unternehmen: er wechselt häufig den Ort, verdingt sich an den Meistbietenden (vor allem wenn er über gefragte Fähigkeiten verfügt) und macht an manchen Tagen in der Woche oder während mehr oder weniger langen Zeiten »blau«, wenn er denn leben kann, ohne sich unter das von der Industriearbeit geforderte Joch der Disziplin zu beugen. Will man diese Züge stärker formalisieren, so kann man sagen, ein Lohnarbeitsverhältnis umfaßt eine Form der Vergütung der Arbeit, nämlich den Lohn, welcher die Konsummuster und die Lebensweise der Arbeiter und ihrer Familien weitgehend bestimmt, sodann eine Form der Arbeitsdisziplin, die den Produktionsrhythmus regelt, schließlich einen legalen Rahmen, der das Arbeitsverhältnis strukturiert, also den Arbeitsvertrag und die dazugehörigen Bestimmungen.

Es dürfte schon deutlich geworden sein, daß ich diese Charakteristika gerade unter Verwendung von Kriterien zur Definition des »fordistischen« Lohnarbeitsverhältnisses, wie sie die Regulationsschule vorschlägt, beschrieben habe.[8] Ich nehme folglich an, daß innerhalb ein und desselben Gesellschaftsgebildes – des Kapitalismus – das Lohnarbeitsverhältnis unterschiedliche Ausformungen annehmen kann; die Frage, zumindest die hier behandelte, besteht also darin, die Transformationen herauszuarbeiten, die den Übergang von einer Form in eine andere bestimmen.[9]

Für den Übergang vom Lohnabhängigkeitsverhältnis, wie es zu Beginn der Industrialisierung vorherrschend war, zum »fordistischen« Lohnarbeitsverhältnis wären das die fünf folgenden Voraussetzungen.

Erste Voraussetzung: eine klare Trennung zwischen denen, die tatsächlich und regelmäßig arbeiten, und den Nichterwerbstätigen oder teilweise Erwerbstätigen, die entweder vom Arbeitsmarkt ausgeschlossen oder in geregelten Formen integriert werden sollen.

Die moderne Definition der Lohnarbeit setzt die präzise Identifizierung dessen voraus, was die Statistiker Erwerbsbevölkerung nennen: die Ermittlung und Erfassung all derer, die beschäftigt sind, und derer, die nicht beschäftigt sind; der zeitweiligen und der Vollzeittätigkeiten; der bezahlten und der unbezahlten Beschäftigungen. Ein langwieriges und schwieriges Unternehmen. Sind ein Landbesitzer, ein Rentier »Erwerbstätige«? Und wie steht es mit der Frau und den Kindern des Landwirts? Welchen Status soll man den unzähligen die Städte und das Land bevölkernden Ge-

7 Der Ausdruck wird von Sidney Pollard (*The Genesis of Human Management*, London, 1965, S. 161) verwendet, um die Arbeitskräftemobilität der frühen Industriezentren zu charakterisieren.

8 Vgl. beispielsweise R. Boyer, *La Théorie de la régulation: une analyse critique*, Paris, La Découverte, 1987.

9 Wenn man das Lohnarbeitsverhältnis auf seine moderne, »fordistische« Variante reduziert, verwechselt man die aus methodologischer Sicht notwendigen Bedingungen für eine strenge Definition des Lohnarbeitsverhältnisses mit den für reale Situationen von Lohnabhängigkeit charakteristischen sozio-anthropologischen Bedingungen, die diverser Art sind (vgl. in *Genèses*, 9, 1991, die verschiedensten Sichtweisen auf diese Frage). Ich für meinen Teil beharre darauf, daß man nicht nur für die Anfänge der Industrialisierung, noch bevor sich die »fordistische« Form herausbildet, zu Recht von Lohnarbeitsverhältnissen sprechen kann, sondern schon für die »vorindustrielle« Epoche (vgl. Kapitel III), freilich unter der Voraussetzung, daß man sie nicht mit dem »fordistischen« Lohnarbeitsverhältnis durcheinanderbringt. Die puristische Position läßt sich jedoch sogar für die Moderne auf keinen Fall in aller Strenge aufrechterhalten, denn das streng »fordistische« Lohnverhältnis mit Fließband, strenger Zeitmessung usw. hat stets, sogar während des Höhepunkts der Industriegesellschaft, nur eine Minderheit von Beschäftigten betroffen (vgl. M. Verret, *le Travail ouvrier*, Paris, A. Colin, 1982, S. 34, der für das Ende der 70er Jahre den Anteil der Arbeiter, die Bandarbeit verrichten, auf 8% und die Proportion derer, die an automatisierten Maschinen tätig sind, auf 32% ansetzt).

legenheits- und Saisonarbeitern geben? Kann man von Beschäftigung und entsprechend dazu von Nichtbeschäftigung, Arbeitslosigkeit sprechen, wenn man nicht wirklich definieren kann, was Beschäftigtsein wirklich bedeutet?

Erst zur Jahrhundertwende – 1896 in Frankreich und 1901 in England – werden die Erwerbspersonen, nach zunächst tastenden Versuchen, eindeutig definiert, was die Erstellung verläßlicher Statistiken ermöglicht. »Erwerbstätig sind einzig diejenigen, die auf einem Markt, einem Arbeits- oder einem Güter- und Dienstleistungsmarkt, präsent sind, der ihnen einen Geldgewinn verschafft.«[10] Die Situation des Lohnabhängigen wird in ihrem Unterschied zu der des Lieferanten von Gütern und Dienstleistungen deutlich identifizierbar, aber auch die des unfreiwillig Arbeitslosen, die sich von all denen unterscheidet, die nur ein unstetes Verhältnis zur Arbeit unterhalten.

Die Arbeitnehmer zu erfassen und zu zählen ist eine Sache; besser wäre schon, wenn sich dieser »Arbeitsmarkt« durch ein Kontrollieren seiner Ströme regulieren ließe. William Beveridge hatte schon 1910 erkannt, daß die unständigen Arbeitskräfte, die sich der strengen Disziplin nicht unterordnen wollen, das Haupthindernis für die Rationalisierung des Arbeitsmarktes darstellten. Man muß sie auch kleinkriegen:

> *»Dem, der nur ein Mal pro Woche arbeiten und den Rest der Zeit im Bett verbringen will, wird die Stellenvermittlung diesen Wunsch verwehren. Dem, der von Zeit zu Zeit einen prekären Job finden will, wird die Stellenvermittlung diese Lebensweise nach und nach verunmöglichen. Sie wird ihm diesen Arbeitstag, den er haben wollte, wegnehmen und einem anderen geben, der schon vier Tage in der Woche arbeitet, und ihm auf diese Weise ermöglichen, anständig seinen Lebensunterhalt zu verdienen.«*[11]

Der Stellennachweis muß eine Arbeitsumverteilung bewirken, die darin besteht, eine Abgrenzungslinie zwischen den Vollzeitbeschäftigten und denen, die völlig aus der Arbeitswelt ausgeschlossen werden und in den Zuständigkeitsbereich der für die arbeitsfähigen Armen vorgesehenen Zwangsformen der Fürsorge fallen, zu ziehen. Die Webbs sprechen sich ebenfalls für »eine Anstalt, in die Individuen zur Strafe eingewiesen und zwangsweise festgehalten werden [...] als absolut unerläßlich für jedes wirksame Programm gegen Arbeitslosigkeit« aus.[12]

10 C. Topalov, »Une révolution dans les représentations du travail. L'émergence de la catégorie statistique de ›population active‹ au XIXe siècle en France, en Grande-Bretagne et aux États-Unis«, *Revue française de sociologie*, 3, 1999, S. 445–473, und *Naissance du chômeur, 1880–1910, op. cit.*

11 W. Beveridge, *Royal Commission on Poor Law and Relief Distress*, Anhang V8, House of Commons, 1910, zit. nach C. Topalov, »Invention du chômage et politiques sociales au début du siècle«, *Les Temps modernes*, n°s 496–497, Nov.–Dez. 1987. Beveridges zu dieser Zeit veröffentlichtes Buch *Unemployment, A Problem of Industry*, London, 1909, bildet den Auftakt für das Renommee des späteren Baumeisters der englischen Sozialversicherung.

12 S. und B. Webb, *The Prevention of Destitution, op. cit.* In diesem Punkt sind die englischen Sozialreformer einer Meinung. Vgl. P. Allen, *The Unemployed, a National Question*, London, 1906, und eine zusammenfassende Darstellung der »*policies of decasualisation*« – was man als die Gesamtheit aller Maßnahmen gegen die unständige Arbeit mit dem Ziel der Herstellung eines echten Arbeitsmarktes wiedergeben könnte – in M. Mansfield, »Labour Exchange and the Labour Reserve in Turn of the Century Social Reform«, *Journal of Social Policy*, 21, 4, Cambridge University Press, 1992.

Wenn ein solches »Ideal« strenggenommen gar nicht zu verwirklichen ist, dann sind die während der ersten Jahrzehnte des 20. Jahrhunderts in Großbritannien errichteten Anstalten diesem Ziel doch schon recht nahegekommen. Den örtlichen Stellenvermittlungen und den mächtigen Gewerkschaften, die eine *closed shop*-Politik – ein Beschäftigungsmonopol für Gewerkschaftsmitglieder – betrieben, ist es zwar keineswegs gelungen, die Arbeitslosigkeit, ein endemisches Problem in Großbritannien, unter Kontrolle zu bringen, jedoch die Einstellung für die verfügbaren Stellen besser zu organisieren.

Prinzipiell aufgrund des Rückstands bei der Entwicklung der industriellen Lohnarbeit hat diese Art von Beschäftigungspolitik *avant la lettre* in Frankreich im Vergleich zu Großbritannien[13] niemals so systematische Formen angenommen. Die Einstellung ist lange Zeit der Initiative der Arbeitnehmer überlassen geblieben, denen es im Prinzip »freistand«, sich zu verdingen, wie es ihnen paßte, oder dem Geschick von »*marchandeurs*« oder »*tâcherons*«[14], der Käuflichkeit privater Vermittlungsbüros, neben denen man noch die wenigen kommunalen Ämter nennen muß, schließlich den gewerkschaftlichen Versuchen, um die Kontrolle oder gar das Monopol über die Einstellungen zu bekommen. Fernand Pelloutier müht sich mit der Einrichtung von Stellenbörsen ab, die unter anderem sämtliche Stellengesuche sammeln und die Einstellungen unter gewerkschaftlicher Kontrolle organisieren sollen.[15] Doch dem durch gewerkschaftliche Spaltungen untergrabenen Vorhaben wird kein Erfolg beschieden sein. Auf politischer Ebene zeigt sich der von den »Fortschrittsrepublikanern« und unabhängigen Sozialisten verkörperte reformistische Flügel an der Frage interessiert. Besonders Léon Bourgeois begreift den Zusammenhang zwischen der Regulierung des Arbeitsmarktes und der Arbeitslosenfrage, die zu Beginn des Jahrhunderts mit 300.000 bis 500.000 geschätzten Arbeitslosen zu einem drängenden Problem wird.[16] Die von ihm zur Bekämpfung der Arbeitslosigkeit vorgesehenen Mittel nehmen sich aber eher zaghaft aus: »Der Organisation der Stellenvermittlung kommt ganz klar eine vorrangige Rolle zu.«[17] Er beklagt die Unzulänglichkeit der kommunalen und gewerkschaftlichen Büros, betont die Notwendigkeit einer Versicherung gegen Arbeitslosigkeit, überläßt aber die Verantwortung dafür den Berufsverbänden.

---

13 1911 zählt man 47% Lohnarbeiter in der französischen Bevölkerung bei einem Verhältnis von 3 Arbeitgebern auf 7 Beschäftigte, während der Anteil der Lohnabhängigen in Großbritannien fast bei 90% liegt (vgl. B. Gribaud, *De la mutualité à la Sécurité Sociale, op. cit.*, S. 54).

14 Vgl. B. Motez, *Systèmes de salaire et politiques patronales*, Paris, Éditions du CNRS, 1967. Der *tâcheron* oder *marchandeur* wird vom Unternehmer für die Ausführung einer Aufgabe bezahlt und entlohnt die von ihm selbst angestellten Beschäftigten. Diese unter den Arbeitern sehr unbeliebte Praxis wurde 1848 abgeschafft, kurz darauf aber wieder eingeführt und unter anderem von Liberalen wie Leroy-Beaulieu verteidigt, die darin einen zweifachen Vorteil erblikken: die Gewährleistung einer Überwachung der Arbeiter durch den *tâcheron* und die Förderung einer Art Elite von Kleinunternehmern innerhalb der Lohnarbeiterschaft (vgl. P. Leroy-Beaulieu, *Traité théorique et pratique d'économie politique*, Bd. II, S. 494–495).

15 Vgl. F. Pelloutier, *Histoire des bourses du travail*, Paris, 1902, und Jacques Julliard, *Fernand Pelloutier et les origines du syndicalisme d'action directe*, Paris, Le Seuil, 1971.

16 L. Bourgeois, »Discours à la Conférence internationale sur le chômage, Paris, 10. September 1910«, in: *Politique de la prévoyance sociale, op. cit.*, S. 279.

17 L. Bourgeois, »Le ministère du travail«, Rede vor dem Kongreß der *mutualités* der Normandie in Caen vom 7. Juli 1912, in: *Politique de la prévoyance sociale, op. cit.*, Bd. II, S. 206ff. Bourgeois sieht eine Ausbildungskontrolle zur Verbesserung der Qualifikation und »ein Handeln des Staates als Moderator bei der Ausführung großer öffentlicher Arbeiten« vor (S. 207).

Die staatlichen Behörden spielen noch lange eine äußerst bescheidene Rolle bei der Organisation des Arbeitsmarktes und dem Kampf gegen die Arbeitslosigkeit. Das 1891 gegründete Arbeitsamt (Office du travail) hat zur Aufgabe, eine umfangreiche Dokumentation sowie verläßliche Statistiken zu erstellen. Diese Arbeit findet ihre Fortsetzung im Rahmen des 1906 geschaffenen Arbeitsministeriums[18], es geschieht jedoch nichts, was eine wirkliche Beschäftigungspolitik ersetzen könnte.

Was für lange Zeit an deren Stelle tritt, das sind die gesamten von den Unternehmern ergriffenen Maßnahmen (vgl. Kapitel V), eine Mischung aus Zuckerbrot und Peitsche, um die Arbeiter durch »Sozialleistungen« zu binden und ihre Widersetzlichkeit durch rigide Reglementierung zu brechen. Hierher gehört ganz allgemein auch die Art moralischer Erpressung, die von Philanthropen, Sozialreformern und den Wortführern des Liberalismus auf die Arbeitnehmer ausgeübt wird: Passen Sie sich an das Vorbild des guten Arbeiters an, der pünktlich bei der Arbeit ist und ein diszipliniertes Verhalten an den Tag legt, oder Sie werden zu diesen aus der Industriegesellschaft ausgeschlossenen Elenden gehören![19] An dieser Stelle müßte man nochmals die ewig wiederkehrende Literatur über die notwendige Versittlichung des Volkes zitieren. Wie vital diese Haltung bis zum Ende des 19. und noch bis ins 20. Jahrhundert hinein bleibt, läßt sich an dem erstaunlichen Auflodern der Maßnahmen gegen die zu dieser Zeit aufblühende Landstreicherei erkennen: 50.000 Verhaftungen wegen Landstreicherei jährlich in den neunziger Jahren, die bis zu 20.000 Strafverfolgungen vor den Gerichten pro Jahr nach sich ziehen[20]; im Wiederholungsfall kommt es zu Sicherungsverwahrung. Daß diese Maßnahmen eine derartige Konjunktur erleben, läßt sich durch die damals wütende schlimme Wirtschaftskrise und das Elend auf dem Land erklären. Just zu dem Zeitpunkt, als sich mit der zweiten industriellen Revolution eine Neuordnung der Arbeit abzeichnet, will man durch solche Maßnahmen an den Preis erinnern, den derjenige zu zahlen hat, der sich der Arbeit entzieht. Der Landstreicher wird, wie schon in der vorindustriellen Zeit, wieder für ein, zwei Jahrzehnte zum verhaßten Gegenmodell (vgl. Kapitel II), zur Verkörperung der Asozialität, die man ausmerzen muß, weil sie nicht in eine Gesellschaft paßt, die den Gürtel der Regulierungen der Arbeit enger schnallt.[21]

Bald wird sich jedoch eine andere Regulierungsweise in wirksamerer Form behaupten. All diese Verabreichungen von Repression und philanthropischer Milde bleiben in ihrer Wirkung begrenzt, weil sie der eigentlichen Organisation der Arbeit äußerlich bleiben. Solange es darum geht, den Arbeiter zu einem ordentlicheren Verhalten zu erziehen, indem man ihn zu überzeugen versucht, daß sein wahres Interesse mehr Disziplin erfordert, kann er sich dagegen auflehnen oder sich durch Flucht diesen Verpflichtungen entziehen, deren treibende Kraft eine sittliche bleibt. Die Maschine erlegt eine andere Form von Zwängen auf, diesmal allerdings objektiver Art. Mit ihr läßt sich nicht diskutieren. Man folgt dem Rhythmus, den die technische Organisation der Arbeit erzwingt, oder man tut es eben nicht. Die Arbeitsbeziehung

18 Vgl. J.-A. Tournerie, *le Ministère du Travail, origines et premiers développements, op. cit.*

19 Vgl. J. Donzelot, P. Estèbe, *l'État animateur*, Éditions Esprit, 1994, Einführung.

20 Vgl. M. Perrot, »La fin des vagabonds«, *l'Histoire*, n° 3, Juli–August 1978.

21 Vgl. exemplarisch für diese Literatur, die einen regelrechten Feldzug gegen die Landstreicherei predigt, docteur A. Pagnier, *Un déchet social: le vagabond*, Paris, 1910.

wird ihre »Flüchtigkeit« verlieren, wenn diese technische Organisation aus sich selbst heraus genügend stark ist, ihre Ordnung durchzusetzen.

Zweite Voraussetzung: die Bindung des Arbeiters an seinen Arbeitsplatz und die Rationalisierung des Arbeitsprozesses im Rahmen einer »präzisen, genau abgegrenzten und reglementierten Zeitverwendung«.[22]

Die Versuche, dem Verhalten der Arbeiter über die technischen Zwänge der Arbeit Ordnung beizubringen, die mit dem Taylorismus ihre Blüte erleben, stammen nicht erst aus dem 20. Jahrhundert. Der Baron Charles Dupin träumt schon 1847 von der Verwirklichung ewiger Arbeit dank des unermüdlichen Antriebs des »mechanischen Motors«:

> »*Es besteht also ein äußerster Vorteil darin, die Mechanik unermüdlich laufen zu lassen, indem man die Ruheintervalle auf eine minimale Dauer reduziert. Die lukrative Perfektionierung bestünde darin, daß ständig gearbeitet wird... Man hat also in derselben Werkstätte, wenn man so sagen kann, durch Ausbeutung der gegenseitigen Rivalität, die beiden Geschlechter und die drei Altersgruppen zusammengeführt, und da werden sie unterschiedslos vom mechanischen Motor zu einer verlängerten Arbeit, zu Tag- und Nachtarbeit angetrieben, um nach und nach eine dauernde Bewegung zu erreichen.*«[23]

Doch diese wunderbare Utopie beruht auf der »Ausbeutung der Rivalität« der verschiedenen Beschäftigtenkategorien, also auf der Mobilisierung des Humanfaktors.

Mit der »wissenschaftlichen Organisation« der Arbeit dagegen wird der Arbeiter nicht durch einen externen Zwang gebunden, sondern durch die Einbindung in technische Arbeitsschritte, deren Dauer die Zeitmessung peinlich genau definiert hat. Auf diese Weise wird das »Herumspazieren« der Arbeiter eliminiert und mit ihm der Initiativen- und Freiheitsspielraum, den sie sich noch bewahren konnten. Besser noch: dadurch, daß parzellierte Aufgaben einfach und repetitiv werden, wird eine spezialisierte und polyvalente Qualifikation unnötig. Der Arbeiter verliert seine Verhandlungsmacht, die ihm das »Metier« noch verschafft hatte.[24]

---

22 R. Salais, »La formation du chômage comme catégorie«, *loc. cit.*, S. 325.

23 C. Dupin, Bericht vor der Pairs-Kammer, 27. Juni 1847, zit. in: N. Murard, P. Zylberman, »Le petit travailleur infatigable«, *Recherche*, n° 23, Nov. 1976, S. 7. Vorläufer einer solchen beinahe »perfekten« Organisation der Fabrikdisziplin ließen sich sogar vor der Einführung ausgeklügelter Maschinen und erst recht vor dem Fließband ausmachen. So gilt die um 1770 in England von Josiah Wedgwood gegründete Töpferei der Nachwelt als Musterbeispiel einer strikten Arbeitsorganisation. Sie ist jedoch nicht mechanisiert, sondern kombiniert die Teilung der manuellen Arbeit mit einer Politik der Versittlichung der Arbeiter mit Unterstützung durch die methodistische Kirche und eine vom Fabrikherrn ins Leben gerufene Gesellschaft zur Bekämpfung des Lasters. Vgl. D. S. Landes, *The Rise of capitalism, op. cit.* Es finden sich auch Formen der Arbeitsaufteilung, welche die Bandarbeit vorwegnehmen, ohne auf der Maschine zu beruhen. So etwa die »Tischgesellschaft« (la tablée): ein Gegenstand zirkuliert von Hand zu Hand um einen Tisch, und jeder Arbeiter fügt ein Teil hinzu, bis das Werkstück ganz zusammengesetzt ist (vgl. B. Dorey, *le Taylorisme, une folie rationelle*, Paris, Dunod, 1981, S. 342ff).

24 Vgl. B. Coriat, *l'Atelier et le chronomètre*, Paris, Christian Bourgeois, 1979. Von F. W. Taylor gibt es mehrere frühe französische Übersetzungen, so etwa die *Études sur l'organisation du travail dans les usines* (S. 412), Anger 1907 (*The Principles of scientific management*, New York, Norton, 1967; dt. Übers. *Die Grundsätze wissenschaftlicher Betriebsführung*, München, Oldenbourg, 1913). Für eine Aktualisierung der vom Taylorismus heute aufgeworfenen Fragen vgl. den von Maurice de Montmollin und Olivier Pastré herausgegebenen Sammelband *le Taylorisme*, Paris, La Découverte, 1984.

Die Auswirkungen dieser »wissenschaftlichen Arbeitsorganisation« sind für zwei Lesarten offen: eine betont den Verlust an Autonomie für die Arbeiter, die andere die Nivellierung der beruflichen Kompetenzen auf das niedrigste Niveau rein reproduzierender Arbeitsvorgänge. Die meisten Untersuchungen zum Taylorismus, die besonders den Aspekt der Enteignung hervorheben, vereinfachen allerdings zu sehr. Einerseits laufen sie auf eine Idealisierung der Freiheit des vor-taylorschen Arbeiters hinaus, der imstande gewesen sein soll, seine Fähigkeiten an den Meistbietenden zu verkaufen. Das trifft sicherlich für die Erben der handwerklichen Berufe mit seltenen und stark nachgefragten Kompetenzen zu. Wenn es stimmt, daß der Taylorismus hauptsächlich in der Großindustrie seinen Niederschlag findet, so hatte er es jedoch in den meisten Fällen mit unterqualifizierten und wenig autonomen Arbeitern ländlicher Herkunft zu tun.

Andererseits hat gewiß die »wissenschaftliche« Rationalisierung der Produktion am nachdrücklichsten die Vereinheitlichung der Arbeiterklasse bewirkt. Sie hat die Abschirmung der »Handwerkszünfte« angegriffen, mit denen sich ihre Mitglieder stark identifizierten: Man »dachte« sich als Schmied oder Zimmermann bevor man sich als »Arbeiter« dachte (die das Ancien Régime um einiges überlebenden Rivalitäten der Gesellenbruderschaften illustrieren bis zur Karikatur dieses Sich-Versteifen auf die Eigenart des Handwerks[25]). Dies um so mehr, als selbst innerhalb einer spezialisierten beruflichen Untergruppe sehr große Lohn- und Statusunterschiede zwischen dem ausgelernten Gesellen, dem Handlanger, dem Lehrling usw. bestanden. So gelang es der »wissenschaftlichen« Vereinheitlichung der Arbeitsbedingungen, ein Arbeiterbewußtsein zu schmieden, das, geschärft noch durch die Härte der Arbeitsorganisation, später in ein Klassenbewußtsein einmündete. Die ersten Fabrikbesetzungen 1936 werden sich in den modernsten und am stärksten mechanisierten Unternehmen ereignen. In diesen »Arbeiterfestungen« werden auch die CGT und die Kommunistische Partei ihre ergebensten Anhänger rekrutieren.[26]

Drittens kann sich die Tendenz zur Vereinheitlichung der Arbeitsbedingungen nicht völlig behaupten bzw. bewirkt in dem Maß wie sie voranschreitet eher gegenläufige Differenzierungseffekte. Die interne Logik der Massenproduktion führt nämlich zwangsläufig zur Unterscheidung eines rein ausführenden Personals (*ouvrier specialisé* (OS), angelernter Arbeiter) und eines Kontroll- oder Unterhaltungspersonals (*ouvrier technicien*, Techniker). Diese technische Entwicklung der Arbeit erfordert auch die Stärkung und Diversifizierung eines Planungs- und Führungspersonals – der späteren »*cadres*«.[27]

Vereinheitlichung und Differenzierung: Dieser doppelte Prozeß geht schon zu Beginn der zweiten industriellen Revolution vonstatten. Er legt nahe, von der »Taylorisierung« nicht als einem einheitlichen Vorgang zu sprechen, der um der Eroberung der Welt der Arbeiter willen eingeleitet worden ist. Die Einführung des Taylorismus

25 Vgl. A. Perdiguier, *Mémoires d'un compagnon*, Paris, Maspero (Neuauflage), 1977.

26 Vgl. G. Noiriel, *les Ouvriers dans la société française, op. cit.*

27 Die *cadres* sind wie die *ouvriers specialisés* eine Kategorie der französischen Berufsstatistik. Sie vereinigt vor allem Ingenieure, leitende Angestellte des privaten wie öffentlichen Sektors, aber auch Hochschuldozenten und Lehrer im höheren Bildungswesen, Künstler, Psychologen, angestellte Ärzte usw. Vgl. Fußnote 3 auf S. 284.

geschieht allmählich und beschränkt sich auf ganz besondere Industrieregionen: Vor dem Ersten Weltkrieg ist kaum 1% der französischen Industriearbeiterschaft von dieser amerikanischen Neuerung betroffen.[28] Zudem ist der Taylorismus nur der konsequenteste Ausdruck – der sich allerdings abschwächt, als er in Frankreich eingeführt wird[29] – einer allgemeineren Tendenz hin zu einer durchdachten Organisation der industriellen Arbeit, dessen, was man in den zwanziger Jahren »Rationalisierung« nennt.[30]

Schließlich werden diese Methoden über die Grenzen der vom Taylorismus eigentlich anvisierten Industriestandorte hinaustreten und sich in den Büros, den Großkaufhäusern, dem »tertiären« Sektor ausbreiten. Statt von Taylorismus sollte man lieber von der zunehmenden Verbreitung einer neuartigen Dimension des Lohnarbeitsverhältnisses sprechen, das sich durch eine maximale Rationalisierung der Arbeitsvorgänge, die synchronisierte Aneinanderreihung der Aufgaben, eine strikte Trennung zwischen Arbeits- und Nichtarbeitszeit auszeichnet, was alles die Entwicklung einer Massenproduktion möglich macht. In diesem Sinne ist die Aussage zutreffend, daß die vom Bemühen um maximale Produktivität über eine strenge Kontrolle der Arbeitsvorgänge erforderte Form der Arbeitsorganisation wohl ein wesentliches Element der Ausformung des modernen Lohnarbeitsverhältnisses gebildet hat.

- *Dritte Voraussetzung: die durch den Lohn ermöglichte Teilhabe an den »neuen Konsumnormen«*[31]*, durch die der Arbeiter selbst zum Nutznießer und Konsumenten der Massenproduktion wird.* Taylor sah schon eine substantielle Lohnerhöhung vor, um den Arbeitern einen Anreiz zu bieten, sich den Zwängen der neuen Fabrikdisziplin zu beugen.[32] Doch erst Henry Ford systematisiert den Zusammenhang zwischen Massenproduktion (Einführung des halbautomatischen Fließbandes) und Massenkonsum. Der »five dollars day« bedeutet nicht nur eine ansehnliche Lohnerhöhung. Er gibt dem modernen Arbeiter auch die Möglichkeit, den Status des Konsumenten von Produkten der Industriegesellschaft zu erlangen.[33]

---

28 Vgl. M. Perrot, »La classe ouvrière au temps de Jaurès«, in: *Jaurès et la classe ouvrière*, Paris, Éditions ouvrières, 1981. Vgl. zur Rolle, die der Erste Weltkrieg auf diesem Gebiet spielt, Patrick Fridenson (Hg.), *l'Autre Front*, Cahiers du mouvement social, 2, 1982.

29 Zu den Modalitäten der Einführung des Taylorismus in den Renault-Werken und den dadurch geschaffenen Problemen, vgl. P. Fridenson, *Histoire des usines Renault*, Paris, Le Seuil, 1982.

30 Vgl. A. Moutet, »Patrons de progrès ou patrons de combat? La politique de rationalisation de l'industrie française au lendemain de la Première Guerre mondiale«, in: Le soldat du travail, numéro spécial 32–33, *Recherche*, September 1978.

31 Der Ausdruck stammt von Michel Aglietta (*Régulation et crises du capitalisme, l'expérience des États-Unis*, Paris, Calmann-Lévy, 1976, S. 160)

32 Er faßt sogar die Möglichkeit ins Auge, »die Gestehungskosten in solchen Proportionen zu senken, daß unser Binnen- und Außenmarkt ansehnlich erweitert werden könnte. So wird es möglich, bei gleichzeitiger Verbesserung der Arbeitsbedingungen und des Komforts im Hause höhere Löhne zu zahlen und die Zahl der Arbeitsstunden zu senken.« (*la Direction scientifique des entreprises, op. cit.*, S. 23).

33 Vgl. M. Aglietta, *Régulation et crises du capitalisme...*, Paris, Éd. Marabout, S. 23; Henry Ford, *Mein Leben und Werk*, Leipzig, List, 1923. Zur konkreten Organisation der Fabrikarbeit und den Reaktionen der Arbeiter, vgl. das Zeugnis eines ehemaligen Ford-Arbeiters, H. Beynon, *Working for Ford*, Penguin Books, 1973.

Eine ansehnliche Neuerung, wenn man sie vor dem Hintergrund der langen Geschichte der Lohnarbeit sieht. Bis zu dieser Wende wird der Arbeiter zumindest in der Ideologie der Arbeitgeber im wesentlichen als ein maximaler Produzent und ein minimaler Konsument begriffen: Er soll so viel wie möglich produzieren, doch die Gewinnspannen, die man aus seiner Arbeit herausziehen kann, fallen um so höher aus, je niedriger sein Lohn ist. Es ist bezeichnend, daß die Abweichungen der Arbeitgeber vom »ehernen Lohngesetz« nicht in zusätzlichen Lohnzahlungen bestanden hatten, sondern in nicht-monetären Sozialleistungen im Falle von Krankheit, Unfall, Alter usw. Diese Leistungen konnten den totalen Niedergang von Arbeiterfamilien verhindern, ihren Konsum jedoch nicht maximieren. Bezeichnend ist auch die Tatsache, daß die Eventualität für einen Arbeitnehmer, zu etwas Vermögen zu kommen, von eben diesen Arbeitgebern und Sozialreformern nicht als eine Möglichkeit für mehr Konsum aufgefaßt wurde, sondern als eine Aufgabe, zur Erhöhung seiner Sicherheit, für ihn zu sparen oder Beiträge zu zahlen. Der einzig legitime Konsum für den Beschäftigten reduziert sich auf das, was er braucht, um seine Arbeitskraft einigermaßen zu reproduzieren und seine Familie auf demselben armseligen Niveau zu erhalten. Die Möglichkeit, mehr zu konsumieren, ist zu verwerfen, da sie zu Laster, Trunkenheit und Absentismus verführt.

Seitens der Beschäftigten kommt mit den Anfängen der Massenproduktion auch explizit ein Streben nach Wohlbefinden durch Konsum auf. Alphonse Merrheim, Generalsekretär der CGT, erklärt 1913 (was die herrschende Vorstellung etwas korrigiert, der zufolge eine in direkter Aktion geübte Gewerkschaftsbewegung einzig in der Absicht mobilisiert wird, den Tag der »Großen Abrechnung« vorzubereiten):

> *»Dem Wunsch nach Wohlbefinden sind keine Grenzen gesetzt, die Gewerkschaftsbewegung widerspricht dem nicht, ganz im Gegenteil. Haben unsere Aktionen, unsere Forderungen nach Arbeitszeitverkürzung, höherem Lohn etwa nicht die Vermehrung der Wünsche, die Erleichterung des Wohlstands der Arbeiterklasse, und damit auch ihre Konsummöglichkeiten zum Minimalziel?«*[34]

Dieses zu Beginn des Jahrhunderts bei den Arbeitern aufkommende Konsumstreben ist die Antwort auf einen Wandel der Lebensweise der Unterschichten, hervorgerufen durch den Rückzug der häuslichen Ökonomie, ein Wandel, der vor allem die Arbeiter der großen Industriestandorte betrifft.[35] Wenn die Arbeiter in der vorindustriellen Gesellschaft und dann in der beginnenden Industrialisierung zu Elendslöhnen haben überleben können, dann lag das zu einem Gutteil daran, daß ein bedeutender, wenn auch schwer zu beziffernder Anteil ihres Konsums nicht über den Markt befrie-

34 A. Merrheim, »La méthode Taylor«, *la Vie ouvrière*, März 1913, S. 305, zit. nach J. Julliard, *Autonomie ouvrière. Études sur le syndicalisme d'action directe, op. cit.*, S. 61. In diesem Artikel greift Merrheim keineswegs die Taylorsche Methode an, sondern ihre »Verfälschung« durch die französische Unternehmerschaft. Bezeichnend ist auch diese Erklärung des anderen großen Gewerkschaftsführers dieser Zeit, Victor Griffuelhes: »Wir für unsern Teil fordern, daß die französische Unternehmerschaft der amerikanischen ähnlicher wird, und daß für uns aus einer Steigerung unserer Industrie- und Handelsaktivitäten eine Sicherheit, eine Gewißheit resultiert, die uns, dadurch daß sie uns materiell hebt, in den Kampf mitreißt, welcher durch den Bedarf an Arbeitskräften erleichtert wird« (»L'infériorité des capitalistes français«, *le Mouvement social*, Dez. 1910, zit. nach *ebd.*, S. 55).

35 B. Coriat, *l'Atelier et le chronomètre, op. cit.*, Kapitel IV.

digt wurde: aufrechterhaltene Verbindungen zum ländlichen Ursprungsmilieu, Besitz eines Stückchens Land, saisonale Feldarbeit, selbst bei so dezidiert »industriellen« Berufen wie dem des Bergmanns.[36]

Dieser Zustand wandelt sich parallel zur Ausdehnung der industriellen Ballungsräume. Mit der Vereinheitlichung der Arbeitsbedingungen geht die Vereinheitlichung der Milieus und Lebensweisen einher. Ein komplexer Prozeß, der sich über mehrere Jahrzehnte hinzieht. Er betrifft die Wohnverhältnisse, den Personenverkehr und ganz allgemein das Verhältnis des Menschen zu seiner Umwelt sowie den »Einkaufskorb«. Doch ein immer wichtiger werdender Teil der Arbeiter befindet sich objektiv in einer Situation, die an diejenige grenzt, die den Stoff für die Gemälde des Pauperismus aus der ersten Hälfte des 19. Jahrhunderts abgab: Auf einheitliche Räume zusammengedrängte und von ihren Familien und ihrem Ursprungsmilieu abgeschnittene Arbeiter, die praktisch auf die von ihrer Arbeit stammenden Einkommen angewiesen sind. Damit die gleichen Ursachen nicht die gleichen Wirkungen zeitigen, nämlich massenhafte Pauperisierung, darf das Arbeitsentgelt kein Lohn sein, der gerade zum Überleben reicht.

Mit dem Begriff »Fordismus« bezeichnet man die Verknüpfung von Massenproduktion und Massenkonsum, die Henry Ford zweifellos als erster bewußt in die Praxis umgesetzt hat. Ford erklärt: »Die Einführung des Mindestlohns von 5 Dollar für einen achtstündigen Arbeitstag war einer der klügsten Schritte in der Preisabbaupolitik, den wir je getan haben. Wie weit wir in dieser Richtung noch gehen können, läßt sich einstweilen nicht ermessen.«[37] Er entdeckt also den bisher unbekannten Zusammenhang zwischen der Lohnerhöhung, der Produktionssteigerung und dem Anstieg des Konsums. Ein höherer Lohn allein würde die Arbeitsmotivation und den Gewinn nicht steigern. Es zeichnet sich eine an den Produktivitätsfortschritt gebundene Lohnpolitik ab, durch die der Arbeiter auf eine neue Stufe gesellschaftlicher Existenz gelangt: die des Konsums und nicht mehr ausschließlich der Produktion. Er verläßt damit die Zone der Verwundbarkeit, die ihn annähernd zu einem Leben »von der Hand in den Mund« und einer Befriedigung der jeweils dringendsten Bedürfnisse verdammte. Er gelangt zur Befriedigung seiner Wünsche – ich greife nochmals die Formulierung Merrheims auf –, deren gesellschaftliche Voraussetzung die Loslösung von der Dringlichkeit der Bedürfnisse ist. Das ist diese Form von Freiheit, die über die Beherrschung der Zeitlichkeit verläuft und im Konsum dauerhafter, nicht unbedingt notwendiger Gegenstände aufgeht. Der »Wunsch nach Wohlbefinden«, der zum Auto, zur Wohnung, zum Herd usw. führt, eröffnet dem Arbeiter – auch wenn es den Moralisten nicht gefällt – Zugang zu einer neuen Stufe gesellschaftlicher Existenz.

Es wäre wohl zuviel der Ehre für Ford, wollte man ihm das Verdienst um diese anthropologische Quasi-Mutation des Lohnarbeitsverhältnisses zuerkennen. Es handelt sich um einen allgemeinen Prozeß, der bei weitem nicht ausschließlich auf der Erfindung des »automatischen Montagebandes« und der Lohnpolitik eines amerikani-

36 Vgl. R. Trempé, *les Mineurs de Carnaux, op. cit.*, der den erbitterten Widerstand der Bergleute zur Bewahrung einer Arbeitszeitorganisation aufzeigt, die mit der Verfolgung landwirtschaftlicher Aktivitäten kompatibel ist.

37 H. Ford, *Mein Leben und Werk, op. cit.*, S. 172.

schen Industriellen beruht. Nichtsdestoweniger zeichnet sich seit Ford eine Konzeption des Lohnarbeitsverhältnisses ab, der zufolge »die Konsumweise in die Produktionsbedingungen integriert ist.«[38] Das ist ausreichend, um breite Schichten von Beschäftigten – freilich nicht alle – aus dieser Zone extremen Elends und permanenter Unsicherheit herauszuführen, die Jahrhunderte lang ihr Los war.

Vierte Voraussetzung: Teilhabe am Sozialeigentum und an den öffentlichen Dienstleistungen: Der Arbeitnehmer ist auch ein Gesellschaftssubjekt mit Anspruch auf Teilhabe am Vorrat der in der Gesellschaft verfügbaren nicht-marktmäßigen Gemeingütern. Ich erinnere hier nur an die Darstellung des »Transfereigentums« aus dem vorangegangenen Kapitel, das in derselben Konfiguration der Lohnarbeit seinen Platz hat. Ist der Pauperismus das Gift der in ihren Anfängen steckenden Industriegesellschaft gewesen, dann ist die Pflichtversicherung das beste Gegengift. Ein minimales Netz von an die Arbeit gekoppelten Sicherungen kann in den Situationen außerhalb der Arbeit zur Entfaltung kommen, um den Arbeiter vor völliger Not zu bewahren. Freilich sind die Leistungen dieser frühen Form der Versicherungen noch allzu mager, als daß sie wirklich umverteilende Funktion und einen bedeutenden Einfluß auf die »Konsumnorm« haben könnten. Sie bilden gleichwohl eine Antwort auf dieselbe geschichtliche Konjunktur der Lohnarbeit, in der diese klassifiziert und registriert (man kann selbst geringe Rechtsansprüche nur an einen eindeutig identifizierbaren Zustand knüpfen, was die Ausarbeitung des Begriffes der Erwerbsbevölkerung und das Ausklammern der vielfältigen Formen unständiger Arbeit voraussetzt), fixiert und stabilisiert (ein Recht wie das auf Rente setzt kontinuierliche Arbeit über einen langen Zeitraum hinweg voraus), als ein Zustand verselbständigt werden kann, der sich selbst genügen muß (man zählt für die Absicherung nicht mehr auf die Ressourcen der häuslichen Ökonomie und der primären Sicherung). Offenbar läßt sich dieses Modell bevorzugt auf die Arbeiter der Großindustrie anwenden, selbst wenn es auch über diese Bevölkerungsgruppe hinaus praktiziert wurde. Es anerkennt die Besonderheit der Lohnarbeiterlage und konsolidiert sie, da es darauf hinausläuft, dem Arbeiter bei Unfall, Krankheit oder nach Ende der Erwerbstätigkeit (Rente) ein Einkommen zu gewähren.[39]

Es sei auch daran erinnert, daß das Aufkommen des Transfereigentums Teil der Entwicklung des Sozialeigentums und besonders der öffentlichen Dienste ist. Diese erhöhen die Teilhabe der verschiedenen Gesellschaftskategorien an der »öffentlichen Sache«, auch wenn sie ungleich verteilt bleibt. Der Arbeiterklasse wird, wie wir noch

38 M. Aglietta, *Régulation et crises du capitalisme, op. cit.*, S. 130.

39 Die Tatsache, daß das erste französische Gesetz zur Pflichtrentenversicherung jenes von 1910 über die Industrie- und Landarbeiterrenten gewesen ist, scheint diesem vorrangigen Festmachen der sozialen Sicherung an der Lage der Industriearbeiter zu widersprechen. Doch wie Henri Hatzfeld (*Du paupérisme à la Sécurité sociale, op. cit.*) bemerkt, entsprach diese paritätische Behandlung der Bauern und Arbeiter einer politischen Forderung in einem »radikalen« Frankreich, das besonders seine Bauern umhegte und vor allen Dingen die Destabilisierung des Landes und die Landflucht verhindern wollte. In diesem Fall wurden jedoch die guten Absichten schlecht entgolten. Das Rentengesetz von 1910 hat sich besonders auf dem Land als praktisch nicht anwendbar erwiesen aufgrund der Schwierigkeit, die »reinen« Lohnarbeiter zu identifizieren, sowie aufgrund des Widerstands seitens der Arbeitgeber, sich einer als unzulässig angesehenen Einmischung des Staates in die »väterlichen« Arbeitsbeziehungen zu beugen. Die ländliche Lohnarbeiterschaft bildete eine von derjenigen der Industriearbeiterschaft allzu verschiedene Lage, um sich für dieselbe Behandlung zu eignen.

zeigen werden, eine bessere Teilhabe an den Kollektivgütern wie Gesundheit, Hygiene, Wohnung und Bildung gewährt werden.

Fünfte Voraussetzung: Die Verankerung in einem Arbeitsrecht, das den Arbeitnehmer als Mitglied eines Kollektivs anerkennt, dem ein sozialer Status jenseits der rein individuellen Dimension des Arbeitsvertrags eigen ist. Es kommt auch zu einem grundlegenden Wandel der vertraglichen Dimension des Lohnarbeitsverhältnisses. Der Artikel 1710 des *Code civil* definierte es als einen »Vertrag, durch den eine der Parteien sich verpflichtet, zu einem bestimmten Preis etwas für die andere zu tun«. Eine Transaktion zwischen zwei prinzipiell »freien« Individuen, deren tiefe Asymmetrie schon mehrfach betont worden ist. Léon Duguit sieht darin den Ausdruck des »subjektiven Rechts«, d. h. »ein einer Person zugehöriges Vermögen, einer anderen ihre eigene Persönlichkeit aufzuzwingen«.[40] An ihre Stelle tritt ein Sozialrecht, »das die Angehörigen der Menschheit und besonders die derselben gesellschaftlichen Gruppe Zugehörigen durch die Gemeinsamkeit der Bedürfnisse und die Arbeitsteilung miteinander vereint.«[41]

Die Berücksichtigung dieser kollektiven Dimension bewirkt den Übergang vom Kontrakt des Arbeitsverhältnisses zum Status des Lohnabhängigen. »Im Gedanken des für das öffentliche Recht charakteristischen Status' steckt der Gedanke der objektiven Definition einer Situation, die sich dem Spiel des individuellen Willens entzieht.«[42] Eine rechtliche Anerkennung der Gruppe der Arbeitnehmer als kollektivem Gesprächspartner kommt schon in dem Gesetz zum Vorschein, welches das Delikt des Streiks abschafft (1864), sowie in dem, das die Arbeiterkollektive autorisiert (1884). Doch solche Errungenschaften haben noch keinerlei Auswirkung auf die Struktur des Arbeitsvertrags selbst. Ebenso haben die Verhandlungen, die innerhalb eines Unternehmens zwischen den Arbeitgebern und dem Kollektiv der Beschäftigten – ganz allgemein im Falle eines Streiks oder einer Streikdrohung – stattfinden, lange Zeit keinerlei juristische Gültigkeit. Erst das nach der Annäherung infolge der »heiligen Union« und der Teilnahme der Arbeiter an den Kriegsanstrengungen beschlossene Gesetz vom 25. März 1919 verleiht dem Begriff des *Tarifvertrags* (convention collective) einen rechtlichen Status. Die in einem solchen Übereinkommen vereinbarten Bestimmungen stehen über jenen des individuellen Arbeitsvertrags. Léon Duguit zieht unmittelbar die Lehre daraus:

> »*Der Kollektivvertrag ist eine völlig neue und den traditionellen Kategorien des bürgerlichen Rechts gänzlich fremde juristische Kategorie. Er ist eine gesetzliche Übereinkunft, die die Beziehungen zwischen zwei sozialen Klassen regelt. Er ist ein Gesetz, das ständige und dauerhafte Beziehungen zwischen zwei gesellschaftlichen Gruppen herstellt, der gesetzliche Rahmen, dementsprechend die individuellen Verträge zwischen den Gliedern dieser Gruppen geschlossen werden müssen.*«[43]

40 L. Duguit, *le Droit social, le droit individuel et la transformation de l'État, op. cit.*, S. 4.
41 *Ebd.*, S. 8.
42 J. Le Goff, *Du silence à la parole, op. cit.*, S. 112. Vgl. auch F. Sellier, *la Confrontation sociale en France, 1936–1987, op. cit.*
43 L. Duguit, *les Tranformations générales du droit privé*, Paris, 1920, S. 135, zit. nach J. Le Goff, *Du silence à la parole, op. cit.*, S. 106.

Der Tarifvertrag geht tatsächlich über das Gegenüber von Arbeitgeber und Arbeitnehmer nach der liberalen Definition des Arbeitsvertrags hinaus. Ein individuell in einem Unternehmen eingestellter Arbeiter kommt in den Genuß der im Tarifvertrag vorgesehenen Bestimmungen.

Die Anwendung dieses Gesetzes war aufgrund des Widerwillens seitens der Arbeiterklasse wie der Arbeitgeberschaft, in einen Verhandlungsprozeß einzutreten[44], zunächst eher eine Enttäuschung. Die Reserve (das Wort ist ein Euphemismus) der »Sozialpartner« gegenüber Verhandlungen ist mit für die vom Staat bei der Schaffung von Konzertierungsverfahren gespielte Rolle verantwortlich. Seit den Bemühungen Millerands von 1900 um die Einrichtung von Arbeiterräten[45] scheint dem Staat die Rolle als Motor für die Entstehung des Arbeitsrechts zugefallen zu sein, zumindest bis ein gegenüber Reformen (als bevorzugtem Ziel oder als einer Etappe in einem revolutionären Prozeß) offener Teil der Arbeiterklasse auf den Plan tritt, um seine Sicht der Dinge durchzusetzen. 1936 ist in dieser Hinsicht eine geschichtliche Premiere: Das Zusammentreffen eines politischen Willens (die Volksfront-Regierung mit einer sozialistisch-kommunistischen Mehrheit will jenseits ihrer Meinungsverschiedenheiten soziale Maßnahmen zugunsten der Arbeiter durchsetzen) und einer sozialen Bewegung (fast 2 Millionen Arbeiter nehmen an den Fabrikbesetzungen im Juni teil). Die Matignon-Verträge bringen die Tarifverhandlungen wieder in Schwung und führen die von der Gesamtheit des Personals gewählten Firmendeligierten ein.[46]

Doch über diese »soziale« und so manche andere Errungenschaft hinaus ist die Zeit der Volksfront eine besonders bedeutungsvolle, entscheidende und fragile Etappe der Odyssee der Lohnarbeit.

Die Lage der Arbeiter

Wenn es auch immer etwas Willkürliches an sich hat, Wandlungserscheinungen datieren zu wollen, die sich einzig durch lang dauernde Prozesse erklären lassen, möchte ich das Objektiv doch für einen Moment auf das Jahr 1936 einstellen. Man kann darin durchaus ein Kristallisationsmoment und einen Kippunkt des modernen Lohnarbeitsverhältnisses, wie ich es gerade beschrieben habe, erblicken. Eine bedeutsame Etappe der Lohnarbeit auf ihrem Weg nach oben: Die Reformen von 1936 sanktionieren in der Hauptsache eine gewisse Anerkennung der Lage der Arbeiter. Es könnte jedoch auch sein, daß es sich dabei um einen Pyrrhussieg gehandelt hat. Wel-

44 Zum soziohistorischen Kontext, der diesen Unwillen zu einer Konzertierung seitens der Arbeitgeber und der Gewerkschaften erklärt – sowie über die Unterschiede im Vergleich zu Deutschland und Großbritannien –, vgl. F. Sellier, *la Confrontation sociale en France, op. cit.*, S. 1 und 2. Über die während des 1. Weltkriegs eingeleiteten Maßnahmen und ihre Infragestellung nach Beendigung des Krieges, vgl. M. Fine, »Guerre et réformisme en France, 1914–1918«, in: *le Soldat du travail, op. cit.*

45 Erlaß vom 17. Dezember 1900. »Es besteht ein Interesse ersten Ranges, zwischen den Arbeitgebern und der Kollektivität der Arbeiter fortlaufende Beziehungen einzurichten, welche rechtzeitig die nötigen Erklärungen auszutauschen und gewisse Schwierigkeiten zu regeln erlauben... Solche Gepflogenheiten können nur hilfreich dabei sein, die neuen Sitten zu akklimatisieren, die man gerne in Ehren gehalten sähe. Durch ihre Einführung bleibt die Regierung der Republik ihrer Rolle als Friedensstifterin und Schlichterin treu« (zit. nach J. Le Goff, *Du silence à la parole, op. cit.*, S. 102). Das Dekret wurde jedoch niemals umgesetzt.

46 1936 werden 1.123 Tarifverträge unterzeichnet und 1937 3.064, vgl. A. Touraine, *la Civilisation industrielle*, Bd. IV von L. H. Parias, *Histoire générale du travail*, Paris, Nouvelle Librairie de France, 1961, S. 172–173.

cher Status kommt damals der Arbeiterklasse innerhalb der Gesellschaft zu? Einerseits markiert das Jahr 1936 eine entscheidende Etappe auf dem Weg ihrer Anerkennung als bestimmende gesellschaftliche Kraft, eine Ausweitung ihrer Rechte und eine Bewußtwerdung ihrer Macht, die sie davon träumen läßt, eines Tages die Zukunft der Welt zu repräsentieren. Andererseits bestätigt 1936 den *Partikularismus der Arbeiter*, ihre Zuschreibung auf einen untergeordneten Platz innerhalb der Arbeitsteilung sowie der Gesamtgesellschaft.

Im Lager der siegreichen Arbeiter zirpen die Grillen, ohne jedoch an den Herbst zu denken. Wahlsieg der Linken, die Arbeiter greifen den Entscheidungen der Regierung Blum vorweg (bzw. drängen ihr ihren Willen auf), besetzen die Fabriken und erreichen unmittelbar einen noch nie dagewesenen Zugewinn an sozialen Rechten. Die Arbeitgeber sind in Panik und glauben schon, die Herrschaft der Arbeiter sei gekommen.[47] »Alles ist möglich«, schreibt am 23. Mai 1936 Marceau Pivert, der Führer des linken Flügels der Sozialistischen Partei in einem Gastbeitrag für den *Populaire*.[48] Alles ist ganz bestimmt nicht möglich[49], aber irgend etwas hat sich substantiell geändert. Zum Beweis, eine Maßnahme, die einem zweitrangig vorkommen könnte, der jedoch eine außerordentliche Symbolwirkung zukommt, wenn man sie wieder in die Geschichte der »unwürdigen Lohnarbeit« einordnet: der bezahlte Urlaub. Für ein paar Tage im Jahr braucht der Arbeiter sein Leben nicht damit zu vergeuden, es sich verdienen zu müssen. Nichts von alledem tun, was man sonst tun muß, darin besteht die Freiheit, nur für sich selbst dazusein. Daß diese Möglichkeit ins Gesetzbuch geschrieben wird, bedeutet für den Arbeiter schon die Anerkennung eines Rechts, einfach existieren zu dürfen – d.h. so wie alle anderen auch, die Rentiers, »Bourgeois«, Aristokraten, Besitzenden, all diejenigen, die zumindest in der Vorstellungswelt des Arbeiters ihr Leben um seiner selbst und ihrer selbst willen genießen, und dies schon seit grauer Vorzeit.

Die Forderung nach Arbeitszeitverkürzung ist eine der ältesten und am leidenschaftlichsten verfolgten Forderungen der Arbeiter. Es scheint so, daß sich die frühen unerlaubten »Kabalen« der Handwerksgesellen eher an Fragen der Kontrolle über die Arbeitszeit als einer Erhöhung der Löhne entzündet hatten.[50] Die Revolution vom Februar 1848 bringt den Achtstundentag, der allerdings bald wieder zurückgenommen wird. Die Gewerkschaftsbewegung setzt die (1906 errungene) Sonntagsruhe und den Achtstundentag zu Beginn des Jahrhunderts ganz oben auf ihr Programm,

47 Vgl. in S. Weil, *la Condition ouvrière, Paris*, Gallimard, 1951, Brief an Auguste Deboeuf, S. 188–190 (dt. Übers. *Fabriktagebuch und andere Schriften zum Industriesystem*, Frankfurt am Main, Suhrkamp, 1978), die Belege für diese Reaktionen seitens der Arbeitgeber. Die Matignon-Abkommen werden vom Großteil der Unternehmerschaft als Diktat erlebt, und sie wird nicht eher ruhen, bis sie wieder zurückgenommen sind.

48 Zit. nach H. Noguères, *la Vie quotidienne en France au moment du Front populaire*, Paris, Hachette, 1977, S. 131.

49 Das ist die Antwort Maurice Thorez' in einer Rede vom 11. Juni 1936, die auch den Schlüssel für den häufig zitierten Satz: »Man muß einen Streik zu beenden wissen« gibt: »Man muß einen Streik zu beenden wissen, sobald man Genugtuung erhalten hat. Man muß sogar einem Kompromiß zustimmen können, wenn noch nicht alle Forderungen akzeptiert worden sind, wenn man aber den Sieg über die wesentlichsten Forderungen errungen hat. Alles ist nicht möglich« (zit. nach *ebd.*, S. 113); vgl. hinsichtlich der Positionen der Kommunistischen Partei, die gegenüber dem Willen der CGT und mancher Strömungen innerhalb der Sozialistischen Partei, strukturelle Reformen wie die Nationalisierungen und die Planwirtschaft voranzutreiben, einen Rückzieher macht, R. F. Kuisel, *le Capitalisme et l'État en France, op. cit.*, Kapitel IV.

50 Vgl. H. Hauser, *Ouvrier du temps jadis, op. cit.*

sie werden damit vielleicht zur einzigen Forderung für die Gewerkschafter der »direkten Aktion«, die nicht als »reformistisch« verschrien sind. Diese Forderungen sind das populärste Losungswort der kämpferischen 1. Mai-Veranstaltungen und finden sich auf allen Propagandaplakaten der CGT.[51] Doch in symbolischer Hinsicht mehr von Bedeutung als die Arbeitszeitverkürzung (die Vierzigstundenwoche wird im Juni 1936 errungen) und auch in einem tieferen Sinn befreiender als die durch Lohnerhöhungen[52] ermöglichte Teilhabe am Konsum, sorgt die Finanzierung von *Freizeit* für eine offizielle Anerkennung der Menschlichkeit des Arbeitnehmers und der Menschenwürde der Arbeit. Der Arbeiter ist auch ein Mensch, nicht nur ein ewiger Habenichts, und seine Arbeit ermöglicht ihm, indem sie aufhört, das unerbittliche Gesetz eines jeden Tages zu sein, diesen Aufstieg zu einem schlichten Dasein als Mensch an sich. Der bezahlte Urlaub ist über seine Eigenschaft als »soziale Errungenschaft« hinaus eine Kulturrevolution, denn er bedeutet einen Wandel des Lebens und der Lebensinhalte, und sei es nur für einige Tage im Jahr. Es scheint, daß die Zeitgenossen den bezahlten Urlaub so erlebten, zumindest diejenigen, die die Begeisterung dieser Augenblicke teilten – es gab nämlich genügend rechtschaffene Köpfe, die behaupteten, daß die Zeit der Schande gekommen sei, wenn man nun schon Faulenzerei bezahlt und die »Lumpen mit Schirmmütze« über die der feinen Gesellschaft vorbehaltenen Strände herfielen.[53]

Mißt man da nicht einer ansonsten eher bescheidenen Maßnahme, der Gewährung von ein paar Tagen bezahlten Urlaubs im Jahr, allzu große Bedeutung bei? Tatsächlich läßt sich diese Episode (die einzige »soziale Errungenschaft« von 1936, die nicht wieder zurückgenommen wurde) als Beispiel für die *schwebend* zu nennende und daher instabile Stellung der Arbeiterklasse in der Gesellschaft Ende der dreißiger Jahre anführen. Einerseits nähern sich ihre Lebensumstände nach einer langen Zeit der Quarantäne denen der Allgemeinheit an. Der bezahlte Urlaub symbolisiert die Annäherung zweier Lagen und zweier Lebensweisen, die wirklich nichts miteinander gemein hatten. In diesem winzigen Quentchen Zeit deckt sich das Arbeiterleben mit einer wesentlichen Eigenschaft der »bürgerlichen« Existenz, der Freiheit zu tun oder zu lassen, was man will, da sich der Würgegriff der Notwendigkeit des täglichen Überlebenskampfes etwas lockert. Ein paar Tage im Jahr *überschneiden sich* die Lebensumstände der Bürger mit denen der Arbeiter.

51 Das Beharren der Gewerkschaften auf der Forderung nach Arbeitszeitverkürzung hat einen zweifachen Grund: Man will dem Beschäftigten wieder zu seiner Würde verhelfen, indem man der Verblödung durch permanente Arbeit ein Ende macht, und zugleich die Arbeitslosigkeit durch eine Umverteilung der Arbeit auf eine größere Anzahl von Arbeitern bekämpft.

52 Die Matignon-Abkommen beinhalten eine sofortige Anhebung der Löhne zwischen 7 und 15%. Zwischen 1926 und 1939 ist der Reallohn (Anstieg der Lebenshaltungskosten und Inflation abgezogen) eines Pariser Facharbeiters um ungefähr 60% gestiegen. Vgl. F. Sellier, *les Salariés en France*, Paris, PUF, 1979, S. 67.

53 Vgl. H. Noguères, *la Vie quotidienne en France au temps du Front populaire, op. cit.*, der selbst von einer »Kulturrevolution« spricht und die Begeisterung der ersten Ferienreisen und die meist wohlwollenden Reaktionen der Presse angesichts der »Freudenzüge« beschreibt, die auf Betreiben Léo Lagranges organisiert wurden, um die Arbeiter und ihre Familien ans Meer zu fahren. Spitzfindig formulierte Verachtung beim Redakteur des *Figaro*: »Anschließend sitzt man genüßlich Würstchen essend auf dem Kies zu Fuße der historischen Promenade [es handelt sich um die Promenade des Anglais in Nizza] und planscht prustend und sich schüttelnd im Wasser... Die Zunahme der roten Züge an der Côte d'Azur ist voll im Gange, die Abnahme der blauen ebenso« (S. 156).

Zugleich besteht jedoch ein in der Unterordnung erlebter starker Partikularismus bei den Arbeitern fort, der einen Klassenantagonismus am Leben hält. Die von den kleinen Selbständigen, den Kaufleuten, vom gesamten nicht-lohnabhängigen Frankreich geteilte »bürgerliche« Feindseligkeit gegenüber dem bezahlten Urlaub zeugt vom Fortbestehen dieser Kluft. Diese Haltung reaktiviert beinahe unverhohlen die ewige Verachtung der besitzenden Klassen gegenüber dem untätigen Arbeiter, der nur deshalb nicht beschäftigt ist, weil er von einem moralischen Mangel behaftet ist und seine der Arbeit gestohlene Freiheit mit nichts anderem als mit Ausschweifungen, Nichtstun, Trinken und Lüsternheit verbringt. Für den Arbeiter gibt es keine andere mögliche Daseinsweise als die Arbeit: darin besteht keinerlei Tautologie, sondern ein von allen anständigen Leuten geteiltes moralisches wie gesellschaftliches Werturteil, das den Arbeiter auf die Rolle eines für immer über materielle Tätigkeiten Gebückten festnagelt.

Seitens der Arbeiter verrät die Haltung gegenüber dem bezahlten Urlaub ebenfalls den Fortbestand eines Gefühls gesellschaftlicher Abhängigkeit. Freizeit ja, aber »populäre« Freizeitgestaltung. Ein Stolz, wie die anderen zu sein, aber mit dem Bewußtsein, daß diese alles andere als selbstverständliche Freiheit an ein Wunder grenzt und man sie sich nun noch durch das Erlernen ihres richtigen Gebrauchs verdienen muß, was auch bedeuten kann, daß man erst einmal lernen muß, sich zu amüsieren. »Die Arbeiterklasse hat sich ihre Freizeit zu erkämpfen verstanden, nun muß sie auch noch den Umgang mit dieser Freizeit erlernen«, meint Léo Lagrange[54]. Die Organisation der Unterschichtenfreizeit, ein wichtiges und ureigenstes Betätigungsfeld der Volksfront, bringt die Sorge um eine Vermeidung inhaltslosen Müßiggangs zum Ausdruck. Darin äußert sich zugleich ein lebhaftes Bewußtsein des Klassenunterschieds und eine gewisse pragmatische Moral: Man muß sich seine Freizeit verdienen, man muß sie aber auch zu füllen wissen. Man muß sich von den müßiggängerischen Reichen, den Gesellschaftsparasiten, zu unterscheiden wissen. Kultur, Sport, Gesundheit, der Umgang mit der Natur, gesunde (und nicht geschlechtliche) Beziehungen unter den jungen Leuten usw. sollen die Zeit außerhalb der Arbeit füllen. Kein Leerlauf, die Freiheit ist weder Anarchie noch reiner Genuß. Man muß es besser als die Bürger machen und seine Freizeit »bearbeiten«.

In einem tieferen Sinne verweist diese kurze Zeit zerbrechlicher Freiheit auf ihre Kehrseite, den Fortbestand entfremdeter Arbeit, des Sockels, auf dem der gesellschaftliche Status der Arbeiterklasse errichtet ist. Die Arbeiter der Großindustrie haben die Rolle des Zugpferds für den Erhalt der sozialen Errungenschaften gespielt.[55] Nun sind aber die Arbeitsbedingungen in diesen besetzten Fabriken generell von der

54 Zit nach H. Noguères, *la Vie populaire en France au temps du Front populaire, op. cit.*, S. 188. Vgl. für eine Gesamtdarstellung des Werkes Léon Lagranges, des »beigeordneten Staatssekretärs für Sport und Freizeit«, J.-L. Chappat, *les Chemins de l'espoir: combats de Léo Lagrange*, Paris, Éditions des fédérations Léo-Lagrange, 1938.

55 Zu den ersten Fabrikbesetzungen kommt es in den metallverarbeitenden Betrieben und in den Fabriken der Luftfahrtindustrie, also an den »modernsten« Industriestandorten. Zu den Veränderungen innerhalb der Arbeiterbewegung seit Beginn der dreißiger Jahre, welche die Arbeiter der Großindustrie auf Kosten der den handwerklichen Traditionen verhafteten Sektoren und der staatlichen Beamten in den Vordergrund rückten, vgl. G. Noiriel, *les Ouvriers dans la société française, op. cit.*, Kapitel V. Zu den Wandlungserscheinungen innerhalb der eigentlichen CGT (die ja 1935 vereinigt wurde), vgl. A. Prost, *la CGT à l'époque du Front populaire, 1934–1939*, Paris, A. Colin, 1964.

»wissenschaftlichen Arbeitsorganisation« bzw. ihren Äquivalenten bestimmt: den Taktzahlen, der Zeitmessung, der beständigen Überwachung, der Gewinnbesessenheit, der Willkür der Unternehmer und der Verachtung seitens der direkten Vorgesetzten. Man muß nur einmal das Buch Simone Weils zur Hand nehmen: Es enthält bereits die gesamte, die Anfänge der Arbeitssoziologie prägende Thematik der »zerstückelten Arbeit«.[56] Diese Arbeitsstruktur ist jedoch nicht nur von den Erfordernissen der Produktionstechnik, der Arbeitsteilung, den hohen Taktzahlen bestimmt... Dafür verantwortlich ist auch ein *gesellschaftliches* Unterordnungs- und Enteignungsverhältnis, welches sich vermittelt über das technische Arbeitsverhältnis einstellt. Simone Weil spricht von diesem für die Situation des Arbeiters bei der Arbeit charakteristischen »Schraubstock der Unterordnung«.[57] Er bleibt auch auf rein ausführende Tätigkeiten beschränkt. Alles was mit Konzeption, Nachdenken, Phantasie zu tun hat, geht ihm ab. Nun läßt sich aber diese Abhängigkeitssituation, insoweit sie ja eine gesellschaftliche Situation und nicht nur ein technisches Arbeitsverhältnis darstellt, nicht einfach nach Feierabend in den Spind hängen. Ganz im Gegenteil begleitet sie den Arbeiter, wie Yves Montand in *Luna Park* singen wird, auch außerhalb der Fabrik. Freilich läßt sich mit Alain Touraine behaupten, daß »das Arbeiterbewußtsein stets auf ein doppeltes Erfordernis hin orientiert ist: Werke zu schaffen und sie gesellschaftlich als solche anerkennen zu lassen.«[58] Zur damaligen Zeit ist es jedoch zumeist nur ein unglückliches Bewußtsein, das Bewußtsein in der Arbeit wie außerhalb der Arbeit, daß es ein Ungleichgewicht gibt zwischen der Bedeutung der Rolle des Arbeitnehmers und Produzenten, der an der Quelle der gesellschaftlichen Wertschöpfung steht, und der Anerkennung oder viel mehr Nichtanerkennung, die ihm seitens der Gesellschaft zuteil wird. Genau dieser Zusammenhang zwischen einer abhängigen Situation am Arbeitsort und einer gesellschaftlich minderwertigen Position nährt das Geschick der Arbeiter: »Keinerlei Intimität verbindet die Arbeiter mit den Orten und Gegenständen, mit denen sie ihr Leben verausgaben, und die Fabrik macht aus ihnen in ihrem eigenen Land Fremde, Exilierte, Entwurzelte.«[59]

Dieser Widerspruch ist gewiß besonders deutlich an der Situation der Arbeiter in der Großindustrie ablesbar, die den modernen Formen der Rationalisierung der Arbeit ausgesetzt, innerhalb der Arbeiterklasse aber eine Minderheit sind.[60] Er treibt jedoch nur eine generelle Eigenschaft der Lage abhängiger Arbeit auf die Spitze: das Bewußtsein um die gesellschaftlich untergeordnete Rolle, die der manuellen Arbeit eigen ist. Die Konzeption der auf rein ausführende Tätigkeiten beschränkten Fabrikarbeit, die zwar unerläßlich ist, jedoch keinerlei gesellschaftliche Würde vermittelt, ist offenkundig und gilt für jede Form manueller Tätigkeit. Darin besteht die zentrale These der allerersten Untersuchung der Lage der Arbeiter mit wissenschaftlichem Anspruch:

56 Vgl. G. Friedmann, *le Travail en miettes*, Paris, Gallimard, 1963.
57 S. Weil, *la Condition ouvrière, op. cit.*, S. 242.
58 A. Touraine, *la Conscience ouvrière*, Paris, Le Seuil, 1966, S. 242.
59 S. Weil, *la Condition ouvrière, op. cit.*, S. 34.
60 1936 beschäftigen die 350 größten Unternehmen 90.000 Arbeiter (H. Noguères, *la Vie populaire en France au temps du Front populaire, op. cit.*, S. 97). Die Betriebe mit mehr als 500 Arbeitnehmern beschäftigen ungefähr ein Drittel der 5,5 Millionen Lohnabhängigen in der Industrie (vgl. F. Sellier, *les Salariés en France*, Paris, PUF, 1975).

»Die Situation des Arbeiters kontrastiert mit der des Angestellten, des Beamten, die wie er keinen Handel treiben, denen man aber mit der Arbeit zugleich auch die Dienstjahre, ihre geistigen und moralischen Qualitäten vergütet. [...] Bei der Arbeit des Fabrikarbeiters werden nur die mechanischen und quasi maschinellen Verrichtungen entlohnt, weil er sich jeglicher Eigeninitiative enthalten und zu einem zuverlässigen und an einfache oder komplexe, stets aber monotone Aufgaben angepaßten Werkzeug werden soll«.[61]

Der Arbeiter denkt nicht, das ist ja bekannt, und die entstehende Soziologie erbringt sogar den Beweis, daß er gar nicht denken kann. Darin besteht, wie wir noch sehen werden, der Leitgedanke des monumentalen Werks, das François Simiand 1932 der Lohnarbeiterschaft widmet.[62] Die Fabrikarbeit wird weiterhin als die technisch gesehen gröbste und gesellschaftlich würdeloseste unterste Schicht der Arbeit definiert.

Die Arbeiter teilen nicht notwendigerweise diese Ansicht über die Arbeit, welche die Denkgebäude der Soziologie und Ökonomie ebenso wie die Vorstellungen der herrschenden Klassen an den Tag legen. Die Arbeiterbewegung hatte es schon seit ihren Anfängen (das bildete schon das Leitmotiv der von Arbeitern zwischen 1840 und 1850 selbst redigierten und publizierten Zeitschrift *l'Atelier*) unternommen, die Würde der Handarbeit und ihre herausragende Bedeutung für die Gesellschaft als wahrhafter Schöpfer des Reichtums herauszustreichen. Später kommt es sogar zu einer Heroisierung mancher Arbeiterfiguren wie der des Metallers oder des Bergmanns als Verkörperung einer prometheischen Weltauffassung.[63] Dieses Lob der Arbeit vermag jedoch nicht das Gefühl für die Abhängigkeit der Arbeiter zu verdrängen. Gerade die Koexistenz einer Betonung der Würde und einer Enteignungserfahrung bildet ja den Ausgangspunkt für das Bewußtsein der Arbeiterklasse. Dieses ist im Konflikt entlang der kollektiven Bewußtwerdung des Umstands, der Früchte seiner Arbeit beraubt zu sein, geschmiedet worden. Die fordernde Haltung ergibt sich also nicht von selbst, ohne das Bewußtsein der Unterordnung. Das Gefühl der Abhängigkeit ist die treibende Kraft hinter dem Kampf um die Wiederaneignung der gesellschaftlichen Würde der durch die kapitalistische Produktionsweise »entfremdeten« Arbeit.

Der Platz, welcher der Lage der Arbeiter in der Gesellschaft der dreißiger Jahre zukommt, ließe sich also als eine *relative Integration* in der Unterordnung charakterisieren. Auf die Faktoren der Zugehörigkeit wurde schon hingewiesen: Sozialversicherungen, Arbeitsrecht, Lohnzuwächse, Möglichkeit des Massenkonsums, relative Teilhabe am Sozialeigentum und sogar an der Freizeit. Der gemeinsame Nenner dieser Errungenschaften besteht darin, daß sie durch die Herstellung einer gewissen Distanz bezüglich der unmittelbaren Not zur *Stabilisierung* der Lage der Arbeiter beigetragen haben. In diesem Sinne unterscheidet sich die Arbeiterlage klar von der proletarischen Lage zu Beginn der Industrialisierung, die durch eine allgegenwärtige Verwundbarkeit charakterisiert war. Und auch in diesem Sinne kann man von Integrati-

61 M. Halbwachs, *la Classe ouvrière et les niveaux de vie*, Paris, 1912, S. 121 und S. 118.

62 F. Simiand, *le Salaire, l'Évolution sociale et la monnaie*, 3 Bde., Paris, Alcan, 1932.

63 Vgl. als Prototyp dieser Literatur A. Stil, *le Mot mineur, camerade*, Paris, 1949.

on sprechen: Die Arbeiterklasse ist aus der Position faktischer Ausgrenzung am äußersten Rand der Gesellschaft repatriiert worden.

Dennoch fügt sich diese Repatriierung in einen Rahmen ein, der noch dualistische Züge an sich hat. Wohlgemerkt eine dualistische Gesellschaft, nicht eine duale. Eine duale Gesellschaft ist eine Ausgrenzungsgesellschaft, in der bestimmte Gruppen nichts haben und nichts sind, beinahe zumindest. In dem Modell, von dem ich hier spreche, koexistieren Brüche und gegenseitige Abhängigkeiten, dominieren Herrschaftsverhältnisse, die jedoch nicht Situationen entsprechen, in denen die Untergeordneten vollkommen dem Zufall ausgesetzt sind. Doch die Situation der *Unabhängigkeit in der Abhängigkeit* nährt das Gefühl eines globalen Interessengegensatzes zwischen Herrschenden und Untergebenen. Eine solche Sozialstruktur wird über die Bipolarität zwischen »denen« und »uns« erlebt, wie sie so schön von Richard Hoggart beschrieben wurde.[64] »Wir«, das sind keine Zombies, wir haben unsere Würde, unsere Rechte, unsere eigenen Solidaritäts- und Organisationsformen. Man möge uns Respekt entgegenbringen: Der Arbeiter ist kein Domestike, er ist keineswegs der Not ausgeliefert, genausowenig wie der Gnade und der Willkür eines Herrn. Stolz des Arbeiters, der sich stets lieber durchwursteln wird, um »gerade mal so über die Runden zu kommen«, als daß er um Hilfe bettelt: »Wir« verdienen uns unser Leben selbst. Aber »die«, das ist etwas ganz anderes. »Die« haben den Reichtum, die Macht, Zugang zur legitimen Kultur und einen Haufen Güter, die wir uns nicht einmal im Traum vorstellen können. »Die« sind anmaßend, Snobs, und man muß stets auf der Hut sein, wenn sie behaupten, nur unser Bestes zu wollen. Sie sind nämlich ausgekocht und imstande, immer die Fäden in der Hand zu behalten, die wir gleich gar nicht zu fassen kriegen.

Das Bewußtsein dieser Kluft wird von der Erfahrung am Leben gehalten, welche die Arbeiterklasse in den Hauptbereichen des gesellschaftlichen Lebens wie Konsum, Wohnverhältnisse, Bildung, Arbeit macht. Der Konsum beschränkt sich, wie gesagt, nicht auf die Befriedigung der lebensnotwendigen Bedürfnisse, und der Arbeiterklasse eröffnen sich die Möglichkeiten des »Massenkonsums«. Der für Lebensmittel aufgewandte Anteil an den Budgets der Arbeiter beträgt in den dreißiger Jahren jedoch noch 60% (1856 lag er bei über 70% und 1890 bei 65%[65]). Maurice Halbwachs hat wie Veblen die anthropologischen Auswirkungen des Abzugs eines überwiegenden Budgetanteils für Lebensmittelausgaben aufgezeigt: Die Teilhabe am gesellschaftlichen Leben ist aufgrund des niedrigen Niveaus derjenigen Ausgaben, deren Zweck nicht in der biologischen Reproduktion liegt, beschnitten.[66] Seine Analysen stammen aus dem Jahr 1912, doch hat sich die Situation 25 Jahre später noch nicht grundlegend geändert: Vom Ende des 19. bis in die dreißiger Jahre des 20. Jahrhunderts hat der Anteil an den Haushaltsbudgets der Arbeiter, der nicht für Lebensmittel ausgegeben werden mußte, nur um fünf Prozentpunkte zugenommen.

64 R. Hoggart, *The Uses of literacy. Aspects of working-class life, with special references to publications and entertainments*, London, Chatto Windus, 1959.

65 R. Boyer, »Les salaires en longue période«, *Économie et statistique*, n° 103, September 1978, S. 45. Erst gegen Ende der fünfziger Jahre sinkt der Lebensmittelanteil an den Haushaltsbudgets der Arbeiter unter 50%.

66 M. Halbwachs, *la Classe ouvrière et les niveaux de vie, op. cit.*; vgl. T. Veblen, *The Theory of the Leisure Class*, London, 1924 (dt. Übers. *Theorie der feinen Leute. Eine ökonomische Untersuchung der Institutionen*, Frankfurt am Main, Fischer, 1986).

Die Wohnverhältnisse der Unterschichten entsprechen nicht mehr unbedingt dieser »Wohnhölle«, von der Michel Verret für das 19. Jahrhundert spricht, überfüllte und der Gesundheit abträgliche Wohnungen sind aber noch das Los der Mehrzahl der Arbeiter. Für Paris zeigt eine Erhebung von 1926, daß jeder vierte Bewohner über weniger als ein halbes Zimmer verfügt und daß die fürchterlichen »garnis«, möblierte Zimmerchen, noch 320.000 Personen beherbergen. Die Situation verbessert sich in der Folgezeit kaum. In Frankreich baut man gegen Ende der dreißiger Jahre gerade mal 70.000 Wohnungen pro Jahr gegenüber 250.000 in Deutschland.[67] Die Urbanität der »cités-jardins«, der Gartenstädte, bleibt auf wenige sozialistische oder radikale Gemeinden begrenzt, und Experimente vom Typ der »Cité radieuse« nach Art Le Corbusiers bleiben die absolute Ausnahme. Es sind zudem eher die Angestellten und die sich bildenden Mittelklassen denn die Arbeiter, die in ihren Genuß kommen.[68]

Die kostenlose Sekundarschulbildung wird erst 1931 erreicht. Die Schülerzahlen dieses Schultyps sind zwischen 1880 und 1930 mit durchschnittlich 110.000 Schülern konstant geblieben.[69] Das bedeutet nichts anderes, als daß die Kinder aus den Unterschichten auf den Primarschulbereich beschränkt bleiben. Die »Gefahr« einer zu weit gehenden Schulbildung, welche angeblich die Unterschichten »entwurzelt«, ist ein ständiges Thema der zeitgenössischen Literatur.[70] Jean Zay, Minister während der Volksfront, dehnt die Schulpflicht auf das Alter von vierzehn Jahren aus und versucht eine Orientierungsklasse und einen gemeinsamen Grundlehrplan für alle Schüler durchzusetzen. Jedoch sollte die (relative) Demokratisierung des Bildungswesens noch bis in die fünfziger Jahre auf sich warten lassen.

Auf die Abhängigkeit der Arbeiter an ihrem Arbeitsplatz sind wir ja schon näher eingegangen. Doch zudem bleibt auch der Arbeitsmarkt bis in die dreißiger Jahre hinein von einer mit Unsicherheit behafteten Mobilität beherrscht, stets droht die Entlassung, gegen die das Arbeitsrecht keinerlei Schutz bietet. Sehr häufig kommt es nur zu Einstellungen für eine bestimmte Tätigkeit für eine Stunde oder einen Tag. Meist gibt es weder einen schriftlichen Vertrag noch eine Vorvereinbarung über die Dauer der Anstellung. Der Arbeiter »läßt sich auszahlen« oder der Arbeitgeber »entläßt« ihn, einer wie der andere mit erstaunlicher Leichtigkeit.[71] Und selbstverständlich droht auch die Arbeitslosigkeit, welche die Krise zu Beginn der dreißiger Jahre gerade wieder hat aufleben lassen. Die Einwanderer bekommen sie mit voller Wucht zu spüren: 600.000 von fast 2 Millionen Einwanderern, die sich vor kurzem infolge des durch den Ersten Weltkrieg verursachten demographischen Aderlasses in Frankreich niedergelassen haben, werden abgeschoben. Doch auch die Einheimischen bleiben nicht verschont. 1936 zählt man bei Erhebungen eine Million Arbeitslose.[72] Die

67 Vgl. J.-P. Flamand, *Loger le peuple. Essai sur l'histoire du logement social*, Paris, La Découverte, 1989.
68 L. Haudeville, *Pour une civilisation de l'habitat*, Paris, Éditions ouvrières, 1969.
69 Vgl. A. Prost, *Histoire de l'enseignement en France, 1880–1967*, Paris, A. Colin, 1968.
70 M. Barrès, *les Déracinés*, Paris, 1897.
71 Vgl. R. Salais, »La formation du chômage comme catégorie«, *loc. cit.* Als autobiographisches Zeugnis für das Arbeiterleben dieser Zeit, vgl. R. Michaud, *J'avais vingt ans*, Paris, Éditions syndicalistes, 1967, der das Fortbestehen der beruflichen Mobilität und des »labilen« Charakters des Verhältnisses zum Arbeitgeber aufzeigt.
72 Vgl. J.-J. Carré, P. Dubois, E. Malinvaud, *la Croissance française*, Paris, Le Seuil, 1972. Die Arbeitslosen stellen damals 8,5% der Lohnabhängigen und 4,5% der Erwerbsbevölkerung dar (F. Sellier, *les Salariés en France*, Paris, PUF, 1979, S. 87).

Phase der Volksfront ist auch eine Zeit wirtschaftlicher und sozialer Instabilität, auf die wenig später das Drama der Niederlage folgen wird.

Schließlich erweist sich die Pflichtversicherung, wie wir schon ausführlich dargestellt haben, als entscheidend für das Zurückdrängen der Verwundbarkeit unter den Arbeitern. In den dreißiger Jahren fängt sie jedoch gerade erst an, ihre ersten Wirkungen zu zeitigen. Die Renten der Arbeiter sind lächerlich, und aufgrund der Anwartschaftsdauer und der Sterblichkeit der Arbeitnehmer gibt es nur eine Million Leistungsempfänger.[73] In eben diesen dreißiger Jahren ist die Zahl der alten Arbeiter, die von der Fürsorge leben müssen, ebenso hoch wie die Zahl derer, die in den Genuß von Leistungsansprüchen kommen.[74]

Die Nebeneinanderstellung dieser Merkmale steht für den Fortbestand einer stark ausgeprägten Sonderstellung der Arbeiter. Konsumniveau, Bildungsniveau, Lebensweisen, Verhältnis zur Arbeit, Grad der Teilhabe am gesellschaftlichen Leben und geteilte Werte vermitteln den Eindruck einer spezifischen Konfiguration, welche die Lage der Arbeiter als soziale Klasse konstituiert. Sie ist nicht diese »unstet herumtreibende Kaste [...], die sich über die Nation ergießt«, von der Lamartine in der Frühphase der Industrialisierung spricht (vgl. Kapitel V). Doch »die gesellschaftliche und kulturelle Isolation der Arbeiter bleibt groß genug, damit die Klassenverhältnisse zwischen den sozialen Einheiten, welche noch reale Gruppen konstituieren, zur Geltung kommen.«[75] Gewiß muß man sich vor den nostalgisch gefärbten Auffassungen des Arbeiterlebens mit seinen Solidaritäten und seiner Moral, seinen einfachen Freuden und seiner intensiven Geselligkeit in Acht nehmen. Nichtsdestoweniger erscheint die Welt der Arbeiter, sowohl was ihren untergeordneten Platz innerhalb der gesellschaftlichen Hierarchie als auch ihren internen Zusammenhalt anbelangt, ebensosehr als ein Teil der Nation wie um eigenständige Ziele und Interessen organisiert.

Diese Situation zeigt, wie instabil das für die dreißiger Jahre prägende und bis in die fünfziger Jahre hinein vorherrschende Integrationsmodell bleibt. Ist die Arbeiterklasse ihrer Rechte nicht zu bewußt – allzu begierig, werden ihre Gegner sagen – geworden, allzu kämpferisch auch, als daß ihre Abhängigkeit noch fortbesteht? Diese ungewisse Konjunktur könnte in zwei Möglichkeiten eines grundlegenden Wandels einmünden: Weiterverfolgung des Ziels »sozialer Errungenschaften«, wodurch sich der Abstand zwischen »denen« und »uns« zunehmend verringert, oder Machtergreifung durch die organisierte Arbeiterklasse. Vereinfachend gesagt also: Reform oder Revolution. So könnte die Neuformulierung der sozialen Frage gegen Ende der dreißiger Jahre aussehen.

Es handelt sich hier nicht so sehr um zwei antagonistische Formeln als um zwei Optionen, die sich aus ein und demselben Sockel von Praktiken, aus ein und derselben Lage ergeben. Die Arbeiterklasse befindet sich nicht mehr in einem Zustand, in dem sie »nichts als ihre Ketten zu verlieren« hätte. Daher die Konsolidierung »eines positiven Prinzips von zu verteidigenden und zu erreichenden Zielen« in der Arbei-

73 Vgl. A. Prost, »Jalons pour une histoire des retraites et des retraités«, *loc. cit.*
74 A.-M. Guillemard, *le Déclin du social*, Paris, Le Seuil, 1986.
75 A. Touraine, *la Conscience ouvrière*, *op. cit.*, S. 215.

terklasse.[76] Dieser Realismus läuft auf eine Konsolidierung des Reformismus hinaus, der sich ja insoweit schon unter Beweis gestellt hat, als bedeutende soziale Errungenschaften erreicht worden sind. Er impliziert jedoch nicht notwendigerweise das Ende messianischer Erwartungen seitens der Arbeiter. Im kollektiven Gedächtnis der Arbeiterbewegung kommt dem Jahr 1936 neben 1848 und der Pariser Kommune ein Platz unter diesen Schlüsselmomenten zu, in denen sich die Möglichkeit einer alternativen Organisation der Gesellschaft abzeichnete. Die »Generation«, die sich 1936 erhoben hat, wird die Zeit der Besetzung Frankreichs durch die Deutschen in der Résistance durchmachen und als Kern einer klassenkämpferischen Haltung, besonders innerhalb der CGT, die harten sozialen Kämpfe nach der Befreiung ausfechten.[77]

Zumal es auf der anderen Seite nicht an Feinden mangelt. Den anderen Zweig der Alternative stellt die faschistische Bedrohung und ein konservatives Frankreich dar, das wie 1848 oder 1871 nur darauf wartet, Rache zu nehmen. Man braucht nur die zeitgenössische Presse zu überfliegen, um festzustellen, wie sehr das eine Zeit verschärfter politischer und sozialer Antagonismen war. Nach dem 5. Mai 1936 sucht etwa Henri Béraud in *Gringoire* die Angst des Durchschnittsfranzosen gegen die Bedrohung der Roten zu mobilisieren: »Du liebtest dein Gärtchen, mein Bester, dein Café, deine Freunde, dein kleines Auto, deinen Wahlzettel, deine Zeitungen mit den bunten Satiren und vermischten Nachrichten. Und nun, lieber Freund, wirst du all dem Adieu sagen«.[78] Und auf der entgegengesetzten Seite, als zu Beginn des Jahres 1938 die Niederlage der Volksfront auf politischer Ebene schon so gut wie besiegelt ist, schreibt Paul Faure in *le Populaire*, dem offiziellen Parteiorgan der Sozialistischen Partei: »Den Klassenkampf leugnen, hieße das Tageslicht leugnen.«[79]

Die Auflösung

Dennoch ist die Arbeiterklasse nicht in einem frontalen Kampf besiegt worden wie beispielsweise die Pariser Arbeiter im Juni 1848. Es gäbe gewiß einiges über die Peripetien der Besatzungszeit und über die Beteiligung eines Teils der Arbeiterklasse an der Résistance, den aufstandsartigen Streiks 1947 und den Kämpfen gegen den »amerikanischen Imperialismus« zu sagen; genauso zu der Verbissenheit, mit der die CGT und die Kommunistische Partei zumindest verbal eine revolutionäre Haltung bewahrten. Das sind Episoden einer gesellschaftlichen Konfrontation, wie sie sich in den dreißiger Jahren herauskristallisiert hat und bis in die sechziger Jahre hinein lebendig bleiben wird. Die radikal oppositionelle Haltung erodiert jedoch zunehmend, da sie ungeachtet der politischen Veränderungen von einer Transformation soziologischer Natur unterminiert wird. Die Arbeiterklasse hat ihre Vorreiterrolle, die sie im Zuge der Durchsetzung der Lohnarbeit innehatte, eingebüßt. Will man die sich von den dreißiger bis in die siebziger Jahre hinziehende Wandlung vereinfachend darstellen, kann man sagen, daß die »Sonderstellung der Arbeiter« nicht abgeschafft wurde,

76 *Ebd.*, S. 353.
77 G. Noiriel, *les Ouvriers dans la société française, op. cit.*, Kapitel VI.
78 Zit. nach P. Reynaud, *Mémoires*, Bd. II, Paris, Flammarion, 1963, S. 51.
79 *Ebd.*, S. 151

sondern aufgehört hatte, die Rolle des »Magneten«[80] zu spielen, die ihr während der Entstehung der Industriegesellschaft zugefallen war. Die Lohnarbeiterschaft ist buchstäblich der ihr von der Arbeiterbewegung übertragenen geschichtlichen Möglichkeiten verlustig gegangen. Die Lage der Arbeiter hat keine andere Gesellschaftsform aus sich heraus hervorgebracht, sie hat sich lediglich in einen untergeordneten Platz in der Lohnarbeitsgesellschaft gefügt. Was sind das für Prozesse, entlang derer sich eine solche Wandlung vollziehen konnte?

Die weitgehende Synonymie der Begriffe »Lohnabhänge« und »Lohnarbeiter« leuchtet bis zum Beginn der dreißiger Jahre ein. François Simiand übernimmt sie völlig selbstverständlich in seinem Werk von 1932, das den Anspruch erhebt, das grundlegende Werk über den Lohn zu sein:

> *»Die Bezeichnung Lohn scheint im gängigen Sprachgebrauch allgemein und zugleich spezifisch nur auf die von den Knechten in der Landwirtschaft und von den Angestellten im Handel, in der Industrie und auch in der Landwirtschaft, den Abteilungsleitern, Betriebsleitern, Ingenieuren, Direktoren aller Art unterschiedene Kategorie der Arbeiter Anwendung zu finden.«*[81]

Einzig die Arbeiterklasse erbringt nämlich »eine reine Arbeitsleistung«, die »einen eigenen ökonomischen Rahmen darstellt.«[82] Doch was ist eine »reine Arbeitsleistung«? Eine rein manuell ausgeführte Arbeit, das sicherlich, aber es gibt ja auch die Arbeit an Maschinen, und Simiand muß eine Präzisierung hinzufügen: Der Arbeiter vermietet »eine manuelle Arbeit bzw. eine Arbeit, deren manueller Anteil wesentlich ist.«[83] Das ist auch eine rein ausführende Arbeit, doch verrichten nicht auch die Angestellten rein exekutive Tätigkeiten? Simiand fügt eine weitere Berichtigung hinzu, die seine Verlegenheit verrät: Der Angestellte »vermietet eine nicht-manuelle Arbeit bzw. eine Arbeit, deren materielle Leistung nicht wesentlich ist«.[84] Und wie steht es mit den Abteilungsleitern, Ingenieuren, Direktoren, die nicht die Eigentümer ihres Unternehmens sind? Sie liefern auch ausschließlich eine »Arbeitsleistung«. Warum also soll man ihnen den Status als Lohnabhängige des Betriebs verweigern? Für Simiand jedoch kommt das nicht in Frage.

In Wirklichkeit vertritt Simiand eine defensive und schon fast überholte Position, die auf das Gesellschaftsmodell der beginnenden Industrialisierung verweist, in dem Material verarbeitende Tätigkeiten noch vorherrschend waren. Nun ist der Differenzierungsprozeß der Lohnarbeit in den dreißiger Jahren freilich schon voll im Gange.

80 Ich übernehme den Begriff des »Magneten« Luc Boltanski, *les Cadres, la formation d'un groupe social*, Paris, Éditions de Minuit, 1982, S. 152 (dt. Übers. *Die Führungskräfte. Die Entstehung einer sozialen Gruppe*, Frankfurt am Main, New York, Campus, 1990, hier S. 108), der damit die von einer gesellschaftlichen Gruppe bei der Neuorganisation eines Berufsgruppenfeldes gespielte beherrschende Rolle bezeichnet. Es ließe sich vertreten, daß die Lohnarbeiterschaft zunächst diese Rolle bei der Strukturierung der Lohnabhängigkeit gespielt hatte, bevor sie von einer aus Angestellten und Mittelklassen bestehenden Formation von Lohnabhängigen verdrängt wurde.

81 F. Simiand, *le Salaire, l'évolution sociale et la monnaie, op. cit.*, 1. Bd., S. 151. Deshalb muß die Bezahlung anderer Arbeitsformen auch andere Bezeichnungen tragen: »Dienstlohn«, »Besoldung«, »Gehalt«, »Bezüge«, »Vergütungen« usw., jedoch nicht »Lohn«.

82 *Ebd.*, S. 173.

83 *Ebd.*, S. 171.

84 *Ebd.*, S. 171.

Er relativiert zunehmend das Gewicht der Lohnarbeiterschaft und dadurch auch dasjenige der Arbeiterlage innerhalb der Organisation der Arbeit. Wir werden die Richtung dieser Transformationen bis 1975 herausarbeiten, dem Jahr, das sich zur Kennzeichnung der Apotheose der Lohnarbeitsgesellschaft geradezu anbietet.[85]

Wir beobachten zunächst ein massives Anwachsen des Anteils der abhängig Beschäftigten an der Erwerbsbevölkerung. Er macht 1939 etwas weniger als die Hälfte (49%), 1975 fast 83% aus. Wenn man die Landarbeiter dazu nimmt, ist die Zahl der Beschäftigten, die manuelle Tätigkeiten verrichten, in absoluten Zahlen von 9.700.000 auf 8.600.000 gesunken; dagegen hat die Anzahl der nicht in der Landwirtschaft beschäftigten Arbeiter von 7.600.000 auf 8.200.000 leicht zugenommen. Doch die wesentliche Veränderung in der Zusammensetzung der Erwerbsbevölkerung besteht in der Zunahme der *Lohnabhängigen, die keine Arbeiter sind.* Ihre Anzahl lag 1931 bei 2,7 Millionen, 1974 sind es schon 7,9 Millionen. Sie hat also beinahe die der Arbeiter erreicht (und seitdem weit überholt). Ansehnlich sind aber auch die Wandlungen *innerhalb* der Gruppe. Wenn die Daten auch keine Vergleiche mit absoluter Genauigkeit zulassen (man zählt damals ungefähr 125.000 »Experten und Techniker«, die Kategorien der »*cadres moyens*« und »*cadres supérieurs*«[86] gab es in den dreißiger Jahren ja noch nicht), so kommt man zu dem Ergebnis, daß die große Mehrzahl der Lohnabhängigen unter Ausschluß der Arbeiter kleine Angestellte im öffentlichen und privaten Sektor waren, deren Status, auch wenn er höher als derjenige der Arbeiter eingestuft wurde, im allgemeinen doch recht bescheiden war. 1975 stellen die »einfachen Angestellten« jedoch weniger als die Hälfte der Beschäftigten abzüglich der Arbeiter dar, gegenüber 2.700.000 »cadres moyens« und 1.380.000 »cadres supérieurs«: Die Beschäftigtengruppen, die auf der Leiter weiter oben stehen, haben also zahlenmäßig wie prozentual den größten Anstieg erfahren.[87]

Die von den Statistiken erfaßten Wandlungen spiegeln also eine grundsätzliche Transformation der Sozialstruktur wider. Auch wenn die Arbeiterschaft unter den abhängig Beschäftigten zahlenmäßig beinahe konstant geblieben ist, ist doch ihre Stellung innerhalb der Sozialstruktur grundsätzlich *gesunken*. Zunächst einmal, weil die Arbeiterklasse sozusagen die Schicht der Lohnabhängigen, die hinsichtlich ihres sozialen Status', Lohns und ihrer Lebensbedingungen unter ihr lag, verloren hat. Die Landarbeiter repräsentieren zu Beginn der dreißiger Jahre noch ein Viertel der manuelle Tätigkeiten verrichtenden Beschäftigten (1876 war das noch mehr als die Hälf-

85 Man datiert im allgemeinen auf das Jahr 1973 die »Krise«, seit der es mit der Lohnarbeiterlage bergab geht. Doch abgesehen davon, daß es eine gewisse Zeit dauert, bis sich ihre ersten Auswirkungen zeigen (so steigt die Arbeitslosenrate erst 1976 signifikant an), stellt 1975 einen bequemes Datum dar, da zahlreiche statistische Erhebungen dieses Jahr als einen Moment des Übergangs hervorheben. Es läßt sich ebenso feststellen, daß die Arbeiterschaft in Frankreich 1975 zahlenmäßig ihren Höchststand erreicht. Seitdem sinkt ihre Zahl kontinuierlich.

86 Vgl. Fußnote 3 auf S. 284.

87 Die hier und auf den folgenden Seiten verwendeten Daten entstammen, wenn nicht anders angegeben: L. Thévenot, »Les catégories sociales en 1975. L'extension du salariat«, *Économie et statistique*, n° 91, Juli–August 1977; C. Baudelot, A. Lebaube, »Les salaires de 1950 à 1975«, *Économie et statistique*, n° 113, Juli–August 1979; F. Sellier, *les Salariés en France*, Paris, PUF, 1979; M. Verret, *le Travail ouvrier*, Paris, A. Colin, 1988; F. Sellier, »Les salariés, croissance et diversité«, und M. Verret, »Classe ouvrière, conscience ouvrière«, in: J.-D. Reynaud, Y. Graffmeyer, *Français, qui êtes-vous?*, Paris, La Documentation française, 1981. Mangels einer einheitlichen Datenlage kann das Referenzdatum für die dreißiger Jahre zwischen 1931 und 1936 variieren, die Auswirkungen dieser Disparität auf die allgemeine Zunahme sind aber minimal.

te). 1975 sind sie praktisch von der Bildfläche verschwunden (375.000). Die Arbeiterklasse bildet von nun an den Unterbau der Beschäftigtenpyramide – und damit auch der Gesellschaftspyramide.[88] Dagegen hat sich oberhalb von ihr nicht nur eine Angestelltenschaft entwickelt, die einer verbreiteten Bezeichnung zufolge größtenteils nur ein »Proletariat mit weißem Kragen«[89] ist, sondern vor allem auch eine Kategorie »bürgerlicher« Lohnabhängigkeit. Die Arbeiterschaft läuft also erneut Gefahr, sich in einer ständig in Ausdehnung befindlichen Konzeption der Lohnabhängigkeit zu versinken und von den stetig zunehmenden Formen abhängiger Beschäftigung, die stets höher rangieren als sie selbst, erdrückt zu werden. Jedenfalls hat sie die Rolle als »Magnet«, die sie bei der Entstehung der Lohnarbeit hat spielen können, verloren.

Die Untersuchung des Aufstiegs der Lohnabhängigkeit von den dreißiger bis in die siebziger Jahre bestätigt diese fortschreitende Absetzung der Arbeiterklasse. Luc Boltanski hat die Schwierigkeiten aufgezeigt, welche die einer Logik der Distinktion gehorchende Durchsetzung einer Gruppe »bürgerlicher Lohnabhängiger« begleitete, die ihr Anderssein unter Bezugnahme auf die Eigenschaften der in Lohn stehenden Arbeiterschaft betonte. Bei dieser Gelegenheit spielte sich eine weitere Episode des Gegensatzes zwischen Lohnarbeit und Vermögen ab, die schon das 19. Jahrhundert anläßlich der Diskussionen um die Pflichtversicherung geprägt hatte. Das Gewicht der Tradition macht es schwierig, sich respektable Positionen vorzustellen, die nicht auf Eigentum oder dem sozialen Kapital beruhen, das »Ämtern« oder den freien Berufen anhaftendet. Es werden erstaunliche Anstrengungen unternommen, um die Respektabilität der neuartigen Positionen abhängiger Beschäftigung auf einem »Patrimonium von Werten« zu gründen, »die in Wirklichkeit die Werte der Mittelklassen sind, nämlich Initiativgeist, Sparsamkeit, Erbe, ein bescheidener Wohlstand, ein Leben in Nüchternheit, Ansehen«.[90] Die Lage wird um so verwirrender, je zahlreicher diese höher rangierenden Lohnabhängigenpositionen vor allem von Söhnen vermögender Familien besetzt werden. Beziehen sie ihre Achtbarkeit aus ihrem Beruf oder aus ihrem Erbe? Die beiden Dimensionen sind schwer auseinanderzuhalten. Hier eine Illustration für die Stärke der traditionellen Hindernisse, sich eine eigene

88 Die Zunahme der Beschäftigten in der Industrie nährt sich hauptsächlich aus zwei Quellen, dem Rückgang der selbständigen Berufe und der Landflucht. Zu diesem letzten Punkt vgl. F. Sellier, *les Salariés en France, op. cit.*, S. 10ff., der einen starken Widerstand seitens der bäuerlichen Bevölkerung gegen die Anziehungskraft der Stadt und der Industrie behauptet (1946 ist die in der Landwirtschaft tätige Bevölkerung praktisch immer noch so groß wie 1866). Daraus ergibt sich, daß es eher die Landarbeiter als die Inhaber von landwirtschaftlichen Betrieben sind, die das Land verlassen, eher die Kinder als die Erwachsenen, jedoch eher die Kinder der Lohnabhängigen als die Kinder der Landwirte selbst. Daher hat für diese Landarbeiter und ihre Kinder der Übergang in die Arbeiterklasse lange Zeit einen relativen sozialen Aufstieg bedeuten können. Doch als diese Rekrutierungsquelle versiegt, wird die Arbeiterlage zur allerletzten Position, zu einer Position, in der man bleibt, wenn man nicht »aufsteigen« kann, bzw. in die man durch absteigende Mobilität fällt.

89 Die Welt der Angestellten wird vor allem nach dem Ersten Weltkrieg von der Rationalisierung der Arbeit erfaßt: Die Büroarbeit wird mechanisiert (die Schreibmaschine hält zu Beginn des Jahrhunderts Einzug), zudem spezialisiert, kollektiviert und verweiblicht sie sich zunehmend, was stets einen Verlust an sozialem Status bedeutet. Wie viele Arbeiter verliert auch der Angestellte in großen Kaufhäusern oder Fabrikbüros seine Vielseitigkeit, wie sie dem klassischen Angestellten vom Typ des Notariatsschreibers, einer Art Auftragsnehmer seines Arbeitgebers, eigen war.

90 Abbé J. Lecordier, *les Classes moyennes en marche*, Paris, 1950, S. 382, zit. nach L. Boltanski, *les Cadres, op. cit.*, S. 101, der auf den »altmodischen« Charakter dieses Textes von 1950 hinweist, der die gleiche Tonlage wie die Literatur der dreißiger Jahre anschlägt, in der die Realität einer »Mittelklasse« gerechtfertigt werden sollte (So auch A. Desqueyrat, *Classes moyennes françaises, crise, programme, organisation*, Paris, 1939).

»bürgerliche« Lohnabhängigkeit vorstellen zu können: 1937 verweigert der Kassationsgerichtshof einem Arzt die Anerkennung als Opfer eines Arbeitsunfalls: Ein Spezialist kann in keinem Subordinationsverhältnis zu einem Chefarzt eines Krankenhauses stehen. Dieser während seines Dienstes verunglückte Arzt gilt in der öffentlichen Einrichtung, bei der er angestellt war, nicht als »Lohnabhängiger«.[91]

Es ist bezeichnend, daß die erste »achtbare« Berufsgruppe, welche die Bezeichnung Lohnabhängige für sich einfordert, diejenige der Ingenieure ist, ebenso, daß diese Initiative im Jahr 1936 ergriffen wird: das *Syndicat des ingénieurs salariés*, die Gewerkschaft der abhängig beschäftigten Ingenieure, wird am 13. Juni 1936 gegründet.[92] Damit wird eine »mittlere« Position zwischen den Arbeitgebern und den Arbeitern behauptet, man möchte natürlich auch in den Genuß der von den Arbeitern errungenen Sozialleistungen kommen, sich jedoch gleichzeitig von ihnen abgrenzen. Jedenfalls wird diese Haltung nach dem Krieg mit absoluter Deutlichkeit geäußert werden. Die *Confédération générale des cadres* (Allgemeiner Verband der *cadres*) wird einen bedeutenden Teil ihrer Aktivitäten darauf verwenden, eine Erweiterung der Lohnhierarchie und ein Sonderrentensystem zu fordern, das jegliches Verwechslungsrisiko mit »den Arbeitermassen« zu vermeiden trachtet.

Die Ingenieure haben sicherlich die Speerspitze bei der Entstehung einer »bürgerlichen« Lohnarbeiterschaft gebildet, sie repräsentieren jedoch bei weitem nicht die Gesamtheit der *cadres* der Industrie. Seit ihrer Gründung 1944 rekrutiert die *Confédération générale des cadres* ihre Mitglieder auf sehr breiter Basis. Sie definiert als *cadre* jeden in einem öffentlichen oder privaten Unternehmen Beschäftigten, der auch nur mit einem Quentchen Verantwortlichkeit ausgestattet ist, was auch die Meister miteinschließt. Die typischen Arbeitergewerkschaften sind ihrerseits gezwungen, besondere Strukturen zur Aufnahme von »Ingenieuren und *cadres*« zu schaffen, die CFTC 1944 (mit der *Fédération française des syndicats d'ingenieurs et cadres*), die CGT 1948 (mit der *Union générale des ingenieurs et cadres*).[93]

Parallel zu dieser Transformation der Beschäftigungsstruktur der Unternehmen bildet die Entwicklung von »tertiären« Tätigkeiten den Ausgangspunkt einer raschen Zunahme der Zahl von Lohnabhängigen jenseits der Arbeiterschaft. Es kommt zu einem Anstieg der Dienstleistungen im Handel, in den Banken, den Verwaltungen der Gebietskörperschaften und des Staates (allein die *Éducation Nationale*, das Nationale Bildungs- und Erziehungswesen, zählt 1975 mehr als 1 Million Beamte) sowie zur Öffnung neuer Tätigkeitsfelder wie dem Kommunikationsbereich, der Werbung usw.[94] Der größte Teil dieser Tätigkeiten sind unselbständige Tätigkeiten. Die meisten von ihnen stehen, was Lohn oder Prestige anbelangt, über der Lohnarbeiter-

91 Zit. nach L. Boltanski, *op. cit.*, S. 107 (dt. Übers., *Die Führungskräfte, op. cit.*, S. 78).

92 *Ebd.*, S. 106 (dt. Übers., *ebd.*, S. 77).

93 *Ebd.*, S. 239 f. (dt. Übers., *ebd.*, S. 190 ff.).

94 Die Unterscheidung zwischen primären (landwirtschaftlichen), sekundären (industriellen) und tertiären (Dienstleistungs-) Tätigkeiten wurde von C. Clarke, *The Conditions of Economic Progress*, London, Macmillan, 1940, eingeführt und in Frankreich durch das Werk Jean Fourastiés popularisiert. Die wirtschaftliche und soziale Entwicklung schlägt sich in der Entwicklung tertiärer Aktivitäten nieder. Doch außerhalb des kommerziellen und administrativen tertiären Bereichs läßt sich auch ein »industrieller« tertiärer Bereich ausmachen, der mehr und mehr an Bedeutung gewinnt. Es handelt sich um Tätigkeitskategorien des industriellen Sektors, die nicht direkt produktiv sind, etwa Schreibkräfte, Buchhalter usw.

schaft. 1951 zeichnet Michel Collinet das Bild einer bereits hochkomplexen »lohnabhängigen Mittelklasse«, welche bestimmte Angestellte, die mittleren Beamten, die Abteilungsleiter, die *cadres*, Industriemeister, Techniker, Ingenieure usw. umfaßt.[95]

Die Arbeiterlage wird nicht nur umgangen und von einer immer breiteren Palette von lohnabhängigen Tätigkeitsbereichen überragt, auch ihre interne Zusammensetzung wird in Mitleidenschaft gezogen. 1975 zählt man ungefähr 40% Facharbeiter, 40% angelernte und 20% ungelernte Arbeiter. Der Frauenanteil ist auf 22,9% der Arbeiterschaft, vor allem in den unterqualifizierten Tätigkeitsbereichen, angestiegen (46,6% der ungelernten Arbeiter sind Frauen). Fast 20% der Arbeiter sind Einwanderer. Die Entwicklung des öffentlichen Sektors (ein Viertel aller Beschäftigten) vertieft eine weitere Kluft: Die beim Staat, den Gebietskörperschaften und den nationalisierten Unternehmen in Lohn und Brot stehenden Arbeiter kommen gewöhnlich in den Genuß eines stabileren Status' als die im Privatsektor. Die *Segmentation des Arbeitsmarktes*, d.h. die Unterscheidung zwischen geschützten Kernen und prekär Beschäftigten wird zu Beginn der siebziger Jahre Thema.[96] Gewiß ist die Einheit der Arbeiterklasse niemals verwirklicht worden: Um 1936 mußten die Disparitäten zwischen den verschiedenen Arbeitnehmerkategorien bezüglich ihrer Qualifikation, ihres öffentlichen oder privaten Status', ihrer Nationalität, ihrer Zugehörigkeit zu einer großen Fabrik oder einem Kleinunternehmen usw. wohl genauso groß gewesen sein. Doch damals schien ein durch die Bewußtwerdung gemeinsamer Interessen und die Gegnerschaft zum »Klassenfeind« in Gang gesetzter Vereinheitlichungsprozeß am Werke zu sein. Aus Gründen, auf die wir noch eingehen werden, ist diese Dynamik schon vor den siebziger Jahren zum Stillstand gekommen und hat die Arbeiterlage ihren »objektiven«[97] Unterschieden überlassen.

Einer weiteren, weniger oft behandelten Wandlung kommt zweifelsfrei noch größere Bedeutung für die langfristige Erklärung der Transformationen der Lage der Arbeiter zu. Eine Untersuchung von 1978 – doch die Entwicklung hat schon um einiges früher begonnen – über »die vornehmlich ausgeübte Tätigkeit« von Arbeitern kommt zu dem Ergebnis, daß diejenigen von ihnen, die Tätigkeiten in der Produktion verrichten, kaum mehr als ein Drittel der Arbeiterschaft repräsentieren.[98] Anders gesagt verrichtet eine Mehrheit der Arbeiter entweder Tätigkeiten, die man infraproduktiv nennen könnte wie Güterbeförderung, Lieferung, Verpakkung, Wachdienst usw., oder Tätigkeiten, die der Planung und geistigem Arbeiten näher sind als die rein ausführenden Tätigkeiten als da sind Maschinenaufsicht,

95 M. Collinet, *l'Ouvrier français, essai sur la condition ouvrière*, Paris, Éditions ouvrières, 1951, 2. Teil, Kapitel IV.

96 Tatsächlich taucht das Thema in den Vereinigten Staaten schon in den sechziger Jahren auf und findet in Frankreich in den siebziger Jahren einigen Widerhall, vgl. M. J. Piore, »On the Job Training in the Dual Labour Market«, in: A. R. Weber (Hg.), *Public and Private Manpower Policies*, Madison, 1969, und M. J. Piore, »Dualism in the Labour Market«, *Revue économique*, n° 1, 1978.

97 Ich mache mir die These E. P. Thompsons zu eigen, derzufolge eine soziale Klasse nicht nur etwas »Gegebenes« oder eine Ansammlung empirischer Daten ist. Sie »macht sich« selbst mittels einer kollektiven Dynamik, die im Konflikt geschmiedet wird (vgl. E. P. Thompson, *Die Entstehung der englischen Arbeiterklasse, op. cit.*).

98 A.-F. Molinié, S. Volkoff, »Les conditions de travail des ouvriers et des ouvrières«, *Économie et Statistique*, n° 118, Januar 1980. Dieser Wandel hängt stark mit dem Niedergang der überkommensten Formen der Fabrikarbeit zusammen. So zählen die Bergleute, deren Zahl sich 1930 noch auf 500.000 belief, 1975 nur noch 100.000 Beschäftigte. Die Zahl der Textilarbeiterinnen ist im gleichen Zeitraum von 1,5 Millionen auf 200.000 zurückgegangen (vgl. F. Sellier, »Les salariés: croissance et diversité«, *loc. cit.*, S. 48).

Einstellen, Durchführung von Versuchen, Instandhaltung, Materialstudien, Arbeitsorganisation usw.

Das ist ein ansehnlicher Wandel, vielleicht nicht unbedingt in bezug auf die Realität all der von Arbeitern verrichteten Tätigkeiten, so doch auf jeden Fall hinsichtlich der in der Industriegesellschaft vorherrschenden Vorstellung davon. Der Arbeiter erscheint darin als der *homo faber* schlechthin, einer, der die Natur durch seine Arbeit gestaltet. Die produktive Arbeit nimmt in einem hergestellten Objekt Gestalt an. Für die Tradition der englischen politischen Ökonomie wie für den Marxismus ist Arbeit im wesentlichen die Produktion materieller, nützlicher, konsumierbarer Güter.[99] Diese herstellende Tätigkeit ist zudem für zwei kontrastierende Lesarten offen. Für Halbwachs beispielsweise entspricht sie dem beschränkten Charakter der Arbeiterlage, die »nur ein Verhältnis mit der Natur, nicht aber mit Menschen unterhält, angesichts der Materie für sich bleibt und nur mit unbelebten Kräften zu tun hat«. Daher gleiche die Arbeiterklasse »einer mechanischen und inerten Masse«.[100] Marx dagegen macht aus dieser schöpferischen Gestaltung der Natur das dem Menschen Eigentümliche, die Quelle jeglichen Wertes, und begründet so die demiurgische Rolle, die er dem Proletariat zuschreibt. Es ist aber durchaus möglich, daß sich der eine wie der andere – wie wir schon bei Simiand gesehen haben – auf die Konzeption der zu Beginn der Industrialisierung vorherrschenden Fabrikarbeit bezieht, die mit der fortschreitenden Arbeitsteilung langsam obsolet zu werden beginnt. Die von »Arbeitern« ausgeübte Arbeit ist nicht mehr das Paradigma für die Produktion von »Werken«.[101]

Diese tiefen Wandlungen sowohl der von den Arbeitern ausgeübten Tätigkeiten als auch des Platzes, der diesen innerhalb der Lohnabhängigkeit zukommt, erschüttern unvermeidlich auch die Bedeutung, die der Arbeiterklasse in der Industriegesellschaft zugeschrieben wurde. Kann sie diese zentrale Stellung behaupten, welche ihr jene unterstellten, die ihre revolutionäre Rolle priesen, aber auch jene, die in ihr eine Bedrohung für die Gesellschaftsordnung sahen? Die Debatte wird Ende der fünfziger Jahre eröffnet, Michel Crozier verkündet dabei als einer der ersten, daß »die Ära des Proletariats zu Ende geht«. »Eine Phase unserer Sozialgeschichte muß endgültig abgeschlossen werden, die religiöse Phase des Proletariats«.[102]

Die Würfel sind allerdings noch nicht gefallen, denn der Wandel der Lage der Arbeiter bietet zwei scheinbar gegensätzliche Interpretationen an. Der einen gemäß bildet sich im Laufe der Entwicklung der jüngsten Formen der Arbeitsteilung eine »neue Arbeiterklasse« heraus. Doch die neuen Akteure, die eine immer entscheiden-

99 Vgl. P. Lantz, »Travail: concept ou notion multidimensionnelle«, *Future antérieur*, n° 10, 1992/2.

100 M. Halbwachs, *la Classe ouvrière et les niveaux de vie, op. cit.*, S. 118 und S. XVII.

101 H. Arendt kritisiert in *Vita activa oder vom tätigen Leben, op. cit.*, Kapitel III, die Verwechslung von Arbeit mit dem Werk, welche das Nachdenken über die Arbeit in der Moderne nicht nur bei Marx, sondern auch schon bei Locke und Adam Smith gekennzeichnet habe. Man könnte jedoch hinzufügen, daß Hannah Arendt diese Kritik mitten im 20. Jahrhundert vorbringen kann, also nachdem sich fast zwei Jahrhunderte lang die Auffassung von der industriellen Arbeit, wie sie zu Beginn der Industrialisierung aufgekommen war, gewandelt hatte.

102 *Arguments*, »Qu'est-ce que la classe ouvrière française«, Sondernummer, Januar-Februar-März 1959, S. 33. Die Debatte flammt erneut mit dem Thema der »neuen Arbeiterklasse« auf, vgl. die Sondernummer der *Revue française des sciences politiques*, vol. XXII, n° 3, Juni 1972, insbesondere den Artikel J.-D. Reynauds, »La nouvelle classe ouvrière, la technologie et l'histoire«.

dere Rolle in der Produktion einnehmen, die Arbeiter der »Spitzenindustrien«, Planer eher als Ausführende, Techniker, Zeichner, *cadres*, Ingenieure usw., werden durch die kapitalistische Organisationsweise zunehmend ihrer Entscheidungsgewalt und der wesentlichen Vorteile ihrer Arbeit beraubt. Sie nehmen daher hinsichtlich des Klassengegensatzes eine dem ehemaligen Proletariat analoge Stellung ein und sind nun die bevorzugten Erben, die das Unternehmen der revolutionären Umgestaltung der Gesellschaft weiterführen sollen, das die von den Sirenen der Konsumgesellschaft verführte und von gewerkschaftlichen und reformistischen Parteiapparaten umhegte Arbeiterklasse im Stich gelassen hat.[103]

Dagegen stützt sich die These von der »Verbürgerlichung der Arbeiterklasse« auf den generellen Anstieg der Lebenshaltung, welcher die gesellschaftlichen Gegensätze mildere. Der »Wunsch, sich in eine Gesellschaft zu integrieren, in der das Bemühen um Komfort und Wohlbehagen herrscht«[104], veranlaßt die Arbeiterklasse, sich zunehmend in das Mosaik der Mittelklassen einzufügen.

Tatsächlich verhalten sich diese beiden gegensätzlichen Positionen zumindest insoweit komplementär, als ihre Argumentation eher politisch denn soziologisch ist. Serge Mallet überschätzt die Bedeutung dieser neuen lohnabhängigen Schichten in der Industrie.[105] Vor allem aber überschätzt er die Fähigkeit der Arbeiterklasse, die Rolle des »Magneten« für diese neuen Kategorien zu spielen, die in den Wandlungen der Produktion (besonders über die fortschreitende Automatisierung, das bevorzugte Thema der Arbeitssoziologie der sechziger Jahre) sichtbar werden. Dessen ungeachtet hatte nämlich die CGT 1936 die bittere Erfahrung der »Loslösung der Techniker von der Arbeiterbewegung« machen müssen.[106] Mit wenigen Ausnahmen um 1968 belegt die Analyse der sozialen Konflikte, selbst der »neuen« unter ihnen, daß der Tropismus der Techniker, *cadres* und Ingenieure diese eher dazu verleitet, ihre Sonderinteressen, wie etwa die Aufrechterhaltung der gesellschaftlichen Differenzierung und den Respekt vor der Hierarchie, zu verteidigen, als daß sie die Positionen der Arbeiterklasse übernähmen, es sei denn, sie legten stark ausgeprägte politische Überzeugungen an den Tag. Die der übersteigerten Verherrlichung der historischen Rolle der »neuen Arbeiterklasse« in den sechziger Jahren zugrunde liegende Überzeugung ist aber im wesentlichen politischer Natur.[107]

Doch der Gegendiskurs, der die Auflösung der Arbeiterlage im Amalgam der Mittelklassen proklamiert, scheint von dem ebenfalls mehr politischen als wissenschaftli-

103 Vgl. Serge Mallet, *la Nouvelle Classe ouvrière*, Paris, Le Seuil, 1966.

104 G. Dupeux, *la Société française*, Paris, A. Colin, 1964. Die Literatur zu dieser mit dem Weg in die Überflußgesellschaft und die Apotheose der Mittelklassen zusammenhängenden Thematik ist von erdrückender Fülle. Das Werk Jean Fourastiés und ganz besonders *les Trente Glorieuses*, Paris, Fayard, 1979, sind gewiß ihre beste Illustration.

105 Eine Untersuchung aus den siebziger Jahren schätzt den diesem Profil entsprechenden Industriearbeiteranteil auf 5% (vgl. P. d'Hugues, G. Petit, F. Rerat, »Les emplois industriels. Nature. Formation. Recrutement«, *Cahiers du Centre d'études de l'emploi*, n° 4, 1973).

106 S. Weil, in dem Bericht, den sie an die CGT nach den Streiks von 1936 liefert, »Remarques sur les enseignements à tirer des conflits du Nord«, in: *la Condition ouvrière, op. cit.*

107 Diese Interpretation begeht keineswegs Verrat am Denken Serge Mallets, der sein ursprüngliches Vorgehen selbst nicht als »das eines Mannes der Wissenschaft, der sich objektiv mit Erkenntnisproblemen befaßt«, dargestellt hat, »sondern als das eines Vorkämpfers der Arbeiterbewegung, genauer gesagt der Gewerkschaftsbewegung« (*la Nouvelle Classe ouvrière, op. cit.*, S. 15). Man kann nur noch hinzufügen, daß der Wette Mallets über den revolutionären Tropismus dieser im Produktionsprozeß befindlichen neuen Akteure kein Erfolg beschieden war.

chen Wunsch beseelt zu sein, daß sich die gesellschaftlichen Konflikte auf immer austreiben ließen. Er bringt die Ideologie all derer zum Ausdruck, die das Ende der Ideologien ausrufen. Sie nehmen mit Genuß den Konsumappetit der Arbeiterklasse zur Kenntnis und konstatieren mit Genugtuung die Schwächung des politischen und gewerkschaftlichen Engagements.[108] Freilich vergessen sie zu erwähnen, daß die Arbeiterklasse ungeachtet der unbestreitbaren Verbesserung ihrer Lebensumstände keineswegs mit den Mittelklassen verschmolzen ist. Die in den fünfziger und sechziger Jahren durchgeführten Untersuchungen bestätigen das Fortbestehen der Besonderheit der Arbeiter und eines Bewußtseins ihrer Unterordnung, welches dem ähnlich ist, das oben für das Ende der dreißiger Jahre analysiert worden war.[109] Abhängigkeit bezüglich der Arbeitsbedingungen, deren Modalitäten sich hinsichtlich des von ihnen implizierten unauflöslich technischen wie sozialen Unterordnungsverhältnisses relativ wenig geändert haben[110], eine Abhängigkeit, die sich bei den Arbeitern stets in dem Gefühl äußert, »gesellschaftlich ganz unten« zu stehen.[111] Eine Besonderheit auch der Lebensweise und der Geselligkeitsformen: »Ob es sich um die Konsumgewohnheiten, den Lebensstil, die Nutzung des städtischen Raumes handelt, zahlreiche Anzeichen unterschiedlichster Art belegen eine Eigenart des Verhaltens im Arbeitermilieu.«[112] Alle Welt konsumiert, doch nicht die gleichen Produkte; es gibt jetzt mehr Diplome, doch haben die nicht den gleichen Wert; viele fahren in den Urlaub, doch nicht an dieselben Orte usw. Unnötig, hier alle Untersuchungen anzuführen, die den Diskurs des Sozialökumenismus relativieren können. In ihm kommt ein Denken aus der Vogelperspektive zum Ausdruck, das die Einheitlichkeit gleichsam von oben dekretiert. Gewiß stützt er sich auf unzählige statistische Tabellen und Wachstumskurven. Er beschäftigt sich jedoch nicht mit dem Sinn, den diese Veränderungen für die gesellschaftlichen Akteure annehmen. Hier ein einziges Beispiel für diese ausgefeilten Konstruktionen, deren Abstraktion sich nie und nimmer mit der sozialen Realität trifft, die wiederzugeben sie doch beanspruchen. Jean Fourastié, ein

108 So spricht schon Dupeux von »Entpolitisierung«, vom »Niedergang des revolutionären Mythos« und vom »Niedergang auch der politischen Partizipation« der Arbeiter (*la Société française, op. cit.*, S. 252).

109 A. Ligneux, J. Lignon, *l'Ouvrier d'aujourd'hui*, Paris, Gonthier, 1960; J.-M. Rainville, *Condition ouvrière et intégration sociale*, Paris, Éditions ouvrières, 1967; G. Adam, F. Bon, J. Capdeville, R. Moureau, *l'Ouvrier français en 1970*, Paris, A. Colin, 1970. Die Gesamtdarstellung von J. H. Goldthorpe, D. Lockwood, F. Bechhofer, J. Platt, *The Affluent Worker in the Class Structure*, 3 Bde., Cambridge, Cambridge University Press, 1968–1969, findet keine Entsprechung in Frankreich. Man lese jedoch eines der Hauptergebnisse der Untersuchung, um sich davon zu überzeugen, wie sehr der Titel doch zu Sinnverkehrungen führen kann: »Die Integration in die Mittelklassen ist weder ein gegenwärtig sich vollziehender Prozeß, noch ein von der Mehrheit unserer Arbeiter ersehntes Ziel... Wir haben gesehen, daß der Anstieg der Löhne, die Verbesserung der Arbeitsbedingungen, die Anwendung geeigneterer, liberalerer beschäftigungspolitischer Maßnahmen die Situation der Klasse der Industriearbeiter in der gegenwärtigen Gesellschaft nicht grundlegend ändern« (zit. nach der gekürzten frz. Fassung, *l'Ouvrier de l'abondance*, Paris, le Seuil, 1972, S. 210).

110 Eine der wichtigsten Veränderungen ist sicherlich im Anteil der Einwanderer und Frauen an den beschwerlichen und am stärksten abgewerteten Tätigkeiten zu sehen. Die Entwicklung neuer Formen industrieller Organisation hat keinesfalls die Zwänge und ebensowenig die Härte zahlreicher Tätigkeiten, vor allem an den Montagebändern, abgeschafft. Man vergleiche zwei vierzig Jahre auseinander liegende Zeugnisse miteinander, deren Autoren beiden gemeinsam ist, daß sie in der Fabrik gearbeitet haben, ohne Arbeiter zu sein. S. Weil, *la Condition ouvrière, op. cit.*, und R. Linhart, *l'Établi*, Paris, Éditions de Minuit, 1977.

111 A. Ligneux, J. Lignon, *l'Ouvrier d'aujourd'hui, op. cit.*, S. 26. Das ist ein Zitat aus einer Reihe von Interviews mit Arbeitern vom gleichen Schlag, in denen diese stets die Wahrnehmung aufgreifen, die ihnen von ihrem sozialen Status vermittelt wird: der Arbeiter »ist eine dumme Nuß«, »ein armer Depp«, »das Schlußlicht« usw.

112 J.-M. Rainville, *Condition ouvrière et intégration sociale, op. cit.*, S. 15.

Fachmann auf diesem Gebiet, hat kunstvoll berechnet, daß »ein angelernter Arbeiter, der 1970 zu arbeiten angefangen hat und sein gesamtes Leben hindurch Angelernter bleibt, vor seinem sechzigsten Lebensjahr eine Kaufkraft erreicht haben wird, die höher ist als jene, die seit seinem Dienstantritt ein Staatsrat verdient hat, der heute seine Pension bezieht.«[113] Es wäre doch zu reizvoll, heutzutage diesen überaus glücklichen Abeiter zu finden und ihn zu fragen, was er wohl über eine solche Angleichung an die Stellung eines Staatsrates denkt.[114]

Die entscheidende Wandlung, die während der fünfziger und sechziger Jahre herangereift ist, liegt also weder in der völligen Vereinheitlichung der Gesellschaft, noch in der Verlagerung der revolutionären Alternative auf einen neuen Akteur, die »neue Arbeiterklasse«. Sie besteht viel mehr in der Auflösung dieser revolutionären Alternative und der Neuaufteilung des gesellschaftlichen Konfliktpotentials nach einem anderen Muster als dem der Klassengesellschaft, nämlich dem der Lohnarbeitsgesellschaft.

Auflösung der revolutionären Alternative: Die geschichtliche Wirklichkeit der Arbeiterklasse läßt sich nicht auf eine Reihe von Lebensweisen, die man beschreiben, auf Lohnkurven, die man vergleichen, oder auf eine populistische Folklore, der man nachtrauern kann, reduzieren. Sie ist auch ein Abenteuer gewesen, das mit seinen Höhen und Tiefen etwas mehr als ein Jahrhundert gedauert hat und von Hochphasen wie 1848, der Kommune, 1936, 1968 geprägt war, Hochphasen, die eine alternative Organisation der Gesellschaft vorwegzunehmen schienen. Das Nachlassen der Überzeugung, daß die Gesellschaftsgeschichte in ein »Anderswo« einmünden könnte, was Crozier 1959 »die religiöse Phase des Proletariats« nennt, läßt sich nicht mit Genauigkeit datieren. Selbst in ihren Ruhmesmomenten war sie immer nur von einer Minderheit der Arbeiter[115] getragen gewesen, und sie kann stets wieder punktuell auferstehen und im Blitzlicht heftiger Explosionen, die an das goldene Zeitalter der »Jugend im Streik«[116] erinnern und schlummernde Utopien wiedererwecken, zu neuem Leben erwachen.[117] Trotzdem ist es immer unwahrscheinlicher geworden, daß sich eines Tages dieses glückliche Morgen einstellen wird. Das Oszillieren zwischen Revolution und Reform, das die Arbeiterbewegung stets in Bewegung gehalten hatte, hat sich immer nachdrücklicher am zweiten der beiden Pole festgesetzt, und die Kluft zwischen »denen« und »uns« hat aufgehört, den in der gesellschaftlichen Vorstel-

113 J. Fourastié, *les Trente Glorieuses, op. cit.*, S. 247.

114 Um zu sehen, wohin einen die Faszination an Wachstumskurven führen kann, braucht man heute nur amüsiert oder verärgert Jean Fourastiés Buch *la Civilisation de 1995*, Paris, PUF, 1970, wiederzulesen.

115 1936 hat trotz des Ausmaßes der Bewegung nur eine Minderheit gestreikt, nämlich weniger als zwei von sieben Millionen Arbeitern; der Juni 1848 und die Kommune waren im wesentlichen Pariser Ereignisse. Obendrein waren die Gleichgültigen und die »Gelben« ebenso Arbeiter wie die Gewerkschafter und Aktivisten, und im Juni 1848 bestanden die kämpferischsten Truppen der Garde, die den Faubourg Saint-Antoine besiegten, aus jungen Arbeitern. Zugleich haben aber gerade der Juni 1848, die Pariser Kommune und 1936 im Gedächtnis einer ganzen Klasse überdauert.

116 M. Perrot, *Jeunesse de la grève*, Paris, Seuil, 1984.

117 Die Frage, wann eine Utopie stirbt, macht keinerlei Sinn, da die Utopie außerhalb der Geschichte steht (deshalb ist Zapata für die Indios in Mexiko auch nicht tot). Die freilich nicht einfach zu beantwortende Frage ist die, zu erfahren, wann eine Utopie aufhört, enge Tuchfühlung mit der Geschichte zu haben und ihr zumindest teilweise ihren Stempel aufzudrücken. So hat etwa die Bezugnahme auf die Revolution lange Zeit selbst die in ganz prosaischer Weise reformistischen Unternehmungen mit einer Aura des Absoluten versehen. Seit wann ist dies nicht mehr der Fall?

lungswelt verankerten Gedanken eines radikalen Umbruchs zu nähren. Entzauberung der auf eine Eindimensionalität ohne Transzendenz reduzierten gesellschaftlichen Welt: Das Spiel gesellschaftlicher Umgestaltungen wird nicht mehr nach dem Motto »Alles oder nichts« gespielt, ein etwaiger Sinn der Geschichte steht nicht mehr als Schiedsrichter zur Verfügung. Vielleicht hat paradoxerweise gerade der Mai '68 bewirkt, daß sich folgendes Bewußtsein konkretisiert hat: Die Arbeiterklasse hat sich diesmal der Bewegung angenähert, statt ihr Epizentrum zu sein, aber sie hat sich damit zufriedengegeben, daraus »reformistische« Vorteile für sich herauszuschlagen. Es ist jedenfalls bezeichnend, daß die eingewanderten Arbeiter unmittelbar nach '68 aufgerufen wurden, die von einer ins »System integrierten« einheimischen Arbeiterklasse im Stich gelassene Fackel des revolutionären Messianismus' zu übernehmen.[118]

Diesseits der politischen Dimension dieser Ereignisse ist die herrschende anthropologische Bedeutung der Lohnabhängigkeit im Lauf dieser Jahrzehnte umgeschlagen. Die Arbeiterklasse kam zu ihrem revolutionären Potential, weil sie diese »würdelose Lohnarbeit« verkörperte, die nichts als ihre Ketten zu verlieren hatte und deren Emanzipation das Antlitz der Welt verändern sollte. Marx hat diesbezüglich nur eine anthropologische Struktur radikalisiert, die scheinbar schon immer mit Situationen der Abhängigkeit konnotiert war, in denen ein Mensch einem anderen seine Arbeitskraft zur Verfügung stellt. Darin besteht die wörtliche Bedeutung des Ausdrucks »entfremdete Arbeit«: für einen anderen und nicht für sich selbst arbeiten, einem Dritten das Produkt seiner Arbeit überlassen, der es dann konsumiert oder zu Markte trägt. Ob dieser Zwang beschönigt wird, wenn er mit dem Liberalismus eine explizit kontraktuelle Form annimmt, oder den Charakter persönlicher Abhängigkeit verliert, wenn man beispielsweise für eine in Tarifverträge eingebundene Aktiengesellschaft arbeitet, ändert nichts an der Asymmetrie der Beziehung: Der Beschäftigte tritt die Frucht seiner Arbeit gewissermaßen einer anderen Person, einem Unternehmen, einer Institution oder schlicht »dem Kapital« ab.

Nach dieser Logik dürfte ein autonomes gesellschaftliches Subjekt keinerlei Tätigkeit in einem Lohnabhängigkeitsverhältnis verrichten, selbst wenn sie die Form geleisteter Dienste annähme. Ein selbständiger Produzent könnte kein Lohnabhängiger sein. Das ist keineswegs eine simple Tautologie, sondern die Konsequenz aus der Tatsache, daß bestimmte Tätigkeiten unveräußerlich, also nicht in Form von Lohnarbeit zu verrichten sind, selbst wenn sie einer für einen anderen erbrachten Arbeit entsprechen. Ein Schuster, ein Spinner können selbständig oder lohnabhängig sein. Ein Arzt

118 Vgl. beispielsweise J.-P. de Gaudemar, *Mobilité du travail et accumulation du capital*, Paris, Maspero, 1976, der ausspricht, was in den gesamten »linken« Strömungen zu Beginn der siebziger Jahre Konsens war. Dabei handelt es sich um eine Verlagerung, analog zu der, die sich zehn Jahre zuvor mit der »neuen Arbeiterklasse« vollzogen hatte und die sich als eine neue Etappe im Prozeß der Entlassung der »klassischen« Arbeiterklasse aus ihrer revolutionären Rolle deuten läßt, und das auch in den Augen der Ideologen, die sich für die Erben des revolutionären Prophetentums des 19. Jahrhunderts halten. Faktisch waren die eingewanderten Arbeiter die Akteure und der Haupteinsatz der härtesten sozialen Kämpfe zu Beginn der siebziger Jahre. Für die »einheimische« Arbeiterklasse ist wohl der Lip-Konflikt der letzte gewesen, der das alternative Potential der Arbeiterbewegung hat mobilisieren können (vgl. P. Lantz, »Lip et l'utopie«, *Politique d'aujourd'hui*, n° 11-12, Nov.-Dez. 1980). Der Lip-Konflikt läßt sich jedoch auch als einer der letzten Kämpfe der auf den Zweiten Weltkrieg folgenden Wachstumsperiode interpretieren. So erklärt die Generalversammlung der Belegschaft am 12. Oktober 1973 feierlich: »Wir werden weder Entlassungen, noch veränderte Eingruppierungen oder Personalabbau dulden« (*loc. cit.*, S. 101). Heute wären solche Erklärungen schlichtweg undenkbar.

kann kein Lohnabhängiger sein, wie es das oben zitierte Urteil des Kassationsgerichtshofs noch 1937 zeigt.

Diese jahrhundertealte Konzeption der Lohnarbeit verblaßt in den fünfziger und sechziger Jahren und hat die Auflösung der historischen Rolle der Arbeiterklasse im Gefolge. Der allmähliche Aufstieg einer bürgerlichen Form von Lohnabhängigkeit hat dem den Weg bereitet. Er mündet in ein Gesellschaftsmodell, das nicht mehr von einem zentralen Konflikt zwischen Lohnabhängigen und Nicht-Lohnabhängigen, also zwischen Proletariern und Bourgeois, Arbeit und Kapital durchzogen ist. Die »neue Gesellschaft«[119], um einen Slogan vom Anfang der siebziger Jahre aufzugreifen, unter dem man die politische Umsetzung dieses Wandels verstand, ist viel mehr um die Konkurrenz zwischen verschiedenen Polen lohnabhängiger Tätigkeiten organisiert. Eine Gesellschaft, die weder homogen, noch pazifiziert ist, deren Antagonismen jedoch eher die Form von Plazierungs- und Klassifizierungskämpfen als die des Klassenkampfes annehmen. Eine Gesellschaft, in der die Lohnarbeit von der abschreckenden Kontrastfigur zum bevorzugten Identifikationsmodell wird.

Die Arbeitnehmerlage

Seit Mitte der fünfziger Jahre taucht ein neuartiger Diskurs über »die zukünftigen Menschen« auf, eine Art reine Lohnabhängige, die ihren Bürgerbrief erlangt haben.[120] Dieses Profil zeichnet sich im Rahmen der Modernisierung der französischen Gesellschaft ab, welche die Akteure des Wachstums und des Fortschritts zu Gegnern der Repräsentanten der alten Mittelklassen, der Kleinunternehmer, malthusianischen Kaufleute und konservativen Notabeln macht. Auf der einen Seite das auf die Verteidigung der Vergangenheit versteifte, ängstliche poujadistische Frankreich, auf der anderen ein dynamisches Frankreich, das endlich mit der Zeit gehen will, und in dem die neuen Lohnabhängigen die Speerspitze bilden.[121]

In diesem Kontext übernimmt eine neue Lohnarbeitskonstellation die Funktion des »Magneten«, der die gesellschaftliche Dynamik »mitziehen« soll, so wie man davon spricht, daß dieser oder jener Industrie- oder Handelssektor das Wirtschaftswachstum einer ganzen Gesellschaft »mitzieht«. Es kommt zur Mythologisierung eines von Archaismen befreiten Profils des leistungsfähigen, effizienten, dynamischen

119 Bekanntlich ist dies der Name, den Jacques Chaban-Delmas seinem politischen Programm gab, das einer Phase starker wirtschaftlicher Expansion und dem schon bald nach 1968 durchkreuzten Willen entsprach, die Blockade der Gesellschaft aufzuheben.

120 »Aus den Mittelklassen die lohnabhängigen *cadres* und einen großen Teil der Beamten auszusondern, hieße, diese auf eine Karikatur des Bürgertums zu reduzieren« (P. Bleton, *les Hommes des temps qui viennent*, Paris, Éditions ouvrières, 1956, S. 230).

121 Vgl. J. Donzelot, »D'une modernisation à l'autre«, *Ésprit*, August-September 1986, und M. Winock, *la République se meurt*, Paris, Florio, 1985. Man kann sich nicht verkneifen, die genüßliche Beschreibung zu zitieren, die dieser Autor von den Verfechtern einer präkapitalistischen Gesellschaftsorganisation zeichnet: »Im anderen Lager tummelten sich die Herolde des dörflichen Lebens, die kleinen Kaufleute, die Kneipenbesitzer, die Herrn Paul Ricard zu seinem Vermögen verholfen haben, das radikale, protektionistische, in kleinen Einfamilienhäuschen wohnende Frankreich des 19. Jahrhunderts mit dem ganzen Anhang an traditionalistischen Notaren, Anwälten, Gerichtsvollziehern und Pfarrern, Boule-Spielern in Baskenmützen, bissigen Hunden, scherbengespickten Gartenmauern, aktiven Mitgliedern der Association Guillaume-Budé, privaten Schnapsbrennern, Kolonialverwaltern, ehemaligen Bordellpächtern, zu denen sich noch die Getreuen des Maréchal Pétain hinzugesellten.« Ich für meinen Teil möchte noch hinzufügen, daß in diesem »Lager« keine oder nur ganz wenige Lohnabhängige zu finden sind.

und arbeitsamen Mannes (in zweiter Linie auch der Frau[122]), der »relaxed« ist, eifrig Prestigegüter konsumiert, geistvoll seine Ferien verbringt und Urlaub im Ausland macht. Er gibt sich frei von der puritanischen und aufs Anhäufen von Gütern bedachten Ethik, vom Kult um das ererbte Vermögen und vom Respekt der geheiligten Hierarchien, die für das traditionelle Bürgertum noch typisch waren. Zeitschriften wie *l'Express* – »*l'Express*, die Zeitschrift der *cadres*«[123] – oder *l'Expansion* sind ein Beleg für die Aufmerksamkeit, die dieser Vorstellung der sozialen Welt zuteil wird, und tragen wiederum zu ihrer Verbreitung bei. Sie wird in erster Linie von unterschiedlichen Kategorien von Lohnabhängigen getragen, den mittleren und höheren *cadres*, den Lehrenden, Werbefachleuten, Kommunikationsexperten, und an ihrem unteren Rand den Vertretern einer Anzahl intermediärer Berufe[124] wie den Kulturanimateuren, dem paramedizinischen Personal, den Pädagogen usw.[125] Aus ihnen setzt sich das zusammen, was Henri Mendras die »Zentralkonstellation« nennt, die er zum Ausstrahlungsherd der »zweiten französischen Revolution« macht.[126] Die Bezeichnung »zweite französische Revolution« ist sicherlich etwas weit hergeholt. Doch ist es durchaus richtig, daß es eine Gruppe (oder eher eine Verbindung von Untergruppen) von Dienstleistern gibt, die den beweglichsten und dynamischsten Kern der Gesellschaft ausmachen, das Verbreitungszentrum der Werte der Moderne, des Fortschritts, der Moden und des Erfolgs. Das ist auch die Gruppierung, deren Wachstum, verglichen mit der Gesamtgesellschaft, seit dem auf das Ende des Zweiten Weltkriegs folgenden »take off« am kontinuierlichsten und raschesten verlaufen ist.

Die aufstrebende Lohnarbeit hebt auch den schon seit Jahrhunderten bestehenden Gegensatz zwischen Arbeit und Vermögen auf. Ansehnliche Einkommen, einfluß- und prestigereiche Positionen, eine Vorreiterrolle in Sachen Lebensstil und kultureller Moden, Sicherheit gegen die Wechselfälle des Daseins sind nicht mehr unbedingt an den Besitz eines großen Vermögens geknüpft.[127] Im Extremfall könnten die gesellschaftlich herrschenden Stellungen gar von »reinen« Lohnabhängigen wahrgenommen werden, von Personen also, deren Einkommen und Position innerhalb der Sozialstruktur ausschließlich von ihrer Stelle abhängen.

122 Insoweit als die Frauen in den höheren Sphären der Lohnabhängigkeit in der Minderheit bleiben (so sind etwa 1962 3,8% und 1975 4% der Ingenieure, sowie 12% bzw. 17,3% der höheren *cadres* im Verwaltungsbereich Frauen; vgl. L. Boltanski, *les Cadres, op. cit.*).

123 *Ebd.*, S. 179.

124 *professions intermédiaires*: Kategorie der französischen Berufsstatistik; vgl. Fußnote 3 auf S. 284; Anm. d. Übers.

125 Manche freien Berufe gehören dem gleichen Dunstkreis an, doch sind sie im Vergleich zu dieser Lohnabhängigen-Konfiguration in der Minderheit. 1975 zählt man 172.000 Mitglieder freier Berufe gegenüber 1,270 Millionen höherer und 2,764 mittlerer *cadres* (vgl. L. Thévenot, »Les catégories sociales en 1975«, *loc. cit.*).

126 H. Mendras, *la Seconde Révolution française*, Paris, Gallimard, 1988.

127 Eine Untersuchung von 1977 über »die durchschnittliche Vermögenshöhe je nach sozioprofessioneller Kategorie der Haushalte« (in: J.-D. Reynaud, Y. Graffmeyer, *Français, qui êtes-vous?, op. cit.*, Graphik 5, S. 136) zeigt, daß die Kategorien der »*cadres supérieurs*« und »*cadres moyens*«, die den Hauptteil der neuen lohnabhängigen Schichten umfassen, über ein viermal niedrigeres Vermögen verfügen als die »Industriellen und Kaufleute« und »freien Berufe«, deutlich weniger als die »Landwirte« und selbst noch zweimal weniger als die »Handwerker und kleinen Kaufleute«. Eine andere Erhebung (*ebd.*, Graphik 3, S. 133) zeigt, daß enorme Disparitäten in der Verteilung der Vermögen bestehen: die 10% reichsten Haushalte besitzen 54%, die 10% ärmsten jedoch nur 0,03%. Dagegen belegt der Vergleich der Kurven der Einkommens- und Vermögensverteilung, daß ein kleines Vermögen auch mit recht hohen Einkommen einhergehen kann.

Allerdings nur im Extremfall. Das Aufkommen dieser Lohnarbeitspositionen geht mit der Entwicklung von Berufsbereichen einher, die vor allem im tertiären[128] Sektor Bildungstitel und Zeugnisse erfordern. Nun weiß man freilich, daß dieses schulische Kapital häufig an ein über die Familie vermitteltes kulturelles Erbe gebunden ist, welches selbst wiederum in hohem Maße mit der Verfügung über ökonomisches Kapital einhergeht. Zum andern gestattet Lohnabhängigkeit nun auch den Aufbau eines Vermögens, vor allem mittels Kreditvergabe und die dadurch gegebenen Möglichkeiten des Eigentumserwerbs. Das Verhältnis zwischen Arbeit und Vermögen wird also um einiges komplizierter, als es zu Beginn der Industrialisierung ohnehin schon der Fall gewesen war. Vereinfachend läßt sich sagen, daß damals der Vermögensbesitz davon enthob, einer abhängigen Beschäftigung nachzugehen, während der Aufbau eines noch so bescheidenen Vermögens einen Arbeitnehmer veranlaßte, die abhängige Beschäftigung aufzugeben und sich selbständig zu machen. Heute überlagern sich Lohnabhängigkeit und Vermögen in zweierlei Hinsicht: Vermögen erleichtert, vermittelt über Diplome, den Aufstieg in gehobene unselbständige Stellungen, während ein Sich-Einrichten in soliden lohnabhängigen Positionen den Aufbau eines Vermögens ermöglicht.[129]

Deshalb bildet die »Zentralkonstellation« keine Konfiguration mehr von »reinen« Lohnabhängigen-Positionen. Sie nimmt auch nicht diese hegemoniale Stellung eines »Bürgertums ohne Kapital« ein, welches die »traditionelle Bourgeoisie« praktisch verdrängt habe, wie seine überschwenglichsten Beweihräucherer ihm nachsagen.[130] Es verbleibt ein Kern aus herrschenden Positionen, die ökonomisches, soziales und kulturelles Kapital, Management öffentlicher und privater Unternehmen und innerhalb des Staatsapparats ausgeübte Macht kumulieren und miteinander verflechten. Über diesen »Staatsadel« schreibt Pierre Bourdieu:

> »*Wenige herrschende Gruppen haben jemals so viele unterschiedliche Legitimationsprinzipien auf sich vereint, die, obgleich sie, wie der Aristokratismus der Geburt und der Meritokratismus schulischen Erfolgs oder wissenschaftlicher Kompetenz, die Ideologie des ›öffentlichen Dienstes‹ und der als Verherrlichung der Produktivität verkleidete Profitkult, einander zu widersprechen scheinen, eine Verbindung eingehen, um den neuen Herrschenden die absolute Gewißheit ihrer Legitimität zu geben.*«[131]

128 Zwischen 1954 und 1975 steigt der Anteil der Beschäftigten im tertiären Sektor von 38% auf 51%, vgl. M. Maruani, E. Reynaud, *Sociologie de l'emploi*, Paris, La Découverte, 1999², S. 49.

129 1977 repräsentierten Haupt- und Nebenwohnungen 37,8% des gesamten Vermögens der Franzosen (J.-D. Reynaud, Y. Graffmeyer, *Français, qui êtes-vous?, op. cit.*, Graphik 3, S. 133). Bekanntlich hängen die Kreditvergabebedingungen für den Eigentumserwerb weitgehend vom beruflichen Profil der Kreditnehmer und ihrer Fähigkeit ab, die Zukunft zu budgetisieren, indem sie von vornherein auf die wirtschaftliche Stabilität und die Progression ihrer Lohn- und Gehaltseinkommen setzen, woraus sich auch die Möglichkeit des Eigentumserwerbs selbst für Arbeiter ergibt (M. Verret, J. Creusen, *l'Espace ouvrier*, Paris, A. Colin, 1979, S. 114).

130 »Daher entwickelt sich die dinglichem Besitz verhaftete traditionelle Bourgeoisie zu einer Neo-Bourgeoisie ohne Kapital, deren Basis die Ausdehnung des tertiären Sektors anschwellen läßt. Kurzum, das ererbte Eigentum gerät gegenüber dem verdienten Eigentum tendenziell ins Hintertreffen (und zwar in dem Maße, als das Diplom den Verdienst bestätigt). Doch was gibt es Persönlicheres als ein solches Eigentum?« (A. Piettre, »La propriété héritée ou meritée«, *le Monde*, Januar 1978, zit. nach P. Bourdieu, *la Noblesse d'État, op. cit.*, S: 479)

131 P. Bourdieu, *la Noblesse d'État, op. cit.*, S. 480.

Faktisch sind viele Berufe der »Zentralkonstellation« vom ökonomischen Kapital abhängiger, als sie es zugeben möchten: *cadres*, deren Schicksal an dem des Unternehmens hängt, doch auch die Kulturproduzenten, die professionellen Kommunikationsexperten, für die die Anerkennung einer Legitimität über den Erhalt von Finanzierungsmitteln führt. Ebenso verdient es der klassische Gegensatz zwischen altmodischen Patrons und leitenden Unternehmensangestellten (»*owners*« und »*managers*«), relativiert zu werden. Die Generaldirektoren der großen Unternehmen etwa, die man gerne mit dem für seine Professionalität und technische Kompetenz geschätzten obersten Rand der Lohnabhängigkeit identifiziert, sind häufig Großaktionäre des Unternehmens, die eine Herkunft aus den der Geschäftswelt seit langem zugehörigen Milieus nachweisen können.[132] Auch wenn die Allmacht der »zweihundert Familien« ein Mythos der Linken gewesen ist, so gilt doch weiterhin, daß der Löwenanteil wirtschaftlicher Macht von sorgsam ausgesuchten Milieus gehalten wird (vgl. die Zusammensetzung des »harten Kerns« der großen Gesellschaften).

Es gibt zwar keine Osmose zwischen den verschiedenen die Lohnarbeitsgesellschaft zusammensetzenden Blöcken, auf der anderen Seite jedoch auch kein absolutes Anderssein. Die Lohnabhängigkeit auf hohem Niveau hat die Rolle des Magneten gespielt, und das auch für die traditionell herrschenden Gruppierungen, deren dynamischsten Fraktionen ihr Aggiornamento dadurch gelungen ist, daß sie sich, ohne auf ihre früheren Vorrechte verzichten zu müssen, die neuen Attribute des Erfolgs und des Ansehens, etwa über den Besuch von Elitehochschulen und den Besitz der besten Bildungstitel, verschaffen konnten. Dadurch hat sich ein Teil der traditionell herrschenden Klassen auch auf dem Arbeitsmarkt, und zwar auf Top-Niveau, plazieren können.

Es sind daher innerhalb der führenden Gruppen weniger Tendenzen zur Vereinheitlichung vorherrschend, sondern eher Konkurrenz und Kampf um Plazierungen. Dieser soziale Raum ist von Konflikt und der Sorge um Differenzierung durchdrungen. Ein *Distinktions*prinzip macht die gesellschaftlichen Gruppen zu Widersachern und eint sie zugleich. Opposition wie Einigung deshalb, weil die Distinktion nach einer subtilen Dialektik des Gleichen und des Anderen, von Nähe und Distanz, Faszination und Zurückweisung funktioniert. Sie hat eine zu den verschiedenen Gruppierungen *querliegende* Dimension, welche selbst diejenigen noch vereint, die sich in Gegnerschaft gegenüberstehen, und gestattet ihnen dadurch, sich zu vergleichen und zu klassifizieren. Als »durch ihre Klassifizierungen klassifizierte Klassifikatoren« erkennen sie sich in der Distanz zu den anderen ein Kontinuum bildenden Positionen.[133] Diese Differenzierungslogik unterscheidet sich von einem Konsensmodell und zugleich von einem auf dem Antagonismus des Aufeinanderprallens von Klassen beruhenden Modell. Zur genaueren Charakterisierung dieser Konstellation könnte man sie vor dem Hintergrund betrachten, was Georg Simmel über den »Mittelstand«

132 *Ebd.*, S. 148. Vgl. auch J. Marchal, J. Lecaillon, *la Répartition du revenu national*, Paris, Éditions Génin, 1. Teil, 1. Bd., die zeigen, daß die unterschiedlichen Naturalleistungen, Prämien und Bezüge, die den höheren *cadres* zukommen, eine nicht-gehaltsförmige Vergütung darstellen, die faktisch ein Anteil an den Gewinnen des Unternehmens ist.

133 Vgl. die Analysen Pierre Bourdieus in *la Distinction. Critique du jugement social*, Paris, Éditions de Minuit, 1979 (dt. *Die feinen Unterschiede*, Frankfurt am Main, Suhrkamp, 1980).

in einer noch dreigeteilten Gesellschaftsvorstellung sagt: »Der Mittelstand bringt zu diesen beiden [der oberen und der unteren Schicht] tatsächlich ein ganz neues soziologisches Element hinzu, er ist nicht nur ein drittes zu den vorhandenen Zweien, das sich zu jedem von diesen ungefähr und nur in quantitativer Abschattung so verhielte, wie sie beide untereinander. Das Neue ist vielmehr das Hervorgehobene, daß er selbst eine obere und eine untere Grenze hat, daß an diesen fortwährender Austausch mit den beiden anderen Schichten stattfindet und durch diese ununterbrochene Fluktuation eine Grenzverwischung und kontinuierliche Übergänge erzeugt werden.«[134] »Kontinuierliche Übergänge«, darüber müßte man noch diskutieren, der Gedanke eines Kontinuums der einer Lohnarbeitsgesellschaft eigentümlichen Positionen ist jedoch sehr wohl vorhanden.

Die Lohnarbeitsgesellschaft läßt sich also als das Koexistieren einer bestimmten Anzahl von Blöcken[135] vorstellen, die durch diese Distinktionslogik, welche innerhalb einer jeden dieser Einheiten sowie zwischen diesen Einheiten am Werk ist, zugleich getrennt und geeint werden. Innerhalb dieser Konfiguration müßte man noch dem Block *der selbständigen Berufe mit nicht-konvertiertem Kapital* seinen Platz einräumen, dem Block der Modernisierungsverlierer, wie sie Michel Winock anschaulich beschrieben hat. Durch ihre Marginalisierung hat die Lohnarbeitsgesellschaft zur Entfaltung kommen können: Tod des Rentiers, des Paradigmas des Bürgers, unaufhaltsamer Rückgang des Kleinhandels und des Handwerks (900.000 Handwerker, 780.000 Kaufleute und ihnen Gleichgestellte zu Beginn der achtziger Jahre unseres Jahrhunderts[136]), Revolutionierung der ländlichen Welt, die zum Verschwinden der traditionellen Bauern geführt hat.[137] Entweder haben es diese Fraktionen verstanden, ihr Kapital durch Anpassung an die neuen Anforderungen der Lohnarbeitsgesellschaft zu konvertieren (vgl. beispielsweise die relative Dynamik der kleinen und mittelständischen Unternehmen oder die Entwicklung der landwirtschaftlichen Kooperativen), oder sie haben aufgeben müssen. Selbst inmitten eines Frankreich, das seit anderthalb Jahrhunderten den Fortschritt gebremst und sich der Verstädterung und Industrialisierung widersetzt hat, konnten Lohnabhängigkeit und damit einhergehende Werte wie Bildung und städtische Kultur ebenfalls eine immense Anziehungskraft ausüben. Davon zeugt der Umstand, daß diese Kategorien von »Selbständigen«, nachdem sie von oben herab auf die Lohnarbeit geschaut und alles unternommen haben, um sich davon zu unterscheiden, nun mit einem ressentimentgeladenen Neid zu ihr emporblicken: Bauern, Handwerker, Kleinhändler vergleichen sich mit den

134 G. Simmel, *Soziologie. Untersuchungen über die Formen der Vergesellschaftung*, Gesamtausgabe Band 11 (hg. von Otthein Rammstedt), Kap. VIII, Die Selbsterhaltung der sozialen Gruppe, S. 676.

135 Ich ziehe den Begriff Block dem der Klasse vor, dies nicht im Namen einer Ideologie des Konsenses (es gibt keine Klasse mehr, also gibt es auch keine Konflikte mehr usw.), sondern weil eine Klasse im vollen Wortsinn nur dann existiert, wenn sie an einer gesellschaftlichen Dynamik teilhat, die sie zur Trägerin eines ihr eigenen historischen Entwurfs macht, wie es bei der Arbeiterklasse der Fall gewesen ist. In diesem Sinne gibt es keine Arbeiterklasse mehr.

136 Vgl. *Données sociales 1993*, INSEE, 1993, S. 459. Es ist jedoch bezeichnend, daß die Anzahl der selbständigen Tätigkeiten als eine Folge der Krise der Lohnarbeitsgesellschaft wieder im Anwachsen begriffen ist, vgl. dazu das folgende Kapitel.

137 Vgl. H. Mendras, *la Fin des Paysans, suivi d'une réflexion sur la fin des paysans vingt ans après*, Le Paradou, Actes-Sud, 1984. Zu Beginn der achtziger Jahre gibt es nur noch eine Million Landwirte, vgl. *Données sociales 1993, op. cit.* Es handelt sich also der Klassifikation Colin Clarks zufolge um den Zusammenbruch des »primären« Sektors.

Lohnabhängigen, nicht nur, was die Löhne angeht, sondern auch die Arbeitszeiten, Freizeitmöglichkeiten und die soziale Sicherung. Eine treibende Kraft des »Poujadismus'« – die weit über den eigentlichen Poujadismus hinausreicht – ist dieser Neid und dieses Ressentiment der in ihrer Selbständigkeit bedrohten Kategorien gegenüber den lohnabhängigen Schichten, die, wie man annimmt, weniger arbeiten und obendrein noch alle möglichen sozialen Leistungen und Vergünstigungen genießen. Die Anziehungskraft der Lohnarbeit wirkt über ihre eigenen Grenzen hinaus in die ihr eigentlich fernstehenden Kategorien, aber auch bis ins Großbürgertum hinein.

Diese Anziehungskraft ist auch in dem von den Arbeitern und Angestellten gebildeten Unterschichtsblock spürbar, die innerhalb der von den abhängig Beschäftigten gebildeten Konfiguration eine untergeordnete Stellung einnehmen. Es handelt sich zweifellos um eine Annäherung, wenn Arbeiter und Angestellte sich in demselben »Block« wiederfinden. Trotzdem vollzieht sich in den sechziger Jahren »eine Wandlung der ausgedehnten und erneuerten Arbeiterklasse, die zunehmend mehr Angestellte umfaßt.«[138] Parallel dazu ist der Angestellte aufgrund der Mechanisierung der Büroarbeit nur noch selten ein direkter Mitarbeiter des Chefs. Der »weiße Kragen« der Kaufhäuser oder Firmenbüros ist Zwängen ausgesetzt, die denen der Arbeiter nicht unähnlich sind. Die Lohn- und Gehaltsentwicklung weist ebenfalls eine Tendenz zur Vereinheitlichung auf.[139] Die 1970 erfolgte Verallgemeinerung der monatlichen Bezahlung bekräftigt diese Entwicklung noch: Der berufliche Status der nun auf monatlicher Basis bezahlten Arbeiter wird praktisch an den der Angestellten angeglichen.[140]

Ich werde trotzdem noch ein letztes Mal darauf hinweisen, daß die unbestreitbaren Verbesserungen, in deren Genuß die Unterschichten gekommen sind bzw. die sie sich erkämpft haben, ihre Sonderstellung nicht völlig haben aufheben können. Alfred Sauvy zufolge kann »jeder soziale Organismus, der sich reformieren, seine Proportion verändern muß, dies leichter durch Addition als durch Subtraktion bewerkstelligen«.[141] Besonders die »Addition« neuer lohnabhängiger Schichten oberhalb der Arbeiterlage hat nicht sämtliche Charakteristika »abschaffen« können, die es zum Modell der entfremdeten Lohnarbeit machten. An dieser Stelle müßte man die für das Jahr 1936 skizzierte Bilanz der ungleichmäßigen Integration der Unterschicht hinsichtlich Konsum, Wohnung, Lebensweise, Teilhabe an Bildung und Kultur, sozialen Rechten für das Jahr 1970 wiederholen. Doch wäre dafür mindestens ein ganzes Kapitel nötig, worin zu zeigen wäre, daß die Unterschichten ihren Rückstand in

138 M. Aglietta, A. Brender, *Les Métamorphoses de la société salariale, op. cit.*, S. 69.

139 Auf der Basis des Index 100 für 1950 erreicht das Durchschnittsgehalt der Angestellten 1960 den Index 288,6, das der Arbeiter 304,8 (vgl. J. Bunel, *la Mensualisation, une réforme tranquille?*, Paris, Éditions ouvrières, 1973, S. 36).

140 Das Prinzip des Monatsentgelts der Arbeiter wird durch eine am 20. April 1970 von den Arbeitgeberverbänden und den Gewerkschaften unterzeichneten paritätischen Vereinbarung eingeführt. Diese Maßnahme dehnt die den monatlich bezahlten Beschäftigten bisher vorbehaltenen Vorteile beim Urlaub, dem Krankheitsgeld und bei den Ruhestandsregelungen usw. auf die Arbeiter aus. Vor allem aber bedeutet dies das Ende des Arbeiterlohns als direkter Vergütung einer punktuellen Arbeit zugunsten einer Auffassung des Lohns als Gegenleistung dafür, daß der Arbeiter seine Zeit global zur Verfügung stellt. 1969 bekamen erst 10,6% der Arbeiter einen Monatslohn. 1971 werden es schon 53% und 1977 82,5% sein (vgl. F. Sellier, *les Salariés en France, op. cit.*, S. 110).

141 A. Sauvy, »Développement économique et répartition professionnelle de la population«, *Revue d'économie politique*, 1956, S. 372.

all den genannten Beziehungen bei weitem noch nicht wettgemacht haben.[142] Es kommt hier vor allem auf die Tatsache an, daß diese Gruppen ungeachtet dieser Unterordnung in ein Kontinuum von Stellungen eingereiht sind, die zusammengenommen die Gesellschaft bilden, und aus diesem Grund nicht hin und her wechseln, sondern nur Vergleiche ziehen können, indem sie sich differenzieren.

Die Allgegenwart des Themas Konsum während dieser Jahre – man denke an das Schlagwort der »Konsumgesellschaft«[143] – bringt treffend zum Ausdruck, was sich als *das Prinzip verallgemeinerter Differenzierung* bezeichnen ließe. Der Konsum herrscht über ein System von Beziehungen zwischen den sozialen Kategorien, demzufolge die Besitzobjekte *Markierungen* gesellschaftlicher Stellungen, »Indikatoren der Klassifizierung«[144] sind. Es stellt sich heraus, daß sein Wert überschätzt wird: Die Gesellschaftssubjekte bringen darin nicht ihren Schein, sondern ihre Identität zum Ausdruck. Sie manifestieren über das, was sie konsumieren, ihren Platz in der Gesamtgesellschaft. Als Analogon zum Opfer in einer heute transzendenzlosen Gesellschaft bezeichnet der Konsum von Gütern im eigentlichen Sinn den intrinsischen Wert eines Individuums in Abhängigkeit von dem Platz, den es innerhalb der Arbeitsteilung einnimmt. Der Konsum ist die Grundlage eines »Handels« im Sinne des 18. Jahrhunderts[145], das heißt eines gesitteten Austauschs, über den die gesellschaftlichen Subjekte miteinander kommunizieren.

Ohne hier ein erschöpfendes Panorama der Lohnarbeitsgesellschaft entwerfen zu wollen, sollten wir doch den Platz eines letzten Blocks zumindest andeuten, den wir *peripher* oder *residuell* nennen wollen. Die relative Integration der Mehrheit der Beschäftigten, welche unter anderem in der monatlichen Bezahlung zum Ausdruck kommt, schaufelt einen Graben zwischen ihnen und einer dadurch marginalisierten Gruppe von Arbeitskräften, welche die instabil, saisonal, unstetig Beschäftigten bilden.[146] Diese »peripheren Arbeitnehmer«[147] sind der Konjunktur ausgesetzt. In erster Linie bekommen sie die Folgen der schwankenden Nachfrage nach Arbeitskräften zu spüren. In der Mehrzahl bestehend aus Einwanderern, Frauen, jungen Menschen ohne Qualifikationen, älteren Arbeitnehmern, die dem »Strukturwandel« nicht mehr folgen können, nehmen sie die mühevollsten und prekärsten Positionen im Unternehmen ein, haben die niedrigsten Einkommen und kommen am wenigsten in den Genuß sozialer Rechte. Sie kampieren eher an den Rändern der Lohnarbeitsgesellschaft, als daß sie einen angestammten Platz in ihr haben. Während die Lage der Arbeiter sich konsolidiert, besteht inmitten der hauptsächlich manuelle Tä-

142 Bei J.-D. Reynaud, Y. Graffmeyer, *Français, qui êtes-vous?, op. cit.*, findet sich eine ganze Reihe von Tabellen, welche die Unterschiede zwischen den einzelnen Gesellschaftskategorien hinsichtlich Einkommen, Vermögen, Zeugnissen und Diplomen, Zugang zu Kultur und Freizeitmöglichkeiten, sozialer Mobilität usw. herausstreichen. Die nur knapp von den Angestellten überflügelten Arbeiterkategorien besetzen regelmäßig (läßt man bestimmte Kategorien von Landwirten und Nichterwerbstätigen, die im Verschwinden befindlichen Landarbeiter und die Bevölkerungsgruppen der »Vierten Welt«, auf die wir noch näher eingehen werden, unberücksichtigt) die letzten Ränge.

143 Vgl. J. Baudrillard, *la Société de consommation*, Paris, Denoël, 1970.

144 M. Aglietta, A. Brender, *Les Métamorphoses de la société salariale, op. cit.*, S. 98.

145 Vgl. die Anm. d. Übers. in der Einleitung, S. 21.

146 Vgl. J. Bunel, *la Mensualisation, une réforme tranquille?, op. cit.*, S. 192–193.

147 Parallel zu den Arbeiten über die Segmentierung des Arbeitsmarktes kommt das Thema des »peripheren Arbeitnehmers« in den Vereinigten Staaten zu Ende der sechziger Jahre auf, vgl. D. Morse, *The peripheral Worker*, New York, Columbia University, 1969.

tigkeiten verrichtenden Beschäftigten eine Trennungslinie fort, ja vertieft sich sogar noch, und zwar zwischen verwundbaren Gruppen, deren Lage an die des früheren Proletariats erinnert, einerseits und einer Mehrheit andererseits, die scheinbar solide in den Prozeß erweiterter Teilhabe an den Wohltaten des wirtschaftlichen und sozialen Fortschritts einbezogen ist. Dennoch werden die Besonderheiten wie auch der Ernst des Phänomens vor Ablauf der siebziger Jahre noch nicht recht gesehen. Für die Anhänger des Fortschritts ist dieses Phänomen in der alles beherrschenden Dynamik versunken, welche die gesamte Gesellschaft in den Überfluß mitreißt. Diejenigen, die sich dafür aus im wesentlichen politischen Gründen interessieren, sehen darin den Beleg für das Fortbestehen der Ausbeutung der Arbeiterklasse als solcher.[148] Die Bedeutung dieser Kluft inmitten der Lohnarbeitsgesellschaft wird erst später mit dem Thema der Prekarität ins öffentliche Bewußtsein treten.

Schließlich kann man diese »peripheren« Situationen mit denen von Bevölkerungsgruppen vergleichen – ohne sie freilich damit zu vermengen –, die niemals zur Dynamik der Industriegesellschaft Zugang bekommen haben. Damit ist das gemeint, was als »Vierte Welt« bezeichnet wird, ein Ausdruck von etwas zweifelhafter Exotik, so als ob in den entwickelten Gesellschaften immer noch archaische Inseln fortbestünden, von all jenen bevölkert, die, ohne durch die anerkannten Sozialisationsinstanzen gegangen zu sein, den Preis der sozialen Integration nicht haben zahlen können oder wollen und sich außerhalb der regulären Arbeitswelt, annehmbarer Wohnungen, der üblichen Familienverbindungen bewegen. »All jene, die in den modernen Strukturen keinen Platz gefunden haben, verbleiben außerhalb der großen Ströme des Lebens der Nation.«[149] Sie irren an den Stadträndern umher, hausen dort, vermehren sich untereinander von Generation zu Generation, leben von Notbehelfen oder Unterstützungen und scheinen die wohlmeinenden Bemühungen all derer zu enttäuschen, die sie moralisieren und normalisieren wollen. Man schämt sich ihrer etwas in Zeiten des Wirtschaftswachstums und der Neuorientierung an den Werten der Moderne, doch liegt im Grunde nichts Skandalöses in der Tatsache, daß es wie in gewiß jeder Gesellschaft einen begrenzten Rand von Marginalisierten oder Asozialen gibt, die das übliche Spiel nicht mitspielen. Jedenfalls scheinen diese Restansammlungen an Armut weder die allgemeinen Regeln des sozialen Austauschs, noch die Dynamik des kontinuierlichen Fortschritts der Gesellschaft in Frage zu stellen. Von »Vierter Welt« zu sprechen, läuft darauf hinaus, zu behaupten, daß »diese Leute da« nicht aus dem Holz geschnitzt sind, aus dem man Lohnabhängige macht.

148 Vgl. die damaligen Diskussionen über die »relative« oder »absolute Pauperisierung«. Ganz allgemein wird diese Thematik der Fragmentierung der Arbeiterklasse aufgrund der Quasi-Vollbeschäftigung im Augenblick ihres Auftretens eher in Begriffen des Fortbestehens von Ungleichheiten als in Begriffen eines Anstiegs der Prekarität gefaßt.

149 Vorwort von Abbé Wresinski zu J. Labbens, *la Condition prolétarienne*, Paris, Sciences et service, 1965, S. 9. Dieses Buch trägt den Untertitel »Das Erbe der Vergangenheit«, der nur allzu bezeichnend ist für die Wahrnehmung der Armut als einer Art Fremdkörper in der Lohnarbeitsgesellschaft. Vgl. auch J. Labbens, *Sociologie de la pauvreté*, Paris, Gallimard, 1978. Für diesen Autor stehen »die Armen auf der untersten Stufe, ja sogar noch neben der Leiter, ohne überhaupt einen Fuß auf die erste Sprosse setzen zu können. Sie erkennen sich in der Arbeiterklasse nicht wieder, und die Arbeiterklasse sich in ihnen nicht« (S. 108). Der vorgefaßte Entschluß, die Problematik der »Vierten Welt« als eine von der der Arbeiterklasse völlig verschiedene zu denken, stellt einen zentralen – und überaus diskutablen – Bestandteil der Ideologie von ATD-Quart Monde dar (ATD-Quart Monde ist eine französische Hilfsorganisation für die sozial Ausgegrenzten der Großstädte; Anm. d. Übers.).

Die Existenz dieser »peripheren« oder »residualen« Bevölkerungsgruppen einmal beiseite gelassen – und zweifellos auch an der Gesellschaftsspitze auch jene der herausragenden Positionen, der Künstler, Medienstars, Topmanager, Erben der großen Vermögen, deren Lage dem normalen Leben unermeßlich vorkommt, doch hat man da eben eine andere Exotik nötig als die der »Vierten Welt«, um die Mythologie von *Paris Match*[150] mit Nahrung zu versorgen –, kann die Lohnarbeitsgesellschaft eine trotz all ihrer Differenziertheit doch relativ einheitliche Struktur entfalten. Und dies nicht nur, weil das Gros der gesellschaftlichen Aktivitäten um die Lohnarbeit zentriert ist (beinahe 83% der Beschäftigten im Jahr 1975), sondern vor allem weil die Mehrheit der Gesellschaftsmitglieder in der Lohnarbeit ein einzigartiges Prinzip findet, das sie eint und gleichzeitig trennt und damit ihre *soziale Identität* begründet. »In einer Lohnarbeitsgesellschaft zirkuliert alles, jeder mißt sich und vergleicht sich.«[151] Eine vielleicht übertriebene Formulierung, da ja eine solche Gesellschaft Ränder aufweist, herausragende Positionen oberhalb der Lohnarbeit und Positionen der Würdelosigkeit unterhalb von ihr. Eine im großen und ganzen dennoch treffende Formulierung, wenn man »sich vergleichen« nicht mit »gleichwertig sein« verwechselt, und wenn man »sich messen« als ein »In-Wettbewerb-Treten« versteht, durch das die Gesellschaftssubjekte ihre Identität in der Differenz ausspielen. Die Lohnarbeit ist nicht einfach nur ein Modus der Bezahlung für eine Arbeit, sondern die Voraussetzung dafür, daß die Individuen sich im sozialen Raum verteilen. Wie Margaret Maruani und Emmanuèle Reynaud bemerken, »steht hinter jedem Beschäftigungsverhältnis ein gesellschaftliches Werturteil«.[152] Man muß diese Aussage in ihrer wortwörtlichen Bedeutung nehmen: Der bzw. die Lohnabhängige wird entsprechend seines/ihres Beschäftigungsverhältnisses beurteilt und verortet, und von diesem Ort aus finden die Lohnabhängigen ihren gemeinsamen Nenner und existieren gesellschaftlich.

Der Wachstumsstaat

Trotzdem läßt sich die Lohnarbeitsgesellschaft nicht auf einen Nexus lohnabhängiger Positionen reduzieren. Nur dem Spiel von Konkurrenz und Distinktion überlassen, risse sie wohl in einer zentrifugalen Bewegung auseinander. Sie ist auch eine Form *politischen Managements*, die das Privateigentum mit dem Sozialeigentum, die Wirtschaftsentwicklung mit der Gewährung sozialer Rechte, den Markt mit dem Staat vereint. Als Wachstumsstaat bezeichne ich die Kombination der beiden Hauptparameter, die die Lohnarbeitsgesellschaft auf ihrem Weg begleitet haben und eine feste Verbindung mit ihr eingegangen sind: das Wirtschaftswachstum und der Ausbau des Sozialstaats. Der Schlag, der der ganzen Entwicklung Einhalt gebot, kann zwar schon als eine Auswirkung der Wirtschaftskrise aufgefaßt werden, vor allem aber als die Infragestellung dieser ausgeklügelten Koppelung von ökonomischen Faktoren und sozialen Regulierungen, welche für die freilich auch fragile Beschaffenheit der modernen Lohnarbeit gesorgt hatte.

150 Blatt der französischen Regenbogenpresse; Anm. d. Übers.
151 M. Aglietta, A. Brender, *Les Métamorphoses de la société salariale, op. cit.*, S. 98.
152 M. Maruani, E. Reynaud, *Sociologie de l'emploi, op. cit.*, S. 113.

Zuerst zum Wirtschaftswachstum: Was sich bis zum Beginn der siebziger Jahre als eine Selbstverständlichkeit ausnahm, entpuppt sich nun als verstörende Eigentümlichkeit einer nie einzigartigen Phase der Menschheitsgeschichte, oder zumindest der Geschichte der industrialisierten Länder. Etwa zwischen 1953 und 1975 kommt es bei jährlichen Wachstumsraten von 5 bis 6% praktisch zu einer Verdreifachung der Produktivität, des Konsums und der Einkommen aus abhängiger Arbeit.[153]

Diese unglaubliche Reichtumszunahme hat der Lohnarbeitsgesellschaft ihren Spielraum verschafft. Es gab also, um den bekannten Ausspruch Louis Bergerons, des Generalsekretärs der CGT-Force-ouvrière aufzugreifen, »Korn zu mahlen«. Damit ist nicht nur die Verteilung eines relativen Überflusses an Gütern gemeint. Das Wachstum erlaubt, solange es anhält, Wechsel auf die Zukunft auszustellen. Es geht nicht allein darum, heute diesen oder jenen Vorteil für sich herauszuschlagen, sondern eine dauerhafte Verbesserung seiner Lage ins Auge fassen zu können. Die Wirtschaftsentwicklung schließt also sozialen Fortschritt als eine den miteinander konkurrierenden Gruppen gemeinsame Zielvorstellung mit ein. Daraus folgt, daß die Disparitäten, wie wir sie hier und jetzt erleben, auch als provisorische Differenzen wahrgenommen werden können. »Die sektoralen Forderungen« lassen sich auf diese Weise legitimieren[154] – man könnte sogar sagen sublimieren: Sie stellen Etappen einer Wegstrecke dar, die man beim Kampf gegen die Ungleichheiten bewältigen muß. Wenn eine einzelne Bevölkerungskategorie ganz und gar nicht bekommt, was sie verlangt – und im Gegenteil sogar denkt, daß sie niemals genug davon bekommt –, dann profitiert sie ja schon von etwas. Und darüber hinaus kann sie immer davon ausgehen, daß sie in Zukunft noch mehr bekommt. Eine solche Projektion der Wünsche auf den Horizont der Zukunft beruhigt das Spiel heute und gibt dem sozialdemokratischen Ideal eines fortschreitenden Abbaus der Ungleichheiten einen Kredit für morgen. Diese Wette auf die Zukunft ist nicht nur ein Akt des Glaubens an die Kraft des Fortschritts im allgemeinen. Durch seinen Konsum, seine Investitionen in dauerhafte Güter, seine Inanspruchnahme von Krediten geht der Arbeitnehmer Tag für Tag von einem immerwährenden Wirtschaftswachstum aus und knüpft sein Schicksal ganz konkret an den unendlichen Fortschritt. In der Lohnarbeitsgesellschaft ist die Vorwegnahme einer besseren Zukunft in der Struktur der Gegenwart verankert. Das gilt um so mehr, als der Lohnabhängige darauf hoffen kann, seine Wünsche, indem er sie auf die nachfolgenden Generationen projiziert, zeitverzögert verwirklichen zu können: Was ich nicht erreicht habe, das erreichen meine Kinder.

Die Entwicklung der Lohnarbeitsgesellschaft hatte deshalb stets etwas zur Voraussetzung, von dem man sich fragen darf, ob es intrinsisch mit ihr zusammenhängt oder nur eine konjunkturbedingte Größe darstellt: das Wirtschaftswachstum. Sie hatte sich jedoch noch auf einen weiteres Bündel von Voraussetzungen gestützt: den Ausbau des Sozialstaats. Wenn die Konkurrenz und das Bemühen um Distinktion

153 Vgl. beispielsweise E. Mossé, *la Crise... et après*, Paris Le Seuil, 1989; Y. Barou, B. Kaiser, *les Grandes Économies*, Paris, Le Seuil, 1984. Für das CERC (ein in dieser Form inzwischen nicht mehr bestehendes, auf Einkommens- und Kostenentwicklungsstudien spezialisiertes Wirtschaftsforschungsinstitut; Anm. d. Übers.) hat die Kaufkraft der Löhne bei konstantem Franc zwischen 1950 und 1973 um das 2,7-Fache zugenommen (*CERC*, n° 58, 2e trimestre 1981).

154 M. Aglietta, A. Brender, *Les Métamorphoses de la société salariale, op. cit.*, S. 80.

tatsächlich wesentlich zur Arbeitnehmerlage gehören, dann werden zur Erhaltung ihres Gleichgewichts Schlichtungen und die Aushandlung von Kompromissen unerläßlich. Ebenso, wie eine Klassengesellschaft mangels eines vermittelnden Dritten der Gefahr eines frontalen Zusammenstoßes ausgesetzt wäre, droht eine Lohnarbeitsgesellschaft ohne zentrale Regulierungsinstanz in kategoriellen Kämpfen verschlissen zu werden. Die Lohnarbeitsgesellschaft ist auch und vor allem eine Gesellschaft, in deren Zentrum sich der Sozialstaat eingerichtet hat.

Die Intervention des Staates hat sich im wesentlichen in drei Richtungen entwikkelt, die wir im Vorangegangenen zwar schon umrissen haben, die sich jedoch erst im Rahmen dieser neuen Gesellschaftsform richtig entfalten: Garantie allgemeiner sozialer Sicherung, Wahrung der großen Gleichgewichte sowie Steuerung der Wirtschaft, Suche nach einem Kompromiß zwischen den an diesem Wachstumsprozeß beteiligten Partnern.

1. Die Schaffung der heutigen Sozialversicherung im Jahr 1945 stellt zunächst eine entscheidende Etappe der *Absicherung der lohnabhängigen Beschäftigten* in Weiterführung des Transfereigentums dar (vgl. das vorangegangene Kapitel). Der Ausbau des Systems während des folgenden Jahrzehnts schließt jedoch den Übergang einer Klassengesellschaft in eine Lohnarbeitsgesellschaft ab. Die Verordnung vom 4. Oktober 1945 scheint die ursprüngliche Zielsetzung der Sozialversicherungen zu verwirklichen: Sie macht Schluß mit der massenhaften Verwundbarkeit der Unterschichten, diesmal allerdings endgültig. Die Bezugsgruppe – »die Arbeitnehmer« – ist noch die Arbeiterklasse, die entsprechende Beschäftigungsform ist die »Lohnarbeit der Arbeiter« (salariat ouvrier), die mehr recht als schlecht ihrer jahrhundertealten Prekarität entstiegen ist. Gegen diese die Arbeitskräfte bedrohenden »Risiken aller Art« richtet sich die Sozialversicherung. »Es wird eine Sozialversicherungsanstalt errichtet, deren Aufgabe es ist, den Arbeitnehmern und ihren Familien eine Garantie gegen die Risiken aller Art zu bieten, die ihre Erwerbsfähigkeit verhindern oder beeinträchtigen könnten, sowie die aus der Mutterschaft resultierenden Belastungen und die Familienlasten aufzufangen.«[155]

Konsolidierung der »Erwerbsfähigkeit« der Arbeitnehmer: ein solches Programm läßt sich teilweise als Fortführung einer Position, wie sie die Volksfront vertrat, verstehen, in deren Augen die Herstellung sozialer Gerechtigkeit über die Verbesserung der Situation der Arbeiterklasse verlief.[156] Die Arbeiter sind immer noch die Hauptstütze und das am schlechtesten behandelte Segment der Industriegesellschaft, und der Fortschritt der Gesamtgesellschaft muß mit ihrer Befreiung seinen Anfang nehmen. War es möglich, diese positive Diskriminierung der Arbeitnehmer mit der gleichzeitig bekundeten Absicht zu vereinen, die Gesamtbevölkerung vor Unsicherheit zu schützen? »Jeder Franzose mit Wohnsitz auf dem Territorium des französischen Festlands kommt [...] in den Genuß der Gesetzgebung zur Sozialversiche-

155 Verordnung n° 45-2258 vom 4. Oktober 1945, *Journal officiel*, 6. Oktober 1945, S. 6280.

156 Wenn das Werk der Volksfront auf dem Gebiet des Arbeitsrechts und der Kollektivverträge recht ansehnlich gewesen ist, so hat sie doch, wohl aus Mangel an Zeit, keinerlei Maßnahme betreffs der sozialen Sicherung im eigentlichen Sinn getroffen.

rung.«[157] Ja, wenn ein ausgeprägter politischer Wille ein allgemeines System (für alle) durchsetzt, dessen Finanzierungs- und Umverteilungsmechanismen bestimmte Gruppen (die am meisten bedrohten Beschäftigten) begünstigen. Und gerade das war nach der Befreiung gewollt.[158] Das allgemeine System sollte eine stark umverteilende Komponente beinhalten, was man durch ein Aufstocken der Arbeitnehmereinkommen und der Einkommen der benachteiligten Familien erreichen wollte, die durch Abgaben der wohlhabendsten Kategorien finanziert werden sollten.[159] Doch läßt man erst einmal die soziologischen Schwerkräfte wirken, dann verteidigt jede Gesellschaftsgruppe ihr Eigeninteresse.

Diese soziologischen Schwerkräfte sind mit denen der oben untersuchten Transformation der Lohnarbeit identisch. In dem Moment, wo es zur Schaffung des allgemeinen Systems der Sozialversicherung kommt, wird die Lohnarbeiterschaft von anderen, besser gerüsteten Arbeitnehmergruppen teilweise schon wieder überholt. Zugleich ist sie von nicht-lohnabhängigen Kategorien, den Selbständigen, umgeben, die einer Angleichung an die Arbeiterlage nur mit Widerwillen begegnen. Sobald die politische Konjunktur ihnen erlaubt, ihrer Stimme Gehör zu verschaffen, werden sie ein anderes System durchsetzen.[160]

Die Zunahme der Sondersysteme bedeutet keineswegs nur eine marginale Anpassung am Rande, sondern den Schritt hinein in ein vollkommen anderes System. Es spiegelt die Uneinheitlichkeit der Lohnarbeitsgesellschaft wider, in der sogar die Selbständigen das eigentlich für die Arbeitnehmer urbar gemachte Land besetzen und dabei auf eine Maximierung der Vorteile bei minimalen Kosten an Sicherheit aus sind.[161] Da ist eher eine Logik der Differenzierung und der Distinktion am Werke als eine der Solidarität oder des Konsens'. Das Organigramm der Sozialversicherung spiegelt also recht getreu die Struktur der Lohnarbeitsgesellschaft wider, die einer hierarchisierten Gesellschaft eben, in der jede Berufsgruppe ängstlich auf ihre Vor-

157 Gesetz vom 22. Mai 1946 »über die Generalisierung der Sozialversicherung«, Artikel 1.

158 Zum Kontext der Befreiung – die Direktiven des Nationalen Widerstandsrates seit 1944, das Bemühen um die Stärkung der nationalen Solidarität nach dem Unglück und den Spaltungen des Kriegs, die Vormachtstellung einer zahlenmäßig von der »Partei der Arbeiterklasse« dominierten Linken, die erzwungene Zurückhaltung einer stark in Verruf geratenen Rechten und der Arbeitgeberschaft usw. – vgl. H. Galant, *Histoire politique de la Sécurité sociale*, Paris, A. Colin, 1955. Zur Bedeutung des Beveridge-Berichts, *Social Insurance and Allied Services*, London, 1942, und seines Einflusses auf die französische Entwicklung, vgl. A. Linossier, *Crise des systèmes assurantiels aux États-Unis, en Grande Bretagne et en France*, thèse pour le doctorat en sociologie, université Paris VIII, 1994.

159 Es bestand die Absicht, »von den Einkommen der wohlhabenden Individuen die notwendigen Summen abzuschöpfen, um damit die Ressourcen der Beschäftigten oder der benachteiligten Familien aufzustocken« (A. Parodi, »Exposé des motifs accompagnant la demande d'avis n° 504 sur le projet d'organisation de la Sécurité sociale«, *Bulletin de liaison n° 14 du Comité d'histoire de la Sécurité sociale*).

160 Dieses System wird schließlich 120 Basissysteme und 12.000 Zusatzsysteme umfassen, vgl. N. Murard, *la Protection sociale, op. cit.*, S. 90ff. Zu den zur Blockade des allgemeinen Systems führenden Ereignissen, vgl. H. Galant, *Histoire politique de la Sécurité sociale, op. cit.* Hinter den Kulissen der parlamentarischen Bühne haben die Repräsentanten der verschiedenen Berufsgruppen und der »Selbständigen« intensive Lobby-Arbeit betrieben. Abgesehen von der Rolle der Ärzteschaft beim Durchkreuzen der medizinischen Seite des Programms ist die Rolle der *Confédération générale des cadres* ausschlaggebend gewesen, welche die jeglicher Annäherung an den Status der Arbeiter feindselig gegenüberstehenden Beschäftigtengruppen vertraten, vgl. L. Boltanski, *les Cadres, op. cit.*, S. 147f. (dt. Übers. *Die Führungskräfte, op. cit.*, S. 95f.).

161 Vgl. G. Perrin, »Pour une théorie sociologique de la Sécurité sociale dans les sociétés industrielles«, *Revue française de sociologie*, VII, 1967. Das Bemühen um Differenzierung hat innerhalb der Arbeiterklasse ebenfalls eine Rolle gespielt: Die schon früher mit Sondersystemen ausgestatteten Berufsgruppen wie Bergleute, Eisenbahner, Seeleute u.a. unternahmen alles, um ihre «Errungenschaften« zu wahren. Zur Bedeutung der Systeme, die schon vor dem Generalisierungsversuch bestanden, vgl. F. Netter, »Le retraites en France avant le XXe siècle«, *Droit social*, n° 6, Juni 1963.

rechte bedacht und hartnäckig um ihre Anerkennung und um die Distanz gegenüber allen anderen bemüht ist.

Selbst wenn man den Verlust an demokratischer Gesinnung bedauert, die den Ausgangspunkt für das System bildete, ebenso manche seiner Lücken[162], so muß man doch darin übereinstimmen, daß es exakt der Transformationslogik der Lohnarbeitsgesellschaft entspricht. In der hierarchischen Unterordnung der Arbeiterklasse spiegelt sich der Verlust ihrer Rolle als Magnet der Arbeitnehmerlage. Die Schaffung der Sozialversicherung läßt sich also als die Apotheose einer Lohnabhängigkeit interpretieren, in der den nicht von den Arbeitern verkörperten abhängig Beschäftigten ein immer bedeutenderer Platz zukommt. Sie bildete eine Form sozialen Schutzes aus, der einer Gesellschaft eigen ist, in der mehr Differenzierung als Gleichheit am Werke ist. Einesteils scheint die Jahrhunderte währende Verwundbarkeit der Volksklassen gebannt: es gibt ein Sicherheitsnetz für alle. Doch die Sozialisierung der Einkommen betrifft ebenfalls die anderen Arbeitnehmerkategorien und damit – eins ergibt das andere – praktisch die gesamte Gesellschaft.[163] Das »Transfereigentum«, dessen Logik mit den Industrie- und Landarbeiterrenten und den Sozialversicherungen am unteren Ende der sozialen Stufenleiter angesetzt hatte (vgl. Kapitel VI), universalisiert sich nun. Nun macht der »indirekte Lohn« ungefähr ein Viertel der Einkommen aus unselbständiger Beschäftigung aus, und er hat nicht zum einzigen Ziel, die Verwundbarsten vor den Risiken sozialer Ausgrenzung zu bewahren. [164]

Diese Entwicklung markiert also zugleich einen Sprung in der Geschichte der Lohnabhängigkeit sowie des Sozialeigentums, für das der Staat die Rolle des Initiators wie des Garanten einnimmt. Letzteres nicht nur, weil die Bedeutung der staatlichen Verwaltung bei der Errichtung des Systems vorrangig gewesen ist (vgl. beispielsweise die von Pierre Laroque in Frankreich oder die von Lord Beveridge in England gespielte Rolle, letzterer im Auftrag der Regierung). Vielmehr ist eine rechtliche Dimension in der Struktur des Lohns selbst verankert. Aufgrund des indirekten Lohns »kommt es immer weniger auf den Besitz eines jeden an, als auf die gesamten Rechtsansprüche, die von der Gruppe, der er zugehört, geltend gemacht werden. Das Haben hat weniger Bedeutung als der über einen Komplex von Regeln definierte kollektive Status.«[165]

Die allgemeine Ausweitung der Versicherung bezieht praktisch die Gesamtheit der Gesellschaftsmitglieder in das System des Transfereigentums ein. Das ist nun auch die letzte Episode im Hin und Her zwischen Vermögen und Arbeit. Ein Teil des

162 Insbesondere das Fehlen einer Absicherung gegen die Arbeitslosigkeit. Dagegen dürfte eine umfassende Untersuchung des Sicherungssystems den Akzent auf die Bedeutung der Familienbeihilfen, Ausdruck der Vorrangstellung natalistischen Gedankenguts in Frankreich, setzen.

163 75% der französischen Bevölkerung sind 1975 erfaßt, 1984 sind es bereits 99,2% (vgl. C. Dufour, *la Protection sociale*, Paris, La Documentation française, 1984, S. 49).

164 Die für die soziale Sicherung aufgewandten Summen machen 1938 10% des Nationaleinkommens aus, 1960 15,9%, 1970 24% und 1980 27,3% (vgl. J. Dumont, *la Sécurité sociale toujours en chantier*, Paris, Éditions ouvrières, 1981, S. 42). In Prozent am verfügbaren Einkommen der Haushalte sind die Sozialleistungen von 1,1% im Jahr 1913 auf 5% 1938, 16,6% 1950, 28% 1975, und 32,4% im Jahr 1980 gestiegen (R. Delorme, C. André, *l'État et l'économie, op. cit.*, S. 415).

165 H. Hatzfeld, »La difficile mutation de la sécurité-propriété à la sécurité-droit«, *loc. cit.*, S. 57.

Lohns (des Wertes der Arbeitskraft) entgeht nun den Fluktuationen der Ökonomie und stellt eine Art *für die Sicherheit vorgesehenes Eigentum* dar, das aus der Arbeit hervorgegangen und in Situationen außerhalb der Arbeit wie Krankheit, Alter oder Unfall verfügbar ist. Der Sozialstaat sitzt aus diesem Grund im Zentrum des Lohndispositivs. Er hat sich als die dritte Instanz etabliert, der die Rolle des Vermittlers zwischen den Interessen der Arbeitgeber und denen der Arbeitnehmer zukommt: »An die Stelle der direkten Beziehungen zwischen Arbeitgebern und Arbeitnehmern sind nach und nach die Dreiecksbeziehungen zwischen Arbeitgebern, Arbeitnehmern und Sozialinstitutionen getreten.«[166]

(2) Diese die soziale Sicherung durchdringende Staatsauffassung verhält sich komplementär zu der vom Staat ausgeübten Rolle als ökonomischem Akteur, die ebenfalls nach dem Zweiten Weltkrieg zur Blüte kommt. Doch während die Sozialversicherung einen seit dem 19. Jahrhundert in Gang gekommenen Verallgemeinerungsprozeß des Sozialeigentums durchläuft, stellt die Intervention des Staates als Steuerungsinstanz der Wirtschaft eine Innovation dar.[167] Zunächst im Rahmen des Wiederaufbaus, dann der Modernisierung macht der Staat die Fortentwicklung der Gesellschaft zu seiner Sache. Er verfolgt eine voluntaristische Politik, um die großen Gleichgewichte festzulegen, die bevorzugten Bereiche für Investitionen auszuwählen und den Konsum durch eine Politik der Nachfrageankurbelung zu stützen. Zu Beginn der fünfziger Jahre fallen die Investitionen des Staates in die Grundstoffindustrie höher aus als die des Privatsektors.[168] In dieser gelenkten Ökonomie kommt den verstaatlichten Unternehmen und dem öffentlichen Sektor eine Pilotfunktion zu. Ihre Fortführung findet sie in Eingriffen in das Kreditwesen, Preise, Löhne etc.

166 J.-J. Dupeyroux, *Droit de la Sécurité sociale*, Paris, Dalloz, 1980, S. 102. Erinnern wir uns, daß der Staat diese Rolle spielt, ohne sich jedoch direkt in die Verwaltung des Systems einzumischen, das ja bekanntlich paritätisch funktioniert. Darin liegt der Beleg dafür, daß das Funktionieren des Sozialstaats nicht notwendigerweise mit der Ausbreitung einer schwerfälligen staatlichen Bürokratie einhergeht, selbst im Falle des französischen Staates. Es ist vielleicht nicht unnütz, daran zu erinnern, daß das französische System der Sozialversicherung unvergleichlich flexibleren, stärker diversifizierten und dezentralisierteren Regeln gehorcht als beispielsweise das englische System (vgl. D. E. Ashford, *British Dogmatism and French Pragmatism*, London, George Allen and Unwin, 1982).

167 Nicht, daß der »liberale« Staat sich verböte, eine Politik zu betreiben, die offen das spontane Spiel der Wirtschaft konterkarriert, wie etwa der von Guizot oder Thiers praktizierte bewußte Protektionismus, die systematische Förderung der Landwirtschaft zum Nachteil der Industrie, oder während des Ersten Weltkriegs die Mobilisierung des Großteils der Produktion im Dienst der nationalen Verteidigung (vgl. P. Rosanvallon, *l'État en France de 1789 à nos jours, op. cit.*). Doch abgesehen von Kriegszeiten, deren Erlasse, sobald der Frieden wieder eingekehrt war, zum überwiegenden Teil zurückgenommen wurden, darf sich der Staat in die Verwaltung der Industrie nicht einmischen, und es ist Sache der Industriellen, die Unternehmensziele festzusetzen und sie so gut wie möglich ihren Interessen gemäß zu verfolgen. In der Zwischenkriegszeit kommen die ersten Planwirtschafts- und Verstaatlichungskonzepte im Dunstkreis des reformorientierten Sozialismus' sowie in den von der Errichtung eines starken Staates versuchten Milieus auf. Die CGT entwirft ein Grundsatzprogramm für Verstaatlichungen, doch das bleibt nur auf dem Papier bestehen. Die einzige Initiative eines Wirtschaftsdirigismus', die von der Verstaatlichungen feindselig gegenüberstehenden Volksfront-Regierung unter Léon Blum in die Wege geleitet wird, besteht in der Schaffung eines Getreidebüros, um den Bauern ein Minimaleinkommen zu gewähren, ein zusätzliches Zeichen des Vorrangs, den man den Interessen der Landwirtschaft gegenüber denen der Industrie einräumt (vgl. R. Kuisel, *le Capitalisme et l'État en France, op. cit.*, und A. Bergourioux, »Le néosocialisme. Marcel Déat: réformisme traditionnel ou esprit des années trente?«, *Revue historique*, n° 528, Oktober-Dezember 1978; Jacques Amoyal, »Les origines socialistes et syndicalistes de la planification en France«, *le Mouvement social*, n° 87, April-Juni 1974; zum quantitativen Anwachsen der staatlichen Investitionen, vgl. R. Delorme, C. André, *l'État et l'économie, op. cit.*).

168 R. Kuisel, *le Capitalisme et l'État en France, op. cit.*, S. 437.

»Der Staat genoß ein beeindruckendes Steuerungsvermögen, neben anderen Bereichen gerieten die Investitionen, das Kreditwesen, die Preise und die Löhne mehr oder weniger unter seine Kontrolle. Er konnte zum Beispiel auf die Löhne Einfluß nehmen, indem er einerseits einen allgemeinen Minimallohn, andererseits die Besoldungsstufen im öffentlichen Dienst festlegte. Die neuen statistischen Ämter und Konjunkturforschungsinstitute erwiesen sich als äußerst nützlich, wobei sie auch die Einstellung eines Staates symbolisierten, der nun bereit war, in die Zukunft zu sehen, um sie besser organisieren zu können.«[169]

Auf diese Weise werden die Instrumente für eine Sozialisierung der Produktionsbedingungen bereitgestellt. In Anwendung keynesianischer Grundsätze wird die Ökonomie nicht mehr als eine separate Sphäre angesehen. Sie ist durch gezielte Interventionen – in die Preisgestaltung, die Löhne, die Investitionen, die Beihilfen für bestimmte Sektoren usw. – formbar. Der Staat lenkt die Wirtschaft. Er bewerkstelligt eine Übereinstimmung zwischen ökonomischen, politischen und gesellschaftlichen Zielen. Zirkularität einer Steuerung, die auf die Wirtschaft Einfluß nimmt, um das Soziale zu fördern, und die aus dem Sozialen das Mittel macht, um die Wirtschaft wieder in Schwung zu bringen, wenn sie einmal einbricht.[170] Claus Offe zufolge wird die staatliche Autorität der Wirtschaft über die Steuerung der globalen Nachfrage »eingeflößt«, während die Zwänge des Marktes in den Staat »eingeführt« werden.[171] Die vermeintlichen Gesetze der Ökonomie werden nicht mehr als Schicksal hingenommen. Über die Politik der Nachfragesteuerung, die Rolle, die er als Garant der Löhne spielt, über die von ihm gefällten industriepolitischen Entscheidungen interveniert der Staat sozusagen nicht nur als Produzent von Gütern, sondern auch als Produzent von Konsumenten, also von zahlungskräftigen Beschäftigten.

Doch in erster Linie muß sich unsere Aufmerksamkeit mit Blick auf unser Anliegen auf die Entwicklung des Sozialeigentums richten. Es geht zunächst um die Verstaatlichungen, von denen Henri de Man schon sagte, daß sie eine Übertragung von Autorität über das Eigentum vornehmen (vgl. Kapitel VI); des weiteren aber auch um die Entwicklung des öffentlichen Dienstes und der Kollektiveinrichtungen, über die man seit dem IV. Plan von 1962 (der erste, der sich »Plan zur ökonomischen *und sozialen* Entwicklung« nennt) hat sagen können, sie repräsentierten die Form, in der sich »das Soziale« verkörpert[172] – ob es sich nun um spezielle Einrichtungen zugunsten von benachteiligten Bevölkerungsgruppen handelt oder um die öffentlichen Dienste zum allgemeinen Nutzen. Pierre Massé nimmt Bezug auf die Beachtung, welche zur damaligen Zeit die (unter anderem von Jacques Delors vorgebrachten) Kritiken am »amerikanischen« Modell der auf den Individualkonsum ausgerichteten Wirtschaftsentwicklung finden. Insofern sie »einer weniger verkürzten Menschenauffassung« verpflichtet sind, stellen die Kollektiveinrichtungen ein ungeteiltes Eigen-

169 R. Kuisel, *ebd.*, S. 417.

170 Vgl. J. Donzelot, *l'Invention du social, op. cit.*, S. 170ff.

171 C. Offe, *Contradictions of the Welfare State*, London, Hutchinson, 1986, S. 182–183, und A. Linossier, *Crises des systèmes assurantiels aux États-Unis, en Grande-Bretagne et en France, op. cit.*

172 F. Fourquet, N. Murard, *Valeur des services collectifs sociaux, op. cit.*, S. 104.

tum für alle zur Verfügung.[173] Um einen Vers von Viktor Hugo zu zitieren: »Jeder hat seinen Anteil daran, doch alle haben es ganz.«[174]

Der öffentliche Dienst bewirkt also das Anwachsen des Sozialeigentums. Er verkörpert einen Typus von Gütern, die man sich nicht individuell aneignen kann und die nicht am Markt angeboten werden können, die aber dem öffentlichen Wohl dienen. Als außerhalb der Logik des Vermögens und des Reiches der privaten Güter stehend, gehört er in dieselbe Kategorie wie das Transfereigentum, welches die Sozialversicherung zur selben Zeit ausweitet. Es besteht eine Parallele zwischen der Konsolidierung eines »Sicherungs-Eigentums« und der Entwicklung eines Eigentums zum öffentlichen Gebrauch.

Man kann zögern, dieser Steuerungsform einen Namen zu geben. Richard Kuisel, der sich als sensibel gegenüber dem Rückzug dieser Positionen im Verhältnis zu den Verstaatlichungsoptionen erweist, die zur Zeit der Befreiung erwogen werden, spricht von »Neoliberalismus«.[175] Doch zu dieser Zeit handelt es sich noch um eine Form des Liberalismus', die mit den vorausgehenden liberalen Politiken gebrochen hat. Jacques Fournier und Nicole Questiaux sprechen ihrerseits von »sozialem Kapitalismus« und betonen den unbestreitbar kapitalistischen Charakter dieser Wirtschaftsweise mit gleichzeitigen Bemühungen um eine Einrahmung durch starke soziale Regulierungen.[176] Man kann auch von einem planwirtschaftlichen und zentralisierten Keynesianismus französischer Prägung sprechen, wie es Pierre Rosanvallon tut.[177] Doch über die französischen Spezifika hinaus hat Claus Offe diese Staatsform treffend charakterisiert: »Ein multifunktionales und heterogenes Ensemble von politischen und administrativen Institutionen, deren Ziel darin besteht, die Vergesellschaftungsstrukturen der kapitalistischen Wirtschaft zu organisieren.«[178] Über die Korrektive gegen ein wildes Funktionieren der Wirtschaft hinaus wird der Akzent auf den Prozeß der Sozialisierung gelegt, der die Parameter verändert, die bei der Förderung des Wirtschaftswachstums zusammenwirken. Auch hier steht der Staat im Zentrum der Entwicklungsdynamik der Lohnarbeitsgesellschaft.

3. Der Staat greift noch auf einer dritten Ebene steuernd ein, nämlich in die Beziehungen zwischen den »Sozialpartnern«. Dieses Bestreben gibt es schon seit der Zeit der ersten zaghaften Interventionen des Sozialstaates[179], aber selbst noch zu Beginn

173 Pierre Massé, zit. nach F. Fourquet, *les Comptes de la puissance*, Paris, Éditions Recherches, 1980.

174 Zit. nach F. Fourquet, N. Murard, *Valeurs des services collectifs sociaux, op. cit.*, S. 56. Das Bild im Gedicht Victor Hugos ist jenes des Leuchtturms, der für alle Seefahrer leuchtet und allen zu Diensten ist, den sich aber niemand aneignen kann.

175 R. Kuisel, *le capitalisme et l'État en France, op. cit.* Neben den Positionen von Pierre Mendès France vertrat André Philipp beispielsweise eine Option, die den Gewerkschaften bei der Definition und der Kontrolle der Wirtschaftspolitik breiten Raum zumaß. Doch die »konzertierte Ökonomie« hat sich tatsächlich auf die großen industriellen Zentren, auf die dynamischsten Sektoren des Kapitalismus' und die großen verstaatlichten Unternehmen gestützt.

176 J. Fournier, N. Questiaux, *le Pouvoir du social, op. cit.* In diesem Buch wird man auch eine Anzahl von sozialistisch inspirierten Vorschlägen zur Fortführung oder zur Abwandlung der Errungenschaften der Nachkriegszeit finden.

177 P. Rosanvallon, *l'État en France, op. cit.*

178 C. Offe, *Contradictions of the Welfare State, op. cit.*

179 Erinnern wir uns an die Position Alexandre Millerands im Jahr 1900: »Es gibt ein erstrangiges Interesse, zwischen den Unternehmern und der Kollektivität der Arbeiter ständige Beziehungen zu institutionalisieren, die es erlauben, rechtzeitig die nötigen Erklärungen auszutauschen und manche Arten von Konflikten zu regeln... Durch ihre Einführung bleibt die Regierung der Republik ihrer Rolle als Friedensstifterin und Schlichterin treu.«

der siebziger Jahre kann es sich nur mühsam behaupten. Das Ziel ist, auf staatliche Initiative hin bzw. mit dem Staat als Schlichter einen Ausgleich der divergierenden Interessen zwischen Arbeitgebern und Arbeitnehmern zu erreichen. Wenn die Geschichte der Arbeitsbeziehungen häufig eine Geschichte der Widerstände gegen die Anerkennung der Verhandlung als Form der Konfliktlösung[180] gewesen ist, so werden wir hier auf zwei Maßnahmen näher eingehen, deren Auswirkung für die Konsolidierung der Arbeitnehmerlage von enormer Bedeutung gewesen ist.

Der SMIG[181] wird 1950 eingeführt und 1970 von dem auf die Preiszuwächse und die Wachstumsentwicklung indizierten SMIC[182] abgelöst. Für die Geschichte der Lohnarbeit sind diese Maßnahmen von entscheidender Bedeutung, da sie die Minimalbedingungen für den Zugang zur Arbeitnehmerlage definieren und ihnen gesetzlichen Status verleihen. Ein Lohnabhängiger ist nicht einfach irgendein Arbeitnehmer, der eine bestimmte Vergütung für eine Arbeit erhält. Mit dem SMIG wird dem Beschäftigten sozusagen der »Zutritt zur Arbeitnehmerlage« gewährt, das heißt, er plaziert sich auf diesem Kontinuum vergleichbarer Stellungen, das, wie wir gesehen haben, die Grundstruktur dieser Lage bildet. Der Arbeitnehmer paßt sich in eine Logik der Integration ein, die in der Version des SMIC sogar an die Gesamtsteigerung der Produktivität gekoppelt ist. Der SMIC ist nicht so sehr ein Existenzminimum, sondern eine Versicherung für die Teilhabe an der wirtschaftlichen und gesellschaftlichen Entwicklung. In ihm besteht der erste Grad der Zugehörigkeit zu einem Arbeitnehmer*status*, dank dessen der Lohn nicht mehr nur eine Form ökonomischer Vergütung ist.

Die Einführung der *monatlichen Bezahlung* stellt einen weiteren entscheidenden Punkt der Konsolidierung der Arbeitnehmerlage für diejenigen dar, die sich am unteren Ende der Beschäftigungsskala befinden. Sie gleicht, wie schon gesagt, den Status des Großteils der Arbeiter an den der Angestellten an, wodurch der Lohn nicht mehr nur als Vergütung für eine einzelne Tätigkeit gilt, sondern zu einer einem Individuum gewährten globalen Zuweisung wird. Doch zusätzlich zu diesem Beitrag zur Integration der Arbeiter versinnbildlicht die monatliche Bezahlung durch die Art und Weise, wie sie zur Durchsetzung kam, die Rolle, die der Staat bei der Entwicklung vertragsförmiger Politiken spielt. Sie wird von der Regierung vorgeschlagen, zunächst jedoch von einer Arbeitgeberschaft frostig aufgenommen, die befürchtet, daß sie allein die Kosten dafür zu zahlen hat. Aber auch die Arbeitnehmergewerkschaften äußern ihr Mißtrauen gegenüber einer Maßnahme, die so oft nur den Arbeitgebern dazu gedient hatte, Spaltungen innerhalb der Arbeiterschaft[183] zu bewirken. Nichts-

180 Vgl. insbesondere J. Le Goff, *Du silence à la parole, op. cit.*, F. Sellier, *la Confrontation sociale en France, op. cit.*, J.-D. Reynaud, *les Syndicats en France*, Paris, Éditions ouvrières, 1978, und P. Rosanvallon, *la Question syndicale*, Paris, Calman-Lévy, 1988. Zwei Hauptgründe lassen sich für diese Situation anführen. Die generelle Einstellung der Mehrheit der Arbeitgeberschaft, die tendenziell die Unternehmensangelegenheiten als ihr privates Jagdrevier ansieht, was ein prinzipielles Mißtrauen gegenüber den Gewerkschaften mit sich bringt. Diese Haltung hat sich über ein Jahrhundert hinweg allmählich ausgebildet. Zum anderen die Schwierigkeit und manchmal auch die Weigerung der Arbeitergewerkschaften, das Spiel der Lohnarbeitsgesellschaft mitzuspielen. Dieses impliziert nämlich einen abwägenden Umgang mit Konflikten und die Akzeptanz verhältnismäßiger Forderungen, die eher in Kompromisse einmünden sollen als in globale Veränderungen.

181 SMIG (salaire minimum interprofessionnel garanti): garantierter Mindestlohn für alle Berufssparten; Anm. d. Übers.

182 SMIC (salaire minimum interprofessionnel de croissance): dynamisierter Mindestlohn für alle Berufssparten; Anm. d. Übers.

183 J. Bunel, *la Mensualisation, une réforme tranquille?, op. cit.*

destoweniger führen die seit Mai 1970 Branche für Branche geführten Verhandlungen über die monatliche Bezahlung rasch zum Ergebnis. Unabhängig von eventuellen wahltaktischen Hintergedanken – Georges Pompidou hatte die monatliche Bezahlung zu einem Thema seines Präsidentschaftswahlkampfs gemacht – kann man darin unbestreitbar einen Erfolg des Staates in seinem Willen sehen, soziale Kompromisse zwischen antagonistischen Gruppen herbeizuführen.[184]

Zu diesen die Berufsstruktur und das Arbeitsrecht berührenden Verfügungen muß man noch die Bemühungen um die Aufteilung der Früchte des Wirtschaftswachstums hinzufügen. Der aus dem Hause des Premierministers stammende Erlaß zur Vorbereitung des fünften Plans verlangt im Januar 1965 eine Erklärung dafür, »wie in der Realität der Anstieg der großen Massen an Einkommen, Löhnen, Gewinnen, Sozialleistungen und anderen individuellen Einkommen aussehen müßte, um eine umfassende Teilhabe aller an den Früchten des Wachstums zu ermöglichen und gleichzeitig die Ungleichheiten abzubauen.«[185] In diesen Zusammenhang gehört auch das Vorhaben einer »Einkommenspolitik«, die nach dem großen Bergarbeiterstreik von 1963 in Angriff genommen wird. Pierre Massé macht im Januar 1964 den Vorschlag, daß bei der Vorbereitung eines jeden Plans das Kommissariat damit beauftragt werden solle,

> »*parallel zur traditionellen Planaufstellung im Hinblick auf das Wirtschaftsvolumen auch ein Programm mit Eckwerten zu erarbeiten. Dieses letztere sollte Vorgaben für die großen Einkommensmassen enthalten, vor allem für die Löhne, die Sozialleistungen, die landwirtschaftlichen Einkommen und die Gewinne, ebenso auch für die Voraussetzungen des Gleichgewichts zwischen Ersparnissen und Investitionen einerseits, den öffentlichen Einnahmen und Ausgaben andererseits. […] Anhand jährlicher Vorgaben könnte die Regierung eine Steigerungsrate für jede Einkommenskategorie empfehlen.*«[186]

Zur Umsetzung dieser Einkommenspolitik wird es niemals kommen, zumindest nicht in dieser Form. Die Lohnentwicklung zwischen 1950 und 1975 zeigt, daß die Disparitäten mit einer Tendenz zur Verfestigung fast konstant geblieben sind (Abweichung von 3,3 zwischen *cadres supérieurs* und Arbeitern im Jahr 1950, 3,7 im Jahr 1975[187]). Kann man angesichts dessen von einer Aufteilung der Früchte des Wachstums sprechen? Solange man darunter nicht die Reduzierung der Ungleichheit versteht, schon. Global gesehen ist die Lohnentwicklung derjenigen der Produktivität

184 Das goldene Zeitalter dieser Politik fällt mit dem Versuch Jacques Chaban-Delmas' zusammen, sein Projekt einer »neuen Gesellschaft« auf den Weg zu bringen. Die berufsgruppenübergreifenden Abkommen vom Juli 1970 über die berufliche Weiterbildung stellen zusammen mit den Abkommen über die monatliche Bezahlung eine beispielhafte Umsetzung dieses Anspruchs dar. Das Ergebnis eines vertraglichen Abkommens wird zur »nationalen Verpflichtung«: »Die berufliche Weiterbildung ist eine nationale Verpflichtung« (Artikel L 900-1 des *Code du travail*).

185 Zit. nach B. Friot, *Protection sociale et salarisation de la main-d'œuvre: essai sur le cas français*, thèse de sciences économiques, université Paris X, Paris, 1993.

186 Zit. nach F. Sellier, *la Confrontation sociale en France, op. cit.*, S. 217. Für eine Darstellung der von der Einkommenspolitik verfolgten Absichten, vgl. G. Caire, *les Politiques des revenus et leurs aspects institutionnels*, Genève, BIT, 1968.

187 Vgl. C. Baudelot, A. Lebaube, »Les salaires de 1950 à1975«, *Économie et statistique*, n°113, Juli-August 1979. Zu einem Wiederanstieg der Niedriglöhne kommt es im Jahr 1968, vor allem durch die Erhöhung des SMIC (35% in Paris und 38% im restlichen Land), doch holt er zum Teil eine vorangegangene Verschlechterung auf und wird in der Folge erneut einer Erosion unterliegen.

gefolgt, und alle Bevölkerungsgruppen haben davon profitiert, ohne daß jedoch der Fächer der Hierarchien kleiner geworden wäre. Trotzdem resultiert dieser Anstieg nicht automatisch aus dem Wirtschaftswachstum, auch wenn er dadurch erst ermöglicht worden ist. Die Wirtschaftsentwicklung ist in rechtliche Steuerungsstrukturen eingebunden worden. Zudem lindert die Robustheit dieses Steuerungssystems zunächst die Auswirkungen der Krise, als die wirtschaftliche Dynamik nachzulassen beginnt. Das am 14. Oktober 1974 unterzeichnete berufsübergreifende Abkommen garantiert ein Arbeitslosengeld in Höhe von 90% des Bruttolohns im ersten Jahr, während Kurzarbeit vom Unternehmen mit Zuschüssen aus öffentlichen Töpfen entschädigt wird.[188] Die paritätisch verwalteten Sozialeinrichtungen, die den Staat in seiner Verantwortung noch in die Pflicht nahmen, erlaubten damals noch, daran zu denken, daß es ein Recht auf Beschäftigung gibt, und das zu einem Zeitpunkt, als die Lage sich schon zu verschlechtern begann.

Es hat also sehr wohl einen mächtigen Synergieeffekt zwischen dem Wirtschaftswachstum mit seiner Entsprechung, der Quasi-Vollbeschäftigung, und der Entwicklung des Arbeitsrechts sowie der sozialen Sicherung gegeben. Die Lohnarbeitsgesellschaft schien einer aufsteigenden Bahn zu folgen, die zugleich ein Anwachsen des kollektiven Reichtums gewährleistete und eine gerechtere Verteilung der Chancen und Garantien bewirkte. Vor allem, weil ich diese Ausführung nicht über die Maßen überfrachten und den roten Faden der Argumentation beibehalten wollte, habe ich mich hier nur an die direkt an die Arbeit gebundenen Absicherungen gehalten. Dieselbe Verknüpfung von wirtschaftlicher Entwicklung und staatlicher Regulierung hat auch im Bereich der Bildung, des Gesundheitswesens, der Infrastrukturentwicklung, der Stadtplanung, der Familienpolitik usw. stattgefunden. Global gesehen, schienen die Leistungen der Lohnarbeitsgesellschaft auf dem bestem Weg, das *Integrationsdefizit*, von dem die Anfänge der Industriegesellschaft geprägt waren, durch den Anstieg des Konsums, durch die Eigentumsbildung, den Zugang zu anständigen Wohnungen, die wachsende Teilhabe an Kultur und Freizeitmöglichkeiten, die Fortschritte auf dem Weg zu einer Verwirklichung der Chancengleichheit, die Konsolidierung des Arbeitsrechts, die Ausdehnung der sozialen Sicherungssysteme, die Auflösung der Ansammlungen von Armut usw. zu absorbieren. Die soziale Frage schien sich im Glauben an einen unbegrenzten Fortschritt aufzulösen.

Diese Bahn ist nun entzweigebrochen. Wer würde heutzutage noch allen Ernstes behaupten wollen, wir gingen einer freundlicheren, offeneren Gesellschaft entgegen, die den Abbau der sozialen Ungleichheit auf ihre Fahnen geschrieben hätte und an einem maximalen Ausbau der sozialen Sicherung arbeitet? Die Idee des Fortschritts selbst hat sich zerschlagen.

188 J.-D. Reynaud, *le Syndicats, les patrons et l'État, op. cit.*, S. 14–16. Erinnern wir uns hier, daß das – in Frankreich erst spät eingeführte – Arbeitslosengeld in der Form paritätischer Abkommen zustande kommt. Die Unterzeichnung des Abkommens zur Schaffung der *Assedic* und der *Unedic* erfolgt im Dezember 1958, auch dies auf Druck des Staates (Die *Assedic* (Associations pour l'emploi dans l'industrie et le commerce) sind die paritätisch verwalteten Vereinigungen, die mit der Verwaltung der örtlichen Kassen der Arbeitslosenversicherung betraut sind. Sie sind die Einzugs- und Auszahlungsstellen für die Beiträge bzw. Leistungen. Auf nationaler Ebene werden sie durch die *Unedic* (Union nationale pour l'emploi dans l'industrie et le commerce) koordiniert; Anm. d. Übers.).

Kapitel VIII
Die neue soziale Frage

Die Ergebnisse der vorangegangenen Untersuchungen legen es nahe, die soziale Frage in ihrer heutigen Form unter dem Aspekt der Auflösung der Arbeitnehmer zu interpretieren. Das Problem sozialer Ausgrenzung, das seit einigen Jahren im Brennpunkt öffentlichen Interesses steht, ist sicherlich eine ihrer schwerwiegendsten Folgen. Es verlagert aber an den Rand der Gesellschaft, was diese eigentlich im Kern betrifft. Entweder wir haben es, wie Gambetta behauptete, nur mit einzelnen sozialen »Problemen«, einer Vielzahl von Schwierigkeiten zu tun, die man eine nach der anderen angehen sollte;[1] oder wir stehen vor einer sozialen Frage, eben der Frage des der Lohnarbeit zukommenden Status', strukturiert doch die Lohnarbeit unsere Gesellschaft fast schon zur Gänze. Die Lohnarbeiterschaft hat lange an den Rändern der Gesellschaft »kampiert«; sie hat sich dann darin eingerichtet, ist aber in einer untergeordneten Position verblieben; schließlich hat sie sich über die ganze Gesellschaft ausgebreitet und allerorten ihr Gepräge hinterlassen. Doch just in dem Moment, als die der Arbeit anhaftenden Attribute zur Kennzeichnung des für die Plazierung und Klassifizierung eines Individuums in der Gesellschaft verantwortlichen Status endgültig die Oberhand gegenüber anderen Identitätsstützen wie der Familienzugehörigkeit oder der Zugehörigkeit zu einer konkreten Gemeinschaft gewonnen haben, wird diese zentrale Rolle der Arbeit brutal in Frage gestellt. Befinden wir uns nun in der vierten Etappe einer anthropologischen Geschichte der Lohnarbeit, jener Etappe, in der sich die Odyssee zu einem Drama wandelt?

Auf diese Frage gibt es augenblicklich keine einhellige Antwort. Eine Präzisierung dessen, was dabei auf dem Spiel steht, und die Bestimmung der möglichen Optionen sind allerdings machbar, ohne den roten Faden zu verlieren, der uns durch die gesamte Untersuchung geführt hat: nämlich eine Situation als eine *Gabelung* bezüglich einer vorangegangenen Situation zu begreifen, sie ausgehend von der Distanz zwischen dem, was war, und dem, was ist, zu verstehen suchen. Ohne den Gleichgewichtspunkt, an dem die Lohnarbeitsgesellschaft vor zwanzig Jahren angekommen war, mystifizieren zu wollen, so läßt sich doch eine Verschiebung der wichtigsten Parameter feststellen, die dieses fragile Gleichgewicht gewährleistet hatten. Neuartig ist nicht nur der Rückgang des Wachstums, ebensowenig das Ende der Vollbeschäftigung, zumindest wenn man darin nicht das Manifestwerden eines Wandels der von der Arbeit

1 In einer Rede am 20. Januar 1880 erklärt Léon Gambetta, daß man sich an das machen sollte, »was ich die Lösung ökonomischer und industrieller Probleme nennen würde, und ich weigere mich, das die soziale Frage zu nennen... Man kann diese Probleme nur eines nach dem anderen mit Überlegung und gutem Willen, vor allem aber mit Kenntnissen und Mühe lösen« (*Discours politiques*, IX, S. 122, zit. nach G. Weill, *Histoire du mouvement social en France, op. cit.*, S. 242). Ist das, in Anlehnung an den *Discours de la méthode* Descartes', eine Art, »Schwierigkeiten in so viele Teile zu teilen, wie es zu ihrer besseren Lösung bedarf«, oder eine Art, die soziale Frage in so viele Teile aufzuspalten, wie es sie braucht, um ihr aus dem Weg zu gehen?

gespielten Rolle des »großen Integrators« sieht.[2] Wie wir im Verlauf dieser Untersuchung immer wieder belegt haben, ist Arbeit mehr als nur Arbeit, und damit ist Nicht-Arbeit auch mehr als nur Arbeitslosigkeit, was man nicht als banal abtun sollte. Was am meisten an der gegenwärtigen Situation beunruhigt, ist sicherlich die Wiederkehr eines Profils von »Arbeitern ohne Arbeit«, von denen Hannah Arendt spricht, von Arbeitern, die für die Gesellschaft buchstäblich zu Überzähligen, »für die Welt nutzlos« werden.

Die bloße Feststellung dieser Tatsache reicht jedoch nicht aus, um die genaue Bedeutung dieses Vorgangs ermessen zu können, geschweige denn zu wissen, wie sich eine solche Situation angehen ließe, die doch vor dem Zeithorizont eines halben Jahrhunderts so neu ist, selbst wenn sie an Situationen erinnert, denen wir früher schon begegnet sind. Handelte es sich etwa nur um einen schwierigen Moment, bevor sich der Aufschwung wieder einstellt, man müßte nur etwas Geduld haben und einige Notbehelfe basteln; handelte es sich um eine ungewisse Phase des Übergangs in eine unausweichliche Umstrukturierung der Produktionsverhältnisse, man müßte einfach einige liebgewordene Gewohnheiten ändern, um zu einer stabilen Konfiguration zu finden. Haben wir es jedoch mit einem kompletten Wandel unseres Verhältnisses zur Arbeit und damit auch zur Welt zu tun, dann gälte es nun, eine vollkommen neue Art und Weise des Lebens in dieser Welt zu erfinden oder sich in die Apokalypse zu fügen.

Um nicht der Versuchung der Prophetie oder der Verbreitung von Katastrophenstimmung zu verfallen, werden wir damit beginnen, das genaue Ausmaß der Veränderungen, zu denen es in den letzten zwanzig Jahren gekommen ist, zu bestimmen, sodann die Reichweite der dagegen getroffenen Maßnahmen. Sind etwa die Eingliederungsmaßnahmen im Vergleich zu der bis in die siebziger Jahre vorherrschenden Integrationspolitik überhaupt den gesellschaftlichen Frakturen angemessen, die sich seither aufgetan haben? Handelt es sich dabei um eine Modernisierung staatlicher Politik oder nur um die Verschleierung ihres Versagens?

Diese Arbeit hat im wesentlichen analytischen Charakter und beansprucht nicht, eine Patentlösung vorzulegen. Dennoch gibt uns der historische Blickwinkel einige Teile an die Hand, mit denen sich ein neues Puzzle bauen läßt. Denn aus dem langen Spaziergang durch die Zeit läßt sich so manche Lehre ziehen. Ökonomie pur hat niemals das Fundament für eine gesellschaftliche Ordnung abgegeben; Solidarität ist in einer komplexen Gesellschaft nicht einfach etwas Gegebenes, sondern etwas Konstruiertes; das Sozialeigentum ist kompatibel mit dem Privateigentum und zugleich notwendig, um es in kollektive Strategien einzubinden; der Lohn läßt sich, um seiner jahrhundertealten Unwürdigkeit zu entgehen, nicht auf die schlichte Vergütung einer verrichteten Aufgabe reduzieren; die Notwendigkeit, jedem einen Platz in einer demokratischen Gesellschaft zu gewährleisten, läßt sich nicht dadurch bewerkstelligen, daß man diese Gesellschaft komplett ›marktvergesellschaftet‹, indem man irgendwelche »Stellenvorkommen« anzapft usw.

2 Y. Barel, »Le grand intégrateur«, *Connexions*, 56, 1990.

Wenn die Zukunft sich *per definitionem* nicht voraussagen läßt, so zeigt die Geschichte jedoch, daß die Palette an Ressourcen, mit deren Hilfe die Menschen ihre Probleme angehen können, nicht unerschöpflich ist. Insoweit unser Problem heute darin besteht, daß wir weiterhin eine Gesellschaft aus interdependenten Individuen bilden, lassen sich zumindest einige notwendige Voraussetzungen dafür aufzählen, daß das auch so bleiben kann.

Der Bruch einer Verlaufskurve

Grundsätzlich ist wohl eine bestimmte Vorstellung von Fortschritt von der »Krise« fortgeschwemmt worden, nämlich der Glaube daran, daß das Morgen besser als das Heute sein wird, und daß man Vertrauen in die Zukunft setzen kann; daß sich die eigene Situation bessert oder, etwas weniger naiv, daß es Mechanismen gibt, das Werden einer entwickelten Gesellschaft kontrollieren zu können, ihre Turbulenzen zu beherrschen und sie in ständig besser ausbalancierte Gleichgewichtszustände zu überführen. Dabei handelt es sich zweifelsfrei um eine euphemisierte Hinterlassenschaft des Revolutionsideals, demzufolge der Mensch vollkommen Herr seines Geschicks wird, indem er sich vornimmt, das Reich der Zwecke in die Geschichte, notfalls auch mit Gewalt, einzuführen. Inzwischen ist freilich gar nicht mehr die Rede davon, hier und jetzt mit Gewalt eine bessere Welt schaffen zu wollen, sondern Übergänge, die es erlauben – dies ist die Gelegenheit, es zu sagen –, sich dieser zunehmend anzunähern.

Diese Geschichtsauffassung läßt sich nicht von dem Wert trennen, der der Rolle des Staates zukam. Es bedarf eines zentralen Akteurs, um diese Strategien zu verfolgen, um die Partner darauf zu verpflichten, daß sie vernünftige Ziele akzeptieren, und um über die Einhaltung von Kompromissen zu wachen. Der Sozialstaat ist dieser Akteur. Im Augenblick seiner Genese bestand er, wie wir gesehen haben, noch aus lauter Bruchstücken. Doch in dem Maße, wie er erstarkte, entwickelte er auch die Ambition, den Fortschritt zu lenken. Deshalb ist das vollendete Konzept des Sozialstaats zur Blütezeit dieser Ambitionen *sozialdemokratischer* Natur. Jeder moderne Staat ist sicherlich mehr oder weniger verpflichtet, Sozialpolitik zu betreiben, um bestimmte schreiende Funktionsstörungen zu dämpfen, ein Minimum an sozialem Zusammenhalt zwischen den gesellschaftlichen Gruppen zu gewährleisten usw. Doch erst mit dem sozialdemokratischen Ideal tritt der Sozialstaat als Steuerungsprinzip der Gesellschaft auf den Plan, als die bewegende Kraft, die für die zunehmende Verbesserung der Lage aller verantwortlich ist.[3] Hierfür verfügt er über das Rüstzeug des Wachstums und verteilt dessen Früchte, nachdem er mit den gesellschaftlichen Gruppen die Verteilung der Erträge ausgehandelt hat.

Man wird dem entgegenhalten, daß dieser sozialdemokratische Staat gar nicht »existiert«, und in der Tat handelt es sich dabei um einen Idealtyp. Frankreich ist nie-

3 Es kann vorkommen, daß ein liberaler Staat, wenn auch widerwillig und so wenig wie möglich, Sozialpolitik betreiben muß, ein sozialistischer Staat würde dies in Ermangelung der Möglichkeit tun, unmittelbar radikalere Veränderungen durchführen zu können. Für einen sozialdemokratischen Staat aber sind soziale Reformen ein Wert an sich, da sie die Etappen der Verwirklichung seines eigenen Ideals verkörpern. Der Begriff Reformismus nimmt hier seine volle Bedeutung an: Reformen sind die Mittel zur Verwirklichung des Ziels der Politik.

mals wirklich eine Sozialdemokratie gewesen,[4] Skandinavien oder Deutschland dagegen schon eher. Doch auch die Vereinigten Staaten waren es weniger oder sogar überhaupt nicht. Das bedeutet, daß es unabhängig von der Verwirklichung des Typus' *Züge* dieser Staatsform gibt, die sich in mehr oder weniger systematischer Weise in unterschiedlichen Gesellschaftskonstellationen antreffen lassen. Man muß sich nun die Frage stellen, inwieweit sich Frankreich zu Beginn der siebziger Jahre dieser Organisationsform angenähert hatte. Es geht gar nicht darum, es in eine Typologie einzuordnen, ebensowenig darum, ihm das Verdienst – oder die Schande – zuzuerkennen, nicht genügend oder gar zu nahe an dieses sozialdemokratische Ideal gekommen zu sein, sondern den Umfang der Verschiebung einzuschätzen, die sich im Lauf von gut zwanzig Jahren vollzogen hat, und die Abweichung zu ermessen, die im Vergleich zur früheren Verlaufskurve sichtbar geworden ist. Handelt es sich um einen Unfall im Verlauf oder um einen vollkommenen Wandel der gesellschaftlichen Transformationen? Es ist also notwendig, eine kritische Bewertung der Position vorzunehmen, die Frankreich damals auf dieser aufsteigenden Verlaufskurve einnahm, welche in eine bessere Zukunft zu führen schien.[5]

Dafür müßte man sich zuallererst von der lästigen Verherrlichung der »Trente Glorieuses« verabschieden.[6] Nicht etwa, weil dabei eine Phase beschönigt wird, die von den Kolonialkriegen bis zu vielfältigen Ungerechtigkeiten nichts allzu Rühmliches an sich hat, sondern vor allem weil durch die Mystifizierung des Wirtschaftswachstums mindestens drei Charakteristiken der Entwicklung, die die Lohnarbeitsgesellschaft wegspülte, ausgeklammert werden: ihre Unvollkommenheit, die Ambivalenz einiger ihrer Auswirkungen und schließlich der widersprüchliche Charakter letzterer.

1. *Ihr unvollendeter Charakter:* Selbst wenn man sich wortwörtlich der Fortschrittsideologie anschließt, so muß man doch eingestehen, daß der Großteil der Leistungen dieser Epoche Zwischenetappen im Ablauf eines durchgehenden Prozesses bedeuten. So etwa im Rahmen der Konsolidierung des Arbeitsrechts die beiden Gesetze, die gegen Ende des Zeitraums (1973 und 1975) Entlassungen regeln. Bis dahin entschied der Unternehmer über Entlassungen, und es oblag dem Arbeiter, der sich ungerecht behandelt sah, vor Gericht die Gesetzwidrigkeit der Maßnahme nachzuweisen.[7] Das Gesetz vom 13. Juli 1973 verlangt, daß der Unternehmer zur Rechtfertigung der

4 Der Augenblick, in dem es sich, zumindest was seine Willensbekundungen anbelangt, am stärksten diesem Typ angenähert hatte, war die Phase des stark von Jacques Delors inspirierten Projekts der »neuen Gesellschaft« Jacques Chaban-Delmas'. Seine explizite Absicht ist es gewesen, eine Politik ausgehandelter Kompromisse mit allen Sozialpartnern gegen einen Abschied von den Konfrontationen mit revolutionärer Absicht einzutauschen. »Die Regierung schlägt den Arbeitgebern und den Gewerkschaftsorganisationen vor, mit dem Staat in Angelegenheiten von allgemeinem Interesse zu kooperieren« (Rede zum allgemeinen politischen Programm vom 16. September 1969, zit. nach J. Le Goff, *Du silence à la parole, op. cit.*, S. 227).

5 Vgl. für eine Gesamtschau des in den siebziger Jahren außer Atem geratenen sozialdemokratischen Modells R. Dahrendorf, »L'après-social-démocratie«, *le Débat*, n° 7, Dezember 1980.

6 Erinnern wir uns daran, wie Jean Fourastié zum ersten Mal diese zu Berühmtheit gelangte Formel vorgetragen hat: »Muß man nicht diese dreißig Jahre ruhmreich nennen [...], die Frankreich von seiner tausend Jahre dahinvegetierenden Armut zu unserem jetzigen Lebensstandard geführt hat? Auf jeden Fall mit mehr Berechtigung als die »drei glorreichen Jahre« von 1830, die wie die meisten Revolutionen eine Despotie nur durch eine andere ersetzt haben, oder bestenfalls eine Episode zwischen zwei mittelmäßigen sind?« (*les Trente Glorieuses, op. cit.*, S. 28).

Kündigung »einen wirklichen und triftigen Grund« anführt – der im Prinzip also objektiv und nachvollziehbar sein muß.[8] Für betriebsbedingte Kündigungen führt das Gesetz vom 3. Januar 1975 die Genehmigungspflicht durch die Behörden ein (es wird bekanntlich 1996 wieder rückgängig gemacht). »Die Kontrolle über die Kündigung geht«, wie François Sellier schreibt, »auf die Arbeitsverwaltung über«[9]: Die Behörden übernehmen nun in der Person des Arbeitsinspektors die Rolle des Schiedsrichters und einer Berufungsinstanz gegen ein wesentliches Vorrecht des Unternehmers.

Die unternehmerische Willkür wird bei der Kündigung etwas eingeschränkt, allerdings besteht hinsichtlich dieser grundlegenden arbeitsrechtlichen Bestimmung zwischen Arbeitgeber und Arbeitnehmer keine Gegenseitigkeit. Bei einer Kündigung aus persönlichen Gründen (Gesetz von 1973) entscheidet der Arbeitgeber als einziger Richter über das »Unternehmensinteresse« über die Entlassung und formuliert die Gründe dafür, und im Falle, daß sie angefochten wird, liegt die Beweislast für eine Gesetzwidrigkeit beim Gekündigten. Ebenso liegt die Initiative bei betriebsbedingten Kündigungen, die einer vorherigen Genehmigung durch die Behörden unterliegen (Gesetz von 1975), ganz klar beim Unternehmer, auch hier ist das Interesse des Unternehmens ausschlaggebend. Die Arbeitsinspektoren sind häufig damit überfordert, ernsthaft zu überprüfen, ob eine solche Maßnahme gerechtfertigt ist, und die Rechtsprechung zeigt, daß es allzu schwierig ist, die Entscheidung des Arbeitgebers im Falle einer betriebsbedingten Kündigung anzufechten.[10] Wenn auch die Fortschritte im Arbeitsrecht unbestreitbar sind, so bedeutet das nicht, daß Demokratie oder »Bürgerrechte« im Unternehmen verwirklicht wären.[11]

Dieses Beispiel bringt uns auf die Fährte einer Ambivalenz dieser Errungenschaften aus den Jahren des Wirtschaftswachstums. Zu dieser Zeit sind Kündigungen noch selten, und unbefristete Verträge reichen häufig faktisch bis ans Ende des Erwerbslebens, was dem Arbeitnehmer eine Karriere im Unternehmen eröffnet. Doch was ist im Hinblick auf die Beschäftigungssicherheit generell die Folge einer günstigen Wirtschaftskonjunktur, was die Folge solide verankerter Sicherungen? Was ist, anders gesagt, Resultat dessen, was im vorangegangenen Kapitel als »Wachstumsstaat« bezeichnet worden ist, der faktischen Situation praktischer Vollbeschäftigung, was resultiert aus einem gesetzlich garantierten Rechtsanspruch? Welcher Status kommt dieser Verknüpfung zu, die etwa dreißig Jahre lang Bestand hatte und die eher stillschweigend als Tatsache akzeptiert denn explizit ausgesprochen war? Während der Präsentation der eben genannten Gesetzesvorlage vom 13. Juli 1973 äußerte sich der damalige Arbeitsminister beispielsweise folgendermaßen:

7 Es handelte sich hierbei um eine der beständigsten Hinterlassenschaften der »Fabrikdespotie« des 19. Jahrhunderts. Sie gründete auf der Definition des »Mietvertrags« nach dem Code Napoléon: »Der ohne Beendigung geschlossene Arbeitsvertrag kann auf Initiative einer der beiden Vertragsparteien gekündigt werden« (Artikel 1780 des Code civil).

8 Vgl. F. Sellier, *la Confrontation sociale en France, op. cit.*, S. 136–138.

9 *Ebd.*, S. 145.

10 Vgl. J. Le Goff, *Du silence à la parole, op. cit.*

11 Die gleiche Untersuchung ließe sich für den Großteil der »sozialen Errungenschaften« dieses Zeitraums durchführen. So kommt etwa den im Anschluß an die Grenelle-Vereinbarungen in den Betrieben eingeführten gewerkschaftlichen Unternehmenssektionen eine im wesentlichen informative und beratende Rolle zu, freilich haben sie keinerlei Entscheidungsmacht über die Unternehmenspolitik. Vgl. zu diesen Punkten, J. Le Goff, *Du silence à la parole, op. cit.*, S. 231ff.

»*Worum geht es? Es geht darum, unbestreitbare Fortschritte unseres Arbeitsrechts zu bewirken, indem wir die Arbeitnehmer gegen mißbräuchliche Entlassungen schützen... Es scheint heute unerläßlich, daß die Wirtschaftsentwicklung nicht den Arbeitnehmern schadet, die doch einen gewissen Anteil an ihr haben. Wirtschaftliche Expansion und soziale Sicherung müssen Hand in Hand gehen*«.[12]

Und tatsächlich gingen sie auch Hand in Hand. Doch der Kern dieser Verknüpfung ist deshalb noch nicht benannt. Es handelt sich nicht um eine intrinsische Beziehung nach dem Motto: »Es gibt kein Wirtschaftswachstum ohne soziale Sicherung« (ein Vorschlag, dessen Entsprechung lauten würde: »Es gibt keine soziale Sicherung ohne Wirtschaftswachstum«). Das Wachstum hat die Sache *erleichtert*, doch hat es den politischen Willen nicht ersetzt. Zudem vergißt man oft, daran zu erinnern, daß der zweifelsohne entscheidende Durchbruch bei der Schaffung sozialer Rechte in den Jahren 1945 und 1946 mit der Sozialversicherung in einem verwüsteten Frankreich gelang, dessen Produktivität unter die 1929 erreichte Schwelle gefallen war.

Daher können Sicherheiten auch trügerisch sein, wenn sie sich ausschließlich auf das Wachstum stützen. In den fünfziger und sechziger Jahren wurde der unbefristete Arbeitsvertrag zur Norm und konnte praktisch als eine Garantie der Beschäftigungssicherheit gelten.[13] Doch resultierte diese Situation aus dem Umstand, daß man in einer Phase der Vollbeschäftigung viele Einstellungen und wenige Entlassungen vornimmt. Sobald sich jedoch die Sicherheit nach einem Umschlagen der Konjunktur verflüchtigt, entpuppt sich der unbefristete Charakter des Vertrags schlicht als Auswirkung einer empirisch feststellbaren Koinzidenz und nicht einer gesetzlichen Garantie. Unterm Strich ist ein unbefristeter Vertrag ein Vertrag, der besteht, solange er nicht ausgesetzt wird, es sei denn, daß wie im Falle der Beamten ein besonderer Status oder gesetzliche Garantien gegen Entlassungen vorliegen, deren Reichweite, wie wir gesehen haben, beschränkt blieb.[14] Das hat den Großteil der Beschäftigten während der Jahre des Wirtschaftswachstums nicht daran gehindert, ihrVerhältnis zu ihrer Anstellung als Gewißheit zu erleben, die Zukunft beherrschen und langfristige Entscheidungen, etwa in Form von Investitionen in dauerhafte Güter oder der Aufnahme von Baukrediten, treffen zu können. Nach dem Konjunkturumbruch wird das Schuldenmachen als eine üble Hinterlassenschaft der Wachstumsperiode erscheinen, welche zahlreiche Lohnabhängige in die Prekarität zu stürzen vermag. Vorher jedoch, so könnte man sagen, waren sie schon unwissentlich *virtuell* »verwundbar«,

12 Zit. nach. J. Le Goff, *Du silence à la parole, op. cit.*, S. 203.

13 Vgl. B. Fourcade, »L'évolution des situations d'emploi particulières de 1945 à 1990«, *Travail et Emploi*, n°52, 1992. Die Untersuchung dieses Autors bestätigt die Behauptung, daß die Entstehung eines Beschäftigungsparadigmas vom Typ des unbefristeten Vertrags in engem Wechselverhältnis mit der Durchsetzung der Lohnarbeitsgesellschaft steht. In der Zeit vor den fünfziger Jahren gibt es noch keine allgemeine Norm hinsichtlich der Beschäftigungsform, sondern eine Vielzahl von Beschäftigungsformen, innerhalb derer der Selbständigkeit noch eine bedeutende Rolle zukommt. Seit Mitte der siebziger Jahre nimmt die Bedeutung sogenannter »atypischer Beschäftigungsformen« stetig zu. Vgl. dazu den weiteren Verlauf des Kapitels.

14 Die Tarifverträge sehen besondere Verfahren sowie Entschädigungen im Falle von Entlassungen vor, weshalb eine Entlassung für den Unternehmer Kosten wie auch Umstände verursacht (aus diesem Grund ziehen die Unternehmer nach einer Phase der Vollbeschäftigung weniger geschützte Beschäftigungsformen als den unbefristeten Vertrag vor). Diese Bestimmungen kommen jedoch bei weitem nicht einer Beschäftigungssicherheit gleich.

denn ihr Schicksal hing konkret am Weiterbestand eines Fortschritts, auf dessen Parameter sie keinerlei Einfluß hatten.[15]

2. Abgesehen von dem unabgeschlossenen und noch fragilen Charakter dessen, was man gemeinhin »soziale Errungenschaften« nennt, hat die Entfaltung der sozialen Sicherung auch so manche *perverse Effekte* gezeitigt. Ohne wieder die alte Leier der Liberalen anstimmen zu wollen, für die jegliche staatliche Intervention notwendigerweise die Eigenverantwortung schwächt und zu Abhängigkeit führt[16], muß man doch feststellen, daß die soziale und politische Situation gegen Ende der Wachstumsjahre von einer tiefen Malaise gekennzeichnet war, deren spektakulärster Ausdruck wohl die »Ereignisse des Mai 68« waren. Man kann sie als die Weigerung eines guten Teils der Gesellschaft – vor allem der Jugend – interpretieren, inmitten einer Phase des Wirtschaftswachstums und der Apotheose des Konsums das Streben nach Sicherheit und Komfort gegen das Streben nach Persönlichkeitsentwicklung einzutauschen. In dem Losungswort »Verändert das Leben« kommt die Forderung nach individueller Selbstbestimmung zum Ausdruck, die sich in den Zeiten der Fortschrittsgläubigkeit, der Ideologie der Rendite und der Wachstumskurven, »in die man sich nicht verlieben kann«, wie es an den Wänden der Sorbonne geschrieben stand, aufgelöst hatte. Im Hedonismus und der Zelebration des Augenblicks – »alles, und zwar sofort« – zeigt sich auch eine Verweigerungshaltung gegenüber der Logik der aufgeschobenen Bedürfnisbefriedigung und einer vorprogrammierten Existenz, welche die staatliche Durchplanung der Sicherheit impliziert. Die Absicherung hat auch Kosten, sie wird mit der Unterdrückung der Wünsche und der Zustimmung zur Starrheit eines Lebens erkauft, in dem alles schon von vornherein klar ist.[17]

Diese Positionen muten uns heute wie Reaktionen von verhätschelten Kindern an, die mit Konsumgütern und allzu leicht gewährten Sicherheiten gefüttert wurden. Dennoch vermitteln sie auch eine grundsätzliche Reserviertheit gegenüber der *Form* sozialstaatlicher Steuerung. Was da angeprangert wird, ist nicht so sehr der Umstand, daß der Staat allzuviel dergleichen tue, sondern eher, daß er das, was er tun soll, schlecht macht. Im Laufe dieser Jahre bleiben die radikalen Kritiken der Grundlagen einer zum Fortschritt verurteilten Gesellschaftsordnung in der Minderheit, auch wenn sie sich in besonders seherischen Formen Ausdruck verschaffte.[18] Zahlreich und vielfältig fällt dagegen die Kritik an der Art und Weise aus, wie der Staat die not-

15 1973 verfügen 38% der Arbeiter über Haus- oder Grundbesitz. Doch zwei Drittel von ihnen sind in Höhe einer Summe verschuldet, die fast die Hälfte des Wertes ihrer Wohnung ausmacht. Ebenso sind drei Viertel der Arbeiter im Besitz eines Autos, einer Waschmaschine und eines Fernsehers. Doch drei Viertel aller Neuwagen, mehr als die Hälfte der Waschmaschinen und fast die Hälfte der neuen Fernsehapparate werden auf der Basis von Krediten angeschafft (vgl. M. Verret, J. Creusen, *l'Espace ouvrier, op. cit.*, S. 113–114).

16 Diese Ideologie hat zu Beginn der achtziger Jahre fröhliche Urständ erlebt. Für einen besonders heftigen Ausdruck dessen vgl. P. Beneton, *le Fléau du bien*, Paris, Calman-Lévy, 1982.

17 Für eine weitere Entfaltung dieser Analyse vgl. J. Donzelot, *l'Invention du social, op. cit.*, Kap. IV, 1.

18 Abgesehen von den Überresten einer ewig mit dem Fortschritt überquer liegenden extremen Rechten, kamen diese Kritiken vor allem von ultra-linken Gruppierungen und äußerst lebhaften Formen des Spontitums, deren Anhängerschaft ungeachtet spektakulärer Demonstrationen eher marginal geblieben ist. In ihren vorherrschenden Orientierungen widersprechen weder die Kritiker der Konsumgesellschaft, noch die von verschiedenen Familien des Marxismus zelebrierte revolutionäre Aktion den Grundannahmen der Geschichtsphilosophie, die dem Aufstieg der Lohnarbeitsgesellschaft zugrunde liegen. Erstere prangern eher an, daß die schöpferischen Fähigkeiten der modernen Gesellschaft den Verführungen der Ware auf den Leim gehen, die letzteren eher deren Vereinnahmung durch herrschende Gruppen.

wendige Befreiung von traditionellen Bevormundungen und den aus der Vergangenheit ererbten Ungerechtigkeiten bewerkstelligt. Das betrifft etwa die in den sechziger Jahren so lebhafte Infragestellung der technokratischen Gesellschaftspolitik, die sich im sprunghaften Anwachsen der Zahl von Clubs – Club Jean Moulin, Citoyens soixante usw. – und Verbraucherverbänden äußert, welche darauf bedacht sind, an den ihr alltägliches Leben betreffenden Entscheidungen Anteil zu nehmen. Um der angeprangerten Entpolitisierung der Gesellschaft entgegenzuwirken, will man dem politischen und sozialen Handeln durch die Einbeziehung der Bürger neuen Schwung geben. Ihre Passivität ist der Preis, den sie dafür zahlen, daß sie dem Staat die Rolle einer Lenkung des Wandels von oben ohne Kontrolle durch die Zivilgesellschaft anvertraut haben.[19] Das Erstarken der »sozialen Bewegungen« in den sechziger und Anfang der siebziger Jahre zeugt von dem Verlangen nach der Verantwortungsübernahme der von den bürokratischen und unpersönlichen Formen sozialstaatlicher Verwaltung eingelullten gesellschaftlichen Akteure.

Auf eher theoretischer Ebene ist die Phase des Aufstiegs der Lohnarbeitsgesellschaft auch der Augenblick gewesen, in dem sich eine robuste kritische Soziologie im wesentlichen um die folgenden drei Thematiken gebildet hat: das Offenlegen der Reproduktionsmechanismen von Ungleichheiten, vor allem im Bereich des Bildungswesens und der Kultur; die Anprangerung des Fortbestands sozialer Ungerechtigkeiten sowie der Ausbeutung der Arbeitskräfte; die Ablehnung der bestimmten Bevölkerungsgruppen wie Gefängnisinsassen, psychisch Kranken, Bedürftigen usw. vorbehaltenen und für eine demokratische Gesellschaft unwürdigen Behandlung. Es ging unterm Strich darum, das republikanische Ideal, wie es beispielsweise in der Präambel der Verfassung von 1946 steht, beim Wort zu nehmen:

> »*Ein jeder hat das Recht zu arbeiten und eine Beschäftigung zu erhalten. [...] Die Nation garantiert allen, besonders dem Kind, der Mutter und den alternden Arbeitnehmern Gesundheitsschutz, materielle Sicherheit, Ruhe und Freizeit. Jedes Wesen, das aufgrund seines Alters, seines physischen oder mentalen Zustands, seiner wirtschaftlichen Lage nicht zu arbeiten imstande ist, hat Anrecht darauf, von der Gemeinschaft die erforderlichen Daseinsmittel zu erhalten. Die Nation garantiert dem Kind und dem Erwachsenen gleichen Zugang zur Schulbildung, Berufsbildung und Kultur.*«[20]

Man lag wohl nicht allzu falsch, wenn man behauptete, daß man hiervon zu Beginn der siebziger Jahre noch recht weit entfernt war, und die beruhigenden Reden über das Wachstum und den Fortschritt nicht allzu wörtlich nahm. Ich empfinde heutzutage keinerlei Gewissensbisse, dieser Richtung damals angehört zu haben. Doch diese Kritiken stellten die Woge, welche die Lohnarbeitsgesellschaft mitzureißen schien und die gesamte Sozialstruktur nach oben zog, keineswegs in Frage. Sie richteten sich

19 Vgl. J. Donzelot, *l'Invention du social, op. cit.*, Kap. IV, 2.

20 Zit. in J. Fournier, N. Questiaux, *le Pouvoir du social, op. cit.*, S. 97. Dieses Buch stellt einen beinahe vollständigen Katalog der im sozialen Bereich aus sozialistischer Sicht noch zu verwirklichenden Maßnahmen dar – freilich nur bis kurz vor Machtübernahme der Sozialisten.

gegen die Aufteilung dieser Gewinne und die Alibifunktion, welche die Fortschrittsideologie für die Konservierung der erreichten Situation ausübte.[21]

3. Es existiert aber ein vielleicht tieferer Widerspruch in der Funktionsweise des Sozialstaats der Jahre des Wirtschaftswachstums, der erst kürzlich ins öffentliche Bewußtsein geriet. Zweifelsfrei mußte die Lage erst einmal so schlecht werden, damit all ihre Möglichkeitsbedingungen sichtbar wurden. Zum einen üben die Interventionen des Sozialstaats starke vereinheitlichende Wirkungen aus. Das zeigt sich etwa im notwendigerweise kategoriellen Umgang mit den Nutznießern von Dienstleistungen, der die Besonderheiten des Einzelfalls abschleift. Der »Anspruchsberechtigte« ist Teil eines an ein rechtlich-administratives Gebilde angegliederten abstrakten Kollektivs, für das er ein austauschbares Element ist. Diese Funktionsweise öffentlicher Dienste ist wohlbekannt und hat schon seit langem den Stoff für die Kritik am »Bürokratismus« und »Technokratentum« der Verwaltung des Sozialen geliefert. Doch traf dies nicht für ihre paradoxe Entsprechung zu, insoweit *diese Funktionsweise nämlich zugleich auch gefährliche individualisierende Wirkungen* hervorbringt. Die Nutzer der Dienstleistungen werden im selben Zug vereinheitlicht, von rechtlich-administrativen Kategorien erfaßt und von ihrer konkreten Zugehörigkeit zu realen Kollektiven abgeschnitten:

> »*So wie der klassische Wohlfahrtsstaat einen Klassenkompromiß bewerkstelligt, genauso treibt er zugleich auch die Individualisierung voran. Wenn man die Individuen mit einem so vorzüglichen Fallschirm ausstattet, wie ihn die Gewißheit der Fürsorge darstellt, dann ermöglicht man ihnen, sich in allen erdenklichen Lebenssituationen von den Gemeinschaften, allen möglichen Zugehörigkeiten, angefangen bei den elementaren Solidaritäten der Nachbarschaft, abzunabeln; aufgrund der Existenz der Sozialversicherung habe ich ja die Hilfe meines Treppennachbarn nicht mehr nötig. Der Wohlfahrtsstaat ist ein mächtiger Faktor des Individualismus.*«[22]

Der Sozialstaat bildet den Kern einer Gesellschaft von Individuen, doch das Verhältnis, das er zum Individualismus unterhält, ist zweifacher Art. Die soziale Sicherung hat sich, wie wir gesehen haben, in den Maschen der primären Sozialbeziehungen und den Lücken der unmittelbaren Sicherungen eingefügt. Sie bildet eine Antwort auf die Risiken, die ein Dasein als Individuum in einer Gesellschaft mit sich bringt, deren nachbarschaftliche Solidaritäten durch die Industrialisierung und Verstädterung fragil geworden sind. Die Behörden schaffen Sicherungen und Bande, freilich

---

21 Das Aufeinandertreffen von Soziologen und Ökonomen im Jahr 1964 in Darras, *le Partage des bénéfices*, Paris, Éditions de Minuit, 1965, bringt diese Spannung zwischen zwei Auffassungen des Fortschritts zum Ausdruck. Freilich lehnte die kritische Version diesen Fortschritt nicht ab, sondern forderte die rigorose Explizitmachung der für seine demokratische Umsetzung notwendigen theoretischen und praktischen Voraussetzungen. Ich für meinen Teil habe eine Bilanz der gegenüber den Institutionen und medico-psychologischen und sozialen Interventionen kritischen Bewegung versucht; vgl. »De l'intégration sociale à l'éclatement du social: l'émergence, l'apogée et le départ à la réalité du contrôle social«, *Revue internationale d'action communautaire*, 20/60, Montréal, Herbst 1988.

22 M. Gauchet, »La société d'insécurité«, in J. Donzelot, *Face à l'exclusion, op. cit.*, S. 170.

auf einer ganz anderen Ebene als derjenigen der Zugehörigkeit zu konkreten Gemeinschaften. Über generelle Regulierungen und durch das Einräumen objektiver Rechtsansprüche vergrößert der Sozialstaat noch die Distanz zu den Herkunftsgruppen, die im äußersten Fall keinerlei Daseinsberechtigung mehr für die Gewährleistung sozialer Sicherung haben. Die Pflichtversicherung ist beispielsweise die Umsetzung einer bestimmten Solidarität und Zeichen der Zugehörigkeit zu einem Kollektiv. Doch durch die Art und Weise, wie sie instrumentalisiert wird, erfordert diese Art, »Gesellschaft zu bilden«, nur ein begrenztes Maß an persönlicher Investition und minimale Verantwortlichkeit (man zahlt seine Sozialabgaben, die obendrein automatisch eingezogen werden, wählt eventuell noch die Versichertenvertreter der »Kassen«, deren Funktionsweise den meisten Leuten sowieso schleierhaft ist). Ebenso verhält es sich mit den übrigen Teilen der sozialen Sicherung. Die Intervention des Staates gestattet es den Individuen, die Risiken der Anomie zu bannen, die, wie Durkheim schon gesehen hatte, fester Bestandteil der Entwicklung der Industriegesellschaft sind. Doch hierfür steht ihnen als hauptsächlicher und im äußersten Fall einziger Gesprächspartner nur der Staat und seine Apparate zur Verfügung. Die beschworene Verwundbarkeit des Individuums wird also auf anderer Ebene fortgesetzt. Der Staat wird zu seiner hauptsächlichen Stütze und Absicherung, wobei diese Beziehung freilich eine bleibt, die ein Individuum mit einem abstrakten Kollektiv vereint. Ist es möglich, fragt Jürgen Habermas, »neue Lebensformen mit rechtlich-bürokratischen Mitteln hervorzubringen«?[23] Das Rezept hierfür, so es eines gibt, wurde bisher noch nicht gefunden.

Die Gefahren, die diese Abhängigkeit gegenüber dem Staat mit sich bringt, werden ans Licht kommen, wenn der Staat ins Schleudern gerät, diese Aufgaben in derselben relativ schmerzlosen Art zu erledigen, die ihm in Zeiten des Wirtschaftswachstums eigen war. So wie der Gott Descartes', der die Welt zu jedem Augenblick neu erschafft, muß der Staat seine Sicherungen durch ständiges Handeln gewährleisten. Zieht er sich zurück, so läuft das soziale Band Gefahr, sich aufzulösen. Das Individuum steht also in direkter Verbindung mit der Logik der sich selbst überlassenen Lohnarbeitsgesellschaft, die mit den konkreten Solidaritäten auch die großen kollektiven Akteure aufgelöst hat, deren Antagonismus der Zement für die Einheit der Gesellschaft war. In diesem Zusammenhang besteht die Gefahr, daß der Korporatismus das Gemeininteresse ersetzt: Verteidigung und Illustration einer Lohnarbeiterschicht, die sich aus den unteren Schichten ausdifferenziert und begierig auf die Vorteile der oberen Schichten schielt. Wenn das Ziel eines jeden Individuums darin besteht, seine eigene Laufbahn und die seiner Familie zu halten und, wenn möglich, gar zu verbessern, dann besteht im Extremfall die Gefahr, daß auch die gesellschaftliche Existenz nach Art eines *struggle for life* erlebt und gelebt wird.

Wenn nicht gar Widersprüche, so gibt es in jedem Fall doch starke Spannungen zwischen der Entwicklung des für die Lohnarbeitsgesellschaft charakteristischen Individualismus' einerseits und der Durchsetzung von Formen der Sozialisierung der

23 J. Habermas, »Die Krise des Wohlfahrtsstaates und die Erschöpfung utopischer Energien«, in: ders., *Die Moderne – ein unvollendetes Projekt. Philosophisch-politische Aufsätze 1977–1990*, S. 105–129, hier S. 114.

Einkommen sowie administrativen Zwängen, die für das Funktionieren des Sozialstaates unerläßlich sind, andererseits. Dieser Antagonismus hatte entschärft werden können, solange die Kostenlast der obligatorischen Solidarität nicht zu groß war und die mit Vorschriften einhergehenden Zwänge durch substantielle Gewinne kompensiert wurden, deren Dividende das Individuum selbst ausgezahlt bekam. So wurde bekanntlich die soziale Absicherung von einer großen Mehrzahl von Erwerbstätigen bezahlt, die unterm Strich vor allem für sich selbst Sozialabgaben entrichteten: Sie versicherten ihre eigene Zukunft und zugleich die der Gruppe der Lohnabhängigen. Doch unter dem doppelten Druck der Arbeitslosigkeit und des demographischen Ungleichgewichts gerät nun das System der sozialen Sicherung in die Klemme. Es vollzieht sich ein gleitender Übergang von einem Versicherungssystem, demgemäß die Erwerbstätigen vor allem für ihresgleichen zahlten, zu einem System nationaler Solidarität, in dem die Erwerbstätigen vor allem für die immer zahlreicher werdenden Nicht-Erwerbstätigen zahlen müssen.[24]

> »*In einem Universum, in dem auf der einen Seite die Anzahl älterer Personen und schulpflichtiger Kinder zunimmt, andererseits die Verbindungen zwischen Produktion, Beschäftigung und Einkommen lockerer werden, muß die reduzierte Fraktion der arbeitenden Erwerbsbevölkerung einen ständig wachsenden Teil ihrer Einkommen für die Finanzierung des enormen Anteils derer abzweigen, die noch nicht, nicht mehr oder niemals arbeiten.*«[25]

Schmerzhaften Entscheidungen aus dem Weg zu gehen, wird daher zweifellos unmöglich. Manche Debatten, die vor zwanzig Jahren eher akademischen Charakter hatten, bekommen heutzutage eine einzigartige Dringlichkeit. Muß die soziale Sicherung beispielsweise darauf ausgerichtet sein, alle Bürger aus der Not zu befreien oder soll sie bevorzugt an die Arbeit gebunden sein? Die erste Option ist die Beveridges, der ihr eine sehr weite Bedeutung gibt: »Der Plan für Soziale Sicherheit enthält in Gestalt eines umfassenden Sozialversicherungssystems die Garantie, daß jedem Individuum unter der Bedingung, daß es arbeitet, wenn es ihm möglich ist, und von seinem Verdienst Beiträge zahlt, ein ausreichendes Einkommen gewährleistet sein soll, damit es und seine Familie davon gut leben können, ein Einkommen, das es vor Not bewahrt, so es aus irgendeinem Grund nicht arbeiten und Geld verdienen kann.«[26] Trotzdem unterstreicht derselbe Bericht energisch die Notwendigkeit, auf Vollbeschäftigung hinzuarbeiten, damit ein Sozialversicherungsplan überhaupt Erfolg haben kann: »Dieser Bericht [...] sieht die Aufrechterhaltung von Vollbeschäftigung und Vorkehrungen gegen Massenarbeitslosigkeit als Voraussetzungen für die Sozialversicherung an.«[27]

24 D. Olivennes, »La société de transfert«, *le Débat*, n° 69, März–April 1992.

25 *Ebd.*, S. 118. Vgl. zur im engeren Sinne demographischen Dimension der Frage J.-M. Poursin, »l'État providence en proie au démon démographique«, *le Débat*, n° 69, März–April 1992. Was die Arbeit angeht, so ist festzustellen, daß die Finanzierungsschwierigkeiten nicht allein mit dem Umfang der Arbeitslosigkeit zusammenhängen, sondern auch mit der enormen Zunahme prekärer und schlecht bezahlter Beschäftigungsverhältnisse, die nur geringe Sozialabgaben möglich machen, während gleichzeitig hohe Ausgleichsleistungen erforderlich werden.

26 W. Beveridge, *Full Employment in a Free Society*, London, George Allen & Unwin, 1944.

27 *Ebd.*, S. 17.

Die zweite Option, das »Bismarcksche System«, bindet die sozialen Sicherungen im wesentlichen an Sozialabgaben, und Frankreich steht ihm bekanntlich sehr nahe. Dennoch übernimmt Pierre Laroque fast wortwörtlich Beveridges Formulierung von der »Befreiung von der Not«: Die Sozialversicherung ist »die jedem Menschen gegebene Garantie, daß er unter allen Umständen seinen Unterhalt und den der Personen, für die er aufkommen muß, in ausreichendem Maße sicherstellen kann.«[28] Beveridge und Laroque konnten ohne allzu große Schwierigkeiten wenn schon nicht in Widerspruch zueinander geraten, so doch zumindest zwei Modelle völlig unterschiedlicher gedanklicher Herkunft nebeneinanderstellen. Sie mußten nicht wählen, da die Vollbeschäftigung eine »Befreiung« von der Not ermöglichte. Die Sicherung aller durch das solidarische System und die Sicherung der Erwerbstätigen durch die Versicherungen geraten freilich dann in Widerspruch zueinander, wenn die Erwerbsbevölkerung in die Minderheit gerät.

Man hat ebenso bemerkt, daß das System der sozialen Sicherheit sich kaum um eine Abdeckung des Risikos Arbeitslosigkeit gekümmert hat. Pierre Laroque rechtfertigte sich folgendermaßen: »Für Frankreich hat die Arbeitslosigkeit niemals ein so ernstes Risiko dargestellt wie für Großbritannien.«[29] Einmal davon abgesehen, daß eine solche Erklärung heute sonderbar veraltet erscheint, verrät sie eine grundlegende Schwierigkeit: Kann Arbeitslosigkeit über die Arbeit überhaupt »abgedeckt« werden? Zweifelsfrei bis zu einer gewissen Schwelle. Arbeitslosigkeit ist aber kein Risiko wie jedes andere (etwa wie ein Arbeitsunfall, wie Krankheit oder Altersarmut). Verallgemeinert sie sich, dann trocknet sie auch die Finanzierungsmöglichkeiten der Dekkung anderer Risiken aus und damit also auch die Möglichkeit, sich selbst »abzudekken«.[30] Der Fall der Arbeitslosigkeit offenbart die Achillesferse des Sozialstaats der Jahre des Wirtschaftswachstums. Die Struktur, die er damals ausgebildet hat, beruhte auf einem Arbeitsregime, das heute in seinen Grundfesten erschüttert ist.

Der Sozialstaat wird vielleicht noch fundamentaler durch die Schwächung des Nationalstaats, dessen direkten Ausfluß er darstellt, destabilisiert. Es findet eine doppelte Erosion der hoheitlichen Prärogative statt, nach unten mit dem Aufstieg der »dezentralisierten« lokalen Gewalten und nach oben hin mit dem vereinten Europa und mehr noch mit der Globalisierung der Wirtschaft und der zunehmenden Bedeutung des internationalen Finanzkapitals. So wie der keynesianische Sozialstaat auf einem Kompromiß zwischen den Sozialpartnern innerhalb seiner Grenzen beruht bzw. diesen zum Teil schafft, setzt er auch nach außen hin einen zumindest impliziten Kompromiß mit den verschiedenen Staaten voraus, die sich auf einem vergleichbaren Niveau wirtschaftlicher und sozialer Entwicklung befinden. Tatsächlich ist (oder war) trotz unvermeidlicher nationaler Unterschiede die Sozialpolitik einschließlich

28 P. Laroque, »De l'assurance à la Sécurité sociale«, *Revue internationale du travail*, LVII, n° 6, Juni 1948, S. 567. Der Ausdruck *»freedom from want«* taucht zum ersten Mal im Social Security Act von 1935, der Hochzeit des New Deal von Präsident Roosevelt, auf.

29 P. Laroque, *la Sécurité sociale dans l'économie française*, Paris, Fédération nationale des organismes de Sécurité sociale, 1948, S. 9.

30 Zwei Indizien für den »Ausnahmecharakter« der Arbeitslosigkeit: das System der Zahlung von Arbeitslosengeld durch die Assedic seit 1958 wurde nie in die Sozialversicherung eingegliedert; ein Rundschreiben des Arbeitsministers Pierre Bérégovoy vom November 1982 steuert die Arbeitslosen nach Ende ihrer Anspruchsdauer gegenüber dem Versicherungssystem in das »Solidaritätssystem« aus; eine höfliche Art, die Fürsorge umzutaufen.

der Lohnpolitik in Ländern wie Deutschland, Großbritannien oder Frankreich *miteinander kompatibel*, das heißt kompatibel mit der Konkurrenz, in der diese Länder auf ökonomischem wie auch kommerziellem Gebiet miteinander standen. Die Sozialpolitik eines Staates ist in der Tat das Ergebnis einer schwierigen Abgleichung zwischen den Erfordernissen der Innenpolitik (vereinfacht gesagt: der Aufrechterhaltung sozialen Zusammenhalts) und der Außenpolitik: wettbewerbs- und »leistungsfähig« zu sein.[31] Freilich haben sich die Spielregeln seit Beginn der siebziger Jahre geändert. Anstatt daß die europäischen Staaten beispielsweise ausländische Arbeitskräfte importieren, die sie zu ihren Bedingungen arbeiten lassen, stehen sie auf einem globalisierten Arbeitsmarkt plötzlich in Konkurrenz zu geographischen Zonen, in denen Arbeitskraft viel billiger ist. Das ist zudem auch ein guter Grund dafür, daß der Staat, selbst wenn das Wachstum wieder anzieht, wohl unter keinen Umständen morgen die Politik wieder aufnehmen könnte, die er am Vorabend des ersten »Ölschocks« verfolgte.

Man muß sich also mit Jürgen Habermas fragen, ob wir nicht die »Erschöpfung eines Modells« erleben. Die verschiedenen Formen des Sozialismus hatten aus dem Sieg über die Heteronomie der Arbeit die Vorbedingung für die Gründung einer Gesellschaft freier Menschen gemacht. Der sozialdemokratische Sozialstaat hatte eine abgemilderte Version dieser Utopie beibehalten: Eine revolutionäre Umwälzung der Gesellschaft war nicht mehr notwendig, um die Würde der Arbeit herzustellen, ihr Platz blieb aber zentral als Basis sozialer Anerkennung und als Sockel, auf dem die Sicherungssysteme gegen die Unsicherheit und das Elend aufbauten. Selbst wenn die Mühsal und die Abhängigkeit der Lohnarbeit nicht völlig abgeschafft waren, wurde der Arbeitnehmer dadurch entschädigt, daß er ein Bürger innerhalb eines Systems sozialer Rechte, ein Empfänger von über die staatliche Bürokratie verteilten Leistungen und auch ein anerkannter Konsument von auf dem Markt produzierten Waren war.[32] Diese Art der Zähmung des Kapitalismus hatte die modernen Formen der Solidarität und des Austauschs unter staatlicher Garantie um die Arbeit herum arrangiert. Wie steht es nun um dieses Gebäude, wo die Arbeit ihre Zentralität einbüßt?

Die Überzähligen

Was auch die »Ursachen«[33] dafür sein mögen, die Erschütterung, welche die Gesellschaft seit den siebziger Jahren befallen hat, zeigt sich vor allen Dingen im Wandel des Beschäftigungsproblems. Die Zahlen sind nur allzu bekannt und stehen heute im Zentrum der Aktualität: beinahe 3,5 Millionen Arbeitslose, also 12% der Erwerbs-

31 Vgl. zu diesem Punkt die Untersuchungen von François Fourquet, insbesondere »La citoyenneté, une subjectivité exogène«, in: *la Production de l'assentiment dans les politiques publiques. Techniques, territoires, et sociétés*, n°s 24–25, Paris, ministère de l'Équipement, des Transports et du Tourisme, 1993.

32 J. Habermas, »Die Krise des Wohlfahrtsstaates und die Erschöpfung utopischer Energien«, *loc.cit.*

33 Für eine von der Regulationsschule inspirierte Interpretation in ökonomischen Begriffen vgl. beispielsweise J.-H. Lorenzi, O. Pastré, J. Toledano, *la Crise du XXe siècle*, Paris, Economica, 1980, oder R. Boyer, J.-P. Durand, *l'Après-fordisme*, Paris, Syros, 1993. In dieser Perspektive ist die gegenwärtige »Krise« das Ergebnis des Auslaufens des »fordistischen« Modells, verursacht durch die gleichzeitige Wirkung eines Produktivitätsrückganges, des Nachlassens der Konsumnorm und der Entwicklung eines unproduktiven oder wenig produktiven tertiären Sektors. Die hier gewählte Untersuchungsebene erfordert es allerdings nicht, daß ich mich zu diesen »Ursachen« äußere.

personen.[34] Freilich ist die Arbeitslosigkeit nur die sichtbarste Manifestation eines grundlegenden Wandels der Beschäftigungssituation. Die *Prekarisierung* der Arbeit ist ein weiterer, weniger spektakulärer, aber dennoch bedeutenderer Aspekt davon. Der unbefristete Vertrag ist in Begriff, seine Hegemonie einzubüßen. Diese stabilste Form der Beschäftigung, die ihren Zenit 1975 erreicht und damals ungefähr 80% der Erwerbspersonen betrifft, ist heute auf weniger als 65% gefallen. Die sog. »atypischen Beschäftigungsverhältnisse«, die sich seither ausbreiten, umfassen eine Masse von heterogenen Situationen, befristete Verträge (CDD), Leiharbeit, Teilzeitarbeit und verschiedene Formen »geförderter«, also vom Staat im Rahmen der Bekämpfung der Arbeitslosigkeit subventionierter Beschäftigung.[35] In absoluten Zahlen betrachtet, stellen die unbefristeten Verträge (CDI) bei weitem noch das Gros dar. Erfaßt man jedoch die Zugänge zu Erwerbstätigkeit, dann kehren sich die Proportionen um. Mehr als zwei Drittel der jährlichen Neueinstellungen vollziehen sich in diesen »atypischen« Formen.[36] Junge Menschen sind am häufigsten davon betroffen, Frauen mehr als Männer.[37] Das Phänomen betrifft jedoch gleichermaßen diejenigen, die man als den harten Kern der Arbeitskräfte bezeichnen könnte, nämlich die Männer zwischen dreißig und neunundvierzig Jahren: 1988 hatte schon mehr als die Hälfte der Neueingestellten einen solchen besonderen Status.[38] Und es betrifft mindestens ebensosehr die großen Industriekonzerne wie die Klein- und mittelständischen Unternehmen (PME): In den Unternehmen mit mehr als 50 Arbeitnehmern werden drei Viertel der unter Fünfundzwanzigjährigen mit einem derartigen Vertrag eingestellt.[39]

Dieser Vorgang scheint unumkehrbar zu sein. Nicht nur die große Mehrheit der Neueinstellungen vollzieht sich in diesen Formen, auch der Bestand an unbefristeten

34 Um das Ausmaß der Verschlechterung der Situation ermessen zu können, betrachte man folgende Daten: 1970 gab es 300 000 bei der ANPE gemeldete Stellensuchende, darunter 17%, die seit mehr als einem Jahr suchten (diese »Exklusion« genannte Arbeitslosigkeit betrifft heute mehr als 1 Million Personen). Der regelrechte »take off« der Arbeitslosigkeit vollzog sich 1976, dem Jahr, in dem die Zahl der Arbeitslosen die Millionenschwelle erreichte. Ungeachtet eines leichten Anwachsens der Stellenzahl (22 Millionen im Jahr 1990 gegenüber 21 612 000 im Jahr 1982) ist die Zahl der Stellensuchenden seither fast ständig gestiegen. Während des durch eine Wachstumsrate von 4% 1988 und 1989 gekennzeichneten Aufschwungs gegen Ende der achtziger Jahre kam es zur Schaffung von 850 000 Stellen, jedoch nur zu einer Senkung der Arbeitslosenzahlen von 400 000 (*Données sociales*, Paris, INSEE, 1993). Vgl. für eine aktuelle Darstellung der Arbeitslosigkeitsfrage J. Freyssinet, *le Chômage*, Paris, La Découverte, 1993.

35 Vgl. B. Fourcade, »L'évolution des situations d'emploi particulières de 1945 à 1990«, *loc. cit.* Erinnern wir uns mit diesem Autor, daß vor der Ausbreitung der unbefristeten Verträge die »besonderen Beschäftigungsformen« sehr zahlreich waren (Fourcade kommt für 1950 auf mehr als 4 Millionen). Es handelte sich aber im allgemeinen um der Selbständigkeit nahekommende Formen, die man insofern als »vor-lohnarbeitsmäßig« bezeichnen könnte, als sie kurze Zeit später durch deren Verallgemeinerung absorbiert wurden. Dagegen kommen die »neuen atypischen Beschäftigungsformen« zeitlich nach der Generalisierung der Lohnarbeit auf, allerdings exakt zur gleichen Zeit, in der sich die Arbeitslosigkeit ausbreitet. In ihnen manifestiert sich eine Verschlechterung der Lage abhängiger Arbeit. Vgl. zur Entwicklung der rechtlichen Struktur des Arbeitsvertrags die zusammenfassende Darstellung von S. Erbès-Seguin, »Les images brouillées du contrat de travail«, in: P.M. Menger, J.-C. Passeron, *l'Art de la recherche. Essais en l'honneur de Raymonde Moulin*, Paris, La Documentation française, 1993.

36 A. Lebaube, *l'Emploi en miettes, op. cit.* Man findet zahlreiche aktualisierte Daten über den Stellenmarkt in B. Brunhes, *Choisir l'emploi*, Paris, La Documentation française, 1993.

37 In »stocks« betrachtet, wie die Ökonomen sagen, arbeiteten 1990 nur noch 58% der jungen Männer und 48% der jungen Frauen zwischen zwanzig und fünfundzwanzig Jahren in Vollzeit und in einem unbefristeten Vertragsverhältnis, während diese Raten 1982 noch jeweils 70 und 60% betrugen (vgl. J.-L. Heller, M.-Th. Join-Lambert, »Les jeunes entre l'école et l'emploi«, *Données sociales*, Paris, INSEE, 1990).

38 M. Cézard, J.L. Heller, »Les formes traditionnelles de l'emploi salarié se dégradent«, *Économie et statistique*, n° 215, Nov. 1988.

39 J. Jacquier, »La diversification des formes d'emploi en France«, *Données sociales*, Paris, INSEE, 1990.

Verträgen geht zurück (mehr als 1 Million abgebaute unbefristete Stellen zwischen 1982 und 1990). Scheinbar nimmt auch die Geschwindigkeit dieses Prozesses zu. Am 2. März 1993 veröffentlichte *la Tribune-Desfossés* eine Prognose für die nächsten zehn Jahre, die eine völlige Umkehrung des Verhältnisses von unbefristeten Stellen zugunsten anderer Beschäftigungsformen feststellt. Die Anzahl der unbefristeten Verträge könnte sich also auf 3 Millionen verringern. Gegenüber der rechnerischen Genauigkeit solcher Prognosen lassen sich sicherlich Vorbehalte anmelden. Sie vermitteln jedoch nichtsdestoweniger eine grundlegende Umwälzung der Lage abhängiger Beschäftigung.[40] Die Verschiedenheit und Diskontinuität der Beschäftigungsformen sind dabei, das Paradigma der einheitlichen und stabilen Beschäftigung zu ersetzen.

Weshalb sagen wir, daß es sich dabei um ein mindestens ebenso bedeutendes Phänomen handelt wie beim Anstieg der Arbeitslosigkeit? Keineswegs um den Ernst der Arbeitslosigkeit herunterzuspielen. Wenn man aber den Akzent auf die Prekarisierung der Arbeit[41] legt, dann werden die Prozesse besser verständlich, welche der sozialen Verwundbarkeit *Nahrung geben* und am Ende Arbeitslosigkeit und Abkoppelung bewirken. Es ist von nun an etwas mißverständlich, wenn man diese neuen Formen als »besonders« oder »atypisch« bezeichnet. Diese Vorstellung verweist auf das zweifellos der Vergangenheit angehörende Vorherrschen des unbefristeten Vertrags. Mehr noch: die Vorstellung der Arbeitslosigkeit als eines ebenso atypischen und unterm Strich irrationalen Phänomens, das sich *ceteris paribus* um den Preis von etwas gutem Willen und Einfallsreichtum ausradieren ließe, ist sicherlich auch als Ausdruck eines von der Wirklichkeit eingeholten Optimismus' zu sehen. Arbeitslosigkeit ist nicht etwa eine Blase, die sich in den Arbeitsbeziehungen eingenistet hat und die man einfach absaugen müßte. Es wird allmählich klar, daß Arbeitslosigkeit und das Prekärwerden der Beschäftigung in der gegenwärtigen Modernisierungsdynamik fest verankert sind. Sie sind die zwangsläufigen Konsequenzen aus der neuartigen Strukturierung der Beschäftigung, der Schatten, den der industrielle Umbau und der Kampf um Wettbewerbsfähigkeit auf sehr viele Menschen wirft.

Es ist gerade die Struktur des Lohnarbeitsverhältnisses, das Gefahr läuft, wieder problematisch zu werden. Die Konsolidierung der Arbeitnehmerlage rührte, wie schon gesagt, daher, daß der Umstand, einer Person einen Lohn bzw. ein Gehalt zu geben, in immer stärkerem Maße darin bestand, ihre Verfügbarkeit und ihre Kompetenzen auf längere Frist an sich zu binden, dies gegen eine eher abgegriffene Auffassung von Lohnabhängigkeit, die darin bestanden hatte, ein Individuum für die Erle-

40 Im gleichen Sinne zitiert André Gorz die Studie eines deutschen Forschungsinstituts, die für die kommenden Jahre einen Anteil von 25% »peripherer«, d.h. unterqualifizierter, schlecht bezahlter und schlecht abgesicherter und in Leiharbeit tätiger Arbeitnehmer, sowie 50% Arbeitslose oder Gelegenheitsjobs und geringfügiger Beschäftigung nachgehende Arbeitnehmer prognostiziert (*les Métamorphoses du travail*, Paris, Galilée, 1988, S. 90; dt. Übers. *Kritik der ökonomischen Vernunft. Sinnfragen am Ende der Arbeitsgesellschaft*, Berlin, Rotbuch-Verlag, 1989).

41 Diese Wandlungen des Arbeitsverhältnisses bedeuten freilich nicht, daß all die neuen Formen der Willkür preisgegeben und in einem rechtsfreien Raum angesiedelt sind. Ganz im Gegenteil wird seit etwa zwanzig Jahren intensiv daran gearbeitet, sie im Arbeitsrecht zu verankern (so hat man gar den doch befremdlich klingenden Begriff des »zeitweilig unterbrochenen unbefristeten Vertrags« geschmiedet). Es ist aber typisch, daß diese Neukreationen zugleich unter Bezugnahme auf und zugleich als Ausnahmen vom unbefristeten Vertrag gebildet werden. Vgl. hierzu S. Erbès-Seguin, »Les images brouillées du contrat de travail«, *loc. cit.*

digung einer punktuellen Aufgabe zu mieten. »Die Dauerhaftigkeit des Beschäftigungsbandes impliziert nämlich, daß man nicht von vornherein weiß, welche vorher definierten konkreten Aufgaben der Lohnabhängige erledigen soll.«[42] Die neuen »atypischen« Beschäftigungsformen ähneln eher früheren Formen der Anstellung, da der Status des Arbeitnehmers vor den Zwängen der Arbeit verblaßt. *Flexibilität* ist eine Möglichkeit, diese notwendige Anpassung des modernen Arbeitnehmers an seine Aufgabe zu benennen.

Überzeichnen wir hier nicht. Flexibilität läßt sich nicht auf die Notwendigkeit, sich mechanisch an eine punktuelle Aufgabe anzupassen, reduzieren. Sie macht es jedoch erforderlich, daß der Ausführende unmittelbar verfügbar ist, um sich dem Fluktuieren der Nachfrage anzupassen. Just-in-time-Organisation, Produktion auf Bestellung, unmittelbares Reagieren auf wechselnde Marktlagen sind zu den kategorischen Imperativen für das Funktionieren wettbewerbsfähiger Unternehmen geworden. Um ihnen gerecht zu werden, kann das Unternehmen auf Zulieferer zurückgreifen (externe Flexibilität) oder sein Personal zu mehr Flexibilität und Polyvalenz ausbilden, damit es mit einer ganzen Bandbreite an neuartigen Situationen umgehen kann (interne Flexibilität). Im ersten Fall bleibt den Satellitenunternehmen die Sorge um das Reagieren auf die Fluktuationen des Marktes überlassen. Sie können dies um den Preis einer hohen Prekarität der Arbeitsbedingungen und eines hohen Arbeitslosigkeitsrisikos tun. Im zweiten Fall übernimmt das Unternehmen die Anpassung seines Personals an den technologischen Wandel. Dies geschieht jedoch um den Preis der Eliminierung derer, die nicht diesen neuen Leistungsnormen gewachsen sind.[43]

Diese Feststellungen untergraben völlig die integrative Funktion des Unternehmens. Das Unternehmen der Jahre des Wirtschaftswachstums hatte die organisatorische Basismatrix der Lohnarbeitsgesellschaft gebildet. Hauptsächlich ausgehend von ihm vollzog sich, wie Michel Aglietta und Anton Brender feststellen, die Differenzierung der Lohnarbeiterschaft: Es strukturierte relativ stabile menschliche Gruppierungen und gliederte sie in eine hierarchische Ordnung voneinander abhängiger Positionen ein.[44] Diese Form sozialer Kohäsion war stets problematisch, da sie von Interessenkonflikten und letzten Endes auch vom Antagonismus von Kapital und Arbeit durchdrungen war. Trotzdem gestattete das Wirtschaftswachstum, wie wir gesehen haben, bis zu einem gewissen Grad, die Aufstiegswünsche der Belegschaft und die Ziele der Unternehmensleitung auszubalancieren, indem es Einkommenssteigerungen ebenso wie die Zunahme der Sozialleistungen gewährleistete und die berufliche Mobilität und den sozialen Aufstieg der Arbeitnehmer förderte. Die gegenwärtige »Krise« reduziert oder verhindert diese Spielräume, und die »sozialen Errungenschaf-

42 F. Dauty, M.-L. Morin, »Entre le travail et l'emploi: la polyvalence des contrats à durée déterminée«, *Travail et emploi*, n°52, 1992. Zu den unterschiedlichen Konzeptionen des Lohnarbeitsverhältnisses, vgl. J. Rose, *les Rapports de travail et d'emploi: une alternative à la notion de relation salariale*, GREE, Cahier n° 7, Université de Nancy II, 1992.

43 Im Unterschied zu Japan, Deutschland und Schweden, jedoch weniger als die Vereinigten Staaten und Großbritannien bevorzugt Frankreich tendenziell eher externe Flexibilität, was die hohen Arbeitslosigkeitsraten und das höhere Maß an prekärer Beschäftigung erklären kann. Die Arbeitnehmer werden weniger im Unternehmen gehalten, und die niedrig qualifizierten Tätigkeiten werden häufig nach Außen an ein stark für die Konjunktur anfälliges Personal vergeben (R. Boyer, *l'Économie française face à la guerre du Golfe*, Commisariat général du Plan, Paris, 1990).

44 M. Aglietta, A. Brender, *les Métamorphoses de la société salariale, op. cit.* Vgl. auch M. Maurice, F. Sellier, J.-J. Sylvestre, »La production de la hiérarchie dans l'entreprise«, *Revue française de sociologie*, 1979.

ten« mutieren aus der Perspektive der im Namen maximaler Wettbewerbsfähigkeit verordneten allgemeinen Mobilmachung zu Hindernissen.

Es ist geradezu paradox, daß ein apologetischer Diskurs über das Unternehmen just in dem Augenblick aufkommt, da es einen Gutteil seiner integrativen Funktion verliert.[45] Das Unternehmen ist die Quelle nationalen Reichtums, Schule des Erfolgs, Modell für Effizienz und Wettbewerbsfähigkeit, daran besteht kein Zweifel. Man muß dem freilich hinzufügen, daß das Unternehmen offensichtlich auch, und dies in zunehmendem Maße, als eine Vulnerabilisierungs- und sogar »Ausgrenzungsmaschine«[46] funktioniert. Und dies auf zweierlei Weise.

Innerhalb des Unternehmens selbst bewirkt der Wettlauf um Effizienz und Wettbewerbsfähigkeit die Dequalifizierung der am wenigsten Angepaßten. Das »partizipative Management« verlangt die Mobilisierung nicht nur von technischen, sondern auch von sozialen und kulturellen Kompetenzen, welche im Widerspruch zur traditionellen Berufskultur einer Mehrheit der Beschäftigten stehen.[47] Wenn das Unternehmen im Rahmen seiner Bemühungen um »interne Flexibilität« versucht, die Qualifikationen seiner Mitarbeiter an den technologischen Wandel anzupassen, kann die dauernde Fortbildung eine permanente Selektion bewirken.[48] Das führt dazu, daß »ältere Arbeitnehmer« wertlos werden, weil sie zu alt oder zu wenig gebildet sind für eine Umschulung, und zu jung, um schon in Rente zu gehen. In Frankreich ist die Erwerbsquote der Altersgruppe zwischen fünfundfünfzig und sechzig auf 56% gefallen und stellt damit eine der niedrigsten in Europa dar (sie liegt bei 76% in Schweden), und die Mehrheit der Arbeitnehmer wechselt nicht mehr nach dem klassischen Modell der abgesicherten Arbeit direkt von der Vollerwerbstätigkeit in die Rente.[49]

Das Unternehmen verfehlt aber auch seine integrative Funktion hinsichtlich der jungen Menschen. Durch die Anhebung des erforderlichen Qualifikationsniveaus bei Eintritt in den Betrieb entwertet es eine ganze Gruppe von Arbeitskräften, bevor sie sich überhaupt nützlich machen konnte. So sind junge Leute, die vor zwanzig Jahren noch ohne Probleme in die Produktion hatten eingegliedert werden können, dazu verurteilt, von Praktikum zu Praktikum oder von einem kleinen Job zum nächsten zu irren. Die Qualifikationsanforderungen entsprechen nämlich immer den technischen Imperativen. Zahlreiche Unternehmen tendieren dazu, sich gegen zukünftige technologische Wandlungen zu wappnen, indem sie überqualifizierte junge Menschen einstellen, und dies vor allem in Sektoren, die ihnen vom Status her nur wenig Wertschätzung gewähren. So sind junge Leute mit einem CAP oder einem BEP immer häufiger auf Stellen zu finden, die unter ihrer Qualifikation liegen. Während 1973 noch zwei Drittel die Arbeitsstelle innehatten, für die sie ausgebildet waren, traf das

45 Eine Apologie, die noch durch die Konversion des Sozialismus' der Regierung zu den Tugenden des Marktes nach 1982 bestärkt wird. Wie alle Konvertiten verfällt sie gerne in Proselytenmacherei. Vgl. J.-P. Le Goff, *le Mythe de l'entreprise*, Paris, La Découverte, 1992.

46 Vgl. X. Gaulier, »La machine à exclure«, *le Débat*, n° 69, März–April 1992.

47 Vgl. N. Aubert, V. de Gaulejac, *le Coût de l'excellence*, Paris, Le Seuil, 1991.

48 X. Gaulier, *loc. cit*

49 Vgl. A.-M. Guillemard, »Travailleurs vieillissants et marché du travail en Europe«, *Travail et emploi*, n° 57, 1993.

1985 nicht einmal mehr auf 40% zu.[50] Das hat mangelnde Motivation zur Folge sowie einen Anstieg der Prekaritätsmobilität, weil diese jungen Leute ständig versucht sind, anderswo eine Stelle zu suchen, die mit ihrer eigentlichen Qualifikation besser übereinstimmt. Das wiederum hat zur Folge, daß die wirklich unqualifizierten jungen Leute der Gefahr einer mangelnden Alternative zur Arbeitslosigkeit ausgesetzt sind, da die Stellen, die für sie in Frage kämen, schon von den besser Qualifizierten besetzt sind. Diese Logik birgt zudem das Risiko, die Politik zu untergraben, die in ihrem Bemühen um Vermeidung von Arbeitslosigkeit auf den Königsweg der Qualifizierung setzt. Eine zweifellos optimistische Sichtweise der »Krise« hat schließlich glauben gemacht, man könne sich gegen mangelnde »Beschäftigungsfähigkeit« durch die Verbesserung und Vervielfachung der Qualifikationen wappnen. Statistisch gesehen stimmt es schon, daß die Geringqualifizierten das größte Kontingent an Arbeitslosen bilden. Doch diese Korrelation impliziert keine direkte und notwendige Beziehung zwischen Qualifikation und Beschäftigung. Die »Geringqualifizierten« treffen stets zu spät auf dem Kriegsschauplatz ein, wenn sich zwischenzeitlich das allgemeine Bildungsniveau gehoben hat.[51] Daher sind auch Ziele wie jenes, 80% eines Jahrgangs das Abitur machen zu lassen, nichts als Pseudolösungen für das Beschäftigungsproblem. Gegenwärtig oder in absehbarer Zeit gibt es keine 80% Stellen, die dieses Bildungsniveau erfordern.[52] Man läuft also Gefahr, anstatt einen Abbau der Arbeitslosigkeit nur eine Erhöhung des Bildungsniveaus der Arbeitslosen zu bewirken.

Verstehen wir uns richtig: Es ist vom demokratischen Standpunkt aus legitim und gar notwendig, das Problem der »Geringqualifizierten« anzugehen (weniger technisch ausgedrückt bedeutet das, dem Bildungsdefizit eines Teils der Bevölkerung abzuhelfen). Es ist jedoch illusorisch, daraus abzuleiten, daß die Beschäftigungslosen schlicht um den Preis einer Niveauanhebung eine Stelle finden könnten. Die Beziehung zwischen Ausbildung und Beschäftigung stellt sich in einem ganz anderen Kontext dar als zu Beginn des Jahrhunderts. Damals hatte die schulische Bildung und Sozialisation das Abwandern junger Landbewohner in die Städte und die Entstehung einer gebildeten und kompetenten Arbeiterklasse erleichtert. Die Jugendlichen, die in Zeiten der Republik zur Schule gingen, fanden Stellen, die ihren neuen Qualifikationen entsprachen. Heutzutage ist nicht jeder qualifiziert und kompetent, und die Erhöhung des Ausbildungsniveaus bleibt eines der Hauptziele. Aber dieser demokratische Imperativ darf ein neuartiges und ernstes Problem nicht verschleiern: die mögliche *mangelnde Beschäftigungsfähigkeit* (inemployabilité) der Qualifizierten.[53]

---

50 P. d'Iribarne, *le Chômage paradoxal, op. cit.*

51 Der Wettlauf um die Qualifikation kann ganz eigenartige und perverse Effekte nach sich ziehen. Wenn man bevorzugt überqualifizierte Bewerber einstellt, dann werden geringer qualifizierte Stellensuchende von dem Stellentyp, für den sie geeignet wären, von verhältnismäßig höher Qualifizierten, die aber weit weniger für diese Stellen geeignet sind, faktisch ausgeschlossen.

52 Eine Studie des Bureau d'information et de prévision économique prognostiziert, daß im Jahr 2000 mindestens 60% der Stellen ein Qualifikationsniveau erfordern, welches unterhalb des Abiturs liegt.

53 So läßt sich gegenwärtig eine Arbeitslosigkeit bei den Cadres beobachten, ohne daß man noch das Ausmaß dieser Tendenz bestimmen könnte; vgl. Olivier Marchand, »La montée récente du chômage des cadres«, *Premières Informations*, 356, Juli 1993. 1992 lag der Prozentsatz der arbeitslosen Cadres bei 3,4% gegenüber 5,1% für die *professions intermédiaires*, 12,9% für die *ouvriers* und 13,3% für die *employés*.

Es wäre ungerecht, dem Unternehmen die gesamte Verantwortung für diese Situation in die Schuhe zu schieben. Seine Rolle besteht darin, den technologischen Wandel zu bewältigen und sich den neuen Anforderungen des Marktes zu unterwerfen. Die gesamte Geschichte der Arbeitsbeziehungen zeigt zudem, daß man von den Arbeitgebern nicht obendrein noch verlangen sollte, »Sozialpolitik zu machen« (wenn sie es denn taten, dann geschah das wie im Fall der unternehmerischen Philanthropie im wohlverstandenen Eigeninteresse des Betriebes). In den laufenden Transformationsprozessen kann sich ein allzu sklavisches Verfolgen kurzfristiger Rentabilitätserfordernisse sehr schnell als kontraproduktiv für das Unternehmen erweisen (ein ungezügelte Flexibilisierung etwa löst den sozialen Zusammenhalt des Unternehmens auf oder demotiviert die Belegschaft). Einen intelligenten Umgang des Unternehmens mit diesen Imperativen kann man erhoffen. Es ist dagegen naiv zu glauben, daß es die aus seiner Funktionsweise resultierenden Risiken eines sozialen Bruches trägt. Nach alledem sind die wettbewerbsfähigsten Unternehmen auch die selektivsten und somit in gewisser Hinsicht die am meisten ausschließenden, und das Erstellen von »Sozialplänen« (vgl. die Automobilindustrie) geht häufig mit der Veröffentlichung von positiven Geschäftsbilanzen einher. Das läuft auf die Behauptung hinaus, daß eine Politik, die sich vornimmt, die Auswirkungen der Verschlechterung der Lohnarbeitslage in den Griff zu bekommen und die Arbeitslosigkeit einzudämmen, sich einfach nur auf die Dynamik der Unternehmen und die heilsame Wirkung des Marktes verlassen soll. Die zahlreichen Maßnahmen, etwa Einstellungsbeihilfen, Senkungen von Sozialabgaben ohne Einstellungsverpflichtung seitens des Unternehmens usw., haben den Beweis wenn nicht ihrer Nutzlosigkeit, so doch ihrer äußerst beschränkten Wirksamkeit erbracht. Vor allem hinsichtlich der Maßnahmen für Bevölkerungsgruppen mit Schwierigkeiten am Arbeitsmarkt wäre es nötig gewesen, »weniger oft Beihilfen im Gegenzug zu Einstellungen zu gewähren, zu denen es ohnedies gekommen wäre.«[54] Die sogenannten »Mitnahmeeffekte« mancher Sozialmaßnahmen sind recht interessant für die Unternehmen, und es ist nicht ersichtlich, weshalb sie keinen Gebrauch davon machen sollten. Sie haben jedoch oft perverse Effekte hinsichtlich der Eindämmung der Arbeitslosigkeit.

Jedenfalls irrt man sich im Register, sucht man das Heil beim Unternehmen. Das Unternehmen folgt der Logik des Marktes, der Wirtschaft, die »das alleinige institutionelle Feld der Unternehmen« ist.[55] Auf dieser Ebene ist der Handlungsspielraum gering, da eine Gesellschaft, wie das Desaster der Länder des »real existierenden« Sozialismus zeigt, den Markt ebensowenig ignorieren kann wie die Physik das Gesetz der Schwerkraft. Doch wenn es selbstmörderisch ist, »gegen« den Markt zu sein, dann folgt daraus keineswegs, daß man sich ihm ganz und gar unterwerfen sollte. Die Problematik sozialer Kohäsion ist nicht jene des Marktes, Solidarität gedeiht nicht in einem Umfeld, in dem man mit Begriffen wie Wettbewerbsfähigkeit und Rentabilität operiert. Sind diese beiden Logiken miteinander vereinbar? Wir werden auf diese Frage noch zurückkommen. Hier sollte jedoch nur ihre Unterschiedlichkeit

54 R. Tresmontant, »Chômage: les chances d'en sortir«, *Économie et statistique*, n° 2441, März 1991, S. 50.
55 F. Fourquet, N. Murard, *Valeur des services collectifs sociaux*, *op. cit.*, S. 37.

deutlich gemacht werden, um eine Sackgasse zu vermeiden, in die man gerät, bürdet man dem Unternehmen die Last der Lösung der gegenwärtigen sozialen Frage auf. Ein politischer Wille kann vielleicht – er sollte es auf jeden Fall – den Markt einrahmen und begrenzen, damit die Gesellschaft nicht in sein Räderwerk gerät. Er kann dem Unternehmen die Aufgabe übertragen, sein eigenes Mandat zu verfolgen, ohne freilich zu glauben, daß das, »was für General Motors gut ist, auch für die Vereinigten Staaten gut ist«, und dies obendrein auch genügte, die Kohäsion der gesamten Gesellschaft zu gewährleisten.

Wenn das Problem, die soziale Frage in den Griff zu bekommen, nicht ausschließlich Sache des Unternehmens und der Wirtschaft sein kann, so liegt das daran, daß ihre gegenwärtige Dynamik, unter dem Aspekt sozialer Kohäsion gesehen, desaströse Wirkungen hat. Die Situation läßt sich auf den ersten Blick unter Zuhilfenahme der Theorien der Arbeitsmarktdualisierung[56] interpretieren, doch erfordert sie eine Radikalisierung der Schußfolgerungen. Es gibt nämlich zwei »Beschäftigungssegmente«, einen aus qualifizierten, besser bezahlten, besser abgesicherten und relativ stabilen Elementen gebildeten »primären« Markt sowie einen »sekundären«, bestehend aus prekären, weniger qualifizierten, direkt den Nachfrageschwankungen ausgesetzten Beschäftigten. Die Beziehungen zwischen diesen beiden Segmenten sind allerdings nicht ein für allemal vorgegeben. Schematisch könnte man sagen, daß in einer Phase des Wachstums und des Gleichgewichts von Arbeitsangebot und -nachfrage eine Komplementärbeziehung zwischen den beiden Sektoren vorliegt. Es liegt im Interesse des Unternehmens – und natürlich der Beschäftigten –, das Humankapital zu binden. Diese Treuebindung minimiert die Ausbildungskosten, gewährleistet die Kontinuität der Kompetenzen und ein besseres Betriebsklima, erspart Erschütterungen, die einen Niedergang der Produktivität erzeugen. Der sekundäre Markt spielt eine unterstützende Rolle bei der Abfederung von unvorhergesehenen Ereignissen und dient eventuell als Sieb zur Sozialisierung von Beschäftigten, von denen manche später fest eingestellt werden. In einer Situation der Unterbeschäftigung und des Personalüberhangs dagegen stehen die beiden Märkte in direkter Konkurrenz zueinander. Der feste Status der Belegschaft steht gegen die Notwendigkeit, eine fluktuierende Konjunktur in den Griff zu bekommen. Umgekehrt sind die Beschäftigten des sekundären Sektors »interessanter«, weil sie weniger Rechte haben, nicht durch Tarifverträge geschützt sind und punktuell angestellt werden können.[57] Fügen wir noch hinzu, daß die Internationalisierung des Arbeitsmarktes eine Verschlechterung des nationalen Marktes bewirkt. Die Unternehmen vergeben auch Aufträge nach außen (externe Flexibilität) in Länder, in denen die Arbeitskosten um ein Mehrfaches niedriger sind.

56 Vgl. M. J. Piore, »Dualism in the Labor-Market: The Case of France«, in: J. Mairesse, *Emploi et chômage*, Paris, Fondation nationale des sciences politiques, 1982.

57 Vgl. G. Duthil, *les Politiques salariales en France, 1960–1990*, Paris, L'Harmattan, 1993. Zu einer ersten kollektiven Bewußtwerdung des Übergangs der bis in die siebziger Jahre hinein vorherrschenden und auf der Sorge um die Bindung der Arbeitskräfte an das Unternehmen basierenden Problematik der Arbeit hin zu einer Problematik der Flexibilität und der Anpassungsfähigkeit an den Wandel mit dem Risiko des Statuszerfalls als Konsequenz kommt es in Frankreich während des zweiten Kolloquiums von Dourdan im Dezember 1980, vgl. Colloque de Dourdan, *l'Emploi, enjeux économiques et sociaux*, Paris, Maspero, 1982.

Zunächst hat diese Form der Standortverlagerung hauptsächlich die unterqualifizierte Beschäftigung und die traditionellen Industriezweige betroffen (man denke an den Untergang der Textilindustrie in den »entwickelten« Ländern, in denen sie doch der Industriesektor mit dem größten Personalbedarf war). Ein Unternehmen kann genauso auch Aufträge für die Herstellung von ausgefeilten Apparaten oder Informatikprogrammen nach Südostasien oder anderswohin vergeben.[58]

Diese Entwicklung wird noch durch die »Tertiarisierung« der Erwerbstätigkeit verschlimmert, deren Bedeutung Bernard Perret und Guy Roustang hervorgehoben haben.[59] Ein solcher Umbruch verändert nicht nur die Struktur der Arbeitsverhältnisse dahingehend, daß direkte Beziehungen zwischen Hersteller und Kunden (Dienstleistungen im engeren Sinne) überhandnehmen und der Charakter der Tätigkeiten informeller und beziehungsförmiger wird. Sie hat auch direkte Auswirkungen auf die Arbeitsproduktivität. Die den industriellen Aktivitäten zuzurechnenden Produktivitätszuwächse fallen doppelt so hoch aus wie diejenigen des Dienstleistungssektors.[60] Das regt dazu an, sich Gedanken über den Umfang eines Wirtschaftsaufschwungs und dessen Konsequenzen für die Beschäftigung zu machen. Den klassischen Ökonomen zufolge, deren Gedanken Alfred Sauvy zusammengefaßt hat, ist auf den Wandel der Produktionstechniken stets eine »Abkehr« der Arbeitskräfte von den alten Sektoren zu neuen Tätigkeitssphären gefolgt[61] (so hat die Abnahme der in der Landwirtschaft tätigen Arbeitskräfte Anlaß zur Entwicklung eines produktiveren industriellen Sektors gegeben). Dieser Gedankengang findet jedoch dann seine Widerlegung, wenn der technische Fortschritt nur schwache Produktivitätszuwächse freisetzt und mehr Stellen vernichtet als schafft. Das scheint gegenwärtig der Fall zu sein.[62]

58 Die Frage des Einflusses dieser Standortverlagerungen auf die Verschlechterung des nationalen Arbeitsmarktes in den kommenden Jahren ist umstritten. Vgl. für eine nuancierte Betrachtung (die freilich vom Beginn der achtziger Jahre stammt), vgl. P. Eisler, J. Freyssinet, B. Soulage, »Les exportations d'emplois«, in J. Mairesse, *Emploi et chômage, op. cit.* Eine jüngere europäische Vergleichsstudie prognostiziert, daß der Anteil der in Westeuropa lokalisierten Produktion an der globalen Produktion von 27,3% im Jahr 1988 auf 24,6% im Jahr 2000 zurückgeht, was zwar ansehnlich ist, jedoch weit niedriger ausfällt als das Katastrophenszenario, das man zuweilen aufbaut (vgl. G. Lafay, »Industrie mondiale: trois scénarios pour l'an 2000«, *Économie et statistique*, n° 256, Juli–August 1992).

59 Vgl. B. Perret, G. Roustang, *l'Économie contre la société*, Paris, Le Seuil, 1993. Auf die Bedeutung dieses Vorgangs war schon seit der Entstehungszeit der Lohnarbeitsgesellschaft hingewiesen worden (vgl. Kapitel VII). Aber seither hat er sich wie ein Lauffeuer ausgebreitet. 1954 repräsentierte der Dienstleistungssektor 38,5 der Beschäftigten, heutzutage sind es fast 70% (vgl. B. Perret, G. Roustang, *op. cit.*, S. 55).

60 Diese Bemerkungen gestatten es, ein Mißverständnis hinsichtlich der Deindustrialisierung aus dem Weg zu räumen. Die Deindustrialisierung ist mit den sozialen Folgewirkungen, die sie für die Entstrukturierung der klassischen Arbeiterklasse impliziert, eine Tatsache (vgl. die Schwierigkeiten und den Bedeutungsverlust der Großindustrien wie der Stahlindustrie). Doch wie Philippe Delmas zeigt (*le Maître des horloges, op. cit.*), bleiben die industriellen Aktivitäten die größte Reichtumsquelle sowie die einzige, die überhaupt imstande ist, das Wirtschaftswachstum »anzukurbeln«. Obendrein ist der am meisten prosperierende und am besten bezahlte Dienstleistungssektor im allgemeinen derjenige, der an industrielle Aktivitäten gebunden ist. Alain Minc (*L'après-crise est déjà commencée*, Paris, Gallimard, 1982) betont ebenfalls die entscheidende Rolle, welche die industriellen Aktivitäten als Hauptquelle gesellschaftlichen Reichtums sowie für die Sicherung des Ranges einer Nation im internationalen Wettbewerb spielen.

61 A. Sauvy, *la Machine et le chômage*, Paris, Dunod, 1990.

62 So sind – in Zusammenhang mit der maßgeblichen Rolle der Dienstleistungstätigkeiten – die durchschnittlichen Produktivitätszuwächse pro Arbeitsstunde von 4,6% pro Jahr von 1970 bis 1974 auf 2,7% von 1984 bis 1989 gesunken (vgl. B. Perret, G. Roustang, *l'Économie contre la société, op. cit.*, S. 117). Für eine Bilanz der Auwirkungen der »neuen Technologien« auf die Arbeitsorganisation, vgl. J.-P. Durand, »Travail contre technologie«, in: J.-P. Durand, F.-X. Merrien, *Sortie de siècle*, Paris, Vigot, 1991.

Unser augenblickliches Problem besteht also nicht ausschließlich in der Bildung einer »prekären Peripherie«, sondern auch in der »Destabilisierung der Stabilen«.[63] Der Prekarisierungsprozeß zieht sich durch manche früher stabilisierte Beschäftigungszonen hindurch, das ist die Wiederkunft der massenhaften Verwundbarkeit, die, wie wir gesehen haben, nur allmählich hatte bezwungen werden können. Diese Dynamik ist keineswegs »marginal«. Wie der Pauperismus des 19. Jahrhunderts im Herzen der Dynamik der ersten Industrialisierung verankert war, so ist auch die Prekarisierung ein zentraler Prozeß, der von den neuartigen technolgisch-ökonomischen Erfordernissen der Entwicklung des modernen Kapitalismus in Gang gehalten wird. Genau darin liegt der Stoff für eine »neue soziale Frage«, die von derselbenTragweite und Zentralität wie jene ist, die der Pauperismus in der ersten Hälfte des 19. Jahrhunderts zum allgemeinen Erstaunen der Zeitgenossen auslöste.

Aus dem Blickwinkel der Arbeit betrachtet lassen sich drei Kristallisationskerne dieser Frage ausmachen: Zunächst die angesprochene *Destabilisierung* der Stabilen. Ein Teil der integrierten Arbeiterklasse und der abhängig Beschäftigten der kleinen Mittelklasse ist vom Absturz bedroht. Im Gegensatz zur Konsolidierungsphase der Lohnarbeitsgesellschaft, in der das Fundament der gesicherten Positionen kontinuierlich erweitert und die Wege sozialen Aufstiegs gebahnt worden waren, ist nun eine gegenläufige Bewegung vorherrschend. Es sind zweifellos diese Zwischenklassen – und nicht der obere oder untere Teil der Gesellschaftspyramide –, die aufgrund der blokkierten Aufwärtsmobilität gegenwärtig nicht allzuviel zu erwarten, aber einiges zu verlieren haben, wo über das Gleichgewicht unserer Sozialstruktur entschieden wird (Rechts- oder Linkspopulismus sind nur der politische Ausdruck ihrer Verunsicherung). Dies bestärkt uns in der Annahme, daß es nicht ausreicht, die soziale Frage an ihren Rändern anzugehen und bei der Anprangerung der »Exklusion« stehenzubleiben.

Die zweite Besonderheit der gegenwärtigen Situation besteht im *Sich-Einrichten in der Prekarität.* Die zufällige Erwerbstätigkeit ist ein nebulöses Gebilde mit unklaren Konturen, das sich jedoch allmählich autonomisiert. Weniger als ein Viertel der 1986 bei der ANPE registrierten 2,5 Millionen Arbeitslosen hatte zwei Jahre später eine stabile Beschäftigung gefunden (22%), 9% hatten sich endgültig aus der Erwerbsarbeit zurückgezogen, und 44% waren noch arbeitslos gemeldet, sei es, daß sie es geblieben sind (ein Viertel von ihnen gehörte zu den Langzeitarbeitslosen), sei es, daß sie es wieder geworden sind, nachdem sie in der Zwischenzeit eine oder mehrere Stellen innehatten. Fügt man noch diejenigen hinzu, die zum Zeitpunkt der Erhebung einer von Entlassung bedrohten Beschäftigung nachgingen, so befindet sich ungefähr die Hälfte der gegenwärtigen oder ehemaligen Arbeitslosen auf unbeständigen Verlaufskurven und alternieren zwischen Beschäftigung und Erwerbslosigkeit.[64] Diese Proportionen werden durch andere Erhebungen bestätigt. So hat 1988 nur einer von vier Praktikanten und einer von drei prekär Beschäftigten im Laufe eines Jah-

63 Vgl. D. Linhart, M. Maruani, »Précarisation et déstabilisation des emplois ouvriers, quelques hypothèses«, *Travail et emploi*, n°11, 1982.
64 *Données sociales*, Paris, 1990, S. 72.

res eine stabile Beschäftigung gefunden.[65] Fast 50% der Stellensuchenden desselben Jahres waren vorher in einem befristeten Beschäftigungsverhältnis gestanden.[66]

Wiederkehrende Arbeitslosigkeit macht also eine bedeutende Dimension des Arbeitsmarktes aus. Ein ganzer Teil der Bevölkerung, vor allem junge Leute, erscheint für Aufgaben von kurzer Dauer, für einige Monate oder ein paar Wochen, relativ vermittelbar und noch viel leichter wieder kündbar. Der Ausdruck »ständiger Zeitarbeiter« (intérimaire permanent) ist kein böses Wortspiel. Es gibt eine aus dem Alternieren zwischen Erwerbsarbeit und Inaktivität, aus provisorischem Durchwursteln bestehende Mobilität, die von der Ungewißheit des nächsten Tages gekennzeichnet ist. Das ist eine der gesellschaftlichen Antworten auf das Erfordernis von Flexibilität. Für die daran Interessierten ist sie sehr kostspielig. 1975 schon hatte Michel Pialoux diesen »Realismus der Hoffnungslosigkeit« geschildert, der manche Kategorien junger Leute dazu treibt, die Strategien des Von-der-Hand-in-den-Mund-Lebens zu »wählen«.[67] Damals handelte es sich noch um eine im wesentlichen auf bestimmte besonders benachteiligte Jugendliche, Einwandererkinder, Bewohner der Vorstädte beschränkte Erfahrung. Heute betrifft sie breite Fraktionen von jungen Leuten aus der »klassischen« Arbeiterklasse, die einen technischen Abschluß wie das CAP besitzen, und dringt auch in bestimmte Sektoren der Mittelklassen ein.[68] Prekarität als Geschick. Wenn man vom Verruf spricht, in den die Arbeit angeblich bei den Angehörigen der jüngeren Generationen gekommen sei und den manche als das glückbringende Zeichen eines Abschieds von der Entfremdung durch die Zivilisation der Arbeit feiern, sollte man dennoch diese objektive Realität des Arbeitsmarktes im Hinterkopf behalten. Wie soll man sich in solchen Situationen einrichten und in solchen Verlaufskurven einen Lebensentwurf verankern? Der »Traum des Leiharbeiters« ist es, ein Stammarbeiter zu werden, verbunden mit der schmerzlichen Ahnung, es nicht zu schaffen.[69] Es ist weniger die Arbeit, die abgelehnt wird, als vielmehr die diskontinuierliche und buchstäblich bedeutungslose Beschäftigungsform, die keinerlei Basis für den Entwurf einer gelungenen Zukunft abgibt. Diese Lebensweise verlangt Überlebensstrategien, die auf der Gegenwart aufbauen. Von da aus entwickelt sich eine Kultur, die, dem gelungenen Ausdruck Laurence Rouleau-Bergers zufolge, eine »Kultur des Zufalls« ist.[70] So hält auf der Bühne der Gesellschaft erneut eine sehr alte Notwendigkeit für diejenigen, die man früher das Volk nannte, Einzug: »Von der Hand in den Mund zu leben«. Darf man das nicht zu Recht *Neopauperismus* nennen?

---

65 M. Elbaum, »Petits boulots, stages, emplois précaires: quelle flexibilité pour quelle insertion«, *Droit social*, April 1988, S. 314.

66 G. Duthil, *les Politiques sociales en France, op. cit.*, S. 132.

67 M. Pialoux, »Jeunesses sans avenir et travail intérimaire«, *Actes de la recherche en sciences sociales*, 1975.

68 Man sieht das am Aufkommen sogenannter »hybrider Statuspositionen« bei Leuten, die weder Lohnabhängige, noch Handwerker sind und die faktisch ohne Arbeitsvertrag oder soziale Absicherung für einen Arbeitgeber tätig sind. Die Anzahl dieser Jobs, die nirgends systematisch erhoben werden, ist nur schwer zu schätzen, doch ihr gegenwärtiger Anstieg gibt einen guten Indikator für die Verschlechterung der Lohnarbeit ab (vgl. D. Gerritsen, »Au-delà du ›modèle typique‹. Vers une socio-anthropologie de l'emploi«, in: S. Erbès-Seguin, *l'Emploi: dissonances et défis*, Paris, L'Harmattan, 1994, und J. Le Goff, *Du silence à la parole, op. cit.*, S. 248–249). Vgl. auch das von Natur aus schwer zu vermessende immense Kontingent an Schwarzarbeit, hinter dem sich jedoch gewiß Prekarität in großem Umfang verbirgt (vgl. J.-F. Laé, *Travailler au noir*, Paris, Métaillé, 1989). Für all diese konturlosen Beschäftigungsformen existiert entweder keinerlei soziale Absicherung, oder sie sind ebenfalls allesamt prekär.

69 S. Beaud, »Le rêve de l'intérimaire«, in P. Bourdieu, *la Misère du monde*, Paris, Le Seuil, 1993.

70 L. Rouleau-Berger, *la Ville intervalle*, Paris, Méridiens-Klicksieck, 1992.

Ein dritter Typ höchst beunruhigender Phänomene kommt gegenwärtig zum Vorschein: Im Prekärwerden der Beschäftigung und im Anstieg der Arbeitslosigkeit wird zweifellos ein *Platzmangel* in der Sozialstruktur sichtbar, wenn man Plätze als Positionen versteht, an die gesellschaftliche Nützlichkeit und öffentliche Anerkennung geknüpft sind. »Alternde« Arbeiter (die oft jedoch erst fünfzig Jahre alt oder gar jünger sind), die keinen Platz mehr im Produktionsprozeß, aber auch nirgendwo sonst haben; junge Leute, die auf der Suche nach einer ersten Stelle sind und die sich von Praktikum zu Praktikum, von einem geringfügigen Job zum nächsten hangeln; Langzeitarbeitslose, für deren Umschulung und Motivierung man sich ohne großen Erfolg verausgabt. Es sieht ganz so aus, als ob unsere Gesellschaft in ihrem Schoß überrascht das Profil einer Bevölkerungsgruppe wiederentdeckte, das man für verschwunden geglaubt hatte, »Nichtsnutze«, die sich darin aufhalten, ohne wirklich dazuzugehören. Ihnen kommt die Position von *Überzähligen* zu, die in einer Art gesellschaftlichem no man's land herumtreiben, die nicht integriert und zweifelsohne auch nicht integrierbar sind, zumindest in dem Sinne, in dem Durkheim von Integration als der Zugehörigkeit zu einer ein Ganzes bildenden Gesellschaft, bestehend aus voneinander abhängigen Teilen, spricht.

Diese gesellschaftliche Nutzlosigkeit dequalifiziert sie auch im öffentlichen und politischen Leben. Im Unterschied zu den zwar ausgebeuteten, jedoch unverzichtbaren untergeordneten Bevölkerungsgruppen der Industriegesellschaft haben sie keinerlei Einfluß auf den Lauf der Dinge. Man könnte ins Staunen darüber geraten, daß ein Desaster wie die 3,5 Millionen Arbeitslosen keine soziale Bewegung von einiger Breitenwirkung ausgelöst hat. Dagegen hat es eine unglaubliche Anzahl von Diskursen entfacht und etliche darauf folgende »Begleitmaßnahmen« hervorgerufen. »Man befaßt sich« mit dem Schicksal dieser Erwerbslosen, die keine sozialen Akteure sind, sondern »soziale Nicht-Kräfte«, »nutzlose Normale«.[71] In der gegenwärtigen Sozialstruktur kommt ihnen eine Position zu, die homolog ist zu derjenigen der Vierten Welt zu Zeiten der angehenden Industriegesellschaft: sie sind nicht an den Stromkreis des produktiven Austauschs angeschlossen, sie haben den Zug der Modernisierung verpaßt und bleiben mit ganz wenig Gepäck auf dem Bahnsteig zurück. Sie können jetzt Gegenstand der Aufmerksamkeit werden und die Gemüter erregen, weil sie Probleme machen. Was Probleme macht, ist aber schlicht der Umstand, daß es sie überhaupt gibt. Nur schwer können sie als das angesehen werden, was sie sind, da ihre Qualifikation negativ ist – Nutzlosigkeit, gesellschaftliche Nicht-Kräfte –, und sie sind sich dessen im allgemeinen bewußt.[72] Fehlt erst einmal der Sockel, auf dem die soziale Identität aufbaute, dann wird es schwierig, im eigenen Namen zu sprechen, selbst einfach nur nein zu sagen wird schwierig. Der Kampf setzt die Existenz eines Kollektivs und eines Zukunftsentwurfs voraus. Die Nichtsnutze haben die

71 J. Donzelot, P. Estèbe, *l'État animateur, op. cit.*

72 Wie Dominique Schnapper 1981 gezeigt hat (*l'Épreuve du chômage*, Paris, Gallimard, 1981), kann sich Erfahrung von Arbeitslosigkeit zunächst je nach sozialer Herkunft und mobilisierbarem kulturellen Kapital sehr unterschiedlich auswirken. Ein junges und gebildetes Publikum konnte sie eine Zeit lang für eine Verlängerung der Phase der Offenheit der Postadoleszenz halten, während ein Arbeiter, der seine Stelle verloren hatte, sie als ein Drama erlebte. Diese Untersuchung stammt allerdings aus einer Zeit, als die Arbeitsmarktlage weniger angespannt war, zudem war dieses »Feriengefühl« auch nur vorübergehend.

Wahl zwischen Resignation und sporadischen Gewaltausbrüchen, der »Rage« (Dubet), die meist selbstzerstörerisch ist.

Diese Veränderungen lassen sich vielleicht durch die Feststellung auf den Punkt bringen: Für die zunehmend zahlreicher werdenden Kategorien der Erwerbsbevölkerung und um so mehr für diejenigen, die sich in erzwungener Inaktivität befinden, ist die *Identität durch Arbeit* verlorengegangen. Doch der Begriff der Identität durch Arbeit läßt sich im Rahmen einer Argumentation, der es um Strenge zu tun ist, schwer handhaben.[73] Sicherlich kann man mehrere Kreise kollektiver Identität identifizieren, die vor allem auf dem Beruf (dem Arbeitskollektiv[74]) aufbaut und bis in die Wohnumgebung (das Unterschichtenviertel, der Kiez[75]), in eine durch die Lebensweise gebildete Gemeinschaft (die Kneipe, die Ausflugswirtschaften am Marneufer, die roten Vorstädte, Zugehörigkeit zu einer Gewerkschaft oder politischen Gruppierung) reichen kann. Richard Hoggart hat uns eines der besten Gemälde der Kohärenz dieser Volkskultur hinterlassen, die zwar um die Zwänge des Berufs errichtet war, aber ein stark integrierendes Wertsystem ausbildete.[76] In der Industriegesellschaft übernimmt die Arbeit, vor allem für die Unterschichten, die Rolle des »großen Integrators«, was keineswegs, wie Yves Barel präzisiert, eine Konditionierung durch die Arbeit impliziert. »Es gibt eine familiale Integration, eine schulische Integration, eine berufliche, soziale, politische, kulturelle usw.« Aber die Arbeit ist ein Magnet, der diese Felder übergreift, sie ist »ein Prinzip, ein Paradigma, etwas, was sich in den unterschiedlichen betroffenen Integrationen befindet und das also die Integration der Integrationen ermöglicht, ohne die Unterschiedlichkeit oder Konflikte unsichtbar zu machen.«[77]

Über diesen allgemeinen konzeptuellen Rahmen kann man nur schwer hinausgehen, es sei denn, man will die entsprechenden Spezialmonographien alle anführen. Es ist noch schwieriger, die gegenwärtige Verschlechterung dieser von der Arbeit übernommenen integrativen Funktionen zu ermessen.[78] Ich habe eine allgemeine Hypothese vorgeschlagen, die der Komplementarität zwischen dem, was sich auf einer Achse der Integration durch Arbeit – stabile Beschäftigung, prekäre Beschäftigung, Ausschluß aus Arbeit – und durch die Dichte der Integration in den Beziehungsnetzwerken der Familie und der Gemeinschaft – solide Verankerung in die Beziehungsnetzwerken, Brüchigwerden der Beziehungen, soziale Isolation – abspielt. Das so aufgespannte Koordinatensystem umfaßt Zonen unterschiedlicher Dichte der sozialen Verhältnisse, die Zone der Integration, die Zone der Verwundbarkeit, die

73 Vgl. zusammenfassend C. Dubar, *la Socialisation. Construction des identités sociales et professionnelles*, Paris, A. Colin, 1991.

74 Vgl. R. Sainsaulieu, *l'Identité au travail*, Paris, Fondation nationale des sciences politiques, 1978.

75 Eine von Suzanna Magri und Christian Topalov herausgegebene Textsammlung (Villes ouvrières, 1900–1950) beschreibt schön die Geselligkeitsformen in den Unterschichten, die zusammen mit der geographischen Nähe die Basis für Solidaritäten bildeten, die als »Sicherungsnetze« gegen die Wechselfälle des Lebens dienten.

76 R. Hoggart, *la Culture du pauvre, op. cit.*, und ders., *33 Newport Street*, frz. Übers., Paris, Gallimard-Le Seuil, 1991.

77 Y. Barel, »Le grand intégrateur«, *loc. cit.*, S. 89 und S. 90.

78 Zur Illustration s. den Vergleich der Verhaltensweisen der Jugendlichen einer im Niedergang befindlichen kleinen Stadt, die noch ganz von der Arbeiterkultur geprägt ist, und dem Abdriften der Jugend aus den großen Hochhausvierteln der Vorstädte ohne Klassentraditionen in: F. Dubet, *la Galère: jeunes en survie*, Paris, Fayard, 1987, S. 92ff.

Zone der Fürsorge und die Zone der Exklusion oder viel mehr der Entkoppelung. Es handelt sich dabei jedoch nicht um mechanische Korrelationen, da eine starke Wertigkeit auf der einen Achse eine Schwäche auf der anderen kompensieren kann (vgl. etwa im ersten Kapitel die Behandlung des »verschämten Armen« und des Vagabunden: der eine wie der andere stehen nicht in Arbeit, der erste ist jedoch vollkommen in die Gemeinschaft eingegliedert, während der zweite von jeglicher sozialer Zugehörigkeit abgeschnitten ist).

Diese Zusammenhänge für die Gegenwart in den Griff zu bekommen, wird noch schwieriger, da sozialstaatliche Intervention praktisch überall präsent ist. Wenn es daher auch interessant ist, beispielsweise die Rate der gescheiterten Partnerschaften und der Prekarität des Beschäftigungsverhältnisses miteinander zu korrelieren, wie es das CERC getan hat,[79] so werden dadurch die für diese Zusammenhänge verantwortlichen Prozesse freilich nicht ersichtlich. Prinzipiell lassen sich zwei Arten familialer Verwundbarkeit unterscheiden. Die Familie generell ist zunehmend verwundbarer geworden[80], da sie sich in eine immer »demokratischere« Struktur verwandelt hat. Es findet eine langsame Erosion dieser Insel vormundschaftlicher Macht statt, zu der die Familie innerhalb der durch den Code civil errichteten vertraglichen Ordnung geworden ist. Sämtliche Reformen des Familiengesetzbuches, einschließlich der jüngsten hinsichtlich der Rechte des Kindes, laufen auf die Errichtung einer auf einer egalitären Beziehung zwischen den familiären Rollen fußenden familialen Partnerschaft hinaus.[81] Anders gesagt wandelt sich die Familie zu einer Beziehungsstruktur, deren Konsistenz im wesentlichen von der Qualität der Beziehungen zwischen ihren Mitgliedern abhängt. Die Kontraktualisierung einer ausgehandelten familialen Ordnung bewirkt, daß die Familienstruktur als solche dadurch fragil wird, daß sie von selbstregulierenden Prozessen abhängig wird, die sie selbst in den Griff bekommen muß.

Manche Familien sind freilich einer gänzlich anderen Art von Bedrohung ausgesetzt. Das betrifft diejenigen Familien, deren geringer sozialer Status und wirtschaftliche Prekarität sie zu Empfängern einkommensabhängiger sozialer Leistungen machen.[82] Staatliches Eingreifen nimmt hier gänzlich andere Formen an. Im Gegensatz zum Familiengesetzbuch, das dem Zivilrecht zugeordnet ist und dessen Vorschriften einen universalistischen Anspruch verfolgen, handelt es sich bei den zielgerichteten Interventionen um sozialstaatliche Maßnahmen zur Unterstützung benachteiligter Bevölkerungsgruppen und zur Aufrechterhaltung sozialen Zusammenhalts. Wenn auch zahlreiche Umfragen belegen, daß die Risse im familialen Gewebe – Trennung,

79 So liegt das Verhältnis der gescheiterten Partnerschaften bei 24% für Individuen, die ein stabiles Arbeitsverhältnis haben, bei 31,4% für Leute in prekären Beschäftigungsverhältnissen und bei 38,7% für Personen, die seit mehr als zwei Jahren arbeitslos gemeldet sind (»Précarité et risques d'exclusion en France«, *CERC*, n° 109, 3. Trimester 1993, S. 30).

80 Belege für das zunehmende Brüchigwerden der Familien seit Mitte der sechziger Jahre – Heirats-, Fruchtbarkeits-, Scheidungs-, Unehelichenrate und die Rate nichtehelicher Lebensgemeinschaften usw. – finden sich bei L. Roussel, *la Famille incertaine*, Paris, Odile Jacob, 1989.

81 Zusammenfassend zu dieser Entwicklung I. Théry, *le Démariage*, Paris, Odile Jacob, 1993. Die Autorin zeigt auch, daß diese Entwicklung, die zwar alle Familien betrifft, da sie ja besagt, was Recht ist in diesem Bereich, sie dennoch in unterschiedlicher Weise betrifft. Unterschichtsfamilien sind im allgemeinen weniger geschützt durch die universalistischen Vorschriften dieses von liberalem Geist stark inspirierten Rechts.

82 Es handelt sich vorwiegend um sog. »Einelternfamilien«. Vgl. N. Lefaucheur, »Les familles dites monoparentales«, *Autrement*, n° 134, Januar 1993.

Scheidung, Witwenschaft usw. – häufig zu einer Verringerung des verfügbaren Einkommens der Familien führt, läßt sich daraus noch lange nicht den Schluß ziehen, daß sie sie systematisch in wirtschaftliche Prekarität stürzen.[83] Die umgekehrte Beziehung zwischen einer Verschlechterung der ökonomischen Lage – Arbeitslosigkeit, Verschuldung, Zahlungsunfähigkeit etc. – und der Auflösung der Familie wird ebenfalls häufiger behauptet als belegt. Schließlich und vor allem sollte man die besondere Fragilität dieses Typs benachteiligter Familien mit der generellen Fragilität der »modernen« Familie in Beziehung setzen, die beide völlig unterschiedlichen Logiken folgen. Man wird dann gewahr, daß es zwischen den unterschiedlichen Arten, als Familie Risiken ausgesetzt zu sein, eine Art gegenseitiges Aufschaukeln geben muß. Zu einer Verwundbarkeit der praktisch auf das Management ihres Kapitals an Beziehungen reduzierten Familienstruktur kann noch eine besondere Verwundbarkeit von Familien hinzukommen, die aufgrund der allgemeinen Verschlechterung der Lohnarbeitersituation einem Statusverlust und wirtschaftlicher Prekarität ausgesetzt sind. Es bliebe jedoch noch aufzuzeigen, wie diese beiden Ebenen miteinander verknüpft sind.[84]

Genauso verhält es sich mit der Korrelation zwischen der Verschlechterung des an die Arbeit gebundenen Status' und der Fragilisierung der Beziehungsstützen, die über die Familie hinaus eine »unmittelbare Sicherung« gewährleisten (nachbarschaftliche Beziehungen, Gruppenzugehörigkeit, Vereins- und Gewerkschaftsmitgliedschaft etc.). Die Hypothese scheint für extreme Situationen, in denen eine völlige Ausgrenzung aus dem Arbeitsmarkt und soziale Isolierung zusammenkommen, weitestgehend bestätigt, etwa für den Obdachlosen als moderner Entsprechung des Vagabunden der vorindustriellen Gesellschaften.[85] Für die Zwischensituationen nimmt sich das Verhältnis zwischen den beiden Achsen komplexer aus. In welchem Ausmaß wird die Verschlechterung der Arbeitssituation mit einer Verschlechterung des Kapitals an Beziehungen bezahlt? Wenn ich mich nicht irre, gibt es keine wirklich überzeugende Antwort auf diese Frage, abgesehen von punktuellen Analysen in der Art lebensgeschichtlicher Erzählungen oder allgemeiner Erklärungen über das Unheil, welches das Abreißen des sozialen Bandes und der Verlust traditioneller Solidaritäten bedeuten.

83 Die Auflösung der Familie beschleunigt, wie Claude Martin unter Bezugnahme auf eine detaillierte empirische Erhebung schreibt, eher »den Prekarisierungsprozeß bei denen, die sowieso schon verwundbar waren, bevor es zum Bruch kam« (*Transitions familiales; évolution du réseau social et familial après la décision et modes de régulation sociale*, thèse pour le doctorat en sociologie, Paris, université Paris VIII, S. 464). Ein Überblick über den Forschungsstand findet sich in J.-C. Kaufmann, *Célibat, ménages d'une personne, isolement, solitude*, Bruxelles, Commission des Communautés européennes, Oktober 1993.

84 Ich habe zur Erhellung dieses kumulativen Zusammenwirkens zwischen dem Brüchigwerden des allgemeinen Beziehungsgeflechts und der besonderen Fragilität ökonomisch schlechtgestellter Familien eine Hypothese vorgeschlagen. Vgl. »L'État providence et la famille: le partage précaire de la gestion des risques sociaux«, in F. de Singly, F. Schultheis, *Affaires de famille, affaires d'État*, Nancy, Éditions de l'Est, 1991; vgl. auch F. de Singly, *Sociologie de la famille moderne*, Paris, Nathan, 1993 (dt. Übers. *Die Familie der Moderne*, Konstanz, UVK, 1994).

85 Der Anteil derer, die wie die Obdachlosen überhaupt nicht mehr Schritt halten können, wird auf ungefähr 1% der Bevölkerung im arbeitsfähigen Alter geschätzt. Freilich sind Erhebungen dieser Bevölkerungsgruppe mit besonderen Unsicherheiten behaftet. Bei ungefähr 5% der möglicherweise erwerbstätigen Bevölkerung kommen zu einem faktischen Ausschluß aus dem Arbeitsmarkt noch große materielle Probleme und Beziehungsarmut hinzu. Sie sind die äußerste Spitze des Entkoppelungsprozesses (vgl. »Précarité et risques d'exclusion en France«, *CERC, loc.cit.*).

Zur Vertiefung dieser Fragen müßte man eigentlich feiner zwischen den unterschiedlichen Formen des Gemeinschaftslebens unterscheiden. Manche von ihnen, wie das Arbeitskollektiv, die Vereins- oder Gewerkschaftsmitgliedschaft usw., gehen mit der Zugehörigkeit zu strukturierten Kollektiven einher. »Von sozialer Unterstützung zu leben« (eine Erfahrung, die mehrere Millionen Menschen machen), kommt freilich nicht völliger Isolierung gleich, sondern führt eher dazu, andere Arten von Beziehungen (beispielsweise mit den Sozialdiensten oder den Leidensgenossen) zu unterhalten, die wiederum andere Zielen verfolgen (etwa den Austausch von Informationen über die Mittel und Wege, Unterstützung zu bekommen). Das, was ich Entkoppelung genannt habe, ließe sich ebenfalls noch weiter ausarbeiten, um zeigen zu können, daß sie nichts mit dem völligen Fehlen von Bindungen, sondern mit der fehlenden Verankerung des Subjekts in Sinn vermittelnden Strukturen zu tun haben. Das führt uns zur Hypothese, daß es neuartige flüchtige Vergemeinschaftungsformen gibt, die nicht mehr Teil kollektiver Einsätze sind, ein unbewegliches Herumirren, wie es der »Auswuchs« der erwerbslosen Jugendlichen treffend illustriert. Was ihnen fehlt, ist gewiß weniger die Kommunikation mit den anderen (diese jungen Leute haben oft viel weiter gespannte Beziehungsnetze als Leute aus der Mittelklasse) als das Vorhandensein von Entwürfen, über die diese Interaktionen einen Sinn bekommen. Ich werde auf dieses Thema nochmals zurückkommen, wenn ich auf die Eingliederungspolitik eingehe, da der Sinn dieser neuartigen Eingliederungsmaßnahmen gerade in der Schaffung dieser Vergemeinschaftungsformen oder in ihrer Konsolidierung bestehen könnte, wenn sie zwar vorhanden, aber zu unbeständig sind, um ein Eingliederungsprojekt zu stützen.

Der Weg ist also noch weit bis zur endgültigen Rekonstruktion des Systems der Zusammenhänge zwischen der Verschlechterung der wirtschaftlichen und sozialen Situation und der Destabilisierung der Lebensweise von Gruppen, die mit den gegenwärtigen Turbulenzen konfrontiert sind. Da ich all diese Positionen nicht im einzelnen aufführen kann, möchte ich statt dessen ein idealtypisches, holzschnittartiges Bild dieser verinnerlichten und in ein Schicksal gewendeten Verschlechterung vorstellen. Es enthält die Grundelemente des Dramas der Lohnarbeiterlage, deren Los die Verwundbarkeit geworden ist. Ein Leben, das nur noch »an einem seidenen Faden hängt«, nachdem die Voraussetzungen für die angekündigte und gar schon im Vorab gefeierte Integration erschüttert wurden.[86]

In den achtziger Jahren – zu spät im Verhältnis zur aufsteigenden Bahn der Lohnarbeitsgesellschaft – kommt ein Haushalt mit nur winzigem familialen Kapital, Beihilfen und Krediten zu Eigentum. Doch kurz danach wird die Frau, eine kleine Angestellte ohne gesicherten Status, gekündigt. Der Ehemann, ein ungelernter Arbeiter ohne Berufsabschluß, arbeitet in zunehmend schwerer zu findenden Gelegenheitsjobs. Der Schuldenberg türmt sich immer höher, weil ja die Raten für den Fernseher und das Auto, bald auch noch die unbezahlten Telephon- und Stromrechnungen zu zahlen sind. Zum Zeitpunkt des Gesprächs wartet die Frau gerade auf die Bearbei-

86 P. Bourdieu, »Suspendue à un fil«, *la Misère du monde, op. cit.*, S. 487–498 (dt. Übers. »Am seidenen Faden«, in: P. Bourdieu et al., *Das Elend der Welt. Zeugnisse und Diagnosen alltäglichen Leidens an der Gesellschaft*, Konstanz, UVK, 1997, S. 445–456).

tung ihres RMI-Antrags, und ihr Mann, der gerade in einem Unternehmen auf Probe angestellt ist, hofft, ohne freilich daran zu glauben, daß er zum Mindestlohn übernommen wird. Ihre beiden Familien schauen ihnen vorwurfsvoll zu, wie sie immer tiefer sinken, denn als Erben der Gewißheiten aus den Jahren des Wirtschaftswachstums können sie sich nur schwer vorstellen, daß man keine Arbeit finden kann, wenn man wirklich welche sucht. Gewiß, diese unwürdigen Kinder haben die große Versprechung des sozialen Aufstiegs verraten, und daran können sie nur selbst schuld sein. So verwandelt sich die Erfolgsstory des Zugangs des Proletariats zu einer kleinbürgerlichen Lebensweise in einen Alptraum. Es ist, als lösten sich nahezu hundert Jahre von Siegen über die Verwundbarkeit der Unterschichten in Luft auf. »Das ist doch nicht möglich, daß wir in einer solchen Zeit leben; daß es da immer noch solche Probleme gibt. Es wird immer gesagt, der Fortschritt geht voran, aber das ist nicht wahr. Ich finde, daß es rückwärts geht und nicht voran. Das geht doch nicht, wir brauchen Lösungen, die müssen etwas tun.«[87] Was werden »die« tun? Hier wird ganz offensichtlich nach dem Sozialstaat gerufen.

Die Eingliederung oder der Mythos des Sisyphus

Es mutet geradezu paradox an: Just in einer Zeit, die sich durch einen Wiederaufstieg des Liberalismus und die Feier des Unternehmertums auszeichnet, sind staatliche Interventionen, besonders im Bereich der Beschäftigung so zahlreich, breit gefächert und mit Nachdruck erfolgt. Doch mehr noch als auf die Bedeutungszunahme des Staates sollte man auf die Wandlungen der Modalitäten seines Eingreifens achten. Geben wir in einem Satz die Richtung der Veränderung an, bevor wir auf die Nuancen im einzelnen eingehen. Es geht um den Übergang einer *im Namen der Integration* durchgeführten Politik zu einer Politik, die *unter dem Stichwort der Eingliederung* steht. Unter die Rubrik Integrationspolitik (politiques d'intégration) subsumiere ich solche Maßnahmen, die vom Bemühen um globale Gleichgewichte, um die Vereinheitlichung der Gesellschaft vom Zentrum aus inspiriert sind. Man verfährt mittels allgemeiner Direktiven innerhalb des nationalen Rahmens. Das trifft etwa auf die Versuche zu, allen den Zugang zu sozialen Dienstleistungen und zu Schulbildung zu ermöglichen, soziale Ungleichheiten zu verringern sowie eine verbesserte Verteilung der Chancen, den Ausbau der sozialen Sicherung und die Konsolidierung der Lage der abhängigen Beschäftigten anzustreben.[88]

Ich werde hier die Eingliederungspolitik (politiques d'insertion) in ihrer Verschiedenartigkeit und, indem ich ihre Züge etwas akzentuiere, in ihrer Gegensätzlichkeit zur Integrationspolitik interpretieren. Sie folgt der Logik *positiver Diskriminierung.* Sie hat nämlich besondere Bevölkerungsgruppen oder einzelne Regionen des sozialen Raums im Visier und verfolgt spezifische Strategien zu deren Gunsten. Wenn jedoch bestimmte Gruppen oder Räume zum Gegenstand zusätzlicher Aufmerksamkeit und Sorge werden, so geschieht das ausgehend von der Feststellung, daß sie weniger ha-

87 *Ebd.*, S. 452.

88 Fügen wir, da es auch um Stadt-, Stadtviertel- und Raumfragen geht, noch die Infrastrukturplanung hinzu, welche der Wille zur Vereinheitlichung und Zentralisierung der DATAR der sechziger Jahre beispielhaft versinnbildlicht.

ben und weniger sind, daß sie sich also in einer Mangellage befinden. Sie leiden in der Tat unter einem *Mangel an Integration*, wie etwa die Bewohner heruntergekommener Stadtviertel, Schüler mit verpatzter Schullaufbahn, Problemfamilien, schwer oder gar nicht vermittelbare Jugendliche, Langzeitarbeitslose. Die Maßnahmen der Eingliederungspolitik lassen sich insgesamt als Versuche verstehen, das Niveau dieser Gruppen anzuheben, damit sie den Abstand zur gelungenen Integration wettmachen können (ein angemessener Lebensstandard, eine »normale« Schullaufbahn, ein Dauerarbeitsplatz usw.). Doch heute erhärtet sich zunehmend der Verdacht, daß all die ansehnlichen Bemühungen, die man seit vielleicht fünfzehn Jahren in diese Richtung unternimmt, dennoch nur einen prinzipiellen Schluß zulassen: diese Bevölkerungsgruppen sind womöglich unter den gegenwärtigen Umständen und allen Versuchen zum Trotz *nicht integrierbar*. Dieser Eventualität muß man ins Gesicht sehen.

Lassen sich Integrationsmaßnahmen und Eingliederungsmaßnahmen anhand des Unterschieds zwischen allgemeingültigen Maßnahmen und auf besondere Bevölkerungsgruppen zielende Maßnahmen auseinanderhalten? Nicht ohne einige Präzisierungen hinzuzufügen. Eine solche Unterscheidung ist nämlich nicht neu, es gab sie schon vor Beginn der Eingliederungspolitik. Im Bereich der sozialen Sicherung liegt sie dem Komplementärverhältnis von Sozialversicherung (assurance sociale) und Sozialhilfe (aide sociale) zugrunde. Das System der Sozialversicherung bewirkt eine allgemeine Sozialisierung von Risiken, indem sie die Beschäftigten, ihre Familien und letztlich all jene »abdeckt«, die in den Geltungsbereich der Arbeit fallen. Die (1953 umgetaufte) Sozialhilfe ist die Nachfahrin der früheren Fürsorge, die all denen ein subsidiäres Einkommen verschaffte, deren Existenz auf der Grundlage von Arbeit oder Eigentum nicht gewährleistet war. Eine schwere Hinterlassenschaft, die dafür sorgt, daß die Leistungen der Sozialhilfe, selbst wenn nun ein Rechtsanspruch auf sie besteht, von einer Einkommensgrenze oder einem Grad an Invalidität abhängen. Daher sollte diese Unterscheidung, ginge es nach der fortschrittlichen und modernistischen Strömung der Sozialreform, bald verschwinden und einem einheitlichen Sicherungssystem Platz machen, das allen Bürgern eine einheitliche Reihe gesetzlicher Garantien gewährt – das war ja, wie schon bemerkt, die Ansicht von Jaurès im Jahre 1905, ebenso auch von Beveridge und Laroque bei der Schaffung der Sozialversicherung.

Diese Orientierung ist nicht vorherrschend gewesen. Ganz im Gegenteil, die Sozialhilfe differenziert sich schon vor der »Krise« aus und verstärkt sich. Ihre Geschichte seit dem Zweiten Weltkrieg läßt sich als eine immer stärkere Fokussierung ihrer Leistungsempfänger resümieren, die mit verstärkten institutionellen, technischen professionellen Spezialisierungen und ausgefeilteren Reglementierungen einhergeht. Der Staat hat einigen Anteil an diesem Prozeß. Er wird gesetzgeberisch tätig, schafft spezielle Einrichtungen, garantiert die Einheitlichkeit der Abschlüsse und der fachlichen Ausbildung, koordiniert die Schaffung der Einrichtungen sowie die Zusammenarbeit zwischen öffentlichen und privaten Trägern.[89] Auf diese Weise kristallisieren sich im-

89 Über den Geist dieser Politik, welche die exakte Eingrenzung der »Risikogruppen«, ihre Behandlung mittels vorwiegend klinisch-professioneller Technizität und die Umsetzung globaler zentraler Verwaltungsrichtlinien miteinander verbindet, vgl. R. Castel, *la Gestion des risques, op. cit.*, Kapitel III.

mer mehr Kategorien von Leistungsempfängern der Sozialhilfe heraus, die einem Sondersystem unterliegen: Kinder in schwierigen Lebenslagen, »wirtschaftlich schwache« alte Menschen, Behinderte, zerrüttete Familien oder Familien mit Niedrigeinkommen.[90] Zu Beginn der siebziger Jahre kommt es gar zu einer Neuordnung einiger dieser Kategorien in weitergefaßte Bevölkerungskonglomerate, denen eine Unfähigkeit zur Anpassung an die Erfordernisse der Lohnarbeitsgesellschaft gemeinsam ist. Lionel Stoleru entdeckt die »Armut in den reichen Ländern« wieder und schlägt weniger ihre Bekämpfung als viel mehr ihre Stabilisierung durch die Gewährung eines Minimaleinkommens für die »Ärmsten« vor (Negativsteuer[91]). Es geht nicht mehr um eine Verringerung der Ungleichheiten, sondern darum, allein durch die Kontrolle der extremsten Auswirkungen des Liberalismus dem Markt maximale Spielräume zu überlassen. Beinahe zur gleichen Zeit zieht René Lenoir die Aufmerksamkeit auf die »Ausgegrenzten« (les exclus), ein Begriff, der schon damals die Unbestimmtheit aufweist, die ihm seither anhaftet: zwei bis drei Millionen körperlich oder geistig Behinderte, mehr als eine Million Altersinvaliden, drei bis vier Millionen Personen von »mangelnder sozialer Angepaßtheit«.[92] Die von ihm empfohlenen Heilmittel sind jedenfalls generös, da er vorschlägt, ihre Lage nach Möglichkeit zu verbessern und eine Vorsorge gegen die Risiken der Ausgrenzung dieser Bevölkerungsgruppen anzustreben.[93]

Zu Beginn der siebziger Jahre verschwimmt die Unterscheidung zwischen Sozialversicherung und Sozialhilfe, deren Komplementarität bis dahin, wie man annahm, die Gesamtheit der Risiken abdeckte.[94] Die Zunahme der Zielgruppen und der spezifischen Maßnahmen erregt einiges an Zweifel hinsichtlich der Fähigkeit des Staates, eine Politik der Integration mit universalistischer und vereinheitlichender Absicht zu verfolgen. Dennoch ist all diesen in den Zuständigkeitsbereich der Sondersysteme fallenden Bevölkerungsgruppen die *Unfähigkeit* gemein, sich der Dynamik der Lohnarbeitsgesellschaft anzupassen, sei es, daß sie unter einer Behinderung leiden oder über allzu geringe Mittel verfügen, um dem Rhythmus des Fortschritts folgen zu können. Das Anschwellen der Kategorie der Personen, die durch »mangelnde soziale Anpassung« gekennzeichnet sind (für René Lenoir drei oder vier Millionen!), ist eine Folge dieser Operation, die – im Unterschied zum Großteil der Behinderungen, psychischen Störungen usw. – eine durch ein *Defizit* hinsichtlich neuartiger und zudem nicht genauer definierter Zwänge der modernen Gesellschaft bestimmte Rest-

90 Zwei bedeutende Berichte schaffen in den sechziger Jahren die Grundlage für eine besondere Politik, einer zum Alter (P. Laroque, *Politique de la vieillesse*, Paris, La Documentation française, 1962, von dem einige Empfehlungen in den VI. Plan aufgenommen werden), der andere zur Behinderung (F. Bloch-Lainé, *Étude du problème général de l'inadaptation des personnes handicapées*, Paris, La Documentation française, 1969, die den Ausgangspunkt für das Gesetz vom 30. Juni 1975 zugunsten Behinderter bildet). Die den besonderen Problemen zerrütteter Familien gewidmete Aufmerksamkeit gipfelt 1976 in der Verabschiedung der »Hilfe für alleinstehende Eltern (API), die sich im Unterschied zu den Familienbeihilfen auf die Situation von »Einelternfamilien« richtet.

91 Lionel Stoleru, *Vaincre la pauvreté dans les pays riches*, Paris, Flammarion, 1973.

92 R. Lenoir, *les Exclus*, Paris, Le Seuil, 1974.

93 Zum Hintergrund der Wiederentdeckung der Armut zu Beginn der siebziger Jahre, vgl. B. Jobert, *le Social en plan*, Paris, Éditions ouvrières, 1981.

94 E. Alphandery, *Action sociale et aide sociale*, Paris, Dalloz, 1989, vor allem S. 118ff., »La distinction de l'aide sociale et de la Sécurité sociale«. Es gibt immer mehr Sozialleistungen, die sich an den Grenzen dieser beiden Bereiche situieren: den Fonds national de solidarité, Unterstützung für behinderte Erwachsene, das API. Vgl. auch C. Guitton, N. Kerschen, »Les règles du hors-jeu«, in: l'Insertion en question(s), *Annales de Vaucresson*, n°s 32–33, 1990.

gruppe eingrenzt. *Mangelnde soziale Anpassung* ist auch im Bloch-Lainé-Bericht ein zentraler Begriff: »Nicht genügend an die eigene Gesellschaft angepaßt sind Kinder, Heranwachsende und Erwachsene, die aus verschiedenerlei Gründen mehr oder weniger große Schwierigkeiten haben, wie die anderen zu handeln.«[95] Der substantialistischen Konzeption von Armut von ATD-quart monde kommt die gleiche Funktion zu, nämlich die Verlierer des Wirtschaftswachstums durch ihre mangelnde soziale Anpassung zu identifizieren.

Das Bewußtwerden eines Heterogenitätsprinzips in einer vom Wirtschaftswachstum fortgerissenen Gesellschaft ist zweifelsohne ein Zeichen des Rückgangs der globalen Integrationspolitik und sorgt für eine zunehmend gesonderte Behandlung von »Problemgruppen«. Sie ändert jedoch nichts daran, daß die Gesellschaftsmaschinerie und der Fortschritt ungebremst voranschreiten. Diese Entwicklung stellt deshalb die sich durch die gesamte Geschichte der sozialen Sicherung hindurchziehende Unterscheidung zwischen einer Absicherung durch die Arbeit für alle, die arbeiten können – und somit müssen –, und der Gewährung von Unterstützung für diejenigen, die von dieser Verpflichtung aus legitimen Gründen freigestellt sind, ungeachtet der Finanzierungsprobleme nicht grundsätzlich in Frage.[96]

Die Eingliederungsfrage taucht just in dem Moment auf, als ein neuartiges Profil von »Problemgruppen« diese Konstruktion beiseite drängt. Das ist eine bedeutende Innovation, es wird nämlich nicht mehr einfach eine weitere Kategorie im Register der Defizienz, der Behinderung, der Anomalie geschaffen. Für dieses neue Publikum gilt weder der Imperativ der Arbeit, noch kommt eine der verschiedenen in der Sozialhilfe angelegten Antworten direkt in Frage. Die Eingliederungspolitik wird sich in dieser verschwommenen Zone bewegen, in der ein Arbeitsplatz selbst für den, der ihn einnehmen will, nicht sicher ist und der unstete Charakter mancher Lebensverläufe nicht allein von Faktoren mangelnder individueller Anpassung herrührt. Für diese neuartigen Bevölkerungsgruppen wird die Eingliederungspolitik neuartige Interventionstechnologien erfinden müssen. Ihre Ambitionen werden weit niedriger gesteckt sein als die der universalistischen Integrationspolitik, ebenso verschieden von den partikularistischen Aktionen mit reparierender, korrigierender, fürsorgerischer Absicht, wie sie für die klassische Sozialhilfe typisch sind. Sie erscheinen in einem besonderen konjunkturellen Rahmen auf der Bildfläche, als gegen Ende der siebziger Jahre inmitten der Lohnarbeitsgesellschaft eine Turbulenzzone entsteht. Sind sie dieser Erschütterung gewachsen?

Solche Fragen lassen sich heute allmählich stellen, da sich die Eingliederungspolitik nun schon seit fünfzehn Jahren entfaltet. Anfangs sind die Maßnahmen noch eher punktuell und improvisiert, man geht davon aus, daß sie nur vorübergehender Natur sind. Gewiß hätte zu dieser Zeit niemand ihr späteres Ausmaß vorausahnen

95 F. Bloch-Lainé, *Étude du problème général de l'inadaptation des personnes handicapées, op. cit.*, S. 111.

96 So behält das API entgegen allem Anschein dieses uralte Kriterium für die Unterstützungsgewährung bei, interpretiert es allerdings im Kontext der modernen Gesellschaft um. Die alleinerziehende Mutter ist vorübergehend von der Arbeitsverpflichtung freigestellt (wobei unausgesprochen bleibt, daß sie sich für drei Jahre ihrem Kind widmen soll). Doch wird diese Verpflichtung zugleich grundsätzlich beibehalten, da sie nach Ablauf dieser Zeit wieder eine Stelle annehmen muß (so sie denn eine finden kann).

können. Ihre zunehmende Konsolidierung ist jedoch ein Anzeichen dafür, daß man sich *im Provisorischen dauerhaft einzurichten* beginnt.

Noch vor dem ersten Auftauchen des Begriffes Eingliederung (insertion) in dem Sinne, den er seit den achtziger Jahren angenommen hat[97], beginnt sich die neue Thematik mit dem Auftauchen eines alten Sorgenkinds abzuzeichnen, von dem man angenommen hatte, daß es die Jahre des Wirtschaftswachstums getilgt hätten: der *Prekarität* mancher Arbeitsformen.[98] Agnès Pitrou etwa beschreibt die Fragilität mancher Arbeiterfamilien, die in völlige Armut rutschen können, ohne zu den »Sozialfällen« zu zählen oder arbeitslos zu sein, jedoch preisgegeben dem kleinsten Zufall.[99] Als er 1980 vom damaligen Premier Raymond Barre aufgefordert wird, Vorschläge zur Austrocknung der in der französischen Gesellschaft vorkommenden »Armutsinseln« zu machen, stellt Gabriel Oheix sechzig an der Zahl vor, mit denen sich nicht nur die Armut, sondern auch die Prekarität bekämpfen läßt, und von denen einige beschäftigungsfördernde Maßnahmen umfassen.[100] Im gleichen Umfeld, der zweiten Hälfte der Amtszeit Valéry Giscard d'Estaings, als der Bruch in der Wachstumsdynamik mehr und mehr spürbar wird, kommt es zu den ersten »Beschäftigungspakten« mit dem Ziel, die Einstellung von Jugendlichen zu erleichtern[101], und es werden Aktionen ins Leben gerufen wie das Programm »Wohnort und soziales Leben«, um etwas zur Verbesserung der Lebensumstände in manchen benachteiligten Wohnvierteln zu unternehmen.[102] Diese Initiativen stehen dafür, daß zwei Dinge ins öffentliche Bewußtsein getreten sind: zum einen, daß die Armut eventuell nicht nur Inseln des Archaischen in einer in vollem Fortschritt befindlichen Gesellschaft darstellt, sondern von Prozessen abhängen könnte, die in Zusammenhang mit der Beschäftigungssituation stehen; zum andern, daß die Probleme, die manche Jugendliche bereiten, sich nicht nur in Begriffen mangelnder Anpassung interpretieren lassen, sondern hierfür auch die Beschäftigungssituation und die Lebensumstände berücksichtigt werden müssen. Die Lohnarbeitsgesellschaft beginnt ihr reines Gewissen zu verlieren.

---

97 Wenn ich mich nicht irre, kommt der Begriff Eingliederung vorher in zwei offiziellen Texten vor: 1972 wird zur Erleichterung der Mobilität junger Arbeitnehmer ein »Eingliederungsgeld« (allocation d'insertion) geschaffen, und der Artikel 56 des Gesetzes für behinderte Menschen von 1975 betrifft die »berufliche Eingliederung oder Wiedereingliederung von Behinderten« vgl. P. Maclouf, »L'insertion, un nouveau concept opératoire en sciences sociales?«, in: R. Castel, J.-F. Laé, *le RMI, une dette sociale*, Paris, L'Harmattan, 1992). Doch handelt es sich dabei um einen rein punktuellen Gebrauch, der noch keine besonderen Techniken nach sich zieht. Ebenso heben die zahlreichen Bezugnahmen auf die »Wiedereingliederung« (réinsertion) von Haftentlassenen nur darauf ab, daß ihnen mit entsprechenden Mitteln geholfen werden soll, sich in das normale Leben einzufügen.

98 Vgl. M. Messu, »Pauvreté et exclusion en France«, in: F.-X. Merrien, *Face à la pauvreté*, Paris, Éditions ouvrières, 1994 und M. Autès, *Travail social et pauvreté*, Paris, Syros, 1992.

99 A. Pitrou, *la Vie précaire. Des familles face à leurs difficultés*, Paris, CNAF, 1980.

100 G. Oheix, *Contre la précarité et la pauvreté. Soixante propositions*, Paris, minstère de la Santé et de la Sécurité sociale, Februar 1981.

101 Es handelt sich um die drei »Barre-Pläne«, die von 1976 an mehr als 1 Million junge Menschen betreffen und (damals schon) Ausbildungspraktika mit Sozialabgabenerleichterungen für die Unternehmer verknüpfen. Diese Initiative löst in zahlreichen Milieus damals ein regelrechtes Gezeter aus, vgl. F. Piettre, D. Schiller, *la Mascerade des stages Barre*, Paris, Maspero, 1979.

102 Ziel ist, »zu untersuchen, welche rechtlichen, finanziellen und administrativen Maßnahmen die Konzeption, Gestaltung und Verwaltung des städtischen Lebensumfelds sozialer machen können, und hierfür einige Pilotprojekte zu lancieren« (*Journal officiel* vom 10. März 1977).

Trotzdem läßt sich die offizielle Geburt der Eingliederungspolitik erst auf den Beginn der achtziger Jahre datieren. Drei offizielle Berichte entwerfen hierfür eigene Bereiche und Vorgehensweisen.[103] Davon betroffen sind bestimmte Bevölkerungsgruppen, vor allem die Jugendlichen, die sich nicht in die gewohnten Vorstellungs- und Handlungsmuster der öffentlichen sozialen Dienstleistungen fügen. So etwa jene Jugendliche aus Les Minguettes, die den ganzen Sommer 1981 nachts in sogenannten Rodeos Autos verbrennen, was von den Medien genüßlich ausgeschlachtet wird. Was aber wollen sie genau? Anscheinend nichts Bestimmtes, zugleich sagen sie aber sehr viel. Es sind weder Angehörige der Arbeiterklasse, auch wenn sie manchmal arbeiten, noch ein Ausfluß der »gefährlichen Klassen«, selbst wenn sie gelegentlich Delikte begehen, noch wirklich »Arme«, da sie weder resigniert noch Fürsorgeempfänger sind oder sich von der Hand in den Mund durchschlagen, noch sind sie der Ausdruck einer spezifischen Ghettokultur, da sie die kulturellen und konsumorientierten Werte ihrer Altersgruppe teilen, noch der Schule völlig entfremdet, da sie eine Schulbildung genossen haben, wenn auch eine schlechte, usw. Sie sind wirklich nichts, zugleich aber doch ein bißchen von alledem. Sie verkörpern eine ungelöste Frage an sämtliche Sozialisationsinstanzen, doch keine vermag ihnen Antworten zu geben. Sie stellen eine zu allem *querliegende* und *übergreifende* Frage, die man als die *Frage nach ihrer Integration*[104] bezeichnen könnte und die sich vielfältig durchdeklinieren ließe: hinsichtlich der Arbeit, der Lebensumstände, der Polizei und der Justiz, des öffentlichen Dienstes, des Bildungswesens etc. Das Problem besteht nun darin, einen Platz in der Gesellschaft einzunehmen, also eine Basis und eine gesellschaftliche Nützlichkeit, was sich wechselseitig bedingt.

Auf diese Herausforderung geben die »interministeriellen Abordnungen« *transversale und globale* Antworten mittels einer Neuausrichtung der Interventionsmethoden und -technologien: Lokalisierung der Aktionen und Ausrichtung auf präzise bestimmte Ziele; Mobilisierung der verschiedenen betroffenen professionellen und nicht-professionellen Akteure (Partnerschaften); neue Formen des Verhältnisses zwischen Zentralem und Lokalem, welche die Traditionen öffentlichen Handelns hinter

---

103 B. Schwartz, *l'Insertion professionnelle et sociale des jeunes*, Paris, La Documentation française, 1981, für die Ausbildung der 16- bis 18-jährigen ohne Berufsabschluß; H. Dubedout, *Ensemble refaire la ville*, Paris, La Documentation française, 1983 für die Sanierung heruntergekommener Stadtviertel; G. Bonnemaison, *Prévention, répression, solidarité*, Paris, La Documentation française, 1983, für die Bekämpfung der Delinquenz in den benachteiligten Vierteln. Ins gleiche Umfeld gehört auch die seit 1981 durch den damaligen Bildungsminister Alain Savary initiierte Einrichtung sog. vorrangiger Bildungszonen (ZEP) zur Verbesserung der Schulbildung der am stärksten benachteiligten Kinder.

104 Ich verwende hier wie im gesamten Buch den Begriff Integration in seinem allgemeinen Sinn, der auch die Integration der Einwanderer als einen Sonderfall einschließt. Ein junger *beur* oder Schwarzer kann aufgrund des Rassismus, der Haltung mancher Arbeitgeber oder Vermieter und auch bestimmter Eigenheiten seiner familialen Sozialisation auf zusätzliche Schwierigkeiten bei seiner Integration stoßen. Doch wenn diese Dinge sich als zusätzliche Handicaps erweisen – beinahe so, wie es ein Jahrhundert früher den jungen Bretonen oder ein halbes Jahrhundert zuvor den jungen Italienern ging –, so sind sie doch der Problematik junger Leute aus den Unterschichten gemein. In Frankreich gibt es keine – zumindest noch keine – auf ethnischer Grundlage beruhende *underclass*, selbst wenn es eine ganze Reihe gesellschaftlich disqualifizierender Eigenschaften gibt, etwa ein niedriges Einkommen, mangelndes kulturelles und soziales Kapital, stigmatisierter Wohnort, mißbilligte Lebensweise usw., zu denen noch eine bestimmte ethnische Herkunft hinzukommen kann. Zu den Unterschieden zwischen den französischen Vorstädten und den amerikanischen Schwarzen-Ghettos, vgl. etwa L. Wacquant, »Banlieues françaises et ghettos américaines, de l'amalgame à la comparaison«, in: M. Wievorka, *les Visages du racisme*, Paris, La Découverte, 1992; zu den besonderen Problemen, welche die Integration von Einwanderern in einem nationalen Rahmen mit sich bringt, vgl. D. Schnapper, *la France de l'intégration*, Paris, Gallimard, 1991.

sich lassen, sowie zwischen der technischen Herangehensweise der professionellen Akteure und globalen Zielvorgaben, die mit den Traditionen der Sozialarbeit brechen. Diese Praktiken sind schon ausführlich untersucht, so daß es überflüssig ist, hier nochmals darauf einzugehen.[105] Es ist in diesem Rahmen auch nicht mehr unbedingt notwendig, diese komplementären Herangehensweisen zu unterscheiden. In ihnen kommt ein und derselbe Wille zum Ausdruck, nämlich der Wille zu einer Erneuerung in allen Bereichen öffentlichen Handelns.[106]

Ursprünglich verstanden sie sich als *experimentell* und *provisorisch*. Aus der Zeit der ersten sozialistischen Regierung stammend, waren sie eingebunden in das ambitionierte Vorhaben einer Ankurbelung von Wirtschaft und Beschäftigung unter keynesianischen Vorzeichen. Während man noch auf den Aufschwung wartete, dachte man, das Dringendste durch die Eindämmung der Gefahr gewalttätiger Explosionen in den heruntergekommenen Stadtzonen (Politik der sozialen Stadtteilentwicklung und Ausschüsse zur Delinquenz-Prävention) und die Verbesserung des Zustands der Schul- und Berufsbildung erledigen zu müssen, dies zugunsten von Jugendlichen, die weniger der Mangel an Arbeit als ihre mangelnde Qualifikation »beschäftigungsunfähig« machte (vorrangige Bildungszonen ZEP und Programm »Neue Qualifikationen«). Die Verbesserung der Sozialisationsbedingungen der Jugendlichen und die Erweiterung der Palette an beruflichen Qualifikationen stellen die notwendige Voraussetzung dafür dar, daß sie auf gleiche Höhe mit den ihnen eröffneten Gelegenheiten gelangen. Das sind freilich notwendige, wenn auch nicht hinreichende Bedingungen. Allgemeine politische und ökonomische Maßnahmen sind dafür entscheidend, daß diesen Initiativen ihre wirkliche Bedeutung zukommt. Bertrand Schwartz nimmt diesbezüglich kein Blatt vor den Mund: »Wir legen Wert darauf, auf die Grenzen dieser Aktion hinzuweisen, wir sind nämlich nicht so naiv zu glauben, daß kleine örtliche Gruppen, selbst wenn sie zahlreich sind [...], von sich aus die beruflichen, kulturellen und sozialen Probleme der Jugendlichen lösen können.«[107]

Was wird kommen, wenn diese Hoffnungen sich zerschlagen und die »Krise« sich verhärtet und festsetzt, anstatt sich aufzulösen? Der Wandel der Programme der »sozialen Stadtteilentwicklung« (DSQ) zur »Stadtpolitik« (Politique de la Ville) steht für das, was das gemeinsame Schicksal dieser Eingliederungsmaßnahmen zu sein scheint. Die ersten, zunächst wenig zahlreichen DSQ tragen noch deutlich Versuchscharakter, basierend auf einem starken politischen Engagement sowie dem Willen zu technischer Innovation. Sie setzen den Akzent auf das vorhandene Potential vor Ort und

105 Vgl. für einen Überblick über diese Maßnahmen, J. Donzelot, P. Estèbe, *l'État animateur, op. cit.*; vgl. für eine Analyse der Implikationen, die diese neuen Herangehensweisen gegenüber den klassischen sozialen Interventionsformen mit sich bringen, J. Ion, *le Travail social à l'épreuve du territoire*, Toulouse, Privat, 1990.

106 Um so mehr, als sie sehr oft im Feld gemeinsam auftreten. Man findet häufig in einem als »DSQ« (développement social des quartiers) klassifizierten Gebiet einen »kommunalen Rat für Delinquenz-Prävention«, eine »örtliche Abordnung« zur Eingliederung Jugendlicher und Schulen, die dem Programm der »vorrangigen Bildungszonen« (ZEP) unterstehen.

107 B. Schwartz, *l'Insertion sociale et professionnelle des jeunes, op. cit.* Der Premier hatte zudem in seinem Schreiben dazu aufgefordert, Vorschläge zu machen, damit »die Jugendlichen im Alter zwischen 16 und 18 Jahren niemals zur Arbeitslosigkeit noch zu allzu prekären Stellen verurteilt sind«, was einen gleichartigen Optimismus auf Seiten der Regierung impliziert.

die Ausbildung sozialer Identitäten durch die Entwicklung selbstorganisierter Aktivitäten.[108] Ein solch aufbrausender Aktionismus ist keineswegs zu verachten, darauf werden wir später noch zurückkommen. Es sieht allerdings ganz danach aus, als ob die dynamischsten Initiativen der Versuchung erlagen bzw. gezwungen waren, aus dem Stadtviertel eine Art totales soziales Phänomen zu machen, das sich selbst genügen könnte. Das Risiko eines Rückzugs in die Isolierung wirft zwei brennende Fragen auf: Inwieweit sind diese Erfahrungen übertragbar und verallgemeinerbar? Und vor allem, inwieweit können sie einen Einfluß auf Parameter ausüben, die außerhalb des Stadtviertels liegen, da es weder ein Beschäftigungsbecken noch eine komplette Organisationseinheit des städtischen Raums ist?

Die Schaffung der »Interministeriellen Delegation für städtische Fragen« (DIV) im Jahr 1988, sodann die des Ministeriums für Stadtfragen 1991 bemühen sich, über diese territorialen Begrenzungen hinauszugehen. Es äußert sich darin der Wille, die sogenannten »schwierigen« Viertel aus ihrer Isolation zu befreien, deren Probleme, auch wenn sie teilweise an ihrer Abgeschlossenheit gegenüber der Außenwelt liegen, dennoch nicht nur in vivo zu behandeln, sondern im Rahmen des gesamtstädtischen Raumes zu überdenken sind. Vor allem äußert sich darin jedoch das Bemühen, die unterschiedlichen Verwaltungseinheiten des Staates zu mobilisieren: Das Ministerium für Stadtfragen hat den Auftrag, alle öffentlichen Mittel zur Lösung dessen, was in der offiziellen Sprache die soziale Frage par excellence geworden ist, der »Frage der Ausgrenzung« konvergieren zu lassen. Die »Stadtverträge« (contrats de ville) richten die Verantwortung des Staates und der staatlichen Behörden auf dieses vorrangige Ziel aus und fordern zur Zusammenarbeit mit den örtlichen Ressourcen und Akteuren auf.

Man stößt jedoch auf denselben Widerspruch, der oben schon beim Thema »Unternehmen« angesprochen worden ist. Können oder wollen die örtlichen Verantwortungsträger im Kontext der Konkurrenz und des Bemühens um Effizienz, die auch zwischen großen Stadträumen vorherrschen, zugleich die Karte wirtschaftlichen Erfolgs und die der Sorge um die »Benachteiligten« ausspielen? Die lokale Sozialpolitik hinsichtlich der »Ausgegrenzten« läuft daher Gefahr, zu einem Nebenschauplatz zu verkümmern, was zur Folge hat, daß vor Ort gerade nur soviel getan wird, daß wenigstens die offenkundigsten Funktionsstörungen vermieden werden, wenn man sie schon nicht auf die Nachbargemeinde abschieben kann.

Wenn es um Arbeitsplätze geht, so stellt sich diese Frage um so nachdrücklicher, als sich die »richtigen« Unternehmen, von Ausnahmen abgesehen, schon von Anfang an gegen ein Engagement in dieser Angelegenheit verwahrt haben. Die lokale Politik hat interessante und originelle Projekte wie die Stadtteilbetriebe (régies de quartier) auf den Weg gebracht, die vor Ort und speziell für die Bewohner bestimmte Stellen schaffen. Sie sind jedoch noch nicht allzu zahlreich (gegenwärtig existieren etwa hundert dieser Stadtteilbetriebe). Ein der Regierung im Juni 1991 von Martine Aubry und Michel Praderie übergebener Bericht hat eine Bestandsaufnahme der gesamten

108 Vgl. M.-C. Jaillet, »L'insertion par l'économie«, in: *Évaluation de la politique de la ville*, Bd. II, Paris, Délégation interministerielle de la ville, 1993.

Beschäftigungsinitiativen vorgenommen.[109] Er betont zusammenfassend die Notwendigkeit, die Unternehmen zur Teilnahme am Eingliederungsprozeß zu bewegen und appelliert dazu an das staatsbürgerliche Bewußtsein der Firmenchefs. Es ist ein Wink, der niemandem weh tut, dessen Wirksamkeit man denn auch getrost in Zweifel ziehen darf, da dieselben Chefs zudem dazu autorisiert, wenn nicht sogar aufgefordert werden, Produktivitätszuwächse mit allen Mitteln, einschließlich auf Kosten der Beschäftigung zu erreichen.[110]

Es wäre völlig unangebracht, diese Politik einseitig zu kritisieren. Sie hat gewiß einiges an Explosionen und Dramen zu vermeiden geholfen, auch wenn man das nur schwer »evaluieren« kann. Sie hat auch als Laboratorium gedient, in dem mit einer Neugestaltung staatlicher Politik experimentiert worden ist. Vielleicht zeichnet sich in ihr auch eine neuartige Steuerungsweise, eine neue Ökonomie der Beziehung zwischen dem Zentralen und dem Lokalen ab, neue Formen des Einbezugs der Bürger, in denen die Demokratie eine Quelle der Erneuerung finden könnte.[111]

Dennoch gibt die Bilanz der Territorialpolitik auch Anlaß dazu, äußerste Vorsicht walten zu lassen, wenn man, wie es heute oft der Fall ist, von einer »Verlagerung« der sozialen Frage zur städtischen Frage spricht. Gewiß, in einer zu 80% urbanisierten Gesellschaft situiert sich der Großteil der sozialen Probleme innerhalb eines städtischen Rahmens. Gewiß haben sich auch in bestimmten Gegenden all die Probleme, die durch die Verschlechterung der Situation der Lohnarbeit hervorgerufen sind, besonders dramatisch konzentriert – hohe Arbeitslosenraten, Verfestigung der Prekarität, Abreißen der Klassensolidaritäten und Zusammenbrechen der familiären, schulischen und kulturellen Vermittlungsformen, mangelnde Zukunftsperspektiven und -entwürfe usw.[112]

Aber genauso wie eine hastige Soziologie hinsichtlich der »Ausgrenzung« und der »Ausgegrenzten« Überlegungen anstellt, die eigentlich die gesamte Gesellschaft betreffen, ist die Versuchung auch groß, aus der Eingrenzung in ein Territorium die räumliche Projektion – oder Metapher – der Exklusion zu machen, und zu glauben,

109 M. Aubry, M. Praderie, *Entreprises et quartiers*, ministère de la Ville, 1991.

110 Vgl. M.-C. Jaillet, »L'insertion par l'économie«, *loc.cit.*

111 Vgl. zu diesen Punkten, J. Donzelot, P. Estèbe, *l'État animateur, op. cit.* Vgl. für eine eher desillusionierte Beurteilung der Wirkung dieser Politik, Ch. Bachman, N. Le Guennec, *Violences urbaines, 1945–1992*, Paris, Albin Michel, 1995.

112 Diese düstere Diagnose müßte noch weiter nuanciert werden. Zum einen, weil man in den Vierteln auch arbeitet, lebt, tauscht und liebt, wie Jean-François Laé und Numa Murard in *l'Argent des pauvres*, Paris, Le Seuil, 1981) zeigen. Zum andern, weil die Haltung, die zahlreiche »Gesellschaftsbeobachter« an den Tag legen und die doch sehr an die Philanthropie des 19. Jahrhunderts erinnert, ungeeignet ist, die positiven Aspekte der Unterschichtspraxis zu erfassen. Es wäre möglich, daß manche Siedlungen und Vorstädte, wenn man so will, das »postmoderne« Äquivalent zu den Unterschichtsvierteln sind, was man freilich nicht erkennen kann, wenn man auf sie das idealisierte populistische Bild des vom einfachen Volk bewohnten Viertels wie des Ménilmontant zur Zeit der »Belle Époque« projiziert, mit seinen Kneipen, seinen Chansons, Ausflugslokalen und seinen leichtlebigen Mädchen – aber auch mit seinem Elend, seinen Wut- und Gewaltausbrüchen, die schon weniger poetisch waren. Vgl. zu diesem Punkt die Ausführungen von Daniel Bahr, »Le désenclavement, entre le social et le local, la Politique de la Ville à l'épreuve du territoire«, in: *Évaluation de la politique de la Ville, op. cit.*, Bd. II. Man muß ebenfalls in Erinnerung rufen, daß das, was etliche die »Krise der Stadt« nennen, nicht erst heutigen Datums ist. Man lese nur Victor Hugo oder die Chronik der Ereignisse der »Belle Époque«, um sich darüber Klarheit zu verschaffen, daß die objektiven Parameter einer solchen »Krise« (die Verschlechterung der Wohnsituation der Unterschichten, Übervölkerung, das Vorkommen »gefährlicher Klassen« im Viertel usw.) noch viel ausgeprägter waren als heutzutage. Neu ist sicherlich die Neigung, eine viel allgemeinere soziale »Krise« vorwiegend vom »Territorium« aus anzugehen.

daß man die eine angeht, wenn man die andere bekämpft. Man sollte besser von einer *territorialen Bearbeitung von Problemen* sprechen, was etwas völlig anderes ist. Michel Autès unterscheidet zu Recht territoriale Maßnahmen und territorialisierte Maßnahmen.[113] In gewissem Sinne ist jegliche Politik, nicht zuletzt seit der Dezentralisierung, territorialisiert, da sie vor Ort für ein bestimmtes Territorium umgesetzt werden soll. Eine territoriale Politik mobilisiert dagegen im wesentlichen lokale Ressourcen, um ein Problem vor Ort anzugehen. Darin besteht ihre Originalität, aber auch ihre Ambivalenz. Sie zerschlägt das Instrumentalisierungsverhältnis der lokalen durch die zentrale Ebene, läuft allerdings Gefahr, zu einem lokalen Wartungsunternehmen für Konflikte zu verkommen. Die Frage, die sich einer Lokalpolitik stellt, ist nicht nur eine Frage der Ebene (die lokale Ebene wäre »zu klein«, um »große« Politik zu machen). Ein auf das Lokale ausgerichtetes Handeln kann vor allem die Frage nach der *Art der Parameter* kontrollieren. Die Möglichkeit, globale Umverteilung zu bewirken und Kollektivverhandlungen mit repräsentativen Partnern zu führen, stehen ihr nicht zur Verfügung.[114] Eine territoriale Politik wird in eine systemische Logik gezwängt: sie umreißt eine feste Reihe von hier und jetzt beeinflußbaren Parametern, und die Veränderung resultiert aus einem Ausgleich zwischen diesen begrenzten Variablen. Der Wandel besteht dann eher in einer Neuanordnung der dem System inhärenten Elemente als in einer grundsätzlichen Transformation der Gegebenheiten, die die Situation von außen strukturieren.

Sicherlich versuchen die lokalen Eingliederungsmaßnahmen, vor allem in der Version der »Politik der Stadt«, diese Beschränktheit zu vermeiden. Doch auf jeden Fall hinsichtlich der Beschäftigungsfrage, die uns hier ja speziell interessiert, scheitern sie an einer völlig nachvollziehbaren Blockade. Wenn die Bearbeitung des Beschäftigungsproblems der lokalen Ebene überantwortet wird, so nur deshalb, weil es anderswo, auf der Ebene der Globalpolitik, keine Lösung erfahren hat. Sie läuft also Gefahr, über die Organisation von Aktivitäten, die sich mit dieser Mangellage abgefunden haben und sie vergessen machen wollen, zu einer *reinen Verwaltung der Beschäftigungslosigkeit* zu werden.

Scheinbar ist das, abgesehen von einigen begrenzten Erfolgen wie den Stadtteilunternehmen, generell der Fall. Ein Bericht aus dem Jahr 1988 stellt fest, daß der Großteil der DSQ-Aktionen keinerlei Wirtschaftsprogramm enthalten und keinerlei Stellen geschaffen hat, daß die Arbeitslosigkeit nicht zurückgegangen ist, sondern mitunter sogar zugenommen hat. Der Bericht fordert dazu auf, die auf diese Politik gerichteten Erwartungen stark zu dämpfen: »Sie sollte nicht den Anspruch haben, das Problem der Arbeitslosigkeit und der Qualifikation der Menschen zu lösen, sie kann einzig verhindern, daß ein Teil der Bevölkerung völlig ausgegrenzt wird.«[115] Es ist praktisch ausgemacht, daß diese Maßnahmen keinen allzu großen Einfluß auf die

113 M. Autès, *Travail social et pauvreté, op. cit.*, S. 287ff.

114 Selbst auf örtlicher Ebene gibt das Problem der Bürgerbeteiligung zu eher gemischten Beurteilungen Anlaß. Eine Untersuchung von neun Anträgen, die von Städten zur Erlangung eines DSQ-Vertrags eingereicht wurden, zeigt beispielsweise, daß nur in einem einzigen Fall eine Verbrauchervereinigung eine bedeutende Rolle gespielt hat – und dabei handelte es sich noch um eine gemeindenahe Vereinigung (vgl. M. Ragnon, »Médiation et société civile: l'exemple de la politique de la Ville«, in: *la Formation de l'assentiment dans les politiques publiques. Techniques, territoires et sociétés*, n°s 24–25, 1993.

Arbeitslosigkeit ausüben können. Dechiffriert man allerdings diese Art Botschaft – »dafür sorgen, daß ein Teil der Bevölkerung nicht vollkommen ausgegrenzt wird« – dann ist herauszuhören, daß es schon ganz schön wäre, bekäme man vor Ort die sozialen Turbulenzen in den Griff, indem man in diesen von völliger Anomie bedrohten Räumen ein Minimum an Austausch und Aktivitäten schüfe. Niemand, außer vielleicht Parteigänger einer fatalistischen Politik, kann das Interesse an diesen Bemühungen bestreiten. Man muß jedoch schon einen außergewöhnlichen Optimismus an den Tag legen, will man in diesen »Wartungstätigkeiten« die Morgenröte einer neuen »*citizenship*« erkennen. Auf gesellschaftlicher Nutzlosigkeit errichtet man keine *citizenship*.[116]

Mehr und mehr gilt das auch für das Revenue minimum d'insertion (RMI), denn es verallgemeinert die Eingliederungsproblematik, insoweit es die gesamte Bevölkerung der über 25jährigen, deren Einkommen eine bestimmte Schwelle nicht überschreitet, betrifft. Zugleich aber stellt es auch aufgrund zweier Eigenheiten eine ansehnliche Neuerung gegenüber der vorausgegangenen Sozialpolitik dar: Zum ersten Mal in der langen Geschichte der sozialen Sicherung wird die Unterscheidung zwischen den arbeitsfähigen Bevölkerungsgruppen und denen, die nicht arbeiten können, über den Haufen geworfen: »Jede Person, die aufgrund ihres Alters, ihres körperlichen oder mentalen Zustands, der Wirtschafts- und Beschäftigungssituation nicht zu arbeiten imstande ist, besitzt das Recht, von der Allgemeinheit angemessenen Unterhalt zu bekommen.«[117] Es finden sich so all jene, die in den Geltungsbereich der alten »Handicapologie« fallen, auf gleicher Stufe mit denen, die in den Geltungsbereich des Arbeitsmarktes fallen, und genießen dieselben Rechte.

Zweitens beinhaltet dieses Recht, »angemessenen Unterhalt zu bekommen«, nicht einfach ein simples Recht auf Fürsorge. Es ist ein Recht auf Eingliederung: »Die soziale und berufliche Eingliederung von Personen in Schwierigkeiten ist ein nationaler Imperativ.«[118] Der Eingliederungsvertrag stellt eine Gegenleistung für die Unterstützungsvergabe dar, die den Leistungsempfänger an die Umsetzung eines Projekts bindet, die ebensosehr aber auch die nationale Gemeinschaft mit einbindet, die ihm bei der Umsetzung helfen muß. Darin kommt das Bemühen zum Ausdruck, das jahrhundertealte Bild des »schlechten Armen«, der wie ein Schmarotzer lebt, obwohl er arbeiten müßte, zu zerschlagen, ebenso aber auch das Stigma des Fürsorgeempfängers als eines passiven Empfängers einer Unterstützung zu tilgen, die die Entsprechung zu seiner Unfähigkeit, mit seiner Lage selbst zurechtzukommen, ist.

115 F. Levy, *le Développement social des quartiers. Bilan et perspectives*, Paris, 1988. Vgl. auch J.-M. Delarue, *Banlieues en difficultés: la relégation*, Paris, Syros, 1991, besonders S. 40ff, wo die »Verschlimmerung« der Situation der Jugendlichen zwischen 1981 und 1991 behandelt wird. Vgl. für eine soziologische Analyse dieser Viertel F. Dubet, D. Lapeyronnie, *les Quartiers d'exil*, Paris, Syros, Le Seuil, 1992 (dt. Übers. *Im Aus der Vorstädte*, Stuttgart, Klett-Cotta 1994).

116 Vgl. für eine pessimistische Bilanz dessen, was in bezug auf eine lokale *citizenship* getan, oder eher, was nicht getan worden ist, C. Jacqueir, »La citoyenneté urbaine dans les quartiers européens«, in: J. Roman, *Ville, exclusion, citoyenneté. Entretiens de la Ville*, II, Paris, Éditions Esprit, 1993.

117 Gesetz n° 88–1088 vom 1. Dezember 1988 bezüglich des Revenu minimum d'insertion, *Journal officiel*, 3. Dezember 1988. Diese Formulierung ist aus der Präambel der Verfassung von 1946 übernommen, die jedoch bisher keinerlei Umsetzung erfahren hatte.

118 *Ebd.*

Diese entscheidende Transformation der Sozialhilfe ist die Umsetzung der Erkenntnis gewesen, daß es ein neuartiges Profil des bedürftigen Menschen gibt, dem man nicht die Verantwortung für seine Notlage aufbürden kann. Man sollte diesen Menschen also weder die Schuld für die Erwerbslosigkeit, die sie nicht gewählt haben, zuschieben, ebenso wenig sollte man sie einfach versorgen, indem man sie in eine der klassischen Kategorien der Sozialhilfe steckt. Man muß ihnen helfen, einen »normalen« Platz in der Gesellschaft zu finden.[119] Der Begriff der Eingliederung bezeichnet diese originelle Interventionsform und verschafft sich mit dem Vertrag seine eigene Methodologie: Ein Projekt zu entwerfen, das die Verantwortlichkeit des Unterstützungsempfängers und der Gemeinschaft mobilisiert und das auf die Wiedereinbindung des Unterstützten in das allgemeine Regime von Arbeit und daran gebundener sozialer Sicherung hinausläuft.

Der erste Artikel des Gesetzes von 1988 ist allerdings ziemlich uneindeutig: »Die soziale und berufliche Eingliederung von Personen in Schwierigkeiten...« Soziale *und* berufliche Eingliederung, oder: soziale *oder* berufliche Eingliederung? Diese Formulierung hat während der Ausarbeitung des Gesetzes zu lebhaften Auseinandersetzungen Anlaß gegeben.[120] Nach einigen Jahren der Vergabe des RMI hat sich die Mehrdeutigkeit jedoch geklärt. Diese beiden Eingliederungsmodalitäten sind auf zwei komplett unterschiedliche Register gesellschaftlicher Existenz ausgerichtet. Die berufliche Eingliederung entspricht dem, was man bisher als Integration bezeichnet hat, nämlich einen eigenständigen Platz in der Gesellschaft zu finden, sich in die Lohnarbeit mit all ihren Zwängen und Garantien einzufügen. Dagegen zielt eine »rein« soziale Eingliederung auf eine ganz eigene Daseinsweise ab, die ein völlig neues Problem aufwirft.

In quantitativer Hinsicht bescheinigen alle Evaluationsstudien des RMI (von denen es inzwischen eine große Zahl gibt, da noch niemals eine soziale Maßnahme von solch einer Fülle von Untersuchungen, Befragungen und Folgestudien jeglicher Art begleitet wurde) eine völlige Disparität zwischen diesen beiden Eingliederungsformen. Wägt man mehrere Datenreihen gegeneinander ab, kommt man zu dem Schluß, daß ungefähr 15% der RMI-Empfänger ein dauerhaftes oder prekäres Beschäftigungsverhältnis finden.[121] Daneben bewegt sich eine große Zahl, ebenfalls ca.

119 Das Publikum der RMI-Empfänger ist sehr heterogen. Die neue Maßnahme hat alte Armutsgestalten vom Typ »Vierte Welt« einbezogen, die von den früheren Maßnahmen der Sozialhilfe nicht erfaßt waren. Nichtsdestoweniger hat das Auftreten derer, die man seit 1984 die »neuen Armen« nennt, ein neuartiges Profil von durch die Krise destabilisierten Armen also, das auslösende Moment für die Schaffung des garantierten Mindesteinkommens zur Eingliederung gebildet (vgl. R. Castel, J.-F. Laé, »La diagonale du pauvre«, in: *le RMI, une dette sociale, op. cit.*).

120 Das Rundschreiben betreffs der Umsetzung vom 9. März 1989 scheint in Richtung der beruflichen Eingliederung zu weisen: »Für den größten Teil der RMI-Empfänger wird sich das Eingliederungsverfahren als mehr oder minder langfristiges Ziel die berufliche Eingliederung vornehmen müssen. Auf diese Weise sind nämlich Autonomie und eine dauerhafte soziale Eingliederung am besten gewährleistet« (ministère de la Solidarité, de la Sécurité et de la Protection sociale, Zirkular vom 9. März 1989, *Journal officiel*, 11. März 1989, Paragraphen 2–3).

121 Vgl. Valereyberghe, *RMI, le pari de l'insertion, rapport de la Commission nationale d'évaluation du RMI*, Paris, La Documentation française, 1992, 2 Bde. Zwei umfangreiche landesweite Untersuchungen wurden vom CERC (»Atouts et difficultés des allocataires du RMI«, *CERC*, n° 102, Paris, La Documentation française, 1991) und vom CREDOC (»Panel RMI-CREDOC, synthèse des quatre vagues d'enquêtes«, April 1992, vervielfältigtes Manuskript) durchgeführt. Vgl. auch *le RMI à l'épreuve des faits*, Paris, Syros, 1991, worin die von der Mission-recherche-expérimentation in Auftrag gegebenen Evaluationen für 15 Departements eingearbeitet sind, sowie S. Paugam, *la Société française et ses pauvres, l'expérience du RMI*, Paris, PUF, 1993, und S. Wuhl, *les Exclus face à l'emploi*, Paris, Syros, 1992.

15%, von RMI-Empfängern im Gestrüpp der »geförderten Arbeitsverhältnisse« und Praktika.[122] Die restlichen 70% sind meistenteils Arbeitslose ohne Leistungsansprüche und Nicht-Erwerbstätige.[123]

Es wird deutlich, daß das RMI für weitaus die Mehrzahl der Empfänger nicht die Rolle spielt, die es nach den Erwartungen seiner Schöpfer spielen sollte, nämlich eine übergangsmäßige, zeitlich begrenzte Hilfe für Leute in schwierigen Lebenssituationen bereitzustellen, die eine Klippe zu umschiffen haben, bevor sie wieder festen Boden unter die Füße bekommen. Wenn aber das RMI nicht wie eine Schleuse funktioniert, dann wird es im Handumdrehen zu einer Sackgasse, in die all jene zusammengepfercht zu werden drohen, deren Existenz gesellschaftlich nicht gerechtfertigt ist. Zu diesem Ergebnis kommen mehr oder weniger explizit alle Evaluationsberichte: »Das RMI ist ein Zug Sauerstoff, der die Lebensbedingungen der Leistungsempfänger etwas verbessern kann, ohne sie jedoch verändern zu können [...]. Es gestattet ihnen, da, wo sie sich befinden, besser zu leben.«[124] Hinsichtlich der Bedeutung, die dem Eingliederungsvertrag meist zukommt, schreiben sie: »Der Begriff ›Gegenleistung‹ verblaßt hinter einem anderen Begriff, den man ›Begleitung des Vertragspartners in der augenblicklichen Situation‹ nennen könnte.«[125]

In anderen Worten: Worin könnte eine soziale Eingliederung bestehen, die nicht auf eine berufliche Eingliederung, also auf Integration hinausläuft? Unterm Strich in einer Verurteilung zu ewiger Eingliederung. Was ist ein dauernd Einzugliedernder? Jemand, den man nicht völlig fallen läßt, den man in seiner augenblicklichen Situation »begleitet«, indem man um ihn herum ein Netz aus Aktivitäten, Initiativen und Projekten spinnt. Bei manchen sozialen Diensten läßt sich denn auch ein geschäftiges Treiben beobachten. Diese Bemühungen sind jedoch keineswegs zu unterschätzen, zeigt sich in ihnen doch das Ehrgefühl (aber auch das Schuldeingeständnis) einer Demokratie, die sich nicht darein fügt, eine steigende Anzahl ihrer Mitglieder völlig sich selbst zu überlassen, Gesellschaftsglieder, deren einziges Verbrechen darin besteht, nicht »beschäftigbar« zu sein. Aber diese Versuche haben etwas Pathetisches an sich und sie erinnern an die Arbeit des Sisyphus. Das RMI hätte also dann Erfolg gehabt, hätte es sich durch die Verwandlung seiner aus zu integrierenden Subjekten bestehenden Klientel in integrierte Subjekte selbst aufgehoben. Nun hat sich aber die Zahl der direkten »Nutznießer« in den ersten Jahren seit seiner Einführung verdoppelt und liegt heute bei fast 800 000 Personen. Für viele von ihnen ist die Eingliederung keine *Etappe* mehr, sie ist zu einem *Zustand* geronnen.

Die Eingliederung als Zustand ist eine recht eigenartige Weise gesellschaftlicher Existenz. Ich erfinde deren Möglichkeit keineswegs. Der Bericht der nationalen Evalua-

122 Vgl. S. Paugam, »Entre l'emploi et l'assistance. Réflexion sur l'insertion professionnelle des allocataires du RMI«, *Travail et Emploi*, n° 55, 1993.

123 Es sei auch darauf hingewiesen, daß es, einer Studie des CERC zufolge, der Mehrzahl der RMI-Empfänger, die Arbeit finden, nicht über den Weg der Vermittlungsangebote des RMI im engeren Sinne gelingt. Sie haben ihre eigenen beruflichen Strategien entwickelt, wobei ihnen das RMI wahrscheinlich nur einen Raum zum Durchatmen verschafft.

124 *Le RMI à l'épreuve des faits op. cit.*, S. 63.

125 *Ebd.* Vgl. die zusammenfassenden Gedanken über den Sinn des Begriffs Vertrag im RMI in: R. Lafore, »Les trois défis du RMI«, *Actualité juridique*, n° 10, Oktober 1989.

tionskommission spricht in der ihr eigenen und diplomatischeren Art ebenfalls davon: »Diese Aktionen führen einen Großteil der Leistungsempfänger in einen ›dauerhaft transitorischen‹ Zustand. In der Eingliederungssituation nehmen diese Personen einen Zwischenstatus zwischen Ausgrenzung und endgültiger Eingliederung ein.«[126]

Ein dauerhaft-transitorischer Zustand, eine permanente Zwischenposition oder Eingliederung lebenslänglich. Freilich haben die RMI-Empfänger nicht das Monopol auf diesen »Status«. Das betrifft auch jene jungen Leute, die, vielleicht unterbrochen von ein paar geringfügigen Jobs, von Praktikum zu Praktikum irren, bevor sie völlig verzweifeln und diesen schwer zu ertragenden Hindernislauf als Eingliederungskandidat ganz sein lassen. Sie wollen nach eigenen Aussagen eine »richtige Arbeit«. Ein Autor spricht hinsichtlich der Situation vieler Langzeitarbeitsloser gleichermaßen von einem »dauerhaft transitorischen Zustand«.[127] Das ist auch der Status vieler Stadtteilinitiativen. Die Animateure und Pädagogen mühen sich damit ab, Projekte zu erfinden, versuchen, die Leute zu halten und deren Zeit um die von ihnen angebotenen Aktivitäten herum zu strukturieren. Äußerstenfalls besteht ihre Arbeit darin, Räume für Geselligkeit zu schaffen, um einen Alltag erträglicher zu machen, der eher zum Verzweifeln ist. Man könnte, in den Worten Peter Bergers und Thomas Luckmanns sagen, daß die Eingliederung tendenziell eine »sekundäre Sozialisation« bewirkt, also dem Individuum »institutionelle oder in Institutionalisierung gründende ›Subwelten‹« internalisiert.[128] Aber die die Eingliederung stützenden »institutionellen« Praktiken sind labil und durch Unterbrechungen gekennzeichnet, wenn man sie mit den anderen »Subwelten« vergleicht, die unser gewöhnliches Leben und vor allem das Arbeitsleben strukturieren. Eine Brüchigkeit, die noch durch den Umstand verschärft wird, daß für diejenigen Individuen, die Eingliederungsmaßnahmen durchlaufen, oft schon die »primäre Sozialisation«, also die Internalisierung allgemeiner gesellschaftlicher Normen über Familie und Schule, unzulänglich ist. Statt von einer sekundären Sozialisation sollte man hier eher von einer »asozialen Soziabilität« sprechen. Darunter verstehe ich mehr oder weniger verschwommene Beziehungskonstellationen, die sich nicht oder nur problematisch und zeitweilig in die anerkannten »Institutionen« einfügen, und welche die Subjekte, die in ihnen leben, in einen Zustand der Schwerelosigkeit versetzen.[129]

Die Eingliederungspolitik ist scheinbar daran gescheitert, daß sie diesen Übergang in die Integration, worin ja ihre höchste Bestimmung lag, für einen bedeutenden Teil ihrer Klientel nicht zu bewerkstelligen in der Lage war. »Ob man das RMI, den Ausbildungskredit und ganz allgemein die Gesamtheit der Eingliederungspolitik für die

---

126 P. Valereyberghe, *RMI, le pari de l'insertion, op. cit.*, Bd. 1, S. 332.

127 Vgl. D. Demazière, »La négociation de l'identité des chômeurs de longue durée«, *Revue française de sociologie*, XXXIII, 3, 1992.

128 P. Berger, T. Luckmann, *Die gesellschaftliche Konstruktion der Wirklichkeit. Eine Theorie der Wissenssoziologie*, Frankfurt, Fischer, 1980, S. 148.

129 Vgl. zu diesem Begriff der »asozialen Soziabilität« *la Gestion des risques, op. cit.*, Kapitel IV. Ich hatte ihn ausgehend von einer Untersuchung der Situationen von Gruppen vorgeschlagen, in denen sich die Beziehungskultur zwischen den Mitgliedern autonomisiert und selbst »gesellschaftsbildend wirkt«. Ich hatte auch darauf hingewiesen, daß diese Art Existenz gleichermaßen bestimmte soziale Situationen charakterisieren kann, in denen die Akteure mangels Fähigkeit, die Struktur der Situation in den Griff zu bekommen, zu einem Beziehungsspiel verurteilt waren. Derartige Situationen haben sich seither vervielfacht.

im Prozeß der Ausgrenzung befindlichen Gruppen betrachtet: die Eingliederungspolitik kommt an der Firmentür zum Stillstand.«[130] Diese Feststellung spricht kein Urteil über die Eingliederungspolitik, denn sie hat für den Augenblick dazu beigetragen, das Schlimmste zu verhindern, zumindest, wenn man davon ausgeht, daß der Übergang zu Gewalttaten und Aufruhr das Schlimmste ist. Darüber hinaus ist es um so schwieriger, in der überaus angespannten wirtschaftlichen und sozialen Konjunktur, auf die sie eine Antwort bilden sollte und in der selbst vollkommen integrierte Menschen ins Schleudern geraten, diejenigen in das allgemeine System zurückzuholen, die schon aufgegeben haben oder schon durch ihr Herkunftsmilieu und ihre Lebensbedingungen geschwächt sind. Dann aber sollte man hinzufügen, daß sie auch eine andere Aufgabe erfüllt als diejenige, die sie ostentativ herausstellt. Übernimmt man einen Ausdruck, der sich unter Soziologen schon eingebürgert hat, so darf man sagen, sie hat auch dazu beigetragen, *»die Verlierer ruhigzustellen«*[131]. In Frankreich hat sich seit Beginn der achtziger Jahre ein überwiegender Konsens dahingehend gebildet, die Internationalisierung der Märkte oder das Bemühen um Wettbewerbsfähigkeit und Effizienz um jeden Preis als Sachzwänge zu akzeptieren. Durch diese Entscheidung haben sich manche Bevölkerungsgruppen hintergangen gefühlt. Ist es ein Zufall, wenn die Beschleunigung der Eingliederungspolitik zeitgleich mit dem Triumph des Unternehmens und der Ideologie des Unternehmertums erfolgte? Ebenso wenig zufällig ist es wohl, daß es sich gerade sozialistische Regierungen in besonderem Maße angelegen sein ließen, ihrer Politik einen solchen »Zusatz an Sozialem« just in dem Moment einzuhauchen, als sie die ökonomischen Zwänge und das Diktat des Marktes akzeptierten. Unter dem Vorzeichen der *excellence* gibt es keine Gewinner ohne Verlierer. Doch für eine Gesellschaft, die ihre demokratischen Ideale nicht aufgegeben hat, scheint es nur recht und billig zu sein, daß diejenigen, die verloren haben, nicht einem Parias-Schicksal ausgeliefert werden. Der Sinn der Eingliederungspolitik läßt sich vielleicht folgendermaßen zusammenfassen: Er besteht darin, *sich um die durch die Konjunktur arbeitsunfähig gewordenen Arbeitsfähigen zu kümmern.* Darin besteht ihre Originalität im Vergleich zur klassischen Sozialhilfepolitik, die auf ein Defizit bei ihrer Klientel zugeschnitten ist, sowie zur Integrationspolitik, die sich unterschiedslos an alle wendet. Sie bewegt sich in diesen besonders verwundbaren Zonen des Gesellschaftslebens, in die sich die »nutzlosen Normalen« abgesetzt haben oder gerade im Begriff sind, es zu tun.

In einem sozialen System, das eine bruchlose Aneinanderreihung von Sozialisationsformen und sozialen Altersstufen bereitstellt (etwa von der Schule zur Arbeit, von der Arbeit zur Rente), spricht man nicht von Eingliederung, *sie ist einfach gegeben.* Sie würde mit dem Begriff der Integration einen Pleonasmus bilden.[132] Wenn es zu ei-

130 S. Wuhl, *les Exclus face à l'emploi, op. cit.*, S. 185.

131 E. Goffman, »On cooling the mark out. Some aspects of adaption to failure«, *Psychiatry*, vol. 15, 1952, S. 451–463 (frz. Version: »Calmer le jobard: quelques aspects de l'adaptation à l'échec«. in: *le Parler frais d'Erwing Goffman*, Paris, Éditions de Minuit, 1989, S. 277). Goffman führt aus, daß man im sozialen Spiel dem Verlierer stets einen ehrenwerten Abgang offenhalten muß. Der Besiegte verliert unter diesen Umständen sein Gesicht nicht völlig und kann ein »Selbstbild« aufrechterhalten, das nicht völlig disqualifiziert ist, während weder er noch seine Mitspieler völlig geprellt sind. Dagegen sind die Reaktionen desjenigen, den man auf sein Verlieren festnagelt, nicht vorhersehbar und können außer Kontrolle geraten – und ich füge hinzu: vor allem, wenn er nicht wußte, daß er dabei war, zu spielen.

nem Spiel im Getriebe der Lohnarbeitsgesellschaft kommt, wird die Eingliederung zu einem Problem, zugleich schlägt sie eine Technologie zu seiner Lösung vor. Sie benennt deshalb die Kluft zur Integration und zugleich die praktische Vorrichtung, die sie auffüllen könnte. Die Antwort verdoppelt sich jedoch auch. Innerhalb des Publikums, das in die Zuständigkeit der Eingliederung fällt, kehren manche wieder in das normale System zurück. So, als ob sie ständig am Tropf hängen, halten sich dagegen die anderen in einem gesellschaftlichen Zwischensystem, das einen neuen Status darstellt, den wir der Erosion der Lohnarbeitsgesellschaft und der Form, in der wir ihr gegenwärtig entgegenzutreten versuchen, verdanken.

Die Krise der Zukunft[133]

Turbulente Zeiten sind ein Glücksfall für »Projektschmiede«, wie man im 18. Jahrhundert zu sagen pflegte. Ich habe allerdings nicht vor, meines hier vorzustellen. Wenn die Zukunft ein Abenteuer ist, dessen Drehbuch allein die Geschichte schreibt, dann ist sie im großen und ganzen unvorhersehbar. Das Morgen wird Unbekanntes mit sich bringen. Es wird aber auch von der Hinterlassenschaft des Heute ausgehend gemacht. Die lange Strecke, die wir bis hierhin zurückgelegt haben, erlaubt uns, die engen Zusammenhänge zwischen der wirtschaftlichen Lage, dem Niveau der sozialen Sicherung der Bevölkerung und den Interventionsformen des Sozialstaats bloßzulegen. Wenn es auch absurd ist, Voraussagen über die Zukunft abgeben zu wollen, so ist es indessen nicht unmöglich, einige Eventualitäten zu skizzieren, die sie, in Abhängigkeit von den Entscheidungen, die in der Wirtschaftspolitik, der Organisation der Arbeit und im Bereich sozialstaatlicher Interventionen getroffen (oder eben nicht getroffen) werden, in die eine oder andere Richtung lenken werden. Der Einfachheit halber beschränke ich mich auf vier Szenarien.

Das erste sieht so aus, daß es mit der abhängigen Arbeit, wie es sich schon seit den siebziger Jahren beobachten läßt, weiterhin bergab geht. Dies wäre die unmittelbare Konsequenz aus der unvermittelten Hinnahme der Hegemonie des Marktes. »Wenn 20% der Franzosen so wenig qualifiziert sind, wie die Koreaner oder Filipinos, dann gibt es keinerlei Grund, sie besser zu bezahlen. Der SMIC gehört abgeschafft.«[134] Diese Behauptung tut den Koreanern und Filipinos unrecht. Heute oder zumindest in Kürze gibt es sicherlich einen größeren Anteil dieser ausländischen Arbeitskräfte, die ebenso qualifiziert wie ihre französischen Pendants sind, die als Facharbeiter, Techniker oder gar hochqualifizierte Informatiker arbeiten und obendrein noch viel billiger sind. Es gibt keinen *ökonomischen* Grund, sie den französischen Beschäftigten nicht vorzuziehen.[135] In diesem Sinne erklärte der französische Arbeitgeberpräsident im

132 Im Gegensatz dazu spricht man von Unangepaßtheit, Marginalität, Delinquenz usw.: es hat stets eine um die »perfekte« Integration herumliegende Grauzone von nicht-konformen Verhaltensweisen, vor allem in den Unterschichtenmilieus, gegeben. Doch diese Dummheiten und illegalen Handlungen stellten die Konformitätsnorm nicht in Frage, solange es als gesichert galt, daß das Subjekt sich integrieren könnte, wenn es nur wollte.

133 Ich greife hier den Titel eines Artikels von Krzysztof Pomian auf (»La crise de l'avenir«, *le Débat*, n° 7, Dezember 1980).

134 J. Plassard, zit. nach B. Perret, G. Roustang, *l'Économie contre la société*, *op. cit.*, S. 104.

Jahr 1983: »1983 wird das Jahr des Kampfes gegen die im Laufe der *Trente Glorieuses* in die Gesetzgebung eingeführten Zwänge, das Jahr des Kampfes um die Flexibilität.«[136] Darin kommt die Auffassung zum Ausdruck, daß man nicht zwei Herren zugleich dienen kann und daß die »Unternehmenssanierung« der neue kategorische Imperativ ist, dem sich die gesamte Gesellschaft zu unterwerfen hat.

In dieser Perspektive erscheint der Großteil der sozialen Sicherungen als Hinterlassenschaft einer vergangenen Epoche, in der soziale Kompromisse noch mit den Imperativen des Marktes vereinbar waren. Diese Sicherungen weisen heutzutage einen Hysteresis-Effekt auf, der die Dynamik des Aufschwungs blockiert. Dieser Trägheitseffekt wirkt in der Tat. Als Ronald Reagan und Margaret Thatcher versuchten, eine ultra-liberale Option umzusetzen, mußten sie nichtsdestoweniger weite Teile der sozialen Sicherung fortbestehen lassen.[137] In den Augen der Anhänger einer solchen Politik sind zwei Arten von Ursachen für diese unvollkommenen Resultate verantwortlich: Der Widerstand sozialer Gruppen, die »Privilegien« verteidigen wollen, und das politische Risiko, das es mit sich bringt, wenn man zu brutale und zu rasche Deregulierungen vornimmt. So erklärt sich auch der signifikante Unterschied zwischen den theoretischen Positionen der liberalen Ideologen und ihrer politischen Umsetzung. Für den Ultraliberalismus liegt darin jedoch eine aus einer fernen Vergangenheit überkommene soziologische Schwerkraft, die es immer weiter zu reduzieren gilt.

Doch es gibt so etwas wie eine *hybris* des Marktes, die eine gänzlich seinen Gesetzen unterworfene Gesellschaft unregierbar macht. »Der Markt ist der Naturzustand der Gesellschaft, doch es ist die Pflicht der Eliten, daraus einen Kulturzustand zu machen. Mangels rechtlicher Normen verwandelt er sich in den entwickelten wie auch den anderen Ländern in einen Dschungel, geht im Gesetz des Stärkeren auf und erzeugt Segregation und Gewalt.«[138] Das ist auch die Lektion, die Karl Polanyi aus der Beobachtung des Verlaufs der industriellen Revolution gezogen hat. Der »selbstregulierte« Markt, die Reinform der sich selbst überlassenen ökonomischen Logik kann streng genommen nicht funktionieren, da er keines der für die Begründung einer gesellschaftlichen Ordnung notwendigen Elemente enthält.[139] Dagegen ist er imstan-

135 Freilich können sich ungezügelte Deregulierungen etwa in Form eines unkontrollierten Rückgriffs auf externe Flexibilität als kontraproduktiv für die Unternehmen erweisen. Doch ein durch die Wahrung maximaler Rendite motivierter bedachtsamer Umgang mit ihr ist etwas vollkommen anderes als die Sorge um die Aufrechterhaltung sozialen Zusammenhalts. Die Frage wird etwa lauten: Bis zu welchem Punkt kann ich das Maximum an Tätigkeiten externalisieren, um so wettbewerbsfähig wie möglich zu sein? Das wird keine Frage nach den Kosten des produktivistischen Maximalismus' in Begriffen von Arbeitslosigkeit und Prekarisierung der Beschäftigung sein.

136 Y. Chotard, Bericht vor der Generalversammlung des CNPF, Paris, 13. Januar 1983, in: M.-T. Join-Lambert et al., *Politiques sociales*, Paris, Fondation nationale des sciences politiques, Paris, 1994. Vgl. für die rücksichtslose Art, in der die französischen Arbeitgeber in den achtziger Jahren im Namen der Flexibilität die »Modernisierung« vorangetrieben haben, A. Lebaube, *l'Emploi en miettes, op. cit.*

137 Zu den Vereinigten Staaten, vgl. F. Lesemann, *la Politique sociale américaine*, Paris, Syros, 1988; zur Situation in Großbritannien im Anschluß an die von Margaret Thatcher geführte Politik, vgl. L. Ville, »Grande-Bretagne. Le chômage diminue, l'emploi aussi«, Dossier von *l'Expansion*, n° 478, 2.–15. Juni 1994.

138 A. Minc, *le Nouveau Moyen Âge*, Paris, Gallimard, 1993, S. 220. Die Untersuchungen Michel Alberts (*Capitalisme contre capitalisme*, Paris, Le Seuil, 1991; dt. Übers. *Kapitalismus contra Kapitalismus*, Frankfurt/New York, Campus, 1992) weisen in die gleiche Richtung. Wenn es, schematisch gesprochen, zwei Formen des Kapitalismus gibt, so heißt das nicht, daß der Markt als solcher Grenzen anerkennt. Doch er trifft in unterschiedlichen Kontexten auf mehr oder weniger mächtige Gegenkräfte. In den »angelsächsischen« Ländern lassen sie ihm die Zügel locker, während die »rheinischen« oder »alpinen« Länder ihn über stärkere soziale Regulierungen einschränken.

139 K. Polanyi, *The Great Transformation, op. cit.*

de, die ihm vorausgehende gesellschaftliche Ordnung zu zerstören. Wenn die Herrschaft der Ökonomie seit dem 19. Jahrhundert die Gesellschaft nicht komplett zerstört hat, so liegt das daran, daß sie von zwei *nicht-marktförmigen* Regulationssystemen eingeschränkt wurde. Die Marktgesellschaft hat zunächst akklimatisiert werden können, weil sie sich in einer Gesellschaftsformation festgesetzt hat, in der die traditionellen Bevormundungen und die »organischen« Formen der Solidarität noch stark ausgeprägt waren: eine vorwiegend ländliche Gesellschaft mit soliden und weitgespannten familialen Banden, leistungsfähigen Netzwerken unmittelbarer Sicherung. Diese dem Aufkommen des Marktes zeitlich vorausgehende Situation hat seine destabilisierenden Potentialitäten dämpfen können, welche nur die Bevölkerungsgruppen mit voller Wucht ertragen mußten, die sowieso schon am Abdriften waren (die »Entkoppelten«), also die entwurzelten und pauperisierten Einwanderer aus dem eigenen Land, welche die Arbeitskräfte der ersten industriellen Konzentrationen stellten.[140] Zweitens hat man auf diesen Schock mit der Schaffung neuer sozialer Regulierungen – soziale Sicherungen, Sozialeigentum, soziale Rechte – geantwortet. Die »Erfindung des Sozialen« hat den Markt gebändigt und dem Kapitalismus ein menschlicheres Antlitz gegeben.[141] Wir befinden uns heute in einer vollkommen anderen Situation. Der im 19. Jahrhundert noch relativ starke *Gemeinschafts*aspekt[142] der Gesellschaft ist zunehmend erodiert, und die Ressourcen hinsichtlich informeller Solidaritäten sind praktisch erschöpft. An ihre Stelle sind die vom Sozialstaat bewerkstelligten Sicherungen getreten, was erklärt, daß diese Sicherungen lebenswichtig geworden sind. Ihre »Ausrottung« bedeutete nicht nur eine Abschaffung der mehr oder weniger anfechtbaren »sozialen Errungenschaften«, sondern die Zerschlagung der modernen Form sozialer Kohäsion. Diese Kohäsion ist von solchen Regulierungen abhängig, aus dem guten Grund, daß sie nämlich weitestgehend von ihnen geschaffen wurde. Eine Durchsetzung der Gesetze des Marktes ohne Wenn und Aber auf die ganz Gesellschaft käme einer regelrechten kulturellen Konterrevolution gleich, deren soziale Konsequenzen gar nicht absehbar wären, denn das hieße, die über ein Jahrhundert hinweg errichtete spezifische Form sozialer Regulation zu zerstören. Eines der Paradoxa des Fortschrittes liegt darin, daß die »entwickeltsten« Gesellschaften auch die verwundbarsten sind. Manche Länder – wie das neo-peronistische Argentinien – haben die Auswirkungen ungehemmter Deregulierungen um den Preis immensen Leidens zu spüren bekommen, offensichtlich ohne jedoch auseinanderzubre-

140 Uns zeitlich etwas näher, läßt sich der beträchtliche Unterschied im Erleben der schweren Krise der dreißiger Jahre zwischen Großbritannien und Frankreich durch den Umstand erklären, daß Großbritannien schon eine fast vollständig urbanisierte Lohnarbeitsgesellschaft war, deren Einkommensquellen und Sicherungen auf industrieller Arbeit basierten, während die französischen »Archaismen« die Krise dämpfen und Rückzugsmöglichkeiten auf dem Lande, im Handwerk und in vorindustriellen Arbeitsformen bieten konnten (in den dreißiger Jahren gab es in Frankreich »nur« etwa 1 Million Arbeitslose). Im kollektiven Gedächtnis der Engländer hat sich die Erinnerung an die Great Depression derart eingeprägt, daß dem Kampf um Vollbeschäftigung nach dem Zweiten Weltkrieg einhellig absolute Priorität in der Sozialpolitik eingeräumt wurde, während das Risiko Arbeitslosigkeit in Frankreich selbst die hervorragendsten Köpfe nicht sonderlich beschäftigte.

141 Erinnern wir uns daran, daß für Polanyi die Sackgassen, in die der »selbstregulierte« Markt geführt hat, zwei verschiedene Arten von Reaktionen hervorgerufen haben, nämlich die Errichtung von Sozialstaaten in den demokratisch gebliebenen Ländern, aber auch den Faschismus in Deutschland (vgl. *The Great Transformation, op. cit.*, 20. Kapitel, S. 314–328).

142 Im Original deutsch; Anm. d. Übers.

chen. Sicherlich würde viel weniger schon genügen, damit ein Land wie Frankreich zerrissen würde, da es gar nicht imstande wäre, sich auf die Verteidigungslinie der älteren Sicherungsformen zurückzuziehen. Die vom Sozialstaat gewobenen Interaktionen sind zu einem wesentlichen Bestandteil der für ihn typischen Form von Gesellschaftlichkeit geworden, und das »Soziale« bildet von nun an das Rückgrat des Gesellschaftlichen. Es genügte also, die »Naturgesetze« des Marktes uneingeschränkt walten zu lassen, und es käme zum Schlimmsten, wovon wir uns kein Bild zu machen vermögen, sieht man einmal von der Gewißheit ab, daß nicht einmal die Minimalbedingungen für die Bildung einer Gesellschaft von Ähnlichen gegeben wäre.

Ein zweites Szenario bestünde darin, den gegenwärtigen Zustand einigermaßen zu halten, indem man die Bemühungen zu seiner Stabilisierung vervielfacht. Bis jetzt haben die sich seit zwanzig Jahren vollziehenden Wandlungen noch kein gesellschaftliches Beben ausgelöst. Sie haben anscheinend sogar ebenso viele Positionen gestärkt wie gebrochen.[143] Folglich ist es nicht undenkbar, stellt man die zahllosen, aber im allgemeinen unauffällig durchlebten persönlichen Dramen und die sporadischen, jedoch auf ohnehin schon stigmatisierte Milieus eingeschränkten Anwandlungen von Gewalt einmal beiseite, daß die französische Gesellschaft die soziale Entwertung von zehn, zwanzig oder gar mehr Prozent ihrer Bevölkerung ertragen könnte.

Ebenso wäre es möglich, den Umgang mit Problemsituationen zu verbessern. Der Staat ist schon eifrig darum bemüht. So waren allein 1992 1.940.000 Personen von einer der zahlreichen subventionierten Beschäftigungsformen betroffen.[144] Wir haben oben schon auf die Grenzen, aber auch auf den Einfallsreichtum der Eingliederungspolitik hingewiesen. Bei der Eindämmung des Risikos, daß die gegenwärtige Situation außer Kontrolle gerät, hat der Staat noch nicht all seine Möglichkeiten ausgeschöpft. Er könnte seine Leistungen noch verbessern, ohne das Register seiner Interventionen grundlegend zu ändern. So könnte etwa das RMI ein bißchen großzügiger bemessen sein, zusätzliche Anstrengungen könnten zur stärkeren Mobilisierung der verschiedenen an der Eingliederung beteiligten Akteure unternommen werden. Das gleiche gilt für die Stadt- und Beschäftigungspolitik, die Begleitung der jungen Leute oder der Arbeitslosen usw. Man sollte auch in Erinnerung rufen, daß der Sozialstaat zwischen 11 und 13 Millionen Personen dabei unterstützt, daß sie nicht in relative oder absolute Armut stürzen.[145] Die Rolle des Sozialstaats beschränkt sich jedoch nicht auf die Vergabe sozialer Leistungen. Die Möglichkeiten des öffentlichen Dienstes im »Kampf gegen die Exklusion« sind enorm, sie werden jedoch noch zu wenig umgesetzt. Der Staat verfügt über sein gesamtes Gebiet hinweg verteilt über zahlreiches Personal und eine ganze Palette von mitunter schlagkräftigen Diensten:

143 In den achtziger Jahren sind die Gewinne aus Immobilienbesitz und Finanzkapital sowie die hohen Gehälter bei gleichzeitig geringerem Anwachsen der Abgabenlast gestiegen. Der Anteil der davon betroffenen Bevölkerung ist in der Zone schwer zu ermitteln, in der die Einkommen wenig transparent sind, doch scheint er ungefähr 10% der oberen Einkommen zugute gekommen zu sein. Dagegen hat sich der Einkommensanteil der 10% ärmsten Haushalte zwischen 1979 und 1984 um 15% verringert (vgl. den Bericht des CERC, *les Français et leurs revenus, le tournant des années quatre-vingt*, Paris, La Documentation française, 1989).

144 M. Lallement, »L'État et l'emploi«, in: B. Eme, J.-L. Laville, *Cohésion sociale et emploi, op. cit.*

145 Vgl. »Précarité et risques d'exclusion en France«, *CERC*, n° 109, *op. cit.*

Bau-, Transport-, Architektur- und Stadtplanungsabteilungen, Personal bei der Polizei, dem Erziehungswesen, den sozialen Einrichtungen etc. Einer der Hauptgründe für die in manchen Stadtteilen auftretenden Schwierigkeiten liegt in der schwachen Präsenz der öffentlichen Dienste. Sie könnten sich entschlossener für eine Politik positiver Diskriminierung gegenüber den Problemgebieten einsetzen, eine Möglichkeit, die zudem in den Gesetzen schon vorgesehen ist.[146] Der Staat könnte seine Rolle als Garant sozialen Zusammenhalts zu Kosten, die nicht exorbitant sind, ausbauen.[147] Schließlich wäre es – was sich die Stadtpolitik ja auch zur Aufgabe gemacht hat – unerläßlich, all diese Maßnahmen auf örtlicher Ebene stärker zu koordinieren, um ihnen die notwendige Kohärenz zu verleihen.

Eine solche »moderate« Option ist nicht unvernünftig. Sie umfaßt zudem zwei Varianten. Die otpimistischere geht davon aus, daß wir eine Durststrecke von einigen Jahren, vielleicht auch Jahrzehnten bis zum Aufschwung und/oder der Konsolidierung des neuen Regulationssystems durchstehen müssen, das dann mit Sicherheit ein Sich-Etablieren in der postindustriellen Gesellschaft zur Folge haben wird. Die andere, eher zynische Variante findet es nicht skandalös, daß eine Gesellschaft zugleich prosperieren und einen gewissen Anteil von Linksliegengelassenen akzeptieren kann.[148] Doch dieser Quietismus, der bis in die Gegenwart hinein im politischen Umgang mit der »Krise« vorherrschend gewesen ist, beruht auf drei Voraussetzungen, die daran zweifeln lassen, daß er langfristig noch den praktischen Status quo aufrechterhalten kann.

Erstens müßte sich die augenblickliche Situation bessern, bestehen bleiben oder zumindest nicht zu sehr verschlimmern, damit die internationale Verlagerung des Arbeitsmarktes unter Kontrolle gebracht werden könnte; damit sich ein annehmbares »Abfließen« der Arbeitskräfte von den obsolet gewordenen Stellenkategorien in die neuen produktiven Tätigkeiten vollziehen könnte; damit die Prekarisierung der Arbeitsbedingungen nicht so weit fortschreitet, bis es unmöglich geworden ist, ein Minimum an Sicherung an den meisten Beschäftigungsformen festzumachen usw. Zweifelsohne kann in Anbetracht dieser Eventualitäten heute niemand absolute Ge-

146 »Das Prinzip der Zugangs- und Behandlungsgleichheit untersagt keineswegs, die Aktionsformen des öffentlichen Dienstes im Kampf gegen ökonomische und soziale Ungleichheiten zu differenzieren. Die Antworten auf die Bedürfnisse können in Raum und Zeit differenziert sein und sollen dies auch in Abhängigkeit von der Verschiedenheit der Situationen der Nutzer« (ministère de la Fonction publique et de la Modernisation de l'administration. Direction générale de l'administration et de la fonction publique, Paris, 18. März 1992, S. 4).

147 Man kann die Hypothese aufstellen, daß die oft anzutreffende Versuchung, die soziale Frage auf die städtische Frage »abzuschieben«, von dieser starken territorialen Präsenz des Staates in Form der öffentlichen Dienste herrührt, während der Staat nicht über genügend eigenes Personal auf Unternehmensebene verfügt (die Rolle der Arbeitsinspektoren bleibt auf eine Kontrollfunktion und nachträgliche Eingriffe beschränkt, und die »Beschäftigungspolitik« agiert gesetzgeberisch von außen). Die territoriale Frage läßt sich also leichter als eine öffentliche Frage denken als die Arbeitsfrage – obschon es eine Illusion wäre, zu glauben, man könnte die Beschäftigungsfrage auf der Ebene des Territoriums bearbeiten.

148 Wenn diese zweite Version vorherrschte – die wahrscheinlichste Version, falls es, wie in der gegenwärtigen Situation, so weiter geht – ist ein Abdriften der Sozialpolitik in eine zunehmend fürsorgerische Richtung zu befürchten, dies im Namen einer Überlegung wie der folgenden: Die Eingliederungsmaßnahmen sind kompliziert, kostspielig, und ihre Ergebnisse hängen vom Zufall ab, es genügt also, den Ärmsten ein Existenzminimum zu gewähren. Das RMI sollte zu einem schlichten Minimaleinkommen werden, und die Stadtpolitik sollte einen entschieden auf Sicherheit bedachten Charakter annehmen. Das ist die liberale »Lösung«, wie sie seit 1974 von Lionel Stoleru empfohlen wird, um dem Markt Bewegungsfreiheit zu verschaffen. Das wäre auch die ungeschminkte Anerkennung der dualen Gesellschaft und ihrer Institutionalisierung.

wißheiten in die eine oder andere Richtung hegen. Es besteht jedenfalls das hohe Risiko einer unkontrollierbaren Verschlechterung, die uns zur ersten Option, der Rückkehr in den von Alain Minc erwähnten Dschungel brächte.

Der Erfolg einer »Minimalbekämpfung« der Krise setzt zudem voraus, daß sich die Opfer weiterhin in die ihnen beschiedene Lage fügen werden. Eine solche Projektion ist ebenfalls nicht absurd. Die Geschichte der Arbeiterbewegung macht a contrario nachvollziehbar, was einen an der augenblicklich feststellbaren, meist passiven Hinnahme einer sich ständig verschlechternden Lohnarbeiterlage mitunter erstaunen kann. Für die Konstituierung einer auf gesellschaftliche Veränderung bedachten Protestbewegung bestehen mindestens drei Vorbedingungen: eine an der gemeinsamen Lage ausgerichtete Organisation, das Vorhandensein eines alternativen Gesellschaftsentwurfs und das Gefühl, für das Funktionieren der Gesellschaftsmaschinerie unerläßlich zu sein. Wenn die Arbeiterfrage für mehr als ein Jahrhundert das Gravitationszentrum der Sozialgeschichte gebildet hat, so lag das daran, daß die Arbeiterbewegung die Synthese dieser drei Bedingungen verwirklichte: sie hatte ihre Aktivisten und ihre Apparate, einen Zukunftsentwurf[149], und sie war der Hauptproduzent des gesellschaftlichen Reichtums in der Industriegesellschaft. Die Überzähligen von heute haben nichts von alledem. Sie sind atomisiert, können keine andere Hoffnung hegen, als ein bißchen weniger schlecht in der Gegenwartsgesellschaft gestellt zu sein, und sie sind gesellschaftlich nutzlos. Es ist obendrein unwahrscheinlich, ungeachtet der Bemühungen von in der Minderheit befindlichen Initiativgruppen wie der Arbeitslosengewerkschaft[150], daß dieser heterogene Komplex atomisierter Situationen aus sich heraus eine autonome soziale Bewegung gebären könnte. Die organisierte Artikulation von Forderungen ist freilich nicht die einzige Form des Protests. Anomie löst Gewalt aus. Eine Gewalt, die meist ohne Projekt, verheerend und selbstzerstörerisch zugleich ist, und um so schwerer unter Kontrolle gebracht werden kann, als es ja nichts zu verhandeln gibt. Solche Gewaltpotentiale gibt es schon, doch wenn sie zur Entladung kommen, dann kehren sie sich meistens gegen ihre Urheber (vgl. das Drogenproblem in den Vorstädten) oder gegen bestimmte äußere Zeichen eines den Armen als unverschämt erscheinenden Reichtums (Delinquenz, Plünderung von Supermärkten, ostentative Zerstörung von Autos usw.). Doch niemand kann sagen, ob sich solche Äußerungen, vor allem dann, wenn die Situation sich verschlechtert oder nur einfach »gleich bleibt«, nicht vermehren, bis sie schließlich nicht mehr tolerierbar werden und nicht nur zu einem großen »Show down« führen, sondern zu zahllosen durchwachten Nächten, in denen das Elend der Welt das verborgene Antlitz seiner Verzweiflung enthüllt. Eine demokratische Gesellschaft stünde dann, angesichts der Erfordernis, diesen Tumulten entgegenzutreten, vollkommen hilflos oder mit Schande bedeckt da. Sie lassen nämlich keine andere Antwort als Repression und Einschließung in Ghettos zu.

149 Sie hatte sogar zwei Entwürfe sozialer Organisation, einen »revolutionären« und einen »reformistischen«, jeweils mit eigenen Varianten, und gerade diese Dualität hat zusammen mit der Konkurrenz zwischen den Organisationen ohne Zweifel im wesentlichen für die Niederlage der Arbeiterbewegung gesorgt.

150 Vgl. zu der 1982 gegründeten Arbeitslosengewerkschaft die Monatszeitschrift *Partage*, die auch eine der besten Informationsquellen zu den Problemen der Beschäftigung und der Arbeitslosigkeit, sowie zu den dadurch ausgelösten Debatten und der Suche nach Alternativen zur gegenwärtigen Situation ist.

Es gibt noch einen dritten, meines Erachtens sehr ernst zu nehmenden Grund, der die Beibehaltung der augenblicklichen Situation als nicht zu rechtfertigen erscheinen läßt. Man kann unmöglich zwischen denen, die sich geschickt aus der Affäre ziehen, und denen, die straucheln, einen Sperrgürtel errichten, und das aus einem einfachen Grund: es gibt keine »insider« und »outsider«, sondern eine kontinuierliche Abfolge von Positionen, die in ein und demselben Ganzen nebeneinander ihr Dasein fristen und sich gegenseitig »anstecken«. Als der Abbé Messonier um die Mitte des vergangenen Jahrhunderts den »Wundbrand des Pauperismus« anprangerte, verriet er damit nicht nur seine Verachtung gegenüber dem Pöbel. Wenn die Pauperismus-Frage zur sozialen Frage des 19. Jahrhunderts geworden ist, die frontal angegangen werden mußte, so lag das daran, daß es eine die gesamte Gesellschaft betreffende Frage war, eine Gesellschaft, die Gefahr lief, den »Wundbrand« und die Destabilisierung über einen Bumerang-Effekt von der Peripherie ins Herz zu tragen.

Genauso verhält es sich heute mit der »Exklusion«, und aus diesem Grund sollte man diesen Begriff mit unendlich vielen Vorbehalten verwenden. Ich betone es noch ein letztes Mal: Exklusion ist nicht das Fehlen von sozialen Beziehungen, sondern eine Gesamtheit von besonderen Beziehungen zur Gesellschaft, verstanden als einem Ganzen. Es gibt niemanden außerhalb der Gesellschaft, sondern nur eine Gesamtheit von Positionen, deren Beziehungen zum Zentrum mehr oder weniger straff gespannt sind: von ehemaligen Arbeitnehmern, die nun Langzeitarbeitslose geworden sind, Jugendlichen, die keine Stelle finden, Bevölkerungsgruppen mit mangelnder Schulbildung, schlechten Unterkünften, schlechter Gesundheitsversorgung, geringem Ansehen usw. Es gibt keine klare Trennungslinie zwischen diesen Situationen und den Situationen der vonVerwundbarkeit Betroffenen, die ein bißchen weniger schlecht gestellt sind, also beispielsweise noch arbeiten, im Folgemonat aber schon entlassen worden sein können, oder komfortabler wohnen, aber aus der Wohnung geworfen werden können, sobald sie ihre Miete nicht mehr bezahlen können, oder die gewissenhaft ihrem Studium nachgehen, jedoch genau wissen, daß sie Gefahr laufen, daß dieses Stadium zu nichts führt. Die »Ausgegrenzten« sind meist durch besondere Verwundbarkeit gekennzeichnet, bei ihrem Balanceakt sind sie gestrauchelt. Es existiert jedoch auch ein reges Hin und Her zwischen dieser Zone der Verwundbarkeit und jener der Integration, eine Destabilisierung der Stabilen, von qualifizierten Arbeitnehmern, die zu Prekären werden, von leitenden Angestellten mit hohem Ansehen, die plötzlich arbeitslos werden. Die Schockwelle, die sich durch die Sozialstruktur zieht, geht nämlich vom *Zentrum* aus. Die »Ausgegrenzten« beispielsweise haben nichts mit der Entscheidung der Unternehmen für eine Politik der Flexibilität zu tun – es sei denn, ihre Situation ist eine direkte Konsequenz davon. Sie werden zu Entkoppelten, und diese Qualifizierung trifft ihre Situation besser als die von »Ausgegrenzten«: Sie sind »ent-bunden« worden, verbleiben jedoch in Abhängigkeit vom Zentrum, das vielleicht nie so allgegenwärtig für die Gesamtgesellschaft gewesen ist. Die Behauptung, daß die durch die Entwertung mancher Individuen und bestimmter Gruppen aufgeworfene Frage einen jeden betrifft, ist daher nicht nur ein Appell an eine vage moralische Solidarität, sondern die Feststellung der wechselseitigen Abhängigkeit von Positionen, die von derselben

Dynamik, nämlich derjenigen der Erschütterung der Lohnarbeitsgesellschaft umgetrieben werden.

Die Existenz eines solchen gleitenden Übergangs verbreitet sich allmählich im öffentlichen Bewußtsein.[151] Im Dezember 1993 veröffentlichte das Magazin *la Rue* eine von dem Meinungsforschungsinstitut CSA durchgeführte Umfrage zum Thema »Die Franzosen angesichts der Ausgrenzung«.[152] Zweifelsohne sind Meinungsumfragen mit Vorsicht zu genießen, vor allem, wenn sie ein so unbestimmtes Thema behandeln. Die Ergebnisse dieser Umfrage sind dennoch beunruhigend. Es scheint so, als hätte jede Gruppe die auf ihr lastenden Risiken auch verinnerlicht: Die Arbeiter und die Angestellten sind stärker beunruhigt als die *professions intermédiaires* und die *cadres*, und vor allen Dingen fürchten 69% der 18- bis 23jährigen die Ausgrenzung, gegenüber nur 28% der älter als 65jährigen (die sie dagegen zu 66% für einen Angehörigen befürchten). Das ist sicherlich auch eine Form der »Angst vor der Zukunft«, eine Gesellschaft, in der die Älteren besser gegenüber der Zukunft versichert sind als die Jungen. Und in der Tat kommen die Älteren noch in den Genuß der von der Lohnarbeitsgesellschaft geschaffenen Sicherungen, während die Jüngeren schon wissen, daß das Versprechen des Fortschritts ihnen gegenüber nicht gehalten wird. Diese Zahlen enthüllen ein beunruhigendes Paradox. Diejenigen, die schon aus der Arbeit ausgeschieden sind, sind besser versichert als diejenigen, die noch arbeiten, und vor allem bringen diejenigen, die sich auf den Eintritt ins Berufsleben vorbereiten, die tiefste Bestürzung zum Ausdruck. Die Reaktionen auf den CIP (den sog. SMIC jeunes[153]) im Frühjahr 1994 bestätigen diesen Eindruck. Es gibt keine schönere Ehrerbietung der Lohnarbeitsgesellschaft gegenüber als die Revolte dieser jungen Menschen, denen aufs Mal bewußt wird, daß sie wahrscheinlich nicht daran teilhaben können. Bezeichnenderweise kam diese Reaktion hauptsächlich von jungen Leuten, die relativ privilegiert waren bzw. denen zumindest bestimmt war, die Bahn eines sozialen Aufstiegs zu verfolgen, der sie für ihre schulischen Erfolge und das Bestreben, sich durch Arbeit zu integrieren, entschädigt. Die Verbundenheit mit den Werten der Lohnarbeitsgesellschaft ist nicht nur Ausdruck einer Verteidigung von »Privilegien«, wie es die demagogische Kritik des »immer Mehr« glauben machen möchte[154], sondern eher die Furcht vor dem »immer Weniger«, und es ist kein Zufall, daß gerade die Jugend davon betroffen ist. »Zum ersten Mal seit dem Krieg hat eine neue Generation erlebt, daß sich die Bedingungen für ihren Berufseinstieg verschlechtern, zunächst hinsichtlich der Beschäftigungssituation, sodann aber auch hinsichtlich des Lohns, wenn sie das Ende eines Eingliederungsparcours erreicht hat.«[155]

151 Dieser mit einem breiten Widerhall in den Medien und dem politischen Diskurs einhergehende plötzliche Vorgang läßt sich auf Ende 1992, Anfang 1993 datieren. Er ist zweifellos der Effekt der im Oktober 1992 erreichten psychologischen Schwelle von 3 Millionen Arbeitslosen sowie der Diskussion über die Bilanz der sozialistischen Regierungsjahre. Die Sozialisten waren ja 1981 weitgehend deshalb an die Macht gekommen, weil man ihnen die Fähigkeit unterstellte, das Arbeitslosenproblem lösen zu können.

152 »Exclusion, la grande peur«, *la Rue*, n° 2, Dezember 1993.

153 Die Contrats d'insertion professionnelle (CIP) sollten die Eingliederung arbeitsloser Jugendlicher in den Arbeitsmarkt durch eine Absenkung des Mindestlohnes erleichtern. Das Vorhaben mußte auf massiven Protest der Gewerkschaften und der Jugendlichen hin aufgegeben werden; Anm. d. Übers.

154 F. de Closets, *Toujours plus!*, Paris, Grasset, 1982.

155 N. Questiaux, Zusammenfassung des Berichts des CERC, *les Français et leurs revenus*, *op. cit.*

Als er im Nachhinein die Bestürzung der Gesellschaft der zweiten Hälfte des 18. Jahrhunderts in Worte zu fassen versucht (das war am Vorabend der unerhörten Umwälzungen durch die Französische Revolution, aber natürlich wußte es zu diesem Augenblick noch niemand), schreibt Paul Valéry: »Der Gesellschaftskörper verliert ganz allmählich sein Morgen.«[156] Vielleicht ist unsere Gesellschaft ebenfalls gerade dabei, ihr Morgen zu verlieren. Nicht nur die seit zwei oder drei Jahrzehnten beerdigten »strahlenden Morgen«, sondern die Vorstellung einer wenig beherrschbaren Zukunft. Die Jugend ist natürlich nicht als einzige betroffen, selbst wenn sie die Bedrohung am heftigsten erfährt. Ganz allgemein gesprochen: Der Verlust des Sinnes für die Zukunft bedeutet, daß sich der Sockel zersetzt, von dem aus es möglich war, aufeinander aufbauende Strategien zu verfolgen, die das Morgen lebenswerter machen konnten als das Heute.

Die dritte Option erkennt den Verlust der Zentralität der Arbeit und die Verschlechterung der Lage abhängiger Arbeit an und versucht, Auswege, Kompensationen und Alternativen zu finden. Zweifellos ist an der augenblicklichen Situation nicht alles so beklagenswert. Die neuen Berufslaufbahnen scheinen um so atypischer, je mehr man sie den unbeirrbar skandierten Rhythmen der Industriegesellschaft gegenüberstellt, der Schulzeit, der Lehre, der Heirat, und dem Eintritt in ein vierzig Jahre währendes ununterbrochenes Berufsleben, gefolgt von einer kurzen Rente. Dieses Modell gehört der Vergangenheit an, doch sollen wir ihm nachtrauern? (Erinnern wir uns an die Klagen über ein Leben nach der Devise »Métro-Maloche-Matratze«, die noch nicht allzu fern sind). Muß man nicht in den gegenwärtigen Schwierigkeiten auch die Zeichen eines tiefgreifenden gesellschaftlichen Wandels sehen, den die »Krise« nicht zu verantworten hat? Weitreichende kulturelle Wandlungsprozesse haben die Sozialisation der Jugend verändert und die traditionelle Aufeinanderfolge der Abschnitte des Lebenslaufs durcheinander gebracht. Die gesamte Organisation gesellschaftlicher Zeit hat sich durch und durch gewandelt, sämtliche für die Integration des Individuums in seine verschiedenen familiären wie sozialen Rollen verantwortlichen Regulierungen sind flexibler geworden.[157] Anstatt allerorten nur Anomie zu sehen, sollte man auch kulturelle Wandlungen anerkennen, welche die Gesellschaft flexibler, die Institutionen weniger starr und die Arbeitsorganisation weniger rigide machen. Mobilität ist nicht immer synonym mit Prekarität. Man hat etwa zeigen können, daß sich nicht alle Erwerbsverläufe, die durch häufige Stellenwechsel gekennzeichnet sind, auf diese hingenommene Prekarität reduzieren lassen, die eine Auswirkung der Entstrukturierung des Arbeitsmarktes ist. Es kann sich auch um junge Menschen handeln, die ihren Weg suchen und experimentieren, wie sie es zugleich auch in ihrem Gefühlsleben tun, bevor sie sich mit ca. 30 Jahren festlegen.[158] Die weitsichtigsten Köpfe haben sogar entdeckt, daß »die Arbeit am Ende oder zumindest kurz davor ist«, und daß es höchste Zeit ist, nach etwas anderem Ausschau zu halten, um nicht zu verpassen, was sich heute Neues auftut.

156 P. Valéry, »Montesquieu«, *Tableau de la littérature française*, Bd. 2, Paris, Gallimard, 1939, S. 227.
157 Vgl. M. Bessin, *Cours de vie et flexibilité temporelle*, thèse de doctorat de sociologie, Paris, Université Paris VIII, 1993.
158 C.-Nicole-Drancourt, *le Labyrinthe de l'insertion*, Paris, La Documentation française, 1991, und vom selben Autor, »L'idée de précarité revisitée«, *Travail et emploi*, n° 52, 1992.

Welches sind nun die angesichts dieser neuartigen Situation konkret mobilisierbaren Ressourcen? Zunächst wird man sagen, so man mit der Aufgabe des Modells der Lohnarbeitsgesellschaft und seinen »Rigiditäten« einverstanden ist, gibt es ein umfangreiches Arsenal von möglichen Tätigkeiten. So etwa die unzähligen personenbezogenen Dienstleistungen, Pflege alter Menschen und Kinder, Haushaltshilfen, Unterhaltungsarbeiten aller Art. Dennoch zwei Bemerkungen.

Erstens würde der Versuch, diese Tätigkeiten systematisch in Stellen umzuwandeln, eine allgemeine »Vermarktung« der Gesellschaft nach sich ziehen, die noch über das hinausginge, was Karl Polanyi mit seiner Kritik am »selbstregulierten Markt« anprangerte. Aus dem Boden und der Arbeit Waren gemacht zu haben, hat vom sozialen Blickwinkel aus gesehen eine zutiefst destabilisierende Wirkung gehabt. Doch hatte der Kapitalismus des 19. Jahrhunderts eine ganze Palette von Praktiken respektiert bzw. nicht völlig annektiert, welche zu dem gehören, was ich die unmittelbare Sicherung genannt habe. Man kann zudem mit einiger Pikanterie feststellen, daß das optimistische Gerede über die noch zu erschließenden »Stellenvorkommen« oft aus einer Ecke kommt, die dem Sozialstaat gegenüber extrem feindselig eingestellt ist, dessen bürokratische Interventionen und allgemeine Regulierungen sie angreift, welche angeblich die früheren Formen der Solidarität zerbrochen hätten. Im Namen einer Apologie der nachbarschaftlichen Beziehungen will man das Reich der Vorschriften durch das der Waren ersetzen und aus jeder menschlichen Beziehung (außer vielleicht im familiären Rahmen) eine in klingende Münze umsetzbare Beziehung machen.

Zweite Bemerkung: Wenn man von den »nachbarschaftlichen Dienstleistungen« und »personenbezogenen Hilfen« spricht, dann hat man dabei etwas sehr Diffuses im Auge, das völlig verschiedenartige Wissensbestände und Fähigkeiten umfaßt. Innerhalb der personenbezogenen Dienstleistungen lassen sich zumindest zwei grundsätzliche Formen unterscheiden. Manche fallen in die Rubrik, die Erwing Goffman die »Reparatur-Dienstleistungen« nennt.[159] Diese Formen der »Intervention bei anderen« sind Sache von Spezialisten, die eine mehr oder minder hochentwickelte technische Kompetenz besitzen.[160] Darunter fallen hauptsächlich medizinische, soziale und medizinisch-soziale Berufe (man könnte auch die Anwälte, Architekten und Berater aller Art hinzufügen). Aus vielen Gründen und vor allem wegen ihrer Kosten kann eine Ausweitung dieser Dienstleistungen nur beschränkt erfolgen: Man kann wohl schlecht allen Personen in sozialer Isolierung einen Gang zum Psychoanalytiker nahelegen. Dagegen existiert noch ein völlig anders gearteter Typ von persönlichen Hilfeleistungen. Die Nachfrage danach wird aufgrund des durch Verstädterung, Einengung der Verwandtschaftsbeziehungen auf die Gattenfamilie, Zwänge der Arbeitsorganisation usw. verursachten Zerbrechens von informellen Formen gegenseitiger Hilfe zunehmend spürbar. Der überarbeitete leitende Angestellte hat vielleicht nicht mehr die Zeit, seinen Hund auszuführen, und will seine Nachbarn nicht um diesen Gefallen bitten, da er keinerlei Beziehung zu ihnen hat. Vielleicht kann er auch nicht kochen und läßt sich statt dessen eine Pizza bringen... Hier verbergen sich in der Tat

159 E. Goffman, *Asyle. Über die soziale Situation psychiatrischer Patienten und anderer Insassen, op. cit.*, S. 305ff.

160 Für eine Untersuchung des Feldes der »Intervention an anderen«, vgl. A. Ogien, *le Raisonnement psychiatrique*, Paris, Méridiens-Klincksieck, 1990.

noch unausgeschöpfte »Quellen der Beschäftigung« oder eher der »Unterbeschäftigung«, die in Wirklichkeit die Finanzierung von Dienstleistungen des häuslichen Bereichs sind. André Gorz hat deutlich gemacht, daß diese Arbeitsverhältnisse den Geruch einer Art serviler Abhängigkeit nicht loswerden, die sie in die Nähe eines »neuen Domestikentums« rückt.[161] Und das nicht nur, weil sie unterqualifiziert und unterbezahlt sind, sondern weil die materielle Dimension der auszuführenden Aufgabe über ein objektiviertes und institutionalisiertes soziales Dienstleistungsverhältnis hinausgeht. Man befindet sich sehr wohl diesseits des modernen Lohnarbeitsverhältnisses und sogar der Form, die es zu Beginn der Industrialisierung angenommen hatte, als die sich gegenüberstehenden Partner zu Gruppen gehörten, die durch den Antagonismus ihrer Interessen klar voneinander geschieden waren. Diese famosen »nachbarschaftlichen Dienstleistungen« laufen folglich Gefahr, zwischen einer paternalistischen Neo-Philanthropie und den postmodernen Formen der Ausbeutung von Arbeitskraft hin und her zu pendeln, mittels derer sich die Begüterten aus Steuerermäßigungen finanzierte »personenbezogene Dienstleistungen« gönnen.

Sicherlich lassen sich nicht alle erdenklichen Dienstleistungen auf diese »neuen Formen des Domestikentums« reduzieren.[162] Jean-Louis Laville hat die ganze Palette dieser Dienstleistungen dargestellt. Aber die Sorgfalt, mit der er auf eine Trennung von den Formen der Quasi-Fürsorge und des Quasi-Ehrenamtes bedacht ist, zeigt, daß nur sehr wenige von ihnen zugleich innovativ und zukunftsträchtig sind. Es mag tatsächlich Dienstleistungen geben, die darum bemüht sind, monetäre und nichtmonetäre Ressourcen zu mobilisieren, die öffentliche und die private Sphäre, persönliches Engagement und allgemeine Regulierungen zusammenzuspannen. Aber sie sind gesellschaftlich nur wenig sichtbar und haben das Experimentierstadium noch nicht verlassen. Die Bemühungen um die Förderung einer »solidarischen Wirtschaftsweise«[163], d.h. um die Verknüpfung der Beschäftigungsfrage mit der Frage des sozialen Zusammenhalts, die Schaffung von Bindungen und Aktivitäten zwischen Personen, verdienen ungemein Respekt. Doch in der gegenwärtigen Situation handelt es sich mehr um Willensbekundungen, als um das Sichtbarwerden einer Politik. Es existiert zudem zwischen der Normalbeschäftigung und der Fürsorge, der sozialen Eingliederung und der beruflichen Umschulung, dem Marktsektor und dem geschützten Sektor, ein »dritter Sektor«, der zuweilen auch »soziale Ökonomie« genannt wird.[164] Diese Tätigkeiten weiten sich aus, vor allem in den »sozialen« Formen der Bekämpfung von Arbeitslosigkeit, bei denen oft nur schwer zu entscheiden ist, ob das verfolgte Ziel nun die Rückkehr in den Arbeitsmarkt oder ein Sicheinrichten in einer Situation ist, die eben »intermediär« zwischen Arbeit und Fürsorge liegt. Diese Aktivitäten, denen 1993 mehr als 400.000 Menschen zuzurechnen waren und die sich zu einer vom klassischen Arbeitsmarkt unabhängigen Sphäre zu verselbstän-

161 A. Gorz, *les Métamorphoses du travail, op. cit.*, S. 212ff.

162 J.-L. Laville, *les Services de proximité en Europe*, Paris, Syros, 1992; vgl. auch die Beiträge von J.-L. Laville, »Services, emploi et socialisation«, und B. Eme, »Insertion et économie solidaire« in: B. Eme, J.-L. Laville, *Cohésion sociale et emploi*, Paris, Desclée de Brouwer, 1994.

163 Vgl. J.-B. de Foucauld, »Perspectives de l'économie solidaire«, in: B. Eme, J.-L. Laville, *Cohésion sociale et emploi, op. cit.*, und B. Eme, »Insertion et économie solidaire«, *loc. cit.*

164 Vgl. F. Bailleau, *le Travail social et la crise*, Paris, IRESCO, 1987.

digen scheinen, haben in einer katastrophalen konjunkturellen Situation durchaus ihren Nutzen.[165] Es kann allerdings nur euphemistisch gemeint sein, wenn man sie unter die Rubrik »Beschäftigungspolitik« faßt.

Wir stellen hier nicht in Abrede, daß es – wie bei den Bodenschätzen – unentdeckte »Stellenvorkommen« gibt. Falls jedoch die gegenwärtige Krise eine Krise der Integration durch Arbeit ist, dann kann der wilde »Abbau« dieser Vorkommen die Krise nicht lösen, er kann sie allerhöchstens noch verschlimmern.[166] Wenn Beschäftigung sich auf den »Warencharakter« von Dienstleistungen reduziert, was wird dann aus dem Kontinuum von Positionen, welches die Lohnarbeitsgesellschaft ausmachte und das immer noch notwendig ist, um eine solidarische Gesellschaft zu bilden? Macht ein Konglomerat aus Babysittern, Hamburger-Bratern bei McDonalds oder Verpackern in Supermärkten schon eine »Gesellschaft«? Dies ist ohne jede Verachtung für jene Personen gesagt, die diesen Tätigkeiten nachgehen. Ganz im Gegenteil: Ich sage es, um über die Bedingungen nachzudenken, die aus der Beschäftigung einen Bestimmungsfaktor für die Würde der Person machen. Eine Gesellschaft, in der »Vollerwerbstätigkeit« herrscht, ist nicht unbedingt eine Gesellschaft, die allen Würde beschert. Und die Art und Weise, in der die Vereinigten Staaten teilweise ihr Beschäftigungsproblem gelöst haben, ist nicht gerade ein Beispiel, das sich zur Nachahmung empfiehlt. Die Hälfte der in den Vereinigten Staaten zwischen 1980 und 1986 geschaffenen acht Millionen Stellen sind mit einem Lohn vergütet, der weniger als 60% des Durchschnitts der Löhne in der Industrie beträgt[167], und die Zunahme der statuslosen Arbeitnehmer hat anscheinend nichts zur Bekämpfung der schlimmsten Anzeichen gesellschaftlichen Zerfalls beigetragen, etwa der städtischen Gewalttaten, der Kriminalitäts- und Drogenmißbrauchsraten und der Entstehung einer elenden und devianten *underclass*, die komplett vom Rest der Gesellschaft abgeschnitten ist.[168]

Zwei Dinge verlangen nach einer Nuancierung, ohne daß sich dadurch die Stoßrichtung ändert. Die laufenden technologischen Entwicklungen erfordern auch qualifizierte und hochqualifizierte Stellen. Man hat zur Kennzeichnung der »postindustriellen« Gesellschaft sogar das Vorherrschen neuer Industrien wie den Informatik-, Gesundheits- und Bildungssektor angeführt, Bereiche also, in denen eher symbolische als materielle Güter produziert werden und die ein hohes berufliches Kompetenzniveau erfordern.[169] Doch unter dem uns hier interessierenden Blickwinkel ist

165 Vgl. M. Elbaum, »Pour une autre politique du traitement du chômage«, in: P. Boisard et al., *Le travail, quel avenir?*, Paris, Gallimard, 1997, S. 135–160.

166 Ein Reisender konnte vor zwanzig Jahren nur frappiert sein angesichts des Kontrasts: In den »fortgeschrittenen« Ländern und besonders in den Vereinigten Staaten waren die häuslichen Dienstleistungen sehr selten und teuer, und lange schon waren sie durch Haushaltsgeräte ersetzt worden. Dagegen gab es in den weniger »entwickelten« Ländern Dienerschaft im Überfluß und beinahe gratis. Auch vom historischen Blickwinkel aus war die Dienerschaft bis ins 19. Jahrhundert zahlreich, wo sie ungefähr 10% der Stadtbevölkerung ausmachte, bevor sie praktisch zu einem Vorrecht der besseren Gesellschaft wurde. Man könnte sich fragen, ob die heutige rasche Zunahme dieser Art von Dienstleistungen nicht ein Indiz für die »Verdrittweltlichung« der »entwickelten« Gesellschaften ist.

167 P. Delmas, *le Maître des horloges*, Paris, Odile Jacob, 1991, S. 68.

168 Zum Begriff der *underclass*, vgl. E. R. Ricketts, I. Sawill, »Defining and Measuring the Underclass«, *Journal of Policy Analysis and Management*, vol. 7, Winter 1988.

169 Vgl. zu diesem Punkt die Untersuchungen Alain Touraines. Vgl. auch R. B. Reich, *Die neue Weltwirtschaft. Das Ende der nationalen Ökonomie*, Frankfurt, Fischer, 1996.

der springende Punkt die Frage, ob das »Abfließen« der abgebauten Stellen sich in vollem Umfang in Richtung dieser neuen Tätigkeiten vollzieht. Die Antwort lautet nein, auch wenn es heute unmöglich ist, Aussagen über die Größenordnung des Defizits zu treffen.

Zum anderen steht fest, daß sich das Verhältnis, das die gesellschaftlichen Subjekte, allen voran die jungen Menschen, zur Arbeit unterhalten, eine grundlegende Wandlung durchmacht. Vielleicht sind wir schon so weit, daß wir die »Zivilisation der Arbeit« verlassen, die seit dem 18. Jahrhundert der Ökonomie die Befehlsgewalt übertragen und die Produktion zur Grundlage gesellschaftlicher Entwicklung gemacht hat. Es zeugte schon von einem altmodischen Festhalten an der Vergangenheit, würde man die aufkeimenden Innovationen und Alternativen unterschätzen, nach denen allerorten gesucht wird, um die klassische Arbeitsauffassung hinter sich zu lassen. Zumal das, was die gesellschaftliche Würde eines Individuums ausmacht, nicht notwendigerweise eine bezahlte Stelle, ja nicht einmal Arbeit an sich, sondern seine gesellschaftliche Nützlichkeit ist, also der Anteil, den es an der gesellschaftlichen Produktion hat. Erkennen wir also an, daß grundlegende gesellschaftliche Wandlungen auch durch die »Krise« bewirkt werden, fügen wir aber mit Yves Barel hinzu, daß ihre möglicherweise positiven Wirkungen für den Augenblick noch weitgehend »unsichtbar« bleiben.[170] Deutlich sichtbar ist hingegen die Fallgrube, in die gerade jene hellen Köpfe stolpern, die allzu hastig die Entfremdung der Arbeit und die Zwänge der Lohnarbeit hinter sich lassen wollen. Darin bestünde sicherlich eine Kulturrevolution von immenser Tragweite. Es mutet freilich paradox an, daß eine solch enorme Verantwortung den fragilsten und schwächsten Gesellschaftsgruppen aufgebürdet wird, etwa den RMI-Empfängern, die beweisen sollten, daß die soziale Eingliederung die berufliche Eingliederung lohnt, oder den Jugendlichen aus den Vorstädten, von denen man verlangt, eine »neue *citizenship*« zu erfinden, obwohl man ihnen im Alltag selbst ein Minimum an Anerkennung verweigert, etwa wenn sie von der Polizei kontrolliert werden oder wenn sie eine Wohnung oder Arbeit suchen.

Daß die Arbeit eine nicht nur ökonomisch, sondern auch psychologisch, kulturell und symbolisch beherrschende Referenz bleibt, das beweisen die Reaktionen derer, denen sie fehlt. Zwei Drittel der RMI-Empfänger fordern zu allererst eine Stelle[171], die Jugendlichen stecken ein Praktikum sofort wieder, wenn sie erfahren, daß es nicht in ein »richtiges Arbeitsverhältnis« mündet. Man kann sie durchaus verstehen. Wenn sie nichts anerkanntes tun, dann sind sie nichts. Warum ist das Etikett »RMIst« in wenigen Jahren zu einem Stigma geworden und wird von seinen Beziehern meist auch als solches erlebt? DieTatsache ist um so ungerechter, als es für viele die letzte Zuflucht dargestellt hat, die sie mangels Arbeit akzeptiert haben. Doch das Gesellschaftsleben funktioniert nicht mit hehren Gefühlen. Es funktioniert ebensowenig mit Arbeit allein, und es ist nie verkehrt, mehrere Pfeile im Köcher zu haben, Freizeit, Kultur, Teilnahme an anderen das Selbstwertgefühl steigernden Aktivitäten.

170 Y. Barel, »Le grand intégrateur«, *loc. cit.*

171 P. Valereyberghe, *le Défi de l'insertion, op. cit.* Desgleichen suchten 1988 84% der Arbeitslosen eine »normale« unbefristete Stelle, 10% eine dauerhafte Teilzeitstelle, 4% eine zeitlich befristete Anstellung und 2% eine nicht entlohnte Beschäftigung (*Enquête emploi*, Paris, INSEE, 1988, Anhang 5).

Doch außer für eine privilegierte Minderheit oder das kleine Grüppchen derer, die den sozialen Schandfleck akzeptieren, bedeutet das, was den Bogen spannt und die Pfeile in mehrere Richtungen davonfliegen läßt, ein ganz schönes Stück Arbeit. Wie kann das Schicksal eines jungen Mannes oder einer jungen Frau aussehen – solche Fälle nehmen immer mehr zu –, der bzw. die nach einigen Jahren in der Tretmühle mit 25 Jahren RMI bezieht, weil dies das gesetzliche Alter für den ersten Vertrag ist? Wie läßt sich in dem Bewußtsein, daß seine bzw. ihre Lebenserwartung noch 50 Jahre beträgt, da noch von den Vorzügen eines solchen arbeitsfreien Lebens träumen?

Während beinahe alle Welt das Modell der dualen Gesellschaft offen ablehnt, bereiten ihm viele dadurch den Weg, daß sie jede x-beliebige Entwicklung, von der Entstehung eines »gemeinnützigen« Sektors bis zur Hebung neuer »Arbeitsplatzvorkommen«, überschwenglich feiern, vorausgesetzt, sie schafft irgendeine Beschäftigung für die Überzähligen.[172] Betrachtet man das Ganze unter dem Aspekt der Integration, dann besteht das Problem nicht mehr darin, wie man allen eine Stelle verschafft, sondern auch wie man ihnen einen Status verleiht. Aus dieser Perspektive ist die Debatte, die sich am Mindestlohn SMIC entfacht hat, exemplarisch. Der Status des »Smicard« ist sicherlich wenig beneidenswert. Der SMIC ist jedoch der Passierschein, der überhaupt den Zugang zur Lohnarbeitsgesellschaft eröffnet, und er macht auch den Unterschied konkret nachvollziehbar zwischen der Tatsache, einfach eine Stelle zu haben, und der Tatsache, ein Lohnabhängiger zu sein. Vom SMIC aus eröffnet sich eine ganze Palette von Positionen, die zwar äußerst verschieden sind, was den Lohn, den Reiz der Arbeit, die Anerkennung, das Prestige und die Macht anbelangt, die jedoch, wie wir schon gezeigt haben (vgl. Kapitel VII), *vergleichbar* sind. *Unter dem Regime der Lohnarbeit*, das neben der monetären Vergütung auch kollektive Regulierungen, Verfahren, Verträge und Sicherungen mit Rechtsstatus beinhaltet, bilden diese Positionen eine Hierarchie, unterscheiden sich und treten in Konkurrenz zueinander. Der SMIC ist die erste Sprosse, von der aus sich ein Arbeitnehmer von demjenigen unterscheidet, der irgendeine Stelle innehat, die sich nicht in die Episteme der Lohnarbeit einfügt. Vorauszusehen ist also schon, daß um den SMIC erbitterte symbolische Kämpfe[173] ausgefochten werden, denn er stellt einen der Riegel dar, die den Abbau der Lohnarbeitsgesellschaft blockieren. Er könnte auch für die Zukunft eine Referenz darstellen, um ein Minimum hinsichtlich Vergütung und an den Status gebundener Garantien festzulegen, welches für die neuen Tätigkeiten einer auf die Lohnarbeitsgesellschaft folgenden Gesellschaft beachtet werden müßte, damit der Ausstieg aus diesem Modell nicht nach unten geschieht.

---

172 Eine Extremposition in dieser Richtung ist der von Roger Sue während der 1993 von der Arbeitslosengewerkschaft organisierten Sommeruniversität vorgebrachte Vorschlag, den Marktsektor völlig der wilden Konkurrenz, die sein Gesetz ist, zu überlassen, um einen einladenderen und geschützten »gemeinnützigen Sektor« zu schaffen (vgl. *Partage*, n° 83, August–September 1993). Ich weiß nicht, ob Indianerreservate einladend sind, sie scheinen aber zumindest geschützt zu sein.

173 Es scheint nämlich, daß die Rolle, die der SMIC für den Anstieg der allgemeinen Lohnkosten spielt, sehr begrenzt ist. Diese Kosten ließen sich zudem durch einen Mechanismus wie etwa eine Abgabenerleichterung für diesen Beschäftigungstyp reduzieren. Doch wie beim Kündigungsschutz, dessen Abschaffung den Arbeitgebern zufolge viele Stellen schaffen sollte, wo dem doch gar nicht so gewesen ist, handelt es sich um Maßnahmen, deren symbolischer Sinn mehr zählt als ihre wirtschaftliche Bedeutung – was ihnen nichts von ihrer Bedeutung insgesamt nimmt, ganz im Gegenteil.

Vierte Option, die Umverteilung der »raren Ressourcen«, die von der gesellschaftlich nützlichen Arbeit stammen. Dieses Szenario ist nicht mit der Restauration der Lohnarbeitsgesellschaft zu verwechseln. Ich habe schon darauf hingewiesen, wie unumkehrbar die Entwicklung ist, die sich hinsichtlich der Organisation der Arbeit und der Struktur des Sozialstaats, deren Verknüpfung ja für ihr prekäres Gleichgewicht sorgt, vollzogen hat. Die Lohnarbeitsgesellschaft ist eine historische Konstruktion, die auf andere gesellschaftliche Formationen gefolgt ist, daher ist auch sie nicht für die Ewigkeit bestimmt. Dennoch kann sie ein lebendiger Bezugspunkt bleiben, weil sie eine ansonsten unerreichte Kombination von Arbeit und Sicherung bewerkstelligt hat. Diese Bilanz läßt sich vor dem Hintergrund der Geschichte der westlichen Gesellschaften nicht bestreiten. Die Lohnarbeitsgesellschaft ist diejenige Gesellschaftsformation, der es gelungen ist, massenhafte Verwundbarkeit weitgehend abzuwenden und eine weitreichende Teilhabe an den gemeinsamen Werten zu gewährleisten. Anders gesagt, stellt die Lohnarbeitsgesellschaft den historischen Sockel dar, auf dem eine Demokratie westlichen Typs mit ihren Verdiensten und ihren Lücken aufbaut: Das bedeutet keineswegs Konsens, sondern die Regulierung von Konflikten, nicht Gleichheit der Lagen, sondern Kompatibilität ihrer Unterschiede, nicht soziale Gerechtigkeit, sondern Kontrolle und Verringerung der Willkür der Reichen und Mächtigen, nicht Regierung aller, sondern Repräsentation aller Interessen, die auf der öffentlichen Bühne zur Debatte stehen. Im Namen dieser »Werte« – und natürlich auch mit denen und für die, die sie teilen – kann man darüber nachdenken, wie diese Hinterlassenschaft am besten davor bewahrt wird, verschleudert zu werden.

Die eigentlich gebotene Option würde erfordern, daß alle Gesellschaftsmitglieder eine enge Verbindung zur gesellschaftlich nützlichen Arbeit und den daran anknüpfenden Rechten wahren. Die Überzeugungskraft dieser Position beruht auf der Tatsache, daß Arbeit das Hauptfundament der *citizenship* bleibt, solange sie, bis zum Beweis des Gegenteils, eine ökonomische und eine soziale Dimension enthält – Arbeit und vor allen Dingen abhängige Arbeit, die freilich nicht die einzige Form gesellschaftlich nützlicher Arbeit ist, sondern zu deren vorherrschender Form geworden ist. Der Aufstieg der Lohnarbeit hat die Arbeit und die Arbeitnehmer vom Verhaftetsein an örtliche Zwänge emanzipiert, die Bauern von der Bevormundung durch Tradition und Sitte, die Frau vom Eingeschlossensein in die häusliche Ordnung. Die Lohnarbeit ist eine veräußerlichte Produktion für den Markt, also für jeden, der in den Rahmen eines geregelten Austauschs eintreten will. Sie verleiht »privaten« Tätigkeiten eine allgemeine gesellschaftliche Nützlichkeit. Der Lohn anerkennt und vergütet die Arbeit »im allgemeinen«, das heißt Tätigkeiten, die potentiell für alle nützlich sind. Sie stellt deshalb für den größten Teil ihrer Mitglieder in der heutigen Gesellschaft die Grundlage ihrer *ökonomischen citizenship* dar. Sie bildet auch den Ausgangspunkt *sozialer citizenship*: Diese Arbeit verkörpert die Teilhabe eines jeden an einer Produktion für die Gesellschaft und demnach an der Hervorbringung von Gesellschaft. Sie ist somit das konkrete Medium, auf dessen Grundlage soziale Rechte und Pflichten, Verantwortlichkeiten und Anerkennung, ebenso wie Lasten und Zwänge aufbauen.[174]

174 Vgl. A. Gorz, »Revenu minimum et citoyenneté, droit au travail et droit au revenu«, *Futuribles*, Februar 1993.

Doch diese – zudem teuer erkaufte und in der langen Geschichte der »würdelosen Lohnarbeit« spät und unvollkommen realisierte – Konstruktion kann nicht mehr länger als ein *Zustand* funktionieren. Alain Minc zufolge, der einer der ersten war, die den strukturellen Charakter der »Krise« sahen, verlangt »die Ökonomie der Knappheit, in die wir uns begeben, nach einem Notbehelf: nach Umverteilung. Umverteilung knapper Ressourcen, d.h. der produktiven Arbeit, der Primäreinkommen und der sozialisierten Einkommen.«[175] Dieser pessimistischen Feststellung kann sich nur schwer entziehen, wer skeptisch ist gegenüber den Fähigkeiten der noch unentdeckten »Stellenvorkommen«, richtige Arbeitsplätze zu schaffen, skeptisch auch gegenüber der Reichweite des »Abfließens« von Stellen von den angeschlagenen zu den produktiven Sektoren, wodurch die Gesamtheit der verfügbaren Arbeitskräfte wiederverwertet werden soll. Wenn noch Überzählige bleiben und die massenhafte Verwundbarkeit erneut ansteigt, wie läßt sich da überhaupt vermeiden, daß die Situation vollkommen den Bach hinuntergeht, es sei denn, man verteilt irgendwie diese »knappen Ressourcen«, die produktive Arbeit und eine minimale Sicherung, um der Verfestigung der Prekarität und derVerallgemeinerung der Kultur des Zufalls zu entgehen?

Man muß die Vorschläge zu einer Umverteilung der Arbeit als die logischste Antwort auf diese Situation ansehen: Darauf hinwirken, daß jeder einen Platz im Kontinuum der gesellschaftlich anerkannten Positionen findet, behält oder wiederfindet, Positionen, die auf einer echten Arbeit fußen und Voraussetzungen für ein würdiges Dasein und soziale Rechte sind. Ist eine solche Forderung konkret umsetzbar? Ich kann hier eine äußerst komplexe Debatte nicht in wenigen Worten wiedergeben.[176] Zwei Bemerkungen nur, um zu präzisieren, was es damit auf sich hat.

Es ist wahr, generelle Maßnahmen wie die Verkürzung der wöchentlichen Arbeitszeit auf 35 oder 32 Stunden sind keine Wunderlösungen, die sich mechanisch umsetzen ließen. Die konkrete Arbeit ist in immer geringerem Maße eine quantifizierbare und austauschbare Größe: das belegt der Anteil der »unsichtbaren« Arbeit und des

175 A. Minc, *L'après-crise est commencé*, Paris, Gallimard, 1982. Michel Albert verkündete wenig später im selben Geist: »Was begrenzt ist, ist letztlich *das globale Volumen der Arbeitsstunden*« (Hervorhebung durch den Autor, *le Pari français*, Paris, Seuil, 1983), und schlug ein Modell der Umverteilung von Arbeit vor in Form einer »Prämie für alle, die ihre Arbeit freiwillig reduzieren«.

176 Vgl. für die unterschiedlichen Vorschläge zu den Modalitäten dieser Umverteilung das Buch von D. Taddéi, *le Temps de l'emploi*, Paris, Hachette, 1988; die verschiedenen Arbeiten Guy Aznars, vor allem *Travailler moins pour travailler tous*, Paris, Syros, 1992; F. Valette, *Partage du travail, une approche nouvelle pour sortir de la crise*, Paris, L'Harmattan, 1993; J. Rigaudiat, *Réduire le temps de travail*, Paris, Syros, 1993. Vgl. auch die verschiedenen Beiträge von André Gorz, der die konzeptuell am weitesten ausgearbeitete Version der Frage vorlegt. Die Problematik der Umverteilung von Arbeit wird häufig und meines Erachtens zu Unrecht in einen Topf geworfen mit dem Plädoyer für ein Grundeinkommen bzw. ein Bürgergeld oder ein Minimaleinkommen (vgl. das kritische Dossier in: »Pour ou contre le revenu minimum, l'allocation universelle, le revenu d'existence«, *Futuribles*, Februar 1994). Zu Unrecht, weil die Idee einer Einkommensumverteilung ein ganz anderes Gesellschaftsmodell impliziert. Sie akzeptiert den Bruch zwischen den Einkommen einerseits und den an die Arbeit geknüpften sozialen Rechten andererseits, welche die Problematik der Umverteilung von Arbeit dagegen nicht hinnehmen will. Für das ökonomische Ausmaß der unterschiedlichen Modelle der Umverteilung von Arbeit vgl. G. Cette, D. Taddéi, »Les effets économiques d'une réduction du temps de travail«, in: Y. Boulin, G. Cette, D. Taddéi, *le Temps de travail*, Paris, Syros, 1993, die den Akzent auf die Bedeutung einer grundlegenden Reorganisation der Arbeit setzen, damit einer solchen Maßnahme Erfolg beschieden ist. Simulationsrechnungen des OFCE kommen zu einer möglichen Schaffung von Stellen in der Größenordnung von 2,5 Millionen im Falle einer Verkürzung der wöchentlichen Arbeitszeit auf 35 Stunden, allerdings unter der Bedingung, daß diese Verkürzung von anderen Maßnahmen eingerahmt ist (vgl. J. Rigaudiat, *Réduire le temps de travail, op. cit.*, S. 102f.).

persönlichen Einsatzes für eine Aufgabe, der sich nicht allein anhand der Anwesenheitszeit messen läßt, zugleich aber innerhalb der modernen Formen abhängigen Arbeit mehr und mehr dominiert.[177]

Doch die Kritik an der Umverteilung der Arbeit als einem »Kuchen«, der sich teilen läßt, wird dem Problem nicht gerecht. Jedes Kind weiß seit jeher, daß die »Arbeit« eines Professors am Collège de France und die eines Facharbeiters nicht einfach gegeneinander aufgewogen werden können, und niemand hat je daran gedacht, die Arbeitszeit des ersten zu verkürzen, um einem Arbeitslosen eine Stelle zu verschaffen. Ganz im Gegenteil gehören die den gesellschaftlich anerkannten Beschäftigungen anhaftenden Eigenschaften, die ja vom Empfänger des Mindestlohns bis zum Professor am Collège de France reichen, zu einer nicht weiter reduzierbaren Gesamtheit von wechselseitig abhängigen, also solidarischen Positionen. Sie lassen sich nicht (wie ein Kuchen) teilen, aber sie könnten sich teilweise neu auffächern, insofern sie eine komplexe Totalität bilden, die zugleich eine Arbeitszeit, einen Lohn, soziale Absicherung, rechtliche Garantien beinhaltet. Wenn es nun eine Umverteilung geben soll, dann geht es um diese »knapp« gewordenen Güter. Es ist eine sicherlich recht diffizile Angelegenheit, die jedoch zumindest belegt, daß eine solche Umverteilung nicht die »simple« Idee ist, als die sie ihre Verleumder hinstellen. Meines Dafürhaltens ist die Umverteilung von Arbeit weniger ein Ziel an sich als ein Mittel – anscheinend das direkteste –, um zu einer tatsächlichen Umverteilung der Attribute sozialer *citizenship* zu gelangen. Wenn sich diese Umverteilung mit anderen Mitteln, die eventuell mit einer Umverteilung der Arbeit einhergehen könnte, bewerkstelligen ließe, dann könnte aus der Perspektive sozialer Kohäsion das gleiche Ziel erreicht werden.[178]

Die so formulierte Frage nach der Teilung der Arbeit oder der Umverteilung der knappen Ressourcen zeigt, daß sie nicht nur schwer zu lösende technische Probleme aufwirft, sondern auch eine politische Grundsatzfrage. Die zaghaften Vorschläge in Richtung einer Arbeitszeitverkürzung – vom Gesetz über die 39-Stunden-Woche 1982, einem Mißerfolg, was die Schaffung neuer Arbeitsplätze anbelangt, zu den paar im Rahmen des Fünfjahresplans für Beschäftigung 1993 eingeführten »experimentellen« Maßnahmen – zeigen deutlich, daß solche Flickschusterei dem Problem nicht gerecht wird. Ebenso sind auch die Maßnahmen zur Umverteilung der von der Verschlechterung der wirtschaftlichen und sozialen Situation geforderten Opfer meist lächerlich, wenn sie nicht obendrein noch die bestrafen, die sich ohnehin in einer schwierigen Situation befinden. So ist die Arbeitslosigkeit sicherlich das ernsteste gesellschaftliche Risiko, jenes, das die zerstörerischsten, am meisten destabilisierenden und entsozialisierenden Wirkungen für die Betroffenen nach sich zieht. Paradoxerweise hat man bezüglich der Arbeitslosigkeit ein Maximum an betriebswirt-

177 Für einen kritischen Standpunkt zur Frage der Umverteilung von Arbeit, einer allzu »simplen« Idee, vgl. P. Boissard, »Partage du travail: les pièges d'une idée simple«, P. Boisard et al., *Le travail, quel avenir?, op. cit.*, S. 161–174; D. Mothé, »Le mythe du temps libéré«, in: *Esprit*, August–September 1994; A. Supiot, »Le travail, liberté partagée«, *Droit social*, n°s 9–10, Septermber–Oktober 1993.

178 Zum Problem, daß die Umverteilung andere Formen annehmen muß, als es im wohlfahrtsstaatlichen Rahmen der Fall war, vgl. die Bemerkungen Pierre Rosanvallons, »Une troisième crise de l'État providence«, *le Banquet*, n° 3, 2. Semester 1993.

schaftlicher »Strenge« an den Tag gelegt, um die Höhe der Arbeitslosenunterstützung und ihre Gewährungsmodalitäten einzuschränken. Seit 1984 hat man drastische Maßnahmen ergriffen, um die Zahlungen nach unten zu drücken, und so waren die Arbeitslosen auch die ersten, die die Bemühungen um die Einsparung öffentlicher Gelder bei den Sozialleistungen am eigenen Leib zu spüren bekamen.[179] Schlimmer noch: Durch ein Rundschreiben vom November 1982 wurde die Arbeitslosenunterstützung allmählich, je nach Dauer und vorheriger Anwartschaft des Arbeitslosen, in ein auf Beitragszahlungen basierendes Versicherungssystem und ein sog. Solidaritätssystem aufgespalten, mit dem der Staat die Unterstützung bestimmter Kategorien von erwerbslosen Personen übernimmt.[180] Diese Neuerung, die deshalb ansehnlich ist, weil sie bewirkt, daß ein Teil der Arbeitslosen – Langzeitarbeitslose, Arbeitnehmer, die vorher mangelhaft ins Beschäftigungssystem integriert waren – aus einem an die Arbeit geknüpften System in ein »Solidaritätssystem« ausgesteuert werden, welches in Wirklichkeit aus niedrigen Fürsorgeleistungen besteht, wurde ohne die leiseste öffentliche Debatte und mit dem Ziel verabschiedet, der UNEDIC einen ausgeglichenen Haushalt zu erhalten. Hingenommen wurde damit auch eine unerhörte Herabwürdigung des Begriffes Solidarität, der in der Dritten Republik noch die Zugehörigkeit eines jeden zum Gesellschaftskörper bezeichnete. Die Solidarität verkümmert nun zu einem minimalen Einkommenszuschuß, der allen gewährt wird, die nicht durch Erwerbstätigkeit zum Funktionieren der Gesellschaft »beitragen«.

Eine solche Verschlechterung verlangt nach dem Staat in seiner hoheitlichen Funktion der Wahrung nationaler Einheit. Diese Funktion beinhaltet, wie schon gesagt, eine »außenpolitische« (Verteidigung seines Platzes im »Konzert der Nationen«) und eine »innenpolitische« Dimension (Wahrung der sozialen Kohäsion). Wie durch den Krieg Kosten entstehen, die oft exorbitant sind, so hat auch sozialer Zusammenhalt einen Preis, und auch der kann hoch sein. Diese Nebeneinanderstellung ist nicht nur formaler Natur. Es ist kein Zufall, wenn die organische Beziehung, die den sozialen Zusammenhalt und eine bestimmte vom Staat verantwortete Sozialpolitik miteinander vereint, während der Katastrophe des Zweiten Weltkriegs, und vor allem in Großbritannien entstand. William Beveridge drückt sich in dieser Hinsicht unzweideutig aus:

> *»Der Hauptvorschlag dieses Berichts lautet folgendermaßen: das britische Volk soll dem Staat formell die Verantwortung dafür übertragen, allzeit für ausreichend*

179 Vgl. J.-P. Viola, »Surmonter la panne sociale«, *le Banquet*, n° 3, 2. Semester 1993. Es läßt sich feststellen, daß man gegenüber den Arbeitslosen viel rigoroser vorgeht als gegenüber den Leistungsempfängern der Krankenversicherung oder den Rentnern, und vor allem gegenüber den direkten Nutznießern der Gesundheitsausgaben wie den Ärzten, Pharmazeuten und pharmazeutischen Labors usw. Freilich binden die »Beschäftigungspolitik« und die »soziale Bekämpfung der Arbeitslosigkeit« beträchtliche Summen (1991 waren es 256 Milliarden Francs, also 3,5% des BIP). Doch diese Anhäufung von Maßnahmen hat häufig nur das Ziel, die Löcher immer wieder provisorisch zu stopfen. Die Arbeitslosen- und Beschäftigungspolitik, wie sie seit zwanzig Jahren verfolgt wird, zeigt deutlich, daß das, was am meisten fehlt, nicht die dafür aufgewandten Gelder sind, sondern die Festlegung auf eine kohärente Politik.

180 Zu den Implikationen dieses Zirkulars des damaligen Arbeitsministers Pierre Bérégovoy und seinen langfristigen Folgen, vgl. A. Lebaube, *l'Emploi en miettes, op. cit.*, S. 57–62.

> *hohe Staatsausgaben zu sorgen, damit alle verfügbaren Arbeitskräfte Großbritanniens beschäftigt sind.*«[181]

Und er fügt hinzu:

> »*Wenn Vollbeschäftigung nicht erreicht und gehalten werden kann, dann sind auch keinerlei Freiheiten mehr garantiert, denn für viele werden sie keinerlei Bedeutung haben.*«[182]

Das Mandat, das dem Staat zur Wahrung der Einheit des britischen Volkes anvertraut ist, ist von gleicher Art und ebenso imperativ wie das, welches er übernimmt, um die Aggressionen von außen zurückzuschlagen. Die Frage der Vollbeschäftigung ist die konjunkturelle Form, welche die Frage der Bewahrung des sozialen Bandes in einem noch von der Erinnerung an die Wirtschaftskrise der dreißiger Jahre traumatisierten England annimmt. Im heutigen Frankreich, wo die Rückkehr zur Vollbeschäftigung in absehbarer Zeit praktisch ausgeschlossen ist, kommt der Frage der Arbeitsumverteilung oder zumindest der nach den für eine soziale *citizenship* konstitutiven Garantien (bei der ich für meinen Teil nicht erkennen kann, wie sie sich vollständig von Arbeit losgelöst denken läßt) eine *homologe* Rolle zu. Homolog dann, wenn es zutrifft, daß sich durch diese Vermittlung die wechselseitige Abhängigkeit aller Bürger vom Gesellschaftskörper wahren oder wiederherstellen läßt. Die Frage nach den Kosten ist also auch eine nach den Opfern, die man zu bringen bereit ist, um die Gesellschaft in ihrer Einheit zu bewahren.

Da der Staat seinem Grundsatz nach den Willen der Bürger zum Ausdruck bringt, müßte bei diesen die in einer öffentlichen Debatte gefaßte Entscheidung darüber liegen, ob sie gewillt sind, diese Kosten zu übernehmen. Ich werde nur drei Anmerkungen machen, um falschen Einwänden, welche die wirklich anstehenden Entscheidungen lediglich verschleiern, von vornherein entgegenzutreten.

Die erste besteht im Wiederauflebenlassen des Schreckgespensts der Nationalwerkstätten oder des Staates als Unternehmer der Gesellschaft. Notfalls ließe sich durch den Ruin der Volkswirtschaften der Länder des »real existierenden Sozialismus« belegen, daß sich Arbeitslosigkeit nicht per Dekret abschaffen läßt und staatliche Planwirtschaft schlicht ins Verderben führt. Jegliches Modell der Umverteilung von Arbeit hat nur dann eine gewisse Erfolgsaussicht, wenn es von den verschiedenen Partnern, aber auch im Unternehmen akzeptiert und verhandelt wird, damit die Arbeit konkret reorganisiert werden und längere Maschinenlaufzeiten erreicht werden können usw. Ebenso ist eine grundlegende Reform der sozialen Sicherung nicht denkbar, ohne daß Absprachen über ihr Konzept getroffen und Verhandlungen über ihre Umsetzung geführt werden. Denkbar ist jedoch ein Rahmengesetz, das Vorga-

181 W. Beveridge, *Full Employment in a Free Society, op. cit.*, S. 135.

182 *Ebd.*, S. 258. Beveridge geht, ungeachtet seiner Feindseligkeit gegenüber dem Marxismus, so weit, Formen der Kollektivierung der Produktionsmittel ins Auge zu fassen, falls dies absolut notwendig wird, um den kategorischen Imperativ der Vollbeschäftigung einzuhalten. Die Zeiten haben sich sicherlich grundlegend gewandelt, doch dieser in den Augen Beveridges beinahe schon verzweifelt anmutende Rückgriff zeigt die fundamentale Bedeutung, die er der Frage nach der Wahrung des sozialen Zusammenhalts beimaß.

ben hinsichtlich Arbeitszeit, Minimallöhnen und sozialen Minima macht, und es obliegt dann den verschiedenen Partnern, sie durch Verhandlungen anzugleichen und anzupassen.[183]

Zweitens wird die Ausübung der hoheitlichen Kompetenzen in der Beschäftigungs- und Sozialpolitik aufgrund der Schwächung der Nationalstaaten im europäischen Rahmen und angesichts einer allgemeinen globalen Konkurrenz immer schwieriger. Trotzdem ändert die Feststellung dieser zunehmenden Schwierigkeiten nichts an dem Grundproblem. Die Politik der Nationalstaaten, einschließlich der Sozialpolitik, ist immer stark von der internationalen Konjunktur abhängig gewesen (vgl. oben die notwendige implizite oder explizite »Kompatibilität« der Niveaus der sozialen Sicherung zwischen den konkurrierenden Ländern). Daß diese Konkurrenz heute immer härter und der Handlungsspielraum des Nationalstaats immer enger wird, widerspricht dem Imperativ der Wahrung sozialer Kohäsion keinesfalls, ganz im Gegenteil, denn gerade in Krisensituationen ist der soziale Zusammenhalt einer Nation besonders unerläßlich. Zwischen der lokalen Ebene, die durch ihren Erfindungsgeist, oft aber auch durch ihr Versagen und ihre Egoismen gekennzeichnet ist, und der supranationalen Ebene mit ihren Zwängen, stellt der Staat immer noch diejenige Instanz dar, über die eine moderne Gemeinschaft sich repräsentiert und ihre Grundsatzentscheidungen trifft. Und ebenso wie Nationalstaaten Allianzen eingehen, selbst im Moment ihrer Hegemonie, können sie heute durch die internationale Konjunktur dazu gebracht oder gar gezwungen werden, ihre Konvergenz im sozialen Bereich enger zu institutionalisieren (vgl. beispielsweise das Problem der Herausbildung eines diesen Namen verdienenden »sozialen Europas« angesichts der auch in sozialer Hinsicht wirkenden Konkurrenz der Vereinigten Staaten, Japans oder der Länder Südostasiens[184]).

Schließlich wird der wahre Kern der Debatte auch durch die Behauptung verschleiert, daß eine andere Sozialpolitik mit der Verfolgung einer realistischen und verantwortlichen Wirtschaftspolitik unvereinbar ist. Damit nimmt man als gegeben hin, daß die Gesetze des Marktes keinerlei Spielraum lassen, was letztlich darauf hinausläuft, die Möglichkeit politischen Handelns überhaupt zu leugnen. Dem ist aber keineswegs so. Das Spiel ist nämlich nur dann blockiert, wenn man den Status quo *überall zugleich* beibehalten will, also wenn man das ökonomische Spiel akzeptiert, sich gleichzeitig aber gegen die Aufteilung der aus dieser Entscheidung herrührenden Opfer sperrt, welche dennoch mit den ökonomischen Erfordernissen kompatibel sind. Es ist durchaus richtig, daß die Finanzierung der sozialen Sicherung ihren kritischen Punkt erreicht hat oder bald erreichen wird, sollten die Modalitäten gleich bleiben: Eine Minderheit von Erwerbstätigen bezahlt bald für eine Mehrheit von

183 Ein solcher Vorschlag könnte als eine moderne Neuformulierung des alten Prinzips des Rechts auf Arbeit interpretiert werden, und der Rückgriff auf dieses Prinzip könnte insofern übel aufgenommen werden, als er innerhalb der Arbeiterbewegung mit einem revolutionären Potential behaftet war. Doch hat er es scheinbar verloren, will man der in die Verfassung von 1958 übernommenen Präambel der Verfassung von 1946 glauben schenken: »Ein jeder besitzt das Recht zu arbeiten und eine Stelle zu erhalten.« Wäre es als subversiv anzusehen, wenn man die Einhaltung der Verfassung der Republik forderte?

184 Übrigens interpretiert Michel Albert in beinahe den gleichen Worten den Konflikt zwischen den beiden von ihm herausgearbeiteten Kapitalismus-Modellen, dem »angelsächsischen« und dem »rheinischen« Kapitalismus (*Capitalisme contre capitalisme, op. cit.*).

Nichterwerbstätigen, und unter diesen Erwerbstätigen werden bestimmte Gruppen von Lohnabhängigen um das Doppelte zu hoch besteuert.[185] Doch Finanzierungsformen der sozialen Sicherheit auf einer breiteren und weniger ungerechten Bemessungsgrundlage – wie etwa die Contribution sociale généralisée – würden einer erweiterten Solidarität Auftrieb geben, die nicht so unverhältnismäßig auf den abhängig Beschäftigten und den Unternehmen lastete. Letztere kämen dabei auf ihre Kosten, insoweit das augenblickliche Finanzierungsmodell sie bestraft. Das Ausbleiben einer grundlegenden Steuerreform, deren Notwendigkeit schon seit Jahrzehnten von jedermann gesehen wird, zeugt eher von nicht vorhandenem politischen Willen, als vom Vorhandensein unausweichlicher wirtschaftlicher Zwänge.

Zweites Beispiel: Wenn man den guten Gesundheitszustand der Unternehmen zu einer unanfechtbaren Forderung erhebt, von der der nationale Wohlstand abhängt, dann wird meist vergessen, hinzuzufügen, daß das Unternehmen letztlich zwar dem Allgemeinwohl durch seine Wettbewerbsfähigkeit, indem es Arbeitsplätze schafft usw., dient, aber auch dem Aktionärsinteresse (durch die Verzinsung des Finanzkapitals). Als Folgewirkung dieses »Vergessens« wird dann die Erfordernis, um der Investitions- und Wettbewerbsfähigkeit willen maximalen Gewinn abzuwerfen, einzig als Notwendigkeit gesehen, um eine optimale Arbeitsorganisation und eine möglichst starke Senkung der Lohnkosten zu erreichen. Wenn aber das Unternehmen tatsächlich diese lebendige Verbindung von Kapital und Arbeit um der höheren und besseren Produktion willen wäre, deren Verdienste heute allerorten gepriesen werden, »dann schiene es völlig unlogisch, die Verteidigung der Einkommen aus Arbeit und die aus Kapital als gleichberechtigt zu behandeln.«[186]

Drittes Beispiel: Wenn es um die Höhe der Lohnkosten geht, die angeblich die Wettbewerbsfähigkeit bremsen, dann denkt man ebenfalls immer an die Niedriglöhne und vor allem den SMIC. Doch die Lohnungleichheit im oberen Bereich stellt die Episteme der Lohnarbeit ebensosehr in Frage. Wenn die Lohnarbeit das Kontinuum von Positionen darstellt, wie es oben beschrieben worden ist, dann muß es eine Vergleichbarkeit zwischen all diesen Positionen geben, welche die »Unvergleichlichkeit« mancher Gehälter, etwa der Unternehmenschefs, durchbricht. Der Zusammenhang zwischen diesen speziell französischen Lohnungleichheiten und der Wettbewerbsfähigkeit springt auch nicht gerade ins Auge. In Deutschland, das man oft als wirtschaftliches Erfolgsmodell darstellt, sind die Niedriglöhne deutlich höher und die Spitzengehälter vergleichsweise niedriger.[187]

Die Beharrlichkeit, mit der man immer wieder die »Zwänge« der internationalen Märkte anführt, dient allzu oft nur als Alibi zur Beschränkung derjenigen Praktiken,

---

185 Der Anteil der fiskalischen und parafiskalischen Abzüge vom Primäreinkommen lag Anfang der achtziger Jahre bei 49,2% für Arbeiterhaushalte gegenüber 26,2% für die Haushalte von Selbständigen und Landwirten (CERC, *le revenu des Français*, n° 58, 2. Trimester 1981). Doch begünstigt bekanntlich das gesamte Steuersystem Frankreichs Immobilien- und Finanzkapital zum Nachteil der Arbeit. Die Erbschaftssteuer bei einer Vererbung in direkter Linie betragen für die gleiche Kategorie von Anspruchsberechtigten in Frankreich maximal 20%, gegenüber 53% in den Vereinigten Staaten, 64% in Schweden und 74% in Großbritannien (M. Albert, *le Pari français, op. cit.*, S. 109).

186 R. Boyer, J.-P. Durand, *l'Après-fordisme, op. cit.*, S. 120.

187 Vgl. M. Albert, *le Pari français, op. cit.*, S. 97, der bemerkt, daß der Lohn einer Raumpflegerin in Deutschland ungefähr zweimal höher ist, als in Frankreich, während das Einkommen der bestbezahlten Berufe nach Steuer spürbar niedriger ist als in Frankreich.

die einer *sozialen* und nicht ökonomischen Logik folgen: Reproduktion der erreichten Lage und der institutionellen Schwerkraft statt Respekt vor den »ökonomischen Sachzwängen«. Das ist durchaus rechtens, wenn das Leben in Gesellschaft ein Krieg ist, in dem der Stärkste seine Vorteile maximieren muß. Sollte man Machiavelli recht geben? »Die Menschen verzichten erst dann auf die Annehmlichkeiten des Lebens, wenn sie von der Notwendigkeit dazu gezwungen werden.«[188] In dieser Aussage kommt eine eindrucksvolle Lesart der Geschichte der sozialen Verhältnisse zum Vorschein, zu seiner Zeit war das aber eine Geschichte voller Lärm und Raserei, und sie war ständig bedroht durch die soziale Kluft zwischen den Besitzern dieser »Annehmlichkeiten« und denen, die erst gar nicht in die Versuchung kamen, sie zu erwerben – was man heutzutage »Ausgrenzung« nennt. Die andere Lesart, welche sich durch die Organisation der sozialen Verhältnisse zieht, ist die einer Solidarität, welche die Stetigkeit in der Verschiedenheit und die Einheit der Gesellschaft über die Komplementarität der von den verschiedenen Gruppen eingenommenen Positionen wahrt. Ihre Gewährleistung verlangt heute eine gewisse Umverteilung der »Annehmlichkeiten«.

Ich habe mich hier bemüht, die Geschichte der Lohnarbeitsgesellschaft als die zerbrechliche Konstruktion einer solchen Solidarität zu interpretieren, und die gegenwärtige »Krise« als die Infragestellung dieser Form konfliktgeladener wechselseitiger Abhängigkeit. Ich habe aber auch betont, daß bis auf den heutigen Tag noch keine glaubwürdige Alternative zur Lohnarbeitsgesellschaft existiert. Wenn es einen Ausweg aus dem Stillstand gibt, dann verläuft er, zum Bedauern mancher, sicher nicht über die Verwirklichung der schönen Utopie einer wunderbaren Welt, in der all die Träumereien der »Projektmacher« zur Blüte kommen. Die Hauptelemente des Puzzles sind hier und jetzt schon vorhanden: soziale Sicherungen, die heute noch stark sind, eine wirtschaftliche Lage, die nicht für alles und jeden verheerend ist, hochwertige »Humanressourcen«; zugleich aber ein ausfransendes soziales Netz, eine zur Nutzlosigkeit verurteilte Arbeitskraftreserve, und die wachsende Verzweiflung all derer, die in der Lohnarbeitsgesellschaft Schiffbruch erlitten haben. Der Balken der Waage kann sich zweifellos in die eine oder andere Richtung neigen, denn niemand besitzt Einfluß auf die Gesamtheit der Parameter, welche die gegenwärtig sich vollziehenden Wandlungen bestimmen. Doch bei dem Versuch, auf den Lauf der Dinge Einfluß zu nehmen, werden sich zwei Variablen mit Sicherheit als ausschlaggebend erweisen: intellektuelle Anstrengung, um die Situation in ihrer Komplexität zu analysieren, und der politische Wille, sie durch die Durchsetzung der Rettungsklausel für die Gesellschaft zu meistern: der Wahrung ihres sozialen Zusammenhalts.

188 N. Machiavelli, *Istorie fiorentine e altre opere storiche e politiche*, Opere die Nicolò Machiavelli, Bd. 2, Torino, UTET 1986 (dt. *Geschichte von Florenz*, Zürich, Manesse, 1986).

Schluß
Negativer Individualismus

Im Zentrum der heutigen sozialen Frage stehen erneut die »Nutzlosen«, Überzähligen, und um sie herum ein diffuser Bereich von Situationen, die von Prekarität und der Ungewißheit über den jeweils nächsten Tag geprägt sind und vom Wiederauftreten massenhafter Verwundbarkeit zeugen. Zunächst mag das paradox erscheinen, überblickt man das Verhältnis des Menschen zur Arbeit über die *longue durée* hinweg. Jahrhunderte voller Opfer, Leiden und Zwangsausübung sind nötig gewesen – die Härte von Gesetzgebung und Vorschriften, dazu kommt noch der Zwang in Form von Hunger und Not –, um den Werktätigen an seine Arbeit zu fesseln und ihn dann noch mittels einer breiten Palette von »sozialen« Leistungen bei der Stange zu halten, aus denen ein für seine soziale Identität konstitutiver *Status* erwächst. Genau in dem Moment, in dem diese »Zivilisation der Arbeit« unter der Hegemonie der Lohnarbeit endgültig ihren Siegeszug anzutreten scheint, bekommt das Gebäude Risse und bringt den alten, für die Unterschichten so quälenden Gedanken wieder auf die Tagesordnung, nämlich »von der Hand in den Mund leben« zu müssen.

Es handelt sich dabei freilich nicht um die ewige Wiederkehr des Unglücks, sondern um eine völlige Metamorphose, die heute in gänzlich neuer Form das Problem aufwirft, daß wir uns einer Verwundbarkeit *vor dem Hintergrund von Sicherungen* stellen müssen. Was ich hier erzählt habe, läßt sich als die Geschichte des Übergangs von der *Gemeinschaft* zur *Gesellschaft*[1] lesen, in der die Wandlungen der Lohnarbeit die tonangebende Rolle gespielt haben. Wie es auch immer morgen aussehen wird, wir befinden uns nicht mehr im Stadium der *Gemeinschaft*, der weg dorthin ist uns verwehrt, und gerade dieser irreversible Charakter des Wandels läßt sich auch unter Bezugnahme auf den Prozeß verstehen, der der Lohnarbeit die zentrale Rolle in der Gesellschaft zugewiesen hat. Zweifellos hat die Lohnarbeit, André Gorz zufolge, eine »heteronome« oder, mit Marx und – um die Wahrheit zu sagen – mit dem gesunden Menschenverstand des Volkes gesprochen, eine »entfremdete« Dimension von ihrem weit zurückliegenden Modell der Fronarbeit (vgl. Kapitel III) geerbt. Aber ihre Transformationen hatten bis zum Aufkommen der Lohnarbeitsgesellschaft zum einen darin bestanden, die altertümlichsten Züge dieser Unterordnung auszuradieren, zum andern, sie durch Garantien und Rechtsansprüche, aber auch durch die Teilhabe an einem über reine Bedürfnisbefriedigung hinausgehenden Konsum zu kompensieren. Die Lohnarbeit ist daher zumindest in manchen ihrer Ausformungen zu einer *Lage* geronnen, die mit jenen beiden anderen Lagen zu rivalisieren, sie bisweilen sogar einzuholen vermochte, von welchen sie aber lange Zeit fast zerrieben worden war: der des Eigentümers und des Selbständigen. Ungeachtet der aktuellen Probleme ist

1 Im Original deutsch; Anm. d. Übers.

diese Verschiebung noch nicht zur Gänze vollzogen. Die Angehörigen zahlreicher freier Berufsgruppen werden zunehmend zu Angestellten. So stehen etwa Ärzte, Anwälte und Künstler mit manchen Einrichtungen in einem regelrechten Anstellungsverhältnis.

Den Todesanzeigen der Lohnarbeitsgesellschaft ist also mit sehr viel Zurückhaltung zu begegnen, einerlei ob sie nun aus Freude oder Trauer darüber geäußert werden. Was zunächst die soziologische Analyse betrifft, besteht darin ein Irrtum: Die gegenwärtige Gesellschaft ist noch durch und durch eine Lohnarbeitsgesellschaft. Oft zeigt sich darin aber auch eine Parteinahme ideologischer Art: Hinter dem ungeduldigen Ansinnen, die Lohnabhängigkeit zugunsten einladenderer Tätigkeiten »zu verabschieden«, verbirgt sich häufig eine Ablehnung der Moderne, die in überkommenen Wald- und Wiesen-Träumereien ihre Wurzeln hat, welche an die »verzauberte Welt der feudalen Beziehungen«, an die Zeit erinnert, in der noch die unmittelbare Sicherung, aber auch die traditionellen Bevormundungen vorherrschend waren. Ich habe mich hier – vielleicht ebenfalls aus ideologischen Gründen – für das Gegenteil entschieden, für die Behauptung nämlich, daß die aktuellen Probleme kein Grund zur Abrechnung mit einer Geschichte sein sollten, die auch eine Geschichte der Urbanisierung, der technischen Beherrschung der Natur, des Aufkommens des Marktes, der Säkularisierung, universeller Rechte und der Demokratie gewesen ist – eben einer Geschichte des Übergangs von der *Gemeinschaft* zur *Gesellschaft*. Der Vorzug dieser Entscheidung besteht darin, die Konsequenzen einer völligen Aufgabe des Erbes der Lohnarbeitsgesellschaft deutlich machen zu können. Frankreich hatte Jahrhunderte dazu gebraucht, die Moderne zu akzeptieren, was ihm gerade dadurch gelang, daß es darin einwilligte, das Spiel der Lohnarbeitsgesellschaft mitzuspielen. Wenn die Spielregeln heute geändert werden müssen, so erfordert das Wissen um die Bedeutung dieser Hinterlassenschaft, daß wir einige Vorsichtsmaßnahmen treffen. Wir sollten uns darauf einlassen, die Voraussetzungen für eine Metamorphose der Lohnarbeitsgesellschaft zu denken, anstatt uns sang- und klanglos in ihre Auflösung zu fügen.

Dazu muß man sich der gedanklichen Anstrengung der Frage unterziehen, worin die Absicherungen in einer Gesellschaft bestehen können, die mehr und mehr zu einer *Gesellschaft der Individuen* wird. Die Erzählung, die ich hier unternommen habe, kann nämlich auch, parallel zu der des Aufstiegs der Lohnarbeit, als die Geschichte des Aufstiegs des Individualismus, der *Schwierigkeiten und Risiken, als Individuum zu existieren*, gelesen werden. Der Umstand, als Individuum zu existieren, und die Möglichkeit, über Sicherungen zu verfügen, stehen in einem komplexen Verhältnis zueinander, weil die Sicherungen aus der Zugehörigkeit zu Kollektiven rühren. Gegenwärtig stellt die Entwicklung dessen, was Marcel Gauchet einen »Massenindividualismus« nennt, in welchem er »einen anthropologischen Prozeß universellen Ausmaßes«[2] sieht, das zerbrechliche Gleichgewicht in Frage, das die Lohnarbeitsgesellschaft zwischen dem Aufstieg des Individuums und der Zugehörigkeit zu schützenden Kollektiven hergestellt hat. Welche Bedeutung kann heutzutage dem Begriff »abgesichert sein« zukommen?

2 M. Gauchet, »La société d'insécurité«, *loc. cit.*, S. 176.

Der durch das völlige Fehlen von Sicherheit bewirkte Zustand des Abgeschobenseins war eine Erfahrung, wie sie zunächst diejenigen Bevölkerungsgruppen machten, die sich außerhalb des ständegesellschaftlichen Rahmens – außerhalb einer in den Worten Louis Dumonts »holistischen« Gesellschaft – bewegten. *»No man without a Lord«* sagt das alte englische Sprichwort, und bis in die Spätphase des »Ancien Régime« gibt es keinen Handwerker, der das Bewußtsein seiner gesellschaftliche Existenz nicht aus seinem Beruf bezieht, kaum einen Bürger, der sich nicht mit seinem Stand identifiziert, und kaum einen Adeligen, der sich nicht über seine Abstammung und seinen Rang definiert. Selbst noch für die Gesellschaft am Vorabend der Revolution weigert sich Alexis de Tocqueville, von Individualismus zu sprechen, allerhöchstens von einem »kollektiven Individualismus«, in dem er die Identifikation des Individuums »mit kleinen Gesellschaften« sieht, »die nur für sich leben«:

> *»Unsere Väter kannten das Wort Individualismus nicht, das wir nach unserem Bilde geprägt haben, weil es zu ihrer Zeit nämlich kein Individuum gab, das nicht zu einer Gruppe gehörte und sich als absolut einzig und allein ansehen konnte; doch jedes der tausend kleinen Grüppchen, aus denen die französische Gesellschaft sich zusammensetzte, dachte nur an sich selbst. Das war, wenn ich so sagen darf, eine Art kollektiver Individualismus, der die Gemüter auf den wahren Individualismus vorbereitete, den wir heute kennen.«*[3]

Diese Form der Kollektivzugehörigkeit gewährleistete die soziale Identität und zugleich das, was ich primäre Sicherung genannt habe.

In einer solchen Gesellschaft gab es dennoch Formen von Individualisierung, die man als negativen Individualismus bezeichnen könnte und die sich durch ein *Defizit* an Integration in Kollektive ergeben. Der Ausdruck mag ähnlich dem des »kollektiven Individualismus« etwas schockieren, zumal man unter Individualismus im allgemeinen die Aufwertung des Subjekts und seine Unabhängigkeit von kollektiven Zugehörigkeiten versteht. Der moderne Individualismus, sagt Louis Dumont, faßt das Individuum als ein »moralisches, unabhängiges, autonomes und so (wesentlich) nicht-soziales Wesen«.[4] In der Tat hat das, was Alan Fox Marktindividualismus (*market individualism*) nennt, ein Individuum in Umrissen zu entwickeln begonnen, das als Herr über seine Unternehmungen hartnäckig sein Eigeninteresse verfolgt und jedweder Form der Unterordnung unter ein Kollektiv trotzt.[5] Vom Liberalismus getra-

3 A. de Tocqueville, *l'Ancien Régime et la Révolution* (1. Auflage 1856), Paris, Gallimard, 1942, S. 176 (dt. *Der alte Staat und die Revolution*, München, dtv, 1989).

4 L. Dumont, *Essai sur l'individualisme*, Paris, Le Seuil, 1983, S. 69 (dt. *Individualismus. Zur Ideologie der Moderne*, Frankfurt am Main/New York, Campus, 1991, S. 74); vgl. auch P. Birnbaum, J. Leca (dir.), *Sur l'individualisme*, Paris, Presses de la FNSP, 1986.

5 A. Fox, *History and Heritage, op. cit.*, Kapitel I. Fox datiert die Blüte dieses eroberungslustigen Individualismus (der freilich noch sehr fragil war, vgl. etwa das häufige Schicksal der ruinierten Wucherbankiers, nachdem sie die Herren und manchmal auch Fürsten zu lange hatten zappeln lassen) auf das 16. Jahrhundert, doch läßt sich dieses Profil von unerschrockenen und gewinnsüchtigen Unternehmern schon zur Zeit der »Dekonversion« der Feudalgesellschaft im 14. Jahrhundert ausmachen. Vgl. beispielsweise die Persönlichkeit Jean Boinebrokes, eines Tuchhändlers in Douai gegen Ende des 14. Jahrhunderts, der die Handwerker mit einem solchen Zynismus ausbeutete und arbeiten ließ, daß sie buchstäblich auf seinen Tod warteten, um ihm posthum den Prozeß zu machen (G. Espinas, *les Origines du capitalisme*, Bd. 1, »Sire Jean Boinebroke«, Lille, 1933).

gen, kommt dieser Marktindividualismus gegen Ende des 18. Jahrhunderts im Zuge der industriellen und politischen Revolution zur Durchsetzung.

Die Stärke dieses eroberungslustigen Individualismus, ebenso das Fortbestehen des «kollektiven Individualismus« haben die Existenz einer Form der Individualisierung zu verschleiern vermocht, in der die völlige Unabhängigkeit des Individuums mit einer totalen Haltlosigkeit einhergeht.[6] Der Vagabund als absolut bindungsloses (entkoppeltes) Wesen steht hierfür paradigmatisch. Er gehört nur sich selbst, ist niemands »Mann«, Zugehörigkeit zu einem Kollektiv ist ihm fremd. Er ist schlichtweg ein Individuum und aus diesem Grund völlig ohne Schutz. Er ist in so hohem Maße individualisiert, daß er auch allem schutzlos ausgesetzt ist: Er löst sich aus dem engmaschigen Gewebe der Abhängigkeitsbeziehungen, die zur damaligen Zeit die Gesellschaft strukturieren. »*Sunt pondus inutile terrae*«, wie im 16. Jahrhundert ein oben schon zitierter Jurist aus Lyon schreibt: Die Vagabunden sind die unnütze Last der Erde.

Der Vagabund hat für dieses Fehlen eines Platzes, das ihn jenseits der Kulissen der gesellschaftlichen Beziehungen plazierte, schwer büßen müssen. Doch das Hauptinteresse daran, eine Skizze seiner Sozialgestalt anzufertigen, liegt, wie wir gesehen haben, an seiner Eigenschaft, den Extremfall einer breiten Spanne von Lagen zu bilden, denen ebenfalls kein Platz in der »Katastergesellschaft« zugewiesen ist. Das ist der »Vierte Stand«, der streng genommen eigentlich gar kein Stand ist und vor Aufkommen des modernen Lohnarbeitsverhältnisses für eine ganze Palette früher Formen von Arbeitsverhältnissen steht. Im Innern des durch die Ständegesellschaft vorgegebenen Rahmens bildet er ein Wirrwarr individualisierter, aus den traditionellen Regulierungen herausgelöster Positionen. Neue Regulierungen haben sich noch nicht fest etabliert. Ich spreche von »negativem« Individualismus, weil er in Begriffen des Mangels – Mangel an Ansehen, Mangel an Sicherheit, Mangel an gesicherten Gütern und stabilen Beziehungen – durchdekliniert werden kann.

Die Metamorphose, die sich gegen Ende des 18. Jahrhunderts vollzieht, läßt sich mit Blick auf das Aufeinandertreffen dieser beiden Formen von Individualisierung interpretieren. Der »positive« Individualismus kommt zum Durchbruch und versucht dabei, die Gesellschaft als Ganze auf vertraglicher Grundlage neu zusammenzusetzen. Mittels der Durchsetzung dieser Vertragsmatrix wird man die Forderung erheben, *daß die mittellosen Individuen als autonome Individuen handeln.* Was ist eigentlich ein Vertrag? »Der Vertrag ist eine Übereinkunft, durch die eine oder mehrere Personen sich gegenüber einer oder mehreren anderen verpflichten, etwas zu geben,

6 Man müßte noch eine weitere Form von Individualismus hinzufügen, die man als »aristokratisch« bezeichnen könnte und die am Gipfel der Gesellschaftspyramide angesiedelt ist. »In den Gesellschaften, für die das Feudalsystem nur ein Beispiel ist, erreicht die Individualisierung ihren höchsten Grad in den höheren Bereichen der Macht und am Ort der Souveränität. Je mehr Macht oder Vorrechte einer innehat, um so mehr wird er durch Rituale, Diskurse oder bildliche Darstellungen als Individuum ausgeprägt« (M. Foucault, *Surveiller et punir*, Paris, Gallimard, 1975, S. 194; dt. *Überwachen und Strafen*, Frankfurt am Main, Suhrkamp, 1977, S. 248). An die Stelle dieser Form von Individualisierung ist nach und nach die in Handel und Industrie vorfindliche getreten. Für die Gesellschaft des »Ancien Régime« müßte man auch der Figur des *Abenteurers* einen Platz einräumen, der als literarisches Thema im spanischen pikaresken Roman auftaucht und im 18. Jahrhundert weite Verbreitung findet (vgl. etwa die Person Casanovas). Der Abenteurer ist ein Individuum, das seine Freiheit in den Zwischenräumen einer im Prozeß der »Dekonversion« befindlichen Ständegesellschaft ausspielt. Er kennt sich bestens in den traditionellen Regeln aus, unter Verachtung bedient er sich ihrer und beugt sie, um seinem Eigeninteresse oder seinem Genuß als Individuum zu frönen.

zu tun oder zu unterlassen.«[7] Er ist Louis Dumont zufolge eine freiwillige Abmachung zwischen »unabhängigen und autonomen« Wesen, die prinzipiell frei über ihre Güter und ihre Person entscheiden können. Diese positiven Vorrechte des Individualismus finden so auf Individuen Anwendung, denen die Freiheit vor allem in Gestalt eines als Mangel an Bindungen und die Autonomie nur in Form eines Mangels an Unterstützung begegnet. In der Vertragsstruktur existiert nämlich keinerlei Bezugnahme auf ein Kollektiv, außer jenem, das die Vertragspartner untereinander bilden. Ebensowenig findet sich eine Bezugnahme auf Sicherungen, von den rechtlichen Garantien, welche die Freiheit und die Legalität des Vertrags gewährleisten, einmal abgesehen.

Diese neue vertragliche Spielregel wird von sich aus keinerlei neue Sicherungen hervorbringen, im Gegenteil, sie wird die Zerstörung dessen, was von kollektiven Zugehörigkeiten noch geblieben ist, nach sich ziehen und daher den anomischen Charakter der »negativen« Individualität beklagen. Der Pauperismus – wie der Vagabund ist auch er ein Extremfall – ist ein Beispiel für diese völlige Entsozialisierung, die einen Teil der Industriebevölkerung in eine aggregierte Masse von eigenschaftslosen Individuen verwandelt.

Diese von der Vertragsordnung ausgelöste Schockwelle traf, wie wir zeigen konnten, nur einen Teil der Bevölkerung mit voller Wucht. Sie konnte durch die Beharrungskraft der ländlichen Kultur, den Fortbestand vorindustrieller Formen der Arbeitsorganisation und die Solidität der daran anknüpfenden unmittelbaren Sicherungsformen abgemildert werden.[8] Für diejenigen Bevölkerungsgruppen, deren Lage von einem Arbeitsvertrag abhing, wirkte sich daher jeder Entwicklungsschub hin zur Lohnarbeitsgesellschaft in einer Verringerung der mit der Vertragsordnung einhergehenden Unsicherheit und in der Erlangung eines *Status* aus, also in einem Mehrwert verglichen mit der rein vertragsförmigen Struktur der Lohnabhängigkeit. Dieses »Mehr« im Verhältnis zum »reinen« Arbeitsvertrag vermochte den Faktoren des negativen Individualismus Einhalt zu gebieten. Das Arbeitsverhältnis löste sich nach und nach aus dem Verhältnis persönlicher Unterordnung wie es dem Dienstvertrag eigen war, während die Identität der Lohnabhängigen in zunehmendem Maße nun auf der Uniformität der ihnen zugestandenen Rechte basierte. »Einem (autonom und individuell eingegangenen) Arbeitsvertrag kommt durch die Unterwerfung dieses Vertrags unter eine (heteronome und kollektive) öffentliche Ordnung ein (kollektiver) Status zu.«[9]

7 Code civil, Artikel 1101.

8 Erinnern wir uns daran, daß die vertragliche Neuordnung, durch die die Arbeitsorganisation umgewälzt wurde, vor dem vormundschaftlichen Kern der Familienordnung haltgemacht hat. Wenn der Familie eine liberale Gesetzgebung wie die Loi Le Chapelier aufgestülpt worden wäre, so wie es mit der Arbeit geschehen ist, dann hätte die Gesellschaftsordnung gewiß nicht widerstanden. Erst langsam hat auch das Familienrecht vertragsmäßige Dimensionen angenommen, während sich umgekehrt das Arbeitsrecht mit statusförmigen Garantien angereichert hat. Doch zu Beginn des 19. Jahrhunderts zeichneten sich die Bevölkerungsgruppen, die den Stoff für die Beschreibungen des Pauperismus abgegeben hatten, zugleich durch ihr unbeständiges Verhältnis zur Arbeit und das Auseinanderfallen ihrer Familienstruktur aus: in die Stadt verpflanzte und von den gesunden Sitten, wie man sie dem Landvolk unterstellte, abgeschnittene unverheiratete Menschen, Verbindungen zwischen Arbeitern und Arbeiterinnen der frühen Industriekonzentrationen, die stets als brüchig und unsittlich beschrieben werden, umgeben von Kindern ungewisser Herkunft. Keinerlei organisierte Arbeitsverhältnisse, solide Familienbande, Verankerung in strukturierte Gemeinschaften: Die Wesensmerkmale des negativen Individualismus bringen im Zusammenspiel massenhafte Entkoppelung hervor.

9 A. Supiot, *Critique du droit du travail*, Paris, PUF, 1994, S. 139. Dieses Buch entfaltet minutiös die vom Arbeitsrecht beim Übergang vom reinen Arbeitsvertrag zum Status des Lohnabhängigen gespielte Rolle.

Anders gesagt vollzog sich dabei ein Prozeß der *Entindividualisierung*, durch die der Arbeitnehmer in allgemeine Systeme, Tarifverträge, öffentliche Regelungen des Arbeits- und Sozialrechts eingebunden wurde. Weder Bevormundung, noch einfacher Vertrag, sondern Rechtsansprüche und Solidaritäten, basierend auf strukturierten Gesamtheiten, die rund um die Verrichtung gemeinsamer Arbeiten organisiert sind. Die Arbeitswelt bildet in der Lohnarbeitsgesellschaft strenggenommen keine Gesellschaft von Individuen, sondern eher eine verschachtelte Hierarchie auf der Arbeitsteilung beruhender und rechtlich anerkannter Kollektive. Das Leben außerhalb der Arbeit ist vor allem in den Unterschichtsmilieus durch die Zugehörigkeit zu gemeinschaftlichen Kontexten wie dem Wohnviertel, der Kollegengruppe, der Kneipe, der Gewerkschaft usw. strukturiert. Verglichen mit dem Zustand der Entsozialisierung, für den der Pauperismus steht, »fabrizierte« sich besonders die Arbeiterklasse Gesellungsformen, die außerordentlich intensiv und solide sein konnten.[10]

Wenn gewiß jeder in seiner Eigenschaft als »Privatperson« als Individuum existieren kann, so ist doch der berufliche Status öffentlich und kollektiv, und diese Verankerung erlaubt eine Stabilisierung der Lebensweisen. Eine solche Entindividualisierung kann sogar eine Entterritorialisierung der Sicherung erlauben. Insoweit sie auf Systemen rechtlicher Regulierung basieren, stützen sich diese neuen Sicherungen nicht notwendigerweise auf gegenseitige Abhängigkeit, ebensowenig auf Unterwerfung und personengebundene Beziehungen wie den Paternalismus des Arbeitgebers oder gegenseitige Bekanntschaften, welche die unmittelbare Sicherung in Gang setzen können. Auf diese Weise ermöglichen sie Mobilität. Der »Anspruchsberechtigte« kann in Maubeuge grundsätzlich genauso versichert sein wie in Cholet. Darin zeigt sich, kurz gesagt, eine Reterritorialisierung durch das Recht bzw. die Herstellung abstrakter Territorien, aufgrund derer die Individuen unter der Ägide des Rechts zirkulieren können, und die nichts mit den Beziehungen der nächsten Umgebung gemein haben. So wird die Entkopplung durch das Recht bezwungen.

Diese komplexe Verknüpfung von Kollektiven, Sicherungen und Regimen der Individualisierung ist heute in Frage gestellt, und dies in einer ebenfalls sehr komplexen Art und Weise. Die Wandlungen im Bereich der Arbeit, aber auch jenseits von ihr, hin zu mehr Flexibilität sind sicherlich irreversibel. Die Segmentierung der Beschäftigung zieht ebenso wie der unaufhaltsame Aufstieg der Dienstleistungen eine Individualisierung der Verhaltensweisen in der Arbeit nach sich, die völlig verschieden sind von den kollektiven Regulierungen der »fordistischen« Organisation. Es genügt nicht, arbeiten zu können, man muß auch verkaufen können, vor allen Dingen aber sich selbst. Die Individuen stehen unter dem Druck, ihre berufliche Identität selbst zu definieren und sie in der Interaktion zur Anerkennung zu bringen, was ebensosehr persönliches Kapital wie allgemeine technische Kompetenz er-

10 Vgl. beispielsweise die Untersuchungen E. P. Thompsons, *Die Entstehung der englischen Arbeiterklasse, op. cit.*, und R. Hoggart, *la Culture du pauvre, op. cit.*, sowie die zahlreichen Studien zu den Geselligkeitsformen der Arbeiter, die den Akzent, manchmal vielleicht etwas zu stark mystifizierend, auf die Stärke ihrer Solidaritäten legen. Für einen Überblick über den Diskussionsstand rund um die »Volkskultur«, vgl. C. Grignon, J.-C. Passeron, *le Savant et le populaire*, Paris, Gallimard, 1989.

fordert.[11] Das Verblassen von kollektiven Rahmen und allgemeingültigen Bezugspunkten ist nicht auf die Arbeitssituation beschränkt. Flexibel wird auch der Lebenslauf durch die Ausdehnung einer oft der Kultur der Zufälligkeit überlassenen »Post-Adoleszenz«, die Wechselfälle einer ramponierten Berufsbiographie und eine nachberufliche Phase, die sich oft vom vorzeitigen Ausstieg bis an die immer weiter nach hinten ausgedehnten äußersten Ränder des »vierten Alters« zieht.[12] Eine Art *Deinstitutionalisierung* im Sinne einer Loslösung von den objektiven Rahmen, die das Leben der Subjekte strukturieren, zieht sich durch das gesamte gesellschaftliche Leben.

Dieser allgemeine Prozeß kann sich auf die verschiedenen von ihm betroffenen Gruppen in unterschiedlicher Weise auswirken. Auf der Arbeit gestattet die Individualisierung der Tätigkeiten manchen Leuten, sich den kollektiven Zwängen zu entziehen und ihre Identität besser über ihre Stelle zum Ausdruck zu bringen. Für andere bedeutet sie Segmentierung und Fragmentierung der Tätigkeiten, Prekarität, Isolierung und Verlust von Sicherheit.[13] Die gleiche Disparität findet man im sozialen Leben. Die Behauptung ist schon zu einem Gemeinplatz der Soziologie geworden, daß manche den Mittelklassen zugehörige Gruppen ein vertrautes, ja sogar selbstgefälliges Verhältnis zu einer Kultur der Individualität unterhalten, das in dem ausgeprägten Interesse zum Ausdruck kommt, welches man sich selbst und seinen Gefühlen entgegenbringt, sowie in der Neigung, dem alle anders gelagerten Sorgen unterzuordnen. So verhält es sich mit der »Kultur des Narzißmus«[14] oder der Mode der »Therapie für Normale«[15], wie sie von den Nachfahren der Psychoanalyse in den siebziger Jahren propagiert wurden. Es wäre aber ein leichtes zu zeigen, daß diese Sorge um sich eine spezifische Form kulturellen Kapitals erfordert und zugleich starke »Widerstände« bei den Unterschichten erregt, weil sie dafür schlecht gerüstet sind und ihre hauptsächlichen Investitionen sich auf etwas völlig anderes richten.

Diese Kultur des Individuums ist nicht tot, und eine ihrer Varianten hat mit dem Leistungskult der achtziger Jahre sogar übertriebene Formen angenommen.[16] Doch beobachten wir heute einen weiteren, nämlich einen Massenindividualismus, der als eine Metamorphose des »negativen« Individualismus erscheint, wie er sich in den Zwischenzonen der vorindustriellen Gesellschaft herausgebildet hat. Es handelt sich dabei um eine Metamorphose und nicht um eine Reproduktion, weil er das Resultat des Schwächerwerdens bzw. des Verlusts der kollektiven Regulierungen und nicht ihrer auf die Spitze getriebenen Rigidität darstellt. Er wahrt jedoch die grundlegende Eigenschaft, ein *Individualismus aufgrund des Fehlens von Rahmen* und nicht aufgrund einer Übertreibung subjektiver Investitionen zu sein. »Er hat nichts mit einer Bewegung der Selbstbestätigung zu tun – es ist nicht zwangsläufig der Wert des Indi-

11 Vgl. die Untersuchungen von B. Perret und G. Roustang, *l'Économie contre la société, op. cit.*, Kapitel II. Für eine optimistische Interpretation dieses Prozesses, vgl. M. Crozier, *l'Entreprise à l'écoute*, Paris, Le Seuil, 1994 (1. Auflage, Paris, Interéditions, 1989).

12 Xavier Gaulier, »La mutation des âges«, *le Débat*, n° 61, September–Oktober 1991.

13 Vgl. A. Supiot, *Critique du droit du travail, op. cit.*

14 C. Lasch, *The Culture of Narcissism. American Life in an Age of diminishing expectations*, New York, Norton and Co., 1978 (dt. *Das Zeitalter des Narzißmus*, München, Steinhausen, 1980).

15 R. Castel, J.-F. Le Cerf, »Le phénomène psy et la société française«, *le Débat*, n°s 1, 2, 3, 1980.

16 A. Ehrenberg, *le Culte de la performance*, Paris, Calman-Lévy, 1991.

viduums, der im Prozeß der Individuierung vorrangig am Werk ist, es kann genausogut der Zerfall kollektiver Rahmungen sein.«[17] Man könnte daher in dem idealtypischen Beispiel des jungen Drogenabhängigen aus der Vorstadt das Homolog zu der Form der Entkoppelung sehen wie sie einst der Vagabund der vorindustriellen Gesellschaft verkörperte. Er ist völlig individualisiert und aufgrund eines Mangels an Bindung und Unterstützung hinsichtlich Arbeit, familiärem Erbe, der Möglichkeit, sich eine Zukunft zu schaffen, allem gegenüber völlig schutzlos ausgesetzt. Sein Körper ist sein einziges Hab und Gut, sein einziger Bezugspunkt, den er bearbeitet, genießen läßt und in einer Explosion an absolutem Individualismus zerstört.

Wie das des Vagabunden, hat auch dieses Bild nur insofern einen Wert, als es die Züge auf die Spitze treibt, die man in einer Masse von Situationen der Unsicherheit und Prekarität findet und die in wackligen Flugbahnen aus ruhelosem Suchen, einem Sich-Durchschlagen von einem Tag zum nächsten, zum Ausdruck kommen. Zahlreiche junge Leute müssen in besonderem Maße der Herausforderung ausgesetzt, diese *Unbestimmtheit* ihrer Position zu bekämpfen, das heißt zu wählen, sich zu entscheiden, Tricks zu finden und eine Sorge um sich zu wahren, um nicht unterzugehen. Diese Erfahrungen scheinen das Gegenteil von dem Ich-Kult zu sein wie er von den Anhängern des Leistungsdenkens oder den Erforschern der Arkanbereiche der Subjektivität entwickelt wird. Sie sind um nichts weniger Abenteuer, welche unter hohem Risiko von den Individuen beschritten werden, die vor allem durch »Subtraktion« zu solchen geworden sind. Dieser neue Individualismus ist keine Imitation der Psycho-Kultur der gebildeten Bevölkerungsgruppen, auch wenn er durchaus manche ihrer Eigenschaften übernommen haben könnte.[18] Es ist eine Individualität, die gewissermaßen »überexponiert« ist und um so mehr in vorderster Reihe steht, als sie brüchig und von Zerfall bedroht ist. Sie droht mithin, sich zu einer Bürde auszuwachsen.

Diese Bipolarität des modernen Individualismus bietet ein Schema zum Verständnis der Herausforderung an, mit der die Lohnarbeitsgesellschaft heute konfrontiert ist. Die fundamentale Errungenschaft dieser Gesellschaftsformation hat, um noch ein letztes Mal darauf hinzuweisen, darin bestanden, ein Kontinuum von sozialen Stellungen zu schaffen, die nicht gleich, aber vergleichbar, also *miteinander kompatibel und voneinander abhängig* sind. Wahrscheinlich besteht darin, zumindest bis auf den heutigen Tag, die einzige Art und Weise, die während der Dritten Republik theoretisch ausformulierte Idee einer »Gesellschaft von einander Ähnlichen« (société de

17 M. Gauchet, »La société d'insécurité«, *loc. cit.*, S. 175.

18 Deshalb nimmt auch die ganz eigenartige Bezugnahme auf das »Kulturelle« einen breiten Platz in diesen dem Zufall ausgelieferten Leben ein. Das ist nicht die Kultur derjenigen, die Museen oder Konzerte für Musikbegeisterte besuchen, sondern der ständige Versuch, etwa ein Theaterstück aufzuführen oder eine Band zu gründen, immer mit der leicht wahnhaften Vorstellung, eines Tages berühmt zu werden und einer vagen Identifizierung mit der Bohème im Hinterkopf, die manche von den größten Künstlern durchgemacht haben, bis der Ruhm sie eines schönen Tages plötzlich unsterblich gemacht hat. Sicher werden nur ganz wenige dieser jungen Leute mit Ruhm bedeckt aus diesen »Zwischenräumen« heraustreten, wir haben hier aber ein Beispiel für diese »subjektiven« Abenteuer, die zunächst im Vakuum eines Mangels ihren Lauf nehmen (in erster Linie ist dies der Mangel an Arbeit, denn vor zwanzig Jahren wäre der Großteil dieser jungen Leute aus den Unterschichten direkt in die Lehre oder in die Fabrik gegangen), die dennoch nicht frei von Unerschrockenheit und manchmal von Größe sind. Zum Begriff der »Zwischenräume«, vgl. L. Rouleau-Berger, *la Ville intervalle, op. cit.*

semblables), also einer modernen Demokratie, zu aktualisieren, um sie mit den aus der Arbeitsteilung und dem Komplexerwerden der sozialen Schichtung resultierenden steigenden Anforderungen vereinbar zu machen. Die Schaffung eines neuen Systems von Sicherungen, welches die von den früheren Bevormundungsverhältnissen und direkten Gemeinschaftszugehörigkeiten abgeschnittenen Individuen in abstrakten Kollektiven verankert, hat ohne allzuviele Reibereien den Übergang von der Industriegesellschaft zur Lohnarbeitsgesellschaft zu bewirken vermocht.

Die Art dieser Verbindung des Individuums mit dem Kollektiv, die man nicht mystifizieren sollte, die aber dennoch den »sozialen Kompromiß« bis zum Beginn der siebziger Jahre gewährleistet hat, ist durch das Aufkommen des Individualismus und die Herausbildung neuer Formen von Individualisierung konterkariert worden. Ein Vorgang, der höchst kontrastierende Folgen aufweist, da er den »positiven« Individualismus verstärkt und zugleich einen durch Unsicherheit und mangelnde Sicherung unterminierten Massenindividualismus hervorbringt.

Unter solchen Umständen kommt es zu einem tiefgreifenden Wandel der Formen der Verwaltung des Sozialen, dabei auch wieder massiv zu einem Rückgriff auf den Vertrag und eine *lokale Bearbeitung von Problemlagen*, was keineswegs zufällig geschieht. Die Vertragsförmigkeit bringt eine Umgestaltung gesellschaftlichen Austausches auf immer individualistischere Weise zum Ausdruck und gibt ihr zugleich noch weitere Impulse. Parallel dazu schafft die lokale Ausrichtung des Eingreifens eine Beziehung der Nähe zwischen den direkt betroffenen Partnern, welche die universalistischen Regulierungen des Rechts beseitigt hatten. Diese Umgestaltung ist im eigentlichen Wortsinn ambivalent, da sie zu einer zweifachen Lesart einlädt.

Diese sozialpolitische Herangehensweise läßt sich nämlich teilweise unter Bezugnahme auf die Situation vor der Schaffung der Sicherungssysteme interpretieren, als die Individuen einschließlich der Mittellosesten unter Einsatz ihrer eigenen Mittel mit den von der Niederkunft der Industriegesellschaft ausgelösten Zuckungen fertig werden mußten. »Nehmen Sie sich ein Projekt vor, machen Sie sich auf die Suche nach einer Stelle, einer Wohnung, stellen Sie einen Verein, eine Rap-Gruppe auf die Beine, dann helfen wir Ihnen«, sagt man heute. Dieser Imperativ zieht sich durch alle Eingliederungsmaßnahmen und hat im Eingliederungsvertrag des RMI seine expliziteste Formulierung gefunden: Unterstützung und Begleitung als Gegenleistung für ein Projekt. Doch muß man sich nicht wie für die ersten Formen des Arbeitsvertrags zu Beginn der Industrialisierung fragen, ob das Aufzwingen dieser Vertragsmatrix nicht gleichzeitig bedeutet, von den am stärksten destabilisierten Individuen zu verlangen, sich wie autonome Subjekte verhalten? Ein »berufliches Projekt auf die Beine zu stellen«, oder besser noch, einen »Lebensplan« aufzustellen, ist keineswegs eine Selbstverständlichkeit, wenn man etwa arbeitslos ist oder der Hinauswurf aus der Wohnung droht. Das ist eine Aufgabe, mit der zahlreiche gut integrierte Subjekte schon ihre Schwierigkeiten hätten, weil sie stets klar abgesteckten Lebenswegen gefolgt sind.[19] Natürlich ist dieser Typ von Vertrag häufig fiktiv, weil der Antragsteller einer solchen Aufforderung nur schwerlich gewachsen ist. Der Sachbearbeiter wird

19 Vgl. J.-F. Noël, »L'insertion en attente d'une politique«, in J. Donzelot (Hg.), *Face à l'exclusion, op. cit.*

aber zum Richter über die Legitimität dessen, was dann die Stelle des Vertrags einnimmt, und abhängig von dieser Beurteilung vergibt oder verwehrt er die finanzielle Leistung. Er übt also regelrecht eine moralische Richterschaft aus (weil es letztlich um die Beurteilung geht, ob der Antragsteller das RMI verdient oder nicht), die sich stark von der Gewährung einer einem Kollektiv von Anspruchsberechtigten zugedachten Leistung unterscheidet, welche gewiß anonym ist, zumindest jedoch eine automatische Vergabe gewährleistet.

Die gleichen von der Individualisierung der Prozeduren erzeugten Risiken bedrohen auch diese andere entscheidende Transformierung des Aufgebots an sozialpolitischen Interventionen, die in deren Reterritorialisierung besteht. Diese Verschiebung geht weit über die Dezentralisierung hinaus, weil den lokalen Instanzen das Mandat erteilt ist, die Ziele zu hierarchisieren, Projekte zu definieren und deren Umsetzung mit den beteiligten Partnern auszuhandeln. Im Extremfall wird das Lokale auch zum Globalen. Doch die Neuerung dieser Politik schließt so mancherlei Homologien mit der traditionellen Struktur der unmittelbaren Sicherung keineswegs aus. Diese älteste Form der Versorgung, deren historische Ausgestaltung wir schon in mehreren Varianten dargestellt haben, vollzog sich schon über einen Vorgang, den man Aushandlung hätte nennen können, hätte es das Wort damals schon gegeben. Für einen Hilfsbedürftigen kam es nämlich darauf an, seine Zugehörigkeit zur Gemeinschaft zur Geltung zu bringen. Doch diese Eigenschaft als »Nächster« (vgl. Kapitel I, »Mein Nächster ist mein Nachbar«) integriert ihn in ein System gegenseitiger Abhängigkeiten, als deren Extrembeispiel Karl Polanyi die englischen *poor laws* unter der Bezeichnung »Gemeindeknechtschaft« *(parish serfdom)* beschrieben hat. Wer garantiert einem, daß diese neuen »transversalen«, »partnerschaftlichen«, »globalen« Dispositive nicht Formen von Neo-Paternalismus hervorbringen? Sicherlich ist der »lokale Mandatsträger« selten ein Lokaldespot, und der »Projektleiter« tritt nicht wie die Vorstandsdame eines Wohltätigkeitsvereins auf. Der Ausflug in die Geschichte lehrt jedoch, daß es bis heute immer noch »gute« und »schlechte Arme« gibt und daß diese Unterscheidung auf moralischen und psychologischen Kriterien beruht. Ohne die Vermittlung kollektiver Rechtsansprüche laufen die Individualisierung der Unterstützung und die auf gegenseitiger Bekanntschaft basierende, den lokalen Instanzen übertragene Entscheidungsmacht stets Gefahr, die alte Logik der Philanthropie zu übernehmen: Erweise dich gehorsam, und du wirst unterstützt.

Doch das Sozialrecht selbst partikularisiert und individualisiert sich, zumindest insoweit eine allgemeine Regel sich individualisieren läßt. So fragmentiert sich etwa das Arbeitsrecht dadurch, daß es ebenfalls wieder vertragsmäßige Züge annimmt. Unterhalb der allgemeinen Anordnungen, die den Beschäftigtengruppen einen Status und eine stabile Identität verleihen, bestätigt die Zunahme von atypischen Arbeitsverträgen die Balkanisierung von Beschäftigungsformen: befristete Verträge, Leiharbeit, Teilzeit-Arbeit usw. Zwischensituationen zwischen Beschäftigung und Nicht-Beschäftigung sind auch Gegenstand neuer Formen der Vertraglichung: *contrats de retour à l'emploi*, *contrats emploi-solidarité*, *contrats de réinsertion en alternance* etc.[20] Diese letztgenannten Maßnahmen sind besonders bezeichnend für die Ambivalenz der Individualisierungsprozesse des Rechts und der sozialen Sicherung. So richtete sich beispielsweise der *contrat de retour à l'emploi* auf »Personen mit besonderen Schwierigkeiten bei der Stellensuche« (Artikel L 322-4-2 des Code du travail). Die Besonderheit bestimmter persönlicher Situationen eröffnet also den Zugang zu diesem Typ von Vertrag.[21] Die Gewährung eines rechtlich verbürgten Anspruchs hängt also von der Feststellung einer Schwäche, «besonderer Schwierigkeiten« persönlicher oder psycho-sozialer Natur ab. Ich spreche von einer grundlegenden Ambivalenz, weil die Ausübung einer positiven Diskriminierung gegenüber Personen in sozialen Problemlagen absolut gerechtfertigt ist: Möglicherweise haben sie eine Nachqualifizierung nötig, bevor sie wieder in das allgemeine Erwerbs- und Sicherungssystem zurückkehren können. Gleichzeitig reaktivieren diese Prozeduren jedoch die Logik der herkömmlichen Fürsorge, die das Arbeitsrecht bekämpft hatte. Um unterstützt zu werden, muß man nämlich die Zeichen seiner Unfähigkeit vorweisen, eine Benachteiligung hinsichtlich des «normalen« Arbeitsmarkts. Wie im Fall des RMI und der lokalen Politik verrät dieser Rückgriff auf den Vertrag tendenziell die Ohnmacht des Staates, eine immer komplexer und heterogener werdende Gesellschaft durch die singuläre Ausgestaltung all dessen, was kollektive Regulierungen nicht mehr regeln können, in den Griff zu bekommen.

Diese Ambivalenz zieht sich quer durch die Neugestaltung der Sozial- und Beschäftigungspolitik, die seit ungefähr fünfzehn Jahren im Gange ist. Über die »Krise« hinaus hat sie in einem tiefgreifenden Individualisierungsprozeß ihre Wurzeln, der auch die hauptsächlichen Bereiche der gesellschaftlichen Existenz befällt. Aus der gleichen Perspektive ließen sich auch die Wandlungen der Familienstruktur untersuchen. Die »moderne« Familie zieht sich auf ihr Beziehungsnetz zusammen, die Beziehungen zwischen ihren Mitgliedern haben sich in den letzten paar Jahren auf einer persönlichen Grundlage kontraktualisiert. Doch wie Irène Théry bemerkt[22], hat diese »Befreiung« der Familie von ihren überkommenen Bevormundungen je nach Familientyp unterschiedliche Auswirkungen, und die wirtschaftlich am prekärsten und sozial am stärksten benachteiligten Familienmitglieder können die negative Erfahrung der Freiheit machen, etwa wenn eine Ehe zerbricht oder sich der soziale Status verschlechtert. Hier wie dort ist der Umstand, als Individuum zu existieren, dem Bewußtsein nicht unmittelbar gegeben. Darin kommt ein Paradox zum Ausdruck, dessen Ausmaß es eigentlich verdiente, genauer ausgelotet zu werden: Man lebt und erlebt seine eigene Individualität um so leichter, wenn sie sich auf objektive Ressourcen und kollektive Sicherheiten stützt.

---

20 Die erste und die dritte der genannten Maßnahmen stellen geförderte Arbeitsformen im privatwirtschaftlichen, die zweite im nicht-privatwirtschaflichen Sektor dar. Der *contrat de retour à l'emploi* bestand von 1989 bis 1995 und war ein unbefristeter oder befristeter Vertrag (sechs bis achtzehn, später bis 24 Monate) für Langzeitarbeitslose mit Erlaß des Arbeitgeberanteils an den Sozialversicherungsbeiträgen. Er wurde durch den *contrat initiative emploi* abgelöst; der *contrat emploi solidarité* besteht seit 1990 und ist ein Teilzeit-Arbeitsverhältnis von durchschnittlich acht Monaten, das auf Grundlage des Mindestlohns SMIC bezahlt wird. Zielpublikum sind v.a. junge Leute, Langzeitarbeitslose und Bezieher des RMI. Die Bezahlung erfolgt praktisch komplett durch den Staat, die Sozialabgaben werden von den Sozialkassen bezuschußt. Der *contrat de réinsertion en alternance* war eine von 1987–1989 bestehende beschäftigungspolitische Maßnahme für Langzeitarbeitslose; Anm. d. Übers.

21 Vgl. A. Supiot, *Critique du droit du travail, op. cit.*, S. 97.

22 Vgl. I. Théry, *le Démariage, op. cit.*

Hier liegt der springende Punkt der Frage, die das Brüchigwerden der Lohnarbeitsgesellschaft, zumindest in der modellhaften Form, die sie zu Beginn der siebziger Jahre aufwies, aufwirft. Das ist der springende Punkt der heutigen sozialen Frage.

Man kann nicht die Hegemonie des Staates über die Zivilgesellschaft, die bürokratische und ineffiziente Funktionsweise seiner Apparate, die Abstraktheit des Sozialrechts und sein Unvermögen, konkrete Solidaritäten zu wecken, anprangern und dann die Wandlungen verurteilen, welche die besonderen Umstände der jeweiligen Situation berücksichtigen und entsprechend zu einer Aktivierung der Subjekte aufrufen. Das wäre zudem verlorene Liebesmüh', da der Individualisierungsprozeß zweifelsfrei irreversibel ist. Man kommt aber noch weniger darum herum, sich mit den Kosten dieser Prozesse für bestimmte Bevölkerungsgruppen zu befassen. Wer nicht anders bezahlen kann, der muß sich kontinuierlich *voll und ganz einsetzen*, was eine recht erschöpfende Übung ist. Dieser Mechanismus kommt deutlich in den Vertragsprozeduren des RMI zum Vorschein: Der Antragsteller hat nichts anderes beizutragen, als sein Leben mit allen Fehlschlägen und Unzulänglichkeiten zu erzählen. Anschließend nimmt man dieses armselige Material unter die Lupe, um daraus eine Rehabilitierungsperspektive zu entwerfen, dies mit dem Ziel, ein »Projekt aufzustellen« und einen »Eingliederungsvertrag« zu definieren.[23] Die Splitter einer in die Brüche gegangenen Biographie stellen den einzigen Tauschgegenstand zur Geltendmachung eines Rechtsanspruchs dar. Ich bin mir nicht sicher, ob dies ein Umgang mit dem Individuum ist, der einem vollwertigen Staatsbürger angemessen ist.

Aus diesem Grund ist der sich durch den gegenwärtigen Individualisierungsprozeß ziehende Widerspruch so groß. Er bedroht die Gesellschaft mit einer Fragmentierung, die sie unregierbar macht, oder mit einer Bipolarisierung in diejenigen, die Individualismus und Unabhängigkeit miteinander vereinbaren können, weil ihre soziale Stellung gesichert ist, und jene, die ihre Individualität als ein Kreuz tragen, weil sie für einen Mangel an Bindungen und das Fehlen von Absicherungen steht.

Wird diese Herausforderung angenommen werden können? Niemand kann das mit Gewißheit sagen. Doch ein jeder könnte dem Weg zustimmen, auf dem weitergearbeitet werden muß. Der Staat ist die einzige Instanz, die imstande ist, eine Brücke zwischen den beiden Polen des Individualismus zu schlagen und der Gesellschaft ein Minimum an Zusammenhalt aufzunötigen. Die erbarmungslosen Zwänge der Ökonomie üben einen wachsenden, zentrifugal wirkenden Druck aus. Die überkommenen Formen der Solidarität sind zu erschöpft, um noch stabile Sockel des Widerstands errichten zu können. Was die Ungewißheit der Zeit zu fordern scheint, ist nicht ein Weniger an Staat, es sei denn, man wollte sich völlig den »Gesetzen« des Marktes ausliefern. Es ist aber zweifelsfrei auch nicht ein Mehr an Staat, es sei denn, man möchte mit Gewalt das Gebäude aus den frühen siebziger Jahren wiederaufbauen, das durch die Auflösung der ursprünglichen Kollektive und das Aufkommen des Masseninidividualismus endgültig untergraben wurde. Der Ausweg liegt in einem

23 Vgl. I. Astier, *Revenu minimum et souci d'insertion: entre le travail, le domestique et l'intimité*, thèse de doctorat en sociologie, Paris, EHESS, 1994.

strategischen Staat, der seine Interventionen neu entfaltet, um den Individualisierungsprozeß zu begleiten, seine Spannungspunkte zu entschärfen, seine Bruchstellen zu umgehen und diejenigen wieder heimisch zu machen, die den Boden unter den Füßen verloren haben. Er bliebe weiterhin ein schützender Staat, weil es in einer überaus diversifizierten und vom negativen Individualismus angenagten Gesellschaft *keinerlei sozialen Zusammenhalt ohne soziale Sicherung gibt.* Dieser Staat müßte seine Interventionen jedoch ganz nah an den Verästelungen der Individualisierung ausrichten.

Diese Forderung zu stellen, bedeutet keineswegs, darauf zu warten, daß eine neue Form staatlicher Regulierung solide gewappnet vom Himmel herabsteigt, denn schließlich haben sich ja, wie gesagt, schon ganze Sektoren öffentlicher Intervention seit rund fünfzehn Jahren in diese Richtung zu entwickeln versucht. Es scheint jedoch so, als ob der Sozialstaat hin und her oszilliert zwischen innovativen Versuchen zur Bewältigung der gegenwärtigen Lage und der Versuchung, anderen Instanzen wie dem Unternehmen, einer Mobilisierung auf örtlicher Ebene, einer mit etwas neuem Flitter herausgeputzten Philanthropie oder sogar den Ressourcen, welche von den Waisenkindern der Lohnarbeitsgesellschaft selbst aufzubringen sind, die Erfüllung seines Mandats als Garanten der Zugehörigkeit aller zu ein und derselben Gesellschaft zu übertragen. Ein jeder muß natürlich, sobald das Schiff Leck geschlagen hat, beim Schöpfen mit anpacken. Doch inmitten all der unzähligen Ungewißheiten ist zumindest eines klar: Niemand kann den Staat ersetzen, dessen oberste Aufgabe zudem darin besteht, die Fahrtrichtung festzulegen und einen Schiffbruch zu vermeiden.

Editorische Notiz

Der in der epistemologischen Tradition eines Gaston Bachelard oder eines Émile Durkheim stehende bewußte Bruch mit den in der Alltagswelt, den im politischen und journalistischen Diskurs zirkulierenden Begrifflichkeiten, den »prénotions«, erfordert, gerade dann, wenn es sich um in der gesellschaftspolitischen Debatte virulente Streitobjekte handelt, vom Wissenschaftler die Ausarbeitung eines eigenen, manchmal etwas artifiziellen Vokabulars – was die Aufgabe des Übersetzers nicht unbedingt leichter macht. Für den mit dem Französischen einigermaßen vertrauten Leser sollen hier deshalb die von Robert Castel systematisch entwickelten Termini und ihre jeweilige deutsche Übersetzung, die im einen oder anderen Fall möglicherweise diskutabel ist, kurz aufgeführt werden.

Generell unterscheidet Castel zwei Sicherungsformen, mittels derer die Gesellschaft die von »Entkoppelung« (*désaffiliation*) – Castels wohl wichtigster Neologismus, der bewußt den Begriff der sozialen Ausschließung (*exclusion*) vermeiden will – bedrohten Individuen »wiederanbindet« (*réaffilier*): *le social-assistantiel* und *le social-assurantiel*, die hier aus Gründen der Lesbarkeit als »Sozialfürsorge« und »Sozialversicherung« wiedergegeben wurden (womit allerdings ein Typus gemeint ist und nicht die konkrete Realisierung etwa der bismarckschen Sozialversicherung oder der deutschen »Sozialhilfe«). Es gibt nun Gesellschaften, in denen die sozialen Sicherungsfunktionen nicht durch die »primären Sozialbeziehungen« (*la sociabilité primaire*), also durch Familie und Nachbarschaft in Form der »unmittelbaren Sicherung« (*la protection rapprochée*, was eigentlich die Tätigkeit des Personen- und Objektschutzes, also eines »body guard« evoziert) übernommen werden, sondern über institutionalisierte Strukturen der Versorgung. Diesen ausdifferenzierten Bereich, mittels dessen eine Gesellschaft »in sich selbst interveniert«, nennt Castel »das Soziale« (*le social*), welches die beiden obengenannten Ausprägungen annehmen kann. Um Unterstützung durch »das Soziale« fürsorgerischen Typs, eben »die Sozialfürsorge« zu bekommen, muß das Individuum ein Kriterium (meist körperlicher Art) aus einem »Katalog von Behinderungen« erfüllen, das es der Verpflichtung, seinen Unterhalt durch Arbeit zu verdienen, enthebt. Diesen »Katalog« nennt Castel »Handicapologie«, was in der Übersetzung aufgrund der Nähe zu dem geläufigen englischen Wort *handicap* beibehalten wurde. Solange Individuen und ganze Gruppen noch nicht völlig aus der »Zone der Integration« in die Zone der Entkoppelung (*désaffiliation*) gerutscht sind, sich jedoch schon in prekärer Lage (*précarité*) befinden, bevölkern sie die Zwischenzone der »Verwundbarkeit« (*vulnérabilité*; bisweilen spricht Castel auch von »massenhafter Verwundbarkeit« – *vulnérabilité de masse*). Die Beibehaltung des Begriffs »Vulnerabilität« im Deutschen wurde nicht in Betracht gezogen, um Anklänge an den in der Psychologie geläufigen Terminus zu vermeiden.

Es sei schließlich noch darauf hingewiesen, daß neben diesen Wortschöpfungen Castels einige zentrale, im Französischen geläufigere Begrifflichkeiten besondere

Konnotationen aufweisen, so etwa der Begriff der *citoyenneté (sociale)*, der hier mit dem im deutschsprachigen Raum schon »eingebürgerten« englischen Begriff *(social) citizenship* wiedergegeben wurde, und nicht ohne weiteres mit Staatsbürgerlichkeit übersetzt werden kann. Zu berücksichtigen ist auch, daß der für das Buch so zentrale Begriff *salariat* im Französischen neben den Bedeutungen »abhängige Arbeit« bzw. »Lohnarbeit« auch die Gruppe der »Lohnarbeiterschaft« umfaßt (die nebenbei bemerkt auch die deutsche sozialversicherungsrechtliche Kategorie der Angestellten einschließen würde, die ja Gehaltsempfänger sind), was in der Übersetzung je nach Kontext entsprechend wiedergegeben wurde. Die neue soziale Frage als eine Frage der »Lohnarbeitsgesellschaft« (*société salariée*) zu formulieren, setzt also einen bewußt anderen Akzent im Vergleich zur Thematisierung der aktuellen »Arbeitsfrage« bzw. »Krise der Arbeit« in Deutschland, die als eine »Krise der Erwerbsgesellschaft« angesehen wird.

Mit der Mehrdeutigkeit der französischen Begriffe *salariat* bzw. (*travailleur*) *salarié* (»Lohnabhängiger«, »Lohnarbeiter«, »Arbeitnehmer«) geht das Problem einher, die drei historischen Lagen abhängiger Arbeit, die *condition prolétarienne*, die *condition ouvrière* und die *condition salariale*, im Deutschen angemessen wiederzugeben, ohne mit der begrifflichen Systematik zu brechen. Wenn *condition ouvrière* mit »Arbeiterlage« übersetzt wurde, so sei zu berücksichtigen, daß hier genaugenommen nur die Gruppe der »Arbeiter« (*ouvriers*), also im wesentlichen die der klassischen Fabrikarbeiter, gemeint ist. Die *condition salariale*, die den Gipfel der »Lohnarbeitsgesellschaft« darstellt, wurde hier folglich nicht durch den etwas doppeldeutigen Begriff Lohnarbeiterlage wiedergegeben, sondern mit »Arbeitnehmerlage« übersetzt.

Sonstige institutionelle Begrifflichkeiten (sozial- und beschäftigungspolitische Maßnahmen, sozialstatistische Kategorien etc.) und Abkürzungen werden in Fußnoten gesondert erläutert.